OEUVRES

DE

VOLTAIRE.

—

TOME XXIII.

DE L'IMPRIMERIE DE A. FIRMIN DIDOT,
RUE JACOB, N° 24.

ŒUVRES
DE
VOLTAIRE

AVEC

PRÉFACES, AVERTISSEMENTS,
NOTES, ETC.

PAR M. BEUCHOT.

TOME XXIII.
ANNALES DE L'EMPIRE.

A PARIS,

CHEZ LEFÈVRE, LIBRAIRE,
RUE DE L'ÉPERON, N° 6.

WERDET ET LEQUIEN FILS,
RUE DU BATTOIR, N° 20.

M DCCC XXIX.

PRÉFACE
DU NOUVEL ÉDITEUR.

Voltaire fuyant de Prusse pour revenir en France, se rend à Gotha, après être resté vingt-trois jours à Leipzig[1], où il était arrivé le 27 mars 1753. La duchesse de Saxe-Gotha, avec qui il était en correspondance, et à qui même il avait confié une copie de la première version de l'*Essai sur les Mœurs*, lui demanda[2] un abrégé de l'Histoire d'Allemagne. Voltaire, dans sa soixantième année, mit sur-le-champ la main à l'œuvre, et avant la fin du mois d'avril commença les *Annales de l'Empire*, dans la bibliothèque ducale de Gotha[3]; c'était avant l'aventure de Francfort. Le séjour de Voltaire à Gotha fut trop court[4] pour qu'il pût achever son ouvrage; mais il s'en occupa pendant sa détention de Francfort, le continua pendant ses séjours à Mayence, à Schwettingen, à l'île Jard, près de Strasbourg[5]. Jean-Michel Lorenz (né en 1723, mort en 1801), déjà très versé dans les études historiques, eut la complaisance de corriger[6] l'ouvrage de Voltaire, qui fut confié aux presses de J.-F. Schœpflin jeune, imprimeur à Colmar.

---

[1] *Mon séjour auprès de Voltaire*, par *Colini*, pages 62 et 64.
[2] Lettre de Voltaire à D'Argental, du 24 novembre 1753.
[3] *Mon séjour*, page 65.
[4] Voltaire en partit le 25 mai, après y être resté trente jours: voyez id., pages 65, 66.
[5] Id., pages 77, 98, 112.
[6] Id., pages 112, 113.

Voltaire avait *cousu dans cette histoire de l'Empire quelques petits lambeaux de l'universelle*[7], c'est-à-dire de sa première version de l'*Essai sur les Mœurs*, qu'il appelait alors *Histoire universelle*. Une copie informe de cette *Histoire universelle* ayant été, comme je l'ai dit[8], imprimée vers le même temps, ce fut une grande contrariété pour Voltaire.

L'auteur écrivait à son ami D'Argental, le 15 janvier 1754 : « Je compte vous envoyer bientôt le premier « tome des *Annales de l'Empire*. » Il paraît cependant que ce premier tome avait vu le jour en décembre 1753. Il porte la date de 1753, et l'adresse de J.-H. Decker à Bâle; et contient, 1° la dédicace A. S. A. S. Mᵉ La D. de S. G. (à son altesse sérénissime madame la duchesse de Saxe-Gotha); 2° *Lettre de M. de V.* (Voltaire) *à M. de***, *professeur en histoire*, que les éditeurs de Kehl avaient déjà reportée dans les *Mélanges*, et qu'on y trouvera dans la présente édition à l'année 1753; 3° l'*Avertissement* (de l'auteur); 4° la *Chronologie des empereurs et des papes*, depuis Charlemagne et Zacharie jusqu'à Charles VI et Clément X; 5° les *vers techniques*; 6° les *Annales*, jusques et compris l'année 1347.

S'il fallait s'en rapporter aveuglément à Colini, l'impression de l'ouvrage n'était pas achevée en juin 1754[9]; il fallut attendre la préface[10], et l'épître dédicatoire ne fut envoyée que le 2 juillet[11]. Mais le témoignage de Voltaire me semble préférable, et il est très positif. « J'enverrai incessamment, écrivait-il à D'Argental le 21 mars 1754, le second tome des *Annales*; je n'attends que

---

[7] Lettre à D'Argental, du 21 décembre 1753; voyez aussi la lettre à la fin du présent volume.

[8] Voyez ma préface du tome XV.

[9] *Mon séjour*, page 130. — [10] Id., page 135. — [11] Id., page 139.

quelques cartons. » La lettre d'envoi des deux volumes au président Hénault, est du 12 mai 1754.

Le second volume, avec un faux-titre, mais sans titre ni date, contient, 1° avec une pagination particulière, *Doutes sur quelques points de l'Histoire de l'Empire*, que j'ai reportés dans les *Mélanges*, à l'année 1753, date que leur a donnée l'auteur. Je remarquerai que cette date même désignait la place des Doutes en tête du volume et non à la fin, comme on les trouve dans beaucoup d'exemplaires. Cependant il paraît, par la lettre de Voltaire à Hénault, dont j'ai parlé, que les exemplaires donnés par l'auteur contenaient la pièce à la fin. Ces *Doutes* ne portent que sur des faits relatifs aux années antérieures à 1347, c'est-à-dire au contenu du premier volume; et puisqu'ils n'ont été joints qu'au second tome, ne peut-on pas en inférer que malgré leur date de 1753, ils ont cependant été imprimés après l'émission du premier volume, dont la publication, en 1753, devient alors incontestable? 2° les *Annales*, depuis 1348; 3° la liste des *Rois de Bohême* et des *Électeurs*; 4° une *Lettre de l'auteur* A. S. A. S. M^e LA D. D. S. G. (à son altesse sérénissime madame la duchesse de Saxe-Gotha).

Il existe une réimpression de ces deux volumes (le premier sous la date de 1753, le second aussi sans date), faite en général page pour page, mais contenant, à la page 363 du second volume, un *errata*. Il est à remarquer que cet *errata* signale des fautes qui n'existent pas dans cette édition, que je crois la seconde, et qui sont dans celle que je crois la première.

Une édition de 1754, en deux volumes in-12, ne peut avoir été faite que du consentement de l'auteur. Trois de ses corrections arrivées trop tard pour être faites dans le texte, sont le sujet d'un errata: deux portaient sur des passages du morceau relatif aux *Coutumes du temps de Charlemagne* [12], que Voltaire a depuis transporté dans l'*Essai sur les Mœurs*.

Il est à croire qu'il se fit vers le même temps d'autres éditions de cet ouvrage [13]; car dans un *Avis*, ou prospectus pour la *première édition du recueil complet des œuvres de M. de Voltaire*, les frères Cramer disaient, à la fin de 1755 ou au commencement de 1756 : « Les *Annales* « *de l'Empire* ne se réimprimeront point actuellement; il « y en a un si grand nombre d'éditions répandues partout « que ce serait multiplier les êtres sans nécessité ; d'ail- « leurs il y a mille choses dans ces *Annales* qui sont in- « sérées et plus détaillées dans l'*Essai sur l'Histoire géné-* « *rale*. Un jour peut-être M. de Voltaire reverra cet « ouvrage, et le fera ajouter à ce recueil. »

Ce ne fut qu'en 1772 que les *Annales de l'Empire* furent admises dans l'édition des Cramer. Elles sont contenues dans les quinzième, seizième et dix-septième parties (ou volumes) des *Nouveaux Mélanges*. L'auteur avait revu son ouvrage et y avait fait des changements, dont il m'a suffi d'indiquer quelques uns.

Luchet raconte [14] que « les journalistes de Gottingue... rendirent un compte sévère de cet ouvrage, composé avec un peu de précipitation. Ils relevèrent beaucoup d'erreurs avec la supériorité de gens qui possèdent à fond l'histoire de leur pays sur quelqu'un qui l'étudiait. »

[12] Voyez page 58 du présent volume.
[13] Lambert doit en avoir fait faire une à Paris; on peut, du moins, ce me semble, interpréter ainsi ce que Voltaire écrivait à D'Argental, le 7 février 1754 : « J'ai écrit à Lambert ; je lui ai recommandé des cartons que je lui ai « envoyés pour ces *Annales*. »
[14] *Histoire littéraire de Voltaire*, tome IV, page 34 de l'édition de Cassel, page 33 de l'édition de Paris.

Ce n'est pas la seule fois que les rédacteurs de ce journal allemand ont maltraité Voltaire. Le *Siècle de Louis XIV* a été aussi l'objet de critiques assez vives de leur part, auxquelles Voltaire répondit par son *Avis à l'auteur du journal de Gottingue* [15]. Je ne crois pas qu'il ait répondu à la critique des *Annales de l'Empire*.

Est-ce quelques observations des journalistes de Gottingue que Luchet reproduit dans son *Histoire littéraire de Voltaire* [16]? Je ne sais. Mais que les critiques de Luchet soient de son chef ou de celui des journalistes de Gottingue, elles n'en sont presque toutes ni plus justes, ni moins ridicules.

Luchet dit: « Erreur importante. L'empereur Charles IV ayant été lui-même roi de Bohême, la bulle d'or accordait à ce royaume, préférablement à toutes les autres principautés de l'empire germanique, le privilége d'oser appeler de ses tribunaux à la chambre impériale. » Ce n'est pas là un privilége, ce me semble, mais une servitude ou dépendance. Aussi Voltaire dit-il, dès sa première édition, ce qu'on lit page 336 du présent volume: « Il est... à remarquer combien la Bohême est favorisée dans cette bulle ; l'empereur était roi de Bohême. C'est le seul pays où les causes des procès ne doivent pas ressortir à la chambre impériale. Ce droit de *non appellando* a été étendu depuis à beaucoup de princes. »

Luchet reproche à Voltaire d'avoir dit que Pie V donna trop de dignités à Jacques Buoncompagno son bâtard, et d'avoir, dans la liste des papes, omis Grégoire XIII. Or, c'est de ce dernier que Jacques Buoncompagno était bâtard. Il est donc évident qu'il y avait

---

[15] Voyez cette pièce dans les *Mélanges*, année 1753.
[16] Page 28 de l'édition de Cassel, page 26 de l'édition de Paris.

omission de quelques lignes par le copiste ou par l'imprimeur. Voltaire pouvait-il oublier le pape sous le pontificat duquel eut lieu la Saint-Barthélemy? Aussi les lignes omises furent-elles rétablies dès l'édition de 1754, et sont dans toutes les éditions qui ont paru depuis.

Luchet conclut que les *Annales de l'Empire* sont au-dessous des autres ouvrages de Voltaire, et il en donne pour raison le défaut d'ensemble, de chaleur, d'intérêt. Ce n'est pas tout-à-fait l'opinion de Palissot, qui s'exprime en ces termes : « Ce qui n'eût été, en d'autres mains, qu'un ouvrage sec et aride, prend quelquefois une couleur brillante sous le pinceau de Voltaire. »

J'ai eu, pour ce volume des *Annales*, de grands secours dans le travail fait par M. Clogenson, qui m'a généreusement offert de prendre toutes celles de ses notes qui seraient à ma convenance. On verra que j'ai largement usé de la permission.

Voltaire avait donné, en tête du premier volume, la chronologie des empereurs et des papes; et à la fin du second celle des rois de Bohême et celle des autres électeurs. Si l'auteur a séparé des listes qu'il était tout naturel de rapprocher, cela vient probablement de la précipitation de son travail, et, à l'exemple de M. Clogenson, j'ai mis ensemble ces listes, mais c'est en tête de l'ouvrage que je les ai placées. Les listes données par Voltaire viennent jusqu'au milieu du dix-huitième siècle. L'empire d'Allemagne ayant cessé d'exister au commencement du dix-neuvième, j'ai continué ces listes jusqu'à l'extinction des électorats. Cette idée m'a été suggérée par ce qu'avait fait M. Clogenson, qui, à la fin des *Annales de l'Empire*, a donné la liste des quatre empereurs d'Allemagne, depuis 1753; j'y ai ajouté la liste des papes.

J'ai cru inutile de signaler, et encore moins de rapporter en note, tous les morceaux de l'*Essai sur les Mœurs* qui ont fait ou font encore double emploi dans des passages des *Annales de l'Empire*.

Les notes sans signature, et qui sont indiquées par des lettres, sont de Voltaire.

Les notes signées d'un K sont des éditeurs de Kehl, MM. Condorcet et Decroix; il est impossible de faire rigoureusement la part de chacun.

Les initiales Cl. désignent M. Clogenson, que je prie de nouveau d'agréer mes remercîments et le témoignage public de ma reconnaissance.

Les additions que j'ai faites à ces diverses notes, en sont séparées par un —, et sont, comme mes notes, signées de l'initiale de mon nom.

BEUCHOT.

Ce 10 septembre, anniversaire de la mort de madame du Châtelet.

A MADAME LA DUCHESSE

DE SAXE-GOTHA[1].

MADAME,

Je n'ai fait qu'obéir aux ordres de votre Altesse Sérénissime en écrivant cet abrégé de l'histoire de l'Empire. Il aurait un grand avantage si j'étais resté plus long-temps dans votre cour. J'aurais mieux peint la vertu, surtout cette vertu humaine et sociable à qui l'esprit et les graces donnent un nouveau prix ; mais elle est peu du ressort de l'histoire. L'ambition, qu'on masque du grand nom de l'intérêt des états, et qui ne fait que le malheur des états; les passions féroces, qui ont conduit presque toujours la politique, laissent peu de place à ces vertus douces qu'on ne cultive guère que dans la tranquillité. Partout où il y a des troubles, il y a des crimes ; et l'histoire n'est que le tableau des troubles du monde.

Il est important pour toutes les nations de l'Europe

---

[1] Louise-Dorothée de Saxe-Meinungen, née le 10 auguste 1710, mariée à Frédéric III, duc de Saxe-Gotha, en 1729, morte le 11 novembre 1767. CL. — L'édition de Kehl est la première qui nomme la duchesse de Saxe-Gotha. Dans les premières éditions, cette dédicace est adressée A. S. A. S. M^e la D. de S. G.   B.

de s'instruire des révolutions de l'Empire. Les histoires de France, d'Angleterre, d'Espagne, de Pologne, se renferment dans leurs bornes. L'Empire est un théâtre plus vaste; ses prééminences, ses droits sur Rome et sur l'Italie, tant de rois, tant de souverains qu'il a créés, tant de dignités qu'il a conférées dans d'autres états, ces assemblées presque continuelles de tant de princes, tout cela forme une scène auguste, même dans les siècles les moins policés. Mais le détail en est immense; et il reste aux hommes occupés trop peu de temps pour lire ce prodigieux amas de faits qui se précipitent les uns sur les autres, et ces recueils de lois presque toujours contredites à force d'être expliquées. La justesse de votre esprit vous a fait desirer des annales qui ne fussent ni sèches ni prolixes, et qui donnassent une idée générale de l'Empire dans une langue que parlent toutes les nations, et qui est embellie dans votre bouche. On aurait pu sans doute obéir aux ordres de votre Altesse Sérénissime avec plus de succès, mais non avec plus de zèle et plus de respect.

AVERTISSEMENT

DE L'AUTEUR.

1753.

Ces courtes annales renferment tous les événements principaux depuis le renouvellement de l'empire d'Occident. On y voit cinq ou six royaumes vassaux de cet empire ; cette longue querelle des papes avec les empereurs ; celle de Rome avec les uns et les autres, et cette lutte opiniâtre du droit féodal contre le pouvoir suprême ; on y voit comment Rome, si souvent prête d'être subjuguée, a échappé à un joug étranger, et comment le gouvernement qui subsiste en Allemagne s'est établi. C'est à-la-fois l'histoire de l'empire et du sacerdoce, de l'Allemagne et de l'Italie. C'est en Allemagne que s'est formée cette religion qui a ôté tant d'états à l'Église romaine. Ce même pays est devenu le rempart de la chrétienté contre les Ottomans. Ainsi, ce qu'on appelle l'Empire est, depuis Charlemagne, le plus grand théâtre de l'Europe. On a mis au commencement du volume le catalogue des empereurs avec l'année de leur naissance, de leur avénement et de leur mort, les noms de leurs femmes et de leurs enfants. Vis-à-vis est la liste des papes, presque tous caractérisés par leurs actions principales ; on y trouve l'année de leur exaltation : de sorte que le lecteur peut consulter d'un coup d'œil ce tableau, sans aller chercher des fragments de cette liste à la tête du règne de chaque empereur.

On a placé à la fin du volume [1] une autre liste à colonnes contenant tous les électeurs. Le catalogue des rois de l'Europe et des empereurs ottomans, qu'on trouve si facilement partout ailleurs, eût trop grossi cet ouvrage, qu'on a voulu rendre court autant que plein.

Pour le rendre plus utile aux jeunes gens, et pour les aider à retenir tant de noms et de dates qui échappent presque toujours à la mémoire, on a resserré dans une centaine de vers techniques l'ordre de succession de tous les empereurs depuis Charlemagne, les dates de leur couronnement et de leur mort, et leurs principales actions, autant que la brièveté et le genre de ces vers l'ont pu permettre. Quiconque aura appris ces cent vers aura toujours dans l'esprit, sans hésiter, tout le fond de l'Histoire de l'empire. Les dates et les noms rappellent aisément dans la mémoire les événements qu'on a lus; c'est la méthode la plus sûre et la plus facile.

---

[1] Dans les premières éditions, qui étaient en deux volumes, il y a: *On a placé au-devant du second volume*, etc. Cependant ce n'est qu'à la *fin* du second volume que, dans ces premières éditions, se trouve *l'autre liste*. Ces listes sont, dans la présente édition, à la suite l'une de l'autre, et en tête de l'ouvrage. B.

CATALOGUE

DES EMPEREURS, DES PAPES, DES ROIS DE BOHÈME,
ET DES ÉLECTEURS.

EMPEREURS.

1.

CHARLEMAGNE, né, dit-on, le 10 avril 742, empereur en 800, mort en 814. SES FEMMES : Hildegarde, fille de Childebrand, comte de Souabe; Irmengarde, qu'on croit la même que Désidérate, fille de Didier, roi des Lombards; Fastrade, de Franconie; Luitgarde, de Souabe. CONCUBINES OU FEMMES DU SECOND RANG : Ilmetrude, Galienne, Matalgarde, Gersinde, Regina, Adélaïde, et plusieurs autres. SES ENFANTS : Charles, roi d'Allemagne, mort en 771; Pepin, roi d'Italie, mort en 810, père de Bernard, roi d'Italie, tige de la maison de Vermandois, dépossédé, aveuglé, et mort en 818; Louis-le-Pieux, le Débonnaire ou le Faible, empereur; Rotrude, fiancée à Constantin V, empereur d'Orient; Berthe, mariée à un chancelier de Charlemagne; Giselde, Tétrarde, Hiltrude, encloîtrées par Louis-le-Débonnaire. Il eut des femmes du second rang : Drogon, évêque de Metz; Hugo ou Hugues l'abbé, Thierri l'abbé, Pepin-le-Bossu, Rothilde, Gertrude. Les romanciers ajoutent la belle Emma, dont ils disent que le secrétaire Éginard, et même Charlemagne, furent amoureux.

PAPES.

ZACHARIE, exalté en 741; c'est lui qu'on prétend avoir décidé *que celui-là seul était roi qui en avait le pouvoir.* Il anathématisa ceux qui démontraient qu'il y a des antipodes : l'ignorance de cet homme infaillible était au point, qu'il affirmait que, pour qu'il y eût des antipodes, il fallait nécessairement deux soleils et deux lunes.

ÉTIENNE II ou III, 752; le premier qui se fit porter sur les épaules des hommes.

PAUL Ier, 757; de son temps la grande querelle des images divisait l'Église.

ÉTIENNE III ou IV, 768; il disputa le siége à Constantin, qui était séculier, et à Philippe. Il y eut beaucoup de sang répandu. Ce n'était pas le premier schisme; on en a vu plus de quarante : il faut remarquer ici que cet Étienne IV déposa, dégrada, Constantin son prédécesseur, et lui fit crever les yeux.

ADRIEN Ier, 772; ses légats eurent la première place au second concile de Nicée.

LÉON III, 795; il nomma Charlemagne empereur le jour de Noël en 800. Il ne voulut point ajouter *filioque* au symbole. On prétend que ce fut lui qui introduisit l'usage de baiser les pieds des papes. La cour romaine dit qu'il donna l'empire à Charlemagne; la vérité dit

EMPEREURS.

2.

LOUIS-LE-FAIBLE, né en 778, empereur en 814, mort en 840, le 20 juin. Ses femmes : Irmengarde, fille d'un comte de Habsbanie; Judith, fille d'un comte de Souabe. Ses enfants : Lothaire, empereur; Pepin, roi d'Aquitaine, mort en 838; Giselle, femme d'un comte de Bourgogne; Louis, roi de Germanie, mort en 876; Adélaïde, femme d'un comte de Bourgogne; Alpaïde, femme d'un comte de Paris; Charles-le-Chauve, roi de France, et empereur.

3.

LOTHAIRE Ier, né en 796, empereur en 840, mort en 855. Sa femme : Hermengarde, fille d'un comte de Thionville. Ses enfants : Louis second, empereur; Lothaire, roi de Lorraine, mort en 868; Charles, roi de Bourgogne; Hermengarde, femme d'un duc sur la Moselle.

4.

LOUIS II, né en 825, empereur en 855, mort en 875, le 13 auguste. Sa femme : Ingelberthe[1], fille de Louis, roi de Germanie. Sa fille : Hermengarde, mariée à Bozon, roi de Bourgogne.

PAPES.

qu'il fut l'organe du peuple, gagné par l'or, et intimidé par le fer.

ÉTIENNE IV ou V, 816.

PASCAL Ier, 817; accusé d'avoir fait assassiner le primicier Théodore, et obligé de se purger par serment devant les commissaires de l'empereur Louis. Il forgea ou laissa forger le faux acte par lequel l'empereur Louis-le-Débonnaire lui donnait la Sicile, et à tous ses successeurs.

EUGÈNE II, 824, surnommé *le Père des pauvres*.

VALENTIN, 827.

GRÉGOIRE IV, 828, qui trompa Louis-le-Faible dans un champ entre Bâle et Colmar, qu'on appela depuis *le Champ du mensonge*, et qu'on va voir par curiosité.

SERGIUS II, 844, qui se fit sacrer sans attendre la permission de l'empereur, pour établir la grandeur de l'Église romaine.

LÉON IV, 847; il sauva Rome des mahométans par son courage et sa vigilance.

BENOIT III, 855, à l'aide des Francs, malgré le peuple romain. Sous lui le denier de Saint-Pierre s'établit en Angleterre.

NICOLAS Ier, 858; de son temps commence le grand schisme entre Constantinople et Rome.

ADRIEN II, 867; il fit le premier porter la croix devant lui. Le patriarche Photius l'excommunia par représailles.

JEAN VIII, 872; il reconnut le patriarche Photius. On dit qu'il fut assassiné à coups de marteau. Cela n'est pas plus vrai que l'histoire de la papesse Jeanne. On lui attribua

---

[1] Voyez la note dans l'ouvrage, année 997. B.

EMPEREURS.

5.

CHARLES-LE-CHAUVE, né en 823, empereur en 875, mort en 877, le 6 octobre. SES FEMMES : Hirmentrude, fille d'Odon, duc d'Orléans ; Richilde, fille d'un comte de Bouvines. SES ENFANTS : Louis-le-Bègue ; Charles, tué en 866 ; Carloman, aveuglé en 873 ; Judith, femme en premières noces d'Éthelred, roi d'Angleterre, et en secondes noces de Baudouin Ier, comte de Flandre.

6.

LOUIS-LE-BÈGUE, né en 843, le premier novembre, empereur en 878, mort en 879, le 10 avril. SES FEMMES : Ansgarde, Adélaïde. SES ENFANTS : Louis, Carloman, et Charles-le-Simple, roi de France : Égiselle, mariée à Rollon ou Raoul, premier duc de Normandie.

7.

CHARLES-LE-GROS, empereur en 880, dépossédé en 887, mort en 888, le 13 janvier, SANS ENFANTS.

8.

ARNOLPHE ou ARNOUD, né en 863, empereur en 887, mort en 899. Il eut de SA MAÎTRESSE Élengarde, Louis-l'Enfant ou Louis IV, empereur ; Zventibold, roi de Lorraine ; Rapolde, tige des comtes d'Andeck et de Tyrol.

9.

LOUIS IV ou LOUIS-L'ENFANT, né en 893, empereur vers 900, mort en 912, sans postérité.

PAPES.

le rôle de cette papesse, parceque les Romains disaient qu'il n'avait pas montré plus de courage qu'une femme contre Photius.

MARIN Ier, ou MARTIN II, suivant un usage qui a prévalu, 882.

ADRIEN III, 884.

ÉTIENNE VI, 884 ; il défendit les épreuves par le feu et par l'eau.

FORMOSE, 891.

ÉTIENNE VII, 896 ; fils d'un prêtre ; il fit déterrer le corps de son prédécesseur Formose ; lui trancha la tête, et le jeta dans le Tibre : il fut ensuite mis en prison et étranglé.

JEAN IX, 897 ; de son temps les mahométans vinrent dans la Calabre.

BENOIT IV, 900.
LÉON V, 904.
SERGIUS III, 905 ; homme cruel, amant de Marozie, fille de la première Théodora, dont il eut le pape Jean XI.

EMPEREURS.

10.
CONRAD Ier, empereur en 911 ou 912, mort en 918, le 23 décembre. SA FEMME: Cunégonde de Bavière, dont il eut Arnolphe-le-Mauvais, tige de la maison de Bavière [1].

11.
HENRI-L'OISELEUR, duc de Saxe, né en 876, empereur en 919, mort en 936. SES FEMMES: Hatbourge, fille d'un comte de Mersbourg; Mechtilde, fille d'un comte de Ringelheim. SES ENFANTS: Tancard, tué à Mersbourg en 939; l'empereur Othon-le-Grand; Gerberge, mariée à Giselberg, duc de Lorraine; Aduide, mariée à Hugues, comte de Paris; Henri, duc de Bavière; Brunon, évêque de Cologne.

12.
OTHON Ier, ou LE GRAND, né le 22 novembre 916, empereur en 936, mort en 973, le 7 mai. SES FEMMES: Édithe, fille d'Édouard, roi d'Angleterre; Adélaïde, fille de Rodolphe II, roi de Bourgogne. SES ENFANTS: Lutholf, duc de Souabe; Luitgarde, femme d'un duc de Lorraine et de Franconie; Othon second, dit le Roux, empereur; Mathilde, abbesse de Quedlimbourg; Adélaïde, mariée à un marquis de Montferrat; Richilde, à un comte d'Enninguen; Guillaume, archevêque de Mayence.

PAPES.

ANASTASE III, 911.
LANDON, 913.
JEAN X., 914; amant de la jeune Théodora, qui lui procura le saint-siége, et dont il eut Crescence, premier consul de ce nom. Il mourut étranglé dans son lit.

LÉON VI, 928.
ÉTIENNE VIII, 929; qu'on croit encore fils de Marozie, enfermé au château qu'on nomme aujourd'hui Saint Ange.
JEAN XI, 931; fils du pape Sergius et de Marozie, sous qui sa mère gouverna despotiquement.

LÉON VII, 936.
ÉTIENNE IX, 939, Allemand de naissance, sabré au visage par les Romains.
MARIN II, ou MARTIN III, 943. — AGAPET II, 946.
JEAN XII, 956, fils de Marozie et du patrice Albéric; patrice lui-même.. Fait pape à l'âge de dix-huit ans. Il s'opposa à l'empereur Othon Ier. Il fut assassiné en allant chez sa maîtresse.
LÉON VIII, 963, nommé par un petit concile à Rome par les ordres d'Othon.
BENOIT V, 964, chassé immédiatement après par l'empereur Othon Ier, et mort en exil à Hambourg.
JEAN XIII, 955, chassé de Rome, et puis rétabli.
BENOIT VI, 972, étranglé par

---

[1] Arnolphe ou Arnoul-le-Mauvais était fils de Léopold, l'un des marquis de Bavière, et qu'on croit avoir été duc de ce pays, et de Cunégonde qui, après la mort de son mari, épousa Conrad Ier. Cet empereur est mort sans postérité; Arnoul n'a été que son beau-fils. B.

EMPEREURS.

13.

OTHON II, ou LE ROUX, né en 955, empereur en 973, mort en 983. SA FEMME : Théophanie, belle-fille de l'empereur Nicéphore. SES ENFANTS : Othon, depuis empereur; Sophie, abbesse de Gannecheim; Mathilde, femme d'un comte palatin; Vithilde, fille naturelle, femme d'un comte de Hollande.

14.

OTHON III, né en 973, empereur en 983, mort en 1002 : on prétend qu'il épousa Marie d'Aragon. Mort sans postérité.

15.

HENRI II, surnommé *le Saint*, *le Chaste*, et *le Boiteux*, duc de Bavière, petit-fils d'Othon-le-Grand, empereur en 1002, mort en 1024. SA FEMME : Cunégonde, fille de Sigefroi, comte de Luxembourg. Sans postérité.

16.

CONRAD II, le Salique, de la maison de Franconie, empereur en 1024, mort en 1039, le 4 juin. SA FEMME : Giselle, de Souabe. SES ENFANTS : Henri, depuis empereur; Béatrix, abbesse de Gandersheim; Judith, mariée, à ce qu'on prétend, à Azon d'Est en Italie.

17.

HENRI III, dit *le Noir*, né le 28 octobre 1017, empereur en 1039, mort en 1056. SES FEMMES : Cunégonde, fille de Canut, roi d'Angle-

PAPES.

le consul Crescence, fils du pape Jean X.

BONIFACE VII, 974; il voulut rendre Rome aux empereurs d'Orient.

DOMNUS, 974.

BENOIT VII, 975.

JEAN XIV, 984; du temps de Boniface VII, mort en prison au château Saint-Ange.

BONIFACE VII, rétabli; assassiné à coups de poignard.

JEAN XV ou XVI, 986, chassé de Rome par le consul Crescence, et rétabli.

GRÉGOIRE V, 996, à la nomination de l'empereur Othon III.

SILVESTRE II, 999; c'est le fameux Gerbert Auvergnac, archevêque de Reims, prodige d'érudition pour son temps.

JEAN XVII, 1003.
JEAN XVIII, 1004.
SERGIUS IV, 1009, regardé comme un ornement de l'Église.
BENOIT VIII, 1012; il repoussa les Sarrasins.

JEAN XIX ou XX, 1024; chassé et rétabli.
BENOIT IX, 1033, qui acheta le pontificat, lui troisième, et qui revendit sa part[1].

GRÉGOIRE VI, 1045, déposé.
CLÉMENT II, évêque de Bamberg, en 1046, nommé par l'empereur Henri III.

---

[1] Voyez, dans l'ouvrage, l'année 1045. B.

EMPEREURS.

terre; Agnès, fille de Guillaume, duc d'Aquitaine. SES ENFANTS DE LA SECONDE FEMME: Mathilde, mariée à Rodolphe, duc de Souabe; l'empereur Henri IV; Conrad, duc de Bavière; Sophie, mariée à Salomon, roi de Hongrie, et depuis à Vladislas, roi de Pologne; Itha, femme de Léopold, marquis d'Autriche; Adélaïde, abbesse de Gandersheim.

18.

HENRI IV, né le 11 novembre en 1050, empereur en 1056, mort en 1106. SES FEMMES: Berthe, fille d'Othon de Savoie, qu'on appelait marquis d'Italie; Adélaïde de Russie, veuve d'un margrave de Brandebourg. SES ENFANTS DE BERTHE: Conrad, duc de Lorraine; l'empereur Henri V; Agnès, femme de Frédéric de Souabe; Berthe, mariée à un duc de Carinthie; Adélaïde, à Boleslas III, roi de Pologne; Sophie, à Godefroi, duc de Brabant.

19.

HENRI V, né en 1081, empereur en 1106, mort en 1125, le 23 mai. SA FEMME: Mathilde, fille de Henri Ier, roi d'Angleterre. SA FILLE: Christine, femme de Ladislas, duc de Silésie.

20.

LOTHAIRE II, duc de Saxe, empereur en 1125, mort en 1137. SA FEMME: Richeze, fille de Henri-le-Gros, duc de Saxe.

PAPES.

DAMASE II, 1048, nommé encore par l'empereur.
LÉON IX, 1048, pape vertueux.
VICTOR II, 1055, grand réformateur, inspiré et gouverné par Hildebrand, depuis Grégoire VII.

ÉTIENNE X, 1057, frère de Godefroi, duc de Lorraine.
NICOLAS II, exalté à main armée en 1058, chassa son compétiteur Benoît. Il soumit le premier la Pouille et la Calabre au saint-siége.
ALEXANDRE II, élu par le parti d'Hildebrand, sans consentement de la cour impériale, en 1061; de son temps est l'étonnante aventure de l'épreuve de *Petrus Igneus*, vraie, ou fausse, ou exagérée.
GRÉGOIRE VII, 1073; c'est le fameux Hildebrand, qui le premier rendit l'Église romaine redoutable; il fut la victime de son zèle.
VICTOR III, 1086; Grégoire VII l'avait recommandé à sa mort.
URBAIN II, de Châtillon-sur-Marne, 1087; il publia les croisades imaginées par Grégoire VII.
PASCAL II, 1099; il marcha sur les traces de Grégoire VII.

GÉLASE II, 1118, traîné immédiatement après en prison par la faction opposée.
CALIXTE II, 1119, finit le grand procès des investitures.
HONORIUS II, 1124.

INNOCENT II, 1130; presque toutes les élections étaient doubles dans ce siècle; tout était schisme dans l'Église; tout s'obtenait par brigue, par simonie, ou par violence; et les papes n'étaient point maîtres dans Rome.

EMPEREURS.	PAPES.

21.

CONRAD III, né en 1092, empereur en 1138, mort en 1152, le 15 février. SA FEMME : Gertrude, fille d'un comte de Sultzbach. SES ENFANTS : Henri, mort en bas âge ; Frédéric, comte de Rothembourg.

22.

FRÉDÉRIC Ier, surnommé *Barberousse*, duc de Souabe, né en 1121, empereur en 1152, mort en 1190. SES FEMMES : Adélaïde, fille du marquis de Vohenbourg, répudiée ; Béatrix, fille de Renaud, comte de Bourgogne. SES ENFANTS : Henri, depuis empereur ; Frédéric, duc de Souabe ; Conrad, duc de Spolette ; Philippe, depuis empereur ; Othon, comte de Bourgogne ; Sophie, mariée au marquis de Montferrat ; Béatrix, abbesse de Quedlimbourg.

23.

HENRI VI, né en 1165, empereur en 1190, mort en 1197. SA FEMME : Constance, fille de Roger, roi de Sicile. SES ENFANTS : Frédéric, depuis empereur ; Marie, femme de Conrad, marquis de Mâhrén.

24.

PHILIPPE, duc de Souabe, fils puiné de Frédéric Barberousse, tuteur de Frédéric II ; né en 1181, empereur en 1198, mort en 1208, le 21 juin. SA FEMME : Irène, fille d'Isaac, empereur de Constantinople. SES ENFANTS : Béatrix, épouse de Ferdinand III, roi de Castille ; Cunégonde, épouse de Venceslas III, roi de Bohême ; Marie, épouse de Henri, duc de Brabant ; Béatrix, morte immédiatement après son mariage avec Othon IV, duc de Brunsvick, depuis empereur.

CÉLESTIN II, 1143.
LUCIUS II, 1144, tué d'un coup de pierre, en combattant contre les Romains.
EUGÈNE III, 1145, maltraité par les Romains, et réfugié en France.

ANASTASE IV, 1153.
ADRIEN IV, 1154, Anglais, fils d'un mendiant, mendiant lui-même, et devenu grand homme.
ALEXANDRE III, 1159, qui humilia l'empereur Frédéric Barberousse et le roi d'Angleterre Henri II.
LUCIUS III, 1181, chassé encore, et poursuivi par les Romains, qui, en reconnaissant l'évêque, ne voulaient pas reconnaître le prince.
URBAIN III, 1185.
GRÉGOIRE VIII, 1187 ; passe pour savant, éloquent, et honnête homme.
CLÉMENT III, 1188, voulut réformer le clergé.
CÉLESTIN III, 1191, qui défendit qu'on enterrât l'empereur Henri VI.

INNOCENT III, 1198, qui jeta un interdit sur la France : sous lui la croisade contre les Albigeois.

EMPEREURS.

25.
OTHON IV, duc de Brunsvick, empereur en 1198, mort en 1218. Sa seconde femme : Marie, fille de Henri-le-Vertueux, duc de Brabant. Mort sans postérité.

26.
FRÉDÉRIC II, duc de Souabe, roi des Deux-Siciles, né le 26 décembre 1193[1], empereur en 1212, mort en 1250, le 13 décembre[2]. Ses femmes : Constance, fille d'Alfonse II, roi d'Aragon ; Violente, fille de Jean de Brienne, roi de Jérusalem ; Isabelle, fille de Jean, roi d'Angleterre. Ses enfants : Henri, roi des Romains, mort en prison en 1236 ; Conrad, depuis empereur, père de Conradin, en qui finit la maison de Souabe ; Henri, gouverneur de Sicile ; Marguerite, épouse d'Alberg-le-Dépravé, landgrave de Thuringe, et marquis de Misnie. De ses maîtresses, il eut Enzio, roi de Sardaigne ; Manfredo, roi de Sicile ; Frédéric, prince d'Antioche.

27.
CONRAD IV, empereur en 1250, mort en 1254. Sa femme : Élisabeth, fille d'Othon, comte palatin. Son fils : Conradin, duc de Souabe, héritier du royaume de Sicile, à qui Charles d'Anjou fit couper la tête à l'âge de dix-sept ans, le 26 octobre 1268.

(Alphonse X, roi d'Espagne, et Richard, duc de Cornouailles, fils de Jean-sans-Terre, tous deux élus en 1257 ; mais ils ne sont pas comptés parmi les empereurs).

28.
RODOLPHE, comte de Habsbourg en Suisse, tige de la maison d'Autriche, né en 1218 ; empereur en 1273, mort en 1291. Ses femmes : Anne Gertrude de Hohem-

PAPES.

HONORIUS III, 1216, commença à s'élever contre Frédéric II.
GRÉGOIRE IX, 1227, chassé encore par les Romains, excommunia, et crut déposer Frédéric II.
CÉLESTIN IV, 1241.
INNOCENT IV, 1243, excommunia encore Frédéric II, et crut le déposer au concile de Lyon.

ALEXANDRE IV, 1254, qui protégea les moines mendiants contre l'université de Paris.
URBAIN IV, 1261 ; il fut d'abord savetier à Troyes en Champagne ; il appela le premier Charles d'Anjou à Naples.

CLÉMENT IV, 1264 ; on prétend qu'il conseilla l'assassinat de Conradin et du duc d'Autriche par la main d'un bourreau.

GRÉGOIRE X, 1271 ; il donna des règles sévères pour la tenue des conclaves.
INNOCENT V, 1276.
ADRIEN V, 1276.

---
[1] L'*Art de vérifier les dates* cite positivement l'année 1194. Ch.
[2] Voyez la note à l'année 1250. B.

berg; Agnès, fille d'Othon, comte de Bourgogne. SES ENFANTS: Albert, duc d'Autriche, depuis empereur; Rodolphe, qu'on a cru duc de Souabe : Hermann, qui se noya dans le Rhin à l'âge de dix-huit ans; Frédéric, mort sans lignée; Charles, mort en bas âge; Rodolphe, mort aussi dans l'enfance; Mechtilde, mariée à Louis-le-Sévère, duc de Bavière; Agnès, qui épousa Albert II, duc de Saxe; Hedvige, femme d'Othon, marquis de Brandebourg; Gutha, mariée à Venceslas, roi de Bohême, fils d'Ottocare; Clémence, épouse de Charles Martel, roi de Hongrie, petit-fils de Charles Ier, roi de Naples et de Sicile; Marguerite, femme de Théodoric, comte de Clèves; Catherine, mariée à Othon, duc de la Bavière inférieure, fils de Henri, frère de Louis-le-Sévère; Euphémie, religieuse.

29.

ADOLPHE DE NASSAU, empereur en 1292, mort en 1298, le 2 juillet. SA FEMME: Imagine, fille de Jerlach, comte de Limbourg. SES ENFANTS: Henri, mort jeune; Robert de Nassau; Jerlach de Nassau; Valdrame, Adolphe; Adélaïde, Imagine, Mathilde, Philippe.

30.

ALBERT Ier, d'Autriche, empereur en 1298, mort en 1308. SA FEMME: Élisabeth, fille de Ménard, duc de Carinthie et comte de Tyrol. SES ENFANTS: Frédéric-le-Beau, depuis empereur; Albert-le-Sage, duc d'Autriche.

31.

HENRI VII, de la maison de Luxembourg, empereur en 1308, mort en 1313. SES FEMMES: Marguerite, fille d'un duc de Brabant; Catherine, fille d'Albert d'Autriche, fiancée seulement avant sa mort. SON FILS: Jean, roi de Bohême.

JEAN XXI, 1276; on dit qu'il était assez bon médecin.

NICOLAS III, 1277, de la maison des Ursins : on dit qu'avant de mourir il conseilla les vêpres siciliennes.

MARIN III, ou MARTIN IV, 1281; dès qu'il fut pape, il se fit élire sénateur de Rome pour y avoir plus d'autorité.

HONORIUS IV, 1285, de la maison de Savelli, prit le parti des Français en Sicile.

NICOLAS IV, 1288; sous lui les chrétiens entièrement chassés de la Syrie.

CÉLESTIN V, 1292; Benoît Caïétan lui persuada d'abdiquer.

BONIFACE VIII (Benoît Caïétan), 1294; il enferma son prédécesseur, excommunia Philippe-le-Bel, s'intitula maître de tous les rois, fit porter deux épées devant lui, mit deux couronnes sur sa tête, et institua le jubilé.

CLÉMENT V (Bertrand de Gott), Bordelais, 1305, poursuivit les templiers. Il est dit qu'on vendait à sa cour tous les bénéfices.

EMPEREURS.

32.

LOUIS V, de Bavière, empereur en 1314, mort en 1347. Ses femmes : Béatrix de Glogau; Marguerite, comtesse de Hollande. Ses enfants : Louis-l'Ancien, margrave de Brandebourg; Étienne-le-Bouclé, duc de Bavière; Mechtilde, femme de Frédéric-le-Sévère, marquis de Misnie; Élisabeth, mariée à Jean, duc de la Basse-Bavière; Guillaume, comte de Hollande par sa mère, devenu furieux; Albert, comte de Hollande; Louis-le-Romain, marquis de Brandebourg; Othon, marquis de Brandebourg.

33.

CHARLES IV, de la maison de Luxembourg, né en 1316, empereur en 1347, mort en 1378. Ses femmes : Blanche de Valois; Anne Palatine; Anne de Silésie; Élisabeth de Poméranie. Ses enfants. Venceslas, depuis empereur; Sigismond, depuis empereur; Jean, marquis de Brandebourg.

34.

VENCESLAS, né en 1361, empereur en 1378, déposé en 1400, mort en 1419. Ses femmes : Jeanne et Sophie, de la maison de Bavière. Sans postérité.

35.

ROBERT, comte palatin du Rhin, empereur en 1400, mort en 1410. Sa femme : Élisabeth, fille d'un burgrave de Nuremberg. Ses enfants : Robert, mort avant lui; Louis-le-Barbu et l'Aveugle, électeur; Frédéric, comte de Hamberg; Élisabeth, mariée à un duc d'Autriche; Agnès, à un comte de Clèves; Marguerite,

PAPES.

JEAN XXII, 1316, fils d'un savetier de Cahors, nommé d'Euse, qui passa pour avoir vendu encore plus de bénéfices que son prédécesseur, et qui ent un grand crédit dans l'Europe, sans pouvoir en avoir dans Rome. Il résida toujours vers le Rhône. Il écrivit sur la pierre philosophale, mais il l'avait véritablement en argent comptant. Ce fut lui qui ajouta une troisième couronne à la tiare. On l'accusa d'hérésie; ce fut lui qui taxa la rémission des péchés : cette taxe fut imprimée depuis.

BENOIT XII (Jacques Fournie) 1334, réside à Avignon.

CLÉMENT VI (Pierre-Roger), 1342, réside à Avignon qu'il acheta de la reine Jeanne.

INNOCENT VI (Étienne Aubert), 1325, réside à Avignon.

URBAIN V (Guillaume Grimoard), 1362, réside à Avignon. Il fit un voyage à Rome, mais il n'osa s'y établir.

GRÉGOIRE XI (Roger de Momon), 1370, remit le saint-siège à Rome, où il fut reçu comme seigneur de la ville.

Grand schisme qui commence en 1378, entré Prignano, URBAIN VI, et Robert de Genève, CLÉMENT VII. Ce schisme continue de compétiteur en compétiteur jusqu'à 1417. Jamais on ne vit plus de troubles et plus de crimes dans l'Église chrétienne.

EMPEREURS. PAPES.

à un duc de Lorraine; Jean, comte palatin Zimmeren.

36.

JOSSE, marquis de Brandebourg et de Moravie, empereur en 1410, mort trois mois après.

37.

SIGISMOND, frère de Venceslas, né en 1368, empereur en 1411, mort en 1437. SES FEMMES : Marie, héritière de Hongrie et de Bohême; Barba, comtesse de Sillé. SA FILLE : Élisabeth, fille de Marie, héritière de Hongrie et de Bohême, mariée à l'empereur Albert II, d'Autriche.

38.

ALBERT II, d'Autriche, né en 1399[1], empereur en 1438, mort en 1439. SA FEMME : Élisabeth, fille de Sigismond, héritière de Bohême et de Hongrie. SES ENFANTS : George, mort jeune; Anne, mariée à un duc de Saxe; Élisabeth, à un prince de Pologne; Ladislas, posthume, roi de Bohême et de Hongrie.

39.

FRÉDÉRIC d'Autriche, né en 1415, empereur en 1440, mort en 1493. SA FEMME : Éléonore, fille du roi de Portugal. SES ENFANTS : Maximilien, depuis empereur; Cunégonde, mariée à un duc de Bavière.

MARTIN V (Colonna), 1417, élu par le concile de Constance. Il pacifia Rome, et recouvra beaucoup de domaines du saint-siége.

EUGÈNE IV (Gondelmère), 1431. On l'a cru fils de Grégoire XII. L'un des papes du grand schisme : il triompha du concile de Bâle, qui le déposa vainement.

NICOLAS V (Sarzane), 1447; c'est lui qui fit le concordat avec l'Empire.

CALIXTE III (Borgia), 1455; il envoya le premier des galères contre les Ottomans.

PIE II (Æneas Silvius Piccolomini), 1458; il écrivit dans le temps du concile de Bâle contre le pouvoir du saint-siége, et se rétracta étant pape.

PAUL II (Barbo), Vénitien, 1464; il augmenta le nombre et les honneurs des cardinaux, institua des jeux publics et des frères minimes.

SIXTE IV (de La Rovère), 1471; il encouragea la conjuration des Pazzi contre les Médicis; il fit réparer le pont Antonin, et mit un impôt sur les courtisanes.

INNOCENT VIII (Cibo), 1484,

---

[1] Le 10 auguste 1397, selon la *Biographie universelle*. B.

EMPEREURS.

40.

MAXIMILIEN Ier, d'Autriche, né en 1459, roi des Romains en 1486, empereur en 1493, mort en 1519, le 12 janvier. Ses FEMMES : Marie, héritière de Bourgogne et des Pays-Bas; Blanche-Marie Sforce. Ses ENFANTS : Philippe-le-Beau, d'Autriche, roi d'Espagne par sa femme; François, mort au berceau; Marguerite, promise à Charles VIII, roi de France, gouvernante des Pays-Bas, mariée à Jean, fils de Ferdinand, roi d'Espagne, et depuis à Philibert, duc de Savoie : il n'eut point d'enfants de Blanche Sforce, mais il eut six bâtards de ses maîtresses.

41.

CHARLES-QUINT, né le 24 février 1500, roi d'Espagne en 1516, empereur en 1519; abdique le 2 juin [1] 1556 : mort le 21 septembre 1558. SA FEMME : Isabelle, fille d'Emmanuel, roi de Portugal. Ses ENFANTS : Philippe II, roi d'Espagne, de Naples et Sicile, duc de Milan, souverain des Pays-Bas; Jeanne, mariée à Jean, infant de Portugal; Marie, épouse de l'empereur Maximilien II, son cousin-germain. Ses BATARDS RECONNUS SONT : don Juan d'Autriche, célèbre dans la guerre, et Marguerite d'Autriche, mariée à Alexandre, duc de Florence, et ensuite à Octave, duc de Parme. On a soupçonné ces deux enfants d'être

PAPES.

marié avant d'être prêtre, et ayant beaucoup d'enfants.

ALEXANDRE VI (Borgia), 1492; on connaît assez sa maîtresse Vanosia, sa fille Lucrèce, son fils le duc de Valentinois, et les voies dont il se servit pour l'agrandissement de ce fils, dont le saint-siége profita. On l'a mal à propos comparé à Néron : il est vrai qu'il en eut la cruauté ; mais il ne fut point parricide, et il eut une politique aussi adroite que la conduite de Néron fut insensée.

PIE III (Piccolomini), 1503; on trompa, pour l'élire, le cardinal d'Amboise, premier ministre de France, qui se croyait assuré de la tiare.

JULES II (de La Rovère), 1503; il augmenta l'état ecclésiastique ; guerrier auquel il ne manqua qu'une grande armée.

LÉON X (Médicis), 1513; amateur des arts, magnifique, voluptueux. Sous lui la religion chrétienne est partagée en plusieurs sectes.

ADRIEN VI (Florent Boyens d'Utrecht), 1521; précepteur de Charles-Quint ; haï des Romains comme étranger. A sa mort on écrivit sur la porte de son médecin : *Au libérateur de la patrie.*

CLÉMENT VII (Médicis), 1523; de son temps Rome est saccagée, et l'Angleterre se détache de l'Église romaine. On lui reprocha d'être bâtard, et d'avoir acheté le pontificat: ces deux reproches étaient très fondés.

PAUL III (Farnèse), 1534; il donna Parme et Plaisance, et ce fut un sujet de troubles; il croyait à l'astrologie judiciaire plus que tous les princes de son temps.

---

[1] Voyez la note dans le volume, année 1556. B.

nés d'une princesse qui tenait de près à Charles-Quint.

JULES III (Ghiocchi), 1550; c'est lui qui fit cardinal son porte-singe, qu'on appela le cardinal Simia : il passait pour fort voluptueux.

MARCEL II (Cervin), 1555, ne siége que vingt-un jours.

PAUL IV (Caraffa), 1555; élu à près de quatre-vingts ans; ses neveux gouvernèrent. L'inquisition fut violente à Rome, et le peuple, après sa mort, brûla les prisons de ce tribunal.

42.

FERDINAND Ier, frère de Charles-Quint, né le 10 mars 1503, roi des Romains en 1531, empereur en 1556, mort le 25 juillet 1564. SA FEMME : Anne, sœur de Louis, roi de Hongrie et de Bohême; IL EN EUT QUINZE ENFANTS : Maximilien, depuis empereur; Élisabeth, mariée à Sigismond-Auguste, roi de Pologne; Anne, au duc de Bavière, Albert V.[1]; Marie, à Guillaume, duc de Juliers; Magdeleine, religieuse; Catherine, qui épousa en premières noces François, duc de Mantoue, et en secondes, Sigismond-Auguste, roi de Pologne, après la mort de sa sœur; Éléonore, mariée à Guillaume, duc de Mantoue; Marguerite, religieuse; Barbe, épouse d'Alfonse II, duc de Ferrare; Hélène, religieuse; Jeanne, épouse de François, duc de Florence; Ferdinand, duc de Tyrol; Charles, duc de Stirie; Jeanne et Ursule, mortes dans l'enfance.

PIE IV (Medechino), 1559. Il fit étrangler le cardinal Caraffa, neveu de Paul IV, et le népotisme, sous lui, domina comme sous son prédécesseur.

43.

MAXIMILIEN II, d'Autriche, né le premier août 1527, empereur en 1564, mort le 12 octobre 1576. SA FEMME : Marie, fille de Charles-Quint; IL EN EUT QUINZE ENFANTS : Rodolphe, depuis empereur; l'archiduc Ernest; Mathias, depuis empereur; l'archiduc Maximilien; Albert, mari de l'infante Claire-Eugé-

PIE V (Ghisleri), dominicain, 1566; il fit brûler Jules Zoannetti, P. Carnesecchi et Palearius; il eut de grands démêlés avec la reine Élisabeth.

GRÉGOIRE XIII (Buoncompagno), 1572; la première année de son pontificat est fameuse par le massacre de la Saint-Barthélemi;

---

[1] Voyez, dans le volume, une note à l'année 1564. B.

nie; Venceslas, mort à dix-sept ans; Anne, épouse de Philippe II, roi d'Espagne; Élisabeth, épouse de Charles IX, roi de France; Marguerite, religieuse, et six enfants morts au berceau.

44.

RODOLPHE II, né le 18 juillet 1552, empereur en 1576, mort en 1612, le 20 janvier; SANS FEMMES: mais il eut cinq enfants naturels.

45.

MATHIAS, frère de Rodolphe, né en 1557, le 24 février, empereur en 1612, mort en 1619, le 20 mars. SA FEMME: Anne, fille de Ferdinand du Tyrol; sans postérité.

46.

FERDINAND II, fils de Charles, archiduc de Stirie et de Carinthie, et petit-fils de l'empereur Ferdinand 1er, né en 1578, le 9 juillet, empereur en 1619, mort en 1637, le 15 février. SES FEMMES: Marie-Anne, fille de Guillaume, duc de Bavière; Éléonore, fille de Vincent, duc de Mantoue. SES ENFANTS D'ANNE: Jean-Charles, mort à quatorze ans; Ferdinand, depuis empereur; Marie-

on en fit à Rome des feux de joie. Il donna à Jacques Buoncompagno, son bâtard, beaucoup de biens et de dignités; mais il ne démembra pas l'état ecclésiastique en sa faveur.

SIXTE V, fils d'un pauvre vigneron nommé Peretti, 1585, acheva l'église de Saint-Pierre, embellit Rome, laissa cinq millions d'écus dans le château Saint-Ange en cinq années de gouvernement.

URBAIN VII (Castagna), 1590.

GRÉGOIRE XIV (Sfondrate), 1590, envoya du secours à la Ligue en France.

INNOCENT IX (Santiquatro), 1591.

CLÉMENT VIII (Aldobrandin), 1592; il donna l'absolution et la discipline au roi de France Henri IV sur le dos des cardinaux Du Perron et d'Ossat; il s'empara du duché de Ferrare.

PAUL V [1] (Borghèse), 1605; il excommunia Venise, et s'en repentit. Il éleva le palais Borghèse, et embellit Rome.

GRÉGOIRE XV (Ludovisio), 1621; il aida à pacifier les troubles de la Valteline.

URBAIN VIII (Barberino), Florentin, 1623; il passa pour un bon poëte latin; tant qu'il régna, ses neveux gouvernèrent, et firent la guerre au duc de Parme.

---

[1] Entre Clément VIII et Paul V, on compte Léon XI, quoiqu'il n'ait été pape que vingt-sept jours. CL.

Anne, épouse de Maximilien, duc de Bavière; Cécile-Renée, mariée à Vladislas, roi de Pologne; Léopold-Guillaume, qui eut plusieurs évêchés; Christine, morte jeune.

47.

FERDINAND III, né en 1608, le 13 juillet [1], empereur en 1637, mort en 1657. SES FEMMES : Marie-Anne, fille de Philippe III, roi d'Espagne; Marie-Léopoldine, fille de Léopold, archiduc du Tyrol; Éléonore, fille de Charles II, duc de Mantoue. SES ENFANTS : Ferdinand, roi des Romains, mort à vingt et un ans; Marie-Anne, épouse de Philippe IV, roi d'Espagne; Philippe-Augustin, et Maximilien-Thomas, morts dans l'enfance; Léopold, depuis empereur; Marie, morte au berceau; Charles-Joseph, évêque de Passau; Thérèse-Marie, morte jeune; Éléonore-Marie, qui, étant veuve de Michel, roi de Pologne, épousa Charles, duc de Lorraine; Marie-Anne, femme de l'électeur Palatin; Ferdinand-Joseph, mort dans l'enfance.

48.

LÉOPOLD, né en 1640, le 9 juin, empereur en 1658, mort en 1705, le 5 mai. SES FEMMES : Marguerite-Thérèse, fille de Philippe IV, roi d'Espagne; Claude-Félicité, fille de Ferdinand-Charles, duc de Tyrol; Éléonore-Magdeleine, fille de Philippe-Guillaume, comte palatin, duc de Neubourg. SES ENFANTS DE MARGUERITE-THÉRÈSE : Ferdinand-Venceslas, mort au berceau; Marie-Antoinette, épouse de Maximilien-Marie, électeur de Bavière; trois autres filles mortes dans l'enfance. ENFANTS D'ÉLÉONORE-MAGDELEINE DE NEUBOURG : Joseph, depuis empereur; Marie-Élisabeth, gouvernante des Pays-Bas; Léopold-Joseph, mort dans l'enfance; Marie-Anne,

INNOCENT X (Pamphili), 1644; son pontificat fut long-temps gouverné par dona Olimpia sa belle-sœur.

ALEXANDRE VII (Chigi), 1655; il fit de nouveaux embellissements à Rome.

CLÉMENT IX (Rospigliosi), 1667; il voulut rétablir à Rome l'ordre dans les finances.

CLÉMENT X (Altieri), 1670; de son temps commença la querelle de la régale en France.

INNOCENT XI (Odescalchi), 1676; il fut toujours l'ennemi de Louis XIV, et prit le parti de l'empereur Léopold.

ALEXANDRE VIII (Ottoboni), 1689.

INNOCENT XII (Pignatelli), 1691; il conseilla au roi d'Espagne Charles II son testament en faveur de la maison de France.

CLÉMENT XI (Albano), 1700; il reconnut malgré lui Charles VI, roi d'Espagne; c'est lui qui fulmina,

---

[1] Le 20 juillet, suivant l'*Art de vérifier les dates*. B.

épouse de Jean V, roi de Portugal; Marie-Thérèse, morte à douze ans; Charles, depuis empereur; et trois filles mortes jeunes.

selon l'expression italienne, cette fameuse bulle *Unigenitus*, qui a couvert le saint-siége d'opprobre et de ridicule, selon l'opinion d'une grande partie de l'Europe.

49.

JOSEPH Ier, né en 1678, le 26 juillet, roi des Romains en 1690, à l'âge de douze ans, empereur en 1705, mort en 1711, le 17 avril. SA FEMME: Amélie, fille du duc Jean-Frédéric de Hanovre. SES ENFANTS: Marie-Joséphine, mariée à Frédéric-Auguste, roi de Pologne, électeur de Saxe; Léopold-Joseph, mort au berceau; Marie-Amélie, mariée au prince électoral de Bavière.

50.

CHARLES VI, né en 1685, le 1er octobre, empereur en 1711, mort en 1740. SA FEMME: Élisabeth-Christine, fille de Louis-Rodolphe, duc de Brunsvick. SES ENFANTS: Léopold, mort dans l'enfance; Marie-Thérèse, qui épousa François de Lorraine, le 12 février 1736; Marie-Anne, mariée à Charles de Lorraine; Marie-Amélie, morte dans l'enfance. Charles VI fut le dernier prince de la maison d'Autriche [1].

ROIS DE BOHÊME,

DEPUIS LA FIN DU TREIZIÈME SIÈCLE.

OTTOCARE, fils du roi Venceslas-le-Borgne, tué en 1280, dans la bataille contre l'empereur Rodolphe.

VENCESLAS-LE-VIEUX est mis, après la mort de son père, sous la tutèle d'Othon de Brandebourg. Mort en 1305.

VENCESLAS-LE-JEUNE, mort de débauche, un an après la mort de son père.

HENRI, duc de Carinthie, comte de Tyrol, beau-frère de Venceslas-le-Jeune, dépouillé deux fois de son royaume: la première par Rodolphe d'Autriche, fils d'Albert Ier; la seconde par Jean de Luxembourg, fils de l'empereur Henri VII.

JEAN DE LUXEMBOURG, maître de la Bohême, de la Silésie, et de la Lusace, tué en France, à la bataille de Créci, en 1346.

L'empereur CHARLES IV.

L'empereur VENCESLAS.

L'empereur SIGISMOND.

L'empereur ALBERT II D'AUTRICHE.

LADISLAS-LE-POSTHUME,

---

[1] Voyez la note ajoutée à la fin de l'ouvrage, note qui donne la suite des empereurs et des papes. B.

fils de l'empereur Albert d'Autriche : mort en 1457, dans le temps que Magdeleine, fille du roi de France Charles VII, passait en Allemagne pour l'épouser.

GEORGE PODIBRADE, vaincu par Mathias de Hongrie : mort en 1471.

VLADISLAS DE POLOGNE, roi de Bohême et de Hongrie : mort en 1516.

LOUIS, fils de Vladislas, aussi roi de Bohême et de Hongrie, tué à l'âge de vingt ans, en combattant contre les Turcs, en 1526.

L'empereur FERDINAND Ier, et depuis lui, les empereurs de la maison d'Autriche.

ÉLECTEURS DE MAYENCE,

DEPUIS LA FIN DU TREIZIÈME SIÈCLE.

VERNIER, comte de Falckenstein, celui qui soutint le plus ses prétentions sur la ville d'Erfort : mort en 1284.

HENRI KNODERER, moine franciscain, confesseur de l'empereur Rodolphe : mort en 1288.

GÉRARD, baron d'Eppenstein, qui combattit à la bataille où Adolphe de Nassau fut tué : mort en 1305.

PIERRE AICHSPALT, bourgeois de Trèves, médecin de Henri de Luxembourg, et qui guérit le pape Clément V d'une maladie jugée mortelle : mort en 1320.

MATHIAS, comte de Bucheck : mort en 1328.

BAUDOUIN, frère de l'empereur Henri de Luxembourg, eut Trèves et Mayence pendant trois ans : c'est un exemple unique.

HENRI, comte de Virnebourg, excommunié par Clément VI, se soutient par la guerre : mort en 1353.

GERLACH DE NASSAU : mort en 1371.

JEAN DE LUXEMBOURG, comte de Saint-Paul : mort en 1373.

ADOLPHE I DE NASSAU [1], à qui Charles IV donna la petite ville d'Hœcht : mort en 1390.

CONRAD DE VEINSBERG ; il fit brûler les Vaudois : mort en 1396.

JEAN DE NASSAU ; c'est celui qui déposa l'empereur Venceslas : mort en 1419.

CONRAD, comte de Rens, battu par le landgrave de Hesse : mort en 1431.

THÉODORE D'URBACK ; il aurait dû contribuer à protéger l'imprimerie, inventée de son temps à Mayence : mort en 1459.

DITRICH, ou DIÉTHÈRE, ou DIÉTHÉRICH, comte d'Isembourg, et un ADOLPHE DE NASSAU, se disputent long-temps l'archevêché à main armée. Isembourg cède l'électorat à son compétiteur Nassau, en 1463.

ADOLPHE II DE NASSAU, mort en 1475.

DITRICH [2] remonte sur le siège électoral, bâtit le château de Mayence : mort en 1482.

ALBERT DE SAXE, mort en 1484.

---

[1] Avant cet électeur, l'*Art de vérifier les dates* place Louis de Misnie, compétiteur d'Adolphe jusqu'en 1382. B.

[2] Nommé aussi DIÉTHÈRE ou THIÉRRI. CL.

BERTOLD DE HANNEBERG, principal auteur de la ligue de Souabe, grand réformateur des couvents de religieuses : mort en 1504. Gualtieri prétend faussement qu'il mourut d'une maladie peu convenable à un archevêque.

JACQUES DE LIEBENSTEIN, mort en 1508.

URIEL DE GEMMINGEN, mort en 1514.

ALBERT DE BRANDEBOURG, fils de l'électeur Jean, archevêque de Mayence, de Magdebourg, et d'Halberstadt à-la-fois, voulut bien encore être cardinal : mort en 1545.

SÉBASTIEN DE HAUENSTEIN, docteur ès lois ; de son temps un prince de Brandebourg brûle Mayence : mort en 1555.

DANIEL BRENDEL DE HOMBOURG ; il laissa de lui une mémoire chère et respectée : mort en 1582.

VOLFGANG DE DALBERG : il se priva de gibier, parceque la chasse fesait tort aux campagnes de ses sujets : mort en 1601.

JEAN ADAM DE BICKEN ; il assista en France à la dispute du cardinal Du Perron et de Mornai : mort en 1604.

JEAN SCHVEIGHARD DE CRONEMBOURG, long-temps persécuté par le prince de Brunsvick, *l'ami de Dieu et l'ennemi des prêtres*, délivré par les armes de Tilly : mort en 1626.

GEORGE-FRÉDÉRIC DE GREIFFENCLAU, principal auteur du fameux édit de la restitution des bénéfices, qui causa la guerre de trente ans : mort en 1629.

ANSELME-CASIMIR VAMBOLD D'UMSTADT, chassé par les Suédois : mort en 1647.

JEAN-PHILIPPE DE SCHOENBORN, remit la ville d'Erfort sous sa puissance par le secours des armes françaises et des diplômes de l'empereur Léopold : mort en 1673.

LOTHAIRE - FRÉDÉRIC DE METTERNICH, obligé de céder des terres à l'électeur palatin : mort en 1675.

DAMIEN - HARTARD VON DER LEYEN ; il fit bâtir le palais de Mayence : mort en 1678.

CHARLES - HENRI DE METTERNICH, mort en 1689.

ANSELME - FRANÇOIS D'INGELHEIM ; les Français s'emparèrent de sa ville : mort en 1695.

LOTHAIRE - FRANÇOIS DE SCHOENBORN, coadjuteur en 1694, estimé de tous ses contemporains : mort en 1729.

FRANÇOIS-LOUIS, comte palatin : mort en 1732.

PHILIPPE-CHARLES D'ELTZ, mort en 1743.

JEAN-FRÉDÉRIC-CHARLES, comte d'Ostein [1].

---

[1] Élu en 1743, mort le 4 juin 1763 ; il eut pour successeurs :

EMERIC-JOSEPH, élu le 5 juillet 1763, mort le 11 juin 1774 ;

FRÉDÉRIC-CHARLES JOSEPH, baron d'Erthal, élu le 18 juillet 1774, dépossédé, en grande partie, de fait, par les conquêtes des armées de la république française, de droit, par le traité de Lunéville, en 1801 ; mort en 1803.

CHARLES-THÉODORE-ANTOINE-MARIE, baron de Dalberg, élu coadjuteur de Mayence en 1787, de Worms, en 1787, de Constance, en 1788. L'électeur de Mayence, ayant le titre d'archi-chancelier de l'empire, royaume d'Allemagne, fut le seul représenté à l'assemblée de 1802, et obtint, par le récès de 1803, le titre d'électeur, archi-chancelier et primat de l'empire. Son siège fut transféré à Ratisbonne. Lors de l'organisation de la confédération du Rhin (voyez la note, à la fin des *Annales*), il en fut archi-chancelier. Les événements de 1814 l'ont dépossédé ; il est mort à Constance, en 1817. B.

ÉLECTEURS DE COLOGNE,

DEPUIS LA FIN DU TREIZIÈME SIÈCLE.

ENGELBERG, comte de Falckenstein, bon soldat et malheureux archevêque, pris en guerre par les habitants de Cologne : mort vers l'an 1274 [1].

SIFROI, comte de Vesterbuch, non moins soldat et plus malheureux que son prédécesseur, prisonnier de guerre pendant sept ans : mort en 1298 [2].

VICKBOLD DE HOLT, autre guerrier, mais plus heureux : mort en 1305.

HENRI, comte de Vinnanbuch, dispute l'électorat contre deux compétiteurs, et l'emporte : mort en 1338.

VALRAME, comte de Juliers, prince pacifique : mort en 1352 [3].

GUILLAUME DE GENEPPE, qui amassa et laissa de grands trésors : mort en 1362.

JEAN DE VIRNENBOURG força le chapitre à l'élire, et dissipa tout l'argent de son prédécesseur : mort en 1363.

ADOLPHE, comte de La Marche, résigne l'archevêché en 1364, se fait comte de Clèves, et a des enfants.

ENGELBERG, comte de La Marche [4].

CONON DE FALCKENSTEIN, coadjuteur du précédent, et en même temps archevêque de Trèves, gouverne Cologne pendant trois ans, et est obligé de résigner Cologne en 1370. On apporta à Cologne, sous son gouvernement, le corps tout frais d'un des petits innocents qu'Hérode avait autrefois fait massacrer, comme on sait ; ce qui donna un nouveau relief aux reliques conservées dans la ville.

FRÉDÉRIC, comte de Sarverde, prince paisible : mort en 1414.

THÉODORE, comte de Mœurs, dispute l'archevêché à Guillaume de Ravensberg, évêque de Paderborn ; mais cet évêque de Paderborn s'étant marié, le comte de Mœurs eut les deux diocèses ; il eut encore Halberstadt : mort en 1457 [5].

ROBERT DE BAVIÈRE, se servit de Charles-le-Téméraire, duc de Bourgogne, pour assujettir Cologne; obligé ensuite de s'enfuir : mort en 1480.

HERMAN, landgrave de Hesse, qui gouverna quelques années, du temps de Robert de Bavière : mort en 1508.

PHILIPPE, comte d'Oberstein : mort en 1515.

HERMAN DE VEDA, ou NEUVID, après trente-deux ans d'épiscopat, embrassa la religion luthérienne : mort en 1552, dans la retraite.

ADOLPHE DE CHAUMBOURG,

---

[1] Mort vers le milieu de 1275, selon l'*Art de vérifier les dates*, qui le nomme Engilbert II. Cl.

[2] Le 7 avril 1297. Cl.

[3] Mort dès le 14 auguste 1349. Cl.

[4] Il se démit de son gouvernement en 1367, et mourut au mois d'auguste 1368. Cl.

[5] Théodore (ou Thierri II) mourut le 13 février 1463, après un épiscopat de plus de quarante-huit ans. Cl.

un des plus savants hommes de son temps, coadjuteur du précédent archevêque luthérien, et ensuite son successeur : mort en 1556.

ANTOINE, frère d'Adolphe, évêque de Liége et d'Utrecht : mort en 1558.

JEAN, comte de Mansfeld, né luthérien : mort en 1562.

FRÉDÉRIC DE VEDA abdique en 1568 [1], se réserve une pension de trois mille florins d'or qu'on ne lui paie point, et meurt de misère.

SALENTIN, comte d'Isembourg, après avoir gouverné dix ans, assemble le chapitre et la noblesse, leur reproche les soins qu'il s'est donnés pour eux, et l'ingratitude dont il a été payé, abdique l'archevêché, et se marie à une comtesse de La Marche.

GEBHARD TRUCHSÈS DE VALDBOURG, quitta son archevêché pour la belle Agnès de Mansfeld, que le P. Kolbs appelle sa *sacrilége épouse;* ce père Kolbs n'est pas poli : mort en 1583 [2].

ERNEST DE BAVIÈRE, au lieu d'une femme, eut les évêchés de Liége, Hildesheim ; et Freisingen ; il fit long-temps la guerre, et agrandit Cologne : mort en 1612.

FERDINAND ; ses états furent désolés par le grand Gustave : mort en 1650.

MAXIMILIEN-HENRI ; il recueillit le cardinal Mazarin dans sa retraite : mort en 1688.

JOSEPH-CLÉMENT, qui l'emporta sur le cardinal de Furstemberg : mort en 1723.

AUGUSTE-CLÉMENT [3].

ÉLECTEURS DE TRÈVES,

DEPUIS LA FIN DU TREIZIÈME SIÈCLE.

HENRI DE VESTIGEN subjugue Coblentz : mort en 1286.

BOÉMOND DE VANSBERG détruit des châteaux de barons voleurs : mort en 1299.

DITRICH DE NASSAU, cité à Rome pour répondre aux plaintes de son clergé qui lui refusa la sépulture : mort en 1307.

BAUDOUIN DE LUXEMBOURG, qui prit le parti de Philippe de Valois contre Édouard III : mort en 1354.

BOÉMOND DE SARBRUCK ;

---

[1] Le 23 décembre 1567. CL.

[2] Il fut déposé cette année-là ; mais il ne mourut qu'en 1601. B.

[3] Né à Bruxelles en 1700, mort le 6 février 1761 ; sa devise était la plus belle qu'un prince puisse adopter : *Non mihi sed populo.* CL.—Voici la liste de ses successeurs :

MAXIMILIEN-FRÉDÉRIC, né en 1708, élu le 6 avril 1761, mort à Bonn, le 15 avril 1784.

MAXIMILIEN-FRANÇOIS-XAVIER JOSEPH de Lorraine, élu coadjuteur le 7 août 1780, succède à cet électorat le 15 avril 1784. Il était fils de l'empereur François et de Marie-Thérèse. Il est mort le 27 juillet 1801.

ANTOINE-VICTOR, archiduc d'Autriche, nommé évêque de Munster le 9 septembre 1801, électeur-archevêque de Cologne le 7 octobre 1801, donne sa démission en décembre 1802. B.

qui eut, dans sa vieillesse, de grands démêlés avec le Palatinat : mort en 1368.

CONRAD DE FALCKENSTEIN; il fit de grandes fondations, et résigna l'électorat à son neveu, malgré les chanoines, en 1388.

VERNIER DE KOENIGSTEIN, neveu du précédent, réduisit Vésel avec de l'artillerie, et fit presque toujours la guerre : mort en 1418.

OTHON DE ZIEGENHEIM, battu par les hussites, et mort dans cette expédition, en 1430.

RABAN DE HELMSTADT, en guerre avec ses voisins, engagea tout ce qu'il possédait, et mourut insolvable en 1439.

JACQUES DE SIRCK. L'électorat de Trèves, ruiné, ne suffisait pas pour sa subsistance; il eut l'évêché de Metz : mort en 1456.

JEAN DE BADE; ce fut lui qui conclut le mariage de Maximilien et de Marie de Bourgogne : mort en 1501.

JACQUES DE BADE, arbitre entre Cologne et l'archevêque : mort en 1511.

RICHARD DE VOLFRAT, qui tint long-temps le parti de François Ier, dans la concurrence de ce roi et de Charles-Quint pour l'Empire : mort en 1531.

JEAN DE METZENHAUSEN fit fleurir les arts, et cultiva les vertus de son état : mort en 1540.

JEAN-LOUIS DE HAGEN, ou de la Haye : mort en 1547.

JEAN-D'ISEMBOURG; sous lui Trèves souffrit beaucoup des armes luthériennes : mort en 1556.

JEAN DE LEYEN; il assiégea Trèves : mort en 1567.

JACQUES D'ELTZ; il soumit Trèves : mort en 1581.

JEAN DE SCHOENBERG; on trouve de son temps à Trèves la robe de Jésus-Christ, mais on ne sait pas précisément d'où cette robe est venue : mort en 1599.

LOTHAIRE DE METTERNICH; il entra vivement dans la ligue catholique : mort en 1623.

PHILIPPE-CHRISTOPHE DE SOTEREN; il fut pris par les Espagnols, et ce fut le prétexte pour lequel Louis XIII déclara la guerre à l'Espagne; rétabli dans son siège par les victoires de Condé, de Turenne : mort à quatre-vingt-sept ans, en 1652.

CHARLES-GASPARD DE LEYEN, chassé de sa ville par les armes de la France, y rentra par la défaite du maréchal de Créqui : mort en 1676.

JEAN-HUGUES D'ORSBECK; il vit Trèves presque détruite par les Français; la guerre lui fut toujours funeste : mort en 1711.

CHARLES-JOSEPH DE LORRAINE, coadjuteur en 1710, eut encore beaucoup à souffrir de la guerre : mort en 1715.

FRANÇOIS-LOUIS, comte palatin, évêque de Breslau, Vorms, et grand-maître de l'ordre teutonique : mort en 1729.

FRANÇOIS-GEORGE DE SCHOENBORN [2].

---

[1] L'*Art de vérifier les dates* le nomme CONON II DE FALKENSTEIN. CL.

[2] Mort en 1756. CL. — Il eut pour successeurs :

JEAN-PHILIPPE DE WALDERDORFF, né en 1701, coadjuteur le 11 juillet 1754, électeur le 18 janvier 1756, mort le 11 janvier 1768, à Coblentz.

CLÉMENT WENCESLAS, fils d'Auguste III (voyez, ci-après, ma note, page 27, article des *Électeurs de Saxe*), roi de Pologne, archevêque-électeur de Trèves, le 10 février 1768, mort en 1812. B.

ÉLECTEURS PALATINS,

DEPUIS LA FIN DU TREIZIÈME SIÈCLE.

LOUIS, mort en 1285[1]; son père, Othon, fut le premier comte palatin de sa maison.

RODOLPHE, fils de Louis et frère de l'empereur Louis de Bavière : mort en Angleterre en 1319.

ADOLPHE-LE-SIMPLE, mort en 1327.

RODOLPHE II, frère d'Adolphe-le-Simple, et fils de Rodolphe Ier, beau-père de l'empereur Charles IV : mort en 1353.

ROBERT-LE-ROUX, mort en 1390.

ROBERT-LE-DUR, mort en 1398.

ROBERT L'EMPEREUR [2].

LOUIS-LE-BARBU et LE PIEUX, mort en 1436.

LOUIS-LE-VERTUEUX, mort en 1449.

FRÉDÉRIC-LE-BELLIQUEUX, tuteur de Philippe et électeur, quoique son pupille vécût : mort en 1476.

PHILIPPE, fils de Louis-le-Vertueux : mort en 1508.

LOUIS, fils de Philippe : mort en 1544.

FRÉDÉRIC-LE-SAGE, frère de Louis : mort en 1556.

OTHON-HENRI, petit-fils de Philippe : mort en 1559.

FRÉDÉRIC III, de la branche de Simmeren : mort en 1576.

LOUIS VI, fils de Frédéric : mort en 1583.

FRÉDÉRIC IV du nom, petit-fils de Louis : mort en 1610.

FRÉDÉRIC V du nom, fils de Frédéric IV, gendre du roi d'Angleterre, Jacques Ier, élu roi de Bohème, et dépossédé de ses états : mort en 1632.

CHARLES-LOUIS, rétabli dans le Palatinat : mort en 1680.

CHARLES, fils du précédent : mort en 1685, sans enfants.

PHILIPPE-GUILLAUME, de la branche de Neubourg, beau-père de l'empereur Léopold, du roi d'Espagne, du roi de Portugal, etc. : mort en 1690.

JEAN-GUILLAUME, né en 1658 : fils de Charles-Philippe. Son pays fut ruiné dans la guerre de 1689; et à la paix de Risvick, les terres que la maison d'Orléans lui disputait furent adjugées à cet électeur, par la sentence arbitrale du pape. Mort en 1716.

CHARLES-PHILIPPE, dernier électeur de la branche de Neubourg : mort en 1742.

CHARLES-PHILIPPE-THÉODORE DE SULTZBACH [3].

---

1. Le 1er janvier 1294, selon l'*Art de vérifier les dates*. Cl.
2. Mort le 18 mai 1410. Cl.
3. Hérite en 1777 (non sans contestation) de la Bavière (voyez, *Électeurs de Bavière*, page 28), meurt le 16 février 1799, a pour successeur MAXIMILIEN-JOSEPH, de la branche de Birckenfeld, duc des Deux-Ponts, devenu, en 1805, roi de Bavière, et mort en 1825. B.

ÉLECTEURS DE SAXE,

DEPUIS LA FIN DU TREIZIÈME SIÈCLE.

ALBERT II, arrière-petit-fils d'Albert-l'Ours, de la maison d'Anhalt, succède à ses ancêtres en 1260, et gouverne la Saxe trente-sept ans : mort en 1297.

RODOLPHE Ier, fils de cet Albert : mort en 1356.

RODOLPHE II, fils de Rodolphe Ier : mort en 1370.

VENCESLAS, frère puîné de Rodolphe II : mort en 1388.

RODOLPHE III, fils de Venceslas : mort en 1419.

ALBERT III, frère de Rodolphe III, dernier des électeurs de la maison d'Anhalt, qui avait possédé la Saxe deux cent vingt-sept ans : mort en 1422.

FRÉDÉRIC Ier, de la maison de Misnie, surnommé *le Belliqueux* : mort en 1428.

FRÉDÉRIC-L'AFFABLE : mort en 1464.

ERNEST-FRÉDÉRIC-LE-RELIGIEUX : mort en 1486.

FRÉDÉRIC-LE-SAGE : mort en 1525. C'est lui qu'on dit avoir refusé l'Empire.

JEAN, surnommé *le Constant*, frère du Sage : mort en 1532.

JEAN-FRÉDÉRIC-LE-MAGNANIME : mort en 1554, dépossédé de son électorat par Charles-Quint. Les branches de Gotha et de Veimar descendent de lui.

MAURICE, cousin au cinquième degré de Jean-Frédéric, revêtu de l'électorat par Charles-Quint : mort en 1553.

AUGUSTE-LE-PIEUX, frère de Maurice : mort en 1586.

CHRISTIAN, fils d'Auguste-le-Pieux : mort en 1591.

FRÉDÉRIC-GUILLAUME, administrateur pendant dix ans : mort en 1602.

CHRISTIAN II, fils de Christian Ier : mort en 1611.

JEAN-GEORGE, frère de Christian : mort en 1656.

JEAN-GEORGE II, mort en 1680.

JEAN-GEORGE III, mort en 1691.

JEAN-GEORGE IV, mort en 1694.

AUGUSTE [1], roi de Pologne, à qui les succès de Charles XII ôtèrent le royaume que les malheurs du même Charles XII lui rendirent : mort en 1733.

FRÉDÉRIC-AUGUSTE II, électeur et roi de Pologne [2].

---

[1] Son nom est Frédéric-Auguste Ier. Quand on ne l'appelle qu'Auguste, on le désigne quelquefois sous le titre de : Auguste II (le premier est Auguste-le-Pieux, mort en 1258). Frédéric-Auguste II est ainsi appelé, Auguste III. Ces dénominations ont été causes de confusions. Voyez, dans le tome XXI, les chapitres III, V et VII du *Précis du Siècle de Louis XV*. B.

[2] Il est mort en 1763. Ses successeurs sont :

FRÉDÉRIC-CHRISTIERN LÉOPOLD, né en 1722, électeur le 5 octobre 1763, mort le 17 décembre de la même année.

FRÉDÉRIC-AUGUSTE III, né en 1750, électeur le 17 décembre 1763, devenu roi de Saxe en 1807, mort en 1827. B.

ÉLECTEURS DE BRANDEBOURG,

APRÈS PLUSIEURS ÉLECTEURS DES MAISONS D'ASCANIE, DE BAVIÈRE, ET DE LUXEMBOURG.

PRÉDÉRIC DE HOHENZOLLERN, burgrave de Nuremberg, achète cent mille florins d'or, de l'empereur Sigismond, le marquisat de Brandebourg, rachetable par le même empereur : mort en 1440.

JEAN Ier, fils de Frédéric, abdique en faveur de son frère en 1464 [1]. Il n'est pas compté dans les *Mémoires de Brandebourg* [2] ; ainsi on peut ne pas le regarder comme électeur.

FRÉDÉRIC-AUX-DENTS-DE-FER, frère du précédent : mort en 1471.

ALBERT-L'ACHILLE, frère des précédents. On prétend qu'il abdiqua en 1476, et qu'il mourut en 1486.

JEAN, surnommé *le Cicéron*, fils d'Albert-l'Achille : mort en 1499.

JOACHIM Ier, Nestor, fils de Jean : mort en 1535.

JOACHIM II, Hector, fils de Joachim Ier : mort en 1571.

JEAN-GEORGE, fils de Joachim II : mort en 1598.

JOACHIM-FRÉDÉRIC, fils de Jean-George, administrateur de Magdebourg : mort en 1608.

JEAN-SIGISMOND, fils de Joachim-Frédéric ; il partagea la succession de Clèves et de Juliers avec la maison de Neubourg : mort en 1619.

GEORGE-GUILLAUME, dont le pays fut dévasté dans la guerre de trente ans : mort en 1640.

FRÉDÉRIC-GUILLAUME, qui rétablit son pays : mort en 1688.

FRÉDÉRIC, qui fit ériger en royaume la partie de la province de Prusse dont il était duc, et qui relevait auparavant de la Pologne : mort en 1713.

FRÉDÉRIC-GUILLAUME II, roi de Prusse, qui repeupla la Prusse entièrement dévastée : mort en 1740.

FRÉDÉRIC III, roi de Prusse [3].

ÉLECTEURS DE BAVIÈRE.

MAXIMILIEN, créé en 1623, et devenu alors le premier des électeurs après le roi de Bohême : mort en 1651.

FERDINAND-MARIE, son fils, mort en 1679.

MAXIMILIEN-MARIE, qui servit beaucoup à délivrer Vienne des

---

[1] L'année 1464 est la date de sa mort ; son abdication, ou renonciation, est de 1440. B.

[2] Ouvrage de Frédéric-le-Grand, publié en 1750. B.

[3] Ou plutôt Frédéric II ; voyez, tome XXI, une note du chapitre VI, qui donne aussi la liste de ses successeurs. B.

Turcs, se signala aux siéges de Budes et de Belgrade; mis au ban de l'Empire par l'empereur Joseph, en 1706, rétabli à la paix de Bade : mort en 1726.

CHARLES-ALBERT, son fils, empereur [1] : mort en 1745.
CHARLES-MAXIMILIEN-JOSEPH [2], fils de Charles-Albert.

ÉLECTEURS DE HANOVRE.

ERNEST-AUGUSTE, duc de Brunsvick, de Hanovre, etc., créé en 1692 par l'empereur Léopold, à condition de fournir six mille hommes contre les Turcs, et trois mille contre la France : mort en 1698.
GEORGE-LOUIS, fils du précédent, admis dans le collége électoral à Ratisbonne, en 1708, avec le titre d'archi-trésorier de l'Empire; roi d'Angleterre en 1714 : mort en 1727.
GEORGE, son fils, aussi roi d'Angleterre [3].

Cette liste des électeurs ne s'étend que jusqu'à l'époque où la nouvelle maison d'Autriche est montée sur le trône impérial [4].

---

[1] Sous le nom de Charles VII ; voyez la note, à la fin des *Annales*. B.

[2] Ce prince, qu'on appelle seulement *Maximilien Joseph*, est mort le 31 décembre 1777. En lui s'éteignit la maison électorale de Bavière ; le duché de Bavière passa à Charles-Philippe Théodore, électeur palatin ; voyez page 26. B.

[3] Mort en 1760. Connu, dans l'histoire, sous le nom de George II. Il eut pour successeur :
GEORGE III, son petit-fils, roi d'Angleterre, mort le 29 juin 1820, et pendant le règne duquel les titres d'électorat ont cessé d'exister avec l'empire. B.

[4] Elle a été continuée dans la présente édition jusqu'à l'extinction de l'empire d'Allemagne. B.

VERS TECHNIQUES

QUI CONTIENNENT

LA SUITE CHRONOLOGIQUE DES EMPEREURS,

ET LES PRINCIPAUX ÉVÉNEMENTS DEPUIS CHARLEMAGNE.

NEUVIÈME SIÈCLE.

Charlemagne en huit cent renouvelle l'empire,
Fait couronner son fils; en quatorze il expire.
Louis, en trente-trois par des prêtres jugé,
D'un sac de pénitent dans Soissons est chargé :
Rétabli, toujours faible, il expire en quarante.
Lothaire est moine à Prum, cinq ans après cinquante.
On perd après vingt ans le second des Louis :
Le Chauve lui succède, et meurt au Mont-Cénis.
Le Bègue, fils du Chauve, a l'empire une année.
Le Gros, soumis au pape, ô dure destinée!
En l'an quatre-vingt-sept dans Tribur déposé,
Cède au bâtard Arnoud son trône méprisé.
Arnoud, sacré dans Rome ainsi qu'en Lombardie,
Finit avec le siècle en quittant l'Italie.

DIXIÈME SIÈCLE.

Louis, le fils d'Arnoud, quatrième du nom,
Du sang de Charlemagne avorté rejeton,
Termine en neuf cent douze une inutile vie.
On élit en plein champ Conrad de Franconie.
On voit en neuf cent vingt le Saxon l'Oiseleur,

Henri, roi des Germains bien plutôt qu'empereur.
Othon, que ses succès font grand prince et grand homme,
En l'an soixante-deux se rend maître de Rome.
Rome, au dixième siècle en proie à trois Othons,
Gémit dans le scandale et dans les factions.

ONZIÈME SIÈCLE.

Saint Henri de Bavière, en l'an trois après mille,
Puis Conrad-le-Salique, Henri trois dit le Noir,
Henri quatre, pieds nus, sans sceptre, sans pouvoir,
Demande au fier Grégoire un pardon inutile :
Meurt en l'an mil cent six à Liége son asile,
Détrôné par son fils et par lui déterré.

DOUZIÈME SIÈCLE.

Le cinquième Henri, ce fils dénaturé,
Sur le trône soutient la cause de son père.
Le pape en vingt et deux soumet cet adversaire.
Lothaire le Saxon, en vingt-cinq couronné,
Baise les pieds du pape, à genoux prosterné,
Tient l'étrier sacré, conduit la sainte mule.
L'empereur Conrad trois, par un autre scrupule,
Va combattre en Syrie, et s'en revient battu ;
Et l'empire romain pour son fils est perdu.
C'est en cinquante-deux que Barberousse règne ;
Il veut que l'Italie et le serve et le craigne ;
Détruit Milan, prend Rome, et cède au pape enfin ;
Il court dans les saints lieux combattre Saladin ;
Meurt en quatre-vingt-dix : sa tombe est ignorée.
Par Henri six son fils Naple au meurtre est livrée :
Il fait périr le sang de ses illustres rois,
Et huit ans à l'empire il impose des lois.

TREIZIÈME SIÈCLE.

Philippe le régent se fait bientôt élire,
Mais en douze cent huit il meurt assassiné.
Othon quatre à Bouvine est vaincu, détrôné :
C'est en douze cent quinze. Il fuit et perd l'empire.
De Frédéric second les jours trop agités,
Par deux papes hardis long-temps persécutés,
Finissent au milieu de ce siècle treizième.
Après lui Conrad quatre a la grandeur suprême.
C'est en soixante-huit que la main d'un bourreau
Dans Conradin son fils éteint un sang si beau.
Après les dix-huit ans qu'on nomme d'anarchie,
Dans l'an soixante et treize Habsbourg, plein de vertu,
Du bandeau des Césars a le front revêtu :
Il défait Ottocare, il venge la patrie,
Et de sa race auguste il fonde la grandeur.
Adolphe de Nassau devient son successeur :
En quatre-vingt-dix-huit une main ennemie
Finit dans un combat son empire et sa vie.

QUATORZIÈME SIÈCLE.

Albert, fils de Habsbourg, est cet heureux vainqueur.
Il meurt en trois cent huit, et par un parricide.
On dit qu'en trois cent treize une main plus perfide,
Au vin de Jésus-Christ mêlant des sucs mortels,
Fit périr Henri sept aux pieds des saints autels.
Déposant, déposé, Louis cinq de Bavière,
Fait contre Jean vingt-deux l'anti-pape Corbière ;
Meurt en quarante-sept. Charles quatre après lui
Fait cette bulle d'or qu'on observe aujourd'hui.
De l'an cinquante-six elle est l'époque heureuse :
De ce père si sage héritier insensé,

Venceslas est connu par une vie affreuse;
Mais en quatorze cent il se voit déposé.

QUINZIÈME SIÈCLE.

Robert règne dix ans; Josse moins d'une année,
Venceslas traîne encor sa vie infortunée.
Son frère Sigismond, moins guerrier que prudent,
Dans l'an quinze finit le schisme d'Occident.
Son gendre Albert second, sage, puissant, et riche,
Fixe le trône enfin dans la maison d'Autriche.
Frédéric son parent en quarante est élu;
Mort en quatre-vingt-treize, et jamais absolu.

SEIZIÈME SIÈCLE.

De Maximilien le riche mariage,
Et de Jeanne à la fin l'Espagne en héritage,
Font du grand Charles-Quint un empereur puissant;
Vainqueur heureux des lis, de Rome, et du croissant,
Il meurt en cinquante-huit, las des grandeurs suprêmes.
Son frère Ferdinand porte trois diadêmes:
Et l'an soixante-quatre il les laisse à son fils.
Rodolphe en quitta deux.

DIX-SEPTIÈME SIÈCLE.

     Mathias fut assis
En douze après six cent au trône de l'empire.
Gustave, Richelieu, la fortune conspire
Contre le puissant roi second des Ferdinands,
Qui laisse en trente-sept ses états chancelants.
Munster donne la paix à Ferdinand troisième.

DIX-HUITIÈME SIÈCLE.

Léopold, délivré du fer des Ottomans,
Expire en sept cent cinq; et Joseph l'an onzième.

Charles six en quarante : et le sang des Lorrains
S'unit au sang d'Autriche, au trône des Germains [1].

[1] Dans une édition de 1753, en deux volumes, au lieu des deux derniers vers, il y avait

> *Charles six en quarante.* Un désastre nouveau
> Du sang des nations arrosa son tombeau;
> Et lorsque, dans ce temps, Charles sept de Bavière
> Finit dans l'infortune une noble carrière,
> Dans l'an quarante-cinq, *le beau sang des Lorrains*
> A réuni l'Autriche *au trône des Germains.*

Une autre édition de 1753 donne ainsi le dernier vers :

> A réuni l'Autriche au beau sang des Germains.

Voici une autre version de ces vers, avec une continuation; le tout par le marquis de Ximénès (mort en 1817).

> *Charles six en quarante;* et sa fille en héros
> Voit ses dangers, les brave, et soumet ses rivaux.
> Protégé des Français, Charles sept de Bavière,
> Obtient pour son malheur un titre imaginaire;
> Meurt en quarante-cinq : *et le sang des Lorrains*
> *S'unit au sang d'Autriche, au trône des Germains.*
> François premier, l'époux d'une chaste héroïne,
> De ses nombreux états répare la ruine.
> Il forme avec les lis un monstrueux accord,
> Sans pouvoir dépouiller le Salomon du Nord,
> Meurt en soixante-cinq. Son fils, plein de courage,
> D'un tiers de la Pologne enfle son héritage;
> Meurt en quatre-vingt-dix. Léopold, plus prudent,
> Ne peut de son destin surmonter l'ascendant;
> Il veille en philosophe au bonheur de la terre,
> Et donne malgré lui le signal de la guerre,
> Meurt en quatre-vingt-douze; et son fils, plus heureux,
> Accepte enfin la paix d'un vainqueur généreux [1]. B.

[1] Le *vainqueur généreux* est Napoléon Bonaparte qui, étant premier consul, fit, avec l'empereur François II, la paix de Lunéville, en 1801. B.

ANNALES
DE L'EMPIRE

DEPUIS CHARLEMAGNE.

INTRODUCTION.

De toutes les révolutions qui ont changé la face de la terre, celle qui transféra l'empire des Romains à Charlemagne pourrait paraître la seule juste, si le mot de *juste* peut être prononcé dans les choses où la force a tant de part, et si les Romains furent en droit de donner ce qu'ils ne possédaient pas.

Charlemagne fut en effet appelé à l'empire par la voix du peuple romain même, qu'il avait sauvé à-la-fois de la tyrannie des Lombards et de la négligence des empereurs d'Orient.

C'est la grande époque des nations occidentales. C'est à ces temps que commence un nouvel ordre de gouvernement. C'est le fondement de la puissance temporelle ecclésiastique; car aucun évêque, dans l'Orient, n'avait jamais été prince, et n'avait eu aucun des droits qu'on nomme régaliens. Ce nouvel empire romain ne ressemble en rien à celui des premiers Césars.

On verra dans ces Annales ce que fut en effet cet empire, comment les pontifes romains acquirent leur puissance temporelle, qu'on leur a tant reprochée, pendant que tant d'évêques occidentaux, et surtout ceux d'Allemagne, se fesaient souverains; et comment le peuple romain voulut long-temps conserver sa liberté entre les empereurs et les papes qui se sont disputé la domination de Rome.

Tout l'Occident, depuis le cinquième siècle, était ou désolé ou barbare. Tant de nations, subjuguées autrefois par les anciens Romains, avaient du moins vécu, jusqu'à ce cinquième siècle, dans une sujétion heureuse. C'est un exemple unique dans tous les âges, que des vainqueurs aient bâti pour des vaincus ces vastes thermes, ces amphithéâtres, aient construit ces grands chemins qu'aucune nation n'a osé depuis tenter même d'imiter. Il n'y avait qu'un peuple. La langue latine, du temps de Théodose, se parlait de Cadix à l'Euphrate. On commerçait de Rome à Trèves et à Alexandrie avec plus de facilité que beaucoup de provinces ne trafiquent aujourd'hui avec leurs voisins. Les tributs mêmes, quoique onéreux, l'étaient bien moins que quand il fallut payer depuis le luxe et la violence de tant de seigneurs particuliers. Que l'on compare seulement l'état de Paris, quand Julien-le-Philosophe le gouvernait, à l'état où il fut cent cinquante après. Qu'on voie ce qu'était Trèves, la plus grande ville des Gaules, appelée du temps de Théodose une seconde Rome, et ce qu'elle devint après l'inondation des barbares. Autun, sous Constantin, avait dans sa banlieue vingt-cinq mille chefs de famille. Arles était encore plus peuplée. Les barbares apportèrent avec eux la dévastation, la pauvreté, et l'ignorance. Les Francs étaient au nombre de ces peuples affamés et féroces qui couraient au pillage de l'Empire. Ils subsistaient de brigandages, quoique la contrée où ils s'étaient établis fût très belle et très fertile. Ils ne savaient pas la cultiver. Ce pays est marqué dans l'ancienne carte conservée à Vienne. On y voit les Francs établis depuis l'embouchure du Mein jusqu'à la Frise, et dans une partie de la Vestphalie, *Franci ceu Chamavi*. Ce n'est que par les anciens Romains mêmes que les Français, quand ils surent lire, connurent un peu leur origine.

Les Francs étaient donc une partie de ces peuples nommés Saxons, qui habitaient la Vestphalie; et quand Charlemagne leur fit la guerre, trois cents ans après, il extermina les descendants de ses pères.

Ces tribus de Francs, dont les Saliens étaient les plus illustres, s'étaient peu-à-peu établis dans les Gaules, non pas en alliés du peuple romain, comme on l'a prétendu, mais après avoir pillé les colonies romaines, Trèves, Cologne, Mayence, Tongres, Tournai, Cambrai : battus à la vérité par le célèbre Aétius, un des derniers soutiens de la grandeur romaine, mais unis depuis avec lui par nécessité contre Attila, profitant ensuite de l'anarchie où ces irruptions des Huns, des Goths et des Vandales, des Lombards et des Bourguignons, réduisaient l'empire, et se servant contre les empereurs mêmes des droits et des titres de maîtres de la milice et de patrices, qu'ils obtenaient d'eux. Cet empire fut déchiré en lambeaux ; chaque horde de ces fiers sauvages saisit sa proie. Une preuve incontestable que ces peuples furent long-temps barbares, c'est qu'ils détruisirent beaucoup de villes, et qu'ils n'en fondèrent aucune.

Toutes ces dominations furent peu de chose jusqu'à la fin du huitième siècle, devant la puissance des califes, qui menaçait toute la terre [1].

Plus l'empire de Mahomet florissait, plus Constantinople et Rome étaient avilies. Rome ne s'était jamais relevée du coup fatal que lui porta Constantin, en

---

[1] L'édition originale contenait ici cinq alinéa que voici, et dont plusieurs phrases sont textuellement dans l'*Essai sur les mœurs*, chapitre VI (voyez tome XV, page 331-334) :

« Les premiers successeurs de Mahomet avaient le droit du trône et de l'autel, du glaive et de l'enthousiasme. Leurs ordres étaient autant d'oracles, leurs soldats autant de fanatiques. Dès l'an 651 ils assiégèrent Constantinople, destinée à être un jour musulmane. Les divisions inévitables parmi les nouveaux chefs de tant de peuples et d'armées n'arrêtèrent point leurs conquêtes. Les mahométans ressemblèrent, en ce point, aux anciens Romains, qui subjuguèrent l'Asie-Mineure et les Gaules parmi leurs guerres civiles.

« On les voit, en 711, passer d'Égypte en Espagne, soumise aisément tour-à-tour par les Carthaginois, par les Romains, par les Goths et Vandales; et enfin par ces Arabes, qu'on nomme Mores. Ils y établissent le royaume de Cordoue. Le sultan d'Égypte secoue, à la vérité, le joug du grand calife de Bagdad; et Abdérame, gouverneur de l'Espagne conquise, ne connaît plus le sultan d'Égypte; cependant tout plie encore sous les armes musulmanes.

« Cet Abdérame, petit-fils du calife Hesham, prend les royaumes de Castille, de Navarre, de Portugal, d'Aragon; il s'établit dans le Languedoc, il s'empare de la Guienne et du Poitou, et sans Charles-Martel, qui lui ôta la victoire et la vie, la France était une province mahométane.

« A mesure que les mahométans devinrent puissants, ils se polirent. Ces califes, toujours reconnus pour souverains de la religion, et en apparence de l'empire, par ceux qui ne reçoivent plus leurs ordres de si loin, tranquilles dans leur nouvelle Babylone, y font renaître les arts.

« Aaron Rachild, contemporain de Charlemagne, plus illustre que ses prédécesseurs, et qui sut se faire respecter jusqu'en Espagne et au fleuve de l'Inde, ranima toutes les sciences, cultiva les arts agréables et utiles, attira les gens de lettres, et fit succéder, dans ses vastes états, la politesse à la

transférant le siége de l'empire. La gloire, l'amour de la patrie, n'animèrent plus les Romains. Il n'y eut plus de fortune à espérer pour les habitants de l'ancienne capitale. Le courage s'énerva; les arts tombèrent; on ne vit plus dans le séjour des Scipion et des Césars que des contestations entre les juges séculiers et l'évêque. Prise, reprise, saccagée tant de fois par les barbares, elle obéissait encore aux empereurs ; depuis Justinien, un vice-roi, sous le nom d'exarque, la gouvernait, mais ne daignait plus la regarder comme la capitale de l'Italie. Il demeurait à Ravenne, et de là il envoyait ses ordres au préfet de Rome. Il ne restait aux empereurs, en Italie, que le pays qui s'étend des bornes de la Toscane jusqu'aux extrémités de la Calabre. Les Lombards possédaient le Piémont, le Milanais, Mantoue, Gênes, Parme, Modène, la Toscane, Bologne. Ces états composaient le royaume de Lombardie. Ces Lombards étaient venus, à ce qu'on dit, de la Pannonie, et ils y avaient embrassé l'espèce de christianisme qui avait prévalu avant Constantin, et qui fut la religion dominante sous la plupart de ses successeurs; c'est ce qu'on nomme l'arianisme. Les barbares lombards avaient pénétré en Italie par le Tyrol. Leurs chefs se firent alors catholiques romains

---

barbarie. Sous lui les Arabes, qui adoptaient déjà les chiffres indiens, les apportèrent en Europe. Nous ne connûmes faiblement, en Allemagne et en France, le cours des astres, que par le moyen de ces mêmes Arabes; le mot seul d'*Almanach* en est encore un témoignage. Enfin, dès le second siècle de Mahomet, il fallut que les chrétiens d'Occident s'instruisissent chez les musulmans.

« Plus l'empire de Mahomet, etc. »
Ces changements doivent être de 1772 ; voyez ma *préface*. B.

pour affermir leur domination à l'aide du clergé, ainsi que Clovis en usa dans la Gaule celtique. Rome, dont les murailles étaient abattues, et qui n'était défendue que par des troupes de l'exarque, était souvent menacée de tomber au pouvoir des Lombards. Elle était alors si pauvre, que l'exarque n'en retirait pour toute imposition annuelle qu'un sou d'or par chaque homme domicilié; et ce tribut paraissait un fardeau pesant. Elle était au rang de ces terres stériles et éloignées qui sont à charge à leurs maîtres.

Le diurnal romain des septième et huitième siècles, monument précieux, dont une partie est imprimée, fait voir d'une manière authentique ce que le souverain pontife était alors. On l'appelait le *vicaire de Pierre, évêque de la ville de Rome;* quoiqu'il soit démontré que Simon Barjone (Pierre) ne vint jamais dans cette capitale. Dès que l'évêque était élu par les citoyens, le clergé en corps en donnait avis à l'exarque, et la formule était : « Nous vous supplions, vous « chargé du ministère impérial, d'ordonner la consé- « cration de notre père et pasteur. » Ils donnaient part aussi de la nouvelle élection au métropolitain de Ravenne, et ils lui écrivaient : « Saint-père, nous sup- « plions votre béatitude d'obtenir du seigneur exarque « l'ordination dont il s'agit. » Ils devaient aussi en écrire aux juges de Ravenne, qu'ils appelaient *Vos Éminences.*

Le nouveau pontife alors était obligé, avant d'être ordonné, de prononcer deux professions de foi; et dans la seconde, il condamnait, parmi les hérétiques, le pape Honorius Ier, parcequ'à Constantinople cet évêque de Rome passait pour n'avoir reconnu qu'une volonté dans Jésus-Christ.

Il y a loin de là à la tiare ; mais il y a loin aussi du premier moine qui prêcha sur les bords du Rhin au bonnet électoral, et du premier chef des Saliens errants à un empereur romain : toute grandeur s'est formée peu-à-peu, et toute origine est petite.

Le pontife de Rome, dans l'avilissement de la ville, établissait insensiblement sa grandeur. Les Romains étaient pauvres, mais l'Église ne l'était pas. Constantin avait donné à la seule basilique de Latran plus de mille marcs d'or, et environ trente mille d'argent, et lui avait assigné quatorze mille sous de rente. Les papes, qui nourrissaient les pauvres, et qui envoyaient des missions dans tout l'Occident, ayant eu besoin de secours plus considérables, les avaient obtenus sans peine. Les empereurs et les rois lombards même leur avaient accordé des terres. Ils possédaient auprès de Rome des revenus et des châteaux qu'on appelait *les justices de saint Pierre*. Plusieurs citoyens s'étaient empressés à enrichir, par donation ou par testament, une église dont l'évêque était regardé comme le père de la patrie. Le crédit des papes était très supérieur à leurs richesses : il était impossible de ne pas révérer une suite presque non interrompue de pontifes qui avaient consolé l'Église, étendu la religion, adouci les mœurs des Hérules, des Goths, des Vandales, des Lombards, et des Francs.

Quoique les pontifes romains n'étendissent, du temps des exarques, leur droit de métropolitain que sur les villes suburbicaires, c'est-à-dire sur les villes soumises au gouvernement du préfet de Rome, cependant on leur donnait souvent le nom de *pape universel*, à cause de la primauté et de la dignité de leur siége. Grégoire, surnommé *le Grand*, refusa ce titre, mais le mérita par ses vertus; et ses successeurs étendirent leur crédit dans l'Occident. On ne doit donc pas s'étonner de voir au huitième siècle Boniface, archevêque de Mayence, le même qui sacra Pepin, s'exprimer ainsi dans la formule de son serment : « Je « promets à saint Pierre et à son vicaire, le bien- « heureux Grégoire, etc. »

Enfin le temps vint où les papes conçurent le dessein de délivrer à-la-fois Rome, et des Lombards qui la menaçaient sans cesse, et des empereurs grecs qui la défendaient mal. Les papes virent donc alors que ce qui, dans d'autres temps, n'eût été qu'une révolte et une sédition impuissante et punissable, pouvait devenir une révolution excusable par la nécessité, et respectable par le succès. C'est cette révolution qui fut commencée sous le second Pepin, usurpateur du royaume de France, et consommée par Charlemagne, son fils, dans un temps où tout était en confusion, et où il fallait nécessairement que la face de l'Europe changeât.

Le royaume de France s'étendait alors des Pyrénées et des Alpes au Rhin, au Mein, et à la Sâle. La Bavière dépendait de ce vaste royaume : c'était le roi des Francs qui donnait ce duché quand il était assez fort pour le donner. Ce royaume des Francs, presque toujours partagé depuis Clovis, déchiré par des guerres intestines, n'était qu'une vaste province barbare de l'ancien empire romain, laquelle n'était regardée par les empereurs de Constantinople que comme une province rebelle, mais avec qui elle traitait comme avec un royaume puissant.

CHARLEMAGNE,
PREMIER EMPEREUR.

742. Naissance de Charlemagne, près d'Aix-la-Chapelle, le 10 avril. Il était fils de Pepin, maire du palais, duc des Francs, et petit-fils de Charles Martel. Tout ce qu'on connaît de sa mère, c'est qu'elle s'appelait Berthe. On ne sait pas même précisément le lieu de sa naissance. Il naquit pendant la tenue du concile de Germanie ; et, grace à l'ignorance de ces siècles, on ne sait pas où ce fameux concile s'est tenu.

La moitié du pays qu'on nomme aujourd'hui Allemagne était idolâtre, des bords du Véser, et même du Mein et du Rhin, jusqu'à la mer Baltique, l'autre demi-chrétienne.

Il y avait déjà des évêques à Trèves, à Cologne, à Mayence, villes frontières fondées par les Romains et instruites par les papes. Mais ce pays s'appelait alors l'Austrasie, et était du royaume des Francs.

Un Anglais, nommé Villebrod, du temps du père de Charles Martel, était allé prêcher aux idolâtres de la Frise le peu de christianisme qu'il savait. Il y eut, vers la fin du septième siècle, un évêque titulaire de Vestphalie qui ressuscitait les petits enfants morts. Villebrod prit le vain titre d'évêque d'Utrecht. Il y bâtit une petite église que les Frisons païens détruisirent. Enfin, au commencement du huitième siècle, un autre Anglais, qu'on appela depuis Boniface, alla prêcher en Allemagne : on l'en regarde comme l'apôtre. Les Anglais étaient alors les précepteurs des Allemands; et c'était aux papes que tous ces peuples, ainsi que les Gaulois, devaient le peu de lettres et de christianisme qu'ils connaissaient.

743. Un synode à Lestine en Hainaut sert à faire connaître les mœurs du temps; on y règle que ceux qui ont pris les biens de l'Église pour soutenir la guerre, donneront un écu à l'Église par métairie : ce réglement regardait les officiers de Charles Martel et de Pepin son fils, qui jouirent jusqu'à leur mort des abbayes dont ils s'étaient emparés. Il était alors également ordinaire de donner aux moines et de leur ôter.

Boniface, cet apôtre de l'Allemagne, fonde l'abbaye de Fulde dans le pays de Hesse. Ce ne fut d'abord qu'une église couverte de chaume, environnée de cabanes habitées par quelques moines qui défrichaient une terre ingrate; c'est aujourd'hui une principauté; il faut être gentilhomme pour être moine; l'abbé est souverain depuis long-temps, et évêque depuis 1753.

744. Carloman, oncle de Charlemagne, duc d'Austrasie, réduit les Bavarois, vassaux rebelles du roi de France, et bat les Saxons dont il veut faire aussi des vassaux. On voit par là évidemment qu'il y avait déjà de grands vassaux; et il est constant que le royaume des Lombards en Italie était composé de fiefs, et même de fiefs héréditaires.

745. En ce temps Boniface était évêque de Mayence. La dignité de métropole, attachée jusque-là au siége de Vorms, passe à Mayence.

Carloman, frère de Pepin, abdique le duché de l'Austrasie; c'était un puissant royaume qu'il gouvernait sous le nom de maire du palais, tandis que son frère Pepin dominait dans la France occidentale, et que Childeric, roi de toute la France, pouvait à peine commander aux domestiques de sa maison. Carloman renonce à sa souveraineté pour aller se faire moine au Mont-Cassin. Les historiens disent encore que Pepin l'aimait tendrement; mais il est vraisemblable que Pepin aimait encore davantage à dominer seul. Le cloître était alors l'asile de ceux qui avaient des concurrents trop puissants dans le monde.

747-748. On renouvelle dans la plupart des villes de France l'usage des anciens Romains, connu sous le nom de *patronage* ou de *clientelle*. Les bourgeois se choisissent des patrons parmi les seigneurs, et cela seul prouve que les peuples n'étaient point partagés dans les Gaules, comme on l'a prétendu, en maîtres et en esclaves.

749. Pepin entreprend enfin ce que Charles Martel son père n'avait pu faire. Il veut ôter la couronne à la race de Mérovée. Il mit d'abord l'apôtre Boniface dans son parti, avec plusieurs évêques, et enfin le pape Zacharie.

750. Pepin fait déposer son roi Hilderic ou Childeric III; il le fait moine à Saint-Bertin, et se met sur le trône des Francs.

Comme cette usurpation atroce irritait plusieurs

seigneurs, il attire le clergé dans son parti ; il fonde le riche évêché de Vurtzbourg, dont le prélat se prétend duc de Franconie : il appelle aux états-généraux, nommés *parliaments* (*parliamenta*), les évêques et les abbés, qui auparavant n'y venaient que très rarement, et quand on les consultait.

751. Pepin veut subjuguer les peuples nommés alors Saxons, qui s'étendaient depuis les environs du Mein jusqu'à la Chersonèse cimbrique, et qui avaient conquis l'Angleterre. Le pape Étienne III demande la protection de Pepin contre Astolphe[1], roi de Lombardie, qui voulait se rendre maître de Rome. L'empereur de Constantinople était trop éloigné et trop faible pour le secourir ; et le premier domestique du roi de France, devenu usurpateur, pouvait seul le protéger.

754. La première action connue de Charlemagne est d'aller, de la part de Pepin son père, au-devant du pape Étienne à Saint-Maurice en Valais, et de se prosterner devant lui. C'était un usage d'Orient : on s'y mettait souvent à genoux devant les évêques ; et ces évêques fléchissaient les genoux non seulement devant les empereurs, mais devant les gouverneurs des provinces, quand ceux-ci venaient prendre possession.

Pour la coutume de baiser les pieds, elle n'était point encore introduite dans l'Occident. Dioclétien avait le premier exigé, dit-on, cette marque de res-

---

[1] Toutes les éditions portent *Luitprand*. Mais Luitprand était mort en 744, et le roi de Lombardie, en 751, était Astolphe, ainsi que l'a dit Voltaire, tome XV, page 383. B.

pect, en quoi il ne fut que trop imité par Constantin. Les papes Adrien Ier et Léon III furent ceux qui attirèrent au pontificat cet honneur que Dioclétien avait arrogé à l'empire ; après quoi les rois et les empereurs se soumirent comme les autres à cette cérémonie, qu'ils ne regardèrent que comme un acte de piété indifférent, quoique ridicule, et que les papes voulurent faire passer comme un acte de sujétion.

Pepin se fait sacrer roi de France par le pape, au mois d'auguste, dans l'abbaye de Saint-Denys; il l'avait déjà été par Boniface ; mais la main d'un pape rendait aux yeux des peuples son usurpation plus respectable. Eginhard, secrétaire de Charlemagne, dit en termes exprès « qu'Hilderic fut déposé par ordre du « pape Étienne. » Pepin n'est pas le premier roi de l'Europe qui se soit fait sacrer avec de l'huile à la manière juive : les rois lombards avaient pris cette coutume des empereurs grecs ; les ducs de Bénévent même se fesaient sacrer : ces cérémonies imposaient à la populace. Pepin eut soin de faire sacrer en même temps ses deux fils, Charles et Carloman. Le pape, avant de le sacrer roi, l'absout de son parjure envers Hilderic son souverain; et après le sacre il fulmina une excommunication contre quiconque voudrait un jour entreprendre d'ôter la couronne à la famille de Pepin. C'est ainsi que les princes et les prêtres se sont souvent joués de Dieu et des hommes. Ni Hugues Capet ni Conrad n'ont pas eu un grand respect pour cette excommunication. Le nouveau roi, pour prix de la complaisance du pape, passe les Alpes avec Tassillon, duc de Bavière, son vassal. Il assiége Astolphe dans Pavie, et s'en retourne la même année sans avoir bien fait ni la guerre ni la paix.

755. A peine Pepin a-t-il repassé les Alpes qu'Astolphe assiége Rome. Le pape Étienne conjure le nouveau roi de France de venir le délivrer. Rien ne marque mieux la simplicité de ces temps grossiers, qu'une lettre que le pape fait écrire au roi de France par saint Pierre, comme si elle était descendue du ciel; simplicité pourtant qui n'excluait jamais ni les fraudes de la politique, ni les attentats de l'ambition.

Pepin délivre Rome, assiége encore Pavie, se rend maître de l'exarchat, et le donne, dit-on, au pape. C'est le premier titre de la puissance temporelle du saint-siége. Par là Pepin affaiblissait également les rois lombards et les empereurs d'Orient. Cette donation est bien douteuse, car les archevêques de Ravenne prirent alors le titre d'exarques. Il résulte que les évêques de Rome et de Ravenne voulaient s'agrandir. Il est très probable que Pepin donna quelques terres aux papes, et qu'il favorisait en Italie ceux qui affermissaient en France sa domination. S'il est vrai qu'il ait fait ce présent aux papes, il est clair qu'il donna ce qui ne lui appartenait pas; mais aussi il avait pris ce qui ne lui appartenait pas. On ne trouve guère d'autre source des premiers droits : le temps les rend légitimes. Il faut avouer qu'en fait de donations comme de décrétales, la cour de Rome est un peu décriée; témoin la fameuse donation de Constantin, rapportée dans l'*Essai sur les mœurs et l'esprit des nations*[1].

[1] Chapitre x, tome XV, page 372. B.

756. Boniface, archevêque de Mayence, fait une mission chez les Frisons idolâtres. Il y reçoit le martyre. Mais comme les historiens disent qu'il fut martyrisé dans son camp, et qu'il y eut beaucoup de Frisons tués, il est à croire que les missionnaires étaient des soldats. Tassillon, duc de Bavière, fait un hommage de son duché au roi de France, dans la forme des hommages qu'on a depuis appelés *liges*. Il y avait déjà de grands fiefs héréditaires, et la Bavière en était un.

Pepin défait encore les Saxons. Il paraît que toutes les guerres de ces peuples, contre les Francs, n'étaient guère que des incursions de barbares qui venaient tout-à-tour enlever des troupeaux et ravager des moissons. Point de place forte, point de politique, point de dessein formé; cette partie du monde était encore sauvage.

Pepin, après ses victoires, ne gagna que le paiement d'un ancien tribut de trois cents chevaux, auquel on ajouta cinq cents vaches : ce n'était pas la peine d'égorger tant de milliers d'hommes.

758-759-760. Didier, successeur du roi Astolphe, reprend les villes données par Pepin à saint Pierre; mais Pepin était si redoutable que Didier les rendit, à ce qu'on prétend, sur ses seules menaces. Le vasselage héréditaire commençait si bien à s'introduire, que les rois de France prétendaient être seigneurs suzerains du duché d'Aquitaine. Pepin force, les armes à la main, Gaïfre, duc d'Aquitaine, à lui prêter serment de fidélité en présence du duc de Bavière; de sorte qu'il eut deux grands souverains à ses genoux. On sent bien que ces hommages n'étaient que ceux de la faiblesse à la force.

762-763. Le duc de Bavière, qui se croit assez puissant et qui voit Pepin loin de lui, révoque son hommage. On est prêt de lui faire la guerre, et il renouvelle son serment de fidélité.

766-767. Érection de l'évêché de Saltzbourg. Le pape Paul I*er* envoie au roi des livres, des chantres, et une horloge à roues. Constantin Copronyme lui envoie aussi un orgue et quelques musiciens. Ce ne serait pas un fait digne de l'histoire, s'il ne fesait voir combien les arts étaient étrangers dans cette partie du monde. Les Francs ne connaissaient alors que la guerre, la chasse, et la table.

768. Les années précédentes sont stériles en événements, et par conséquent heureuses pour les peuples ; car presque tous les grands traits de l'histoire sont des malheurs publics. Le duc d'Aquitaine révoque son hommage, à l'exemple du duc de Bavière. Pepin vole à lui, et réunit l'Aquitaine à la couronne.

Pepin, surnommé *le Bref*, meurt à Saintes[1], le 24 septembre, âgé de cinquante-quatre ans. Avant sa mort il fait son testament de bouche, et non par écrit, en présence des grands officiers de sa maison, de ses généraux, et des possesseurs à vie des grandes terres. Il partage tous ses états entre ses deux enfants, Charles et Carloman. Après la mort de Pepin, les seigneurs modifient ses volontés. On donne à Carl, que nous avons depuis appelé Charlemagne, la Bourgogne, l'Aquitaine, la Provence, avec la Neustrie, qui

---

[1] Il y tomba malade, mais il mourut à Saint-Denys. Ci.

s'étendait alors depuis la Meuse jusqu'à la Loire et à l'Océan. Carloman eut l'Austrasie depuis Reims jusqu'aux derniers confins de la Thuringe. Il est évident que le royaume de France comprenait alors près de la moitié de la Germanie.

770. Didier, roi des Lombards, offre en mariage sa fille Désidérate à Charles : il était déjà marié. Il épouse Désidérate ; ainsi il paraît qu'il eut deux femmes à-la-fois. La chose n'était pas rare : Grégoire de Tours dit que les rois Gontran, Caribert, Sigebert, Chilperic, avaient plusieurs femmes.

771. Son frère Carloman meurt soudainement à l'âge de vingt ans. Sa veuve s'enfuit en Italie avec deux princes ses enfants. Cette mort et cette fuite ne prouvent pas absolument que Charlemagne ait voulu régner seul, et ait eu de mauvais desseins contre ses neveux; mais elles ne prouvent pas aussi qu'il méritât qu'on célébrât sa fête, comme on a fait en Allemagne.

772. Charles se fait couronner roi d'Austrasie, et réunit tout le vaste royaume des Francs sans rien laisser à ses neveux. La postérité, éblouie par l'éclat de sa gloire, semble avoir oublié cette injustice. Il répudie sa femme, fille de Didier, pour se venger de l'asile que le roi lombard donnait à la veuve de Carloman son frère.

Il va attaquer les Saxons, et trouve à leur tête un homme digne de le combattre; c'était Vitikind, le plus grand défenseur de la liberté germanique après Hermann que nous nommons Arminius.

Le roi de France l'attaque dans le pays qu'on nomme aujourd'hui le comté de la Lippe. Ces peuples étaient très mal armés; car dans les Capitulaires de Charlemagne on voit une défense rigoureuse de vendre des cuirasses et des casques aux Saxons. Les armes et la discipline des Francs devaient donc être victorieuses d'un courage féroce. Charles taille l'armée de Vitikind en pièces, il prend la capitale nommée Erresbourgh. Cette capitale était un assemblage de cabanes entourées d'un fossé. On égorgea les habitants; mais comme on força le peu qui restait à recevoir le baptême, ce fut un grand gain pour ce malheureux pays de sauvages, à ce que les prêtres de ce temps ont assuré.

773. Tandis que le roi des Francs contient les Saxons sur le bord du Véser, l'Italie le rappelle. Les querelles des Lombards et du pape subsistaient toujours; et le roi, en secourant l'Église, pouvait envahir l'Italie, qui valait mieux que les pays de Brême, d'Hanovre, et de Brunsvick. Il marche donc contre son beau-père Didier, qui était devant Rome. Il ne s'agissait pas de venger Rome, mais il s'agissait d'empêcher Didier de s'accommoder avec le pape pour rendre aux deux fils de Carloman le royaume qui leur appartenait. Il court attaquer son beau-père, et se sert de la piété pour appuyer son usurpation. Il est suivi de soixante et dix mille hommes de troupes réglées, chose inouïe dans ces temps-là. On assemblait, auparavant, des armées de cent et de deux cent mille hommes; mais c'étaient des paysans qui allaient faire leurs moissons après une bataille perdue ou gagnée. Charlemagne les retenait plus long-temps sous le drapeau, et c'est ce qui contribua à ses victoires.

774. L'armée française assiége Pavie. Le roi va à Rome, renouvelle, à ce qu'on dit, la donation de Pepin, et l'augmente : il en met lui-même une copie sur le tombeau qu'on prétend renfermer les cendres de saint Pierre. Le pape Adrien le remercie par des vers qu'il fait pour lui.

La tradition de Rome est que Charles donna la Corse, la Sardaigne, et la Sicile. Il ne donna sans doute aucun de ces pays qu'il ne possédait pas; mais il existe une lettre d'Adrien à l'impératrice Irène, qui prouve que Charles donna des terres que cette lettre ne spécifie pas. « Charles, duc des Francs et « patrice, nous a, dit-il, donné des provinces et res- « titué les villes que les perfides Lombards retenaient « à l'Église, etc. »

On sent qu'Adrien ménage encore l'Empire en ne donnant que le titre de duc et de patrice à Charles, et qu'il veut fortifier sa possession du nom de restitution.

Le roi retourne devant Pavie. Didier se rend à lui. Le roi le fait moine, et l'envoie en France dans l'abbaye de Corbie. Ainsi finit ce royaume des Lombards, qui avaient, en Italie, détruit la puissance romaine, et substitué leurs lois à celles des empereurs. Tout roi détrôné devient moine dans ces temps-là, ou est assassiné.

Charlemagne se fait couronner roi d'Italie, à Pavie, d'une couronne où il y avait un cercle de fer, qu'on garde encore dans la petite ville de Monza.

La justice était administrée toujours dans Rome au

nom de l'empereur grec. Les papes mêmes recevaient de lui la confirmation de leur élection. On avait ôté à l'empereur le vrai pouvoir; on lui laissait quelques apparences. Charlemagne prenait seulement, ainsi que Pepin, le titre de patrice.

Cependant on frappait alors de la monnaie à Rome au nom d'Adrien. Que peut-on en conclure sinon que le pape, délivré des Lombards, et n'obéissant plus aux empereurs, était le maître dans Rome? Il est indubitable que les pontifes romains se saisirent des droits régaliens dès qu'ils le purent, comme ont fait les évêques francs et germains; toute autorité veut toujours croître : et par cette raison-là même on ne mit plus que le nom de Charlemagne sur les nouvelles monnaies de Rome, lorsqu'en 800 le pape et le peuple romain l'eurent nommé empereur. Quelques critiques prétendent que les monnaies frappées au nom d'Adrien Ier n'étaient que des médailles en l'honneur de cet évêque : cette remarque est d'une très grande vraisemblance, puisque Adrien n'était pas certainement souverain de Rome.

775. Second effort des Saxons contre Charlemagne, pour leur liberté, qu'on appelle révolte. Ils sont encore vaincus dans la Vestphalie; et après beaucoup de sang répandu, ils donnent des bœufs et des otages, n'ayant autre chose à donner.

776. Tentative du fils de Didier, nommé Adalgise, pour recouvrer le royaume de Lombardie. Le pape Adrien la qualifie *horrible conspiration*. Charles court la punir. Il revole d'Allemagne en Italie, fait couper

la tête à un duc de Frioul assez courageux pour s'opposer aux invasions du conquérant, et trop faible pour ne pas succomber.

Pendant ce temps-là même les Saxons reviennent encore en Vestphalie; il revient les battre. Ils se soumettent, et promettent encore de se faire chrétiens. Charles bâtit des forts dans leur pays avant d'y bâtir des églises.

777. Il donne des lois aux Saxons, et leur fait jurer qu'ils seront esclaves s'ils cessent d'être chrétiens et soumis. Dans une grande diète tenue à Paderborn sous des tentes, un émir musulman, qui commandait à Saragosse, vint conjurer Charles d'appuyer sa rébellion contre Abdérame, roi d'Espagne.

778. Charles marche de Paderborn en Espagne, prend le parti de cet émir, assiége Pampelune, et s'en rend maître. Il est à remarquer que les dépouilles des Sarrasins furent partagées entre le roi, les officiers, et les soldats, selon l'ancienne coutume de ne faire la guerre que pour du butin, et de le partager également entre tous ceux qui avaient une égale part au danger. Mais tout ce butin est perdu en repassant les Pyrénées. L'arrière-garde de Charlemagne est taillée en pièces à Roncevaux par les Arabes et par les Gascons. C'est là que périt, dit-on, Roland son neveu, si célèbre par son courage et par sa force incroyable.

Comme les Saxons avaient repris les armes pendant que Charles était en Italie, ils les reprennent tandis qu'il est en Espagne. Vitikind, retiré chez le duc de Danemarck son beau-père, revient ranimer ses compatriotes. Il les rassemble; il trouve dans Brême, capitale du pays qui porte ce nom, un évêque, une église, et ses Saxons désespérés qu'on traîne à des autels nouveaux : il chasse l'évêque, qui a le temps de fuir et de s'embarquer. Charlemagne accourt, et bat encore Vitikind.

780. Vainqueur de tous côtés, il part pour Rome avec une de ses femmes, nommée Hildegarde, et deux enfants puînés, Pepin et Louis. Le pape Adrien baptise ces deux enfants, sacre Pepin roi de Lombardie, et Louis roi d'Aquitaine; ainsi l'Aquitaine fut érigée en royaume pour quelque temps.

781-782. Le roi de France tient sa cour à Vorms, à Ratisbonne, à Cuierci[1]. Alcuin, archevêque d'York, vient l'y trouver. Le roi, qui à peine savait signer son nom, voulait faire fleurir les sciences, parcequ'il voulait être grand en tout. Pierre de Pise lui enseignait un peu de grammaire. Il n'était pas étonnant que des Italiens instruisissent des Gaulois et des Germains, mais il l'était qu'on eût toujours besoin des Anglais pour apprendre ce qui n'est pas même honoré aujourd'hui du nom de science.

On tient devant le roi des conférences qui peuvent être l'origine des académies, et surtout de celles d'Italie, dans lesquelles chaque académicien prend un nouveau nom. Charlemagne se nommait David, Al-

---

[1] Probablement Quierzi, près des rives de l'Oise, où nos rois de la seconde race avaient un palais. CL.

cuin, Albinus; et un jeune homme nommé Ilgebert, qui fesait des vers en langue romance, prenait hardiment le nom d'Homère.

783. Cependant Vitikind, qui n'apprenait point la grammaire, soulève encore les Saxons. Il bat les généraux de Charles sur le bord du Véser. Charles vient réparer cette défaite. Il est encore vainqueur des Saxons; ils mettent bas les armes devant lui. Il leur ordonne de livrer Vitikind. Les Saxons lui répondent qu'il s'est sauvé en Danemarck. *Ses complices sont encore ici*, répondit Charlemagne : et il en fit massacrer quatre mille cinq cents à ses yeux. C'est ainsi qu'il disposait la Saxe au christianisme[1]. Cette action ressemble à celle de Sylla; les Romains n'ont pas du moins été assez lâches pour louer Sylla. Les barbares qui ont écrit les faits et gestes de Charlemagne[2] ont eu la bassesse de le louer, et même d'en faire un homme juste : ils ont servi de modèles à presque tous les compilateurs de *l'Histoire de France*.

784. Ce massacre fit le même effet que fit long-temps après la Saint-Barthélemi en France. Tous les Saxons reprennent les armes avec une fureur désespérée. Les Danois et les peuples voisins se joignent à eux.

785. Charles marche avec son fils, du même nom que lui, contre cette multitude. Il remporte une victoire nouvelle, et donne encore des lois inutiles. Il

---

[1] La fin de cet alinéa fut ajoutée en 1772. B.
[2] Notamment Jean Turpin, moine de Saint-Denys et archevêque au huitième siècle, à qui l'on attribue le roman historique : *De Gestis Caroli magni*. CL.

établit des marquis, c'est-à-dire des commandants des milices sur les frontières de ses royaumes.

786. Vitikind cède enfin. Il vient avec un duc de Frise se soumettre à Charlemagne dans Attigni sur l'Aisne. Alors le royaume de France s'étend jusqu'au Holstein. Le roi de France repasse en Italie, et rebâtit Florence. C'est une chose singulière que dès qu'il est à un bout de ses royaumes, il y a toujours des révoltes à l'autre bout; c'est une preuve que le roi n'avait pas, sur toutes les frontières, de puissants corps d'armée. Les anciens Saxons se joignent aux Bavarois: le roi repasse les Alpes.

787. L'impératrice Irène, qui gouvernait encore l'empire grec, alors le seul empire, avait formé une puissante ligue contre le roi des Francs. Elle était composée de ces mêmes Saxons et de ces Bavarois, des Huns, si fameux autrefois sous Attila, et qui occupaient, comme aujourd'hui, les bords du Danube et de la Drave; une partie même de l'Italie y était entrée. Charles vainquit les Huns vers le Danube, et tout fut dissipé.

Depuis 788 jusqu'à 792. Pendant ces quatre années paisibles, il institue des écoles chez les évêques et dans les monastères. Le chant romain s'établit dans les églises de France. Il fait dans la diète d'Aix-la-Chapelle des lois qu'on nomme Capitulaires. Ces lois tenaient beaucoup de la barbarie dont on voulait sortir, et dans laquelle on fut long-temps plongé [1]. La

---

[1] Dans l'édition originale, après le mot *plongé*, on lisait : «Voici quels étaient les usages, les mœurs, les lois, l'esprit qui régnaient alors.» Après quoi, sous le titre de: *Coutumes du temps de Charlemagne*, venait, en plus

plus barbare de toutes fut cette loi de Vestphalie, cet établissement de la cour vémique [1], dont il est bien étrange qu'il ne soit pas dit un seul mot dans l'*Esprit des lois* ni dans l'*Abrégé chronologique* du président Hénault. L'inquisition, le conseil des dix, n'égalèrent pas la cruauté de ce tribunal secret établi par Charlemagne en 803 : il fut d'abord institué principalement pour retenir les Saxons dans le christianisme et dans l'obéissance ; bientôt après cette inquisition militaire s'étendit dans toute l'Allemagne. Les juges étaient nommés secrètement par l'empereur ; ensuite ils choisirent eux-mêmes leurs associés sous le serment d'un secret inviolable : on ne les connaissait point ; des espions, liés aussi par le serment, fesaient les informations. Les juges prononçaient sans jamais confronter l'accusé et les témoins, souvent sans les interroger ; le plus jeune des juges fesait l'office de bourreau. Qui croirait que ce tribunal d'assassins ait duré jusqu'à la fin du règne de Frédéric III! cependant rien n'est plus vrai ; et nous regardons Tibère comme un méchant homme! et nous prodiguons des éloges à Charlemagne.

Si l'on veut savoir les coutumes du temps de Charlemagne dans le civil, le militaire, et l'ecclésiastique, on les trouve dans l'*Essai sur les mœurs et l'esprit des nations* [2].

---

de quinze pages, un morceau dont Voltaire, en y fesant des additions et des corrections, a depuis composé les chapitres XVII à XXII de l'*Essai sur les mœurs*. La version actuelle des *Annales* est de 1772. B.

[1] Voltaire parle de la cour vémique dans le *Commentaire sur le livre des délits et des peines*, paragr. XIII (*Mélanges*, année 1766), et dans l'A B C, premier entretien (*Mélanges*, année 1768). B.

[2] Chapitres XVII à XXII, tome XV, page 417 et suivantes. B.

793. Charles, devenu voisin des Huns, devient par conséquent leur ennemi naturel. Il lève des troupes contre eux, et ceint l'épée à son fils Louis, qui n'avait que quatorze ans. Il le fait ce qu'on appelait alors *miles*, c'est-à-dire il lui fait apprendre la guerre; mais ce n'est pas le créer chevalier, comme quelques auteurs l'ont cru. La chevalerie ne s'établit que long-temps après. Il défait encore les Huns sur le Danube et sur le Raab.

Charles assemble des évêques pour juger la doctrine d'Élipand, que les historiens disent archevêque de Tolède: il n'y avait point d'archevêque encore: ce titre n'est que du dixième siècle. Mais il faut savoir que les musulmans vainqueurs laissèrent leur religion aux vaincus; qu'ils ne croyaient pas les chrétiens dignes d'être musulmans, et qu'ils se contentaient de leur imposer un léger tribut.

Cet évêque Élipand imaginait, avec un Félix d'Urgel, que Jésus-Christ, en tant qu'homme, était fils adoptif de Dieu, et en tant que Dieu, fils naturel: il est difficile de savoir par soi-même ce qui en est. Il faut s'en rapporter aux juges, et les juges le condamnèrent.

Pendant que Charles remporte des victoires, fait des lois, assemble des évêques, on conspire contre lui. Il avait un fils d'une de ses femmes ou concubines, qu'on nommait Pepin-le-Bossu, pour le distinguer de son autre fils Pepin, roi d'Italie. Les enfants qu'on nomme aujourd'hui bâtards, et qui n'héritent point, pouvaient hériter alors, et n'étaient point réputés bâtards. Le Bossu, qui était l'aîné de tous, n'avait point d'apanage; et voilà l'origine de la conspiration. Il est arrêté à Ratisbonne avec ses complices, jugé par un parlement, tondu, et mis dans le monastère de Prum, dans les Ardennes. On crève les yeux à quelques uns de ses adhérents, et on coupe la tête à d'autres.

794. Les Saxons se révoltent encore, et sont encore facilement battus. Vitikind n'était plus à leur tête.

Célèbre concile de Francfort. On y condamne le second concile de Nicée, dans lequel l'impératrice Irène venait de rétablir le culte des images.

Charlemagne fait écrire les livres carolins contre ce culte des images. Rome ne pensait pas comme le royaume des Francs, et cette différence d'opinion ne brouilla point Charlemagne avec le pape, qui avait besoin de lui. Observez que les livres carolins et le concile de Francfort traitent les Pères du concile de Nicée d'impies, d'insolents, et d'impertinents: les Gaulois, les Francs, les Germains, encore barbares, n'ayant ni peintres ni sculpteurs, ne pouvaient aimer le culte des images.

Observez encore que la religion de presque tous les chrétiens occidentaux différait beaucoup de celle des orientaux.

Claude, évêque de Turin, conserva surtout dans les montagnes et dans les vallées de son diocèse la croyance et les rites de son église : c'est l'origine des réformes prêchées et soutenues presque de siècle en siècle par ceux qu'on appela vaudois, albigeois, lollards, luthériens, calvinistes, dans la suite des temps.

795. Le duc de Frioul, vassal de Charles, est en-

voyé contre les Huns, et s'empare de leurs trésors, supposé qu'ils en eussent. Mort du pape Adrien, le 25 décembre. On prétend que Charlemagne lui fit une épitaphe en vers latins. Il n'est guère croyable que ce roi franc, qui ne savait pas écrire couramment, sût faire des vers latins.

796. Léon III succède à Adrien. Charles lui écrit : « Nous nous réjouissons de votre élection, et de ce « qu'on nous rend l'obéissance et la fidélité qui nous « est due. » Il parlait ainsi en patrice de Rome, comme son père avait parlé aux Francs en maire du palais.

797-798. Pepin, roi d'Italie, est envoyé par son père contre les Huns, preuve qu'on n'avait remporté que de faibles victoires. Il en remporte une nouvelle. La célèbre impératrice Irène est mise dans un cloître par son fils Constantin V[1]. Elle remonte sur le trône, fait crever les yeux à son fils, il en meurt ; elle pleure sa mort. C'est cette Irène, l'ennemie naturelle de Charlemagne, et qui avait voulu s'allier avec lui.

799. Dans ce temps-là, les Normands, c'est-à-dire les *hommes du Nord*, les habitants des côtes de la mer Baltique, étaient des pirates. Charles équipe une flotte contre eux, et en purge les mers.

Le nouveau pape Léon III irrite contre lui les Romains. Ses chanoines veulent lui crever les yeux, et lui couper la langue. On le met en sang, mais il guérit. Il vient à Paderborn demander justice à Charles, qui le renvoie à Rome avec une escorte. Charles le

---

[1] L'*Art de vérifier les dates* le nomme, ainsi que Voltaire, *Constantin V*; la *Biographie universelle*, et Lebeau, disent *Constantin VI*; Moréri, *Constantin VII*. B.

suit bientôt. Il envoie son fils Pepin se saisir du duché de Bénévent, qui relevait encore de l'empereur de Constantinople.

800. Il arrive à Rome. Il déclare le pape innocent des crimes qu'on lui imputait, et le pape le déclare empereur aux acclamations de tout le peuple. Charlemagne affecta de cacher sa joie sous la modestie, et de paraître étonné de sa gloire. Il agit en souverain de Rome, et renouvelle l'empire des Césars. Mais, pour rendre cet empire durable, il fallait rester à Rome. On demande quelle autorité il y fit exercer en son nom ; celle d'un juge suprême qui laissait à l'Église tous ses priviléges, et au peuple tous ses droits. Les historiens ne nous marquent pas s'il entretenait un préfet, un gouverneur à Rome, s'il y avait des troupes, s'il donnait les emplois : ce silence pourrait presque faire soupçonner qu'il fut plutôt le protecteur que le souverain effectif de la ville dans laquelle il ne revint jamais.

801. Les historiens disent que dès qu'il fut empereur, Irène voulut l'épouser. Le mariage eût été entre les deux empires plutôt qu'entre Charlemagne et la vieille Irène.

802. Charlemagne exerce toute l'autorité des anciens empereurs partout ailleurs que dans Rome même. Nul pays, depuis Bénévent jusqu'à Bayonne, et de Bayonne jusqu'en Bavière, exempt de sa puissance législative. Le duc de Venise, Jean, ayant assassiné un évêque, est accusé devant Charles, et ne le récuse pas pour juge.

Nicéphore, successeur d'Irène, reconnaît Charles pour empereur, sans convenir expressément des limites des deux empires.

803-804. L'empereur s'applique à policer ses états autant qu'on le pouvait alors. Il dissipe encore des factions de Saxons, et transporte enfin une partie de ce peuple dans la Flandre, dans la Provence, en Italie, à Rome même.

805. Il dicte son testament, qui commence ainsi: Charles, *empereur, César, roi très invincible des Francs*, etc. Il donne à Louis tout le pays depuis l'Espagne jusqu'au Rhin. Il laisse à Pepin l'Italie et la Bavière; à Charles la France, depuis la Loire jusqu'à Ingolstadt, et toute l'Austrasie, depuis l'Escaut jusqu'aux confins du Brandebourg. Il y avait dans ces trois lots de quoi exciter des divisions éternelles. Charlemagne crut y pourvoir en ordonnant que s'il arrivait un différent sur les limites des royaumes, qui ne pût être décidé par témoins, le jugement *de la croix* en déciderait. Ce jugement *de la croix* consistait à faire tenir aux avocats les bras étendus, et le plus tôt las perdait sa cause. Le bon sens naturel d'un si grand conquérant ne pouvait prévaloir sur les coutumes de son siècle.

Charlemagne retint toujours l'empire et la souveraineté, et il était le roi des rois ses enfants. C'est à Thionville que se fit ce fameux testament avec l'approbation d'un parlement. Ce parlement était composé d'évêques, d'abbés, d'officiers du palais et de l'armée, qui n'étaient là que pour attester ce que voulait un maître absolu. Les diètes n'étaient pas ce qu'elles sont aujourd'hui ; et cette vaste république de princes, de seigneurs, et de villes libres sous un chef, n'était pas établie.

806. Le fameux Aaron, calife de Bagdad, nouvelle Babylone, envoie des ambassadeurs et des présents à Charlemagne. Les nations donnèrent à cet Aaron un titre supérieur à celui de Charlemagne. L'empereur d'Occident était surnommé *le Grand,* mais le calife était surnommé *le Juste.*

Il n'est pas étonnant qu'Aaron-al-Raschild envoyât des ambassadeurs à l'empereur français ; ils étaient tous deux ennemis de l'empereur d'Orient : mais ce qui serait étonnant, c'est qu'un calife eût, comme disent nos historiens, proposé de céder Jérusalem à Charlemagne. C'eût été, dans le calife, une profanation de céder à des chrétiens une ville remplie de mosquées, et cette profanation lui aurait coûté le trône et la vie. De plus, l'enthousiasme n'appelait point alors les chrétiens d'Occident à Jérusalem.

Charles convoque un concile à Aix-la-Chapelle. Ce concile ajoute au symbole que *le Saint-Esprit procède du Père et du Fils.* Cette addition n'était point encore reçue à Rome ; elle le fut bientôt après ; ainsi plusieurs dogmes se sont établis peu-à-peu. C'est ainsi qu'on avait donné deux natures et une personne à Jésus ; ainsi on avait donné à Marie le titre de *theotocos* [1] ; ainsi le terme de transsubstantiation ne s'établit que vers le douzième siècle.

[1] Mère de Dieu. B.

Dans ce temps, les peuples appelés Normands, Danois, et Scandinaves, fortifiés d'anciens Saxons retirés chez eux, osaient menacer les côtes du nouvel empire : Charles traverse l'Elbe, et Godefroi, le chef de tous ces barbares, pour se mettre à couvert, tire un large fossé entre l'Océan et la mer Baltique, aux confins du Holstein, l'ancienne Chersonèse cimbrique. Il revêtit ce fossé d'une forte palissade. C'est ainsi que les Romains avaient tiré un retranchement entre l'Angleterre et l'Écosse, faibles imitations de la fameuse muraille de la Chine.

807-808-809. Traités avec les Danois. Lois pour les Saxons. Police dans l'empire. Petites flottes établies à l'embouchure des fleuves.

810. Pepin, ce fils de Charlemagne, à qui son père avait donné le royaume d'Italie, meurt de maladie au mois de juillet : il laisse un bâtard, nommé Bernard. L'empereur donne sans difficulté l'Italie à ce bâtard, comme à l'héritier naturel, selon l'usage de ce temps-là.

811. Flotte établie à Boulogne sur la Manche. Phare de Boulogne relevé. Vurtzbourg bâti. Mort du prince Charles, destiné à l'empire.

813. L'empereur associe à l'empire son fils, Louis, au mois de mars, à Aix-la-Chapelle. Il fait donner à tous les assistants leurs voix pour cette association. Il donne la ville d'Ulm à des moines qui traitent les habitants en esclaves. Il donne des terres à Éginhard, qu'on a dit l'amant de sa fille Emma. Les légendes sont pleines de fables dignes de l'archevêque Turpin

sur cet Éginhard et cette prétendue fille de l'empereur ; mais, par malheur, jamais Charlemagne n'eut de fille qui s'appelât Emma.

814. Il meurt d'une pleurésie après sept jours de fièvre, le 28 janvier à trois heures du matin. Il n'avait point de médecin auprès de lui qui sût ce que c'était qu'une pleurésie. La médecine, ainsi que la plupart des arts, n'était connue alors que des Arabes et des Grecs de Constantinople. Cette année 814 est en effet l'année 813 ; car alors elle commençait à Pâques.

Ce monarque, par lequel commença le nouvel empire, est revendiqué par les Allemands, parcequ'il naquit près d'Aix-la-Chapelle. Golstad[1] cite une constitution de Frédéric Barberousse dans laquelle est rapporté un édit de Charlemagne en faveur de cette ville : voici un passage de cet édit : « Vous saurez que, « passant un jour auprès de cette cité, je trouvai les « thermes et le palais que Granus, frère de Néron et « d'Agrippa, avait autrefois bâtis. » Il faut croire que si Charlemagne ne savait pas bien signer son nom, son chancelier était bien savant.

Ce monarque, au fond, était, comme tous les autres conquérants, un usurpateur : son père n'avait été qu'un rebelle, et tous les historiens appellent rebelles ceux qui ne veulent pas plier sous le nouveau joug. Il usurpa la moitié de la France sur son frère Carloman, qui mourut trop subitement pour ne pas laisser des soupçons d'une mort violente : il usurpa l'héritage de ses neveux et la subsistance de leur mère : il

---

[1] Voyez, dans les *Mélanges*, année 1753, le n° xii des *Doutes sur quelques points de l'histoire de l'Empire*. B.

usurpa le royaume de Lombardie sur son beau-père. On connaît ses bâtards, sa bigamie, ses divorces, ses concubines; on sait qu'il fit assassiner des milliers de Saxons; et on en a fait un saint[1].

LOUIS-LE-DÉBONNAIRE, ou LE FAIBLE,

SECOND EMPEREUR.

814. Louis accourt de l'Aquitaine à Aix-la-Chapelle, et se met de plein droit en possession de l'empire. Il était né, en 778, de Charlemagne et d'une de ses femmes, nommée Hildegarde, fille d'un duc allemand. On dit qu'il avait de la beauté, de la force, de la santé, de l'adresse à tous les exercices, qu'il savait le latin et le grec; mais il était faible, et il fut malheureux. Son empire avait pour bornes, au septentrion la mer Baltique et le Danemarck; l'Océan au couchant; la Méditerranée et la mer Adriatique, et les Pyrénées, au midi; à l'orient, la Vistule et la Taisse. Le duc de Bénévent était son feudataire, et lui payait sept mille écus d'or tous les ans pour son duché: c'était une somme très considérable alors. Le territoire de Bénévent s'étendait beaucoup plus loin qu'aujourd'hui, et il fesait les bornes des deux empires.

815. La première chose que fit Louis fut de mettre au couvent toutes ses sœurs, et en prison tous leurs amants, ce qui ne le fit aimer ni dans sa famille ni dans l'état; la seconde, d'augmenter les priviléges de

---

[1] Charlemagne fut canonisé par Gui de Crème, antipape sous le nom de Pascal III, vers 1165. Cl.

toutes les églises; et la troisième, d'irriter Bernard, roi d'Italie, son neveu, qui vint lui prêter serment de fidélité, et dont il exila les amis.

816. Étienne IV est élu évêque de Rome et pape par le peuple romain, sans consulter l'empereur; mais il fait jurer obéissance et fidélité par le peuple à Louis, et apporte lui-même ce serment à Reims. Il y couronne l'empereur et sa femme Irmengarde. Il retourne à Rome au mois d'octobre, avec un décret que dorénavant les élections des papes se feraient en présence des ambassadeurs de l'empereur.

817. Louis associe à l'empire son fils aîné Lothaire: c'était bien se presser. Il fait son second fils Pepin roi d'Aquitaine, et érige la Bavière avec quelques pays voisins en royaume pour son dernier fils Louis. Tous trois sont mécontents: Lothaire, d'être empereur sans pouvoir; les deux autres, d'avoir de si petits états; et Bernard, roi d'Italie, neveu de l'empereur, plus mécontent qu'eux tous.

818. L'empereur Louis se croyait empereur de Rome; et Bernard, petit-fils de Charlemagne, ne voulait point de maître en Italie. Il est évident que Charlemagne, dans tant de partages, avait agi en père plus qu'en homme d'état, et qu'il avait préparé des guerres civiles à sa famille. L'empereur et Bernard lèvent des armées l'un contre l'autre. Ils se rencontrent à Châlons-sur-Saône. Bernard, plus ambitieux apparemment que guerrier, perd une partie de son armée sans combattre. Il se remet à la clémence de Louis son oncle. Ce prince fait crever les yeux à Bernard, son neveu, et à ses partisans. L'opération fut mal faite

sur Bernard ; il en mourut au bout de trois jours. Cet usage de crever les yeux aux princes était fort pratiqué par les empereurs grecs, ignoré chez les califes, et défendu par Charlemagne. Louis était faible et dur; et on l'a nommé *Débonnaire*.

819. L'empereur perd sa femme Irmengarde. Il ne sait s'il se fera moine ou s'il se remariera. Il épouse la fille d'un comte bavarois, nommée Judith ; il apaise quelques troubles en Pannonie, et tient des diètes à Aix-la-Chapelle.

820. Ses généraux reprennent la Carniole et la Carinthie sur des barbares qui s'en étaient emparés.

821. Plusieurs ecclésiastiques donnent des remords à l'empereur Louis sur le supplice du roi Bernard son neveu, et sur la captivité monacale où il avait réduit trois de ses propres frères, nommés Drogon, Thierri, et Hugues, malgré la parole donnée à Charlemagne d'avoir soin d'eux. Ces ecclésiastiques avaient raison. C'est une consolation pour le genre humain qu'il y ait partout des hommes qui puissent, au nom de la Divinité, inspirer des remords aux princes[1]; mais il faudrait s'en tenir là, et ne les poursuivre ni les avilir, parcequ'une guerre civile produit cent fois plus de crimes qu'un prince n'en peut commettre.

822. Les évêques et les abbés imposent une pénitence publique à l'empereur. Il paraît dans l'assemblée d'Attigni couvert d'un cilice. Il donne des évêchés et des abbayes à ses frères, qu'il avait faits moines malgré eux. Il demande pardon à Dieu de la mort de Bernard : cela pouvait se faire sans le cilice, et

[1] Voyez page 87. B.

sans la pénitence publique, qui rendait l'empereur ridicule.

823. Ce qui était plus dangereux, c'est que Lothaire était associé à l'empire, qu'il se fesait couronner à Rome par le pape Pascal, que l'impératrice Judith, sa belle-mère, lui donnait un frère, et que les Romains n'aimaient ni n'estimaient l'empereur. Une des grandes fautes de Louis était de ne point établir le siége de son empire à Rome. Le pape Pascal fesait crever les yeux sans rémission à ceux qui prêchaient l'obéissance aux empereurs; ensuite il jurait devant Dieu qu'il n'avait point de part à ces exécutions, et l'empereur ne disait mot.

L'impératrice Judith accouche à Compiègne d'un fils qu'on nomme Charles. Lothaire était revenu alors de Rome : l'empereur Louis, son père, exige de lui un serment qu'il consentira à laisser donner quelque royaume à cet enfant; espèce de serment dont on devait prévoir la violation.

824. Le pape Pascal meurt; les Romains ne veulent pas l'enterrer. Lothaire, de retour à Rome, fait informer contre sa mémoire. Le procès n'est pas poursuivi. Lothaire, comme empereur souverain de Rome, fait des ordonnances pour protéger les papes; mais dans ces ordonnances mêmes il nomme le pape avant lui : inattention bien dangereuse.

Le pape Eugène II fait serment de fidélité aux deux empereurs, mais il y est dit que c'est de son plein gré. Le clergé et le peuple romain jurent de ne jamais souffrir qu'un pape soit élu sans le consentement de l'empereur. Ils jurent fidélité aux seigneurs Louis et

Lothaire : mais ils y ajoutent, *sauf la foi promise au seigneur pape.*

Il semble que dans tous les serments de ce temps-là il y ait toujours des clauses qui les annullent. Tout annonce la guerre éternelle de l'empire et du sacerdoce.

L'Armorique ou la Bretagne ne voulait pas alors reconnaître l'empire. Ce peuple n'avait d'autre droit, comme tous les hommes, que celui d'être libre; mais en moins de quarante jours il fallut céder au plus fort.

825. Un Hériolt, duc des Danois, vient à la cour de Louis embrasser la religion chrétienne; mais c'est qu'il était chassé de ses états. L'empereur envoie Anschaire, moine de Corbie, prêcher le christianisme dans les déserts où Stockholm est actuellement bâtie. Il fonde l'évêché de Hambourg pour cet Anschaire; et c'est de Hambourg que doivent partir des missionnaires pour aller convertir le Nord.

La nouvelle Corbie fondée en Vestphalie pour le même usage. Son abbé, au lieu d'être missionnaire, est aujourd'hui prince de l'empire.

826. Pendant que Louis s'occupait à Aix-la-Chapelle des missions du Nord, les rois maures d'Espagne envoient des troupes en Aquitaine, et la guerre se fait vers les Pyrénées, entre les musulmans et les chrétiens; mais elle est bientôt terminée par un accord.

827. L'empereur Louis fait tenir des conciles à Mayence, à Paris, et à Toulouse. Il s'en trouve mal. Le concile de Paris lui écrit à lui et à son fils Lothaire : « Nous prions vos excellences de vous souvenir, à « l'exemple de Constantin, que les évêques ont droit « de vous juger, et que les évêques ne peuvent être

« jugés par les hommes. » Ils avaient tort de citer l'exemple de Constantin, qui fut toujours le maître absolu des évêques, et qui en châtia un grand nombre.

Louis donne à son jeune fils Charles, au berceau, ce qu'on appelait alors l'Allemagne, c'est-à-dire ce qui est situé entre le Mein, le Rhin, le Necker, et le Danube. Il y ajoute la Bourgogne transjurane ; c'est le pays de Genève, de Suisse, et de Savoie.

Les trois autres enfants de Louis sont indignés de ce partage, et excitent d'abord les cris de tout l'empire.

828. Judith, mère de Charles, cet enfant nouveau roi d'Allemagne, gouvernait l'empereur son mari, et était gouvernée par un comte de Barcelone, son amant, nommé Bernard, qu'elle avait mis à la tête des affaires.

829. Tant de faiblesses forment des factions. Un abbé nommé Vala, parent de Louis, commence la conjuration contre l'empereur. Les trois enfants de Louis, Lothaire associé par lui à l'empire, Pepin à qui il a donné l'Aquitaine, Louis qui lui doit la Bavière, se déclarent tous contre leur père.

Un abbé de Saint-Denys, qui avait à-la-fois Saint-Médard de Soissons et Saint-Germain, promet de lever des troupes pour eux. Les évêques de Vienne, d'Amiens, et de Lyon, déclarent « rebelles à Dieu et « à l'Église ceux qui ne se joindront pas à eux. » Ce n'était pas la première fois qu'on avait vu la guerre civile ordonnée au nom de Dieu ; mais c'était la première fois qu'un père avait vu trois enfants soulevés à-la-fois et dénaturés au nom de Dieu.

830. Chacun des enfants rebelles a une armée, et le père n'a que peu de troupes, avec lesquelles il fuit d'Aix-la-Chapelle à Boulogne, en Picardie. Il part le mercredi des Cendres, circonstance inutile par elle-même, devenue éternellement mémorable, parcequ'on lui en fit un crime, comme si c'eût été un sacrilége.

D'abord un reste de respect pour l'autorité paternelle impériale, mêlé avec la révolte, fait qu'on écoute Louis-le-Faible dans une assemblée à Compiègne. Il y promet au roi Pepin, son fils, de se conduire par son conseil et par celui des prêtres, et de faire sa femme religieuse. En attendant qu'on prenne une résolution décisive, Pepin fait crever les yeux, selon la méthode ordinaire, à Bernard, cet amant de Judith, laquelle se croyait en sûreté, et au frère de cet amant.

Les amateurs des recherches de l'antiquité croient que Bernard conserva ses yeux, que son frère paya pour lui, et qu'il fut condamné à mort sous Charles-le-Chauve. La vraie science ne consiste pas à savoir ces choses, mais à savoir quels usages barbares régnaient alors, combien le gouvernement était faible, les nations malheureuses, le clergé puissant.

Lothaire arrive d'Italie. Il met l'empereur son père en prison entre les mains des moines. Un moine plus adroit que les autres, nommé Gombaud, sert adroitement l'empereur; il le fait délivrer. Lothaire demande enfin pardon à son père à Nimègue. Les trois frères sont divisés, et l'empereur, à la merci de ceux qui le gouvernent, laisse tout l'empire dans la confusion.

831. On assemble des diètes, et on lève de toutes parts des armées. L'empire devient une anarchie.

Louis de Bavière entre dans le pays nommé Allemagne, et fait sa paix à main armée.

Pepin est fait prisonnier. Lothaire rentre en grace, et dans chaque traité on médite une révolte nouvelle.

832. L'impératrice Judith profite d'un moment de bonheur pour faire dépouiller Pepin du royaume d'Aquitaine, et le donner à son fils Charles, c'est-à-dire à elle-même sous le nom de son fils. Si l'empereur Louis-le-Faible n'eût pas donné tant de royaumes, il eût gardé le sien.

Lothaire prend le prétexte du détrônement de Pepin, son frère, pour arriver d'Italie avec une armée, et avec cette armée il amène le pape Grégoire IV pour inspirer plus de respect et plus de trouble.

833. Quelques évêques attachés à l'empereur Louis, et surtout les évêques de Germanie, écrivent au pape : « Si tu es venu pour excommunier, tu t'en retourneras excommunié. » Mais le parti de Lothaire, des autres enfants rebelles, et du pape, prévaut. L'armée rebelle et papale s'avance auprès de Bâle contre l'armée impériale. Le pape écrit aux évêques : « Sachez « que l'autorité de ma chaire est au-dessus de celle « du trône de Louis. » Pour le prouver, il négocie avec cet empereur, et le trompe. Le champ où il négocia s'appela le *Champ du mensonge*. Il séduit les officiers et les soldats de l'empereur. Ce malheureux père se rend à Lothaire et à Louis de Bavière, ses enfants rebelles, à cette seule condition qu'on ne crèvera pas les yeux à sa femme et à son fils Charles, qui était avec lui.

Il faut remarquer que ce Champ du mensonge, où

le pape usa de tant de perfidie envers l'empereur, est auprès de Rouffac dans la Haute-Alsace, à quelques lieues de Bâle : il a conservé le nom de *Champ du mensonge*[1]. Si nos campagnes avaient été désignées par les crimes qui s'y sont commis, la terre entière serait un monument de scélératesse.

Le rebelle Lothaire envoie sa belle-mère Judith prisonnière à Tortone, son père dans l'abbaye de Saint-Médard, et son frère Charles dans le monastère de Prum. Il assemble une diète à Compiègne, et de là à Soissons.

Un archevêque[2] de Reims nommé Ebbon, tiré de la condition servile, élevé malgré les lois à cette dignité par Louis même, dépose son souverain et son bienfaiteur. On fait comparaître le monarque devant ce prélat, entouré de trente évêques, de chanoines, de moines, dans l'église de Notre-Dame de Soissons. Lothaire, son fils, est présent à l'humiliation de son père. On fait étendre un cilice devant l'autel. L'archevêque ordonne à l'empereur d'ôter son baudrier, son épée, son habit, et de se prosterner sur ce cilice. Louis, le visage contre terre, demande lui-même la pénitence publique, qu'il ne méritait que trop en s'y soumettant. L'archevêque le force de lire à haute voix la liste de ses crimes, parmi lesquels il est spécifié qu'il avait fait marcher ses troupes le mercredi des

---

[1] M. Graff, dans son *Histoire de la ville de Mulhausen*, prétend que la plaine située à un quart de lieue de la ville de Thann, plaine aride, connue sous le nom d'*Ochsenfeld*, le *champ des bœufs*, traversée par la route de Colmar à Belfort, est la même que le Champ du mensonge. Cl.

[2] Il n'y avait encore que des évêques; voyez page 60. B.

Cendres, et indiqué un parlement un Jeudi-Saint. On dresse un procès-verbal de toute cette action, monument encore subsistant d'insolence et de bassesse. Dans ce procès-verbal on ne daigne pas seulement nommer Louis du nom d'empereur.

Louis-le-Faible reste enfermé un an dans une cellule du couvent de Saint-Médard de Soissons, vêtu d'un sac de pénitent, sans domestiques. Si des prêtres appelés *évêques* (se disant successeurs de Jésus, qui n'institua jamais d'évêques) traitaient ainsi leur empereur, leur maître, le fils de Charlemagne, dans quel horrible esclavage n'avaient-ils pas plongé les citoyens! à quel excès la nature humaine n'était-elle pas dégradée! mais, et empereurs et peuples méritaient des fers si honteux, puisqu'ils s'y soumettaient.

Dans ce temps d'anarchie, les Normands, c'est-à-dire ce ramas de Norvégiens, de Suédois, de Danois, de Poméraniens, de Livoniens, infestaient les côtes de l'empire[1]. Ils brûlaient le nouvel évêché de Hambourg; ils saccageaient la Frise; ils fesaient prévoir les malheurs qu'ils devaient causer un jour : et on ne put les chasser qu'avec de l'argent, ce qui les invitait à revenir encore.

834. Louis, roi de Bavière, Pepin, roi d'Aquitaine, veulent délivrer leur père parcequ'ils sont mécontents de Lothaire leur frère. Lothaire est forcé d'y consentir. On réhabilite l'empereur dans Saint-Denys auprès de Paris; mais il n'ose reprendre la couronne qu'après avoir été absous par les évêques.

835. Dès qu'il est absous, il peut lever des armées,

[1] Voyez, tome XV, page 475; et ci-après, page 81. B.

Lothaire lui rend sa femme Judith et son fils Charles. Une assemblée à Thionville anathématise celle de Soissons. Il n'en coûte à l'archevêque Ebbon que la perte de son siége; encore ne fut-il déposé que dans la sacristie. L'empereur l'avait été aux pieds de l'autel.

836. Toute cette année se passe en vaines négociations, et est marquée par des calamités publiques.

837. Louis-le-Faible est malade. Une comète paraît : « Ne manquez pas, dit l'empereur à son astro- « logue, de me dire ce que cette comète signifie. » L'astrologue répondit qu'elle annonçait la mort d'un grand prince. L'empereur ne douta pas que ce ne fût la sienne. Il se prépara à la mort, et guérit. Dans la même année la comète eut son effet sur le roi Pepin son fils : ce fut un nouveau sujet de trouble.

838. L'empereur Louis n'a plus que deux enfants à craindre au lieu de trois. Louis de Bavière se révolte encore, et lui demande encore pardon.

839. Lothaire demande aussi pardon, afin d'avoir l'Aquitaine. L'empereur fait un nouveau partage de ses états. Il ôte tout aux enfants de Pepin dernier mort. Il ajoute à l'Italie, que possédait le rebelle Lothaire, la Bourgogne, Lyon, la Franche-Comté, une partie de la Lorraine, du Palatinat, Trèves, Cologne, l'Alsace, la Franconie, Nuremberg, la Thuringe, la Saxe, et la Frise. Il donne à son bien-aimé Charles, le fils de Judith, tout ce qui est entre la Loire, le Rhône, la Meuse, et l'Océan. Il trouve encore, par ce partage, le secret de mécontenter ses enfants et ses petits-enfants. Louis de Bavière arme contre lui.

840. L'empereur Louis meurt enfin de chagrin. Il

fait, avant sa mort, des présents à ses enfants. Quelques partisans de Louis de Bavière, lui fesant un scrupule de ce qu'il ne donnait rien à ce fils dénaturé : « Je lui pardonne, dit-il ; mais qu'il sache qu'il me fait « mourir. »

Son testament, vrai ou faux, confirme la donation de Pepin et de Charlemagne à l'Église de Rome, laquelle doit tout aux rois des Francs. On est étonné, en lisant la charte appelée *Carta divisionis*, qu'il ajoute à ces présents la Corse, la Sardaigne, et la Sicile. La Sardaigne et la Corse étaient disputées entre les musulmans et quelques aventuriers chrétiens. Ces aventuriers avaient recours aux papes, qui leur donnaient des bulles et des aumônes. Ils consentaient à relever des papes ; mais alors, pour acquérir ce droit de mouvance, il fallait que les papes le demandassent aux empereurs. Reste à savoir si Louis-le-Faible leur céda en effet le domaine suprême de la Sardaigne et de la Corse. Pour la Sicile, elle appartenait aux empereurs d'Orient.

Louis expire le 20 juin 840.

LOTHAIRE,

TROISIÈME EMPEREUR.

841. Bientôt après la mort du fils de Charlemagne, son empire éprouva la destinée de celui d'Alexandre et de la grandeur des califes. Fondé avec précipitation, il s'écroula de même ; et les guerres intestines le divisèrent.

Il n'est pas surprenant que des princes qui avaient

détrôné leur père se voulussent exterminer l'un l'autre. C'était à qui dépouillerait son frère. L'empereur Lothaire voulait tout. Louis de Bavière et Charles, fils de Judith, s'unissent contre lui. Ils désolent l'empire, ils l'épuisent de soldats. Les deux rois livrent à Fontenai, dans l'Auxerrois, une bataille sanglante à leur frère. On a écrit qu'il y périt cent mille hommes. Lothaire fut vaincu. Il donne alors au monde l'exemple d'une politique toute contraire à celle de Charlemagne. Le vainqueur des Saxons et des Frisons les avait assujettis au christianisme, comme à un frein nécessaire : Lothaire, pour les attacher à son parti, leur donne une liberté entière de conscience; et la moitié du pays redevient idolâtre.

842. Les deux frères, Louis de Bavière et Charles d'Aquitaine, s'unissent par ce fameux serment, qui est presque le seul monument que nous ayons de la langue romance.

Pro Deo amur........ On parle encore cette langue chez les Grisons dans la vallée d'Engadina.

843-844. On s'assemble à Verdun pour un traité de partage entre les trois frères. On se bat et on négocie depuis le Rhin jusqu'aux Alpes. L'Italie, tranquille, attend que le sort des armes lui donne un maître.

845. Pendant que les trois frères déchirent le sein de l'empire, les Normands continuent à désoler ses frontières impunément. Les trois frères signent enfin le fameux traité de partage, terminé à Coblentz par cent vingt députés. Lothaire reste empereur; il possède l'Italie, une partie de la Bourgogne, le cours

du Rhin, de l'Escaut, et de la Meuse. Louis de Bavière a tout le reste de la Germanie. Charles, surnommé depuis *le Chauve*, est roi de France. L'empereur renonce à toute autorité sur ses deux frères. Ainsi il n'est plus qu'empereur d'Italie, sans être le maître de Rome. Tous les grands officiers et seigneurs des trois royaumes reconnaissent, par un acte authentique, le partage des trois frères, et l'hérédité assurée à leurs enfants.

Le pape Sergius II est élu par le peuple romain, et prend possession sans attendre la confirmation de l'empereur Lothaire. Ce prince n'est pas assez puissant pour se venger, mais il l'est assez pour envoyer son fils Louis confirmer à Rome l'élection du pape, afin de conserver son droit, et pour le couronner roi des Lombards ou d'Italie. Il fait encore régler à Rome, dans une assemblée d'évêques, que jamais les papes ne pourront être consacrés sans la confirmation des empereurs.

Cependant Louis en Germanie est obligé de combattre tantôt les Huns, tantôt les Normands, tantôt les Bohêmes. Ces Bohêmes, avec les Silésiens et les Moraves, étaient des idolâtres barbares qui couraient sur des chrétiens barbares avec des succès divers.

L'empereur Lothaire et Charles-le-Chauve ont encore plus à souffrir dans leurs états. Les provinces depuis les Alpes jusqu'au Rhin ne savent plus à qui elles doivent obéir.

Il s'élève un parti en faveur d'un fils de ce malheureux Pepin, roi d'Aquitaine, que Louis-le-Faible son père avait dépouillé. Plusieurs tyrans s'emparent de plusieurs villes. On donne partout de petits combats, dans lesquels il y a toujours des moines, des abbés, des évêques, tués les armes à la main. Hugues, l'un des bâtards de Charlemagne, forcé à être moine, et depuis abbé de Saint-Quentin, est tué devant Toulouse avec l'abbé de Ferrière. Deux évêques y sont prisonniers. Les Normands ravagent les côtes de France. Charles-le-Chauve ne s'oppose à eux qu'en s'obligeant à leur payer quatorze mille marcs d'argent, ce qui était encore les inviter à revenir[1].

847. L'empereur Lothaire, non moins malheureux, cède la Frise aux Normands à condition d'hommage. Cette funeste coutume d'avoir ses ennemis pour vassaux prépare l'établissement de ces pirates dans la Normandie.

848. Pendant que les Normands ravagent les côtes de la France, les Sarrasins entraient en Italie. Ils s'étaient emparés de la Sicile. Ils s'avancent vers Rome par l'embouchure du Tibre. Ils pillent la riche église de Saint-Pierre hors des murs.

Le pape Léon IV, prenant dans ces dangers une autorité que les généraux de l'empereur Lothaire paraissaient abandonner, se montra digne, en défendant Rome, d'y commander en souverain. Il avait employé les richesses de l'Église à réparer les murailles, à élever des tours, à tendre des chaînes sur le Tibre. Il arma les milices à ses dépens, engagea les habitants de Naples et de Gaïete à venir défendre les côtes et le port d'Ostie, sans manquer à la sage précaution de prendre d'eux des otages; sachant bien que ceux qui

---

[1] Voyez page 77. B.

sont assez puissants pour nous secourir le sont assez pour nous nuire. Il visita lui-même tous les postes, et reçut les Sarrasins à leur descente, non pas en équipage de guerrier, ainsi qu'en usa Goslin, évêque de Paris [1], dans une occasion encore plus pressante, mais comme un pontife qui exhortait un peuple chrétien, et comme un roi qui veillait à la sûreté de ses sujets. Il était né romain [2] : on doit répéter ici les paroles qui se trouvent dans l'*Essai sur les mœurs et l'esprit des nations* : « Le courage des premiers âges de la « république revivait en lui dans un temps de lâcheté « et de corruption ; tel qu'un beau monument de l'an-« cienne Rome, qu'on trouve quelquefois dans les « ruines de la nouvelle. »

Les Arabes sont défaits, et les prisonniers employés à bâtir la nouvelle enceinte autour de Saint-Pierre, et à agrandir la ville qu'ils venaient détruire.

Lothaire fait associer son fils Louis à son faible empire. Les musulmans sont chassés de Bénévent ; mais ils restent dans le Garillan et dans la Calabre.

849. Nouvelles discordes entre les trois frères, entre les évêques et les seigneurs. Les peuples n'en sont que plus malheureux. Quelques évêques francs et germains déclarent l'empereur Lothaire déchu de l'empire. Ils n'en avaient le droit, ni comme évêques,

---

[1] Voyez année 885. B.

[2] Dans l'édition originale on lit : « Il était né romain. Le courage, etc. » L'*Essai sur les mœurs* n'était pas encore publié. Voltaire y ayant employé une partie de ce qu'on vient de lire, renvoya ensuite des *Annales* à l'*Essai*. L'*Essai* cependant est, des deux ouvrages, le dernier publié ; mais l'auteur avait, dans son manuscrit de l'*Essai*, pris beaucoup de choses pour les *Annales*. Le renvoi fut ajouté en 1772. B.

ni comme germains et francs, puisque l'empereur n'était qu'empereur d'Italie. Ce ne fut qu'un attentat inutile : Lothaire fut plus heureux que son père.

850-851. Raccommodement des trois frères. Nouvelles incursions de tous les barbares voisins de la Germanie.

852. Au milieu de ces horreurs, le missionnaire Anschaire, évêque de Hambourg, persuade un Éric, chef ou duc ou roi du Danemarck, de souffrir la religion chrétienne dans ses états. Il obtient la même permission en Suède. Les Suédois et les Danois n'en vont pas moins en course contre les chrétiens.

853-854. Dans ces désolations de la France et de la Germanie, dans la faiblesse de l'Italie menacée par les musulmans, dans le mauvais gouvernement de Louis d'Italie, fils de Lothaire, livré aux débauches à Pavie, et méprisé dans Rome, l'empereur de Constantinople négocie avec le pape pour recouvrer Rome; mais cet empereur était Michel, plus débauché encore, et plus méprisé que Louis d'Italie, et tout cela ne contribue qu'à rendre le pape plus puissant.

855. L'empereur Lothaire, qui avait fait moine l'empereur Louis-le-Faible son père, se fait moine à son tour, par lassitude des troubles de son empire, par crainte de la mort, et par superstition. Il prend le froc dans l'abbaye de Prum, et meurt imbécile, le 28 septembre, après avoir vécu [1] en tyran, comme il est dit dans l'*Essai sur les mœurs et l'esprit des nations*.

---

[1] Toutes les éditions de l'*Essai sur les mœurs* portent : « Après avoir régné. » Voyez tome XV, page 471. B.

LOUIS II,
QUATRIÈME EMPEREUR.

856. Après la mort de ce troisième empereur d'Occident, il s'élève de nouveaux royaumes en Europe. Louis l'Italique, son fils aîné, reste à Pavie avec le vain titre d'empereur d'Occident. Le second fils, nommé Lothaire comme son père, a le royaume de Lotharinge, appelé ensuite Lorraine : ce royaume s'étendait depuis Genève jusqu'à Strasbourg et jusqu'à Utrecht. Le troisième, nommé Charles, eut la Savoie, le Dauphiné, une partie du Lyonnais, de la Provence, et du Languedoc. Cet état composa le royaume d'Arles, du nom de la capitale, ville autrefois opulente et embellie par les Romains, mais alors petite et pauvre, ainsi que toutes les villes en-deçà des Alpes. Dans les temps florissants de la république et des Césars, les Romains avaient agrandi et décoré les villes qu'ils avaient soumises; mais rendues à elles-mêmes ou aux barbares, elles dépérirent toutes, attestant, par leurs ruines, la supériorité du génie des Romains.

Un barbare, nommé Salomon, se fit bientôt après roi de la Bretagne, dont une partie était encore païenne; mais tous ces royaumes tombèrent presque aussi promptement qu'ils furent élevés.

857. Louis-le-Germanique commence par enlever l'Alsace au nouveau roi de Lorraine. Il donne des priviléges à Strasbourg, ville déjà puissante lorsqu'il n'y avait que des bourgades dans cette partie du

monde au-delà du Rhin. Les Normands désolent la France. Louis-le-Germanique prend ce temps pour venir accabler son frère, au lieu de le secourir contre les barbares. Il le défait vers Orléans. Les évêques de France ont beau l'excommunier, il veut s'emparer de la France. Des restes des Saxons et d'autres barbares, qui se jettent sur la Germanie, le contraignent de venir défendre ses propres états.

Depuis 858 *jusqu'à* 865. Louis II, fantôme d'empereur en Italie, ne prend point de part à tous ces troubles, laisse les papes s'affermir, et n'ose résider à Rome.

Charles-le-Chauve de France et Louis-le-Germanique font la paix, parcequ'ils ne peuvent se faire la guerre. L'événement de ce temps-là qui est le plus demeuré dans la mémoire des hommes, concerne les amours du roi de Lorraine, Lothaire : ce prince voulut imiter Charlemagne, qui répudiait ses femmes et épousait ses maîtresses. Il fait divorce avec sa femme nommée Teutberge, fille d'un seigneur de Bourgogne. Il l'accuse d'adultère. Elle s'avoue coupable. Il épouse sa maîtresse nommée Valrade, qui lui avait été auparavant promise pour femme. Il obtient qu'on assemble un concile à Aix-la-Chapelle, dans lequel on approuve son divorce avec Teutberge [1]. Le décret de ce concile est confirmé dans un autre à Metz, en présence des légats du pape. Le pape Nicolas Ier casse les conciles de Metz et d'Aix-la-Chapelle, et exerce une autorité jusqu'alors inouïe. Il excommunie et dépose quelques évêques, qui ont pris le parti du roi

---

[1] Voyez tome XV, pages 507-509. B.

de Lorraine. Et enfin ce roi fut obligé de quitter la femme qu'il aimait, et de reprendre celle qu'il n'aimait pas.

Il est à souhaiter sans doute qu'il y ait un tribunal sacré qui avertisse les souverains de leurs devoirs, et les fasse rougir de leurs violences[1] : mais il paraît que le secret du lit d'un monarque pouvait n'être pas soumis à un évêque étranger, et que les Orientaux ont toujours eu des usages plus conformes à la nature, et plus favorables au repos intérieur des familles, en regardant tous les fruits de l'amour comme légitimes, et en rendant ces amours impénétrables aux yeux du public.

Pendant ce temps les descendants de Charlemagne sont toujours aux prises les uns contre les autres, leurs royaumes toujours attaqués par les barbares.

Le jeune Pepin, arrière-petit-fils de Charlemagne, fils de ce Pepin, roi d'Aquitaine, déposé et mort sans états, ayant quelque temps traîné une vie errante et malheureuse, se joignit aux Normands, et renonça à la religion chrétienne; il finit par être pris et enfermé dans un couvent où il mourut.

866. C'est principalement à cette année qu'on peut fixer le schisme qui dure encore entre les Églises grecque et romaine. La Germanie ni la France n'y prirent aucun intérêt. Les peuples étaient trop malheureux pour s'occuper de ces disputes qui sont si intéressantes dans le loisir de la paix.

Charles, roi d'Arles, meurt sans enfants. L'empereur Louis et Lothaire partagent ses états.

[1] Voyez page 70. K.

C'est la destinée de la maison de Charlemagne que les enfants s'arment contre leurs pères. Louis-le-Germanique avait deux enfants. Louis, le plus jeune, mécontent de son apanage, veut le détrôner : sa révolte n'aboutit qu'à demander grace.

867-868. Louis, roi de Germanie, bat les Moraves et les Bohêmes par les mains de ses enfants. Ce ne sont pas là des victoires qui augmentent un état, et qui le fassent fleurir. Ce n'était que repousser des sauvages dans leurs montagnes et dans leurs forêts.

869. L'excommunié roi de Lorraine va voir le nouveau pape Adrien à Rome, dîne avec lui, lui promet de ne plus vivre avec sa maîtresse; il meurt à Plaisance à son retour.

Charles-le-Chauve s'empare de la Lorraine, et même de l'Alsace, au mépris des droits d'un bâtard de Lothaire, à qui son père l'avait donnée. Louis-le-Germanique avait pris l'Alsace à Lothaire, mais il la rendit; Charles-le-Chauve la prit, et ne la rendit point.

870. Louis de Germanie veut avoir la Lorraine. Louis d'Italie, empereur, veut l'avoir aussi, et met le pape Adrien dans ses intérêts. On n'a égard ni à l'empereur ni au pape. Louis de Germanie et Charles-le-Chauve partagent tous les états compris sous le nom de Lorraine en deux parts égales. L'Occident est pour le roi de France, l'Orient pour le roi de Germanie. Le pape Adrien menace d'excommunication. On commençait déjà à se servir de ces armes, mais elles furent méprisées. L'empereur d'Italie n'était pas assez puissant pour les rendre terribles.

871. Cet empereur d'Italie pouvait à peine prévaloir contre un duc de Bénévent, qui, étant à-la-fois vassal des empires d'Orient et d'Occident, ne l'était en effet ni de l'un ni de l'autre, et tenait entre eux la balance égale.

L'empereur Louis se hasarde d'aller à Bénévent, et le duc le fait mettre en prison. C'est précisément l'aventure de Louis XI avec le duc de Bourgogne.

872-873. Le pape Jean VIII, successeur d'Adrien II, voyant la santé de l'empereur Louis II chancelante, promet en secret la couronne impériale à Charles-le-Chauve, roi de France, et lui vend cette promesse. C'est ce-même Jean VIII qui ménagea tant le patriarche Photius, et qui souffrit qu'on nommât Photius avant lui, dans un concile à Constantinople.

Les Moraves, les Huns, les Danois, continuent d'inquiéter la Germanie, et ce vaste état ne peut encore avoir de bonnes lois.

874. La France n'était pas plus heureuse. Charles-le-Chauve avait un fils nommé Carloman, qu'il avait fait tonsurer dans son enfance, et qu'on avait ordonné diacre malgré lui. Il se réfugia enfin à Metz dans les états de Louis de Germanie, son oncle. Il lève des troupes; mais ayant été pris, son père lui fit crever les yeux, suivant la nouvelle coutume.

875. L'empereur Louis II meurt à Milan. Le roi de France, Charles-le-Chauve, son frère, passe les Alpes, ferme les passages à son frère Louis de Germanie, court à Rome, répand de l'argent, se fait proclamer par le peuple roi des Romains, et couronner par le pape.

Si la loi salique avait été en vigueur dans la maison de Charlemagne, c'était à l'aîné de la maison, à Louis-le-Germanique, qu'appartenait l'empire; mais quelques troupes, de la célérité, de la condescendance, et de l'argent, firent les droits de Charles-le-Chauve. Il avilit sa dignité pour en jouir. Le pape Jean VIII donna la couronne en souverain; le Chauve la reçut en vassal, confessant qu'il tenait tout du pape, laissant aux successeurs de ce pontife le pouvoir de conférer l'empire, et promettant d'avoir toujours près de lui un vicaire du saint-siége pour juger toutes les grandes affaires ecclésiastiques. L'archevêque de Sens fut en cette qualité primat de Gaule et de Germanie, titre devenu inutile.

Certes les papes eurent raison de se croire en droit de donner l'empire, et même de le vendre, puisqu'on le leur demandait et qu'on l'achetait, et puisque Charlemagne lui-même avait reçu le titre d'empereur du pape Léon III: mais aussi on avait raison de dire que Léon III, en déclarant Charlemagne empereur, l'avait déclaré son maître; que ce prince avait pris les droits attachés à sa dignité; que c'était à ses successeurs à confirmer les papes, et non à être choisis par eux. Le temps, l'occasion, l'usage, la prescription, la force, font tous les droits.

On a conservé et on garde peut-être encore à Rome un diplôme de Charles-le-Chauve, dans lequel il confirme les donations de Pepin; mais Othon III déclara que toutes ces donations étaient aussi fausses que celles de Constantin.

CHARLES-LE-CHAUVE,

CINQUIÈME EMPEREUR.

Charles se fait couronner à Pavie, roi de Lombardie, par les évêques, les comtes, et les abbés de ce pays. « Nous vous élisons, est-il dit dans cet acte, « d'un commun consentement, puisque vous avez été « élevé au trône impérial par l'intercession des apô- « tres saint Pierre et saint Paul, et par leur vicaire « Jean, souverain pontife, etc. »

876. Louis de Germanie se jette sur la France, pour se venger d'avoir été prévenu par son frère dans l'achat de l'empire. La mort le surprend dans sa vengeance.

La coutume, qui gouverne les hommes, était alors d'affaiblir ses états en les partageant entre ses enfants. Trois fils de Louis-le-Germanique partagent ses états. Carloman a la Bavière, la Carinthie, la Pannonie ; Louis, la Frise, la Saxe, la Thuringe, la Franconie ; Charles-le-Gros, depuis empereur, la moitié de la Lorraine, avec la Souabe et les pays circonvoisins, qu'on appelait alors l'Allemagne.

877. Ce partage rend l'empereur Charles-le-Chauve plus puissant. Il veut saisir la moitié de la Lorraine qui lui manque. Voici un grand exemple de l'extrême superstition qu'on joignait alors à la rapacité et à la fourberie. Louis de Germanie et de Lorraine envoie trente hommes au camp de Charles-le-Chauve, pour lui prouver, au nom de Dieu, que sa partie de la Lorraine lui appartient. Dix de ces trente confes-

seurs ramassent dix bagues et dix cailloux dans une chaudière d'eau bouillante sans s'échauder ; dix autres portent chacun un fer rouge l'espace de neuf pieds sans se brûler ; dix autres, liés avec des cordes, sont jetés dans de l'eau froide et tombent au fond, ce qui marquait la bonne cause ; car l'eau repoussait en haut les parjures.

L'histoire est si pleine de ces épreuves qu'on ne peut guère les nier toutes. L'usage qui les rendait communes rendait aussi communs les secrets qui font la peau insensible pour quelque temps à l'action du feu, comme l'huile de vitriol et d'autres corrosifs. A l'égard du miracle d'aller au fond de l'eau quand on y est jeté, ce serait un plus grand miracle de surnager.

Louis ne s'en tint pas à cette cérémonie. Il battit auprès de Cologne l'empereur, son oncle. L'empereur battu repasse en Italie, poursuivi par les vainqueurs.

Rome alors était menacée par les musulmans, toujours cantonnés dans la Calabre. Carloman, ce roi de Bavière, ligué avec son frère le Lorrain, poursuit en Italie son oncle le Chauve, qui se trouve pressé à-la-fois par son neveu, par les mahométans, par les intrigues du pape, et qui meurt au mois d'octobre dans un village près du Mont-Cénis.

Les historiens disent qu'il fut empoisonné par son médecin, un Juif nommé Sédécias. Il est seulement constant que l'Europe chrétienne était alors si ignorante, que les rois étaient obligés de prendre pour leurs médecins des Juifs ou des Arabes.

C'est à l'empire de Charles-le-Chauve que commence

le grand gouvernement féodal, et la décadence de toutes choses. C'est sous lui que plusieurs possesseurs des grands offices militaires, des duchés, des marquisats, des comtés, veulent les rendre héréditaires : ils fesaient très bien. L'empire romain avait été fondé par d'illustres brigands d'Italie; des brigands du Nord en avaient élevé un autre sur ses débris. Pourquoi les sous-brigands ne se seraient-ils pas procuré des domaines? le genre humain en souffrait, mais il a toujours été traité ainsi.

LOUIS III, ou LE BÈGUE,

SIXIÈME EMPEREUR.

878. Le pape Jean VIII, qui se croit en droit de nommer un empereur, se soutient à peine dans Rome. Il promet l'empire à Louis-le-Bègue, roi de France, fils du Chauve. Il le promet à Carloman de Bavière. Il s'engage avec un Lambert, duc de Spolette, vassal de l'empire.

Ce Lambert de Spolette, joué par le pape, se joint à un marquis de Toscane, entre dans Rome, et se saisit du pape; mais il est ensuite obligé de le relâcher. Un Boson, duc d'Arles, prétend aussi à l'empire.

Les mahométans étaient plus près de subjuguer Rome que tous ces compétiteurs. Le pape se soumet à leur payer un tribut annuel de vingt-cinq mille marcs d'argent. L'anarchie est extrême dans la Germanie, dans la France, et dans l'Italie.

Louis-le-Bègue meurt à Compiègne, le 10 avril 879.

On ne l'a mis au rang des empereurs que parcequ'il était fils d'un prince qui l'était.

CHARLES III, ou LE GROS,
SEPTIÈME EMPEREUR.

879. Il s'agit alors de faire un empereur et un roi de France. Louis-le-Bègue laissa deux enfants de quatorze à quinze ans. Il n'était pas alors décidé si un enfant pouvait être roi. Plusieurs nouveaux seigneurs de France offrent la couronne à Louis de Germanie. Il ne prit que la partie occidentale de la Lorraine, qu'avait eue Charles-le-Chauve en partage. Les deux enfants du Bègue, Louis et Carloman, sont reconnus rois de France, quoiqu'ils ne soient pas reconnus unanimement pour enfants légitimes; mais Boson se fait sacrer roi d'Arles, augmente son territoire, et demande l'empire. Charles-le-Gros, roi du pays qu'on nommait encore Allemagne, presse le pape de le couronner empereur. Le pape répond qu'il donnera la couronne impériale à celui qui viendra le secourir le premier contre les chrétiens et contre les mahométans.

880. Charles-le-Gros, roi d'Allemagne, Louis, roi de Bavière et de Lorraine, s'unissent avec le roi de France contre ce Boson, nouveau roi d'Arles, et lui font la guerre. Ils assiégent Vienne en Dauphiné; mais Charles-le-Gros va de Vienne à Rome.

881. Charles est couronné et sacré empereur par le pape Jean VIII, dans l'église de Saint-Pierre, le jour de Noël.

Le pape lui envoie une palme, selon l'usage; mais ce fut la seule que Charles remporta.

882. Son frère Louis, roi de Bavière, de la Pannonie, de ce qu'on nommait la France orientale, et des deux Lorraines, meurt le 20 janvier de la même année. Il ne laissait point d'enfants. L'empereur Charles-le-Gros était l'héritier naturel de ses états; mais les Normands se présentaient pour les partager. Ces fréquents troubles du Nord achevaient de rendre la puissance impériale très problématique dans Rome, où l'ancienne liberté repoussait toujours des racines. On ne savait qui dominerait dans cette ancienne capitale de l'Europe; si ce serait ou un évêque, ou le peuple, ou un empereur étranger.

Les Normands pénètrent jusqu'à Metz; ils vont brûler Aix-la-Chapelle, et détruire tous les ouvrages de Charlemagne. Charles-le-Gros ne se délivre d'eux qu'en prenant toute l'argenterie des églises, et en leur donnant quatre mille cent soixante marcs d'argent, avec lesquels ils allèrent préparer des armements nouveaux.

883. L'empire était devenu si faible, que le pape Martin II[1], successeur de Jean VIII, commence par faire un décret solennel, par lequel on n'attendra plus les ordres de l'empereur pour l'élection des papes. L'empereur se plaint en vain de ce décret. Il avait ailleurs assez d'affaires.

Un duc Zvintilbold ou Zvintibold, à la tête des païens moraves, dévastait la Germanie. L'empereur s'accommoda avec lui comme avec les Normands. On

---

[1] Appelé aussi Marin Ier; voyez page 7. R.

ne sait pas s'il avait de l'argent à lui donner, mais il le reconnut prince et vassal de l'Empire.

884. Une grande partie de l'Italie est toujours dévastée par le duc de Spolette et par les Sarrasins. Ceux-ci pillent la riche abbaye de Mont-Cassin, et enlèvent tous ses trésors; mais un duc de Bénévent les avait déjà prévenus.

Charles-le-Gros marche en Italie pour arrêter tous ces désordres. A peine était-il arrivé, que les deux rois de France ses neveux étant morts, il repasse les Alpes pour leur succéder.

885. Voilà donc Charles-le-Gros qui réunit sur sa tête toutes les couronnes de Charlemagne; mais elle ne fut pas assez forte pour les porter.

Un bâtard de Lothaire, nommé Hugues, abbé de Saint-Denys, s'était depuis long-temps mis en tête d'avoir la Lorraine pour son partage. Il se ligue avec un Normand auquel on avait cédé la Frise, et qui épousa sa sœur. Il appelle d'autres Normands.

L'empereur étouffa cette conspiration. Un comte de Saxe, nommé Henri, et un archevêque de Cologne, se chargèrent d'assassiner ce Normand, duc de Frise, dans une conférence. On se saisit de l'abbé Hugues, sous le même prétexte, en Lorraine, et l'usage de crever les yeux se renouvela pour lui.

Il eût mieux valu combattre les Normands avec de bonnes armées. Ceux-ci, voyant qu'on ne les attaquait que par des trahisons, pénètrent de la Hollande en Flandre; ils passent la Somme et l'Oise sans résistance, prennent et brûlent Pontoise, et arrivent par eau et par terre à Paris. Cette ville, aujourd'hui immense, n'était ni forte, ni grande, ni peuplée. La tour du grand Châtelet n'était pas encore entièrement élevée quand les Normands parurent. Il fallut se hâter de l'achever avec du bois; de sorte que le bas de la tour était de pierre, et le haut de charpente.

Les Parisiens, qui s'attendaient alors à l'irruption des barbares, n'abandonnèrent point la ville comme autrefois. Le comte de Paris, Odon ou Eudes, que sa valeur éleva depuis sur le trône de France, mit dans la ville un ordre qui anima les courages, et qui leur tint lieu de tours et de remparts. Sigefroi, chef des Normands, pressa le siége avec une fureur opiniâtre, mais non destituée d'art. Les Normands se servirent du bélier pour battre les murs. Ils firent brèche, et donnèrent trois assauts. Les Parisiens les soutinrent avec un courage inébranlable. Ils avaient à leur tête le comte Eudes, et leur évêque Goslin, qui fit à-la-fois les fonctions de prêtre et de guerrier dans cette petite ville : il bénissait le peuple, et combattait avec lui; il mourut de ses fatigues au milieu du siége : le véritable martyr est celui qui meurt pour sa patrie.

Les Normands tinrent la petite ville de Paris bloquée un an et demi, après quoi ils allèrent piller la Bourgogne et les frontières de l'Allemagne, tandis que Charles-le-Gros assemblait des diètes.

887. Il ne manquait à Charles-le-Gros que d'être malheureux dans sa maison : méprisé dans l'Empire, il passa pour l'être de sa femme l'impératrice Richarde. Elle fut accusée d'infidélité. Il la répudia, quoiqu'elle offrît de se justifier par le jugement de

Dieu. Il l'envoya dans l'abbaye d'Andlaw, qu'elle avait fondée en Alsace.

On fit ensuite adopter à Charles, pour son fils (ce qui était alors absolument hors d'usage), le fils de Boson, ce roi d'Arles, son ennemi. On dit qu'alors son cerveau était affaibli. Il l'était sans doute, puisque, possédant autant d'états que Charlemagne, il se mit au point de tout perdre sans résistance. Il est détrôné dans une diète auprès de Mayence.

ARNOUD,

HUITIÈME EMPEREUR [1].

888. La déposition de Charles-le-Gros est un spectacle qui mérite une grande attention. Fut-il déposé par ceux qui l'avaient élu? quelques seigneurs thuringiens, saxons, bavarois, pouvaient-ils, dans un village appelé Tribur, disposer de l'empire romain et du royaume de France? non; mais ils pouvaient renoncer à reconnaître un chef indigne de l'être. Ils abandonnent donc le petit-fils de Charlemagne pour un bâtard de Carloman, fils de Louis-le-Germanique : ils déclarent ce bâtard, nommé Arnoud, roi de Germanie. Charles-le-Gros meurt sans secours, auprès de Constance, le 13 janvier 888.

Le sort de l'Italie, de la France, et de tant d'états, était alors incertain.

---

[1] Dans toutes les éditions données jusqu'à ce jour, ce n'est qu'en tête de l'année 896 qu'on trouve le nom d'Arnoud. Il est question d'Arnoud dans l'*Essai sur les mœurs* : voyez, tome XV, pages 475, 519-21. B.

Le droit de la succession était partout très peu reconnu. Charles-le-Gros lui-même avait été couronné roi de France au préjudice d'un fils posthume de Louis-le-Bègue; et, au mépris des droits de ce même enfant, les seigneurs français élisent pour roi Eudes, comte de Paris.

Un Rodolphe, fils d'un autre comte de Paris, se fait roi de la Bourgogne transjurane.

Ce fils de Boson, roi d'Arles, adopté par Charles-le-Gros, devient roi d'Arles par les intrigues de sa mère.

L'empire n'était plus qu'un fantôme, mais on ne voulait pas moins saisir ce fantôme, que le nom de Charlemagne rendait encore vénérable. Ce prétendu empire, qui s'appelait romain, devait être donné à Rome. Un Gui, duc de Spolette, un Bérenger, duc de Frioul, se disputaient le nom et le rang des Césars. Gui de Spolette se fait couronner à Rome. Bérenger prend le vain titre de roi d'Italie; et, par une singularité digne de la confusion de ces temps-là, il vient à Langres en Champagne se faire couronner roi d'Italie.

C'est dans ces troubles que tous les seigneurs se cantonnent, que chacun se fortifie dans son château, que la plupart des villes sont sans police, que des troupes de brigands courent d'un bout de l'Europe à l'autre, et que la chevalerie s'établit pour réprimer ces brigands, et pour défendre les dames, ou pour les enlever.

889. Plusieurs évêques de France, et surtout l'archevêque de Reims, offrent le royaume de France au bâtard Arnoud, parcequ'il descendait de Charlemagne,

et qu'ils haïssaient Eudes, qui n'était du sang de Charlemagne que par les femmes.

Le roi de France Eudes va trouver Arnoud à Vorms, lui cède une partie de la Lorraine, dont Arnoud était déjà en possession, lui promet de le reconnaître empereur, et lui remet dans les mains le sceptre et la couronne de France, qu'il avait apportés avec lui. Arnoud les lui rend et le reconnaît roi de France. Cette soumission prouve que les rois se regardaient encore comme vassaux de l'empire romain. Elle prouve encore plus combien Eudes craignait le parti qu'Arnoud avait en France.

890-891. Le règne d'Arnoud, en Germanie, est marqué par des événements sinistres. Des restes de Saxons mêlés aux Slaves, nommés Abodrites, cantonnés vers la mer Baltique, entre l'Elbe et l'Oder, ravagent le nord de la Germanie; les Bohêmes, les Moraves, d'autres Slaves, désolent le midi et battent les troupes d'Arnoud; les Huns font des incursions, les Normands recommencent leurs ravages : tant d'invasions n'établissent pourtant aucune conquête. Ce sont des dévastations passagères, mais qui laissent la Germanie dans un état très pauvre et très malheureux.

A la fin, il défait en personne les Normands, auprès de Louvain, et l'Allemagne respire.

892. La décadence de l'empire de Charlemagne enhardit le faible empire d'Orient. Un patrice de Constantinople reprend le duché de Bénévent avec quelques troupes, et menace Rome : mais comme les Grecs ont à se défendre des Sarrasins, le vainqueur

de Bénévent ne peut aller jusqu'à l'ancienne capitale de l'Empire.

On voit combien Eudes, roi de France, avait eu raison de mettre sa couronne aux pieds d'Arnoud. Il avait besoin de ménager tout le monde. Les seigneurs et les évêques de France rendent la couronne à Charles-le-Simple, ce fils posthume de Louis-le-Bègue, qu'on fit alors revenir d'Angleterre, où il était réfugié.

893. Comme dans ces divisions le roi Eudes avait imploré la protection d'Arnoud, Charles-le-Simple vient l'implorer à son tour à la diète de Vorms. Arnoud ne fait rien pour lui; il le laisse disputer le royaume de France, et marche en Italie, pour y disputer le nom d'empereur à Gui de Spolette, la Lombardie à Bérenger, et Rome au pape.

894. Il assiége Pavie, où était cet empereur de Spolette, qui fuit. Il s'assure de la Lombardie; Bérenger se cache; mais on voit dès-lors combien il est difficile aux empereurs de se rendre maîtres de Rome. Arnoud, au lieu de marcher vers Rome, va tenir un concile auprès de Mayence.

895. Arnoud, après son concile, tenu pour s'attacher les évêques, tient une diète à Vorms, pour avoir de nouvelles troupes et de l'argent, et pour faire couronner son fils Zventilbold roi de Lorraine.

896. Alors il retourne vers Rome. Les Romains ne voulaient plus d'empereur; mais ils ne savaient pas se défendre. Arnoud attaque la partie de la ville appelée Léonine, du nom du célèbre pontife Léon IV,

qui l'avait fait entourer de murailles. Il la force. Le reste de la ville, au-delà du Tibre, se rend; et le pape Formose sacre Arnoud empereur dans l'église de Saint-Pierre. Les sénateurs (car il y avait encore un sénat) lui font le lendemain serment de fidélité dans l'église de Saint-Paul. C'est l'ancien serment équivoque : « Je « jure que je serai fidèle à l'empereur, sauf ma fidé- « lité pour le pape. »

896. Une femme d'un grand courage, nommée Agiltrude, mère de ce prétendu empereur Gui de Spolette, laquelle avait en vain armé Rome contre Arnoud, se défend encore contre lui. Arnoud l'assiége dans la ville de Fermo. Les auteurs prétendent que cette héroïne lui envoya un breuvage empoisonné, pour adoucir son esprit, et disent que l'empereur fut assez imbécile pour le prendre. Ce qui est incontestable, c'est qu'il leva le siége, qu'il était malade, qu'il repassa les Alpes avec une armée délabrée, qu'il laissa l'Italie dans une plus grande confusion que jamais, et qu'il retourna dans la Germanie, où il avait perdu toute son autorité pendant son absence.

897-898-899. La Germanie est alors dans la même anarchie que la France. Les seigneurs s'étaient cantonnés dans la Lorraine, dans l'Alsace, dans le pays appelé aujourd'hui la Saxe, dans la Bavière, dans la Franconie. Les évêques et les abbés s'emparent des droits régaliens : ils ont des avoués, c'est-à-dire des capitaines, qui leur prêtent serment, auxquels ils donnent des terres, et qui tantôt combattent pour eux, et tantôt les pillent. Ces avoués étaient auparavant les avocats des monastères ; et les couvents étant devenus des principautés, les avoués devinrent des seigneurs.

Les évêques et les abbés d'Italie ne furent jamais sur le même pied : premièrement, parceque les seigneurs italiens étaient plus habiles, les villes plus puissantes et plus riches que les bourgades de Germanie et de France; et enfin parceque l'Église de Rome, quoique très mal conduite, ne souffrait pas que les autres Églises d'Italie fussent puissantes.

La chevalerie et l'esprit de chevalerie s'étendent dans tout l'Occident. On ne décide presque plus de procès que par des champions. Les prêtres bénissent leurs armes, et on leur fait toujours jurer avant le combat que leurs armes ne sont point enchantées, et qu'ils n'ont point fait de pacte avec le diable.

Arnoud, empereur sans pouvoir, meurt en Bavière en 899. Des auteurs le font mourir de poison, d'autres d'une maladie pédiculaire : mais la maladie pédiculaire est une chimère, et le poison en est souvent une autre.

LOUIS IV,

NEUVIÈME EMPEREUR[1].

900. La confusion augmente. Bérenger règne en Lombardie, mais au milieu des factions. Ce fils de Boson, roi d'Arles par les intrigues de sa mère, est, par les mêmes intrigues, reconnu empereur à Rome.

---

[1] Dans les éditions précédentes, le nom de Louis IV était en tête de l'année 912. J'ai cru pouvoir mettre le texte d'accord avec le catalogue qui est en tête de l'ouvrage ; voyez aussi tome XV, page 521. B.

Les femmes alors disposaient de tout : elles fesaient des empereurs et des papes, mais qui n'en avaient que le nom.

Louis IV est reconnu roi de Germanie. Il y joint la Lorraine après la mort de Zventilbold, son frère, et n'en est guère plus puissant.

Depuis 901 *jusqu'à* 907. Les Huns et les Hongrois réunis viennent ravager la Bavière, la Souabe, et la Franconie, où il semblait qu'il n'y eût plus rien à prendre.

Un Moimir, qui s'était fait duc de Moravie et chrétien, va à Rome demander des évêques.

Un marquis de Toscane, Adelbert, célèbre par sa femme Théodora, est despotique dans Rome. Bérenger s'affermit dans la Lombardie, fait alliance avec les Huns afin d'empêcher le nouveau roi germain de venir en Italie; fait la guerre au prétendu empereur d'Arles; le prend prisonnier et lui fait crever les yeux; entre dans Rome, et force le pape Jean IX à le couronner empereur. Le pape, après l'avoir sacré, s'enfuit à Ravenne, et sacre un autre empereur nommé Lambert, fils du duc de Spolette, errant et pauvre, qui prend le titre d'*invincible et toujours auguste*.

908-909-910-911. Cependant Louis IV, roi de Germanie, s'intitule aussi empereur; plusieurs auteurs lui donnent ce titre; mais Sigebert dit qu'à cause des maux qui de son temps désolèrent l'Italie, il ne mérita pas la bénédiction impériale : la véritable raison est qu'il ne fut point assez puissant pour se faire reconnaître empereur. Il n'eut aucune part aux troubles qui agitèrent l'Italie de son temps.

912. Sous cet étrange empereur, l'Allemagne est dans la dernière désolation. Les Huns, payés par Bérenger pour venir ravager la Germanie, sont ensuite payés par Louis IV pour s'en retourner. Deux factions, celle d'un duc de Saxe et celle d'un duc de Franconie, s'élèvent, et font plus de mal que les Huns. On pille toutes les églises; les Hongrois reviennent pour y avoir part. L'empereur Louis IV s'enfuit à Ratisbonne, où il meurt à l'âge de vingt ans[1]. C'est ainsi que finit la race de Charlemagne en Germanie.

CONRAD Ier,

DIXIÈME EMPEREUR.

Les seigneurs germains s'assemblent à Vorms pour élire un roi. Ces seigneurs étaient tous ceux qui, ayant le plus d'intérêt à choisir un prince selon leur goût, avaient assez de pouvoir et assez de crédit pour se mettre au rang des électeurs. On ne reconnaissait guère dans ce siècle le droit d'hérédité en Europe. Les élections ou libres ou forcées prévalaient presque partout; témoin celle d'Arnoud en Germanie, de Gui de Spolette, et de Bérenger en Italie, de don Sanche en Aragon, d'Eudes, de Robert, de Raoul, de Hugues Capet en France, et des empereurs de Constantinople : car tant de vassaux, tant de princes, voulaient avoir le droit de choisir un chef, et l'espérance de pouvoir l'être.

On prétend qu'Othon, duc de la nouvelle Saxe, fut choisi par la diète, mais que se voyant trop vieux

---

[1] Le 21 janvier. B.

il proposa lui-même Conrad, duc de Franconie, son ennemi, parcequ'il le croyait digne du trône. Cette action n'est guère dans l'esprit de ces temps presque sauvages. On y voit de l'ambition, de la fourberie, du courage, comme dans tous les autres siècles : mais, à commencer par Clovis, on ne voit pas une action de magnanimité.

Conrad ne fut jamais reconnu empereur ni en Italie ni en France. Les Germains seuls, accoutumés à voir des empereurs dans leurs rois depuis Charlemagne, lui donnèrent, dit-on, ce titre.

Depuis 913 *jusqu'à* 919. Le règne de Conrad ne change rien à l'état où il a trouvé l'Allemagne. Il a des guerres contre ses vassaux, et particulièrement contre le fils de ce duc de Saxe auquel on a dit qu'il devait la couronne.

Les Hongrois font toujours la guerre à l'Allemagne, et on n'est occupé qu'à les repousser. Les Français, pendant ce temps, s'emparent de la Lorraine. Si Charles-le-Simple avait fait cette conquête, il ne méritait pas le nom de Simple; mais il avait des ministres et des généraux qui ne l'étaient pas. Il crée un duc de Lorraine.

Les évêques d'Allemagne s'affermissent dans la possession de leurs fiefs. Conrad meurt en 919[1] dans la petite ville de Veilbourg. On prétend qu'avant sa mort il désigna Henri duc de Saxe pour son successeur, au préjudice de son propre frère. Il n'est guère

---

[1] Le 23 décembre 918, selon Voltaire, dans le *Catalogue des empereurs*, et selon l'*Art de vérifier les dates*, qui cite Quedlimbourg au lieu de Weilbourg. Cl.

vraisemblable qu'il eût cru être en droit de se choisir un successeur, ni qu'il eût choisi son ennemi.

Le nom de ce prétendu empereur fut ignoré en Italie pendant son règne. La Lombardie était en proie aux divisions, Rome aux plus horribles scandales, et Naples et Sicile aux dévastations des Sarrasins.

C'est dans ce temps que la prostituée Théodora plaçait à Rome sur le trône de l'Église Jean X, non moins prostitué qu'elle.

HENRI-L'OISELEUR,

ONZIÈME EMPEREUR.

919-920. Il est important d'observer que dans ces temps d'anarchie plusieurs bourgades d'Allemagne commencèrent à jouir des droits de la liberté naturelle, à l'exemple des villes d'Italie. Les unes achetèrent ces droits de leurs seigneurs, les autres les avaient soutenus les armes à la main. Les députés de ces villes concoururent, dit-on, avec les évêques et les seigneurs, pour choisir un empereur, et sont, cette fois, au rang des électeurs. Ainsi Henri Ier dit l'Oiseleur, duc de Saxe, est élu par une assemblée qui ressemble aux trois états établis long-temps après en France. Rien n'est plus conforme à la nature que tous ceux qui ont intérêt d'être bien gouvernés concourent à établir le gouvernement.

Ce n'est pas qu'il y eût alors en Allemagne trois états distincts, trois ordres distinctement reconnus. Ces trois ordres, noblesse, clergé, communes, n'existent qu'en France : jamais dans aucun autre pays le clergé n'a fait une nation à part. Les évêques et les abbés comme grands terriens, comme barons, comtes, princes, eurent de la puissance, et prévalurent souvent dans les élections des empereurs, jusqu'à ce qu'enfin les sept principaux officiers et chapelains de l'empire s'emparèrent du droit exclusif d'élire l'empereur. Il ne faut pas croire qu'il y ait aucune vérité fondamentale dans la science de l'histoire, comme il en est dans les mathématiques.

Depuis 921 *jusqu'à* 930. Un des droits des rois de Germanie, comme des rois de France, fut toujours de nommer à tous les évêchés vacants.

L'empereur Henri a une courte guerre avec le duc de Bavière, et la termine en lui cédant ce droit de nommer les évêques dans la Bavière.

Il y a dans ces années peu d'événements qui intéressent le sort de la Germanie. Le plus important est l'affaire de la Lorraine. Il était toujours indécis si elle resterait à l'Allemagne ou à la France.

Henri-l'Oiseleur soumet toute la haute et basse Lorraine en 925, et l'enlève au duc Giselbert, à qui les rois de France l'avaient donnée. Il la rend ensuite à ce duc, pour le mettre dans la dépendance de la Germanie. Cette Lorraine n'était plus qu'un démembrement du royaume de Lotharinge. C'était le Brabant, c'était une partie du pays de Liége, disputée ensuite par l'évêque de Liége; c'étaient les terres entre Metz et la Franche-Comté, disputées aussi par l'évêque de Metz. Ce pays revint après à la France; il en fut ensuite séparé.

Henri fait des lois plus intéressantes que les événements et les révolutions dont se surcharge l'histoire. Il tire de l'anarchie féodale ce qu'on peut en tirer. Les vassaux, les arrière-vassaux, se soumettent à fournir des milices, et des grains pour les faire subsister. Il change en villes les bourgs dépeuplés que les Huns, les Bohêmes, les Moraves, les Normands, avaient dévastés. Il bâtit Brandebourg, Misnie [1], Slesvick. Il y établit des marquis pour garder les marches de l'Allemagne. Il rétablit les abbayes d'Herford et de Corbie [2] ruinées. Il construit quelques villes, comme Gotha, Herford [3], Goslar.

Les anciens Saxons, les Slaves-Abodrites, les Vandales leurs voisins, sont repoussés. Son prédécesseur Conrad s'était soumis à payer un tribut aux Hongrois, et Henri-l'Oiseleur le payait encore. Il affranchit l'Allemagne de cette honte.

Depuis 930 jusqu'à 936. On dit que des députés des Hongrois étant venus demander leur tribut, Henri leur donna un chien galeux. C'était une punition des chevaliers allemands, quand ils avaient commis des crimes, de porter un chien l'espace d'une lieue. Cette grossièreté, digne de ces temps-là, n'ôte rien à la grandeur du courage. Il est vrai que les Hongrois viennent faire plus de dégât que le tribut n'eût coûté : mais enfin ils sont repoussés et vaincus.

Alors il fait fortifier des villes pour tenir en bride

---

[1] Ou Meissen, capitale du margraviat de Misnie. Cl.

[2] Ou Corwei, *Corbeia nova;* en Vestphalie, ainsi que l'abbaye d'Herford, *Hervordia.* Cl.

[3] Erfurth, ville située à quelques lieues de Gotha, et capitale de la Thuringe ; voyez année 1164. B.

les barbares. Il lève le neuvième homme dans quelques provinces, et les met en garnison dans ces villes. Il exerce la noblesse par des joutes et des espèces de tournois : il en fait un, à ce qu'on dit, où près de mille gentilshommes entrent en lice.

Ces tournois avaient été inventés en Italie par les rois lombards, et s'appelaient *battagliole*.

Ayant pourvu à la défense de l'Allemagne, il veut enfin passer en Italie, à l'exemple de ses prédécesseurs, pour avoir la couronne impériale.

Les troubles et les scandales de Rome étaient augmentés. Marozie, fille de Théodora, avait placé sur la chaire de saint Pierre le jeune Jean XI, né de son adultère avec Sergius III, et gouvernait l'Église sous le nom de son fils. Les vicaires de Jésus étaient alors les plus scandaleux et les plus impies de tous les hommes : mais l'ignorance des peuples était si profonde, leur imbécillité si grande, leur superstition si enracinée, qu'on respectait toujours la place quand la personne était en horreur. Quelques tyrans qui accablassent l'Italie, les Allemands étaient ce que Rome haïssait le plus.

Henri-l'Oiseleur comptant sur ses forces, crut profiter de ces troubles ; mais il mourut en chemin dans la Thuringe, en 936. On ne l'a appelé empereur que parcequ'il avait eu envie de l'être, et l'usage de le nommer ainsi a prévalu.

OTHON Ier, surnommé LE GRAND,

DOUZIÈME EMPEREUR.

936. Voici enfin un empereur véritable. Les ducs et les comtes, les évêques, les abbés, et tous les seigneurs puissants qui se trouvent à Aix-la-Chapelle, élisent Othon, fils de Henri-l'Oiseleur. Il n'est pas dit que les députés des bourgs aient donné leurs voix. Il se peut faire que les grands seigneurs, devenus plus puissants sous Henri-l'Oiseleur, leur eussent ravi ce droit naturel : il se peut encore que les communes, à l'élection de Henri-l'Oiseleur, eussent donné leurs acclamations et non pas leurs suffrages ; et c'est ce qui est plus vraisemblable.

L'archevêque de Mayence annonce au peuple cette élection, le sacre, et lui met la couronne sur la tête. Ce qu'on peut remarquer, c'est que les prélats dînèrent à la table de l'empereur, et que les ducs de Franconie, de Souabe, de Bavière, et de Lorraine, servirent à table, le duc de Franconie, par exemple, en qualité de maître-d'hôtel, et le duc de Souabe en qualité d'échanson. Cette cérémonie se fit dans une galerie de bois, au milieu des ruines d'Aix-la-Chapelle, brûlée par les Normands, et non encore rebâtie.

Les Huns et les Hongrois viennent encore troubler la fête. Ils s'avancent jusqu'en Vestphalie, mais on les repousse.

937. La Bohême était alors entièrement barbare,

et à moitié chrétienne. Heureusement pour Othon, elle est troublée par des guerres civiles. Il en profite aussitôt. Il rend la Bohême tributaire de la Germanie, et y rétablit le christianisme.

938-939-940. Othon tâche de se rendre despotique, et les seigneurs des grands fiefs, de se rendre indépendants. Cette grande querelle, tantôt ouverte, tantôt cachée, subsiste dans les esprits depuis plus de huit cents années, ainsi que la querelle de Rome et de l'empire.

Cette lutte du pouvoir royal qui veut toujours croître, et de la liberté qui ne veut point céder, a longtemps agité toute l'Europe chrétienne. Elle subsista en Espagne tant que les chrétiens y eurent les Maures à combattre; après quoi l'autorité souveraine prit le dessus. C'est ce qui troubla la France jusqu'au milieu du règne de Louis XI; ce qui a enfin établi en Angleterre le gouvernement mixte auquel elle doit sa grandeur; ce qui a cimenté en Pologne la liberté du noble et l'esclavage du peuple. Ce même esprit a troublé la Suède et le Danemarck, a fondé les républiques de Suisse et de Hollande. La même cause a produit partout différents effets. Mais, dans les plus grands états, la nation a presque toujours été sacrifiée aux intérêts d'un seul homme ou de quelques hommes : la raison en est que la multitude, obligée de travailler pour gagner sa vie, n'a ni le temps ni le pouvoir d'être ambitieuse.

Le duc de Bavière refuse de faire hommage. Othon entre en Bavière avec une armée. Il réduit le duc à quelques terres allodiales. Il crée un des frères du duc comte palatin en Bavière, et un autre comte palatin vers le Rhin. Cette dignité de comte palatin est renouvelée des comtes du palais des empereurs romains, et des comtes du palais des rois francs.

Il donne la même dignité à un duc de Franconie. Ces palatins sont d'abord des juges suprêmes. Ils jugent en dernier ressort au nom de l'empereur. Ce ressort suprême de justice est, après une armée, le plus grand appui de la souveraineté.

Othon dispose à son gré des dignités et des terres. Le premier marquis de Brandebourg étant mort sans enfants, il donne le marquisat à un comte Gérard, qui n'était point parent du mort.

Plus Othon affecte le pouvoir absolu, plus les seigneurs des grands fiefs s'y opposent: et dès-lors s'établit la coutume d'avoir recours à la France pour soutenir le gouvernement féodal en Germanie contre l'autorité des rois allemands.

Les ducs de Franconie, de Lorraine, le prince de Brunsvick, s'adressent à Louis-d'Outremer, roi de France. Louis-d'Outremer entre dans la Lorraine et dans l'Alsace, et se joint aux alliés. Othon prévient le roi de France; il défait vers le Rhin, auprès de Brisach, les ducs de Franconie et de Lorraine, qui sont tués.

Il ôte le titre de palatin à la maison de Franconie. Il en pourvoit la maison de Bavière: il attache à ce titre des terres et des châteaux. C'est de là que se forme le palatinat du Rhin d'aujourd'hui. C'était d'abord un juge, à présent c'est un prince électeur, un souverain. Le contraire est arrivé en France.

941. Comme les seigneurs des grands fiefs germains avaient appelé le roi de France à leur secours, les seigneurs de France appellent pareillement Othon. Il poursuit Louis-d'Outremer dans toute la Champagne : mais des conspirations le rappellent en Allemagne.

942-943-944. Le despotisme d'Othon aliénait tellement les esprits, que son propre frère Henri, duc dans une partie de la Lorraine, s'était uni avec plusieurs seigneurs pour lui ôter le trône et la vie. Il repasse donc en Allemagne, étouffe la conspiration, et pardonne à son frère, qui apparemment était assez puissant pour se faire pardonner.

Il augmente les priviléges des évêques et des abbés pour les opposer aux seigneurs. Il donne à l'évêque de Trèves le titre de prince et tous les droits régaliens. Il donne le duché de Bavière à son frère Henri, qui avait conspiré contre lui, et l'ôte aux héritiers naturels. C'est la plus grande preuve de son autorité absolue.

945-946. En ce temps la race de Charlemagne, qui régnait encore en France, était dans le dernier avilissement. On avait cédé en 912 la Neustrie proprement dite aux Normands, et même la Bretagne, devenue alors arrière-fief de la France.

Hugues, duc de l'île de France, du sang de Charlemagne par les femmes, père de Hugues Capet, gendre en premières noces d'Édouard Ier, roi d'Angleterre, beau-frère d'Othon par un second mariage, était un des plus puissants seigneurs de l'Europe, et le roi de France alors un des plus petits. Ce Hugues avait rappelé Louis-d'Outremer pour le couronner et pour l'asservir, et on l'appelait Hugues-le-Grand, parcequ'il s'était rendu puissant aux dépens de son maître.

Il s'était lié avec les Normands qui avaient fait le malheureux Louis-d'Outremer prisonnier. Ce roi, délivré de prison, restait presque sans villes et sans domaine. Il était aussi beau-frère d'Othon, dont il avait épousé la sœur. Il lui demande sa protection, en cédant tous ses droits sur la Lorraine.

Othon marche jusqu'auprès de Paris. Il assiége Rouen; mais étant abandonné par le comte de Flandre, il s'en retourne dans ses états après une expédition inutile.

947-948. Othon, n'ayant pu battre Hugues-le-Grand, le fait excommunier. Il convoque un concile à Trèves, où un légat du pape prononce la sentence, à la réquisition de l'aumônier d'Othon. Hugues n'en est pas moins le maître en France.

Il y avait, comme on a vu, un margrave à Slesvick dans la Chersonèse Cimbrique, pour arrêter les courses des Danois. Ils tuent le margrave. Othon y court en personne, reprend la ville, assure les frontières. Il fait la paix avec le Danemarck, à condition qu'on y prêchera le christianisme.

949. De là Othon va tenir un concile auprès de Mayence à Ingelheim. Louis-d'Outremer, qui n'avait point d'armée, avait demandé au pape Agapet ce concile, faible ressource contre Hugues-le-Grand.

Des évêques germains, et Marin, le légat du pape, y parurent comme juges, Othon comme protecteur, et Louis, roi de France, en suppliant. Le roi Louis y demanda justice, et dit : « J'ai été reconnu roi par les « suffrages de tous les seigneurs. Si on prétend que « j'ai commis quelque crime qui mérite les traitements « que je souffre, je suis prêt de m'en purger au juge- « ment du concile, suivant l'ordre d'Othon, ou par un « combat singulier. »

Ce triste discours prouve l'usage des duels, l'état déplorable du roi de France, la puissance d'Othon, et les élections des rois. Le droit du sang semblait n'être alors qu'une recommandation pour obtenir des suffrages. Hugues-le-Grand est cité à ce vain concile : on se doute bien qu'il n'y comparut point.

Ce qui n'est pas moins prouvé, c'est que l'empereur regardait tous les rois de l'Europe comme dépendants de sa couronne impériale ; c'est l'ancienne prétention de sa chancellerie, et on fesait valoir cette chimère, quand il se trouvait quelque malheureux roi assez faible pour s'y soumettre.

950. Othon donne l'investiture de la Souabe, d'Augsbourg, de Constance, du Virtemberg, à son fils Ludolphe, *sauf les droits des évêques.*

951. Othon retourne en Bohême, bat le duc Bol, qu'on appelle Boleslas. Le mot de *slas* chez ces peuples désignait un chef. C'est de là qu'on leur donna d'abord le nom de *slaves*, et qu'ensuite on appela esclaves ceux qui furent conquis par eux. L'empereur confirme le vasselage de la Bohême, et y établit la religion chrétienne. Tout ce qui était au-delà était encore païen, excepté quelque marche de la Germanie.

La religion chrétienne, exterminée en Syrie, où elle était née, et en Afrique, où elle s'était transplantée, s'établit encore dans le nord de l'Europe. Othon pensait dès-lors à renouveler l'empire de Charlemagne: une femme lui en fraya les chemins.

Adélaïde, sœur d'un petit roi de la Bourgogne Transjurane, veuve d'un roi ou d'un usurpateur du royaume d'Italie, opprimée par un autre usurpateur, Bérenger II, assiégée dans Canosse, appelle Othon à son secours. Il y marche, la délivre; et étant veuf alors, il l'épouse. Il entre dans Pavie en triomphe avec Adélaïde. Mais il fallait du temps et des soins pour assujettir le reste du royaume, et surtout Rome, qui ne voulait point de lui.

952. Il laisse son armée à un prince nommé Conrad, qu'il a fait duc de Lorraine, et son gendre; et ce qui est assez commun dans ces temps-là, il va tenir un concile à Augsbourg; au lieu de poursuivre ses conquêtes. Il y avait des évêques italiens à ce concile: il est vraisemblable qu'il ne le tint que pour disposer les esprits à le recevoir en Italie.

953. Son mariage avec Adélaïde, qui semblait devoir lui assurer l'Italie, semble bientôt la lui faire perdre.

Son fils Ludolphe, auquel il avait donné tant d'états, mais qui craignait qu'Adélaïde, sa belle-mère, ne lui donnât un maître; son gendre Conrad, à qui il avait donné la Lorraine, mais à qui il ôte le commandement d'Italie, conspirent contre lui; un archevêque de Mayence, un évêque d'Augsbourg, se joignent à son fils et à son gendre: il marche contre son fils; et au lieu de se faire empereur à Rome, il soutient une guerre civile en Allemagne.

954. Son fils dénaturé appelle les Hongrois à son secours, et on a bien de la peine à les repousser des bords du Rhin et des environs de Cologne, où ils s'avancent.

Othon avait un frère ecclésiastique nommé Brunon ; il le fait élire archevêque de Cologne, et lui donne la Lorraine.

955. Les armes d'Othon prévalent. Ses enfants et les conjurés viennent demander pardon ; l'archevêque de Mayence rentre dans le devoir. Le fils du roi en sort encore. Il vient enfin pieds nus se jeter aux genoux de son père.

Les Hongrois appelés par lui ne demandent point grace comme lui ; ils désolent l'Allemagne. Othon leur livre bataille dans Augsbourg, et les défait. Il paraît qu'il était assez fort pour les battre, non pas assez pour les poursuivre et les détruire, quoique son armée fût composée de légions à peu près selon le modèle des anciennes légions romaines.

Ce que craignait le fils d'Othon arrive. Adélaïde accouche d'un prince ; c'est Othon II.

Depuis 956 jusqu'à 960. Les desseins sur Rome se mûrissent, mais les affaires d'Allemagne les empêchent encore d'éclore. Les Slaves et d'autres barbares inondent le nord de l'Allemagne, encore très mal assurée, malgré tous les soins d'Othon. De petites guerres, vers le Luxembourg et le Hainaut, qui étaient de la Basse-Lorraine, ne laissent pas de l'occuper encore.

Ludolphe, ce fils d'Othon envoyé en Italie contre Bérenger, y meurt ou de maladie, ou de débauche, ou de poison.

Bérenger alors est maître absolu de l'ancien royaume de Lombardie, et non de Rome; mais il avait nécessairement mille différents avec elle comme les anciens rois lombards.

Un petit-fils de Marozie, nommé Octavien Sporco, fut élu pape à l'âge de dix-huit ans par le crédit de sa famille. Il prit le nom de Jean XII en mémoire de Jean XI son oncle. C'est le premier pape qui ait changé son nom à son avénement au pontificat. Il n'était point dans les ordres quand sa famille le fit pontife. C'était un jeune homme qui vivait en prince aimant les armes et les plaisirs.

On s'étonne que, sous tant de papes scandaleux, l'Église romaine ne perdît ni ses prérogatives ni ses prétentions; mais alors presque toutes les autres Églises étaient ainsi gouvernées; les évêques, ayant toujours à demander à Rome ou des ordres ou des graces, n'abandonnaient pas leurs intérêts pour quelques scandales de plus; et leur intérêt était d'être toujours unis à l'Église romaine, parce que cette union les rendait plus respectables aux peuples, et plus considérables aux yeux des souverains. Le clergé d'Italie pouvait alors mépriser les papes; mais il révérait la papauté, d'autant plus qu'il y aspirait : enfin, dans l'opinion des hommes, la place était toujours sacrée, quoique souillée.

Les Italiens appellent enfin Othon à leur secours. Ils voulaient, comme dit Luitprand, contemporain, avoir deux maîtres pour n'en avoir réellement aucun. C'est là une des principales causes des longs malheurs de l'Italie.

961. Othon, avant de partir pour l'Italie, a soin de faire élire son fils Othon, né d'Adélaïde, roi de Germanie, à l'âge de sept ans : nouvelle preuve que le droit de succession n'existait pas. Il prend la précaution de le faire couronner à Aix-la-Chapelle par les archevêques de Cologne, de Mayence, et de Trèves, à-la-fois. L'archevêque de Cologne fait la première fonction : c'était Brunon, frère d'Othon.

Il passe les Alpes du Tyrol, entre encore dans Pavie, qui est toujours au premier occupant. Il reçoit à Monza la couronne de Lombardie[1].

962. Pendant que Bérenger fuit avec sa famille, Othon marche à Rome ; on lui ouvre les portes. Il se fait couronner empereur par le jeune Jean XII, auquel il confirme quelques prétendues donations qu'on disait faites au pontificat par Pepin-le-Bref, par Charlemagne, et par Louis-le-Faible. Mais il se fait prêter serment de fidélité par le pape sur le corps de saint Pierre, qui n'a pas été plus enterré à Rome, que Pepin, Charles, et Louis, n'ont donné des royaumes aux papes. Il ordonne qu'il y ait toujours des commissaires impériaux à Rome.

Cet instrument[2] écrit en lettres d'or, souscrit par sept évêques d'Allemagne, cinq comtes, deux abbés, et plusieurs prélats italiens, est gardé encore au châ-

---

[1] Voyez page 53. B.

[2] Ce mot est la traduction littérale du mot latin *instrumentum*, qui signifie acte. B.

teau Saint-Ange. La date est du 13 février 962. On dit que Lothaire, roi de France, et Hugues Capet, depuis roi, assistèrent à ce couronnement. Les rois de France étaient en effet si faibles, qu'ils pouvaient servir d'ornement au sacre d'un empereur : mais les noms de Lothaire et de Hugues Capet ne se trouvent pas dans les signatures de cet acte, si on en croit ceux qui en ont tant parlé sans l'avoir vu.

Tout ce qu'on fait alors à Rome concernant les Églises d'Allemagne, c'est d'ériger Magdebourg en archevêché, Mersebourg en évêché, pour convertir, dit-on, les Slaves, c'est-à-dire ces peuples scythes et sarmates qui habitaient la Moravie, une partie du Brandebourg, de la Silésie, etc.

A peine le pape s'était donné un maître qu'il s'en repentit. Il se ligue avec ce même Bérenger, réfugié chez les mahométans cantonnés sur les côtes de Provence. Il sollicite les Hongrois d'entrer en Allemagne; c'est ce qu'il fallait faire auparavant.

963. L'empereur Othon, qui a achevé de soumettre la Lombardie, retourne à Rome. Il assemble un concile. Le pape Jean XII se cache. On l'accuse en plein concile, dans l'église de Saint-Pierre, d'avoir joui de plusieurs femmes, et surtout d'une nommée Étiennette, concubine de son père; d'avoir fait évêque de Lodi un enfant de dix ans, d'avoir vendu les ordinations et les bénéfices, d'avoir crevé les yeux à son parrain, d'avoir châtré un cardinal, et ensuite de l'avoir fait mourir, enfin de ne pas croire en Jésus-Christ, et d'avoir invoqué le diable : deux choses qui semblent se contredire.

Ce jeune pontife, qui avait alors vingt-sept ans, parut être déposé pour ses incestes et pour ses scandales, et le fut en effet pour avoir voulu, ainsi que tous les Romains, détruire la puissance allemande dans Rome.

On élit à sa place un nouveau pape nommé Léon VIII. Othon ne peut se rendre maître de la personne de Jean XII; ou s'il le put, il fit une grande faute.

964. Le nouveau pape Léon VIII, si l'on en croit le discours d'Arnoud, évêque d'Orléans, n'était ni ecclésiastique, ni même chrétien.

Jean XII, pape débauché, mais prince entreprenant, soulève les Romains du fond de sa retraite; et tandis qu'Othon va faire le siège de Camerino, le pontife, aidé de sa maîtresse, rentre dans Rome. Il dépose son compétiteur, fait couper la main droite au cardinal Jean, qui avait écrit la déposition contre lui, oppose concile à concile, et fait statuer «que jamais « l'inférieur ne pourra ôter le rang au supérieur»; cela veut dire que jamais empereur ne pourra déposer un pape. Il se promet de chasser les Allemands d'Italie; mais au milieu de ce grand dessein, il est assassiné dans les bras d'une de ses maîtresses.

Il avait tellement animé les Romains et relevé leur courage, qu'ils osèrent, même après sa mort, soutenir un siége, et ne se rendirent à Othon qu'à l'extrémité.

Othon, deux fois vainqueur de Rome, fait déclarer dans un concile « qu'à l'exemple du bienheureux « Adrien, qui donna à Charlemagne le droit d'élire « les papes et d'investir tous les évêques, on donne « les mêmes droits à l'empereur Othon.» Ce titre, qui existe dans le recueil de Gratien, est suspect; mais ce qui ne l'est pas, c'est le soin qu'eut l'empereur victorieux de se faire assurer tous ses droits.

Après tant de serments, il fallait que les empereurs résidassent à Rome pour les faire garder.

965. Il retourne en Allemagne. Il trouve toute la Lorraine soulevée contre son frère Brunon, archevêque de Cologne, qui gouvernait la Lorraine alors. Il est obligé d'abandonner Trèves, Metz, Toul, Verdun, à leurs évêques. La Haute-Lorraine passe dans la main d'un comte de Bar, et c'est ce seul pays qu'on appelle aujourd'hui toujours Lorraine. Brunon ne se réserve que les provinces du Rhin, de la Meuse, et de l'Escaut. Ce Brunon était, dit-on, un savant aussi détaché de la grandeur que l'empereur Othon son frère était ambitieux.

La maison de Luxembourg prend ce nom du château de Luxembourg, dont un abbé de Saint-Maximin de Trèves fait un échange avec elle.

Les Polonais commencent à devenir chrétiens.

966. A peine l'empereur Othon était-il en Allemagne que les Romains voulurent être libres. Ils chassent le pape Jean XIII attaché à l'empereur. Le préfet de Rome, les tribuns, le sénat, pensent faire revivre l'ancienne république. Mais ce qui dans un temps est une entreprise de héros, devient dans d'autres une révolte de séditieux. Othon revole en Italie, fait pendre une partie du sénat. Le préfet de Rome, qui avait voulu être un Brutus, fut fouetté dans les carrefours, promené nu sur un âne, et jeté dans un cachot où il mourut de misère. Ces exécutions ne ren-

dent pas la domination allemande chère aux Italiens.

967. L'empereur fait venir son jeune fils Othon à Rome, et l'associe à l'empire.

968. Il négocie avec Nicéphore Phocas, empereur des Grecs, le mariage de son fils avec la fille de cet empereur. Le Grec le trompe. Othon lui prend la Pouille et la Calabre pour dot de la jeune princesse Théophanie qu'il n'a point.

969. C'est à cette année que presque tous les chronologistes placent l'aventure d'Othon, archevêque de Mayence, assiégé dans une tour au milieu du Rhin par une armée de souris qui passent le Rhin à la nage, et viennent le dévorer. Apparemment que ceux qui chargent encore l'histoire de ces inepties, veulent seulement laisser subsister ces anciens monuments d'une superstition imbécile, pour montrer de quelles ténèbres l'Europe est à peine sortie.

970. Jean Zimiscès, qui détrône l'empereur Nicéphore, envoie enfin la princesse Théophanie à Othon pour son fils ; tous les auteurs ont écrit qu'Othon, avec cette princesse, eut la Pouille et la Calabre. Le savant et exact Giannone a prouvé que cette riche dot ne fut point donnée.

971. Othon retourne victorieux dans la Saxe, sa patrie.

972-973. Le duc de Bohême, vassal de l'empire, envahit la Moravie, qui devient une annexe de la Bohême.

On établit un évêque de Prague. C'est le duc de Bohême qui le nomme, et l'archevêque de Mayence qui le sacre.

Othon déclare l'archevêque de Mayence archi-chancelier de l'empire. Il fait de ce prélat un prince. Il en fait autant de plusieurs évêques d'Allemagne, et même de quelques moines. Par là il affaiblit l'autorité impériale chez lui, après l'avoir établie à Rome.

Ce n'est que sous Henri IV que l'archevêque de Cologne fut chancelier d'Italie.

C'est après la mort de Frédéric II que la dignité de chancelier des Gaules fut attachée à l'évêché de Trèves. Il ne s'agit que d'avoir des forces suffisantes pour exercer cette charge.

Du temps d'Othon Ier, les archevêques de Magdebourg fondaient leur puissance. Le titre de métropolitains du Nord, avec de grandes terres, en devait faire un jour de grands princes.

Othon meurt à Minleben le 7 mai 973, avec la gloire d'avoir rétabli l'empire de Charlemagne en Italie : mais Charles fut le vengeur de Rome; Othon en fut le vainqueur et l'oppresseur, et son empire n'eut pas des fondements aussi vastes et aussi fermes que celui de Charlemagne.

OTHON II,

TREIZIÈME EMPEREUR.

974. Il est clair que les empereurs et les rois l'étaient alors par élection. Othon II ayant été déjà élu empereur et roi de Germanie, se contente de se faire proclamer à Magdebourg par le clergé et la noblesse du pays ; ce qui composait une médiocre assemblée.

Le despotisme du père, la crainte du pouvoir absolu perpétué dans une famille, mais surtout l'ambition du duc de Bavière Henri, cousin d'Othon, soulèvent le tiers de l'Allemagne.

Henri de Bavière se fait couronner empereur par l'évêque de Freisingen. La Pologne, le Danemarck, entrent dans son parti, non comme membres de l'Allemagne et de l'Empire, mais comme voisins qui ont intérêt à le troubler.

975. Le parti d'Othon II arme le premier, et c'est ce qui lui conserve l'empire. Ses troupes franchissent ces retranchements qui séparaient le Danemarck de l'Allemagne, et qui ne servaient qu'à montrer que le Danemarck était devenu faible.

On entre dans la Bohême, qui s'était déclarée pour Henri de Bavière. On marche au duc de Pologne. On prétend qu'il fit serment de fidélité à Othon comme vassal.

Il est à remarquer que tous ces serments se fesaient à genoux, les mains jointes, et que c'est ainsi que les évêques prêtaient serment au roi.

976. Henri de Bavière, abandonné, est mis en prison à Quedlimbourg, de là envoyé en exil à Elrick, avec un évêque d'Augsbourg, son partisan.

977. Les limites de l'Allemagne et de la France étaient alors fort incertaines. Il n'était plus question de France orientale et occidentale. Les rois d'Allemagne étendaient leur supériorité territoriale jusqu'aux confins de la Champagne et de la Picardie. On doit entendre par supériorité territoriale, non le domaine direct, non la possession des terres, mais la supériorité des terres, droit de paramont, droit de suzeraineté, droit de relief. On a ensuite, uniquement

par ignorance des termes, appliqué cette expression de supériorité territoriale à la possession des domaines mêmes qui relèvent de l'Empire, ce qui est au contraire une infériorité territoriale.

Les ducs de Lorraine, de Brabant, de Hainaut, avaient fait hommage de leurs terres aux derniers rois d'Allemagne. Lothaire, roi de France, fait revivre ses prétentions sur ces pays. L'autorité royale prenait alors un peu de vigueur en France ; et Lothaire profitait de ces moments pour attaquer à-la-fois la Haute et la Basse-Lorraine.

978. Othon assemble près de soixante mille hommes, désole toute la Champagne, et va jusqu'à Paris. On ne savait alors ni fortifier les frontières, ni faire la guerre dans le plat pays. Les expéditions militaires n'étaient que des ravages.

Othon est battu, à son retour, au passage de la rivière d'Aisne. Geoffroi, comte d'Anjou, surnommé *Grisegonelle*, le poursuit sans relâche dans la forêt des Ardennes, et lui propose, selon les règles de la chevalerie, de vider la querelle par un duel. L'empereur refusa le défi, soit qu'il crût sa dignité au-dessus d'un combat avec Grisegonelle, soit qu'étant cruel, il ne fût point courageux.

979. L'empereur et le roi de France font la paix, et par cette paix, Charles, frère de Lothaire, reçoit la Basse-Lorraine de l'Empereur, avec quelque partie de la Haute. Il lui fait hommage à genoux ; et c'est, dit-on, ce qui a coûté le royaume de France à sa race ; du moins Hugues Capet se servit de ce prétexte pour le rendre odieux.

Pendant qu'Othon II s'affermissait en Allemagne, les Romains avaient voulu soustraire l'Italie au joug allemand. Un nommé Censius[1] s'était fait déclarer consul. Lui et son parti avaient fait un pape qui s'appelait Boniface VII. Un comte de Toscanelle, ennemi de sa faction, avait fait un autre pape; et Boniface VII était allé à Constantinople inviter les empereurs grecs, Basile et Constantin, à venir reprendre Rome. Les empereurs grecs n'étaient pas assez puissants. Le pape leur joignit les Arabes d'Afrique, aimant mieux rendre Rome mahométane qu'allemande. Les chrétiens grecs et les musulmans africains unissent leurs flottes, et s'emparent ainsi du pays de Naples.

Othon II passe en Italie, et marche à Rome.

981. Comme Rome était divisée, il y fut reçu. Il se loge dans le palais du pape; il invite à dîner plusieurs sénateurs et des partisans de Censius. Des soldats entrent pendant le repas, et massacrent les convives. C'était renouveler les temps des Marius, et c'était tout ce qui restait de l'ancienne Rome. Mais le fait est-il bien vrai? Godefroy de Viterbe le rapporte deux cents ans après.

982. Au sortir de ce repas sanglant, il faut aller combattre dans la Pouille les Grecs et les Sarrasins, qui venaient venger Rome et l'asservir. Il avait beaucoup de troupes italiennes dans son armée; elles ne savaient alors que trahir.

Les Allemands sont entièrement défaits. L'évêque d'Augsbourg et l'abbé de Fulde sont tués les armes à

---

[1] Voltaire a dit *Crescence* ci-dessus, page 9; et *Crescentius*, tome XVI, pages 6-8. B.

la main. L'empereur s'enfuit déguisé; il se fait recevoir comme un passager dans un vaisseau grec. Ce vaisseau passe près de Capoue. L'empereur se jette à la nage, gagne le bord, et se réfugie dans Capoue.

983. On touchait au moment d'une grande révolution. Les Allemands étaient prêts de perdre l'Italie. Les Grecs et les musulmans allaient se disputer Rome; mais Capoue est toujours fatale aux vainqueurs des Romains. Les Grecs et les Arabes ne pouvaient être unis; leur armée était peu nombreuse; ils donnent le temps à Othon de rassembler les débris de la sienne, de faire déclarer empereur à Vérone son fils Othon qui n'avait pas dix ans.

Un Othon, duc de Bavière, avait été tué dans la bataille. On donne la Bavière à son fils. L'empereur repasse par Rome avec sa nouvelle armée.

Après avoir saccagé Bénévent infidèle, il fait élire pape son chancelier d'Italie. On croirait qu'il va marcher contre les Arabes et contre les Grecs; mais point. Il tient un concile. Tout cela fait voir évidemment que son armée était faible, que les vainqueurs l'étaient aussi, et les Romains davantage. Au lieu donc d'aller combattre, il fait confirmer l'érection de Hambourg et de Brême en archevêché. Il fait des réglements pour la Saxe, et il meurt dans Rome, le 7 décembre, sans gloire; mais il laisse son fils empereur. Les Grecs et les Sarrasins s'en retournent après avoir ruiné la Pouille et la Calabre, ayant aussi mal fait la guerre qu'Othon, et ayant soulevé contre eux tout le pays.

OTHON III,
QUATORZIÈME EMPEREUR.

983. Comment reconnaître en Allemagne un empereur et un roi de Germanie âgé de dix ans, qui n'avait été reconnu qu'à Vérone, et dont le père venait d'être vaincu par les Sarrasins? Ce même Henri de Bavière, qui avait disputé la couronne au père, sort de la prison de Maestricht, où il était renfermé; et, sous prétexte de servir de tuteur au jeune empereur Othon III, son petit-neveu, qu'on avait ramené en Allemagne, il se saisit de sa personne, et il le conduit à Magdebourg.

984. L'Allemagne se divise en deux factions. Henri de Bavière a dans son parti la Bohême et la Pologne; mais la plupart des seigneurs de grands fiefs et des évêques, espérant être plus maîtres sous un prince de dix ans, obligent Henri à mettre le jeune Othon en liberté et à le reconnaître, moyennant quoi on lui rend enfin la Bavière.

Othon III est donc solennellement proclamé à Veissemstadt.

Il est servi à dîner par les grands officiers de l'empire. Henri de Bavière fait les fonctions de maître d'hôtel, le comte palatin de grand-échanson, le duc de Saxe de grand-écuyer, le duc de Franconie de grand-chambellan. Les ducs de Bohême et de Pologne y assistèrent comme grands-vassaux.

L'éducation de l'empereur est confiée à l'archevêque de Mayence et à l'évêque d'Ildesheim.

Pendant ces troubles, le roi de France Lothaire essaie de reprendre la Haute-Lorraine. Il se rend maître de Verdun.

986. Après la mort de Lothaire, Verdun est rendu à l'Allemagne.

987. Louis V, dernier roi en France de la race de Charlemagne, étant mort après un an de règne, Charles, duc de Lorraine, son oncle et son héritier naturel, prétend en vain à la couronne de France. Hugues Capet prouve par l'adresse et par la force que le droit d'élire était alors en vigueur.

988. L'abbé de Verdun obtient à Cologne la permission de ne point porter l'épée, et de ne point commander en personne les soldats qu'il doit quand l'empereur lève des troupes.

Othon III confirme tous les priviléges des évêques et des abbés. Leur privilége et leur devoir étaient donc de porter l'épée; puisqu'il fallut une dispense particulière à cet abbé de Verdun.

989. Les Danois prennent ce temps pour entrer par l'Elbe et par le Véser. On commence alors à sentir en Allemagne qu'il faut négocier avec la Suède contre le Danemarck; et l'évêque de Slesvick est chargé de cette négociation.

Les Suédois battent les Danois sur mer. Le nord de l'Allemagne respire.

990. Le reste de l'Allemagne, ainsi que la France, est en proie aux guerres particulières des seigneurs; et ces guerres, que les souverains ne peuvent apaiser, montrent qu'ils avaient plus de droit que de puissance. C'était bien pis en Italie.

Le pape Jean XV, fils d'un prêtre, tenait alors le

saint-siége, et était favorable à l'empereur. Crescence, nouveau consul, fils du consul Crescence dont Jean X fut le père[1], voulait maintenir l'ombre de l'ancienne république; il avait chassé le pape de Rome. L'impératrice Théophanie, mère d'Othon III, était venue avec des troupes commandées par le marquis de Brandebourg soutenir dans l'Italie l'autorité impériale.

Pendant que le marquis de Brandebourg est à Rome, les Slaves s'emparent de son marquisat.

Depuis 991 *jusqu'à* 996. Les Slaves, avec un ramas d'autres barbares, assiégent Magdebourg. On les repousse avec peine. Ils se retirent dans la Poméranie, et cèdent quelques villages du Brandebourg qui arrondissent le marquisat.

L'Autriche était alors un marquisat aussi, et non moins malheureux que le Brandebourg, étant frontière des Hongrois.

La mère de l'empereur était revenue d'Italie sans avoir beaucoup remédié aux troubles de ce pays, et était morte à Nimègue. Les villes de Lombardie ne reconnaissaient point l'empereur.

Othon III lève des troupes, fait le siége de Milan, s'y fait couronner, fait élire pape Grégoire V, son parent, comme il aurait fait un évêque de Spire, et est sacré dans Rome par son parent, avec sa femme l'impératrice Marie, fille de don Garcie, roi d'Aragon et de Navarre.

997. Il est étrange que des auteurs de nos jours, et Maimbourg, et tant d'autres, rapportent encore la fable des amours de cette impératrice avec un comte de Mo-

---

[1] Voyez page 9. B.

dène, et du supplice de l'amant et de la maîtresse. On prétend que l'empereur, plus irrité contre la maîtresse que contre l'amant, fit brûler sa femme toute vive, et condamna seulement son rival à perdre la tête; que la veuve du comte ayant prouvé l'innocence de son mari, eut quatre beaux châteaux en dédommagement. Cette fable avait déjà été imaginée sur une Andaberte[1], femme de l'empereur Louis II. Ce sont des romans dont le sage et savant Muratori prouve la fausseté.

L'empereur reconnu à Rome retourne en Allemagne; il trouve les Slaves maîtres de Bernbourg, et on ôte à l'archevêque de Magdebourg le gouvernement dans ce pays pour s'être laissé battre par les Slaves.

998. Tandis qu'Othon III est occupé contre les barbares du Nord, le consul Crescence chasse de Rome Grégoire V, qui va l'excommunier à Pavie; et Othon repasse en Italie pour le punir.

Crescence soutient un siége dans Rome; il rend la ville au bout de quelques jours, et se retire dans le môle d'Adrien, appelé alors le môle de Crescence, et depuis le château Saint-Ange. Il y meurt en combattant, sans qu'on sache le genre de sa mort; mais il semblait mériter le nom de consul qu'il portait. L'empereur prend sa veuve pour maîtresse, et fait couper la langue et arracher les yeux au pape de la nomination de Crescence. Mais aussi on dit qu'Othon et sa maîtresse firent pénitence, qu'ils allèrent en pélerinage à un monastère, qu'ils couchèrent même sur une natte de jonc.

[1] Voltaire la nomme *Ingelberte* dans le *Catalogue*, n° IV; plus connue sous le nom d'*Angelberge*. Cl..

999. Il fait un décret par lequel les Allemands seuls auront le droit d'élire l'empereur romain, et les papes seront obligés de le couronner. Grégoire V, son parent, ne manqua pas de signer le décret; et les papes suivants de le réprouver.

1000. Othon retourne en Saxe, et passe en Pologne. Il donne au duc le titre de roi, mais non à ses descendants. On verra[1] dans la suite que les empereurs créaient des ducs et des rois à brevet. Boleslas reçoit de lui la couronne, fait hommage à l'empire, et s'oblige à une légère redevance annuelle.

Le pape Silvestre II, quelques années après, lui conféra aussi le titre de roi, prétendant qu'il n'appartenait qu'au pape de le donner. Il est étrange que des souverains demandent des titres à d'autres souverains; mais l'usage est le maître de tout. Les historiens disent qu'Othon, allant ensuite à Aix-la-Chapelle, fit ouvrir le tombeau de Charlemagne, et qu'on trouva cet empereur encore tout frais, assis sur un trône d'or, une couronne de pierreries sur la tête, et un grand sceptre d'or à la main. Si l'on avait enterré ainsi Charlemagne, les Normands, qui détruisirent Aix-la-Chapelle, ne l'auraient pas laissé sur son trône d'or.

1001. Les Grecs alors abandonnaient le pays de Naples, mais les Sarrasins y revenaient souvent. L'empereur repasse les Alpes pour arrêter leurs progrès et ceux des défenseurs de la liberté italique, plus dangereux que les Sarrasins.

1002. Les Romains assiégent son palais dans Rome, et tout ce qu'il peut faire, c'est de s'enfuir avec le

---

[1] Années 1158 et 1309. B.

pape et avec sa maîtresse, la veuve de Crescence. Il meurt à Paterno, petite ville de la campagne de Rome, à l'âge de près de trente ans. Plusieurs auteurs disent que sa maîtresse l'empoisonna, parcequ'il n'avait pas voulu la faire impératrice; d'autres, qu'il fut empoisonné par les Romains, qui ne voulaient point d'empereur. Ce fait est peut-être vraisemblable, mais il n'est nullement prouvé. Sa mort laissa indécis plus que jamais ce long combat de la papauté contre l'empire, des Romains contre l'un et l'autre, et de la liberté italienne contre la puissance allemande. C'est ce qui tient l'Europe toujours attentive; c'est là le fil qui conduit dans le labyrinthe de l'histoire de l'Allemagne.

Ces trois Othons, qui ont rétabli l'empire, ont tous trois assiégé Rome, et y ont fait couler le sang : et Arnoud, avant eux, l'avait saccagée.

1003. Othon III ne laissait point d'enfants. Vingt seigneurs prétendirent à l'empire; un des plus puissants était Henri, duc de Bavière : le plus opiniâtre de ses rivaux était Ékard, marquis de Thuringe. On assassine le marquis pour faciliter l'élection du Bavarois, qui, à la tête d'une armée, se fait sacrer à Mayence le 19 juillet.

HENRI II,

QUINZIÈME EMPEREUR.

A peine Henri de Bavière est-il couronné, qu'il fait déclarer Hermann, duc de Souabe et d'Alsace, son compétiteur, ennemi de l'empire. Il met Strasbourg dans ses intérêts : c'était déjà une ville puissante. Il ravage la Souabe; il marche en Saxe; il se fait prêter serment par le duc de Saxe, par les archevêques de Magdebourg et de Brême, par les comtes palatins, et même par Boleslas, roi de Pologne. Les Slaves, habitants de la Poméranie, le reconnurent.

Il épouse Cunégonde, fille du premier comte de Luxembourg. Il parcourt des provinces; il reçoit les hommages des évêques de Liége et de Cambrai, qui lui font serment à genoux. Enfin le duc de Saxe le reconnaît, et lui prête serment comme les autres.

Les efforts de la faiblesse italienne contre la domination allemande se renouvellent sans cesse. Un marquis d'Ivrée, nommé Ardouin, entreprend de se faire roi d'Italie; il se fait élire par les seigneurs, et prend le titre de césar. Alors les archevêques de Milan commençaient à prétendre qu'on ne pouvait faire un roi de Lombardie sans leur consentement, comme les papes prétendaient qu'on ne pouvait faire un empereur sans eux. Arnolphe, archevêque de Milan, s'adresse au roi Henri; car ce sont toujours les Italiens qui appellent les Allemands, dont ils ne peuvent se passer, et qu'ils ne peuvent souffrir.

Henri envoie des troupes en Italie sous un Othon, duc de Carinthie. Le roi Ardouin bat ces troupes vers le Tyrol. L'empereur Henri ne pouvait quitter l'Allemagne, où d'autres troubles l'arrêtaient.

1004. Le nouveau roi de Pologne chrétien profite de la faiblesse d'un Boleslas, duc de Bohême, se rend maître de ses états, et lui fait crever les yeux, en se conformant à la méthode des empereurs chrétiens d'Orient et d'Occident. Il prend toute la Bohême, la

Misnie, et la Lusace. Henri II se contente de le prier de lui faire hommage des états qu'il a envahis. Le roi de Pologne rit de la demande, et se ligue contre Henri avec plusieurs princes de l'Allemagne. Henri II songe donc à conserver l'Allemagne, avant d'aller s'opposer au nouveau césar d'Italie.

1005. Il regagne des évêques; il négocie avec des seigneurs; il lève des milices; il déconcerte la ligue.

Les Hongrois commencent à embrasser le christianisme par les soins des missionnaires, qui ne cherchent qu'à étendre leur religion, pendant que les princes ne veulent étendre que leurs états.

Étienne, chef des Hongrois, qui avait épousé la sœur de l'empereur Henri, se fait chrétien en ce temps-là; et heureusement pour l'Allemagne, il fait la guerre avec ses Hongrois chrétiens contre les Hongrois idolâtres.

L'Église de Rome, qui s'était laissé prévenir par les empereurs dans la nomination d'un roi de Pologne, prend les devants pour la Hongrie. Le pape Jean XVIII donne à Étienne de Hongrie le titre de roi et d'apôtre, avec le droit de faire porter la croix devant lui, comme les archevêques. D'autres historiens placent ce fait quelques années plus tôt, sous le pontificat de Silvestre II. La Hongrie est divisée en dix évêchés, beaucoup plus remplis alors d'idolâtres que de chrétiens.

L'archevêque de Milan presse Henri II de venir en Italie contre son roi Ardouin. Henri part pour l'Italie, il passe par la Bavière. Les états ou le parlement de Bavière y élisent un duc : Henri de Luxembourg, beau-frère de l'empereur, a tous les suffrages. Fait important qui montre que les droits des peuples étaient comptés pour quelque chose.

Henri, avant de passer les Alpes, laisse Cunégonde son épouse entre les mains de l'archevêque de Magdebourg. On prétend qu'il avait fait vœu de chasteté avec elle : vœu d'imbécillité dans un empereur.

A peine est-il vers Vérone que le césar Ardouin s'enfuit. On voit toujours des rois d'Italie quand les Allemands n'y sont pas ; et dès qu'ils y mettent les pieds, on n'en voit plus.

Henri est couronné à Pavie. On y conspire contre sa vie. Il étouffe la conspiration; et après beaucoup de sang répandu, il pardonne.

Il ne va point à Rome, et selon l'usage de ses prédécesseurs, il quitte l'Italie le plus tôt qu'il peut.

1006. C'est toujours le sort des princes allemands, que des troubles les rappellent chez eux quand ils pourraient affermir en Italie leur domination. Il va défendre les Bohémiens contre les Polonais. Reçu dans Prague, il donne l'investiture du duché de Bohême à Jaromire. Il passe l'Oder, poursuit les Polonais jusque dans leur pays, et fait la paix avec eux.

Il bâtit Bamberg, et y fonde un évêché; mais il donne au pape la seigneurie féodale : on dit qu'il se réserva seulement le droit d'habiter dans le château.

Il assemble un concile à Francfort-sur-le-Mein, uniquement à l'occasion de ce nouvel évêché de Bamberg, auquel s'opposait l'évêque de Vurtzbourg, comme à un démembrement de son évêché. L'empereur se prosterne devant les évêques. On discute les droits de Bamberg et de Vurtzbourg sans s'accorder.

1007. On commence à entendre parler des Prussiens, ou des Borussiens. C'étaient des barbares qui se nourrissaient de sang de cheval. Ils habitaient depuis peu des déserts entre la Pologne et la mer Baltique. On dit qu'ils adoraient des serpents. Ils pillaient souvent les terres de la Pologne. Il faut bien qu'il y eût enfin quelque chose à gagner chez eux, puisque les Polonais y allaient aussi faire des incursions : mais dans ces pays sauvages, on envahissait des terres stériles avec la même fureur qu'on usurpait alors des terres fécondes.

1008-1009. Othon, duc de la Basse-Lorraine, le dernier qu'on connaisse de la race de Charlemagne, étant mort, Henri II donne ce duché à Godefroi, comte des Ardennes. Cette donation cause des troubles. Le duc de Bavière en profite pour inquiéter Henri; mais il est chassé de la Bavière.

1010. Hermann, fils d'Ékard de Thuringe, reçoit de Henri II le marquisat de Misnie.

1011. Encore des guerres contre la Pologne. Ce n'est que depuis qu'elle est feudataire de l'Allemagne, que l'Allemagne a des guerres avec elle.

Glogau existait déjà en Silésie. On l'assiége. Les Silésiens étaient joints aux Polonais.

1012. Henri, fatigué de tous ces troubles, veut se faire chanoine de Strasbourg. Il en fait vœu; et pour accomplir ce vœu il fonde un canonicat, dont le possesseur est appelé *le roi du chœur*. Ayant renoncé à être chanoine, il va combattre les Polonais, et calmer des troubles en Bohême.

On place dans ce temps-là l'aventure de Cunégonde, qui, accusée d'adultère après avoir fait vœu de chasteté, montre son innocence en maniant un fer ardent. Il faut mettre ce conte avec le bûcher de l'impératrice Marie d'Aragon [1].

1013. Depuis que l'empereur avait quitté l'Italie, Ardouin s'en était ressaisi, et l'archevêque de Milan ne cessait de prier Henri II de venir régner.

Henri repasse les Alpes du Tyrol une seconde fois; et les Slaves prennent justement ce temps-là pour renoncer au peu de christianisme qu'ils connaissaient, et pour ravager tout le territoire de Hambourg.

1014. Dès que l'empereur est dans le Véronais, Ardouin prend la fuite. Les Romains sont prêts à recevoir Henri. Il vient à Rome se faire couronner avec Cunégonde. Le pape Benoît VIII change la formule. Il lui demande d'abord sur les degrés de Saint-Pierre: « Voulez-vous garder à moi et à mes successeurs la « fidélité en toute chose? » C'était une espèce d'hommage que l'adresse du pape extorquait de la simplicité de l'empereur.

L'empereur va soumettre la Lombardie. Il passe par la Bourgogne, va voir l'abbaye de Cluni, et se fait associer à la communauté. Il passe ensuite à Verdun, et veut se faire moine dans l'abbaye de Saint-Vall [2]. On prétend que l'abbé, plus sage que Henri, lui dit: « Les moines doivent obéissance à leur abbé : je vous « ordonne de rester empereur. »

1015-1016-1017-1018. Ces années ne sont remplies que de petites guerres en Bohême et sur les fron-

---

[1] Voyez tome XVI, pages 71, 72. B.
[2] Saint-Vannes. B.

tières de la Pologne. Toute cette partie de l'Allemagne depuis l'Elbe est plus barbare et plus malheureuse que jamais. Tout seigneur qui pouvait armer quelques paysans *serfs* fesait la guerre à son voisin; et quand les possesseurs des grands fiefs avaient eux-mêmes des guerres à soutenir, ils obligeaient leurs vassaux de laisser là leur querelle, pour revenir les servir : cela s'appelait le *droit de trève*.

Comment les empereurs restaient-ils au milieu de cette barbarie, au lieu d'aller résider à Rome ? c'est qu'ils avaient besoin d'être puissants chez les Allemands pour être reconnus des Romains.

1019-1020-1021. L'autorité de l'empereur était affermie dans la Lombardie par ses lieutenants : mais les Sarrasins venaient toujours dans la Sicile, dans la Pouille, dans la Calabre, et se jetèrent cette année sur la Toscane; mais leurs incursions en Italie étaient semblables à celles des Slaves et des Hongrois en Allemagne. Ils ne pouvaient plus faire de grandes conquêtes, parcequ'en Espagne ils étaient divisés et affaiblis. Les Grecs possédaient toujours une grande partie de la Pouille et de la Calabre, gouvernées par un catapan. Un Mello prince de Bari et un prince de Salerne s'élevèrent contre ce catapan.

C'est alors que parurent, pour la première fois, ces aventuriers de Normandie qui fondèrent depuis le royaume de Naples. Ils servirent Mello contre les Grecs. Le pape Benoît VIII et Mello, craignant également les Grecs et les Sarrasins, vont à Bamberg demander du secours à l'empereur.

Henri II confirme les donations de ses prédécesseurs au siége de Rome, se réservant le pouvoir souverain. Il confirme un décret fait à Pavie, par lequel les clercs ne doivent avoir ni femmes, ni concubines.

1022. Il fallait, en Italie, s'opposer aux Grecs et aux mahométans : il y va au printemps. Son armée est principalement composée d'évêques qui sont à la tête de leurs troupes. Ce saint empereur, qui ne permettait pas qu'un sous-diacre eût une femme, permettait que les évêques versassent le sang humain : contradictions trop ordinaires chez les hommes.

Il envoie des troupes vers Capoue et vers la Pouille, mais il ne se rend point maître du pays ; et c'est une médiocre conquête que de se saisir d'un abbé du Mont-Cassin déclaré contre lui, et d'en faire élire un autre.

1023. Il repasse bien vite les Alpes, selon la maxime de ses prédécesseurs, de ne se pas éloigner long-temps de l'Allemagne. Il convient avec Robert, roi de France, d'avoir une entrevue avec lui dans un bateau sur la Meuse, entre Sedan et Mouzon. L'empereur prévient le roi de France, et va le trouver dans son camp avec franchise. C'était plutôt une visite d'amis qu'une conférence de rois ; exemple peu imité.

1024. L'empereur fait ensuite le tour d'une grande partie de l'Allemagne dans une profonde paix, laissant partout des marques de générosité et de justice.

Il sentait que sa fin approchait, quoiqu'il n'eût que cinquante-deux ans. On a écrit qu'avant sa mort il dit aux parents de sa femme : « Vous me l'avez donnée « vierge, je vous la rends vierge ; » discours étrange dans un mari, encore plus dans un mari couronné.

C'était se déclarer impuissant ou fanatique. Il meurt le 14 juillet; son corps est porté à Bamberg, sa ville favorite. Les chanoines de Bamberg le firent canoniser cent ans après. On ne sait s'il a mieux figuré sur un autel que sur le trône.

CONRAD II, DIT LE SALIQUE,

SEIZIÈME EMPEREUR.

1024. On ne peut assez s'étonner du nombre prodigieux de dissertations sur les prétendus sept électeurs qu'on a crus institués dans ce temps-là. Jamais pourtant il n'y eut de plus grande assemblée que celle où Conrad II fut élu. On fut obligé de la tenir en plein champ entre Vorms et Mayence. Les ducs de Saxe, de Bohême, de Bavière, de Carinthie, de la Souabe, de la Franconie, de la Haute, de la Basse-Lorraine; un nombre prodigieux de comtes, d'évêques, d'abbés; tous donnèrent leurs voix. Il faut remarquer que les magistrats des villes y assistèrent, mais qu'ils ne donnèrent point leurs suffrages. On fut campé six semaines dans le champ d'élection avant de se déterminer.

Enfin le choix tomba sur Conrad, surnommé *le Salique*, parcequ'il était né sur la rivière de la Saale. C'était un seigneur de Franconie, qu'on fait descendre d'Othon-le-Grand par les femmes. Il y a grande apparence qu'il fut choisi comme le moins dangereux de tous les prétendants; en effet, on ne voit point de grandes villes qui lui appartiennent, et il n'est que le chef de puissants vassaux, dont chacun est aussi fort que lui.

1025-1026. L'Allemagne se regardait toujours comme le centre de l'empire; et le nom d'empereur paraissait confondu avec celui de roi de Germanie. Les Italiens saisissaient toutes les occasions de séparer ces deux titres.

Les députés des grands fiefs d'Italie vont offrir l'empire à Robert, roi de France; c'était offrir alors un titre fort vain, et des guerres réelles. Robert le refuse sagement. On s'adresse à un duc de Guienne, pair de France : il l'accepte, ayant moins à risquer. Mais le pape Jean XX et l'archevêque de Milan font venir Conrad-le-Salique en Italie. Il fait auparavant élire et couronner son fils Henri roi de Germanie; c'était la coutume alors en France, et partout ailleurs.

Il est obligé d'assiéger Pavie. Il essuie des séditions à Ravenne. Tout empereur allemand appelé en Italie y est toujours mal reçu.

1027. A peine Conrad est couronné à Rome qu'il n'y est plus en sûreté. Il repasse en Allemagne, et il y trouve un parti contre lui. Ce sont là les causes de ces fréquents voyages des empereurs.

1028-1029-1030. Henri duc de Bavière étant mort, le roi de Hongrie Étienne, parent par sa mère, demande la Bavière, au préjudice du fils du dernier duc; preuve que les droits du sang n'étaient pas encore bien établis : et en effet, rien ne l'était. L'empereur donne la Bavière au fils. Le Hongrois veut l'avoir les armes à la main. On se bat, et on l'apaise. Et après la mort de cet Étienne, l'empereur a le crédit de faire placer sur le trône de Hongrie un parent d'Étienne, nommé Pierre : il a de plus le pouvoir de se faire rendre hommage et de se faire payer un tribut par ce roi Pierre, que les Hongrois irrités appelèrent Pierre-l'Allemand. Les papes, qui croyaient toujours avoir érigé la Hongrie en royaume, auraient voulu qu'on l'appelât Pierre-le-Romain.

Ernest, duc de Souabe, qui avait armé contre l'empereur, est mis au ban de l'empire. *Ban* signifiait d'abord bannière ; ensuite édit, publication ; il signifia aussi depuis *bannissement.* C'est un des premiers exemples de cette proscription. La formule était : « Nous « déclarons ta femme veuve, tes enfants orphelins, et « nous t'envoyons au nom du diable aux quatre coins « du monde[1]. »

1031-1032. On commence alors à connaître des souverains de Silésie, qui ne sont sous le joug ni de la Bohême, ni de la Pologne : la Pologne se détache insensiblement de l'empire, et ne veut plus le reconnaître.

1032-1033-1034. Si l'empire perd un vassal dans la Pologne, il en acquiert cent dans le royaume de Bourgogne.

Le dernier roi, Rodolphe, qui n'avait point d'enfants, laisse en mourant ses états à Conrad-le-Salique. C'était très peu de domaine, avec la supériorité territoriale, ou du moins des prétentions de supériorité,

---

[1] Les auteurs de l'*Art de vérifier les dates* prétendent que cette formule est *purement de l'invention* de Voltaire, qu'ils désignent sans le nommer. Leur jugement est sévère ; mais Voltaire a eu, en cette circonstance, comme en beaucoup d'autres, le tort de ne pas citer ses autorités. CL.

c'est-à-dire de suzeraineté, de domaine suprême, sur les Suisses, les Grisons, la Provence, la Franche-Comté, la Savoie, Genève, le Dauphiné. C'est de là que les terres au-delà du Rhône sont encore appelées terres d'empire. Tous les seigneurs de ces cantons, qui relevaient auparavant de Rodolphe, relèvent de l'empereur.

Quelques évêques s'étaient érigés aussi en princes feudataires. Conrad leur donna à tous les mêmes droits. Les empereurs élevèrent toujours les évêques pour les opposer aux seigneurs; ils s'en trouvèrent bien quand ces deux corps étaient divisés, et mal quand ils s'unissaient.

Les siéges de Lyon, de Besançon, d'Embrun, de Vienne, de Lausanne, de Genève, de Bâle, de Grenoble, de Valence, de Gap, de Die, furent des fiefs impériaux.

De tous les feudataires de la Bourgogne, un seul jette les fondements d'une puissance durable. C'est Humbert aux blanches mains, tige des ducs de Savoie. Il n'avait que la Maurienne, l'empereur lui donne le Chablais, le Valais, et Saint-Maurice; ainsi de la Pologne jusqu'à l'Escaut, et de la Saône au Garillan, les empereurs fesaient partout des princes, et se regardaient comme les seigneurs suzerains de presque toute l'Europe.

Depuis 1035 *jusqu'à* 1039. L'Italie encore troublée rappelle encore Conrad. Ce même archevêque de Milan qui avait couronné l'empereur était par cette raison-là même contre lui. Ses droits et ses prétentions en avaient augmenté. Conrad le fait arrêter avec trois autres évêques. Il est ensuite obligé d'assiéger Milan, et il ne peut le prendre. Il y perd une partie de son armée, et il perd par conséquent tout son crédit dans Rome.

Il va faire des lois à Bénévent et à Capoue; mais pendant ce temps les aventuriers normands y font des conquêtes.

Enfin il rentre dans Milan par des négociations, et il s'en retourne selon l'usage ordinaire.

Une maladie le fait mourir à Utrecht le 4 juin 1039.

HENRI III,

DIX-SEPTIÈME EMPEREUR.

Depuis 1039 *jusqu'à* 1042. Henri III, surnommé *le Noir*, fils de Conrad, déjà couronné du vivant de son père, est reconnu sans difficulté. Il est couronné et sacré une seconde fois par l'archevêque de Cologne. Les premières années de son règne sont signalées par des guerres contre la Bohême, la Pologne, la Hongrie, mais qui n'opèrent aucun grand événement.

Il donne l'archevêché de Lyon, et investit l'archevêque par la crosse et par l'anneau[1], sans aucune contradiction; deux choses très remarquables. Elles prouvent que Lyon était ville impériale, et que les rois étaient en possession d'investir les évêques.

Depuis 1042 *jusqu'à* 1046. La confusion ordinaire bouleversait Rome et l'Italie.

La maison de Toscanelle avait toujours dans Rome

---

[1] Voyez, tome XVI, page 94; et ci-après, page 157. B.

la principale autorité. Elle avait acheté le pontificat pour un enfant de douze ans de cette maison. Deux autres l'ayant acheté aussi, ces trois pontifes partagèrent en trois les revenus, et s'accordèrent à vivre paisiblement, abandonnant les affaires politiques au chef de la maison de Toscanelle.

Ce triumvirat singulier dura tant qu'ils eurent de l'argent pour fournir à leurs plaisirs; et quand ils n'en eurent plus, chacun vendit sa part de la papauté au diacre Gratien, que le P. Maimbourg appelle un *saint prêtre*, homme de qualité, fort riche : mais comme le jeune Benoît IX avait été élu long-temps avant les deux autres, on lui laissa, par un accord solennel, la jouissance du tribut que l'Angleterre payait alors à Rome, et qu'on appelait le *denier de saint Pierre* ; à quoi les rois d'Angleterre s'étaient soumis depuis long-temps.

Ce Gratien, qui prit le nom de Grégoire VI, et qui passe pour s'être conduit sagement, jouissait paisiblement du pontificat, lorsque l'empereur Henri III vint à Rome.

Jamais empereur n'y exerça plus d'autorité. Il déposa Grégoire VI, comme simoniaque, et nomma pape Suidger[1] son chancelier, évêque de Bamberg, sans qu'on osât murmurer.

Le chancelier, devenu pape, sacre l'empereur et sa femme, et promet tout ce que les papes ont promis aux empereurs, quand ceux-ci ont été les plus forts.

1047. Henri III donne l'investiture de la Pouille, de la Calabre, et de presque tout le Bénéventin, ex-

---

[1] Il prit le nom de Clément II. Cl.

cepté la ville de Bénévent et son territoire, aux princes normands qui avaient conquis ces pays sur les Grecs et sur les Sarrasins. Les papes ne prétendaient pas alors donner ces états. La ville de Bénévent appartenait encore aux Pandolfes de Toscanelle.

L'empereur repasse en Allemagne, et confère tous les évêchés vacants.

1048. Le duché de la Lorraine Mosellanique est donné à Gérard d'Alsace, et la Basse-Lorraine à la maison de Luxembourg. La maison d'Alsace, depuis ce temps, n'est connue que sous le titre de marquis, et ducs de Lorraine.

Le pape étant mort, on voit encore l'empereur donner un pape à Rome, comme on donnait un autre bénéfice. Henri III envoie un Bavarois nommé Popon, qui sur-le-champ est reconnu pape sous le nom de Damase II.

1049. Damase mort, l'empereur dans l'assemblée de Vorms nomme l'évêque de Toul, Brunon, pape, et l'envoie prendre possession : c'est le pape Léon IX. Il est le premier pape qui ait gardé son évêché avec celui de Rome. Il n'est pas surprenant que les empereurs disposent ainsi du saint-siége. Théodora et Marozie y avaient accoutumé les Romains ; et sans Nicolas II et Grégoire VII, le pontificat eût toujours été dépendant. On leur eût baisé les pieds, et ils eussent été esclaves.

1050-1051-1052. Les Hongrois tuent leur roi Pierre, renoncent à la religion chrétienne, et à l'hommage qu'ils avaient fait à l'empire. Henri III leur fait une guerre malheureuse : il ne peut la finir qu'en donnant sa fille au nouveau roi de Hongrie André, qui était chrétien, quoique ses peuples ne le fussent pas.

1053. Le pape Léon IX vient dans Worms se plaindre à l'empereur que les princes normands deviennent trop puissants.

Henri III reprend les droits féodaux de Bamberg, et donne au pape la ville de Bénévent en échange. On ne pouvait donner au pape que la ville, les princes normands ayant fait hommage à l'empire pour le reste du duché : mais l'empereur donna au pape une armée avec laquelle il pourrait chasser ces nouveaux conquérants devenus trop voisins de Rome.

Léon IX mène contre eux cette armée, dont la moitié est commandée par des ecclésiastiques.

Humfroi, Richard, et Robert Guiscard ou Guichard, ces Normands si fameux dans l'histoire[1], taillent en pièces l'armée du pape, trois fois plus forte que la leur. Ils prennent le pape prisonnier, se jettent à ses pieds, lui demandent sa bénédiction, et le mènent prisonnier dans la ville de Bénévent.

1054. L'empereur affecte la puissance absolue. Le duc de Bavière ayant la guerre avec l'évêque de Ratisbonne, Henri III prend le parti de l'évêque, cite le duc de Bavière devant son conseil privé, dépouille le duc, et donne la Bavière à son propre fils Henri, âgé de trois ans : c'est le célèbre empereur Henri IV.

Le duc de Bavière se réfugie chez les Hongrois, et veut en vain les intéresser à sa vengeance.

L'empereur propose aux seigneurs qui lui sont attachés d'assurer l'empire à son fils presque au ber-

---

[1] Voyez, tome XVI, page 26 et suivantes. B.

ceau. Il le fait déclarer roi des Romains dans le château de Tribur, près de Mayence. Ce titre n'était pas nouveau; il avait été pris par Ludolphe, fils d'Othon Ier.

1055. Il fait un traité d'alliance avec Contarini, duc de Venise. Cette république était déjà puissante et riche, quoiqu'elle ne battît monnaie que depuis l'an 950, et qu'elle ne fût affranchie que depuis 998 d'une redevance d'un manteau de drap d'or, seul tribut qu'elle avait payé aux empereurs d'Occident.

Gênes était la rivale de sa puissance et de son commerce. Elle avait déjà la Corse, qu'elle avait prise sur les Arabes; mais son négoce valait plus que la Corse, que les Pisans lui disputèrent.

Il n'y avait point de telles villes en Allemagne, et tout ce qui était au-delà du Rhin était pauvre et grossier. Les peuples du Nord et de l'Est, plus pauvres encore, ravageaient toujours ces pays.

1056. Les Slaves font encore une irruption, et désolent le duché de Saxe.

Henri III meurt auprès de Paderborn, entre les bras du pape Victor II, qui avant sa mort sacre l'empereur son fils Henri IV, âgé de près de six ans.

HENRI IV,

DIX-HUITIÈME EMPEREUR.

1056. Une femme gouverne l'empire : c'était une Française, fille d'un duc de Guienne, pair de France, nommée Agnès, mère du jeune Henri IV; et Agnès, qui avait de droit la tutèle des biens patrimoniaux de son fils, n'eut celle de l'empire que parcequ'elle fut habile et courageuse.

Depuis 1057 *jusqu'à* 1069. Les premières années du règne de Henri IV sont des temps de trouble obscurs.

Des seigneurs particuliers se font la guerre en Allemagne. Le duc de Bohême, toujours vassal de l'empire, est attaqué par la Pologne, qui ne veut plus en être membre.

Les Hongrois, si long-temps redoutables à l'Allemagne, sont obligés de demander enfin du secours aux Allemands contre les Polonais, devenus dangereux; et malgré ce secours ils sont battus. Le roi André et sa femme se réfugient à Ratisbonne.

Il paraît qu'aucune politique, aucun grand dessein, n'entrent dans ces guerres. Les sujets les plus légers les produisent : quelquefois elles ont leur source dans l'esprit de chevalerie introduit alors en Allemagne. Un comte de Hollande, par exemple, fait la guerre contre les évêques de Cologne et de Liége pour une querelle dans un tournoi.

Le reste de l'Europe ne prend nulle part aux affaires de l'Allemagne. Point de guerre avec la France, nulle influence en Angleterre ni dans le Nord, et alors même très peu en Italie, quoique Henri IV en fût roi et empereur.

L'impératrice Agnès maintient sa régence avec beaucoup de peine.

Enfin en 1061, les ducs de Saxe et de Bavière, oncles de Henri IV; un archevêque de Cologne, et d'autres princes, enlèvent l'empereur à sa mère, qu'on accusait de tout sacrifier à l'évêque d'Augsbourg, son ministre et son amant. Elle fuit à Rome, et y prend le voile. Les seigneurs restent maîtres de l'empereur et de l'Allemagne jusqu'à sa majorité.

Cependant en Italie, après bien des troubles toujours excités au sujet du pontificat, le pape Nicolas II, en 1059, avait statué dans un concile de cent treize évêques que désormais les cardinaux seuls éliraient le pape, qu'il serait ensuite présenté au peuple pour faire confirmer l'élection ; « sauf, ajoute-t-il, l'hon- « neur et le respect dus à notre cher fils Henri, main- « tenant roi, qui, s'il plaît à Dieu, sera empereur « selon le droit que nous lui en avons déjà donné. »

On se prévalait ainsi de la minorité de Henri IV pour accréditer des droits et des prétentions que les pontifes de Rome soutinrent toujours quand ils le purent.

Il s'établissait alors une coutume que la crainte des rapacités de mille petits tyrans d'Italie avait introduite. On donnait ses biens à l'Église sous le titre d'*oblata* ; et on en restait possesseur feudataire avec une légère redevance. Voilà l'origine de la suzeraineté de Rome sur le royaume de Naples.

Ce même pape Nicolas II, après avoir inutilement excommunié les conquérants normands, s'en fait des protecteurs et des vassaux ; et ceux-ci, qui étaient feudataires de l'Empire, et qui craignaient bien moins les papes que les empereurs, font hommage de leurs terres au pape Nicolas dans le concile de Melphi en 1059. Les papes, dans ces commencements de leur puissance, étaient comme les califes dans la décadence de la leur; ils donnaient l'investiture au plus fort qui la demandait.

Robert reçoit du pape la couronne ducale de la Pouille et de la Calabre, et est investi par l'étendard. Richard est confirmé prince de Capoue, et le pape leur donne encore la Sicile, *en cas qu'ils en chassent les Sarrasins.*

En effet, Robert et ses frères s'emparèrent de la Sicile en 1061, et par là rendirent le plus grand service à l'Italie.

Les papes n'eurent que long-temps après Bénévent, laissé par les princes normands aux Pandolfes de la maison de Toscanelle.

1069. Henri IV, devenu majeur, sort de la captivité où le retenaient les ducs de Saxe et de Bavière.

Tout était alors dans la plus horrible confusion. Qu'on en juge par le droit de rançonner les voyageurs; droit que tous les seigneurs, depuis le Mein et le Véser jusqu'au pays des Slaves, comptaient parmi les prérogatives féodales.

Le droit de dépouiller l'empereur paraissait aussi fort naturel aux ducs de Bavière, de Saxe, au marquis de Thuringe. Ils forment une ligue contre lui.

1070. Henri IV, aidé du reste de l'Empire, dissipe la ligue.

Othon de Bavière est mis au ban de l'Empire[1]. C'est le second souverain de ce duché qui essuie cette disgrace[2]. L'empereur donne la Bavière à Guelfe, fils d'Azon, marquis d'Italie.

[1] Voyez page 145. B. — [2] Voyez page 150. B.

1071-1072. L'empereur, quoique jeune et livré aux plaisirs, parcourt l'Allemagne pour y mettre quelque ordre.

L'année 1072 est la première époque des fameuses querelles pour les investitures.

Alexandre II avait été élu pape sans consulter la cour impériale, et était resté pape malgré elle. Hildebrand, né à Soane en Toscane, de parents inconnus, moine de Cluni sous l'abbé Odilon, et depuis cardinal, gouvernait le pontificat. Il est assez connu sous le nom de Grégoire VII; esprit vaste, inquiet, ardent, mais artificieux jusque dans l'impétuosité : le plus fier des hommes, le plus zélé des prêtres. Alexandre avait déjà, par ses conseils, raffermi l'autorité du sacerdoce.

Il engage le pape Alexandre à citer l'empereur à son tribunal. Cette témérité paraît ridicule ; mais si l'on songe à l'état où se trouvait alors l'empereur, elle ne l'est point. La Saxe, la Thuringe, une partie de l'Allemagne, étaient alors déclarées contre Henri IV.

1073. Alexandre II étant mort, Hildebrand a le crédit de se faire élire par le peuple sans demander les voix des cardinaux, et sans attendre le consentement de l'empereur. Il écrit à ce prince qu'il a été élu malgré lui, et qu'il est prêt à se démettre. Henri IV envoie son chancelier confirmer l'élection du pape, qui alors, n'ayant plus rien à craindre, lève le masque.

Henri continue à faire la guerre aux Saxons, et à la ligue établie contre lui. Henri IV est vainqueur.

1075. Les Russes commençaient alors à être chrétiens, et connus dans l'Occident.

Un Démétrius (car les noms grecs étaient parvenus

jusque dans cette partie du monde), chassé de ses états par son frère, vient à Mayence implorer l'assistance de l'empereur; et, ce qui est plus remarquable, il envoie son fils à Rome aux pieds de Grégoire VII, comme au juge des chrétiens. L'empereur passait pour le chef temporel, et le pape pour le chef spirituel de l'Europe.

Henri achève de dissiper la ligue, et rend la paix à l'Empire.

Il paraît qu'il redoutait de nouvelles révolutions; car il écrivit une lettre très soumise au pape, dans laquelle il s'accuse de débauche et de simonie; il faut l'en croire sur sa parole. Son aveu donnait à Grégoire VII le droit de le reprendre; c'est le plus beau des droits; mais il ne donne pas celui de disposer des couronnes.

Grégoire VII écrit aux évêques de Brême, de Constance, à l'archevêque de Mayence, et à d'autres, et leur ordonne de venir à Rome. « Vous avez permis aux « clercs, dit-il, de garder leurs concubines, même « d'en prendre de nouvelles; nous vous ordonnons « de venir à Rome au premier concile. »

Il s'agissait aussi de dîmes ecclésiastiques, que les évêques et les abbés d'Allemagne se disputaient.

Grégoire VII propose le premier une croisade : il en écrit à Henri IV. Il prétend qu'il ira délivrer le saint sépulcre à la tête de cinquante mille hommes, et veut que l'empereur vienne servir sous lui. L'esprit qui régnait alors ôte à cette idée du pape l'air de la démence, et n'y laisse que celui de la grandeur.

Le dessein de commander à l'empereur et à tous

les rois ne paraissait pas moins chimérique; c'est cependant ce qu'il entreprit, et non sans quelques succès.

Salomon, roi de Hongrie, chassé d'une partie de ses états, et n'étant plus maître que de Presbourg jusqu'à l'Autriche, vient à Vorms renouveler l'hommage de la Hongrie à l'empire.

Grégoire VII lui écrit : «Vous devez savoir que le « royaume de Hongrie appartient à l'Église romaine. « Apprenez que vous éprouverez l'indignation du « saint-siége, si vous ne reconnaissez que vous tenez « vos états de lui, et non du roi de Germanie. »

Le pape exige du duc de Bohême cent marcs d'argent en tribut annuel, et lui donne en récompense le droit de porter la mitre.

1076. Henri IV jouissait toujours du droit de nommer les évêques et les abbés, et de donner l'investiture par la crosse et par l'anneau[1] : ce droit lui était commun avec presque tous les princes. Il appartient naturellement aux peuples de choisir ses pontifes et ses magistrats. Il est juste que l'autorité royale y concoure : mais cette autorité avait tout envahi. Les empereurs nommaient aux évêchés, et Henri IV les vendait. Grégoire, en s'opposant à l'abus, soutenait la liberté naturelle des hommes; mais en s'opposant au concours de l'autorité impériale, il introduisait un abus plus grand encore. C'est alors qu'éclatèrent les divisions entre l'empire et le sacerdoce.

Les prédécesseurs de Grégoire VII n'avaient envoyé des légats aux empereurs que pour les prier de venir les secourir et de se faire couronner dans Rome.

---

[1] Voyez page 147. B.

Grégoire envoie deux légats à Henri, pour le citer à venir comparaître devant lui comme un accusé.

Les légats arrivés à Goslar sont abandonnés aux insultes des valets. On assemble pour réponse une diète dans Vorms, où se trouvent presque tous les seigneurs, les évêques, et les abbés d'Allemagne.

Un cardinal, nommé Hugues, y demande justice de tous les crimes qu'il impute au pape. Grégoire y est déposé à la pluralité des voix; mais il fallait avoir une armée pour aller à Rome soutenir ce jugement.

Le pape, de son côté, dépose l'empereur par une bulle. « Je lui défends, dit-il, de gouverner le royaume
« teutonique et l'Italie; et je délivre [1] ses sujets du ser-
« ment de fidélité. »

Grégoire, plus habile que l'empereur, savait bien que ces excommunications seraient secondées par des guerres civiles. Il met les évêques allemands dans son parti. Ces évêques gagnent des seigneurs. Les Saxons, anciens ennemis de Henri, se joignent à eux. L'excommunication de Henri IV leur sert de prétexte.

Ce même Guelfe, à qui l'empereur avait donné la Bavière [2], s'arme contre lui de ses bienfaits, et soutient les mécontents.

Enfin la plupart des mêmes évêques et des mêmes princes qui avaient déposé Grégoire VII soumettent leur empereur au jugement de ce pape. Ils décrètent que le pape viendra juger définitivement l'empereur dans Augsbourg.

---

[1] *Délie* serait le mot propre, et c'est ainsi que Voltaire a écrit dans un des paragraphes du *Cri des nations* (voyez les *Mélanges*, année 1769). Mais toutes les éditions des *Annales* portent, *délivre*. B.

[2] Voyez page 154. B.

1077. L'empereur veut prévenir ce jugement fatal d'Augsbourg ; et par une résolution inouïe, il va, suivi de peu de domestiques, demander au pape l'absolution.

Le pape était alors dans la forteresse de Canosse sur l'Apennin, avec la comtesse Mathilde, propre cousine de l'empereur.

Cette comtesse Mathilde est la véritable cause de toutes les guerres entre les empereurs et les papes qui ont si long-temps désolé l'Italie. Elle possédait de son chef une grande partie de la Toscane, Mantoue, Parme, Reggio, Plaisance, Ferrare, Modène, Vérone, presque tout ce qu'on appelle aujourd'hui le patrimoine de Saint-Pierre de Viterbe jusqu'à Orviette, une partie de l'Ombrie, de Spolette, de la marche d'Ancône. On l'appelait la grande comtesse, quelquefois duchesse ; il n'y avait alors aucune formule de titres usitée en Europe ; on disait aux rois votre excellence, votre sérénité, votre grandeur, votre grace, indifféremment. Le titre de majesté était rarement donné aux empereurs ; et c'était plutôt une épithète qu'un nom d'honneur affecté à la dignité impériale. Il y a encore un diplôme d'une donation de Mathilde à l'évêque de Modène, qui commence ainsi : « En « présence de Mathilde, par la grace de Dieu, du- « chesse et comtesse. » Sa mère, sœur de Henri III, et très maltraitée par son frère, avait nourri cette puissante princesse dans une haine implacable contre la maison de Henri. Elle était soumise au pape, qui était son directeur, et que ses ennemis accusaient d'être son amant. Son attachement à Grégoire et sa haine contre les Allemands allèrent au point qu'elle fit une donation de toutes ses terres au pape, du moins à ce qu'on prétend.

C'est en présence de cette comtesse Mathilde qu'au mois de janvier 1077, l'empereur, pieds nus et couvert d'un cilice, se prosterne aux pieds du pape, en lui jurant qu'il lui sera en tout parfaitement soumis, et qu'il ira attendre son arrêt à Augsbourg.

Tous les seigneurs lombards commençaient alors à être beaucoup plus mécontents du pape que de l'empereur. La donation de Mathilde leur donnait des alarmes. Ils promettent à Henri IV de le secourir, s'il casse le traité honteux qu'il vient de faire. Alors on voit ce qu'on n'avait point vu encore : un empereur allemand secouru par l'Italie, et abandonné par l'Allemagne.

Les seigneurs et les évêques assemblés à Forcheim en Franconie, animés par les légats du pape, déposent l'empereur, et réunissent leurs suffrages en faveur de Rodolphe de Reinfeld, duc de Souabe.

1078. Grégoire se conduit alors en juge suprême des rois. Il a déposé Henri IV, mais il peut lui pardonner. Il trouve mauvais qu'on n'ait pas attendu son ordre précis pour sacrer le nouvel élu à Mayence. Il déclare, de la forteresse de Canosse, où les seigneurs lombards le tiennent bloqué, qu'il reconnaîtra pour empereur et pour roi d'Allemagne celui des concurrents qui lui obéira le mieux.

Henri IV repasse en Allemagne, ranime son parti, lève une armée. Presque toute l'Allemagne est mise par les deux partis à feu et à sang.

1079. On voit tous les évêques en armes dans cette guerre.

Un évêque de Strasbourg, partisan de Henri, va piller tous les couvents déclarés pour le pape.

1080. Pendant qu'on se bat en Allemagne, Grégoire VII, échappé aux Lombards, excommunie de nouveau Henri; et par sa bulle du 7 mars : « Nous « donnons, dit-il, le royaume teutonique à Rodolphe, « et nous condamnons Henri à être vaincu. »

Il envoie à Rodolphe une couronne d'or avec ce mauvais vers si connu :

« Petra dedit Petro, Petrus diadema Rodolpho. »

Henri IV, de son côté, assemble trente évêques et quelques seigneurs allemands et lombards à Brixen, et dépose le pape pour la seconde fois aussi inutilement que la première[1].

Bertrand, comte de Provence, se soustrait à l'obéissance des deux empereurs, et fait hommage au pape. La ville d'Arles reste fidèle à Henri.

Grégoire VII se fortifie de la protection des princes normands, et leur donne une nouvelle investiture, à condition qu'ils défendront toujours les papes.

Grégoire encourage Rodolphe et son parti, et leur promet que Henri mourra cette année. Mais dans la fameuse bataille de Mersebourg, Henri IV, assisté de Godefroi de Bouillon, fait retomber la prédiction du pape sur Rodolphe son compétiteur, blessé à mort par Godefroi même.

[1] Voyez page 158. B.

1081. Henri se venge sur la Saxe, qui devient alors le pays le plus malheureux.

Avant de partir pour l'Italie, il donne sa fille Agnès au baron Frédéric de Stauffen, qui l'avait aidé, ainsi que Godefroi de Bouillon, à gagner la bataille décisive de Mersebourg. Le duché de Souabe est sa dot. C'est l'origine de l'illustre et malheureuse maison de Souabe.

Henri vainqueur passe en Italie. Les places de la comtesse Mathilde lui résistent. Il amenait avec lui un pape de sa façon, nommé Guibert : mais cela même l'empêche d'abord d'être reçu à Rome.

1082. Les Saxons se font un fantôme d'empereur : c'est un comte Hermann à peine connu.

1083. Henri assiége Rome. Grégoire lui propose de venir encore lui demander l'absolution, et lui promet de le couronner à ce prix. Henri pour réponse prend la ville. Le pape s'enferme dans le château Saint-Ange.

Robert Guiscard vient à son secours, quoiqu'il eût eu aussi quelques années auparavant sa part des excommunications que Grégoire avait prodiguées. On négocie : on fait promettre au pape de couronner Henri.

Grégoire, pour tenir sa promesse, propose de descendre la couronne du haut du château Saint-Ange avec une corde, et de couronner ainsi l'empereur.

1084. Henri ne s'accommode point de cette plaisante cérémonie; il fait introniser son anti-pape Guibert, et est couronné solennellement par lui.

Cependant Robert Guiscard ayant reçu de nouvelles troupes, cet aventurier normand force l'empereur à s'éloigner, tire le pape du château Saint-Ange, devient à-la-fois son protecteur et son maître, et l'emmène à Salerne, où Grégoire demeura jusqu'à sa mort prisonnier de ses libérateurs, mais toujours parlant en maître des rois, et en martyr de l'Église.

1085. L'empereur retourne à Rome, s'y fait reconnaître lui et son pape, et se hâte de retourner en Allemagne, comme tous ses prédécesseurs, qui paraissaient n'être venus prendre Rome que par cérémonie. Les divisions de l'Allemagne le rappelaient : il fallait écraser l'anti-empereur, et dompter les Saxons; mais il ne peut jamais avoir de grandes armées, ni par conséquent de succès entiers.

1086. Il soumet la Thuringe; mais la Bavière, soulevée par l'ingratitude de Guelfe, la moitié de la Souabe, qui ne veut point reconnaître son gendre, se déclarent contre lui; et la guerre civile est dans toute l'Allemagne.

1087. Grégoire VII étant mort, Didier, abbé du Mont-Cassin, est pape[1] sous le nom de Victor III. La comtesse Mathilde, fidèle à sa haine contre Henri IV, fournit des troupes à ce Victor, pour chasser de Rome la garnison de l'empereur et son pape Guibert. Victor meurt, et Rome n'est pas moins soustraite à l'autorité impériale.

1088. L'anti-empereur Hermann n'ayant plus ni ar-

[1] Après un interrègne d'un an, et même de deux; car Grégoire VII mourut le 25 mai 1085, et Victor III, élu le 24 mai 1086, ne fut consacré que le 9 mai de l'année suivante: mort le 16 septembre 1087. Cl.

gent ni troupes, vient se jeter aux genoux de Henri IV, et meurt ensuite ignoré.

Henri IV épouse une princesse russe, veuve d'un marquis de Brandebourg de la maison de Stade; ce n'était pas un mariage de politique.

Il donne le marquisat de Misnie au comte de Lanzberg, l'un des plus anciens seigneurs saxons. C'est de ce marquis de Misnie que descend toute la maison de Saxe.

Ayant pacifié l'Allemagne, il repasse en Italie; le plus grand obstacle qu'il y trouve est toujours cette comtesse Mathilde, remariée depuis peu avec le jeune Guelfe, fils de cet ingrat Guelfe à qui Henri IV avait donné la Bavière.

La comtesse soutient la guerre dans ses états contre l'empereur, qui retourne en Allemagne sans avoir presque rien fait.

Ce Guelfe, mari de la comtesse Mathilde, est, dit-on, la première origine de la faction des Guelfes, par laquelle on désigna depuis en Italie le parti des papes. Le mot de Gibelin fut long-temps depuis appliqué à la faction des empereurs, parceque Henri, fils de Conrad III, naquit à Ghibeling[1]. Cette origine de ces deux mots de guerre est aussi probable et aussi incertaine que les autres.

1090. Le nouveau pape Urbain II, auteur des croisades, poursuit Henri IV avec non moins de vivacité que Grégoire VII.

Les évêques de Constance et de Passau soulèvent le peuple. Sa nouvelle femme Adélaïde de Russie, et

---

[1] Voyez, ci-après, année 1230. B.

son fils Conrad, né de Berthe, se révoltent contre lui; jamais empereur, ni mari, ni père ne fut plus malheureux que Henri IV.

1091. L'impératrice Adélaïde et Conrad son beau-fils passent en Italie. La comtesse Mathilde leur donne des troupes et de l'argent. Roger, duc de Calabre, marie sa fille à Conrad.

Le pape Urbain, ayant fait cette puissante ligue contre l'empereur, ne manque pas de l'excommunier.

1092. L'empereur, en partant d'Italie, avait laissé une garnison dans Rome; il était encore maître du palais de Latran, qui était assez fort, et où son pape Guibert était revenu.

Le commandant de la garnison vend au pape la garnison et le palais. Geoffroy, abbé de Vendôme, qui était alors à Rome, prête à Urbain II l'argent qu'il faut pour ce marché; et Urbain II le rembourse par le titre de cardinal qu'il lui donne, à lui et à ses successeurs. Ainsi, dans tous les gouvernements monarchiques, la vanité a toujours fait ses marchés avec l'avarice. Le pape Guibert s'enfuit.

1093-1094-1095. Les esprits s'occupent pendant ces années, en Europe, de l'idée des croisades [1], que le fameux ermite Pierre prêchait partout avec un enthousiasme qu'il communiquait de ville en ville.

Grand concile, ou plutôt assemblée prodigieuse à Plaisance en 1095. Il y avait plus de quarante mille hommes, et le concile se tenait en plein champ. Le pape y propose la croisade.

L'impératrice Adélaïde et la comtesse Mathilde y

[1] Voyez, tome XVI, page 157. B.

demandent solennellement justice de l'empereur Henri IV.

Conrad vient baiser les pieds d'Urbain II, lui prête serment de fidélité, et conduit son cheval par la bride. Urbain lui promet de le couronner empereur, à condition qu'il renoncera aux investitures. Ensuite il le baise à la bouche, et mange avec lui dans Crémone.

1096. La croisade ayant été prêchée en France avec plus de succès qu'à Plaisance, Gauthier-sans-avoir, l'ermite Pierre, et un moine allemand nommé Godescald, prennent leur chemin par l'Allemagne, suivis d'une armée de vagabonds.

1097. Comme ces vagabonds portaient la croix et n'avaient point d'argent, et que les Juifs, qui fesaient tout le commerce d'Allemagne, en avaient beaucoup, les croisés commencèrent leurs expéditions par eux à Vorms, à Cologne, à Mayence, à Trèves, et dans plusieurs autres villes; on les égorge, on les brûle: presque toute la ville de Mayence est réduite en cendres par ces désordres.

L'empereur Henri réprime ces excès autant qu'il le peut, et laisse les croisés prendre leur chemin par la Hongrie, où ils sont presque tous massacrés.

Le jeune Guelfe se brouille avec sa femme Mathilde; il se sépare d'elle, et cette brouillerie rétablit un peu les affaires de l'empereur.

1098. Henri tient une diète à Aix-la-Chapelle, où il fait déclarer son fils Conrad indigne de jamais régner.

1099. Il fait élire et couronner son second fils Henri, ne se doutant pas qu'il aurait plus à se plaindre du cadet que de l'aîné.

1100. L'autorité de l'empereur est absolument détruite en Italie, mais rétablie en Allemagne.

1101. Conrad le rebelle meurt subitement à Florence. Le pape Pascal II, auquel les faibles lieutenants de l'empereur en Italie opposaient en vain des antipapes, excommunie Henri IV, à l'exemple de ses prédécesseurs.

1102. La comtesse Mathilde, brouillée avec son mari, renouvelle sa donation à l'Église romaine.

Brunon, archevêque de Trèves, primat des Gaules de Germanie, investi par l'empereur, va à Rome, où il est obligé de demander pardon d'avoir reçu l'investiture.

1104. Henri IV promet d'aller à la Terre-Sainte : c'était le seul moyen alors de gagner tous les esprits.

1105. Mais, dans ce même temps, l'archevêque de Mayence et l'évêque de Constance, légats du pape, voyant que la croisade de l'empereur n'est qu'une feinte, excitent son fils Henri contre lui; ils le relèvent de l'excommunication qu'il a, disent-ils, encourue *pour avoir été fidèle à son père.* Le pape l'encourage; on gagne plusieurs seigneurs saxons et bavarois.

Les partisans du jeune Henri assemblent un concile et une armée. On ne laisse pas de faire dans ce concile des lois sages; on y confirme ce qu'on appelle *la trève de Dieu*, monument de l'horrible barbarie de ces temps-là. Cette trève était une défense aux seigneurs et aux barons, tous en guerre les uns contre les autres, de se tuer les dimanches et les fêtes.

Le jeune Henri proteste dans le concile qu'il est prêt de se soumettre à son père, si son père se soumet au pape. Tout le concile cria *Kyrie eleison*, c'était la prière des armées et des conciles.

Cependant ce fils révolté met dans son parti le marquis d'Autriche et le duc de Bohême. Les ducs de Bohême prenaient alors quelquefois le titre de roi, depuis que le pape leur avait donné la mitre.

Son parti se fortifie; l'empereur écrit en vain au pape Pascal, qui ne l'écoute pas. On indique une diète à Mayence pour apaiser tant de troubles.

Le jeune Henri feint de se réconcilier avec son père; il lui demande pardon les larmes aux yeux; et l'ayant attiré près de Mayence dans le château de Bingenheim, il l'y fait arrêter et le retient en prison.

1106. La diète de Mayence se déclare pour le fils perfide contre le père malheureux. On signifie à l'empereur qu'il faut qu'il envoie les ornements impériaux au jeune Henri; on les lui prend de force, on les porte à Mayence. L'usurpateur dénaturé y est couronné; mais il assure, en soupirant, que c'est malgré lui, et qu'il rendra la couronne à son père, dès que Henri IV sera obéissant au pape.

On trouve, dans les Constitutions de Goldast[1], une lettre de l'empereur à son fils, par laquelle il le conjure de souffrir au moins que l'évêque de Liége lui donne un asile. « Laissez-moi, dit-il, rester à Liége,
« sinon en empereur, du moins en réfugié; qu'il ne
« soit pas dit à ma honte, ou plutôt à la vôtre, que je
« sois forcé de mendier de nouveaux asiles dans le
« temps de Pâques. Si vous m'accordez ce que je vous

---

[1] *Constitutionum imperialium collectio*, Francfort, 1673, 3 volumes in-folio.. B.

« demande, je vous en aurai une grande obligation :
« si vous me refusez, j'irai plutôt vivre en villageois
« dans les pays étrangers, que de marcher ainsi d'op-
« probre en opprobre dans un empire qui autrefois fut
« le mien. »

Quelle lettre d'un empereur à son fils ! L'hypocrite et inflexible dureté de ce jeune prince rendit quelques partisans à Henri IV. Le nouvel élu voulant violer à Liége l'asile de son père fut repoussé. Il alla demander en Alsace le serment de fidélité, et les Alsaciens, pour tout hommage, battirent les troupes qui l'accompagnaient, et le contraignirent de prendre la fuite; mais ce léger échec ne fit que l'irriter et qu'aggraver les malheurs du père.

L'évêque de Liége, le duc de Limbourg, le duc de la Basse-Lorraine, protégeaient l'empereur. Le comte de Hainaut était contre lui. Le pape Pascal écrit au comte de Hainaut : « Poursuivez partout Henri, chef
« des hérétiques, et ses fauteurs; vous ne pouvez of-
« frir à Dieu de sacrifices plus agréables. »

Henri IV enfin, presque sans secours, prêt d'être forcé dans Liége, écrit à l'abbé de Cluni; il semble qu'il méditât une retraite dans ce couvent. Il meurt à Liége le 7 août, accablé de douleur, et en s'écriant :
« Dieu des vengeances, vous vengerez ce parricide; »
c'était une opinion aussi ancienne que vaine, que Dieu exauçait les malédictions des mourants, et surtout des pères; erreur utile, si elle eût pu effrayer ceux qui méritaient ces malédictions.

Le fils dénaturé de Henri IV vient à Liége, fait déterrer de l'église le corps de son père, comme celui d'un excommunié, et le fait porter à Spire dans une cave.

HENRI V,

DIX-NEUVIÈME EMPEREUR.

Les seigneurs des grands fiefs commençaient alors à s'affermir dans le droit de souveraineté. Ils s'appelaient *co-imperantes*, se regardant comme des souverains dans leurs fiefs, et vassaux de l'empire, non de l'empereur. Ils recevaient à la vérité de lui les fiefs vacants; mais la même autorité qui les leur donnait ne pouvait les leur ôter. C'est ainsi qu'en Pologne le roi confère les palatinats, et la république seule a le droit de destitution. En effet, on peut recevoir par grace, mais no ne doit être dépossédé que par justice. Plusieurs vassaux de l'empire s'intitulaient déjà ducs et comtes *par la grace de Dieu*.

Cette indépendance que les seigneurs s'assuraient, et que les empereurs voulaient réduire, contribua pour le moins, autant que les papes, au trouble de l'empire, et à la révolte des enfants contre leurs pères.

La force des grands s'accroissait de la faiblesse du trône. Ce gouvernement féodal était à peu près le même en France et en Aragon. Il n'y avait plus de royaume en Italie; tous les seigneurs s'y cantonnaient: l'Europe était toute hérissée de châteaux et couverte de brigands; la barbarie et l'ignorance régnaient. Les habitants des campagnes étaient dans la servitude, les bourgeois des villes méprisés et rançonnés, et, à quelques villes commerçantes près, en Italie, l'Europe n'était, d'un bout à l'autre, qu'un théâtre de misères.

La première chose que fait Henri V, dès qu'il s'est fait couronner, est de maintenir ce même droit des investitures, contre lequel il s'était élevé pour détrôner son père.

Le pape Pascal étant venu en France, va jusqu'à Châlons en Champagne pour conférer avec les princes et les évêques allemands, qui y viennent au nom de l'empereur.

Cette nombreuse ambassade refuse d'abord de faire la première visite au pape. Ils se rendent pourtant chez lui à la fin. Brunon, archevêque de Trèves, soutient le droit de l'empereur. Il était bien plus naturel qu'un archevêque réclamât contre ces investitures et ces hommages, dont les évêques se plaignaient tant; mais l'intérêt particulier combat dans toutes les occasions l'intérêt général.

1107-1108-1109-1110. Ces quatre années ne sont guère employées qu'à des guerres contre la Hongrie et contre une partie de la Pologne; guerres sans sujet, sans grand succès de part ni d'autre; qui finissent par la lassitude de tous les partis, et qui laissent les choses comme elles étaient.

1111-1112. L'empereur, à la fin de cette guerre, épouse la fille de Henri Ier, roi d'Angleterre, fils et second successeur de Guillaume-le-Conquérant. On prétend que sa femme eut pour dot une somme qui revient à environ neuf cent mille livres sterling. Cela composerait plus de cinq millions d'écus d'Allemagne d'aujourd'hui, et de vingt millions de France. Les historiens manquent tous d'exactitude sur ces faits ; et l'histoire de ces temps-là n'est que trop souvent un ramas d'exagérations.

Enfin, l'empereur pense à l'Italie et à la couronne impériale; et le pape Pascal II, pour l'inquiéter, renouvelle la querelle des investitures.

Henri V envoie à Rome des ambassadeurs, suivis d'une armée. Cependant il promet, par un écrit conservé encore au Vatican, de renoncer aux investitures, de laisser aux papes tout ce que les empereurs leur ont donné; et, ce qui est assez étrange, après de telles soumissions, il promet de ne tuer ni de mutiler le souverain pontife.

Pascal II, par le même acte, promet d'ordonner aux évêques d'abandonner à l'empereur tous leurs fiefs relevants de l'Empire : par cet accord, les évêques perdaient beaucoup, le pape et l'empereur gagnaient.

Tous les évêques d'Italie et d'Allemagne qui étaient à Rome protestent contre cet accord; Henri V, pour les apaiser, leur propose d'être fermiers des terres dont ils étaient auparavant en possession. Les évêques ne veulent point du tout être fermiers.

Henri V, lassé de toutes ces contestations, dit qu'il veut être couronné et sacré sans aucune condition. Tout cela se passait dans l'église de Saint-Pierre pendant la messe; et à la fin de la messe l'empereur fait arrêter le pape par ses gardes.

Il se fait un soulèvement dans Rome en faveur du pape. L'empereur est obligé de se sauver; il revient sur-le-champ avec des troupes, donne dans Rome un sanglant combat, tue beaucoup de Romains, et surtout de prêtres, et emmène le pape prisonnier avec quelques cardinaux.

Pascal fut plus doux en prison qu'à l'autel. Il fit tout ce que l'empereur voulut. Henri V, au bout de deux mois, reconduit à Rome le saint père à la tête de ses troupes. Le pape le couronne empereur le 13 avril, et lui donne en même temps la bulle par laquelle il lui confirme le droit des investitures. Il est remarquable qu'il ne lui donne, dans cette bulle, que le titre de *dilection*. Il l'est encore plus que l'empereur et le pape communièrent de la même hostie, et que le pape dit, en donnant la moitié de l'hostie à l'empereur : « Comme cette partie du sacrement est divisée de « l'autre, que le premier de nous deux qui rompra la « paix soit séparé du royaume de Jésus-Christ. »

Henri V achève cette comédie en demandant au pape la permission de faire enterrer son père en terre sainte, lui assurant qu'il est mort pénitent : et il retourne en Allemagne faire les obsèques de Henri IV, sans avoir affermi son pouvoir en Italie.

Pascal II ne trouva pas mauvais que les cardinaux et ses légats, dans tous les royaumes, désavouassent sa condescendance pour Henri V.

Il assemble un concile dans la basilique de Saint-Jean de Latran. Là, en présence de trois cents prélats, il demande pardon de sa faiblesse, offre de se démettre du pontificat, casse, annulle tout ce qu'il a fait, et s'avilit lui-même pour relever l'Église.

1113.. Il se peut que Pascal II et son concile n'eussent pas fait cette démarche, s'ils n'eussent compté sur quelqu'une de ces révolutions qui ont toujours suivi le sacre des empereurs. En effet, il y avait des troubles en Allemagne au sujet du fisc impérial; autre source de guerres civiles.

1114. Lothaire, duc de Saxe, depuis empereur, est à la tête de la faction contre Henri V. Cet empereur ayant à combattre les Saxons comme son père, est défendu comme lui par la maison de Souabe. Frédéric de Stauffen, duc de Souabe, père de l'empereur Barberousse, empêche Henri V de succomber.

1115. Les ennemis les plus dangereux de Henri V sont trois prêtres : le pape, en Italie; l'archevêque de Mayence, qui bat quelquefois ses troupes; et l'évêque de Vurtzbourg, Erlang, qui, envoyé par lui aux ligueurs, le trahit et se range de leur côté.

1116. Henri V, vainqueur, met l'évêque de Vurtzbourg, Erlang, au ban de l'empire. Les évêques de Vurtzbourg se prétendaient seigneurs directs de toute la Franconie, quoiqu'il y eût des ducs, et que ce duché même appartînt à la maison impériale.

Le duché de Franconie est donné à Conrad, neveu de Henri V. Il n'y a plus aujourd'hui de duc de cette grande province, non plus que de Souabe.

L'évêque Erlang se défend long-temps dans Vurtzbourg, dispute les remparts l'épée à la main, et s'échappe quand la ville est prise.

La fameuse comtesse Mathilde meurt, après avoir renouvelé la donation de tous ses biens à l'Église romaine.

1117. L'empereur Henri V, déshérité par sa cousine et excommunié par le pape, va en Italie se mettre en possession des terres de Mathilde, et se venger du pape. Il entre dans Rome, et le pape s'enfuit chez les nouveaux vassaux et les nouveaux protecteurs de l'Église, les princes normands.

Le premier couronnement de l'empereur paraissant équivoque, on en fait un second qui l'est bien davantage. Un archevêque de Brague en Portugal, Limousin de naissance, nommé Bourdin, s'avise de sacrer l'empereur.

1118. Henri, après cette cérémonie, va s'assurer de la Toscane. Pascal II revient à Rome avec une petite armée des princes normands. Il meurt, et l'armée s'en retourne après s'être fait payer.

Les cardinaux seuls élisent Gaiëtan[1], Gélase II. Censio, consul de Rome, marquis de Frangipani, dévoué à l'empereur, entre dans le conclave l'épée à la main, saisit le pape à la gorge, l'accable de coups, le fait prisonnier. Cette férocité brutale met Rome en combustion. Henri V va à Rome; Gélase se retire en France; l'empereur donne le pontificat à son Limousin Bourdin[2].

1119. Gélase étant mort au concile de Vienne[3] en Dauphiné, les cardinaux qui étaient à ce concile élisent, conjointement avec les évêques, et même avec des laïques romains qui s'y trouvaient, Gui de Bourgogne, archevêque de Vienne, fils d'un duc de

---

[1] Jean de Gaëte, ainsi nommé du lieu de sa naissance. B.
[2] Maurice Bourdin, anti-pape sous le nom de Grégoire VIII, mort en 1122. B.
[3] Non à Vienne, mais dans l'abbaye de Cluni. Cl.

Bourgogne, et du sang royal de France. Ce n'est pas le premier prince élu pape. Il prend le nom de Calixte II.

Louis-le-Gros, roi de France, se rend médiateur dans cette grande affaire des investitures entre l'Empire et l'Église. On assemble un concile à Reims. L'archevêque de Mayence y arrive avec cinq cents gendarmes à cheval, et le comte de Troyes va le recevoir à une demi-lieue avec un pareil nombre.

L'empereur et le pape se rendent à Mouzon. On est prêt de s'accommoder; et, sur une dispute de mots, tout est plus brouillé que jamais. L'empereur quitte Mouzon, et le concile l'excommunie.

1120-1121. Comme il y avait dans ce concile plusieurs évêques allemands qui avaient excommunié l'empereur, les autres évêques d'Allemagne ne veulent plus que l'empereur donne les investitures.

1122. Enfin, dans une diète de Vorms, la paix de l'Empire et de l'Église est faite. Il se trouve que dans cette longue querelle on ne s'était jamais entendu. Il ne s'agissait pas de savoir si les empereurs conféraient l'épiscopat, mais s'ils pouvaient investir de leurs fiefs impériaux des évêques canoniquement élus à leur recommandation. Il fut décidé que les investitures seraient dorénavant données par le sceptre, et non par un bâton recourbé et par un anneau [1]. Mais ce qui fut bien plus important, l'empereur renonça en termes exprès à nommer aux bénéfices ceux qu'il devait investir. *Ego, Henricus, Dei gratia, Romanorum imperator, concedo in omnibus ecclesiis fieri electio-*

---

[1] Voyez pages 147 et 157. B.

nem et liberam consecrationem. Ce fut une brèche irréparable à l'autorité impériale.

1123. Troubles civils en Bohême, en Hongrie, en Alsace, en Hollande. Il n'y a, dans ce temps malheureux, que de la discorde dans l'Église, des guerres particulières entre tous les grands, et de la servitude dans les peuples.

1124. Voici la première fois que les affaires d'Angleterre se trouvent mêlées avec celles de l'empire. Le roi d'Angleterre Henri Ier, frère du duc de Normandie, a déjà des guerres avec la France au sujet de ce duché.

L'empereur lève des troupes, et s'avance vers le Rhin. On voit aussi que dès ce temps-là même tous les seigneurs allemands ne secondaient pas l'empereur dans de telles guerres. Plusieurs refusent de l'assister contre une puissance qui, par sa position, devait être naturellement la protectrice des seigneurs des grands fiefs allemands contre le dominateur suzerain, ainsi que les rois d'Angleterre s'unirent depuis avec les grands vassaux de la France.

1125. Les malheurs de l'Europe étaient au comble par une maladie contagieuse. Henri V en est attaqué, et meurt à Utrecht le 22 mai, avec la réputation d'un fils dénaturé, d'un hypocrite sans religion, d'un voisin inquiet, et d'un mauvais maître.

LOTHAIRE II,

VINGTIÈME EMPEREUR.

1125-1126-1127. Voici une époque singulière. La France, pour la première fois, depuis la décadence de la maison de Charlemagne, se mêle en Allemagne de l'élection d'un empereur. Le célèbre moine Suger, abbé de Saint-Denys, et ministre d'état sous Louis-le-Gros, va à la diète de Mayence avec le cortége d'un souverain, pour s'opposer au moins à l'élection de Frédéric duc de Souabe. Il y réussit, soit par bonheur, soit par intrigues. La diète partagée choisit dix électeurs. On ne nomme point ces dix princes. Ils élisent le duc de Saxe Lothaire; et les seigneurs qui étaient présents l'élevèrent sur leurs épaules.

Conrad, duc de Franconie, de la maison de Stauffen-Souabe, et Frédéric, duc de Souabe, protestent contre l'élection. L'abbé Suger fut, parmi les ministres de France, le premier qui excita des guerres civiles en Allemagne. Conrad se fait proclamer roi à Spire; mais, au lieu de soutenir sa faction, il va se faire roi de Lombardie à Milan. On lui prend ses villes en Allemagne; mais il en gagne en Lombardie.

1128-1129. Sept ou huit guerres à-la-fois dans le Danemarck et dans le Holstein, dans l'Allemagne et dans la Flandre.

1130. A Rome le peuple prétendait toujours élire les papes malgré les cardinaux, qui s'étaient réservé ce droit, et persistait à ne reconnaître l'élu que comme son évêque, et non comme son souverain. Rome entière se partage en deux factions. L'une élit Innocent II, l'autre élit le fils ou petit-fils d'un juif, nommé Léon, qui prend le nom d'Anaclet. Le fils du juif, comme plus riche, chasse son compétiteur de Rome. Innocent II se réfugie en France, devenue l'asile des papes opprimés. Ce pape va à Liége, met Lothaire II dans ses intérêts, le couronne empereur avec son épouse, et excommunie ses compétiteurs.

1131-1132-1133. L'anti-empereur Conrad de Franconie et l'anti-pape Anaclet ont un grand parti en Italie. L'empereur Lothaire et le pape Innocent vont à Rome. Les deux papes se soumettent au jugement de Lothaire : il décide pour Innocent. L'antipape se retire dans le château Saint-Ange, dont il était encore maître. Lothaire se fait sacrer par Innocent II, selon les usages alors établis. L'un de ces usages était que l'empereur fesait d'abord serment de conserver au pape la vie et les membres : mais on en promettait autant à l'empereur.

Le pape cède l'usufruit des terres de la comtesse Mathilde à Lothaire et à son gendre le duc de Bavière, seulement leur vie durant, moyennant une redevance annuelle au saint-siége. C'était une semence de guerres pour leurs successeurs.

Pour faciliter la donation de cet usufruit, Lothaire II baisa les pieds du pape, et conduisit sa mule quelques pas. On croit que Lothaire est le premier empereur qui ait fait cette double cérémonie.

1134-1135. Les deux rivaux de Lothaire, Conrad de Franconie et Frédéric de Souabe, abandonnés de leurs partis, se réconcilient avec l'empereur et le reconnaissent.

On tient à Magdebourg une diète célèbre. L'empereur grec, les Vénitiens y envoient des ambassadeurs pour demander justice contre Roger, roi de Sicile ; des ambassadeurs du duc de Pologne y prêtent à l'Empire serment de fidélité, pour conserver apparemment la Poméranie, dont ils s'étaient emparés.

1136. Police établie en Allemagne. Hérédités, et coutumes des fiefs et des arrière-fiefs confirmées. Magistratures des bourgmestres, des maires, des prévôts, soumises aux seigneurs féodaux. Priviléges des églises, des évêchés, et des abbayes, confirmés.

1137. Voyage de l'empereur en Italie. Roger, duc de la Pouille et nouveau roi de Sicile, tenait le parti de l'anti-pape Anaclet, et menaçait Rome. On fait la guerre à Roger.

La ville de Pise avait alors une grande considération dans l'Europe, et l'emportait même sur Venise et sur Gênes. Ces trois villes commerçantes fournissaient à presque tout l'Occident toutes les délicatesses de l'Asie. Elles s'étaient sourdement enrichies par le commerce et par la liberté, tandis que les désolations du gouvernement féodal répandaient presque partout ailleurs la servitude et la misère. Les Pisans seuls arment une flotte de quarante galères au secours de l'empereur ; et sans eux l'empereur n'aurait pu résister. On dit qu'alors on trouva dans la Pouille le premier exemplaire du *Digeste*, et que l'empereur en fit présent à la ville de Pise [1].

Lothaire II meurt en passant les Alpes du Tyrol vers Trente.

---

[1] Les Pisans conservèrent, pendant trois cents ans, le manuscrit pris à Amalfi. Il leur fut ensuite enlevé par les Florentins qui, depuis, l'ont toujours gardé dans leur ville, d'où le nom est venu au manuscrit de : *Pandectes Florentines*. On en a donné un *fac simile* dans l'édition des *Pandectæ Justinianeæ*, Paris, Belin-Leprieur, 1818, 3 volumes in-folio. B.

CONRAD III,

VINGT-UNIÈME EMPEREUR.

1138. Henri, duc de Bavière, surnommé *le Superbe*, qui possédait la Saxe, la Misnie, la Thuringe, en Italie Vérone et Spolette, et presque tous les biens de la comtesse Mathilde, se saisit des ornements impériaux, et crut que sa grande puissance le ferait reconnaître empereur; mais ce fut précisément ce qui lui ôta la couronne.

Tous les seigneurs se réunissent en faveur de Conrad, le même qui avait disputé l'empire à Lothaire II. Henri de Bavière, qui paraissait si puissant, est le troisième de ce nom [1] qui est mis au ban de l'empire. Il faut qu'il ait été plus imprudent encore que superbe, puisque étant si puissant, il put à peine se défendre.

Comme le nom de la maison de ce prince était Guelfe, ceux qui tinrent son parti furent appelés les Guelfes [2], et on s'accoutuma à nommer ainsi les ennemis des empereurs.

1139. On donne à Albert d'Anhalt, surnommé l'*Ours*, marquis de Brandebourg, la Saxe, qui appartenait aux Guelfes; on donne la Bavière au marquis d'Autriche. Mais enfin, Albert l'Ours ne pouvant se mettre en possession de la Saxe, on s'accommode. La Saxe reste à la maison des Guelfes, la Bavière à celle d'Autriche : tout a changé depuis.

1140. Henri-le-Superbe meurt, et laisse au berceau Henri-le-Lion. Son frère Guelfe soutient la

---

[1]. Voyez 1054 et 1070; et aussi 1275. B. — [2] Voyez 1089. B.

guerre. Roger, roi de Sicile, lui donnait mille marcs d'argent pour la faire. On voit qu'à peine les princes normands sont puissants en Italie, qu'ils songent à fermer le chemin de Rome aux empereurs par toutes sortes de moyens. Frédéric Barberousse, neveu de Conrad, et si célèbre depuis, se signale déjà dans cette guerre.

Depuis 1140 *jusqu'à* 1146. Jamais temps ne parut plus favorable aux empereurs pour venir établir dans Rome cette puissance qu'ils ambitionnèrent toujours, et qui fut toujours contestée.

Arnaud de Brescia, disciple d'Abélard, homme d'enthousiasme, prêchait dans toute l'Italie contre la puissance temporelle des papes et du clergé. Il persuadait tous ceux qui avaient intérêt d'être persuadés, et surtout les Romains.

En 1144, sous le court pontificat de Lucius II, les Romains veulent encore rétablir l'ancienne république; ils augmentent le sénat; ils élisent patrice un fils de l'anti-pape Pierre de Léon, nommé Jourdain, et donnent au patrice le pouvoir tribunitial. Le pape Lucius marche contre eux et est tué au pied du Capitole.

Cependant Conrad III ne va point en Italie, soit qu'une guerre des Hongrois contre le marquis d'Autriche le retienne, soit que la passion épidémique des croisades ait déjà passé jusqu'à lui.

1146. Saint Bernard, abbé de Clervaux, ayant prêché la croisade en France, la prêche en Allemagne. Mais en quelle langue prêchait-il donc? il n'entendait point le tudesque, il ne pouvait parler latin au peuple. Il y fit beaucoup de miracles; cela peut être:

mais il ne joignit pas à ces miracles le don de prophétie; car il annonça de la part de Dieu les plus grands succès.

L'empereur se croise à Spire avec beaucoup de seigneurs.

1147. Conrad III fait les préparatifs de sa croisade dans la diète de Francfort. Il fait, avant son départ, couronner son fils Henri roi des Romains. On établit le conseil impérial de Rotvell pour juger les causes en dernier ressort. Ce conseil était composé de douze barons. La présidence fut donnée comme un fief à la maison de Schults, c'est-à-dire à condition de foi et hommage, et d'une redevance. Ces espèces de fiefs commençaient à s'introduire.

L'empereur s'embarque sur le Danube avec le célèbre évêque de Freisingen [1], qui a écrit l'histoire de ce temps, avec ceux de Ratisbonne, de Passau, de Bâle, de Metz, de Toul. Frédéric Barberousse, le marquis d'Autriche, Henri duc de Bavière, le marquis de Montferrat, sont les principaux princes qui l'accompagnent.

Les Allemands étaient les derniers qui venaient à ces expéditions d'abord si brillantes, et bientôt après si malheureuses. Déjà était érigé le petit royaume de Jérusalem : les états d'Antioche, d'Édesse, de Tripoli, de Syrie, s'étaient formés. Il s'était élevé des comtes de Joppé, des marquis de Galilée et de Sidon; mais la plupart de ces conquêtes étaient perdues.

---

[1] Il s'appelait Othon. Parmi ses ouvrages est une *Chronique*, depuis le commencement du monde jusqu'en 1150, imprimée à Bâle, 1569, in-folio, etc. B.

1148. L'intempérance fait périr une partie de l'armée allemande. De là tous ces bruits que l'empereur grec a empoisonné les fontaines pour faire périr les croisés.

Conrad, et Louis-le-Jeune, roi de France, joignent leurs armées affaiblies vers Laodicée. Après quelques combats contre les musulmans, il va en pélerinage à Jérusalem, au lieu de se rendre maître de Damas, qu'il assiége ensuite inutilement. Il s'en retourne presque sans armée sur les vaisseaux de son beau-frère Manuel Comnène; il aborde dans le golfe de Venise, n'osant aller en Italie, encore moins se présenter à Rome pour y être couronné.

1148-1149. La perte de toutes ces prodigieuses armées de croisés, dans les pays où Alexandre avait subjugué, avec quarante mille hommes, un empire beaucoup plus puissant que celui des Arabes et des Turcs, démontre que dans ces entreprises des chrétiens il y avait un vice radical qui devait nécessairement les détruire : c'était le gouvernement féodal, l'indépendance des chefs; et par conséquent la désunion, le désordre, et l'imprudence.

La seule croisade raisonnable qu'on fit alors fut celle de quelques seigneurs flamands et anglais, mais principalement de plusieurs Allemands des bords du Rhin, du Mein, et du Véser, qui s'embarquèrent pour aller secourir l'Espagne, toujours envahie par les Maures. C'était là un danger véritable qui demandait des secours; et il valait mieux assister l'Espagne contre les usurpateurs que d'aller à Jérusalem, sur laquelle on n'avait aucun droit à prétendre, et où il n'y avait rien à gagner. Les croisés prirent Lisbonne, et la donnèrent au roi Alfonse.

On en fesait une autre contre les païens du Nord; car l'esprit du temps, chez les chrétiens, était d'aller combattre ceux qui n'étaient pas de leur religion. Les évêques de Magdebourg, de Halberstad, de Munster, de Mersebourg, de Brandebourg, plusieurs abbés, animent cette croisade. On marche avec une armée de soixante mille hommes pour aller convertir les Slaves, les habitants de la Poméranie, de la Prusse, et des bords de la mer Baltique. Cette croisade se fait sans consulter l'empereur, et elle tourne même contre lui.

Henri-le-Lion, duc de Saxe, à qui Conrad avait ôté la Bavière, était à la tête de la croisade contre les païens : il les laissa bientôt en repos pour attaquer les chrétiens, et pour reprendre la Bavière.

1150-1151. L'empereur, pour tout fruit de son voyage en Palestine, ne retrouve donc en Allemagne qu'une guerre civile sous le nom de *guerre sainte*. Il a bien de la peine, avec le secours des Bavarois et du reste de l'Allemagne, à contenir Henri-le-Lion et les Guelfes.

1152. Conrad III meurt à Bamberg le 15 février, sans avoir pu être couronné en Italie, ni laisser le royaume d'Allemagne à son fils.

FRÉDÉRIC Ier, DIT BARBEROUSSE,

VINGT-DEUXIÈME EMPEREUR.

1152. Frédéric Ier est élu à Francfort par le consentement de tous les princes. Son secrétaire Amandus rapporte dans ses Annales, dont on a conservé des extraits, que plusieurs seigneurs de la Lombardie y donnèrent leur suffrage en ces termes : « O vous « officiez, officiati, si vous y consentez, Frédéric aura « la force de son empire. »

Ces *officiati* étaient alors au nombre de six; les archevêques de Mayence, de Trèves, de Cologne, le grand écuyer, le grand maître d'hôtel, le grand chambellan : on y ajouta depuis le grand échanson. Il paraît indubitable que ces *officiati* étaient les premiers qui reconnaissaient l'empereur élu, qui l'annonçaient au peuple, qui se chargeaient de la cérémonie.

Les seigneurs italiens assistèrent à cette élection de Frédéric : rien n'est plus naturel. On croyait, à Francfort, donner l'empire romain en donnant la couronne d'Allemagne, quoique le roi ne fût nommé empereur qu'après avoir été couronné à Rome. Le prédécesseur de Frédéric Barberousse n'avait eu aucune autorité ni à Rome, ni dans l'Italie; et il était de l'intérêt de l'élu que les grands vassaux de l'empire romain joignissent leur suffrage aux voix des Allemands.

L'archevêque de Cologne le couronne à Aix-la-Chapelle; et tous les évêques l'avertissent qu'il n'a point l'empire par droit d'hérédité. L'avertissement était inutile; le fils du dernier empereur, abandonné, en était une assez bonne preuve.

Son règne commence par l'action la plus imposante. Deux concurrents, Suenon et Canut, disputaient depuis long-temps le Danemarck : Frédéric se fait arbitre; il force Canut à céder ses droits. Suenon soumet le Danemarck à l'empire dans la ville de Mersebourg. Il prête serment de fidélité, il est investi par l'épée. Ainsi, au milieu de tant de troubles, on voit des rois de Pologne, de Hongrie, de Danemarck, aux pieds du trône impérial.

1153. Le marquisat d'Autriche est érigé en duché en faveur de Henri Jasamergott[1], qu'on ne connaît guère, et dont la postérité s'éteignit environ un siècle après.

Henri-le-Lion, ce duc de Saxe de la maison guelfe, obtient l'investiture de la Bavière, parcequ'il l'avait presque toute reconquise; et il devient partisan de Frédéric Barberousse, autant qu'il avait été ennemi de Conrad Ier.

Le pape Eugène III envoie deux légats faire le procès à l'archevêque de Mayence, accusé d'avoir dissipé les biens de l'Église; et l'empereur le permet.

1154. En récompense Frédéric Barberousse répudie sa femme, Marie de Vocbourg ou Vohenbourg, sans que le pape Adrien IV, alors siégeant à Rome, le trouve mauvais.

1155. Frédéric reprend sur l'Italie les desseins de ses prédécesseurs. Il réduit plusieurs villes de Lombardie qui voulaient se mettre en république; mais Milan lui résiste.

Il se saisit, au nom de Henri son pupille, fils de Conrad III, des terres de la comtesse Mathilde, est

---

[1] Ou *Jochsamergott*, premier duc d'Autriche, mort au commencement de 1177. Cl.

couronné à Pavie, et députe vers Adrien IV pour le prier de le couronner empereur à Rome.

Ce pape est un des grands exemples de ce que peuvent le mérite personnel et la fortune. Né Anglais, fils d'un mendiant, long-temps mendiant lui-même, errant de pays en pays avant de pouvoir être reçu valet chez des moines en Dauphiné[1], enfin porté au comble de la grandeur, il avait d'autant plus d'élévation dans l'esprit qu'il était parvenu d'un état plus abject. Il voulait couronner un vassal, et craignait de se donner un maître. Les troubles précédents avaient introduit la coutume que, quand l'empereur venait se faire sacrer, le pape se fortifiait, le peuple se cantonnait; et l'empereur commençait par jurer que le pape ne serait ni tué, ni mutilé, ni dépouillé.

Le saint-siége était protégé, comme on l'a vu[2], par le roi de Sicile et de Naples, devenu voisin et vassal dangereux.

L'empereur et le pape se ménagent l'un l'autre. Adrien, enfermé dans la forteresse de Città-di-Castello, s'accorde pour le couronnement, comme on capitule avec son ennemi. Un chevalier armé de toutes pièces vient lui jurer sur l'Évangile que ses membres et sa vie seront en sûreté; et l'empereur lui livre ce fameux Arnaud de Brescia qui avait soulevé le peuple romain contre le pontificat, et qui avait été sur le point de rétablir la république romaine. Arnaud est brûlé à Rome comme un hérétique, et comme un ré-

---

[1] Dans le monastère de Saint-Ruf, à Valence. CL.
[2] Page 180. B.

publicain que deux souverains prétendants au despotisme s'immolaient.

Le pape va au-devant de l'empereur, qui devait, selon le nouveau cérémonial[1], lui baiser les pieds, lui tenir l'étrier, et conduire sa haquenée blanche l'espace de neuf pas romains. L'empereur ne fesait point de difficulté de baiser les pieds, mais il ne voulait point de la bride. Alors les cardinaux s'enfuient dans Città-di-Castello, comme si Frédéric Barberousse avait donné le signal d'une guerre civile. On lui fit voir que Lothaire II avait accepté ce cérémonial d'humilité chrétienne, il s'y soumit enfin; et comme il se trompait d'étrier, il dit qu'il n'avait point appris le métier de palefrenier. C'était en effet un grand triomphe pour l'Église de voir un empereur servir de palefrenier à un mendiant, fils d'un mendiant, devenu évêque de cette Rome où cet empereur devait commander.

Les députés du peuple romain, devenus aussi plus hardis depuis que tant de villes d'Italie avaient sonné le tocsin de la liberté, viennent dire à Frédéric: « Nous « vous avons fait notre citoyen et notre prince, d'é« tranger que vous étiez, etc. » Frédéric leur impose silence, et leur dit: « Charlemagne et Othon vous ont « conquis; je suis votre maître, etc. »

Frédéric est sacré empereur le 18 juin dans Saint-Pierre.

On savait si peu ce que c'était que l'empire, toutes les prétentions étaient si contradictoires, que d'un côté le peuple romain se souleva, et il y eut beaucoup de sang versé, parceque le pape avait couronné l'em-

[1] Voyez page 179. P.

pereur sans l'ordre du sénat et du peuple ; et de l'autre côté le pape Adrien écrivait dans toutes ses lettres qu'il avait conféré à Frédéric le bénéfice de l'empire romain, *Beneficium imperii romani.* Ce mot de *beneficium* signifiait un fief alors.

Il fit de plus exposer en public un tableau qui représentait Lothaire II aux genoux du pape Innocent II [1], tenant les mains jointes entre celles du pontife ; ce qui était la marque distinctive de la vassalité. L'inscription du tableau était :

« Rex venit ante fores jurans prius urbis honores ;
« Post homo fit papæ, sumit quo dante coronam. »

« Le roi jure à la porte le maintien des honneurs
« de Rome, devient vassal du pape, qui lui donne la
« couronne. »

1156. On voit déjà Frédéric fort puissant en Allemagne ; car il fait condamner le comte palatin du Rhin à son retour dans une diète pour des malversations. La peine était, selon l'ancienne loi de Souabe [2], de porter un chien sur les épaules un mille d'Allemagne ; l'archevêque de Mayence est condamné à la même peine ridicule : on la leur épargne. L'empereur fait détruire plusieurs petits châteaux de brigands. Il épouse à Vurtzbourg la fille d'un comte de Bour-

---

[1] M. Renouard est le premier, et jusqu'à présent le seul éditeur, qui ait mis *Innocent II*, au lieu de *Alexandre II*, qu'on lit dans toutes les autres éditions. Alexandre II est évidemment une faute de copiste ou d'imprimeur. Ce pape était mort cinquante-deux ans avant l'élévation de Lothaire II, et soixante ans avant le sujet du tableau : voyez, année 1133, page 179. B.

[2] Voyez année 936. B.

gogne, c'est-à-dire de la Franche-Comté, et devient par là seigneur direct de cette comté relevant de l'empire.

Le comte son beau-père, nommé Renaud, ayant obtenu de grandes immunités en faveur de ce mariage, s'intitula le comte franc; et c'est de là qu'est venu le nom de Franche-Comté.

Les Polonais refusent de payer leur tribut, qui était alors fixé à cinq cents marcs d'argent. Frédéric marche vers la Pologne. Le duc de Pologne donne son frère en otage, et se soumet au tribut, dont il paie les arrérages.

Frédéric passe à Besançon, devenu son domaine; il y reçoit des légats du pape avec les ambassadeurs de presque tous les princes. Il se plaint avec hauteur à ces légats du terme de bénéfice dont la cour de Rome usait en parlant de l'empire, et du tableau où Lothaire II était représenté comme vassal du saint-siége. Sa gloire et sa puissance, ainsi que son droit, justifient cette hauteur. Un légat ayant dit : « Si l'empereur ne « tient pas l'empire du pape, de qui le tient-il donc? » le comte palatin, pour réponse, veut tuer les légats. L'empereur les renvoie à Rome.

Les droits régaliens sont confirmés à l'archevêque de Lyon, reconnu par l'empereur pour primat des Gaules. La juridiction de l'archevêque est, par cet acte mémorable, étendue sur tous les fiefs de la Savoie. L'original de ce diplôme subsiste encore. Le sceau est dans une petite bulle ou boîte d'or. C'est de cette manière de sceller que le nom de bulle a été donné aux constitutions.

1158. L'empereur accorde le titre de roi au duc de Bohême Vladislas, sa vie durant. Les empereurs donnaient alors des titres à vie [1], même celui de monarque; et on était roi par la grace de l'empereur, sans que la province dont on devenait roi fût un royaume : de sorte que l'on voit dans les commencements, tantôt des rois, tantôt des ducs, de Hongrie, de Pologne, de Bohême.

Il passe en Italie : d'abord le comte palatin et le chancelier de l'empereur, qu'il ne faut pas confondre avec le chancelier de l'empire, vont recevoir les serments de plusieurs villes. Ces serments étaient conçus en ces termes : « Je jure d'être toujours fidèle à mon« seigneur l'empereur Frédéric contre tous ses enne« mis, etc. » Comme il était brouillé alors avec le pape, à cause de l'aventure des légats à Besançon, il semblait que ces serments fussent exigés contre le saint-siége.

Il ne paraît pas que les papes fussent alors souverains des terres données par Pepin, par Charlemagne, et par Othon Ier. Les commissaires de l'empereur exercent tous les droits de la souveraineté dans la Marche d'Ancône.

Adrien IV envoie de nouveaux légats à l'empereur dans Augsbourg, où il assemble son armée. Frédéric marche à Milan. Cette ville était déjà la plus puissante de la Lombardie ; et Pavie et Ravenne étaient peu de chose en comparaison : elle s'était rendue libre dès le temps de l'empereur Henri V; la fertilité de son territoire, et surtout sa liberté, l'avaient enrichie.

---

[1] Voyez années 1000 et 1309. B.

A l'approche de l'empereur, elle envoie offrir de l'argent pour garder sa liberté; mais Frédéric veut l'argent et la sujétion. La ville est assiégée, et se défend; bientôt ses consuls capitulent : on leur ôte le droit de battre monnaie, et tous les droits régaliens. On condamne les Milanais à bâtir un palais pour l'empereur, à payer neuf mille marcs d'argent. Tous les habitants font serment de fidélité. Milan, sans duc et sans comte, fut gouvernée en ville sujette.

Frédéric fait commencer à bâtir le nouveau Lodi, sur la rivière d'Adda; il donne de nouvelles lois en Italie, et commence par ordonner que toute ville qui transgressera ces lois paiera cent marcs d'or; un marquis, cinquante; un comte, quarante; et un seigneur châtelain, vingt. Il ordonne qu'aucun fief ne pourra se partager; et comme les vassaux, en prêtant hommage aux seigneurs des grands fiefs, leur juraient de les servir indistinctement envers et contre tous, il ordonne que dans ces serments on excepte toujours l'empereur; loi sagement contraire aux coutumes féodales de France, par lesquelles un vassal était obligé de servir son seigneur en guerre contre le roi; ce qui était, comme nous l'avons dit ailleurs[1], une jurisprudence de guerres civiles.

Les Génois et les Pisans avaient depuis long-temps enlevé la Corse et la Sardaigne aux Sarrasins, et s'en disputaient encore la possession : c'est une preuve qu'ils étaient très puissants; mais Frédéric, plus puissant qu'eux, envoie des commissaires dans ces deux villes; et parceque les Génois le traversent, il leur fait

---

[1] Tome XVI, page 111. B.

payer une amende de mille marcs d'argent, et les empêche de continuer à fortifier Gênes.

Il remet l'ordre dans les fiefs de la comtesse Mathilde, dont les papes ne possédaient rien ; il les donne à un Guelfe, cousin du duc de Saxe et de Bavière. On oublie le neveu de cette comtesse, fils de l'empereur Conrad, lequel avait des droits sur ces fiefs. En ce temps l'université de Bologne, la première de toutes les universités de l'Europe, commençait à s'établir, et l'empereur lui donne des priviléges.

1159-1160. Frédéric Ier commençait à être plus maître en Italie que Charlemagne et Othon ne l'avaient été : il affaiblit le pape en soutenant les prérogatives des sénateurs de Rome, et encore plus en mettant des troupes en quartier d'hiver dans ses terres.

Adrien IV, pour mieux conserver le temporel, attaque Frédéric Barberousse sur le spirituel. Il ne s'agit plus des investitures par un bâton courbé ou droit[1], mais du serment que les évêques prêtent à l'empereur ; il traite cette cérémonie de sacrilége, et cependant, sous main, il excite les peuples.

Les Milanais prennent cette occasion de recouvrer un peu de liberté. Frédéric les fait déclarer déserteurs et ennemis de l'Empire ; et par l'arrêt leurs biens sont livrés au pillage, et leurs personnes à l'esclavage ; arrêt qui ressemble plutôt à un ordre d'Attila qu'à une constitution d'un empereur chrétien.

Adrien IV saisit ce temps de troubles pour redemander tous les fiefs de la comtesse Mathilde, le duché de Spolette, la Sardaigne, et la Corse. L'empereur

---

[1] Voyez 1076 et 1122. B.

ne lui donne rien; il assiége Crême, qui avait pris le parti de Milan, prend Crême, et la pille. Milan respira, et jouit quelque temps du bonheur de devoir sa liberté à son courage.

Après la mort du pape Adrien IV, les cardinaux se partagent: la moitié élit le cardinal Roland, qui prend le nom d'Alexandre III, ennemi déclaré de l'empereur; l'autre choisit Octavien, son partisan, qui s'appelle Victor. Frédéric Barberousse, usant de ses droits d'empereur, indique un concile à Pavie pour juger entre les deux compétiteurs: (février 1160) Alexandre refuse de reconnaître ce concile; Victor s'y présente; le concile juge en sa faveur; l'empereur lui baise les pieds, et conduit son cheval comme celui d'Adrien. Il se soumettait à cette étrange cérémonie pour être réellement le maître.

Alexandre III, retiré dans Anagni, excommunie l'empereur, et absout ses sujets du serment de fidélité. On voit bien que le pape comptait sur le secours des rois de Naples et de Sicile[1]. Jamais un pape n'excommunia un roi sans avoir un prince tout prêt à soutenir par les armes cette hardiesse ecclésiastique : le pape comptait sur le roi de Naples et sur les plus grandes villes d'Italie.

1161. Les Milanais profitent de ces divisions; ils osent attaquer l'armée impériale à Carentia, à quelques milles de Lodi, et remportent une grande victoire. Si les autres villes d'Italie avaient secondé Milan, c'é-

---

[1] Voyez page 11. B.

tait le moment pour délivrer à jamais ce beau pays du joug étranger.

1162. L'empereur rétablit son armée et ses affaires : les Milanais bloqués manquent de vivres ; ils capitulent. Les consuls et huit chevaliers, chacun l'épée nue à la main, viennent mettre leurs épées aux pieds de l'empereur à Lodi. L'empereur révoque l'arrêt qui condamnait les citoyens à la servitude, et qui livrait leur ville au pillage (le 27 mars) ; mais à peine y est-il entré, qu'il fait démolir les portes, les remparts, tous les édifices publics ; et on sème du sel sur leurs ruines, selon l'ancien préjugé, très faux, que le sel est l'emblème de la stérilité. Les Huns, les Goths, les Lombards, n'avaient pas ainsi traité l'Italie.

Les Génois, qui se prétendaient libres, viennent prêter serment de fidélité ; et en protestant qu'ils ne donneront point de tribut annuel, ils donnent mille deux cents marcs d'argent ; ils promettent d'équiper une flotte pour aider l'empereur à conquérir la Sicile et la Pouille ; et Frédéric leur donne en fief ce qu'on appelle la rivière de Gênes, depuis Monaco jusqu'à Porto-Venere.

Il marche à Bologne, qui était confédérée avec Milan ; il y protége les colléges, et fait démanteler les murailles : tout se soumet à sa puissance.

Pendant ce temps l'Empire fait des conquêtes dans le Nord ; le duc de Saxe s'empare du Mecklenbourg, pays de Vandales, et y transplante des colonies d'Allemands.

Pour rendre le triomphe de Frédéric Barberousse

complet, le pape Alexandre III, son ennemi, fuit de l'Italie, et se retire en France. Frédéric va à Besançon pour intimider le roi de France, et le détacher du parti d'Alexandre.

C'est dans ce temps de sa puissance qu'il somme les rois de Danemarck, de Bohême, et de Hongrie, de venir à ses ordres donner leurs voix dans une diète contre un pape. Le roi de Danemarck, Valdemar Ier, obéit; il se rendit à Besançon. On dit qu'il n'y fit serment de fidélité que pour le reste de la Vandalie qu'on abandonnait à ses conquêtes : d'autres disent qu'il renouvela l'hommage pour le Danemarck : s'il est ainsi, c'est le dernier roi de Danemarck qui ait fait hommage de son royaume à l'Empire; et cette année 1162 devient par là une grande époque.

1163. L'empereur va à Mayence, dont le peuple, excité par des moines, avait massacré l'archevêque. Il fait raser les murailles de la ville; elles ne furent rétablies que long-temps après.

1164. Erfort [1], capitale de la Thuringe, ville dont les archevêques de Mayence ont prétendu la seigneurie depuis Othon IV, est ceinte de murailles, dans le temps qu'on détruit celles de Mayence.

Établissement de la société des villes anséatiques [2]. Cette union avait commencé par Hambourg et Lubeck, qui fesaient quelque négoce, à l'exemple des villes maritimes de l'Italie. Elles se rendirent bientôt utiles et puissantes, en fournissant du moins le nécessaire au nord de l'Allemagne; et depuis, lorsque Lubeck, qui appartenait au fameux Henri-le-Lion, et qu'il for-

[1] Erfurth. Voyez page 109. B. — [2] Voyez aussi années 1254 et 1278. B.

tifia, fut déclarée ville impériale par Frédéric Barberousse, elle fut la première des villes maritimes. Lorsqu'elle eut le droit de battre monnaie, cette monnaie fut la meilleure de toutes, dans ces pays où l'on n'en avait frappé jusqu'alors qu'à un très bas titre. De là vient, à ce qu'on a cru, l'argent esterling ; de là vient que Londres compta par livres esterling, quand elle se fut associée aux villes anséatiques.

Il arrive à l'empereur ce qui était arrivé à tous ses prédécesseurs : on fait contre lui des ligues en Italie, tandis qu'il est en Allemagne. Rome se ligue avec Venise, par les soins du pape Alexandre III. Venise, imprenable par sa situation, était redoutable par son opulence ; elle avait acquis de grandes richesses dans les croisades, auxquelles les Vénitiens n'avaient jusqu'alors pris part qu'en négocians habiles.

Frédéric retourne en Italie, et ravage le Véronais, qui était de la ligue. Son pape Victor meurt. Il en fait sacrer un autre, au mépris de toutes les lois, par un évêque de Liége. Cet usurpateur prend le nom de Pascal.

La Sardaigne était alors gouvernée par quatre baillis. Un d'eux, qui s'était enrichi, vient demander à Frédéric le titre de roi, et l'empereur le lui donne. Il triple partout les impôts, et retourne en Allemagne avec assez d'argent pour se faire craindre.

1165. Diète de Vurtzbourg contre le pape Alexandre III. L'empereur exige un serment de tous les princes et de tous les évêques, de ne point reconnaître Alexandre. Cette diète est célèbre par les députés d'Angleterre, qui viennent rendre compte des droits du roi et du peuple contre les prétentions de l'Église de Rome.

Frédéric, pour donner de la considération à son pape Pascal, lui fait canoniser Charlemagne. Quel saint, et quel feseur de saints ! Aix-la-Chapelle prend le titre de la capitale de l'Empire, quoiqu'il n'y ait point en effet de capitale. Elle obtient le droit de battre monnaie.

1166. Henri-le-Lion, duc de Saxe et de Bavière, ayant augmenté prodigieusement ses domaines, l'empereur n'est pas fâché de voir une ligue en Allemagne contre ce prince. Un archevêque de Cologne, hardi et entreprenant, s'unit avec plusieurs autres évêques, avec le comte palatin, le comte de Thuringe, et le marquis de Brandebourg. On fait à Henri-le-Lion une guerre sanglante. L'empereur les laisse se battre, et passe en Italie.

1167. Les Pisans et les Génois plaident à Lodi devant l'empereur pour la possession de la Sardaigne, et ne l'obtiennent ni les uns ni les autres.

Frédéric va mettre à contribution la Pentapole, si solennellement cédée aux papes par tant d'empereurs, et patrimoine incontestable de l'Église.

La ligue de Venise et de Rome, et la haine que le pouvoir despotique de Frédéric inspire, engagent Crémone, Bergame, Brescia, Mantoue, Ferrare, et d'autres villes, à s'unir avec les Milanais. Toutes ces villes et les Romains prennent en même temps les armes.

Les Romains attaquent vers Tusculum une partie de l'armée impériale. Elle était commandée par un archevêque de Mayence très célèbre alors, nommé Christien, et par un archevêque de Cologne. C'était un spectacle rare de voir ces deux prêtres entonner une chanson allemande pour animer leurs troupes au combat.

Mais ce qui marquait bien la décadence de Rome, c'est que les Allemands, dix fois moins nombreux, défirent entièrement les Romains. Frédéric marche alors d'Ancône à Rome; il l'attaque; il brûle la ville Léonine; et l'église de Saint-Pierre est presque consumée.

Le pape Alexandre s'enfuit à Bénévent. L'empereur se fait couronner avec l'impératrice Béatrix par son anti-pape Pascal dans les ruines de Saint-Pierre.

De là Frédéric revole contre les villes confédérées. La contagion qui désole son armée les met pour quelque temps en sûreté. Les troupes allemandes, victorieuses des Romains, étaient souvent vaincues par l'intempérance, et par la chaleur du climat.

1168. Alexandre III trouve le secret de mettre à-la-fois dans son parti Emmanuel, empereur des Grecs, et Guillaume, roi de Sicile, ennemi naturel des Grecs : tant on croyait l'intérêt commun de se réunir contre Barberousse.

En effet ces deux puissances envoient au pape de l'argent et quelques troupes. L'empereur, à la tête d'une armée très diminuée, voit les Milanais relever leurs murailles sous ses yeux, et presque toute la Lombardie conjurée contre lui. Il se retire vers le comté de Maurienne. Les Milanais, enhardis, le poursuivent dans les montagnes. Il échappe à grande peine, et se retire en Alsace, tandis que le pape l'excommunie.

L'Italie respire par sa retraite. Les Milanais se fortifient. Ils bâtissent aux pieds des Alpes la ville d'Alexandrie à l'honneur du pape. C'est Alexandrie de la Paille, ainsi nommée à cause de ses maisonnettes couvertes de chaume, qui la distinguent d'Alexandrie fondée par le véritable Alexandre [1].

En cette année Lunebourg commence à devenir une ville.

L'évêque de Vurtzbourg obtient la juridiction civile dans le duché de Franconie. C'est ce qui fait que ses successeurs ont eu la direction du cercle de ce nom.

Guelfe, cousin germain du fameux Henri-le-Lion, duc de Saxe et de Bavière, lègue en mourant à l'empereur le duché de Spolette, le marquisat de Toscane, avec ses droits sur la Sardaigne, pays réclamé par tant de compétiteurs, abandonné à lui-même et à ses baillis, dont l'un se disait roi [2].

1169. Frédéric fait élire Henri, son fils aîné, roi des Romains, tandis qu'il est prêt à perdre pour jamais Rome et l'Italie.

Quelques mois après il fait élire son second fils Frédéric, duc d'Allemagne, et lui assure le duché de Souabe : les auteurs étrangers ont cru que Frédéric avait donné l'Allemagne entière à son fils; mais ce n'était que l'ancienne Allemagne proprement dite. Il n'y avait d'autre roi de la Germanie, nommée Allemagne, que l'empereur.

[1] Alexandrie de la Paille est devenue une place forte et très importante. B.
[2] Voyez année 1164. B.

1170. Frédéric n'est plus reconnaissable. Il négocie avec le pape au lieu d'aller combattre. Ses armées et son trésor étaient donc diminués.

Les Danois prennent Stetin. Henri-le-Lion, au lieu d'aider l'empereur à recouvrer l'Italie, se croise avec ses chevaliers saxons pour aller se battre dans la Palestine.

1171. Henri-le-Lion, trouvant une trève établie en Asie, s'en retourne par l'Égypte. Le soudan voulut étonner l'Europe par sa magnificence et sa générosité : il accabla de présents le duc de Saxe et de Bavière ; et entre autres il lui donna quinze cents chevaux arabes.

1172. L'empereur assemble enfin une diète à Vorms, et demande du secours à l'Allemagne pour ranger l'Italie sous sa puissance.

Il commence par envoyer une petite armée, commandée par ce même archevêque de Mayence qui avait battu les Romains.

Les villes de Lombardie étaient confédérées, mais jalouses les unes des autres. Lucques était ennemie mortelle de Pise ; Gênes l'était de Pise et de Florence ; et ce sont ces divisions qui ont perdu à la fin l'Italie.

1173. L'archevêque de Mayence, Christien, réussit habilement à détacher les Vénitiens de la ligue : mais Milan, Pavie, Florence, Crémone, Parme, Bologne, sont inébranlables, et Rome les soutient.

Pendant ce temps, Frédéric est obligé d'aller apaiser des troubles dans la Bohême. Il y dépossède le roi Ladislas, et donne la régence au fils de ce roi. On ne peut être plus absolu qu'il l'était en Allemagne, et plus faible alors au-delà des Alpes.

1174. Il passe enfin le Mont-Cénis. Il assiége cette Alexandrie bâtie pendant son absence, et dont le nom lui était odieux, et commence par faire dire aux habitants que s'ils osent se défendre, on ne pardonnera ni au sexe ni à l'enfance.

1175. Les Alexandrins, secourus par les villes confédérées, sortent sur les impériaux, et les battent à l'exemple des Milanais. L'empereur, pour comble de disgrace, est abandonné par Henri-le-Lion, qui se retire avec ses Saxons, très indisposé contre Barberousse, qui gardait pour lui les terres de Mathilde.

Il semblait que l'Italie allait être libre pour jamais.

1176. Frédéric reçoit des renforts d'Allemagne. L'archevêque de Mayence est à l'autre bout de l'Italie, dans la marche d'Ancône, avec ses troupes.

La guerre est poussée vivement des deux côtés. L'infanterie milanaise, tout armée de piques, défait toute la gendarmerie impériale. Frédéric échappe à peine, poursuivi par les vainqueurs. Il se cache, et se sauve enfin dans Pavie.

Cette victoire fut le signal de la liberté des Italiens pendant plusieurs années : eux seuls alors purent se nuire.

Le superbe Frédéric prévient enfin et sollicite le pape Alexandre, retiré dès long-temps dans Anagni, craignant également les Romains qui ne voulaient point de maître, et l'empereur qui voulait l'être.

Frédéric lui offre de l'aider à dominer dans Rome, de lui restituer le patrimoine de saint Pierre, et de lui donner une partie des terres de la comtesse Mathilde. On assemble un congrès à Bologne.

1177. Le pape fait transférer le congrès à Venise, où il se rend sur les vaisseaux du roi de Sicile. Les ambassadeurs de Sicile et les députés des villes lombardes y arrivent les premiers. L'archevêque de Mayence, Christien, y vient conclure la paix.

Il est difficile de démêler comment cette paix, qui devait assurer le repos des papes et la liberté des Italiens, ne fut qu'une trêve de six ans avec les villes lombardes, et de quinze ans avec la Sicile. Il n'y fut pas question des terres de la comtesse Mathilde, qui avaient été la base du traité.

Tout étant conclu, l'empereur se rend à Venise. Le duc le conduit dans sa gondole à Saint-Marc. Le pape l'attendait à la porte, la tiare sur la tête. L'empereur sans manteau le conduit au chœur, une baguette de bedeau à la main. Le pape prêcha en latin, que Frédéric n'entendait pas. Après le sermon, l'empereur vient baiser les pieds du pape, communie de sa main, conduit sa mule dans la place Saint-Marc au sortir de l'église; et Alexandre III s'écriait : « Dieu a « voulu qu'un vieillard et un prêtre triomphât d'un « empereur puissant et terrible. » Toute l'Italie regarda Alexandre III. comme son libérateur et son père.

La paix fut jurée sur les Évangiles par douze princes de l'empire. On n'écrivait guère alors ces traités. Il y avait peu de clauses; les serments suffisaient. Peu de princes allemands savaient lire et signer, et on ne se servait de la plume qu'à Rome. Cela ressemble aux temps sauvages qu'on appelle héroïques.

Cependant on exigea de l'empereur un acte particulier, scellé de son sceau, par lequel il promit de n'inquiéter de six ans les villes d'Italie.

1178. Comment Frédéric Barberousse osait-il après cela passer par Milan, dont le peuple traité par lui en esclave l'avait vaincu? Il y alla pourtant en retournant en Allemagne.

D'autres troubles agitaient ce vaste pays, guerrier, puissant, et malheureux, dans lequel il n'y avait pas encore une seule ville comparable aux médiocres de l'Italie.

Henri-le-Lion, maître de la Saxe et de la Bavière, fesait toujours la guerre à plusieurs évêques, comme l'empereur l'avait faite au pape. Il succomba comme lui, et par l'empereur même.

L'archevêque de Cologne, aidé de la moitié de la Vestphalie, l'archevêque de Magdebourg, un évêque d'Halberstadt, étaient opprimés par Henri-le-Lion, et lui fesaient tout le mal qu'ils pouvaient. Presque toute l'Allemagne embrasse leur parti.

1179. Henri-le-Lion est le quatrième duc de Bavière mis au ban de l'empire dans la diète de Goslar. Il fallait une puissante armée pour mettre l'arrêt à exécution. Ce prince était plus puissant que l'empereur. Il commandait alors depuis Lubeck jusqu'au milieu de la Vestphalie. Il avait, outre la Bavière, la Stirie et la Carinthie. L'archevêque de Cologne, son ennemi, est chargé de l'exécution du ban.

Parmi les vassaux de l'empire qui amènent des troupes à l'archevêque de Cologne, on voit un Philippe, comte de Flandre, ainsi qu'un comte de Hainaut, et un duc de Brabant, etc. Cela pourrait faire croire que la Flandre proprement dite se regardait toujours comme membre de l'empire, quoique pairie de la France; tant le droit féodal traînait après lui d'incertitudes.

Le duc Henri se défend dans la Saxe; il prend la Thuringe; il prend la Hesse; il bat l'armée de l'archevêque de Cologne.

La plus grande partie de l'Allemagne est ravagée par cette guerre civile, effet naturel du gouvernement féodal. Il est même étrange que cet effet n'arrivât pas plus souvent.

1180. Après quelques succès divers, l'empereur tient une diète dans le château de Gelnhausen vers le Rhin. On y renouvelle, on y confirme la proscription de Henri-le-Lion. Frédéric y donne la Saxe à Bernard d'Anhalt, fils d'Albert-l'Ours, marquis de Brandebourg. On lui donne aussi une partie de la Vestphalie. La maison d'Anhalt parut alors devoir être la plus puissante de l'Allemagne.

La Bavière est accordée au comte Othon de Vitelsbach, chef de la cour de justice de l'empereur. C'est de cet Othon-Vitelsbach que descendent les deux maisons électorales de Bavière [1] qui règnent de nos jours après tant de malheurs. Elles doivent leur grandeur à Frédéric Barberousse.

Dès que ces seigneurs furent investis, chacun tombe sur Henri-le-Lion; et l'empereur se met lui-même à la tête de l'armée.

1181. On prend au duc Henri Lunebourg dont

---

[1] L'une d'elles s'est éteinte en 1777 : voyez, page 28, la liste des *Électeurs de Bavière*. B.

il était maître; on attaque Lubeck dont il était le protecteur; et le roi de Danemarck Valdemar aide l'empereur dans ce siége de Lubeck.

Lubeck déjà riche, et qui craignait de tomber au pouvoir du Danemarck, se donne à l'empereur, qui la déclare ville impériale, capitale des villes de la mer Baltique, avec la permission de battre monnaie.

Le duc Henri, ne pouvant plus résister, va se jeter aux pieds de l'empereur, qui lui promet de lui conserver Brunsvick et Lunebourg, reste de tant d'états qu'on lui enlève.

Henri-le-Lion passe à Londres avec sa femme, chez le roi Henri II, son beau-père. Elle lui donne un fils nommé Othon; c'est le même qui fut depuis empereur sous le nom d'Othon IV [1]; et c'est d'un frère de cet Othon IV que descendent les princes qui règnent aujourd'hui en Angleterre : de sorte que les ducs de Brunsvick, les rois d'Angleterre, les ducs de Modène, ont tous une origine commune ; et cette origine est italienne.

1182. L'Allemagne est alors tranquille. Frédéric y abolit plusieurs coutumes barbares, entre autres celle de piller le mobilier des morts; droit horrible que tous les bourgeois des villes exerçaient au décès d'un bourgeois, aux dépens des héritiers, et qui causait toujours des querelles sanglantes, quoique le mobilier fût alors bien peu de chose.

Toutes les villes de la Lombardie jouissent d'une profonde paix, et reprennent la vie.

Les Romains persistent toujours dans l'idée de se

---

[1] Voyez année 1208. B.

soustraire au pouvoir des papes, comme à celui des empereurs. Ils chassent de Rome le pape Lucius III, successeur d'Alexandre.

Le sénat est le maître dans Rome. Quelques clercs qu'on prend pour des espions du pape Lucius III, lui sont renvoyés avec les yeux crevés : inhumanité trop indigne du nom romain.

1183. Frédéric Ier déclare Ratisbonne ville impériale. Il détache le Tyrol de la Bavière; il en détache aussi la Stirie, qu'il érige en duché.

Célèbre congrès à Plaisance, le 30 avril, entre les commissaires de l'empereur et les députés de toutes les villes de Lombardie. Ceux de Venise même s'y trouvent. Ils conviennent que l'empereur peut exiger de ses vassaux d'Italie le serment de fidélité, et qu'ils sont obligés de marcher à son secours, en cas qu'on l'attaque dans son voyage à Rome, qu'on appelle l'expédition romaine.

Ils stipulent que les villes et les vassaux ne fourniront à l'empereur, dans son passage, que le fourrage ordinaire et les provisions de bouche pour tout subside.

L'empereur leur accorde le droit d'avoir des troupes, des fortifications, des tribunaux qui jugent en dernier ressort, jusqu'à concurrence de cinquante marcs d'argent; et nulle cause ne doit être jamais évoquée en Allemagne.

Si, dans ces villes, l'évêque a le titre de comte, il y conservera le droit de créer les consuls de sa ville épiscopale; et si l'évêque n'est pas en possession de ce droit, il est réservé à l'empereur.

Ce traité, qui rendait l'Italie libre sous un chef, a été regardé long-temps par les Italiens comme le fondement de leur droit public.

Les marquis de Malaspina et les comtes de Crême y sont spécialement nommés ; et l'empereur transige avec eux comme avec les autres villes. Tous les seigneurs des fiefs y sont compris en général.

Les députés de Venise ne signèrent à ce traité que pour les fiefs qu'ils avaient dans le continent ; car pour la ville de Venise, elle ne mettait pas sa liberté et son indépendance en compromis.

1184. Grande diète à Mayence. L'empereur y fait encore reconnaître son fils Henri roi des Romains.

Il arme chevaliers ses deux fils Henri et Frédéric. C'est le premier empereur qui ait fait ainsi ses fils chevaliers avec les cérémonies alors en usage. Le nouveau chevalier fesait la veille des armes, ensuite on le mettait au bain ; il venait recevoir l'accolade et le baiser en tunique ; des chevaliers lui attachaient ses éperons ; il offrait son épée à Dieu et aux saints ; on le revêtait d'une épitoge ; mais ce qu'il y avait de plus bizarre, c'est qu'on lui servait à dîner sans qu'il lui fût permis de manger et de boire. Il lui était aussi défendu de rire.

L'empereur va à Vérone, où le pape Lucius III, toujours chassé de Rome, était retiré. On y tenait un petit concile. Il ne fut pas question de rétablir Lucius à Rome. On y traita la grande querelle des terres de la comtesse Mathilde, et on ne convint de rien : aussi le pape refusa-t-il de couronner empereur Henri, fils de Frédéric.

L'empereur alla le faire couronner roi d'Italie à Milan, et on y apporta la couronne de fer de Monza [1].

1185. Le pape, brouillé avec les Romains, est assez imprudent pour se brouiller avec l'empereur au sujet de ce dangereux héritage de Mathilde.

Un roi de Sardaigne commande les troupes de Frédéric. Ce roi de Sardaigne est le fils de ce bailli qui avait acheté le titre de roi [2]. Il se saisit de quelques villes dont les papes étaient encore en possession. Lucius III, presque dépouillé de tout, meurt à Vérone; et Frédéric, vainqueur du pape, ne peut pourtant être souverain dans Rome.

1186. L'empereur marie à Milan, le 6 février, son fils, le roi Henri, avec Constance de Sicile, fille de Roger II, roi de Sicile et de Naples, et petite-fille de Roger premier du nom. Elle était héritière présomptive de ce beau royaume : ce mariage fut la source des plus grands et des plus longs malheurs.

Cette année doit être célèbre en Allemagne par l'usage qu'introduisit un évêque de Metz, nommé Bertrand, d'avoir des archives dans la ville, et d'y conserver les actes dont dépendent les fortunes des particuliers. Avant ce temps-là, tout se fesait par témoins seulement, et presque toutes les contestations se décidaient par des combats.

1187. La Poméranie qui, après avoir appartenu aux Polonais, était vassale de l'Empire, et qui lui payait un léger tribut, est subjuguée par Canut, roi de Danemarck, et devient vassale des Danois. Slesvich, auparavant relevant de l'Empire, devient un

[1] Voyez années 774 et 961. B. — [2] Voyez année 1164. B.

duché du Danemarck. Ainsi ce royaume [1], qui auparavant relevait lui-même de l'Allemagne, lui ôte tout d'un coup deux provinces.

Frédéric Barberousse, auparavant si grand et si puissant, n'avait plus qu'une ombre d'autorité en Italie, et voyait la puissance de l'Allemagne diminuée.

Il rétablit sa réputation en conservant la couronne de Bohême à un duc ou à un roi que ses sujets venaient de déposer.

Les Génois bâtissent un fort à Monaco, et font l'acquisition de Gavi.

Grands troubles dans la Savoie. L'empereur Frédéric se déclare contre le comte de Savoie, et détache plusieurs fiefs de ce comté, entre autres les évêchés de Turin et de Genève. Les évêques de ces villes deviennent seigneurs de l'Empire : de là les querelles perpétuelles entre les évêques et les comtes de Genève.

1188. Saladin, le plus grand homme de son temps, ayant repris Jérusalem sur les chrétiens, le pape Clément III fait prêcher une nouvelle croisade dans toute l'Europe.

Le zèle des Allemands s'alluma. On a peine à concevoir les motifs qui déterminèrent l'empereur Frédéric à marcher vers la Palestine, et à renouveler, à l'âge de soixante-huit ans, des entreprises dont un prince sage devait être désabusé. Ce qui caractérise ces temps-là, c'est qu'il envoie un comte de l'empire à Saladin, pour lui demander en cérémonie Jérusalem et la vraie croix. Cette vraie croix était incontestable-

---

[1] Voyez année 1162. B.

ment une très fausse relique; et cette Jérusalem était une ville très misérable : mais il fallait flatter le fanatisme absurde des peuples.

On voit ici un singulier exemple de l'esprit du temps. Il était à craindre que Henri-le-Lion, pendant l'absence de l'empereur, ne tentât de rentrer dans les grands états dont il était dépouillé. On lui fit jurer qu'il ne ferait aucune tentative pendant la guerre sainte. Il jura, et on se fia à son serment [1].

1189. Frédéric Barberousse, avec son fils Frédéric, duc de Souabe, passe par l'Autriche et par la Hongrie avec plus de cent mille croisés. S'il eût pu conduire à Rome cette armée de volontaires, il était empereur en effet. Les premiers ennemis qu'il trouve sont les chrétiens grecs de l'empire de Constantinople. Les empereurs grecs et les croisés avaient eu à se plaindre en tout temps les uns des autres.

L'empereur de Constantinople était Isaac l'Ange. Il refuse de donner le titre d'empereur à Frédéric, qu'il ne regarde que comme un roi d'Allemagne; il lui fait dire que s'il veut obtenir le passage, il faut qu'il donne des otages. On voit dans les Constitutions de Goldast [2] les lettres de ces empereurs. Isaac l'Ange n'y donne d'autre titre à Frédéric que celui d'avocat de l'Église romaine. Frédéric répond à l'Ange qu'il est un chien. Et après cela on s'étonne des épithètes que se donnent les héros d'Homère dans des temps encore plus héroïques.

1190. Frédéric s'étant frayé le passage à main armée, bat le sultan d'Iconium; il prend sa ville; il

---

[1] Voyez ci-après, année 1190. B. — [2] Voyez page 168. B.

passe le mont Taurus, et meurt[1] de maladie après sa victoire, laissant une réputation célèbre d'inégalité et de grandeur, et une mémoire chère à l'Allemagne plus qu'à l'Italie.

On dit qu'il fut enterré à Tyr. On ignore où est la cendre d'un empereur qui fit tant de bruit pendant sa vie. Il faut que ses succès dans l'Asie aient été beaucoup moins solides qu'éclatants; car il ne restait à son fils Frédéric de Souabe qu'une armée d'environ sept à huit mille combattants, de cent mille qu'elle était en arrivant. Le fils mourut bientôt de maladie comme le père; et il ne demeura en Asie que Léopold, duc d'Autriche, avec quelques chevaliers. C'est ainsi que se terminait chaque croisade.

HENRI VI,

VINGT-TROISIÈME EMPEREUR.

1190. Henri VI, déjà deux fois reconnu et couronné du vivant de son père, ne renouvelle point cet appareil, et règne de plein droit.

Cet ancien duc de Saxe et de Bavière, ce possesseur de tant de villes, Henri-le-Lion, avait peu respecté son serment de ne pas chercher à reprendre son bien. Il était déjà entré dans le Holstein; il avait des évêques, et surtout celui de Brême, dans son parti.

Henri VI lui livre bataille auprès de Verden, et est vainqueur. Enfin on fait la paix avec ce prince, tou-

---

[1] Le 10 juin. Son fils mourut sept mois après lui, en janvier 1191. B.

jours proscrit et toujours armé. On lui laisse Brunsvick démantelé. Il partage avec le comte de Holstein le titre de seigneur de Lubeck, qui demeure toujours ville libre sous ses seigneurs.

L'empereur Henri VI, par cette victoire et par cette paix, étant affermi en Allemagne, tourne ses pensées vers l'Italie. Il pouvait y être plus puissant que Charlemagne et les Othons; possesseur direct des terres de Mathilde, roi de Naples et de Sicile par sa femme, et suzerain de tout le reste.

1191. Il fallait recueillir cet héritage de Naples et Sicile. Les seigneurs du pays ne voulaient pas que ce royaume, devenu florissant en si peu de temps, fût une province soumise à l'Allemagne. Le sang de ces gentilshommes français, devenus par leur courage leurs rois et leurs compatriotes, leur était cher. Ils élisent Tancrède, fils du prince Roger, et petit-fils de leur bon roi Roger. Ce prince Tancrède n'était pas né d'un mariage reconnu pour légitime; mais combien de bâtards avaient hérité avant lui de plus grands royaumes! la volonté des peuples et l'élection paraissaient d'ailleurs le premier de tous les droits.

L'empereur traite avec les Génois pour avoir une flotte avec laquelle il aille disputer la Pouille et la Sicile. Des marchands pouvaient ce que l'empereur ne pouvait pas lui-même. Il confirme les priviléges des villes de Lombardie pour les mettre dans son parti. Il ménage le pape Célestin III; c'était un vieillard de quatre-vingt-cinq ans, qui n'était pas prêtre. Il venait d'être élu.

Les cérémonies de l'intronisation des papes étaient

alors de les revêtir d'une chape rouge dès qu'ils étaient nommés. On les conduisait dans une chaire de pierre qui était percée, et qu'on appelait *stercorarium* ; ensuite dans une chaire de porphyre, sur laquelle on leur donnait deux clefs, celle de l'église de Latran, et celle du palais, origine des armes du pape: de là dans une troisième chaire, où on leur donnait une ceinture de soie, et une bourse dans laquelle il y avait douze pierres semblables à celles de l'éphod du grand-prêtre des Juifs. On ne sait pas quand tous ces usages ont commencé. Ce fut ainsi que Célestin fut intronisé avant d'être prêtre.

L'empereur étant venu à Rome, le pape se fait ordonner prêtre la veille de Pâques, le lendemain se fait sacrer évêque, le surlendemain sacre l'empereur Henri VI avec l'impératrice Constance.

Roger Howed, Anglais, est le seul qui rapporte que le pape poussa d'un coup de pied la couronne dont on devait orner l'empereur, et que les cardinaux la relevèrent. Il prend cet accident pour une cérémonie. On a cru aussi que c'était une marque d'un orgueil aussi brutal que ridicule. Ou le pape était en enfance, ou l'aventure n'est pas vraie.

L'empereur, pour se rendre le pape favorable dans son expédition de Naples et de Sicile, lui rend l'ancienne ville de Tusculum. Le pape la rend au peuple romain, dont le gouvernement municipal subsistait toujours. Les Romains la détruisent de fond en comble. Il semble qu'en cela les Romains eussent pris le génie destructeur des Goths et des Hérules habitués chez eux.

Cependant le vieux Célestin III, comme suzerain de Naples et de Sicile, craignant un vassal puissant qui ne voudrait pas être vassal, défend à l'empereur cette conquête; défense non moins ridicule que le coup de pied à la couronne, puisqu'il ne pouvait empêcher l'empereur de marcher à Naples.

Les maladies détruisent toujours les troupes allemandes dans les pays chauds et abondants. La moitié de l'armée impériale périt sur le chemin de Naples.

Constance, femme de l'empereur, est livrée dans Salerne au roi Tancrède, qui la renvoie généreusement à son époux.

1192. L'empereur diffère son entreprise sur Naples et Sicile, et va à Vorms. Il fait un de ses frères, Conrad, duc de Souabe. Il donne à Philippe, son autre frère, depuis empereur, le duché de Spolette, qu'il ôte à la maison des Guelfes.

Établissement des chevaliers de l'ordre teutonique, destinés auparavant à servir les malades dans la Palestine, devenus depuis conquérants. La première maison qu'ils ont en Allemagne est bâtie à Coblentz.

Henri-le-Lion renouvelle ses prétentions et ses guerres. Il ne poursuit rien sur la Saxe, rien sur la Bavière; il se jette encore sur le Holstein, et perd tout ce qui lui restait d'ailleurs.

1193. En ce temps le grand Saladin chassait tous les chrétiens de la Syrie. Richard-Cœur-de-Lion, roi d'Angleterre, après des exploits admirables et inutiles, s'en retourne comme les autres. Il était mal avec l'empereur; il était plus mal avec Léopold, duc d'Autriche, pour une vaine querelle sur un prétendu point d'honneur qu'il avait eue avec Léopold dans les malheureuses guerres d'Orient. Il passe par les terres du duc d'Autriche. Ce prince le fait mettre aux fers contre les serments de tous les croisés, contre les égards dus à un roi, contre les lois de l'honneur et des nations.

Le duc d'Autriche livre son prisonnier à l'empereur. La reine Éléonore, femme de Richard-Cœur-de-Lion, ne pouvant venger son mari, offre sa rançon. On prétend que cette rançon fut de cent cinquante mille marcs d'argent. Cela ferait environ deux millions d'écus d'Allemagne; et, attendu la rareté de l'argent et le prix des denrées, cette somme équivaudrait à quarante millions d'écus de ce temps-ci. Les historiens, peut-être, ont pris cent cinquante mille marques, *marcas*, pour cent cinquante mille marcs, demi-livres; ces méprises sont trop ordinaires. Quelle que fût la rançon, l'empereur Henri VI, qui n'avait sur Richard que le droit des brigands, la reçut avec autant de lâcheté qu'il retenait Richard avec injustice. On dit encore qu'il le força à lui faire hommage du royaume d'Angleterre; hommage très vain. Richard eût été bien loin de mériter son surnom de Cœur-de-Lion, s'il eût consenti à cette bassesse.

Un évêque de Prague[1] est fait duc ou roi de Bohême; il achète son investiture de Henri VI à prix d'argent.

Henri-le-Lion, âgé de soixante et dix ans, marie son fils, qui porte le titre de comte de Brunsvick, avec Agnès, fille de Conrad, comte palatin, oncle de l'empereur. Agnès aimait le comte de Brunsvick : ce ma-

---

[1] Henri Brétislas, mort en 1196. CL.

riage, auquel l'empereur consent, le réconcilie avec le vieux duc, qui meurt bientôt après, en laissant du moins le Brunsvick à ses descendants.

1194. Il est à croire que l'empereur Henri VI ne rançonnait le roi Richard et l'évêque de Bohême que pour avoir de quoi conquérir Naples et Sicile. Tancrède, son compétiteur, meurt. Les peuples mettent à sa place son fils Guillaume, quoique enfant; marque évidente que c'était moins Tancrède que la nation qui disputait le trône de Naples à l'empereur.

Les Génois fournissent à Henri la flotte qu'ils lui ont promise; les Pisans y ajoutent douze galères, eux qui ne pourraient pas aujourd'hui fournir douze bateaux de pêcheurs. L'empereur, avec ces forces, fournies par des Italiens pour asservir l'Italie, se montre devant Naples qui se rend; et tandis qu'il fait assiéger en Sicile Palerme et Catane, la veuve de Tancrède, enfermée dans Salerne, capitule, et cède les deux royaumes, à condition que son fils Guillaume aura, du moins, la principauté de Tarente. Ainsi, après cent ans que Robert et Roger avaient conquis la Sicile, ce fruit de tant de travaux des chevaliers français tombe dans les mains de la maison de Souabe.

Les Génois demandent à l'empereur l'exécution du traité qu'ils ont fait avec lui, la restitution stipulée de quelques terres, la confirmation de leurs priviléges en Sicile, accordés par le roi Roger. Henri VI leur répond : « Quand vous m'aurez fait voir que vous êtes « libres, et que vous ne me deviez pas une flotte en « qualité de vassaux, je vous tiendrai ce que je vous « ai promis. » Alors, joignant l'atrocité de la cruauté à l'ingratitude et à la perfidie, il fait exhumer le corps de Tancrède, et lui fait couper la tête par le bourreau. Il fait eunuque le jeune Guillaume, fils de Tancrède, l'envoie prisonnier à Coire, où il lui fait crever les yeux. La reine sa mère et ses filles sont conduites en Allemagne, et enfermées dans un couvent en Alsace. Henri fait emporter une partie des trésors amassés par les rois. Et les hommes souffrent à leur tête de tels hommes! et on les appelle les oints du Seigneur!

1195. Henri de Brunsvick, fils du Lion, obtient le Palatinat après la mort de son beau-père le palatin Conrad.

On publie une nouvelle croisade à Vorms; Henri VI promet d'aller combattre pour Jésus-Christ.

1196. Le zèle des voyages d'outre-mer croissait par les malheurs, comme les religions s'affermissent par les martyres. Une sœur du roi de France Philippe-Auguste, veuve de Béla, roi de Hongrie, se met à la tête d'une partie de l'armée croisée allemande, et va en Palestine essuyer le sort de tous ceux qui l'ont précédée. Henri VI fait marcher une autre partie des croisés en Italie, où elle lui devait être plus utile qu'à Jérusalem.

C'est ici un des points les plus curieux et les plus intéressants de l'histoire. La grande Chronique belgique rapporte que non seulement Henri fit élire son fils (Frédéric II, encore au berceau) par cinquante-deux seigneurs ou évêques, mais qu'il fit déclarer l'Empire héréditaire, et qu'il statua que Naples et Sicile seraient incorporés pour jamais à l'Empire. Si Henri VI put faire ces lois, il les fit sans doute, et il était assez redouté pour ne pas trouver de contradiction. Il est certain que son épitaphe, à Palerme, porte qu'il réunit la Sicile à l'Empire ; mais les papes rendirent bientôt cette réunion inutile ; et à sa mort il parut bien que le droit d'élection était toujours cher aux seigneurs d'Allemagne.

Cependant Henri VI passe à Naples par terre ; tous les seigneurs y étaient animés contre lui ; un soulèvement général était à craindre : il les dépouille de leurs fiefs, et les donne aux Allemands ou aux Italiens de son parti. Le désespoir forme la conjuration que l'empereur voulait prévenir. Un comte Jourdan, de la maison des princes normands, se met à la tête des peuples. Il est livré à l'empereur, qui le fait périr par un supplice qu'on croirait imité des tyrans fabuleux de l'antiquité : on l'attache nu sur une chaise de fer brûlante ; on le couronne d'un cercle de fer enflammé, qu'on lui attache avec des clous.

1197. Alors l'empereur laisse partir le reste de ses Allemands croisés ; ils abordent en Chypre. L'évêque de Vurtzbourg, qui les conduit, donne la couronne de Chypre à Émeri [1] de Lusignan, qui aimait mieux être vassal de l'empire allemand que de l'empire grec.

Ce même Émeri de Lusignan, roi de Chypre, épouse Isabelle, fille du dernier roi de Jérusalem ; et de là vient le vain titre de roi de Chypre et de Jérusalem, que plusieurs souverains se sont disputé en Europe.

Les Allemands croisés éprouvèrent des fortunes diverses en Asie. Pendant ce temps Henri VI reste en

---

[1] Amauri II de Lusignan, marié à la reine Isabelle, en 1197, mort en 1205. Cl.

Sicile avec peu de troupes. Sa sécurité le perd; on conspire à Naples et en Sicile contre le tyran. Sa propre femme, Constance, est l'ame de la conjuration. On prend les armes de tous côtés; Constance abandonne son cruel mari, et se met à la tête des conjurés. On tue tout ce qu'on trouve d'Allemands en Sicile. C'est le premier coup des vêpres siciliennes, qui sonnèrent depuis sous Charles de France. Henri est obligé de capituler avec sa femme; il meurt [1], et l'on prétend que c'est d'un poison que cette princesse lui donna : crime peut-être excusable dans une femme qui vengeait sa famille et sa patrie, si l'empoisonnement, et surtout l'empoisonnement d'un mari, pouvait jamais être justifié.

PHILIPPE Ier,

VINGT-QUATRIÈME EMPEREUR.

1198. D'abord les seigneurs et les évêques assemblés dans Arnsberg, en Thuringe, accordent l'administration de l'Allemagne à Philippe, duc de Souabe, oncle de Frédéric II, mineur, reconnu déjà roi des Romains. Ainsi le véritable empereur était Frédéric II : mais d'autres seigneurs, indignés de voir un empire électif devenu héréditaire, choisissent à Cologne un autre roi; et ils élisent le moins puissant pour être plus puissants sous son nom. Ce prétendu roi ou empereur, nommé Bertold, duc d'une petite partie de la Suisse, renonce bientôt à un vain honneur qu'il ne

---

[1] Le 28 septembre, à Messine. Cl.

peut soutenir. Alors l'assemblée de Cologne élit le duc de Brunsvick, Othon, fils de Henri-le-Lion. Les électeurs étaient le duc de Lorraine, un comte de Kuke, l'archevêque de Cologne, les évêques de Minden, de Paderborn; l'abbé de Corbie, et deux autres abbés moines bénédictins.

Philippe veut être aussi nommé empereur; il est élu à Erfort[1] : voilà quatre empereurs en une année, et aucun ne l'est véritablement.

Othon de Brunsvick était en Angleterre; et le roi d'Angleterre Richard, si indignement traité par Henri VI, et juste ennemi de la maison de Souabe, prenait le parti de Brunsvick. Par conséquent le roi de France, Philippe-Auguste, est pour l'autre empereur Philippe.

C'était encore une occasion pour les villes d'Italie de secouer le joug allemand. Elles devenaient tous les jours plus puissantes : mais cette puissance même les divisait. Les unes tenaient pour Othon de Brunsvick, les autres pour Philippe de Souabe. Le pape Innocent III restait neutre entre les compétiteurs. L'Allemagne souffre tous les fléaux d'une guerre civile.

1199-1200. Dans ces troubles intestins de l'Allemagne on ne voit que changements de parti, accords faits et rompus, faiblesse de tous les côtés. Et cependant l'Allemagne s'appelle toujours l'empire romain.

L'impératrice Constance restait en Sicile avec le prince Frédéric son fils : elle y était paisible, elle y était régente; et rien ne prouvait mieux que c'était

---

[1] Erfurth. Voyez pages 101 et 192. B.

elle qui avait conspiré contre son mari Henri VI. Elle retenait sous l'obéissance du fils ceux qu'elle avait soulevés contre le père. Naples et Sicile aimaient dans le jeune Frédéric le fils de Constance et le sang de leurs rois. Ils ne regardaient pas même ce Frédéric II comme le fils de Henri VI; et il y a très grande apparence qu'il ne l'était pas, puisque sa mère, en demandant pour lui l'investiture de Naples et de Sicile au pape Célestin III, avait été obligée de jurer que Henri VI était son père.

Le fameux pape Innocent III, fils d'un comte de Segni, étant monté sur le siége de Rome, il faut une nouvelle investiture. Ici commence une querelle singulière, qui dure encore depuis plus de cinq cents années.

On a vû ces chevaliers de Normandie, devenus princes et rois dans Naples et Sicile, relevant d'abord des empereurs, faire ensuite hommage aux papes. Lorsque Roger, encore comte de Sicile, donnait de nouvelles lois à cette île, qu'il enlevait à-la-fois aux mahométans et aux Grecs, lorsqu'il rendait tant d'églises à la communion romaine, le pape Urbain II lui accorda solennellement le pouvoir des légats *a latere* et des légats-nés du saint-siége [1]. Ces légats jugeaient en dernier ressort toutes les causes ecclésiastiques, conféraient les bénéfices, levaient des décimes. Depuis ce temps les rois de Sicile étaient en effet légats, vicaires du saint-siége dans ce royaume, et vraiment papes chez eux. Ils avaient véritablement les deux glaives. Ce privilége unique, que tant de rois au-

---

[1] Voyez ma note, tome XVI, page 35. B.

raient pu s'arroger, n'était connu qu'en Sicile. Les successeurs du pape Urbain II avaient confirmé cette prérogative, soit de gré, soit de force. Célestin III ne l'avait pas contestée. Innocent III s'y opposa, traita la légation des rois en Sicile de subreptice, exigea que Constance y renonçât pour son fils, et qu'elle fît un hommage lige pur et simple de la Sicile.

Constance meurt[1] avant d'obéir, et laisse au pape la tutèle du roi et du royaume.

1201. Innocent III ne reconnaît point l'empereur Philippe; il reconnaît Othon, et lui écrit: « Par l'au-« torité de Dieu à nous donnée, nous vous recevons « roi des Romains, et nous ordonnons qu'on vous « obéisse; et après les préliminaires ordinaires, nous « vous donnerons la couronne impériale. »

Le roi de France Philippe-Auguste, partisan de Philippe de Souabe, et ennemi d'Othon, écrit au pape en faveur de Philippe. Innocent III lui répond : « Il « faut que Philippe perde l'empire, ou que je perde le « pontificat. »

1202. Innocent III publie une nouvelle croisade. Les Allemands n'y ont point de part. C'est dans cette croisade que les chrétiens d'Occident prennent Constantinople au lieu de secourir la Terre-Sainte. C'est elle qui étend le pouvoir et les domaines de Venise.

1203. L'Allémagne s'affaiblit du côté du Nord dans ces troubles. Les Danois s'emparent de la Vandalie; c'est une partie de la Prusse et de la Poméranie. Il est difficile d'en marquer les limites. Y en avait-il alors dans ces pays barbares? Le Holstein,

---

[1] Le 27 novembre 1198. Cl.

annexé au Danemarck, ne reconnaît plus alors l'Empire.

1204. Le duc de Brabant reconnaît Philippe pour empereur, et fait hommage.

1205. Plusieurs seigneurs suivent cet exemple. Philippe est sacré à Aix par l'archevêque de Cologne. La guerre civile continue en Allemagne.

1206. Othon, battu par Philippe auprès de Cologne, se réfugie en Angleterre. Alors le pape consent à l'abandonner : il promet à Philippe de lever l'excommunication encourue par tout prince qui se dit empereur sans la permission du saint-siége. Il le reconnaîtra pour empereur légitime, s'il veut marier sa sœur à un neveu de sa sainteté, en donnant pour dot le duché de Spolette, la Toscane, la marche d'Ancône. Voilà des propositions bien étranges ; la marche d'Ancône appartenait de droit au saint-siége. Philippe refuse le pape, et aime mieux être excommunié que de donner une telle dot. Cependant, en rendant un archevêque de Cologne qu'il retenait prisonnier, il a son absolution, et ne fait point le mariage.

1207. Othon revient d'Angleterre en Allemagne. Il y paraît sans partisans. Il faut bien pourtant qu'il en eût de secrets, puisqu'il revenait.

1208. Le comte Othon, qui était palatin dans la Bavière, assassine l'empereur Philippe à Bamberg, et se sauve aisément.

OTHON IV[1],

VINGT-CINQUIÈME EMPEREUR.

Othon, pour s'affermir et pour réunir les partis, épouse Béatrix, fille de l'empereur assassiné.

Béatrix demande à Francfort vengeance de la mort de son père. La diète met l'assassin au ban de l'empire. Le comte Papenheim fit plus; il assassina quelque temps après l'assassin de l'empereur.

1209. Othon IV, pour s'affermir mieux, confirme aux villes d'Italie tous leurs droits, et reconnaît ceux que les papes s'attribuent. Il écrit à Innocent III : « Nous vous rendrons l'obéissance que nos prédéces- « seurs ont rendue aux vôtres. » Il le laisse en possession des terres que le pontife a déjà recouvrées, comme Viterbe, Orviette, Pérouse. Il lui abandonne la supériorité territoriale, c'est-à-dire le domaine suprême, le droit de mouvance sur Naples et Sicile.

1210. On ne peut paraître plus d'accord; mais à peine est-il couronné à Rome, qu'il fait la guerre au pape pour ces mêmes villes.

Il avait laissé au pape la suzeraineté et la garde de Naples et Sicile; il va s'emparer de la Pouille, héritage du jeune Frédéric, roi des Romains, qu'on dépouillait à-la-fois de l'empire et de l'héritage de sa mère.

1211. Innocent III ne peut qu'excommunier Othon. Une excommunication n'est rien contre un prince

---

[1] Voltaire, en parlant d'Othon, à la date de 1181, semble dire que ce prince naquit à cette époque; mais les meilleures histoires prétendent que ce fut vers 1175. CL.

affermi : c'est beaucoup contre un prince qui a des ennemis.

Les ducs de Bavière, celui d'Autriche, le landgrave de Thuringe, veulent le détrôner. L'archevêque de Mayence l'excommunie, et tout le parti reconnaît le jeune Frédéric II.

L'Allemagne est encore divisée. Othon, prêt de perdre l'Allemagne pour avoir voulu ravir la Pouille, repasse les Alpes.

1212. L'empereur Othon assemble ses partisans à Nuremberg. Le jeune Frédéric passe les Alpes après lui : il s'empare de l'Alsace, dont les seigneurs se déclarent en sa faveur. Il met dans son parti Ferri, duc de Lorraine. L'Allemagne est d'un bout à l'autre le théâtre de la guerre civile.

1213. Frédéric II reçoit enfin de l'archevêque de Mayence la couronne à Aix-la-Chapelle.

Cependant Othon se soutient, et il regagne presque tout, lorsqu'il était prêt de tout perdre.

Il était toujours protégé par l'Angleterre. Son concurrent, Frédéric II, l'était par la France. Othon fortifie son parti en épousant la fille du duc de Brabant après la mort de sa femme Béatrix. Le roi d'Angleterre, Jean, lui donne de l'argent pour attaquer le roi de France. Ce Jean n'était pas encore Jean-sans-Terre ; mais il était destiné à l'être, et à devenir, comme Othon, très malheureux.

1214. Il paraît singulier qu'Othon, qui, un an auparavant, avait de la peine à se défendre en Allemagne, puisse faire la guerre à présent à Philippe-Auguste. Mais il était suivi du duc de Brabant, du duc de Limbourg, du duc de Lorraine, du comte de Hollande, de tous les seigneurs de ces pays, et du comte de Flandre, que le roi d'Angleterre avait gagnés. C'est toujours un problème si les comtes de Flandre, qui alors fesaient toujours hommage à la France, étaient regardés comme vassaux de l'Empire malgré cet hommage.

Othon marche vers Valenciennes avec une armée de plus de cent vingt mille combattants, tandis que Frédéric II, caché vers la Suisse, attendait l'issue de cette grande entreprise. Philippe-Auguste était pressé entre l'empereur et le roi d'Angleterre.

BATAILLE FAMEUSE DE BOUVINES.

[1] L'empereur Othon la perdit. On tua, dit-on, trente mille Allemands, nombre probablement exagéré. L'usage était alors de charger de chaînes les prisonniers. Le comte de Flandre et le comte de Boulogne furent menés à Paris les fers aux pieds et aux mains. C'était une coutume barbare établie. Le roi Richard d'Angleterre, Cœur-de-Lion, disait lui-même qu'étant arrêté en Allemagne, contre le droit des gens, « on l'avait chargé de fers aussi pesants qu'il avait pu « les porter. »

Au reste, on ne voit pas que le roi de France fît aucune conquête du côté de l'Allemagne après sa vic-

---

[1] Dans les premières éditions était ici un long passage que l'auteur a transporté dans le chapitre LI de l'*Essai sur les mœurs* (voyez tome XVI, page 158). Ce morceau commençait ainsi : « Entre Lille et Tournay, etc.; » et présente quelques variantes que j'ai cru pouvoir négliger. B.

toire de Bouvines : mais il en eut bien plus d'autorité sur ses vassaux.

Philippe-Auguste envoie à Frédéric en Suisse, où il était retiré, le char impérial qui portait l'aigle allemande; c'était un trophée et un gage de l'empire.

FRÉDÉRIC II,

VINGT-SIXIÈME EMPEREUR.

Othon vaincu, abandonné de tout le monde, se retire à Brunsvick, où on le laisse en paix, parcequ'il n'est plus à craindre. Il n'est pas dépossédé, mais il est oublié. On dit qu'il devint dévot; ressource des malheureux, et passion des esprits faibles. Sa pénitence était, à ce qu'on prétend, de se faire fouler aux pieds par ses valets de cuisine, comme si les coups de pied d'un marmiton expiaient les fautes des princes. Mais doit-on croire ces inepties écrites par des moines?

1215. Frédéric II, empereur [1] par la victoire de Bouvines, se fait partout reconnaître.

Pendant les troubles de l'Allemagne on a vu [2] que les Danois avaient conquis beaucoup de terres vers l'Elbe, au nord et à l'orient. Frédéric II commença par abandonner ces terres par un traité. Hambourg s'y trouvait comprise; mais comme à la première occa-

---

[1] L'*Art de vérifier les dates* fait remonter le commencement de son règne, ainsi que celui d'Othon IV, à 1198; et ceci s'accorde avec ce que dit Voltaire, dans le premier alinéa du règne de Philippe, vingt-quatrième empereur. Au reste, Frédéric II ne jouit de tout son pouvoir qu'après la fameuse journée du 27 juillet 1214. CL.

[2] Années 1187 et 1203. B.

sion on revient contre un traité onéreux, il profite d'une petite guerre que le nouveau comte palatin du Rhin, frère d'Othon, fesait aux Danois, il reçoit Hambourg sous sa protection, il la rend ensuite : honteux commencement d'un règne illustre.

Second couronnement [1] de l'empereur à Aix-la-Chapelle. Il dépossède le comte palatin, et le palatinat retourne à la maison de Bavière-Vitelsbach.

Nouvelle croisade. L'empereur prend la croix : il fallait qu'il doutât encore de sa puissance, puisqu'il promet au pape Innocent III de ne point réunir Naples et Sicile à l'Empire, et de les donner à son fils dès qu'il aura été sacré à Rome.

1216. Frédéric II reste en Allemagne avec sa croix, et a plus de desseins sur l'Italie que sur la Palestine. Il disait hautement que la vraie terre de promission était Naples et Sicile, et non pas les déserts et les cavernes de Judée. La croisade est en vain prêchée à tous les rois. Il n'y a cette fois qu'André II, roi des Hongrois, qui parte. Ce peuple, qui à peine était chrétien, prend la croix contre les musulmans, qu'on nomme infidèles.

1217. Les Allemands croisés n'en partent pas moins sous divers chefs par terre et par mer. La flotte des Pays-Bas, arrêtée par les vents contraires, fournit encore aux croisés l'occasion d'employer utilement leurs armes vers l'Espagne. Ils se joignent aux Portugais, et battent les Maures. On pouvait poursuivre

---

[1] Le 25 juillet 1215 : le premier avait eu lieu en décembre 1212 ; et voilà pourquoi cette année est citée comme la première de son règne, dans le numéro 26 du *Catalogue des empereurs*. CL.

cette victoire, et délivrer enfin l'Espagne entière : le pape Honorius III, successeur d'Innocent, ne veut pas le permettre. Les papes commandaient aux croisés comme aux milices de Dieu ; mais ils ne pouvaient que les envoyer en Orient. On ne gouverne les hommes que suivant leurs préjugés, et ces soldats des papes n'eussent point obéi ailleurs.

1218. Frédéric II avait grande raison de n'être point du voyage. Les villes d'Italie, et surtout Milan, refusaient de reconnaître un souverain qui, maître de l'Allemagne et de Naples, pouvait asservir toute l'Italie. Elles tenaient encore le parti d'Othon IV, qui vivait obscurément dans un coin de l'Allemagne. Le reconnaître pour empereur, c'était en effet être entièrement libres.

Othon meurt auprès de Brunsvick, et la Lombardie n'a plus de prétexte.

1219. Grande diète à Francfort, où Frédéric II fait élire roi des Romains son fils Henri, âgé de neuf ans, né de Constance d'Aragon. Toutes ces diètes se tenaient en plein champ, comme aujourd'hui encore en Pologne.

L'empereur renonce au droit de la jouissance du mobilier des évêques défunts, et des revenus pendant la vacance. C'est ce qu'en France on appelle la régale. Il renonce au droit de juridiction dans les villes épiscopales où l'empereur se trouvera sans y tenir sa cour. Presque tous les premiers actes de ce prince sont des renonciations.

1220. Il va en Italie chercher cet empire que Frédéric Barberousse n'avait pu saisir. Milan d'abord lui ferme ses portes comme à un petit-fils de Barberousse, dont les Milanais détestaient la mémoire. Il souffre cet affront, et va se faire couronner à Rome. Honorius III exige d'abord que l'empereur lui confirme la possession où il est de plusieurs terres de la comtesse Mathilde. Frédéric y ajoute encore le territoire de Fondi. Le pape veut qu'il renouvelle le serment d'aller à la Terre-Sainte, et l'empereur fait ce serment; après quoi il est couronné avec toutes les cérémonies humbles ou humiliantes de ses prédécesseurs. Il signale encore son couronnement par des édits sanglants contre les hérétiques. Ce n'est pas qu'on en connût alors en Allemagne, où régnait l'ignorance avec le courage et le trouble : mais l'inquisition venait d'être établie [1] à l'occasion des Albigeois; et l'empereur, pour plaire au pape, fit ces édits cruels par lesquels les enfants des hérétiques sont exclus de la succession de leurs pères.

Ces lois, confirmées par le pape, étaient visiblement dictées pour justifier le ravissement des biens ôtés par l'Église et par les armes à la maison de Toulouse dans la guerre des Albigeois. Les comtes de Toulouse avaient beaucoup de fiefs de l'Empire. Frédéric voulait donc absolument complaire au pape. De telles lois n'étaient ni de son âge ni de son caractère. Auraient-elles été de son chancelier Pierre Des Vignes, tant accusé d'avoir fait le prétendu livre des *Trois imposteurs*, ou du moins d'avoir eu des sentiments que le titre du livre suppose?

1221-1222-1223-1224. Dans ces années Frédé-

---

[1] Voyez tome XVI, page 243; et tome XXX, page 390. B.

ric II fait des choses plus dignes de mémoire. Il embellit Naples, il l'agrandit, il la fait la métropole du royaume, et elle devient bientôt la ville la plus peuplée de l'Italie. Il y avait encore beaucoup de Sarrasins en Sicile, et souvent ils prenaient les armes ; il les transporte à Lucera dans la Pouille. C'est ce qui donna à cette ville le nom de *Lucera* ou *Nocera de' pagani* : car on désignait du nom de païens les Sarrasins et les Turcs, soit excès d'ignorance, soit excès de haine ; et ces peuples, en voyant nos croix et nos images, nous appelaient idolâtres.

L'académie ou l'université de Naples est établie et florissante. On y enseigne les lois ; et peu-à-peu les lois lombardes cédèrent au droit romain.

Il paraît que le dessein de Frédéric II était de rester dans l'Italie. On s'attache au pays où l'on est né, et qu'on embellit : et ce pays était le plus beau de l'Europe. Il passe quinze ans sans aller en Allemagne. Pourquoi eût-il tant flatté les papes, tant ménagé les villes d'Italie, s'il n'avait conçu l'idée d'établir enfin à Rome le siége de l'empire ? N'était-ce pas le seul moyen de sortir de cette situation équivoque où étaient les empereurs ; situation devenue encore plus embarrassante depuis que l'empereur était à-la-fois roi de Naples et vassal du saint-siége, et depuis qu'il avait promis de séparer Naples et Sicile de l'empire ? Tout ce chaos eût été enfin débrouillé, si l'empereur eût été le maître de l'Italie : mais la destinée en ordonna autrement.

Il paraît aussi que le grand dessein du pape était de se débarrasser de Frédéric, et de l'envoyer dans la

Terre-Sainte. Pour y réussir, il lui avait fait épouser, après la mort de Constance d'Aragon, une des héritières prétendues du royaume de Jérusalem, perdu depuis long-temps. Jean de Brienne, qui prenait ce vain titre de roi de Jérusalem, fondé sur la prétention de sa mère, donna sa fille Jolanda ou Violanta à Frédéric, avec Jérusalem pour dot, c'est-à-dire avec presque rien : et Frédéric l'épousa, parceque le pape le voulait, et qu'elle était belle. Les rois de Sicile ont toujours pris le titre de rois de Jérusalem depuis ce temps-là. Frédéric ne s'empressait pas d'aller conquérir la dot de sa femme, qui ne consistait que dans des prétentions sur un peu de terrain maritime, resté encore aux chrétiens dans la Syrie.

1225. Pendant les années précédentes et dans les suivantes, le jeune Henri, fils de l'empereur, est toujours en Allemagne. Une grande révolution arrive en Danemarck et dans toutes les provinces qui bordent la mer Baltique. Le roi danois Valdemar s'était emparé de ces provinces, où habitaient les Slaves occidentaux, les Vandales; de Hambourg à Dantzick, et de Dantzick à Revel, tout reconnaissait Valdemar.

Un comte de Schverin, dans le Mecklenbourg, devenu vassal de ce roi, forme le dessein d'enlever Valdemar et le prince héréditaire son fils. Il l'exécute dans une partie de chasse le 23 mai 1223.

Le roi de Danemarck, prisonnier, implore Honorius III. Ce pape ordonne au comte de Schverin, et aux autres seigneurs allemands, qui étaient de l'entreprise, de remettre en liberté le roi et son fils. Les papes prétendaient avoir donné la couronne de Danemarck, comme celle de Hongrie, de Pologne, de Bohême. Les empereurs prétendaient aussi les avoir données. Les papes et les césars, qui n'étaient pas maîtres dans Rome, se disputaient toujours le droit de faire des rois au bout de l'Europe. On n'eut aucun égard aux ordres d'Honorius. Les chevaliers de l'ordre teutonique se joignent à l'évêque de Riga en Livonie, et se rendent maîtres d'une partie des côtes de la mer Baltique.

Lubeck, Hambourg, reprennent leur liberté et leurs droits. Valdemar et son fils, dépouillés de presque tout ce qu'ils avaient dans ces pays, ne sont mis en liberté qu'en payant une grosse rançon.

On voit ici une nouvelle puissance s'établir insensiblement : c'est cet ordre teutonique ; il a déjà un grand-maître ; il a des fiefs en Allemagne, et il conquiert des terres vers la mer Baltique.

1226. Ce grand-maître de l'ordre teutonique sollicite en Allemagne de nouveaux secours pour la Palestine. Le pape Honorius presse en Italie l'empereur d'en sortir au plus vite, et d'aller accomplir son vœu en Syrie. Il faut observer qu'alors il y avait une trêve de neuf ans entre le sultan d'Égypte et les croisés. Frédéric II n'avait donc point de vœu à remplir. Il promet d'entretenir des chevaliers en Palestine, et n'est point excommunié. Il devait s'établir en Lombardie, et ensuite à Rome, plutôt qu'à Jérusalem. Les villes lombardes avaient eu le temps de s'associer; on leur donnait le titre de villes confédérées. Milan et Bologne étaient à la tête; on ne les regardait plus comme sujettes, mais comme vassales de l'empire. Frédéric II voulait au moins les attacher à lui; et cela était difficile. Il indique une diète à Crémone, et y appelle tous les seigneurs italiens et allemands.

Le pape, qui craint que l'empereur ne prenne trop d'autorité dans cette diète, lui suscite des affaires à Naples. Il nomme à cinq évêchés vacants dans ce royaume sans consulter Frédéric; il empêche plusieurs villes, plusieurs seigneurs de venir à l'assemblée de Crémone; il soutient les droits des villes associées, et se rend le défenseur de la liberté italique.

1227. Beau triomphe du pape Honorius III. L'empereur, ayant mis Milan au ban de l'empire, ayant transféré à Naples l'université de Bologne, prend le pape pour juge. Toutes les villes se soumettent à sa décision. Le pape, arbitre entre l'empereur et l'Italie, donne son arrêt : « Nous ordonnons, dit-il, que l'em-
« pereur oublie son ressentiment contre toutes les
« villes; et nous ordonnons que les villes fournissent
« et entretiennent quatre cents chevaliers pour le se-
« cours de la Terre-Sainte pendant deux ans. » C'était parler dignement à-la-fois en souverain et en pontife.

Ayant ainsi jugé l'Italie et l'empereur, il juge Valdemar, roi de Danemarck, qui avait fait serment de payer aux seigneurs allemands le reste de sa rançon, et de ne jamais reprendre ce qu'il avait cédé. Le pape le relève d'un serment fait en prison, et par force; Valdemar rentre dans le Holstein, mais il est battu. Le seigneur de Lunebourg et de Brunsvick, son neveu, qui combat pour lui, est fait prisonnier. Il n'est élargi qu'en cédant quelques terres. Toutes ces expéditions sont toujours des guerres civiles. L'Allemagne alors est quelque temps tranquille.

1228. Honorius III étant mort, et Grégoire IX, frère d'Innocent III, lui ayant succédé, la politique du pontificat fut la même; mais l'humeur du nouveau pontife fut plus altière : il presse la croisade et le départ tant promis de Frédéric II; il fallait envoyer ce prince à Jérusalem pour l'empêcher d'aller à Rome. L'esprit du temps fesait regarder le vœu de ce prince comme un devoir inviolable. Sur le premier délai de l'empereur, le pape l'excommunie. Frédéric dissimule encore son ressentiment; il s'excuse, il prépare sa flotte, il exige de chaque fief de Naples et de Sicile huit onces d'or pour son voyage. Les ecclésiastiques même lui fournissent de l'argent, malgré la défense du pape. Enfin, il s'embarque à Brindisi, mais sans avoir fait lever son excommunication.

1229. Que fait Grégoire IX pendant que l'empereur va vers la Terre-Sainte? il profite de la négligence de ce prince à se faire absoudre, ou plutôt du mépris qu'il a fait de l'excommunication, et il se ligue avec les Milanais et les autres villes confédérées pour lui ravir le royaume de Naples, dont on craignait tant l'incorporation avec l'empire.

Renaud, duc de Spolette et vicaire du royaume, prend au pape la marche d'Ancône. Alors le pape fait prêcher une croisade en Italie contre ce même Frédéric II qu'il avait envoyé à la croisade de la Terre-Sainte.

Il envoie un ordre au patriarche titulaire de Jérusalem, qui résidait à Ptolémaïs, de ne point reconnaître l'empereur.

Frédéric, dissimulant encore, conclut avec le soudan d'Égypte Melecsala, que nous appelons Mélédin, maître de la Syrie, un traité par lequel il paraît que l'objet de la croisade est rempli. Le sultan lui cède Jérusalem, avec quelques petites villes maritimes dont les chrétiens étaient encore en possession; mais c'est à condition qu'il ne résidera pas à Jérusalem; que les mosquées bâties dans les saints lieux subsisteront; qu'il y aura toujours un émir dans la ville. Frédéric passa pour s'être entendu avec le soudan afin de tromper le pape. Il va à Jérusalem avec une très petite escorte : il s'y couronne lui-même; aucun prélat ne voulut couronner un excommunié. Il retourne bientôt au royaume de Naples qui exigeait sa présence.

1230. Il trouve, dans le territoire de Capoue, son beau-père Jean de Brienne à la tête de la croisade papale.

Les croisés du pape, qu'on appelait guelfes, portaient le signe des deux clefs sur l'épaule. Les croisés de l'empereur, qu'on appelait gibelins [1], portaient la croix. Les clefs s'enfuirent devant la croix.

Tout était en combustion en Italie. On avait besoin de la paix; on la fait le 23 juillet à San-Germano. L'empereur n'y gagne que l'absolution. Il consent que, désormais, les bénéfices se donnent par élection en Sicile; qu'aucun clerc, dans ces deux royaumes, ne puisse être traduit devant un juge laïque; que tous

---

[1] Voyez 1089 et 1138. B.

les biens ecclésiastiques soient exempts d'impôts; et enfin il donne de l'argent au pape.

1231. Il paraît jusqu'ici que ce Frédéric II, qu'on a peint comme le plus dangereux des hommes, était le plus patient; mais on prétend que son fils était déjà prêt à se révolter en Allemagne : et c'est ce qui rendait le père si facile en Italie.

1232-1233-1234. Il est clair que l'empereur ne restait si long-temps en Italie que dans le dessein d'y fonder un véritable empire romain. Maître de Naples et de Sicile, s'il eût pris sur la Lombardie l'autorité des Othons, il était le maître de Rome. C'est là son véritable crime aux yeux des papes; et ces papes, qui le poursuivirent d'une manière violente, étaient toujours regardés d'une partie de l'Italie comme les soutiens de la nation. Le parti des guelfes était celui de la liberté. Il eût fallu, dans ces circonstances, à Frédéric, des trésors et une grande armée bien disciplinée, et toujours sur pied. C'est ce qu'il n'eut jamais. Othon IV, bien moins puissant que lui, avait eu contre le roi de France une armée de près de cent trente mille hommes : mais il ne la soudoya pas, et c'était un effort passager de vassaux et d'alliés réunis pour un moment.

Frédéric pouvait faire marcher ses vassaux d'Allemagne en Italie. On prétend que le pape Grégoire IX prévint ce coup en soulevant le roi des Romains Henri contre son père, ainsi que Grégoire VII, Urbain II, et Pascal II, avaient armé les enfants de Henri IV [1].

---

[1] Voyez le règne de ce prince, années 1056-1106; et surtout 1090. B.

Le roi des Romains met d'abord dans son parti plusieurs villes le long du Rhin et du Danube. Le duc d'Autriche se déclare en sa faveur. Milan, Bologne, et d'autres villes d'Italie entrent dans ce parti contre l'empereur.

1235. Frédéric II retourne enfin en Allemagne après quinze ans d'absence. Le marquis de Bade défait les révoltés. Le jeune Henri vient se jeter aux genoux de son père à la grande diète de Mayence. C'est dans ces diètes célèbres, dans ces parlements de princes, présidés par les empereurs en personne, que se traitent toujours les plus importantes affaires de l'Europe avec la plus grande solennité. L'empereur, dans cette mémorable diète de Mayence, dépose son fils Henri, roi des Romains; et craignant le sort du faible Louis nommé le *Débonnaire*, et du courageux et trop facile Henri IV, il condamne son fils rebelle à une prison perpétuelle. Il assure, dans cette diète, le duché de Brunsvick à la maison guelfe, qui le possède encore. Il reçoit solennellement le droit canon, publié par Grégoire IX; et il fait publier, pour la première fois, des décrets de l'Empire en langue allemande, quoiqu'il n'aimât pas cette langue, et qu'il cultivât la romance, à laquelle succéda l'italienne.

1236. Il charge le roi de Bohême, le duc de Bavière, et quelques évêques ennemis du duc d'Autriche, de faire la guerre à ce duc, comme vassaux de l'Empire qui en soutiennent les droits contre des rebelles.

Il repasse en Lombardie, mais avec peu de troupes, et par conséquent n'y peut faire aucune expédition utile. Quelques villes, comme Vicence et Vérone, mises au pillage, le rendent plus odieux aux guelfes sans le rendre plus puissant.

1237. Il vient dans l'Autriche défendue par les Hongrois. Il la subjugue, et fonde une université à Vienne. Cependant les papes ont toujours prétendu qu'il n'appartenait qu'à eux d'ériger des universités; sur quoi on leur a appliqué cet ancien mot d'une farce italienne, « Parceque tu sais lire et écrire, tu te crois « plus savant que moi. »

Il confirme les priviléges de quelques villes impériales, comme de Ratisbonne et de Strasbourg; fait reconnaître son fils Conrad roi des Romains, à la place de Henri; et enfin, après ces succès en Allemagne, il se croit assez fort pour remplir son grand projet de subjuguer l'Italie. Il y revole, prend Mantoue, défait l'armée des confédérés.

Le pape, qui le voyait alors marcher à grands pas à l'exécution de son grand dessein, fait une diversion par les affaires ecclésiastiques; et sous prétexte que l'empereur fesait juger par des cours laïques les crimes des clercs, il excite toute l'Église contre lui; l'Église excite les peuples.

1238-1239. Frédéric II avait un bâtard nommé Entius, qu'il avait fait roi de Sardaigne; autre prétexte pour le pontife, qui prétendait que la Sardaigne relevait du saint-siége.

Ce pape était toujours Grégoire IX. Les différents noms des papes ne changent jamais rien aux affaires; c'est toujours la même querelle et le même esprit. Grégoire IX excommunie solennellement l'empereur deux fois pendant la semaine de la Passion. Ils écrivent violemment l'un contre l'autre. Le pape accuse l'empereur de soutenir que le monde a été trompé par trois imposteurs, Moïse, Jésus-Christ, et Mahomet. Frédéric appelle Grégoire antechrist, Balaam, et prince des ténèbres[1]. Peut-être le peuple accusa faussement l'empereur, qui de son côté calomnia le pape. C'est de cette querelle que naquit ce préjugé qui dure encore, que Frédéric composa ou fit composer en latin le livre des *Trois Imposteurs*[2] : on n'avait pas alors assez de science et de critique pour faire un tel ouvrage. Nous avons, depuis peu, quelques mauvaises brochures sur le même sujet : mais personne n'a été assez sot pour les imputer à Frédéric II, ni à son chancelier Des Vignes.

La patience de l'empereur était enfin poussée à bout, et il se croyait puissant. Les dominicains et les franciscains, milices spirituelles du pape, nouvellement établies, sont chassés de Naples et de Sicile. Les bénédictins du Mont-Cassin sont chassés aussi ; et on n'en laisse que huit pour faire l'office. On défend, sous peine de mort, dans les deux royaumes, de recevoir des lettres du pape.

Tout cela anime davantage les factions des guelfes et des gibelins. Venise et Gênes s'unissent aux villes de Lombardie. L'empereur marche contre elles. Il est défait par les Milanais. C'est la troisième victoire si-

---

[1] La fin de cet alinéa est de 1772. B.
[2] Voyez, tome XIII, une note sur l'*Épître à l'auteur du livre des Trois Imposteurs* (année 1769) ; et tome XVI, page 141. B.

gnalée dans laquelle les Milanais soutiennent leur liberté contre les empereurs [1].

1240. Il n'y a plus alors à négocier, comme l'empereur avait toujours fait. Il augmente ses troupes, et marche à Rome, où il y avait un grand parti de gibelins.

Grégoire IX fait exposer les têtes de saint Pierre et de saint Paul. Où les avait-on prises? Il harangue le peuple en leur nom, échauffe tous les esprits, et profite de ce moment d'enthousiasme pour faire une croisade contre Frédéric.

Ce prince, ne pouvant entrer dans Rome, va ravager le Bénéventin. Tel était le pouvoir des papes dans l'Europe; et le seul nom de croisade était devenu si sacré, que le pape obtient le vingtième des revenus ecclésiastiques en France, et le cinquième en Angleterre, pour sa croisade contre l'empereur.

Il offre, par ses légats, la couronne impériale à Robert d'Artois, frère de saint Louis. Il est dit dans sa lettre au roi et au baronnage de France: « Nous avons
« condamné Frédéric, soi-disant empereur, et lui
« avons ôté l'empire. Nous avons élu en sa place le
« prince Robert, frère du roi : nous le soutiendrons
« de toutes nos forces, et par toutes sortes de moyens. »

Cette offre indiscrète fut refusée. Quelques historiens disent, en citant mal Matthieu Pâris, que les barons de France répondirent qu'il suffisait à Robert d'Artois d'être frère d'un roi qui était au-dessus de l'empereur. Ils prétendent même que les ambassadeurs de saint Louis auprès de Frédéric lui dirent la

[1] Voyez 1161 et 1176. B.

même chose dans les mêmes termes. Il n'est nullement vraisemblable qu'on ait répondu une grossièreté si indécente, si peu fondée, et si inutile.

La réponse des barons de France, que Matthieu Pâris rapporte, n'a pas plus de vraisemblance. Les premiers de ces barons étaient tous les évêques du royaume ; or il est bien difficile que tous les barons et tous les évêques du temps de saint Louis aient répondu au pape : *Tantum religionis in papa non invenimus. Imo qui eum debuit promovisse, et Deo militantem protexisse, eum conatus est absentem confundere et nequiter supplantare.* « Nous ne trou« vons pas tant de religion dans le pape que dans « Frédéric II ; dans ce pape qui devait secourir un « empereur combattant pour Dieu, et qui profite de « son absence pour l'opprimer et le supplanter mé« chamment. »

Pour peu qu'un lecteur ait de bon sens, il verra bien qu'une nation en corps ne peut faire une réponse insultante au pape qui offre l'empire à cette nation. Comment les évêques auraient-ils écrit au pape que *l'incrédule* Frédéric II avait plus de religion que lui ? Que ce trait apprenne à se défier des historiens qui érigent leurs propres idées en monuments publics.

1241. Dans ce temps, les peuples de la grande Tartarie menaçaient le reste du monde. Ce vaste réservoir d'hommes grossiers et belliqueux avait vomi ses inondations sur presque tout notre hémisphère dès le cinquième siècle de l'ère chrétienne. Une partie de ces conquérants venait d'enlever la Palestine au soudan d'Égypte, et au peu de chrétiens qui restaient encore dans cette contrée. Des hordes plus considérables de Tartares sous Batou-kan, petit-fils de Gengis-kan, avaient été jusqu'en Pologne et jusqu'en Hongrie.

Les Hongrois, mêlés avec les Huns, anciens compatriotes de ces Tartares, venaient d'être vaincus par ces nouveaux brigands. Ce torrent s'était répandu en Dalmatie, et portait ainsi ses ravages de Pékin aux frontières de l'Allemagne. Était-ce là le temps pour un pape d'excommunier l'empereur, et d'assembler un concile pour le déposer?

Grégoire IX indique ce concile. On ne conçoit pas comment il peut proposer à l'empereur de faire une cession entière de l'empire et de tous ses états au saint-siége pour tout concilier. Le pape fait pourtant cette proposition. Quel était l'esprit du siècle où l'on pouvait proposer de pareilles choses!

1242. L'orient de l'Allemagne est délivré des Tartares, qui s'en retournent comme des bêtes féroces après avoir saisi quelque proie.

Grégoire IX et son successeur Célestin IV étant morts presque dans la même année[1], et le saint-siége ayant vaqué long-temps, il est surprenant que l'empereur presse les Romains de faire un pape, et même à main armée. Il paraît qu'il était de son intérêt que la chaire de ses ennemis ne fût pas remplie; mais le fond de la politique de ces temps-là est bien peu connu. Ce qui est certain, c'est qu'il fallait que Frédéric II

---

[1] Ces deux pontifes moururent en 1241; le premier, au mois d'auguste; le second, en novembre. Cr..

fût un prince sage, puisque, dans ces temps de troubles, l'Allemagne et son royaume de Naples et Sicile étaient tranquilles.

1243. Les cardinaux, assemblés à Anagni, élisent le cardinal Fiesque, Génois, de la maison des comtes de Lavagna, attaché à l'empereur. Ce prince dit : « Fiesque était mon ami ; le pape sera mon ennemi. »

1244. Fiesque, connu sous le nom d'Innocent IV, ne va pas jusqu'à demander que Frédéric II lui cède l'empire; mais il veut la restitution de toutes les villes de l'état ecclésiastique et de la comtesse Mathilde, et demande à l'empereur l'hommage de Naples et de Sicile.

1245. Innocent IV, sur le refus de l'empereur, assemble à Lyon le concile indiqué par Grégoire IX; c'est le treizième des conciles généraux.

On peut demander pourquoi ce concile se tint dans une ville impériale : cette ville était protégée par la France; l'archevêque était prince; et l'empereur n'avait plus dans ces provinces que le vain titre de seigneur suzerain.

Il n'y eut à ce concile général que cent quarante-quatre évêques; mais il était décoré de la présence de plusieurs princes, et surtout de l'empereur de Constantinople, Baudouin de Courtenai, placé à la droite du pape. Ce monarque était venu demander des secours qu'il n'obtint point.

Frédéric ne négligea pas d'envoyer à ce concile, où il devait être accusé, des ambassadeurs pour le défendre. Innocent IV prononça contre lui deux longues harangues dans les deux premières sessions. Un moine de l'ordre de Cîteaux, évêque de Carinola, près du Garillan, chassé du royaume de Naples par Frédéric, l'accusa dans les formes.

Il n'y a aujourd'hui aucun tribunal réglé auquel les accusations intentées par ce moine fussent admises. *L'empereur,* dit-il, *ne croit ni à Dieu ni aux saints;* mais qui l'avait dit à ce moine? *L'empereur a plusieurs épouses à-la-fois;* mais quelles étaient ces épouses? *Il a des correspondances avec le soudan de Babylone;* mais pourquoi le roi titulaire de Jérusalem ne pouvait-il traiter avec son voisin? *Il pense, comme Averroès, que Jésus-Christ et Mahomet étaient des imposteurs;* mais où Averroès a-t-il écrit cela? et comment prouver que l'empereur pense comme Averroès? *Il est hérétique;* mais quelle est son hérésie? et comment peut-il être hérétique sans être chrétien?

Thadée Sessa, ambassadeur de Frédéric, répond au moine évêque qu'il en a menti; que son maître est un fort bon chrétien, et qu'il ne tolère point la simonie. Il accusait assez par ces mots la cour de Rome.

L'ambassadeur d'Angleterre alla plus loin que celui de l'empereur. « Vous tirez, dit-il, par vos Italiens, « plus de soixante mille marcs par an du royaume « d'Angleterre; vous taxez toutes nos églises; vous « excommuniez quiconque se plaint; nous ne souffri- « rons pas plus long-temps de telles vexations. »

Tout cela ne fit que hâter la sentence du pape. « Je « déclare, dit Innocent IV, Frédéric convaincu de « sacrilége et d'hérésie, excommunié, et déchu de « l'empire. J'ordonne aux électeurs d'élire un autre

« empereur, et je me réserve la disposition du royaume
« de Sicile. »

Après avoir prononcé cet arrêt, il entonne un *Te
Deum*, comme on fait aujourd'hui après une victoire.

L'empereur était à Turin, qui appartenait alors au
marquis de Suze. Il se fait donner la couronne impériale (les empereurs la portaient toujours avec eux),
et, la mettant sur sa tête, « Le pape, dit-il, ne me l'a
« pas encore ravie; et avant qu'on me l'ôte, il y aura
« bien du sang répandu. » Il envoie à tous les princes
chrétiens une lettre circulaire. « Je ne suis pas le pre-
« mier, dit-il, que le clergé ait aussi indignement
« traité, et je ne serai pas le dernier. Vous en êtes la
« cause, en obéissant à ces hypocrites dont vous con-
« naissez l'ambition effrénée. Combien ne découvri-
« riez-vous pas d'infamies à Rome qui font frémir la
« nature, etc. ! »

1246. Le pape écrit au duc d'Autriche, chassé de
ses états, aux ducs de Saxe, de Bavière, et de Brabant, aux archevêques de Cologne, de Trèves, et de
Mayence, aux évêques de Strasbourg et de Spire, et
leur ordonne d'élire pour empereur Henri, landgrave
de Thuringe.

Les ducs refusent de se trouver à la diète indiquée
à Vurtzbourg, et les évêques couronnent leur Thuringien, qu'on appelle *le roi des prêtres.*

Il y a ici deux choses importantes à remarquer : la
première, qu'il est évident que les électeurs n'étaient
pas au nombre de sept; la seconde, que Conrad, fils
de l'empereur, roi des Romains, était compris dans

l'excommunication de son père, et déchu de tous ses droits comme un hérétique, selon la loi des papes et selon celle de son propre père, qu'il avait publiée quand il voulait plaire aux papes [1].

Conrad soutient la cause de son père et la sienne. Il donne bataille au roi des prêtres près de Francfort : mais il a du désavantage.

Le landgrave de Thuringe, ou l'anti-empereur, meurt en assiégeant Ulm : mais le schisme impérial ne finit pas.

C'est apparemment cette année que Frédéric II, n'ayant que trop d'ennemis, se réconcilia avec le duc d'Autriche, et que, pour se l'attacher, il lui donna à lui et à ses descendants le titre de roi, par un diplôme conservé à Vienne : ce diplôme est sans date. Il est bien étrange que les ducs d'Autriche n'en aient fait aucun usage. Il est vraisemblable que les princes de l'empire s'opposèrent à ce nouveau titre, donné par un empereur excommunié, que la moitié de l'Allemagne commençait à ne plus reconnaître.

1247. Innocent IV offre l'empire à plusieurs princes. Tous refusent une dignité si orageuse. Un Guillaume, comte de Hollande, l'accepte. C'était un jeune seigneur de vingt ans. La plus grande partie de l'Allemagne ne le reconnaît pas; c'est le légat du pape qui le nomme empereur dans Cologne, et qui le fait chevalier.

1248. Deux partis se forment en Allemagne aussi violents que les guelfes et les gibelins en Italie : l'un tient pour Frédéric et son fils Conrad, l'autre pour

---

[1] Voyez année 1220. B.

le nouveau roi Guillaume; c'était ce que les papes voulaient. Guillaume est couronné à Aix-la-Chapelle par l'archevêque de Cologne. Les fêtes de ce couronnement sont de tous côtés du sang répandu et des villes en cendres.

1249. L'empereur n'est plus en Italie que le chef d'un parti dans une guerre civile. Son fils Enzïo, que nous nommons Entius, est battu par les Polonais, tombe captif entre leurs mains; et son père ne peut pas même obtenir sa délivrance à prix d'argent.

Une autre aventure funeste trouble les derniers jours de Frédéric II, si pourtant cette aventure est telle qu'on la raconte. Son fameux chancelier Pierre Des Vignes, ou plutôt De La Vigna, son conseil, son oracle, son ami, depuis plus de trente années; le restaurateur des lois en Italie, veut, dit-on, l'empoisonner, et par les mains de son médecin. Les historiens varient sur l'année de cet événement, et cette variété peut causer quelque soupçon. Est-il croyable que le premier des magistrats de l'Europe, vieillard vénérable, ait tramé un aussi abominable complot ? et pourquoi ? pour plaire au pape son ennemi : où pouvait-il espérer une plus grande fortune ? quel meilleur poste le médecin pouvait-il avoir que celui de médecin de l'empereur ?

Il est certain que Pierre Des Vignes eut les yeux crevés; ce n'est pas là le supplice de l'empoisonneur de son maître. Plusieurs auteurs italiens prétendent qu'une intrigue de cour fut la cause de sa disgrâce, et porta Frédéric II à cette cruauté; ce qui est bien plus vraisemblable.

1250. Cependant Frédéric fait encore un effort dans la Lombardie; il fait même passer les Alpes à quelques troupes, et donne l'alarme au pape, qui était toujours dans Lyon sous la protection de saint Louis; car ce roi de France, en blâmant les excès du pape, respectait sa personne et le concile.

Cette expédition est la dernière de Frédéric.

Il meurt le 17 décembre [1]. Quelques uns croient qu'il eut des remords du traitement qu'il avait fait à Pierre-Des Vignes; mais, par son testament, il paraît qu'il ne se repent de rien. Sa vie et sa mort sont une époque importante dans l'histoire. Ce fut de tous les empereurs celui qui chercha le plus à établir l'empire en Italie, et qui y réussit le moins, ayant tout ce qu'il fallait pour y réussir.

Les papes, qui ne voulaient point de maîtres, et les villes de Lombardie, qui défendirent si souvent la liberté contre un maître, empêchèrent qu'il n'y eût en effet un empereur romain.

La Sicile, et surtout Naples, furent ses royaumes favoris. Il augmenta et embellit Naples et Capoue, bâtit Alitea, Monte-Leone, Flagelle, Dondona, Aquila, et plusieurs autres villes, fonda des universités; et cultiva les beaux-arts dans ces climats où ces fruits semblent venir d'eux-mêmes; c'était encore une raison qui lui rendait cette patrie plus chère; il en fut le législateur. Malgré son esprit, son courage, son ap-

---

[1] Voltaire, dans le *Catalogue des empereurs*, cite le 13; et cette date est conforme à celle que donnent le *Moréri* de 1759 et l'édition de 1818 de l'*Art de vérifier les dates;* mais la *Biographie universelle* mentionne le 4, date donnée par l'édition de 1783, de l'*Art de vérifier les dates.* Ct.

plication, et ses travaux, il fut très malheureux; et sa mort produisit de plus grands malheurs encore.

CONRAD IV,

VINGT-SEPTIÈME EMPEREUR.

On peut compter parmi les empereurs Conrad IV, fils de Frédéric II, à plus juste titre que ceux qu'on place entre les descendants de Charlemagne et les Othons. Il avait été couronné deux fois roi des Romains; il succédait à un père respectable : et Guillaume, comte de Hollande, son concurrent, qu'on appelait aussi *le roi des prêtres* [1], comme le landgrave de Thuringe, n'avait pour tout droit qu'un ordre du pape, et les suffrages de quelques évêques.

Conrad essuie d'abord une défaite auprès d'Oppenheim, mais il se soutient. Il force son compétiteur à quitter l'Allemagne. Il va à Lyon trouver le pape Innocent IV, qui le confirme roi des Romains, et qui lui promet de lui donner la couronne impériale à Rome.

Il était devenu ordinaire de prêcher des croisades contre les princes chrétiens. Le pape en fait prêcher une en Allemagne contre l'empereur Conrad, et une en Italie contre Manfredo ou Mainfroi, bâtard de Frédéric II, fidèle alors à son frère et aux dernières volontés de son père.

Ce Mainfroi, prince de Tarente, gouvernait Naples et Sicile au nom de Conrad. Le pape fesait révolter contre lui Naples et Capoue. Conrad y marche, et sem-

---

[1] Voyez année 1246. B.

ble abandonner l'Allemagne à son rival Guillaume, pour aller seconder son frère Mainfroi contre les croisés du pape.

1252. Guillaume de Hollande s'établit pendant ce temps-là en Allemagne. On peut observer ici une aventure qui prouve combien tous les droits ont été long-temps incertains, et les limites confondues. Une comtesse de Flandre et du Hainaut a une guerre avec Jean D'Avesnes, son fils d'un premier lit, pour le droit de succession de ce fils même sur les états de sa mère. On prend saint Louis pour arbitre. Il adjuge le Hainaut à D'Avesnès, et la Flandre au fils du second lit. Jean D'Avesnes dit au roi Louis : « Vous me « donnez le Hainaut qui ne dépend pas de vous; il re- « lève de l'évêque de Liége, et il est arrière-fief de « l'empire. La Flandre dépend de vous, et vous ne me « la donnez pas. »

Il n'était donc pas décidé de qui le Hainaut relevait. La Flandre était encore un autre problème. Tout le pays d'Alost était fief de l'empire; tout ce qui était sur l'Escaut l'était aussi; mais le reste de la Flandre, depuis Gand, relevait des rois de France. Cependant Guillaume, en qualité de roi d'Allemagne, met la comtesse au ban de l'empire, et confisque tout au profit de Jean D'Avesnes, en 1252. Cette affaire s'accommoda enfin : mais elle fait voir quels inconvénients la féodalité entraînait. C'était encore bien pis en Italie, et surtout pour les royaumes de Naples et Sicile.

1253-1254. Ces années, qu'on appelle, ainsi que les suivantes, les années d'interrègne, de confusion, et d'anarchie, sont pourtant très dignes d'attention.

La maison de Maurienne et de Savoie, qui prend le parti de Guillaume de Hollande, et qui le reconnaît empereur, en reçoit l'investiture de Turin, de Montcalier, d'Ivrée, et de plusieurs fiefs, qui en font une maison puissante.

En Allemagne, les villes de Francfort, Mayence, Cologne, Vorms, Spire, s'associent pour leur commerce et pour se défendre des seigneurs de châteaux, qui étaient autant de brigands. Cette union des villes du Rhin est moins une imitation de la confédération des villes de Lombardie que des premières villes anséatiques, Lubeck, Hambourg, Brunsvick [1].

Bientôt la plupart des villes d'Allemagne et de Flandre entrent dans la hanse. Le principal objet est d'entretenir des vaisseaux et des barques à frais communs pour la sûreté du commerce. Un billet d'une de ces villes est payé sans difficulté dans les autres. La confiance du négoce s'établit. Des commerçants font, par cette alliance, plus de bien à la société que n'en avaient fait tant d'empereurs et de papes.

La ville de Lubeck seule est déjà si puissante, que, dans une guerre intestine qui survint au Danemarck, elle arme une flotte.

Tandis que des villes commerçantes procurent ces avantages temporels, les chevaliers de l'ordre teutonique veulent procurer celui du christianisme à ces restes de Vandales qui vivaient dans la Prusse et aux environs. Ottocare II, roi de Bohême, se croise avec eux. Le nom d'Ottocare était devenu celui des rois de Bohême depuis qu'ils avaient pris le parti d'Othon IV.

[1] Voyez année 1164. B.

Ils battent les païens; les deux chefs des Prussiens reçoivent le baptême. Ottocare rebâtit Kœnigsberg.

D'autres scènes s'ouvrent en Italie. Le pape entretient toujours la guerre, et veut disposer du royaume de Naples et Sicile; mais il ne peut recouvrer son propre domaine ni celui de la comtesse Mathilde. On voit toujours les papes puissants au-dehors par les excommunications qu'ils lancent, par les divisions qu'ils fomentent, très faibles chez eux, et surtout dans Rome.

Les factions des gibelins et des guelfes partageaient et désolaient l'Italie. Elles avaient commencé par les querelles des papes et des empereurs; ces noms avaient été partout un mot de ralliement du temps de Frédéric II. Ceux qui prétendaient acquérir des fiefs et des titres que les empereurs donnent se déclaraient gibelins. Les guelfes paraissaient plus partisans de la liberté italique. Le parti guelfe, à Rome, était à la vérité pour le pape quand il s'agissait de se réunir contre l'empereur; mais ce même parti s'opposait au pape quand le pontife, délivré d'un maître, voulait l'être à son tour. Ces factions se subdivisaient encore en plusieurs parties différentes, et servaient d'aliment aux discordes des villes et des familles. Quelques anciens capitaines de Frédéric II employaient ces noms de faction qui échauffent les esprits pour attirer du monde sous leurs drapeaux, et autorisaient leurs brigandages du prétexte de soutenir les droits de l'empire. Des brigands opposés feignaient de servir le pape qui ne les en chargeait pas, et ravageaient l'Italie en son nom.

Parmi ces brigands qui se rendirent illustres, il y eut surtout un partisan de Frédéric II, nommé Ezzelino, qui fut sur le point de s'établir une grande domination et de changer la face des affaires. Il est encore fameux par ses ravages; d'abord il ramassa quelque butin à la tête d'une troupe de voleurs : avec ce butin il leva une petite armée. Si la fortune l'eût toujours secondé, il devenait un conquérant; mais enfin il fut pris dans une embuscade; et Rome, qui le craignait, en fut délivrée. Les factions guelfe et gibeline ne s'éteignirent pas avec lui. Elles subsistèrent long-temps, et furent violentes, même pendant que l'Allemagne, sans empereur véritable dans l'interrègne qui suivit la mort de Conrad, ne pouvait plus servir de prétexte à ces troubles.

Un pape, dans ces circonstances, avait une place bien difficile à remplir. Obligé, par sa qualité d'évêque, de prêcher la paix au milieu de la guerre, se trouvant à la tête du gouvernement romain sans pouvoir parvenir à l'autorité absolue, ayant à se défendre des gibelins, à ménager les guelfes, craignant surtout une maison impériale qui possédait Naples et Sicile; tout était équivoque dans sa situation. Les papes, depuis Grégoire VII, eurent toujours avec les empereurs cette conformité, les titres de maîtres du monde, et la puissance la plus gênée. Et si on y fait attention, on verra que, dès le temps des premiers successeurs de Charlemagne, l'empire et le sacerdoce sont deux problèmes difficiles à résoudre.

Conrad fait venir un de ses frères [1], à qui Frédéric II

---

[1] Henri, cité comme gouverneur de Sicile, dans le *Catalogue chronologique*, n° 26. CL.

avait donné le duché d'Autriche. Ce jeune prince meurt, et on soupçonne Conrad de l'avoir empoisonné : car, dans ce temps, il fallait qu'un prince mourût de vieillesse pour qu'on n'imputât pas sa mort au poison.

Conrad IV meurt bientôt après, et on accuse Mainfroi de l'avoir fait périr par le même crime.

L'empereur Conrad IV, mort à la fleur de son âge, laissait un enfant, ce malheureux Conradin dont Mainfroi prit la tutèle. Le pape Innocent IV poursuit sur cet enfant la mémoire de ses pères. Ne pouvant s'emparer du royaume de Naples, il l'offre au roi d'Angleterre, il l'offre à un frère de saint Louis. Il meurt au milieu de ses projets dans Naples même que son parti avait conquis. On croirait, à voir les dernières entreprises d'Innocent IV, que c'était un guerrier ; non, il passait pour un profond théologien.

1255. Après la mort de Conrad IV, ce dernier empereur, et non le dernier prince de la maison de Souabe, il était vraisemblable que le jeune Guillaume de Hollande, qui commençait à régner sans contradiction en Allemagne, ferait une nouvelle maison impériale. Ce droit féodal, qui a causé tant de disputes et tant de guerres, le fait armer contre les Frisons. On prétendait qu'ils étaient vassaux des comtes de Hollande et arrière-vassaux de l'empire ; et les Frisons ne voulaient relever de personne. Il marche contre eux ; il y est tué sur la fin de l'année 1255 ou au commencement de l'autre [1] ; et c'est là l'époque de la grande anarchie d'Allemagne.

---

[1] Guillaume II, comte de Hollande, périt le 28 janvier 1256. CL.

La même anarchie est dans Rome, dans la Lombardie, dans le royaume de Naples et de Sicile.

Les guelfes venaient d'être chassés de Naples par Mainfroi. Le nouveau pape, Alexandre IV, mal affermi dans Rome, veut, comme son prédécesseur, ôter Naples et Sicile à la maison excommuniée de Souabe, et dépouiller à-la-fois le jeune Conradin, à qui ce royaume appartient, et Mainfroi, qui en est le tuteur.

Qui pourrait croire qu'Alexandre IV fait prêcher en Angleterre une croisade contre Conradin, et qu'en offrant les états de cet enfant au roi d'Angleterre, Henri III, il emprunte, au nom même de ce roi anglais, assez d'argent pour lever lui-même une armée? Quelles démarches d'un pontife pour dépouiller un orphelin! Un légat du pape commande cette armée, qu'on prétend être de près de cinquante mille hommes. L'armée du pape est battue et dissipée.

Remarquons encore que le pape Alexandre IV, qui croyait pouvoir se rendre maître de deux royaumes aux portes de Rome, n'ose pas rentrer dans cette ville, et se retire dans Viterbe. Rome était toujours comme ces villes impériales qui disputent à leurs archevêques les droits régaliens; comme Cologne, par exemple, dont le gouvernement municipal est indépendant de l'électeur. Rome resta dans cette situation équivoque jusqu'au temps d'Alexandre VI.

1256-1257-1258. On veut en Allemagne faire un empereur. Les princes allemands pensaient alors comme pensent aujourd'hui les palatins de Pologne; ils ne voulaient point un compatriote pour roi. Une faction choisit Alfonse X, roi de Castille; une autre élit Richard, frère du roi d'Angleterre Henri III. Les deux élus envoient également au pape pour faire confirmer leur élection : le pape n'en confirme aucune. Richard cependant va se faire couronner à Aix-la-Chapelle, le 17 mai 1257, sans être pour cela plus obéi en Allemagne.

Alfonse de Castille fait des actes de souverain d'Allemagne à Tolède. Frédéric III, duc de Lorraine, y va recevoir à genoux l'investiture de son duché, et la dignité de grand-sénéchal de l'empereur sur les bords du Rhin, avec le droit de mettre le premier plat sur la table impériale dans les cours plénières.

Tous les historiens d'Allemagne, comme les plus modernes, disent que Richard ne reparut plus dans l'empire; mais c'est qu'ils n'avaient pas connaissance de la chronique d'Angleterre de Thomas Wik. Cette chronique nous apprend que Richard repassa trois fois en Allemagne; qu'il y exerça ses droits d'empereur dans plus d'une occasion; qu'en 1263 il donna l'investiture de l'Autriche et de la Stirie à un Ottocare, roi de Bohême, et qu'il se maria en 1269 à la fille d'un baron, nommée Falkenstein[1], avec laquelle il retourna à Londres. Ce long interrègne, dont on parle tant, n'a donc pas véritablement subsisté; mais on peut appeler ces années un temps d'interrègne, puisque Richard était rarement en Allemagne. On ne voit, dans ces temps-là, en Allemagne, que de petites guerres entre de petits souverains.

[1] On lit *Falkemorit* dans le texte des éditions anciennes et modernes; mais c'est une faute évidente d'impression ou de copiste. Ce fut le 16 juin que Richard épousa Béatrix de Falkenstein. Cr.

1259. Le jeune Conradin était alors élevé en Bavière avec le duc titulaire d'Autriche son cousin, de l'ancienne branche d'Autriche-Bavière, qui ne subsiste plus. Mainfroi, plus ambitieux que fidèle, et lassé d'être régent, se fait déclarer roi de Sicile et de Naples.

C'était donner au pape un juste sujet de chercher à le perdre. Alexandre IV, comme pontife, avait le droit d'excommunier un parjure ; et, comme seigneur suzerain de Naples, le droit de punir un usurpateur ; mais il ne pouvait, ni comme pape, ni comme seigneur, ôter au jeune et innocent Conradin son héritage.

Mainfroi, qui se croit affermi, insulte aux excommunications et aux entreprises du pape.

Depuis 1260 *jusqu'à* 1266. Tandis que l'Allemagne est ou désolée ou languissante dans son anarchie ; que l'Italie est partagée en factions ; que les guerres civiles troublent l'Angleterre ; que saint Louis, racheté de sa captivité en Égypte, médite encore une nouvelle croisade, qui fut plus malheureuse s'il est possible, le saint-siége persiste toujours dans le dessein d'arracher à Mainfroi Naples et Sicile, et de dépouiller à-la-fois le tuteur coupable et l'orphelin.

Quelque pape qui soit sur la chaire de saint Pierre, c'est toujours le même génie, le même mélange de grandeur et de faiblesse, de religion et de crimes. Les Romains ne veulent ni reconnaître l'autorité temporelle des papes, ni avoir d'empereurs. Les papes sont à peine soufferts dans Rome, et ils ôtent ou donnent des royaumes. Rome élisait alors un seul sénateur, comme protecteur de sa liberté. Mainfroi, Pierre d'Aragon son gendre, le duc d'Anjou Charles, frère de saint Louis, briguent tous trois cette dignité, qui était celle de patrice sous un autre nom.

Urbain IV, nouveau pontife [1], offre à Charles d'Anjou Naples et Sicile, mais il ne veut pas qu'il soit sénateur; ce serait trop de puissance.

Il propose à saint Louis d'armer le duc d'Anjou pour lui faire conquérir le royaume de Naples. Saint Louis hésite. C'était manifestement ravir à un pupille l'héritage de tant d'aïeux qui avaient conquis cet état sur les musulmans. Le pape calme ses scrupules. Charles d'Anjou accepte la donation du pape, et se fait élire sénateur de Rome malgré lui.

Urbain IV, trop engagé, fait promettre à Charles d'Anjou qu'il renoncera dans cinq ans au titre de sénateur; et comme ce prince doit faire serment aux Romains pour toute sa vie, le pape concilie ces deux serments, et l'absout de l'un, pourvu qu'il lui fasse l'autre.

Il l'oblige aussi de jurer entre les mains de son légat qu'il ne possédera jamais l'empire avec la couronne de Sicile. C'était la loi des papes ses prédécesseurs; et cette loi montre combien on avait craint Frédéric II.

Le comte d'Anjou promet surtout d'aider le saint-siége à se remettre en possession du patrimoine usurpé par beaucoup de seigneurs, et des terres de la comtesse Mathilde. Il s'engage à payer par an huit mille onces d'or de tribut; consentant d'être excommunié

---

[1] Élu le 29 auguste 1261. Cr..

si jamais ce paiement est différé de deux mois : il jure d'abolir tous les droits que les conquérants français et les princes de la maison de Souabe avaient eus sur les ecclésiastiques, et par là il renonce à la prérogative singulière de Sicile.

A ces conditions et à beaucoup d'autres, il s'embarque à Marseille avec trente galères, et va recevoir à Rome, en juin 1265, l'investiture de Naples et de Sicile qu'on lui vend si cher.

Une bataille dans les plaines de Bénévent, le 26 février 1266, décide de tout. Mainfroi y périt; sa femme, ses enfants, ses trésors, sont livrés au vainqueur.

Le légat du pape, qui était dans l'armée, prive le corps de Mainfroi de la sépulture des chrétiens ; vengeance lâche et maladroite, qui ne sert qu'à irriter les peuples.

1267-1268. Dès que Charles d'Anjou est sur le trône de Sicile, il est craint du pape et haï de ses sujets. Les conspirations se forment. Les gibelins, qui partageaient l'Italie, envoient en Bavière solliciter le jeune Conradin de venir prendre l'héritage de ses pères. Clément IV, successeur d'Urbain, lui défend de passer en Italie, comme un souverain donne un ordre à son sujet.

Conradin part à l'âge de seize ans avec le duc de Bavière son oncle, le comte de Tyrol, dont il vient d'épouser la fille, et surtout avec le jeune duc d'Autriche, son cousin, qui n'était pas plus maître de l'Autriche que Conradin ne l'était de Naples. Les excommunications ne leur manquèrent pas. Clément IV, pour leur mieux résister, nomme Charles d'Anjou vicaire impérial en Toscane : car les papes, osant prétendre qu'ils donnaient l'empire, devaient à plus forte raison en donner le vicariat. La Toscane, cette province illustre, devenue libre par son esprit et par son courage, était partagée en guelfes et en gibelins; et par là les guelfes y prennent toute l'autorité.

Charles d'Anjou, sénateur de Rome et chef de la Toscane, en devenait plus redoutable au pape : mais Conradin l'eût été davantage.

Tous les cœurs étaient à Conradin ; et par une destinée singulière, les Romains et les Musulmans se déclarèrent en même temps pour lui. D'un côté, l'infant Henri, frère d'Alfonse X, roi de Castille, vrai chevalier errant, passe en Italie, et se fait déclarer sénateur de Rome pour y soutenir les droits de Conradin ; de l'autre, un roi de Tunis leur prête de l'argent et des galères ; et tous les Sarrasins qui étaient restés dans le royaume de Naples prennent les armes en sa faveur.

Conradin est reçu dans Rome au Capitole comme un empereur. Ses galères abordent en Sicile ; et presque toute la nation y reçoit ses troupes avec joie. Il marche de succès en succès jusqu'à Aquila dans l'Abruzze. Les chevaliers français aguerris défont entièrement en bataille rangée l'armée de Conradin, composée à la hâte de plusieurs nations.

Conradin, le duc d'Autriche, et Henri de Castille, sont faits prisonniers.

Les historiens Villani, Guadelfiero, Fazelli, assurent que le pape Clément IV demanda le supplice de Conradin à Charles d'Anjou. Ce fut sa dernière volonté. Ce pape mourut bientôt après[1]. Charles fait prononcer une sentence de mort par son protonotaire Robert de Bari contre les deux princes. Il envoie prisonnier Henri de Castille en Provence; car la Provence lui appartenait du chef de sa femme.

Le 26 octobre, Conradin et Frédéric d'Autriche sont exécutés dans le marché de Naples par la main du bourreau. C'est le premier exemple d'un pareil attentat contre des têtes couronnées. Conradin, avant de recevoir le coup, jeta son gant dans l'assemblée, en priant qu'il fût porté à Pierre d'Aragon, son cousin, gendre de Mainfroi, qui vengera un jour sa mort. Le gant fut ramassé par le chevalier Truchsés de Valdbourg, qui exécuta en effet sa volonté. Depuis ce temps la maison de Valdbourg porte les armes de Conradin, qui sont celles de Souabe. Le jeune duc d'Autriche est exécuté le premier. Conradin, qui l'aimait tendrement, ramasse sa tête, et reçoit en la baisant le coup de la mort.

On tranche la tête à plusieurs seigneurs sur le même échafaud. Quelque temps après, Charles d'Anjou fait périr en prison la veuve de Mainfroi avec le fils qui lui reste. Ce qui surprend, c'est qu'on ne voit point que saint Louis, frère de Charles d'Anjou, ait jamais fait à ce barbare le moindre reproche de tant d'horreurs. Au contraire, ce fut en faveur de Charles qu'il entreprit en partie sa dernière malheureuse croisade contre le roi de Tunis, protecteur de Conradin.

1269 à 1272. Les petites guerres continuaient

---

[1] Le 29 novembre 1268. Grégoire X ne lui succéda que le 1er septembre 1271. Cl.

toujours entre les seigneurs d'Allemagne. Rodolphe, comte de Habsbourg, en Suisse, se rendait déjà fameux dans ces guerres, et surtout dans celle qu'il fit à l'évêque de Bâle en faveur de l'abbé de Saint-Gall. C'est à ces temps que commencent les traités de confraternité héréditaire entre les maisons allemandes. C'est une donation réciproque de terres d'une maison à une autre, au dernier survivant des mâles.

La première de ces confraternités avait été faite, dans les dernières années de Frédéric II, entre les maisons de Saxe et de Hesse.

Les villes anséatiques augmentent dans ces années leurs priviléges et leur puissance. Elles établissent des consuls qui jugent toutes les affaires du commerce; car à quel tribunal aurait-on eu alors recours?

La même nécessité qui fait inventer les consuls aux villes marchandes, fait inventer les austrègues aux autres villes et aux seigneurs, qui ne veulent pas toujours vider leurs différents par le fer. Ces austrègues sont, ou des seigneurs, ou des villes mêmes, que l'on choisit pour arbitres sans frais de justice.

Ces deux établissements, si heureux et si sages, furent le fruit des malheurs des temps qui obligeaient d'y avoir recours.

L'Allemagne restait toujours sans chef, mais voulait enfin en avoir un.

Richard d'Angleterre était mort[1]. Alfonse de Castille n'avait plus de parti. Ottocare III, roi de Bohême, duc d'Autriche et de Stirie, fut proposé, et refusa, dit-on, l'empire. Il avait alors une guerre avec

[1] Le 2 avril 1271. Cu.

Béla, roi de Hongrie, qui lui disputait la Stirie, la Carinthie, et la Carniole. On pouvait lui contester la Stirie, dépendante de l'Autriche, mais non la Carinthie et la Carniole, qu'il avait achetées.

La paix se fit. La Stirie et la Carinthie avec la Carniole restèrent à Ottocare. On ne conçoit pas comment, étant si puissant, il refusa l'empire, lui qui depuis refusa l'hommage à l'empereur. Il est bien plus vraisemblable qu'on ne voulut pas de lui, par cela même qu'il était trop puissant.

RODOLPHE Ier, DE HABSBOURG,

PREMIER EMPEREUR DE LA MAISON D'AUTRICHE,

VINGT-HUITIÈME EMPEREUR.

1273. Enfin, on s'assemble à Francfort pour élire un empereur, et cela sur les lettres de Grégoire X, qui menace d'en nommer un. C'était une chose nouvelle que ce fût un pape qui voulût un empereur [1].

On ne propose dans cette assemblée aucun prince possesseur de grands états. Ils étaient trop jaloux les uns des autres. Le comte de Tyrol, qui était du nombre des électeurs, indique trois sujets: un comte de Goritz, seigneur d'un petit pays dans le Frioul, et absolument inconnu; un Bernard, non moins inconnu encore, qui n'avait pour tout bien que des prétentions sur le duché de Carinthie; et Rodolphe de Habsbourg, capitaine célèbre, et grand-maréchal de la cour d'Ottocare, roi de Bohême.

---

[1] On avait vu le contraire en 1242. B.

Les électeurs, partagés entre ces trois concurrents, s'en rapportent à la décision du comte palatin Louis-le-Sévère, duc de Bavière, le même qui avait élevé et secouru en vain le malheureux Conradin et Frédéric d'Autriche. C'est là le premier exemple d'un pareil arbitrage. Louis de Bavière nomme empereur Rodolphe de Habsbourg.

Le burgrave ou châtelain de Nuremberg en apporte la nouvelle à Rodolphe, qui, n'étant plus alors au service du roi de Bohême, s'occupait de ses petites guerres vers Bâle et vers Strasbourg.

Alfonse de Castille et le roi de Bohême protestent en vain contre l'élection. Cette protestation d'Ottocare ne prouve pas assurément qu'il eût refusé la couronne impériale.

Rodolphe était fils d'Albert, comte de Habsbourg en Suisse. Sa mère était Ulrike de Kibourg, qui avait plusieurs seigneuries en Alsace. Il était marié depuis long-temps avec Anne de Hæneberg [1], dont il avait quatre enfants. Son âge était de cinquante-cinq ans et demi quand il fut élevé à l'empire. Il avait un frère colonel au service des Milanais, et un autre chanoine à Bâle. Ses deux frères moururent avant son élection.

Il est couronné à Aix-la-Chapelle; on ignore par quel archevêque. Il est rapporté que le sceptre impérial, qu'on prétendait être celui de Charlemagne, ne se trouvant pas, ce défaut de formalité commençait à servir de prétexte à plusieurs seigneurs qui ne voulaient pas lui prêter serment. Il prit un cru-

---

[1] Son véritable nom est *Anne-Gertrude de Hohemberg*; voyez le *Catalogue des empereurs*, page 13. B.

cifix : *Voilà mon sceptre*, dit-il ; et tous lui rendirent hommage. Cette seule action de fermeté le rendit respectable, et le reste de sa conduite le montra digne de l'empire.

Il marie son fils Albert à la fille du comte de Tyrol, sœur utérine de Conradin. Par ce mariage, Albert semble acquérir des droits sur l'Alsace et sur la Souabe, héritage de la maison du fameux empereur Frédéric II. L'Alsace était alors partagée entre plusieurs petits seigneurs. Il fallut leur faire la guerre. Il obtint, par sa prudence, des troupes de l'empire, et soumit tout par sa valeur. Un préfet est nommé pour gouverner l'Alsace. C'est ici une des plus importantes époques pour l'intérieur de l'Allemagne. Les possesseurs des terres dans la Souabe et dans l'Alsace relevaient de la maison impériale de Souabe ; mais après l'extinction de cette maison dans la personne de l'infortuné Conradin, ils ne voulurent plus relever que de l'empire. Voilà la véritable origine de la noblesse immédiate ; et voilà pourquoi l'on trouve plus de cette noblesse en Souabe que dans les autres provinces. L'empereur Rodolphe vint à bout de soumettre les gentilshommes d'Alsace, et créa un préfet dans cette province ; mais après lui les barons d'Alsace redevinrent, pour la plupart, barons libres et immédiats, souverains dans leurs petites terres, comme les plus grands seigneurs allemands dans les leurs. C'était dans presque toute l'Europe l'objet de quiconque possédait un château.

1274. Trois ambassadeurs de Rodolphe font serment de sa part au pape Grégoire X dans le consis-

toire. Le pape écrit à Rodolphe : « De l'avis des car-
« dinaux, nous vous nommons roi des Romains. »

Alfonse X, roi de Castille, renonce alors à l'empire.

1275. Rodolphe va trouver le pape à Lausanne. Il lui promet de lui faire rendre la marche d'Ancône et les terres de Mathilde. Il promettait ce qu'il ne pouvait tenir. Tout cela était entre les mains des villes et des seigneurs qui s'en étaient emparés aux dépens du pape et de l'empire. L'Italie était partagée en vingt principautés ou républiques, comme l'ancienne Grèce, mais plus puissantes. Venise, Gênes, et Pise, avaient plus de vaisseaux que l'empereur ne pouvait entretenir d'enseignes. Florence devenait considérable, et déjà elle était le berceau des beaux-arts.

Rodolphe pense d'abord à l'Allemagne. Le puissant roi de Bohême Ottocare III, duc d'Autriche, de Carinthie, et de Carniole, lui refuse l'hommage. « Je ne « dois rien à Rodolphe, dit-il; je lui ai payé ses gages. » Il se ligue avec la Bavière.

Rodolphe soutient la majesté de son rang. Il fait mettre au ban de l'empire ce puissant Ottocare, et le duc de Bavière Henri [1], qui est lié avec lui. On donne à l'empereur des troupes, et il va venger les droits de l'empire allemand.

1276. L'empereur Rodolphe bat l'un après l'autre tous ceux qui prennent le parti d'Ottocare, ou qui veulent profiter de cette division; le comte de Neubourg, le comte de Fribourg, le marquis de Bade, le comte de Virtemberg, et Henri, duc de Bavière. Il finit tout d'un coup cette guerre avec les Bavarois en

---

[1] Voyez 1138.-B.

mariant une de ses filles au fils de ce prince, et en recevant quarante mille onces d'or au lieu de donner une dot à sa fille.

De là il marche contre Ottocare; il le force de venir à composition. Le roi de Bohême cède l'Autriche, la Stirie, et la Carniole. Il consent de[1] faire un hommage-lige à l'empereur dans l'île de Camberg au milieu du Danube, sous un pavillon dont les rideaux devaient être fermés, pour lui épargner une mortification publique.

Ottocare s'y rend couvert d'or et de pierreries. Rodolphe, par un faste supérieur, le reçoit avec l'habit le plus simple; et au milieu de la cérémonie les rideaux du pavillon tombent, et font voir aux yeux du peuple et des armées qui bordaient le Danube, le superbe Ottocare à genoux, tenant ses mains jointes entre les mains de son vainqueur, qu'il avait si souvent appelé son maître-d'hôtel, et dont il devenait le grand-échanson. Ce conte est accrédité, et il importe peu qu'il soit vrai.

1277. La femme d'Ottocare, princesse plus altière que son époux, lui fait tant de reproches de son hommage rendu, et de la cession de ses provinces, que le roi de Bohême recommence la guerre vers l'Autriche.

L'empereur remporte une victoire complète. Ottocare est tué dans la bataille le 26 août. Le vainqueur use de sa victoire en législateur. Il laisse la Bohême

---

[1] Dans ses *Remarques* sur *Rodogune*, acte III, scène 3, tome XXXV, page 557, Voltaire dit que le verbe *consentir* gouverne toujours le datif. B.

au fils du vaincu, le jeune Venceslas, et la régence au marquis de Brandebourg.

1278. Rodolphe fait son entrée à Vienne, et s'établit dans l'Autriche. Louis, duc de Bavière, qui avait plus d'un droit à ce duché, veut remuer pour soutenir ce droit; Rodolphe tombe sur lui avec ses troupes victorieuses. Alors rien ne résiste; et on voit ce prince, que les électeurs avaient appelé à l'empire pour y régner sans pouvoir, devenir en effet le conquérant de l'Allemagne.

1279. Ce maître de l'Allemagne est bien loin de l'être en Italie. Le pape Nicolas III gagne avec lui sans peine ce long procès que tant de pontifes ont soutenu contre tant d'empereurs. Rodolphe, par un diplôme du 15 février 1279, cède au saint-siége les terres de la comtesse Mathilde, renonce au droit de suzeraineté, désavoue son chancelier qui a reçu l'hommage. Les électeurs approuvent la même année cette cession de Rodolphe. Ce prince, en abandonnant des droits pour lesquels on avait si long-temps combattu, ne cédait en effet que le droit de recevoir un hommage de seigneurs qui voulaient à peine le rendre. C'était tout ce qu'il pouvait alors obtenir en Italie, où l'empire n'était plus rien. Il fallait que cette cession fût bien peu de chose, puisque l'empereur n'eut en échange que le titre de sénateur de Rome; et encore ne l'eut-il que pour un an.

Le pape vint à bout de faire ôter cette vaine dignité de sénateur à Charles d'Anjou, roi de Sicile, parceque ce prince ne voulut pas marier son neveu avec la nièce de ce pontife, en disant que, « quoiqu'il s'appelât Or-

« sini, et qu'il eût les pieds rouges, son sang n'était
« pas fait pour se mêler au sang de France. »

Nicolas III ôte encore à Charles d'Anjou le vicariat de l'empire en Toscane. Ce vicariat n'était plus qu'un nom, et ce nom même ne pouvait subsister depuis qu'il y avait un empereur.

La situation de Rodolphe en Italie était (à ce que dit Girolamo Briani) semblable à celle d'un négociant qui a fait faillite, et dont d'autres marchands partagent les effets.

1280. L'empereur Rodolphe se raccommode avec Charles de Sicile par le mariage d'une de ses filles. Il donne cette princesse, nommée Clémence, à Charles Martel, petit-fils de Charles. Les deux mariés étaient presque encore au berceau.

Charles, au moyen de ce mariage, obtient de l'empereur l'investiture des comtés de Provence et de Forcalquier.

Après la mort de Nicolas III[1], on élit un Français nommé Brion, qui prend le nom de Martin IV. Ce Français fait rendre d'abord la dignité de sénateur au roi de Sicile, et veut lui faire rendre aussi le vicariat de l'empire en Toscane. Rodolphe paraît ne guère s'en embarrasser; il est assez occupé en Bohême. Ce pays s'était révolté par la conduite violente du margrave de Brandebourg, qui en était régent; et d'ailleurs Rodolphe avait plus besoin d'argent que de titres.

1281-1282. Ces années sont mémorables par la

---

[1] Ce pape mourut le 22 auguste 1280; mais Martin IV ne fut élu que le 22 février suivant. CL.

fameuse conspiration des vêpres siciliennes. Jean de Procida, gentilhomme de Salerne, riche, et qui malgré son état exerçait la profession de médecin et de jurisconsulte, fut l'auteur de cette conspiration, qui semblait si opposée à son genre de vie. C'était un gibelin passionnément attaché à la mémoire de Frédéric II et à la maison de Souabe. Il avait été plusieurs fois en Aragon auprès de la reine Constance, fille de Mainfroi. Il brûlait de venger le sang que Charles d'Anjou avait fait répandre; mais ne pouvant rien dans le royaume de Naples, que Charles contenait par sa présence et par la terreur, il trama son complot dans la Sicile, gouvernée par des Provençaux plus détestés que leur maître, et moins puissants.

Le projet de Charles d'Anjou était la conquête de Constantinople. Un des grands fruits des croisades de l'Occident avait été de prendre l'empire des Grecs en 1204; et on l'avait perdu depuis, ainsi que les autres conquêtes sur les musulmans. La fureur d'aller se battre en Palestine avait passé depuis les malheurs de saint Louis; mais la proie de Constantinople paraissait facile à saisir; et Charles d'Anjou espérait détrôner Michel Paléologue, qui possédait alors le reste de l'empire d'Orient.

Jean de Procida va déguisé à Constantinople avertir Michel Paléologue; il l'excite à prévenir Charles: de là il court en Aragon voir en secret le roi Pierre. Il eut de l'argent de l'un et de l'autre; il gagne aisément des conjurés. Pierre d'Aragon équipe une flotte, et, feignant d'aller contre l'Afrique, il se tient prêt pour descendre en Sicile. Procida n'a pas de peine à disposer les Siciliens.

Enfin le troisième jour [1] de Pâques 1282, au son de la cloche de vêpres, tous les Provençaux sont massacrés dans l'île, les uns dans les églises, les autres aux portes ou dans les places publiques, les autres dans leurs maisons. On compte qu'il y eut huit mille personnes égorgées. Cent batailles ont fait périr le triple et le quadruple d'hommes, sans qu'on y ait fait attention : mais ici ce secret gardé si long-temps par tout un peuple; des conquérants exterminés par la nation conquise; les femmes, les enfants massacrés; des filles siciliennes enceintes par des Provençaux, tuées par leurs propres pères; des pénitentes égorgées par leurs confesseurs, rendent cette action à jamais fameuse et exécrable. On dit toujours que ce furent des Français qui furent massacrés à ces vêpres siciliennes, parceque la Provence est aujourd'hui à la France; mais elle était alors province de l'empire, et c'était réellement des impériaux qu'on égorgeait.

Voilà comme on commença enfin la vengeance de Conradin et du duc d'Autriche : leur mort avait été le crime d'un seul homme, de Charles d'Anjou; et huit mille innocents l'expièrent !

Pierre d'Aragon aborde alors en Sicile avec sa femme Constance; toute la nation se donne à lui, et, de ce jour, la Sicile resta à la maison d'Aragon; mais le royaume de Naples demeure au prince de France.

[1] Cette date semble confirmée par le témoignage de Fazelli: Voltaire, dans l'*Essai sur les mœurs*, dit le *lendemain de Pâques* : voyez, tome XVI, page 241. B.

L'empereur investit ses deux fils aînés, Albert et Rodolphe, à-la-fois, de l'Autriche, de la Stirie, de la Carniole, le 27 décembre 1282, dans une diète à Augsbourg, du consentement de tous les seigneurs, et même de celui de Louis de Bavière qui avait des droits sur l'Autriche. Mais comment donner à-la-fois l'investiture des mêmes états à ces deux princes? n'en avaient-ils que le titre? le puîné devait-il succéder à l'aîné? ou bien le puîné n'avait-il que le nom; tandis que l'autre avait la terre? ou devaient-ils posséder ces états en commun? c'est ce qui n'est pas expliqué. Ce qui est incontestable, c'est qu'on voit beaucoup de diplômes dans lesquels les deux frères sont nommés conjointement ducs d'Autriche, de Stirië, et de Carniole.

Il y a une seule vieille chronique anonyme qui dit que l'empereur Rodolphe investit son fils Rodolphe de la Souabe; mais il n'y a aucun document, aucune charte, où l'on trouve que ce jeune Rodolphe ait eu la Souabe. Tous les diplômes l'appellent duc d'Autriche, de Stirie, de Carniole, comme son frère. Cependant un historien ayant adopté cette chronique, tous les autres l'ont suivie; et, dans les tables généalogiques, on appelle toujours ce Rodolphe duc de Souabe : s'il l'avait été, comment sa maison aurait-elle perdu ce duché?

Dans la même diète l'empereur donne la Carinthie et la marche Trévisane au comte de Tyrol son gendre. L'avantage qu'il tira de sa dignité d'empereur fut de pourvoir toute sa maison.

1283-1284. Rodolphe gouverne l'empire aussi

bien que sa maison. Il apaise les querelles de plusieurs seigneurs et de plusieurs villes.

Les historiens disent que ses travaux l'avaient fort affaibli, et qu'à l'âge de soixante-cinq ans passés les médecins lui conseillèrent de prendre une femme de quinze ans pour fortifier sa santé. Ces historiens ne sont pas physiciens. Il épouse Agnès, fille d'un comte de Bourgogne.

Dans cette année 1284, le roi d'Aragon, Pierre[1], fait prisonnier le prince de Salerne, fils de Charles d'Anjou, mais sans pouvoir se rendre maître de Naples. Les guerres de Naples ne regardent plus l'empire jusqu'à Charles-Quint.

1285. Les Cumins, reste de Tartares, dévastent la Hongrie.

L'empereur investit Jean D'Avesne du comté d'Alost, du pays de Vass, de la Zélande, du Hainaut. Le comté de Flandre n'est point spécifié dans l'investiture : il était devenu incontestable qu'il relevait de la France[2].

1286-1287. Pour mettre le comble à la gloire de Rodolphe, il eût fallu s'établir en Italie, comme il l'était en Allemagne ; mais le temps était passé. Il ne voulut pas même aller se faire couronner à Rome. Il se contenta de vendre la liberté aux villes d'Italie qui voulurent bien l'acheter. Florence donna quarante mille ducats d'or ; Lucques, douze mille ; Gênes, Bologne, six mille. Presque toutes les autres ne donnè-

---

[1] Nommé Don Pèdre III, comme roi d'Aragon, et Pierre Ier, comme roi de Sicile ; mort le 10 novembre 1285. CL.

[2] Voyez année 1252. B.

rent rien du tout, prétendant qu'elles ne devaient point reconnaître un empereur qui n'était pas couronné à Rome.

Mais en quoi consistait cette liberté ou donnée ou confirmée? était-ce dans une séparation absolue de l'empire? Il n'y a aucun acte de ces temps-là qui énonce de pareilles conventions. Cette liberté consistait dans le droit de nommer des magistrats, de se gouverner suivant leurs lois municipales, de battre monnaie, d'entretenir des troupes. Ce n'était qu'une confirmation, une extension des droits obtenus de Frédéric Barberousse [1]. L'Italie fut alors indépendante et comme détachée de l'empire, parceque l'empereur était éloigné et trop peu puissant. Le temps eût pu assurer à ce pays une liberté pleine et entière. Déjà les villes de Lombardie, celles de la Suisse même, ne prêtaient plus de serment, et rentraient insensiblement dans leurs droits naturels.

A l'égard des villes d'Allemagne, elles prêtaient toutes serment; mais les unes étaient réputées *libres*, comme Augsbourg, Aix-la-Chapelle, et Metz; les autres avaient le nom d'*impériales*, en fournissant des tributs; les autres *sujettes*, comme celles qui relevaient immédiatement des princes, et médiatement de l'empire; les autres *mixtes*, qui, en relevant des princes, avaient pourtant quelques droits impériaux.

Les grandes villes impériales étaient toutes différemment gouvernées. Nuremberg était administrée

---

[1] Voyez année 1183. B.

par des nobles : les citoyens avaient, à Strasbourg, l'autorité.

1288-1289-1290. Rodolphe fait servir toutes ses filles à ses intérêts. Il marie encore une fille qu'il avait de sa première femme au jeune Venceslas[1], roi de Bohême, devenu majeur, et lui fait jurer qu'il ne prétendra jamais rien aux duchés d'Autriche et de Stirie ; mais aussi, en récompense, il lui confirme la charge de grand-échanson.

Les ducs de Bavière prétendaient cette charge de la maison de l'empereur. Il semble que la qualité d'électeur fût inséparable de celle de grand officier de la couronne : non que les seigneurs des principaux fiefs ne prétendissent encore le droit d'élire ; mais les grands officiers voulaient ce droit de préférence aux autres. C'est pourquoi les ducs de Bavière disputaient la charge de grand maître à la branche de Bavière palatine, quoique aînée.

Grande diète à Erfort[2], dans laquelle on confirme le partage déjà fait de la Thuringe. L'orientale reste à la maison de Misnie, qui est aujourd'hui de Saxe ; l'occidentale demeure à la maison de Brabant, héritière de la Misnie par les femmes. C'est la maison de Hesse.

Le roi de Hongrie, Ladislas III, ayant été tué par les Tartares cumins[3], qui ravageaient toujours ce pays, l'empereur, qui prétend que la Hongrie est un

---

[1] Venceslas ou Wenceslas IV, fils d'Ottocare II, mort le 21 juin 1305. Cl.

[2] Erfurth : voyez page 197. B.

[3] Les Tartares cumains, ou plutôt cumans, habitants de la province dite Cumanie, assassinèrent Ladislas III le 19 juillet 1290. Cl.

fief de l'empire, veut donner ce fief à son fils Albert, auquel il avait déjà donné l'Autriche.

Le pape Nicolas IV, qui croit que tous les royaumes sont des fiefs de Rome, donne la Hongrie à Charles Martel, petit-fils de Charles d'Anjou, roi de Naples et de Sicile. Mais comme ce Charles Martel se trouve gendre de l'empereur, et comme les Hongrois ne voulaient point du fils d'un empereur pour roi, de peur d'être asservis, Rodolphe consent que Charles Martel, son gendre, tâche de s'emparer de cette couronne, qu'il ne peut lui ôter.

Voici encore un grand exemple qui prouve combien le droit féodal était incertain. Le comte de Bourgogne, c'est-à-dire de la Franche-Comté, prétendait relever du royaume de France, et, en cette qualité, il avait prêté serment de fidélité à Philippe-le-Bel. Cependant, jusque-là, tout ce qui fesait partie de l'ancien royaume de Bourgogne relevait des empereurs.

Rodolphe lui fait la guerre : elle se termine bientôt par l'hommage que le comte de Bourgogne lui rend. Ainsi ce comte se trouve relever à-la-fois de l'Empire et de la France.

Rodolphe donne au duc de Saxe, son gendre, Albert II, le titre de palatin de Saxe. Il faut bien distinguer cette maison de Saxe d'avec celle d'aujourd'hui, qui est, comme nous l'avons dit, celle de Misnie.

1291. L'empereur Rodolphe meurt à Germersheim le 15 juillet[1], à l'âge de soixante-treize ans, après en avoir régné dix-huit.

---

[1] Le 30 septembre, selon quelques historiens. Son successeur fut élu le 1er mai suivant. CL.

ADOLPHE DE NASSAU,

VINGT-NEUVIÈME EMPEREUR.

APRÈS UN INTERRÈGNE DE NEUF MOIS.

1292. Les princes allemands craignant de rendre héréditaire cet empire d'Allemagne, toujours nommé l'empire romain, et ne pouvant s'accorder dans leur choix, font un second compromis, dont on avait vu l'exemple à la nomination de Rodolphe[1].

L'archevêque de Mayence, auquel on s'en rapporte, nomme Adolphe de Nassau, par le même principe qu'on avait choisi son prédécesseur. C'était le plus illustre guerrier de ces temps-là, et le plus pauvre. Il paraissait capable de soutenir la gloire de l'empire à la tête des armées allemandes, et trop peu puissant pour l'asservir. Il ne possédait que trois seigneuries dans le comté de Nassau.

Albert, duc d'Autriche, fâché de ne point succéder à son père, s'unit contre le nouvel empereur avec ce même comte de Bourgogne, qui ne veut plus être vassal de l'Allemagne; et tous deux obtiennent des secours du roi de France, Philippe-le-Bel. La maison d'Autriche commence par appeler contre l'empereur ces mêmes Français que les princes de l'empire ont depuis si souvent appelés contre elle. Albert d'Autriche, avec le secours de la France, fait d'abord la guerre en Suisse, dont sa maison réclame la sou-

[1] Voyez année 1273. B.

veraineté. Il prend Zurich avec des troupes françaises.

1293. Albert d'Autriche soulève contre Adolphe Strasbourg et Colmar. L'empereur, à la tête de quelques troupes que les fiefs impériaux lui fournissent, apaise ces troubles.

Un différent entre le comte de Flandre et les citoyens de Gand est porté au parlement de Paris, et jugé en faveur des citoyens. Il était bien clairement reconnu que, depuis Gand jusqu'à Boulogne, Arras, et Cambrai, la Flandre relevait uniquement du roi de France [1].

1294. Adolphe s'unit avec Édouard [2], roi d'Angleterre, contre la France; mais, comme il craint un aussi puissant vassal que le duc d'Autriche, il n'entreprend rien. On a vu depuis renouveler plus d'une fois cette alliance dans des circonstances pareilles.

1295. Une injustice honteuse de l'empereur est la première origine de ses malheurs et de sa fin funeste : grand exemple pour les souverains! Albert de Misnie, landgrave de Thuringe, l'un des ancêtres de tous les princes de Saxe, qui font une si grande figure en Allemagne, gendre de l'empereur Frédéric II, avait trois enfants de la princesse sa femme. Il l'avait répudiée pour une maîtresse indigne de lui; et c'est pour cela que les Allemands lui avaient donné avec justice le surnom de *Dépravé*. Ayant un bâtard de cette concubine, il voulait déshériter pour lui ses trois enfants légitimes. Il met ses fiefs en vente malgré les

---

[1] Voyez 1252 et 1285. B. — [2] Édouard, premier du nom, dans la dynastie des Plantagenet, mort en 1307. Cl.

lois; et l'empereur, malgré les lois, les achète avec l'argent que le roi d'Angleterre lui avait donné pour faire la guerre à la France.

Les trois princes soutiennent hardiment leurs droits contre l'empereur. Il a beau prendre Dresde et plusieurs châteaux, il est chassé de la Misnie; et toute l'Allemagne se déclare contre cet indigne procédé.

1296. La rupture entre l'empereur et le roi d'Angleterre d'un côté, et la France de l'autre, durait toujours. Le pape Boniface VIII leur ordonne à tous trois une trêve, sous peine d'excommunication.

1297. L'empereur avait plus besoin d'une trêve avec les seigneurs de l'empire. Sa conduite les révoltait tous. Venceslas, roi de Bohême, Albert, duc d'Autriche, le duc de Saxe, l'archevêque de Mayence, s'assemblent à Prague. Il y avait deux marquis de Brandebourg; non qu'ils possédassent tous deux la même marche; mais, étant frères, ils prenaient tous deux le même titre. C'est un usage qui commençait à s'établir. On accuse l'empereur dans les formes, et on indique une diète à Égra pour le déposer.

Albert d'Autriche envoie à Rome solliciter la déposition d'Adolphe. C'est un droit qu'on reconnaît toujours dans les papes quand on croit en profiter.

Le duc d'Autriche feint d'avoir reçu le consentement du pape, qu'il n'a pourtant pas. L'archevêque de Mayence dépose solennellement l'empereur au nom de tous les princes. Voici comme il s'exprime :
« On nous a dit que nos envoyés avaient obtenu l'a-
« grément du pape; d'autres assurent que le pape l'a
« refusé; mais n'ayant égard qu'à l'autorité qui nous

« a été confiée, nous déposons Adolphe de la dignité
« impériale, et nous élisons pour roi des Romains le
« seigneur Albert, duc d'Autriche. »

1298. Boniface VIII défend aux électeurs, sous peine d'excommunication, de sacrer le nouveau roi des Romains. Ils lui répondent que ce n'est pas là une affaire de religion.

Cependant Adolphe ayant dans son parti quelques évêques et quelques seigneurs, avait encore une armée. Il donne bataille le 2 juillet, auprès de Spire[1], à son rival : tous deux se joignent au fort de la mêlée. Albert d'Autriche lui porte un coup d'épée dans l'œil. Adolphe meurt en combattant, et laisse l'empire à Albert.

ALBERT Ier D'AUTRICHE,

TRENTIÈME EMPEREUR.

1298. Albert d'Autriche commence par remettre son droit aux électeurs, afin de le mieux assurer. Il se fait élire une seconde fois à Francfort, puis couronner à Aix-la-Chapelle par l'archevêque de Cologne.

Le pape Boniface VIII ne veut pas le reconnaître. Ce pape avait alors de violents démêlés avec le roi de France Philippe-le-Bel[2].

1299. L'empereur Albert s'unit incontinent avec Philippe, et marie son fils aîné Rodolphe à Blanche, sœur du roi. Les articles de ce mariage sont remarquables. Il s'engage de donner à son fils l'Autriche,

---

[1] Ou plutôt près de Worms. CL.
[2] Voyez tome XVI, page 274. B.

la Stirie, la Carniole, l'Alsace, Fribourg en Brisgau, et assigne pour douaire à sa belle-fille l'Alsace et Fribourg, s'en remettant pour la dot de Blanche à la volonté du roi de France.

Albert fait part de ce mariage au pape, qui, pour toute réponse, dit que l'empereur n'est qu'un usurpateur, et qu'il n'y a d'autre César que le souverain pontife des chrétiens.

1300-1301. Les maisons de France et d'Autriche semblaient alors étroitement unies par ce mariage, par leur haine commune contre Boniface VIII, par la nécessité où elles étaient de se défendre contre leurs vassaux ; car, dans le même temps, la Hollande et la Zélande, vassales de l'empire, fesaient la guerre à Albert, et les Flamands, vassaux de la France, la fesaient au roi Philippe-le-Bel.

Boniface VIII, plus fier encore que Grégoire VII, et plus impétueux, prend ce temps pour braver à-la-fois l'empereur et le roi de France. D'un côté il excite contre Philippe-le-Bel son frère Charles de Valois; de l'autre, il soulève des princes de l'Allemagne contre Albert.

Nul pape ne poussa plus loin la manie de donner des royaumes. Il fait venir en Italie ce Charles de Valois, et le nomme vicaire de l'empire en Toscane. Il marie ce prince à la fille de Baudouin II, empereur de Constantinople, dépossédé, et déclare hardiment Charles de Valois empereur des Grecs. Rien n'est plus grand que ces entreprises quand elles sont bien conduites et heureuses : rien de plus petit quand elles sont sans effet. Ce pape, en moins de trois ans, donna les empires d'Orient et d'Occident, et mit en interdit le royaume de France.

Les circonstances où se trouvait l'Allemagne le mirent sur le point de réussir contre Albert d'Autriche.

Il écrit aux archevêques de Mayence, de Trèves et de Cologne : « Nous ordonnons qu'Albert compa« raisse devant nous dans six mois, pour se justifier, « s'il peut, du crime de lèse-majesté, commis contre « la personne de son souverain Adolphe. Nous dé« fendons qu'on le reconnaisse pour roi des Ro« mains, etc. »

Ces trois archevêques, qui n'aimaient pas Albert, conviennent avec le comte palatin du Rhin de procéder contre lui, comme ils avaient procédé contre son prédécesseur; et, ce qui montre bien qu'on a toujours deux poids et deux mesures, c'est qu'ils lui font un crime d'avoir vaincu et tué en combattant ce même Adolphe qu'ils avaient déposé, et contre lequel il avait été armé par eux-mêmes.

Le comte palatin fait en effet des informations contre l'empereur Albert. On sait que les comtes palatins étaient originairement juges dans le palais, et juges des causes civiles entre le prince et les sujets, comme cela se pratique dans tous les pays sous des noms différents.

Les palatins se croyaient en droit de juger criminellement l'empereur même. C'est sur cette prétention qu'on verra un palatin, un ban de Croatie condamner une reine[1].

---

[1] Élisabeth de Hongrie. Voyez année 1389; et tome XVII, page 164. B.

Albert, ayant pour lui les autres princes de l'empire, répond aux procédures par la guerre.

1302. Bientôt ses juges lui demandent grace, et l'électeur palatin paie par une grosse somme d'argent ses procédures.

La Pologne, après beaucoup de troubles, élit pour son roi Venceslas [1], roi de Bohême. Venceslas met quelque ordre dans un pays où il n'y en avait jamais eu. C'est lui qui institua le sénat. Ce Venceslas donne son fils pour roi aux Hongrois, qui le demandaient eux-mêmes.

Boniface VIII ne manque pas de prétendre que c'est un attentat contre lui, et qu'il n'appartient qu'à lui seul de donner un roi à la Hongrie. Il nomme à ce royaume Charobert [2], descendant de Charles d'Anjou. Il semblerait que l'empereur n'eût pas dû accoutumer le pape à donner des royaumes; cependant c'est ce qui le raccommoda avec lui. Il craignait plus la puissance de Venceslas que celle du pape. Il protége donc Charobert, et désole la Bohême avec une armée. Les auteurs disent que cette armée fut empoisonnée par les Bohémiens, qui infectèrent les eaux voisines du camp; cela est assez difficile à croire.

1303. Ce qui achève de mettre l'empereur dans les intérêts de Boniface VIII, c'est la sanglante querelle de ce pape avec Philippe-le-Bel. Boniface, très maltraité par ce monarque, et qui méritait de l'être, re-

---

[1] Cette élection de Venceslas, gendre de Rodolphe Ier, eut lieu en 1300. Cl.

[2] Voyez tome XVII, page 161; et ci-après, les années 1307, 1311-12, 1331. B.

connaît enfin cet Albert, à qui il avait voulu faire le procès, pour roi légitime des Romains, et lui promet la couronne impériale, pourvu qu'il déclare la guerre au roi de France.

Albert paie la complaisance du pape par une complaisance bien plus grande. Il reconnaît « que l'empire « a été transféré des Grecs aux Allemands par le saint-« siège; que les électeurs tiennent leur droit du pape, « et que les empereurs et les rois reçoivent de lui le « droit du glaive. » C'est contre une telle déclaration que le comte palatin aurait dû faire des procédures.

Ce n'était pas la peine de flatter ainsi Boniface VIII, qui mourut le 12 octobre, échappé à peine de la prison où le roi de France l'avait retenu aux portes même de Rome.

Cependant le roi de France confisque la Flandre sur le comte Gui Dampierre, et demeure, après une sanglante bataille, maître de Lille, de Douai, d'Orchies, de Béthune, et d'un très grand pays, sans que l'empereur s'en mette en peine.

Il ne songe pas davantage à l'Italie, toujours partagée entre les guelfes et les gibelins.

1304-1305. Ladislas, ce fils du respectable Venceslas, roi de Bohême et de la Pologne, est chassé de la Hongrie. Son père en meurt[1], à ce qu'on prétend, de chagrin, si les rois peuvent mourir de cette maladie.

Le duc de Bavière Othon se fait élire roi de Hongrie, et se fait renvoyer dès la même année. Ladis-

---

[1] Ce prince figure sous le nom de Venceslas-le-Jeune, dans le *Catalogue chronologique* des rois de Bohême. Quand il devint roi de Hongrie, il prit celui de Ladislas. Cl.

las, retourné en Bohême, y est assassiné. Ainsi, voilà trois royaumes électifs à donner à-la-fois, la Hongrie, la Bohême, et la Pologne.

L'empereur Albert fait couronner son fils Rodolphe en Bohême à main armée. Charobert se propose toujours pour la Hongrie; et un seigneur polonais, nommé Vladislas Locticus, est élu, ou plutôt rétabli en Pologne; mais l'empereur n'y a aucune part.

1306. Voici une injustice qui ne paraît pas d'un prince habile. L'empereur Adolphe de Nassau avait perdu la couronne et la vie pour s'être attiré la haine des Allemands, et cette haine fut principalement fondée sur ce qu'il voulut dépouiller à prix d'argent les héritiers légitimes de la Misnie et de la Thuringe.

Philippe de Nassau, frère de cet empereur, réclama ces pays si injustement achetés. Albert se déclare pour lui dans l'espérance d'en obtenir une part. Les princes de Thuringe se défendent. Ils sont mis sans formalités au ban de l'empire. Cette proscription leur donne des partisans et une armée. Ils taillent en pièces l'armée de l'empereur, qui est trop heureux de les laisser paisibles dans leurs états. On voit toujours, en général, dans les Allemands, un grand fonds d'attachement pour leurs droits; et c'est ce qui a fait subsister si long-temps ce gouvernement mixte; édifice souvent prêt à écrouler, et cependant toujours ferme.

1307. Le pape Clément V envoie un légat en Hongrie, qui donne la couronne à Charobert au nom du saint-siége. Autrefois les empereurs donnaient ce royaume: alors les papes en disposaient ainsi que de celui de Naples. Les Hongrois aimaient mieux être vassaux des papes désarmés que des empereurs qui pouvaient les asservir. Il valait mieux n'être vassal de personne.

Origine de la liberté des Suisses.

La Suisse relevait de l'empire, et une partie de ce pays était domaine de la maison d'Autriche, comme Fribourg, Lucerne, Zug, Glaris. Ces petites villes, quoique sujettes, avaient de grands priviléges, et étaient au rang des villes mixtes de l'empire; d'autres étaient impériales, et se gouvernaient par leurs citoyens, comme Zurich, Bâle, et Schaffouse. Les cantons d'Uri, de Schvitz, et d'Undervald, étaient sous le patronage de la maison d'Autriche, mais non sous sa domination.

L'empereur Albert voulut être despotique dans tout le pays. Les gouverneurs et les commissaires qu'il y envoya y exercèrent une tyrannie qui causa d'abord beaucoup de malheurs, et qui ensuite produisit le bonheur de la liberté.

Les fondateurs de cette liberté se nomment Melchtal, Stauffacher et Valther Fürst[1]. La difficulté de prononcer des noms si respectables nuit à leur célébrité. Ces trois paysans, hommes de sens et de résolution, furent les premiers conjurés. Chacun d'eux en attira trois autres. Ces neuf gagnèrent les cantons d'Uri, Schvitz, et Undervald.

[1] Ce fut le 17 novembre 1307, dans un lieu solitaire, nommé le Grütli, que *Arnold an der halden*, de Melchthal, *Werner Stauffacher*, de Schwitz, et *Walther Fürst*, d'Attinghausen, firent leur fameux serment. Le Grütli est situé à deux lieues d'Altdorf, sur la rive gauche du lac de Lucerne. Cl.

Tous les historiens prétendent que, tandis que la conspiration se tramait, un gouverneur d'Uri, nommé Grisler, s'avisa d'un genre de tyrannie ridicule et horrible. Il fit mettre, dit-on, un de ses bonnets au haut d'une perche dans la place, et ordonna qu'on saluât le bonnet, sous peine de la vie. Un des conjurés, nommé Guillaume Tell, ne salua point le bonnet. Le gouverneur le condamna à être pendu, et ne lui donna sa grace qu'à condition que le coupable, qui passait pour archer adroit, abattrait d'un coup de flèche une pomme placée sur la tête de son fils. Le père tremblant tira, et fut assez heureux pour abattre la pomme. Grisler, apercevant une seconde flèche sous l'habit de Tell, demanda ce qu'il en prétendait faire. « Elle t'é-« tait destinée, dit le Suisse, si j'avais blessé mon fils. »

Avouons que toutes ces histoires de pommes sont bien suspectes : celle-ci l'est d'autant plus qu'elle semble tirée d'une ancienne fable danoise. Mais enfin on tient pour constant que Tell ayant été mis aux fers, tua ensuite le gouverneur d'une flèche ; que ce fut le signal des conjurés ; que les peuples se saisirent des forteresses, et démolirent ces instruments de leur esclavage. Voyez l'*Essai sur les mœurs et l'esprit des nations* [1].

1308. Albert, prêt de commettre ses forces contre ce courage que donne l'enthousiasme d'une liberté naissante, perd la vie d'une manière funeste. Son propre neveu Jean, qu'on a appelé mal à propos duc de Souabe, qui ne pouvait obtenir de lui la jouissance de son patrimoine, conspire sa mort avec quel-

---

[1] Tome XVI, page 292. B.

ques complices. Il lui porta lui-même le dernier coup en se promenant avec lui auprès de Rheinsfeld, sur le bord de la rivière de Reuss, dans le voisinage de la Suisse[1]. Peu de souverains ont péri d'une mort plus tragique, et nul n'a été moins regretté. Il est très vraisemblable que le don de l'Autriche, de la Stirie, de la Carniole, fait par l'empereur Rodolphe de Habsbourg à ses deux enfants, fut la cause de cet assassinat. Jean, fils du prince Rodolphe, ayant en vain demandé à son oncle Albert sa part qu'il retenait, voulut s'en mettre en possession par un crime.

HENRI VII,

DE LA MAISON DE LUXEMBOURG,

TRENTE-UNIÈME EMPEREUR.

1308. Après l'assassinat d'Albert, le trône d'Allemagne demeure vacant sept mois. On compte parmi les prétendants à ce trône le roi de France Philippe-le-Bel : mais il n'y a aucun monument de l'histoire de France qui en fasse la moindre mention.

Charles de Valois, frère de ce monarque, se met sur les rangs. C'était un prince qui allait partout chercher des royaumes. Il avait reçu la couronne d'Aragon des mains du pape Martin IV, et lui avait prêté l'hommage et le serment de fidélité que les papes exigeaient des rois d'Aragon : mais il n'avait plus qu'un

---

[1] Albert Ier fut assassiné, le 1er mai 1308, près de Windisch, vers l'endroit où la Reuss se jette dans l'Aar, à plus de sept lieues de Rheinsfeld. Cl.

vain titre. Boniface VIII lui avait promis de le faire roi des Romains, mais il n'avait pu tenir sa parole.

Bertrand de Got, Gascon, archevêque de Bordeaux, élevé au pontificat de Rome par la protection de Philippe-le-Bel, promet cette fois la couronne impériale à ce prince. Les papes y pouvaient beaucoup alors, malgré toute leur faiblesse, parceque leur refus de reconnaître le roi des Romains élu en Allemagne était souvent un prétexte de factions et de guerres civiles.

Ce pape Clément V fait tout le contraire de ce qu'il avait promis. Il fait presser sous main les électeurs de nommer Henri, comte de Luxembourg.

Ce prince est le premier qui est nommé par six électeurs seulement, tous six grands officiers de la couronne : les archevêques de Mayence, Trèves, et Cologne, chanceliers ; le comte palatin de la maison de Bavière d'aujourd'hui, grand maître de la maison ; le duc de Saxe de la maison d'Ascanie, grand écuyer ; le marquis de Brandebourg de la même maison d'Ascanie, grand chambellan.

Le roi de Bohême, grand échanson, n'y assista pas, et personne même ne le représenta. Le royaume de Bohême était alors vacant, les Bohémiens ne voulant pas reconnaître le duc de Carinthie, qu'ils avaient élu, mais auquel ils fesaient la guerre comme à un tyran.

Ce fut le comte palatin qui nomma, au nom de six électeurs, *Henri, comte de Luxembourg, roi des Romains, futur empereur, protecteur de l'Église romaine et universelle, et défenseur des veuves et des orphelins.*

1309. Henri VII commence par venger l'assassinat

de l'empereur Albert. Il met l'assassin Jean, prétendu duc de Souabe, au ban de l'empire. Frédéric et Léopold d'Autriche, ses cousins, descendants comme lui de Rodolphe de Habsbourg, exécutent la sentence, et reçoivent l'investiture de ses domaines.

Un des assassins, nommé Rodolphe de Varth, seigneur considérable, est pris ; et c'est par lui que commence l'usage du supplice de la roue. Pour Jean, après avoir erré long-temps, il obtint l'absolution du pape, et se fit moine.

L'empereur donne à son fils de Luxembourg le titre de duc, sans ériger le Luxembourg en duché. Il y avait des ducs à brevet comme on en voit aujourd'hui en France; mais c'étaient des princes. On a déjà vu [1] que les empereurs fesaient des rois à brevet.

L'empereur songe à établir sa maison, et fait élire son fils Jean [2] de Luxembourg roi de Bohême. Il fallut la conquérir sur le duc de Carinthie; et cela ne fut pas difficile, puisque le duc de Carinthie avait contre lui la nation.

Tous les Juifs sont chassés d'Allemagne, et une grande partie est dépouillée de ses biens. Ce peuple, consacré à l'usure depuis qu'il est connu, ayant toujours exercé ce métier à Babylone, à Alexandrie, à Rome, et dans toute l'Europe, s'était rendu partout également nécessaire et exécrable. Il n'y avait guère de villes où l'on n'accusât les Juifs d'immoler un enfant le vendredi saint, et de poignarder une hostie. On fait encore, dans plusieurs villes, des processions

---

[1] Années 1000 et 1158. B. — [2] C'est celui que Voltaire cite plus bas, année 1346, sous le nom de *Jean-l'Aveugle.* CL.

en mémoire des hosties qu'ils ont poignardées, et qui ont jeté du sang. Ces accusations ridicules servaient à les dépouiller de leurs richesses.

1310. L'ordre des templiers est traité plus cruellement que les Juifs; c'est un des événements les plus incompréhensibles. Des chevaliers qui fesaient vœu de combattre pour Jésus-Christ sont accusés de le renier, d'adorer une tête de cuivre, et de n'avoir, pour cérémonies secrètes de leur réception dans l'ordre, que les plus horribles débauches. Ils sont condamnés au feu en France; en conséquence d'une bulle du pape Clément V, et de leurs grands biens. Le grand-maître de l'ordre, Jacques de Molai, Gui, frère du dauphin d'Auvergne, et soixante et quatorze chevaliers, jurèrent en vain que l'ordre était innocent : Philippe-le-Bel, irrité contre eux, les fit trouver coupables. Le pape, dévoué au roi de France, les condamna; il y en eut cinquante-neuf de brûlés à Paris : on les poursuivit partout. Le pape abolit l'ordre deux ans après [1]; mais en Allemagne, on ne fit rien contre eux; peut-être parcequ'on les persécutait trop en France. Il y a grande apparence que les débauches de quelques jeunes chevaliers avaient donné occasion de calomnier l'ordre entier. Cette Saint-Barthélemi de tant de chevaliers armés pour la défense du christianisme, jugés en France, et condamnés par un pape et par des cardinaux, est la plus abominable cruauté qui ait été jamais exercée au nom de la justice. On ne trouve rien de pareil chez les peuples les plus sauvages : ils tuent dans la colère; mais les juges très incompétents

[1] Voyez année 1313. B.

des templiers les livrèrent gravement aux plus affreux supplices, sans passion comme sans raison.

Henri VII veut rétablir l'empire en Italie. Aucun empereur n'y avait été depuis Frédéric II.

Diète à Francfort pour établir Jean de Luxembourg, roi de Bohême, vicaire de l'empire, et pour fournir au voyage de l'empereur; ce voyage s'appelle, comme on sait, *l'expédition romaine.* Chaque état de l'empire se cotise pour fournir des soldats, des cavaliers, ou de l'argent.

Les commissaires de l'empereur qui le précèdent font à Lausanne, le 11 octobre, le serment accoutumé aux commissaires du pape; serment regardé toujours par les papes comme un acte d'obéissance et un hommage, et par les empereurs comme une promesse de protection; mais les paroles en étaient favorables aux prétentions des papes.

1311-1312. Les factions des guelfes et des gibelins partageaient toujours l'Italie : mais ces factions n'avaient plus le même objet qu'autrefois; elles ne combattaient plus l'une pour l'empereur, l'autre pour le pape; ce n'était plus qu'un mot de ralliement, auquel il n'y avait guère d'idée fixe attachée. C'est de quoi nous avons vu un exemple en Angleterre dans les factions des wighs et des torys[1].

Le pape Clément V fuyait Rome, où il n'avait aucun pouvoir; il établissait sa cour à Lyon avec sa maîtresse la comtesse de Périgord, et amassait ce qu'il pouvait de trésors.

[1] Voyez tome XVIII, page 286; et tome XX, le chapitre XXII du *Siècle de Louis XIV.* B.

Rome était dans l'anarchie d'un gouvernement populaire. Les Colonna, les Orsini, les barons romains, partageaient la ville, et c'est la cause de ce long séjour des papes au bord du Rhône ; de sorte que Rome paraissait également perdue pour les papes et pour les empereurs.

La Sicile était restée à la maison d'Aragon. Charobert, roi de Hongrie, disputait le royaume de Naples à Robert son oncle, fils de Charles II de la maison d'Anjou.

La maison d'Est s'était établie à Ferrare. Les Vénitiens voulaient s'emparer de ce pays.

L'ancienne ligue des villes d'Italie était bien loin de subsister ; elle n'avait été faite que contre les empereurs : mais depuis qu'ils ne venaient plus en Italie, ces villes ne pensaient qu'à s'agrandir aux dépens les unes des autres.

Les Florentins et les Génois fesaient la guerre à la république de Pise. Chaque ville, d'ailleurs, était partagée en factions ; Florence entre les noirs et les blancs ; Milan entre les Visconti et les Turriani.

C'est au milieu de ces troubles que Henri VII paraît enfin en Italie. Il se fait couronner roi de Lombardie à Milan. Les guelfes cachent cette ancienne couronne de fer des rois lombards[1], comme si c'était à un petit cercle de fer que fût attaché le droit de régner. L'empereur fait faire une nouvelle couronne.

Les Turriani, le propre chancelier de l'empereur, conspirent contre sa vie dans Milan. Il condamne son chancelier au feu. La plupart des villes de Lombar-

---

[1] Voyez années 774, 961 et 1184. B.

dic, Crême, Crémone, Lodi, Brescia, lui refusent obéissance. Il les soumet par force, et il y a beaucoup de sang de répandu.

Il marche à Rome. Robert, roi de Naples, de concert avec le pape, lui ferme les portes, en fesant marcher vers Rome Jean, prince de Morée, son frère, avec des gendarmes et de l'infanterie.

Plusieurs villes, comme Florence, Bologne, Lucques, se joignent secrètement à Robert. Cependant le pape écrit de Lyon à l'empereur qu'il ne souhaite rien tant que son gouvernement; le roi de Naples l'assure des mêmes sentiments, et lui proteste que le prince de Morée n'est à Rome que pour y mettre l'ordre.

Henri VII se présente à la porte de la ville Léonine, qui renferme l'église de Saint-Pierre; mais il faut qu'il l'assiége pour y entrer. Il est battu au lieu d'être couronné. Il négocie avec l'autre partie de la ville, et demande qu'on le couronne dans l'église de Saint-Jean de Latran. Les cardinaux s'y opposent, et disent que cela ne se peut sans la permission du pape.

Le peuple de ce quartier prend le parti de l'empereur. Il est couronné en tumulte par quelques cardinaux. Alors il fait examiner par des jurisconsultes la question, « Si le pape peut ordonner quelque chose à « l'empereur, et si le royaume de Naples relève de « l'empire, ou du saint-siége. » Ses jurisconsultes ne manquent pas de décider en sa faveur, et le pape a grand soin de faire décider le contraire par les siens.

1313. C'est, comme on a vu, la destinée des empereurs de manquer de forces pour dominer dans Rome. Henri VII est obligé d'en sortir. Il va assiéger inutilement Florence, et cite non moins inutilement Robert, roi de Naples, à comparaître devant lui. Il met aussi vainement ce roi au ban de l'empire, comme coupable de lèse-majesté, *et le bannit à perpétuité sous peine de perdre la tête.* L'arrêt est du 25 avril.

Il rend des arrêts à peu près semblables contre Florence et Lucques ; et permet, par ces arrêts, d'assassiner les habitants : Venceslas en démence n'aurait pas donné de tels rescrits.

Il fait lever des troupes en Allemagne par son frère, archevêque de Trèves. Il obtient des Génois et des Pisans cinquante galères. On conspire dans Naples en sa faveur. Il pense conquérir Naples, et ensuite Rome; mais prêt à partir, il meurt auprès de la ville de Sienne[1]. L'arrêt contre les Florentins était une invitation à l'empoisonner. Un dominicain, nommé Politien de Montepulciano, qui le communiait, mêla, dit-on, du poison dans le vin consacré. Il est difficile de prouver de tels crimes. Mais les dominicains n'obtinrent du fils de Henri VII, Jean, roi de Bohême, des lettres qui les déclarent innocents, que trente ans après la mort de l'empereur. Il eût mieux valu avoir ces lettres dans le temps même qu'on commençait à les accuser de cet empoisonnement sacrilége.

INTERRÈGNE DE QUATORZE MOIS.

Dans les dernières années de la vie de Henri VII, l'ordre teutonique s'agrandissait, et fesait des conquêtes sur les idolâtres et sur les chrétiens des bords

---

[1] A Buonconvento, le 24 auguste 1313. Louis V ne fut élu que le 20 octobre 1314. Cl.

de la mer Baltique. Ils se rendirent même maîtres de Dantzick, qu'ils cédèrent après. Ils achetèrent la contrée de Prusse nommée Pomérélie d'un margrave de Brandebourg qui la possédait.

Pendant que les chevaliers teutons devenaient des conquérants, les templiers furent détruits en Allemagne, comme ailleurs; et quoiqu'ils se soutinssent encore quelques années vers le Rhin, leur ordre fut enfin entièrement aboli.

1314. Le pape Clément V condamne la mémoire de Henri VII, déclare que le serment que cet empereur avait fait, à son couronnement dans Rome, était un *serment de fidélité*, et par conséquent d'un vassal qui rend hommage.

Il casse la sentence de Henri VII portée contre le roi de Naples, « attendu, dit-il avec raison, que le roi « Robert est notre vassal. »

Mais le pape ajoute à cette raison des clauses bien étonnantes. « Nous avons, dit-il, la supériorité sur « l'empire, et nous succédons à l'empereur pendant « la vacance, par le plein pouvoir que Jésus-Christ « nous a donné. » Il faut avouer que Jésus-Christ, comme homme, ne se doutait pas qu'un prêtre qui se disait dans Rome successeur de Simon fût un jour de droit divin empereur pendant la vacance.

En vertu de cette prétention, le pape établit le roi de Naples Robert, vicaire de l'empire en Italie. Ainsi les papes, qui ne craignent rien tant qu'un empereur, aident eux-mêmes à perpétuer cette dignité, en reconnaissant qu'il faut un vicaire dans l'interrègne mais ils nomment ce vicaire pour se faire un droit de nommer un empereur.

Les électeurs en Allemagne sont long-temps divisés. Il était déjà établi dans l'opinion des hommes que le droit de suffrage n'appartenait qu'aux grands officiers de la maison, c'est-à-dire aux trois chanceliers ecclésiastiques, et aux quatre princes séculiers. Ces officiers avaient long-temps eu la première influence. Ils déclaraient la nomination faite par la pluralité des suffrages : peu-à-peu ils attirèrent à eux seuls le droit d'élire.

Cela est si vrai, que le duc de Carinthie, Henri, qui prenait le titre de roi de Bohême, disputait en cette seule qualité le droit d'électeur à Jean de Luxembourg, fils de Henri VII, qui en effet était roi de Bohême.

Les ducs de Saxe, Jean et Rodolphe, qui avaient chacun une partie de la Saxe, prétendaient partager le droit d'élire, et être tous deux électeurs, parcequ'ils se disaient tous deux grands maréchaux.

Le duc de Bavière, Louis, le même qui fut empereur, chef de la branche bavaroise, voulait partager avec son frère aîné Rodolphe, comte palatin, le droit de suffrage.

Il y eut donc dix électeurs qui représentaient sept officiers, sept charges principales de l'empire. De ces dix électeurs, cinq nomment Louis, duc de Bavière, qui, ajoutant son suffrage, est ainsi élu par six voix.

Les quatre autres choisissent Frédéric [1], duc d'Au-

---

[1] Frédéric, dit le Beau. L'*Art de vérifier les dates* le cite comme empereur sous le nom de Frédéric III. Cl.

triche, fils de l'empereur Albert; et ce duc d'Autriche ne compta point sa propre voix; ce qui prouve évidemment que l'Autriche n'avait point droit de suffrage, ne fournissant point de grand officier.

LOUIS V, ou LOUIS DE BAVIÈRE,
TRENTE-DEUXIÈME EMPEREUR.

1315. On ne compte pour empereur que Louis de Bavière, parcequ'il passe pour avoir été élu par le plus grand nombre, mais surtout parceque son rival Frédéric-le-Beau fut malheureux. Frédéric est sacré à Cologne par l'archevêque du lieu; Louis, à Aix-la-Chapelle, par l'archevêque de Mayence; et cet archevêque s'attribue ce privilége, malgré l'archevêque de Cologne, métropolitain d'Aix.

Ces deux sacres produisent nécessairement des guerres civiles; et celui-ci d'autant plus que Louis de Bavière était oncle de Frédéric son rival. Quelques cantons suisses, déjà ligués, prennent les armes pour Louis de Bavière. Ils défendaient par là leur liberté contre l'Autriche.

Mémorable bataille de Morgarten. Si les Suisses avaient eu l'éloquence des Athéniens comme le courage, cette journée serait aussi célèbre que celle des Thermopyles. Seize cents Suisses des cantons d'Uri, de Schvitz, et d'Undervald, dissipent au passage des montagnes une armée formidable du duc d'Autriche. Le champ de bataille de Morgarten est le vrai berceau de leur liberté [1].

[1] Voyez tome XVI, pages 294-95; et tome XXVI, page 55. B.

1316. Jean XXII, pape à Avignon et à Lyon comme ses deux prédécesseurs, n'osant pas mettre le pied en Italie, et abandonnant Rome, déclare cependant que l'empire dépend de l'Église romaine, et cite à son tribunal les deux prétendants à l'empire. Il y a eu de plus grandes révolutions sur la terre, mais il n'y en a pas eu une plus singulière dans l'esprit humain que de voir les successeurs des Césars, créés sur les bords du Mein, soumettre les droits qu'ils n'ont point sur Rome, à un pontife de Rome créé dans Avignon ; tandis que les rois d'Allemagne prétendent avoir le droit de donner les royaumes de l'Europe, que les papes prétendent nommer les empereurs et les rois, et que le peuple romain ne veut ni d'empereur ni de pape.

1317. Il faut se représenter, dans ces temps-là, l'Italie aussi divisée que l'Allemagne. Les guelfes et les gibelins la déchirent toujours. Les guelfes, à la tête desquels est le roi de Naples Robert, tiennent pour Frédéric d'Autriche. Louis a pour lui les gibelins. Les principaux de cette faction sont les Viscontis à Milan. Cette maison établissait sa puissance sur le prétexte de soutenir celle des empereurs. La France voulait déjà se mêler des affaires du Milanais, mais faiblement.

1318. Guerre entre Éric, roi de Danemarck, et Valdemar, margrave de Brandebourg. Ce margrave soutient seul cette guerre sans l'aide d'aucun prince de l'empire. Quand un état faible tient tête à un plus fort, c'est qu'il est gouverné par un homme supérieur.

Le duc de Lavenbourg, dans cette courte querelle

bientôt accommodée, est prisonnier du margrave, et se rachète pour seize mille marcs d'argent. On pourrait, par ces rançons, juger à peu près de la quantité d'espèces qui roulaient alors dans ces pays, où les princes avaient tout, et les peuples presque rien.

1319. Les deux empereurs consentent à décider leur querelle plus importante par trente champions : usage des anciens temps que la chevalerie a renouvelé quelquefois.

Ce combat d'homme à homme, de quinze contre quinze, fut comme celui des héros grecs et troyens. Il ne décida rien, et ne fut que le prélude de la bataille que les deux armées se livrèrent, après avoir été spectatrices du combat des trente. Louis est vainqueur dans cette bataille, mais sa victoire n'est point décisive.

1320-1321. Philippe de Valois, neveu de Philippe-le-Bel, roi de France, accepte du pape Jean XXII la qualité de lieutenant-général de l'Église contre les gibelins en Italie. Philippe de Valois y va, croyant tirer quelque parti de toutes ces divisions. Les Viscontis trouvent le secret de lui faire repasser les Alpes, tantôt en affamant sa petite armée, et tantôt en négociant.

L'Italie reste partagée en guelfes et en gibelins, sans prendre trop parti ni pour Frédéric d'Autriche, ni pour Louis [1] de Bavière.

---

[1] Une des éditions de 1753-54 porte *Henri*, une autre *Louis*; et l'errata de cette dernière dit de mettre, au lieu de *Henri*, *Louis*. On lit *Louis* dans l'édition de 1772. Voltaire a donné à ce prince le nom de Louis, tome XVI, pages 300-304, 312, et ci-dessus, page 301. Il y avait un Henri, parent de Louis : voyez année 1337. B.

1322. Il se donne une bataille décisive entre les deux empereurs, encore assez près de Muhldorf, le 28 septembre : le duc d'Autriche est pris avec le duc Henri, son frère, et Ferri, duc de Lorraine. Dès ce jour, il n'y eut plus qu'un empereur.

Léopold d'Autriche, frère des deux prisonniers, continue en vain la guerre.

Jean de Luxembourg, roi de Bohême, fatigué des contradictions qu'il éprouve dans son pays, envoie son fils en France pour l'y faire élever à la cour du roi Charles-le-Bel. Il fait un échange de sa couronne contre le palatinat du Rhin, avec l'empereur. Cela paraît incroyable. Le possesseur du palatinat du Rhin était Rodolphe de Bavière, propre frère de l'empereur. Ce Rodolphe s'était jeté dans le parti de Frédéric d'Autriche contre son frère ; et l'empereur Louis de Bavière, qui venait de s'emparer du palatinat, gagne la Bohême à ce marché.

On ne peut pas toujours en tout pays acheter et vendre des hommes comme des bêtes. Toute la noblesse de Bohême se souleva contre cet accord, le déclara nul et injurieux ; et il demeura sans effet. Mais Rodolphe resta privé de son palatinat.

1323. Un événement plus extraordinaire encore arrive dans le Brandebourg. Le margrave de ce pays, de l'ancienne maison d'Ascanie, quitte son margraviat pour aller en pèlerinage à la Terre-Sainte. Il laisse ses états à son frère, qui meurt vingt-quatre jours après le départ du pèlerin. Il y avait beaucoup de parents capables de succéder. L'ancienne maison de Saxe-Lavenbourg et celle d'Anhalt avaient des droits.

L'empereur, pour les accorder tous, et sans attendre de nouvelles du pélerinage du véritable possesseur, voulut approprier à sa maison les états de Brandebourg, et il en investit son fils Louis.

L'empereur épouse en secondes noces la fille d'un comte de Hainaut et de Hollande, qui lui apporte pour dot ces deux provinces avec la Zélande et la Frise. Aucun état vers les Pays-Bas n'était regardé comme un fief masculin. Les empereurs songeaient à l'établissement de leurs maisons aussi bien qu'à l'empire.

L'empereur, ayant vaincu son concurrent, a le pape encore à vaincre. Jean XXII, des bords du Rhône, ne laissait pas d'influer beaucoup en Italie. Il animait la faction des guelfes contre les gibelins. Il déclare les Viscontis hérétiques ; et comme l'empereur favorise les Viscontis, il déclare l'empereur fauteur d'hérétiques : et, par une bulle du 9 octobre, il ordonne à Louis de Bavière de se désister dans trois mois de l'administration de l'empire, « pour avoir pris le titre « de roi des Romains sans attendre que le pape ait « examiné son élection. » L'empereur se contente de protester contre cette bulle, ne pouvant encore faire mieux.

1324. Louis de Bavière soutient le reste de la guerre contre la maison d'Autriche, pendant qu'il était attaqué par le pape.

Jean XXII, par une nouvelle bulle du 15 juillet, déclare l'empereur *contumax*; et le prive de tout droit à l'empire, s'il ne comparaît devant sa sainteté avant le 1er octobre. Louis de Bavière donne un rescrit par lequel il invite l'Église à déposer le pape, et appelle au futur concile.

Marcile de Padoue, et Jean de Gent, franciscain, viennent offrir leur plume à l'empereur contre le pape, et prétendent prouver que le saint-père est hérétique. Il avait en effet des opinions singulières qu'il fut obligé de rétracter.

1325. Quand on voit ainsi les papes, n'ayant pas une ville à eux, parler aux empereurs en maîtres, on devine aisément qu'ils ne font que mettre à profit les préjugés des peuples et les intérêts des princes. La maison d'Autriche avait encore un parti en Allemagne, quoique le chef fût en prison; et ce n'est qu'à la tête d'un parti qu'une bulle peut être dangereuse.

L'Alsace et le pays Messin, par exemple, tenaient pour cette maison. L'empereur fit une alliance avec le duc de Lorraine son prisonnier, avec l'archevêque de Trèves et le comte de Bar, pour prendre Metz. Metz fut prise en effet, et paya environ quarante mille livres tournois à ses vainqueurs.

Frédéric d'Autriche étant toujours en prison, le pape veut faire donner l'empire à Charles-le-Bel, roi de France. Il eût été naturel qu'un pape eût fait nommer un empereur en Italie. C'était ainsi qu'on en avait usé envers Charlemagne; mais le long usage prévalait, et il fallait que l'Allemagne fît l'élection. On gagne en faveur du roi de France quelques princes d'Allemagne, qui donnèrent rendez-vous au roi à Bar-sur-Aube. Le roi de France s'y transporte, et n'y trouve que Léopold d'Autriche.

Le roi de France retourne chez lui, affligé de sa

fausse démarche. Léopold d'Autriche, sans ressource, renvoie à Louis de Bavière la lance, l'épée, et la couronne de Charlemagne. L'opinion publique attachait encore à ces symboles un droit qui confirmait celui de l'élection.

Louis de Bavière élargit enfin son prisonnier, et lui fait signer une renonciation à l'empire pour le temps de la vie de Louis. On prétend que Frédéric d'Autriche conserva toujours le titre de roi des Romains.

1326. Léopold d'Autriche meurt [1]. Il faut bien observer que, malgré les lois, l'usage constant était que les grands fiefs se partageassent encore entre les héritiers. Trente enfants auraient partagé le même état en trente parts, et auraient tous porté le même titre. Tous les agnats de Rodolphe de Habsbourg portaient le nom de ducs d'Autriche.

Léopold avait eu pour son partage l'Alsace, la Suisse, la Souabe, et le Brisgau. Ses frères se disputent cet héritage; ils choisissent le roi de Bohême, Jean de Luxembourg, pour austrègue, c'est-à-dire pour arbitre.

1327. Louis de Bavière va enfin en Italie se mettre à la tête des gibelins, et le pape anime de loin les guelfes contre lui. L'ancienne querelle de l'empire et du pontificat se renouvelle avec fureur.

Louis marche avec une petite armée à Milan; il est accompagné d'une foule de moines franciscains. Ces

---

[1] Léopold, dit le Glorieux, mourut le 28 février 1326. Il était, ainsi que Frédéric-le-Beau, fils de l'empereur Albert Ier, qui fut père d'une douzaine d'enfants. Cɪ.

moines étaient excommuniés par le pape Jean XXII, pour avoir soutenu que leur capuchon devait être plus pointu, et que leur boire et leur manger ne leur appartenaient pas en propre[1].

Ces mêmes franciscains traitaient le pape d'hérétique et de damné, au sujet de son opinion sur la vision béatifique.

L'empereur est couronné roi de Lombardie à Milan, non par l'archevêque, qui le refuse, mais par l'évêque d'Arezzo.

Dès que ce prince se prépare à aller à Rome, la faction des guelfes presse le pape d'y revenir. Le pape n'ose y aller, tant il craint le parti gibelin et l'empereur.

Les Pisans offrent à l'empereur soixante mille livres pour qu'il ne passe point par leur ville dans son voyage à Rome. Louis de Bavière assiége Pise, et se fait donner au bout de trois jours trente autres mille livres pour y séjourner deux mois. Les historiens disent que ce sont des livres d'or, mais cette somme ferait six millions d'écus d'Allemagne, ce qu'il est plus aisé de coucher par écrit que de payer.

Nouvelle bulle de Jean XXII, à Avignon, le 23 octobre : « Nous réprouvons ledit Louis comme héré« tique. Nous dépouillons ledit Louis de tous ses « biens meubles et immeubles, du palatinat du Rhin, « de tout droit à l'empire; défendons de fournir « audit Louis du blé, du linge, du vin, du bois, etc. »

L'hérésie de l'empereur était d'aller à Rome.

1328. Louis de Bavière est couronné dans Rome

---

[1] Voyez tome XVI, page 303. B.

sans prêter le serment de fidélité. Le célèbre Castruccio Castracani, tyran de Lucques, créé d'abord par l'empereur comte du palais de Latran et gouverneur de Rome, le conduit à Saint-Pierre avec les quatre premiers barons romains, Colonna, Orsini, Savelli, Conti.

Louis est sacré par un évêque de Venise, assisté d'un évêque d'Aleria, tous deux excommuniés par le pape. Il y eut peu de troubles dans Rome à ce couronnement.

Le 18 avril l'empereur tient une assemblée générale. Il y préside revêtu du manteau impérial, la couronne en tête, et le sceptre à la main. Un moine augustin, Nicolas Fabriano, y accuse le pape, et demande « s'il y a quelqu'un qui veuille défendre le « prêtre de Cahors, qui se fait nommer le pape Jean. » L'ordre des augustins devait produire un jour un homme plus dangereux pour les papes [1].

On lut ensuite la sentence par laquelle l'empereur déposait le pape. « Nous voulons, dit-il, suivre l'exem-
« ple d'Othon Ier, qui, avec le clergé et le peuple de
« Rome, déposa le pape Jean XII, etc. Nous déposons
« de l'évêché de Rome Jacques de Cahors, convaincu
« d'hérésie et de lèse-majesté, etc. »

Le jeune Colonna, attaché en secret au pape, publie son opposition dans Rome, l'affiche à la porte de l'église, et s'enfuit.

Enfin Louis prononce un arrêt de mort contre le pape, et même contre le roi de Naples, qui avait accepté du pape le vicariat de l'empire en Italie. Il les

---

[1] Luther : voyez année 1518. B.

condamne tous deux à être brûlés vifs : la colère outrée va quelquefois jusqu'au ridicule. Il crée pape le 22 mai, de son autorité, Pierre Reinalucci, de la ville de Corbiero ou Corbario, dominicain, et le fait agréer par le peuple romain. Il l'investit par l'anneau, au lieu de lui baiser les pieds, et se fait de nouveau couronner par lui.

Ce qui était arrivé à tous les empereurs depuis les Othons, arrive à Louis de Bavière. Les Romains conspirent contre lui. Le roi de Naples arrive avec des troupes aux portes de Rome. L'empereur et son pape sont obligés de s'enfuir.

1329. L'empereur, réfugié à Pise, est forcé d'en sortir. Il retourne sans armée en Bavière avec deux franciscains qui écrivaient contre le pape, Michel de Césène et Guillaume Okam. L'anti-pape Pierre de Corbiero se cache de ville en ville.

Le roi de Naples Robert fait rentrer sous la domination, ou plutôt sous la protection papale, Rome et plusieurs villes d'Italie.

Les Viscontis, toujours puissants dans Milan, et qui ne pouvaient plus être défendus par l'empereur, l'abandonnent. Ils se rangent du parti de Jean XXII, qui, toujours réfugié dans Avignon, semble donner des lois à l'Europe, et en donne en effet, quand ces lois sont exécutées par les forts contre les faibles.

Louis de Bavière, étant à Pavie, fait un traité mémorable avec son neveu Robert, fils de l'électeur palatin Rodolphe, mort en exil en Angleterre, et tige de toute la branche palatine. Par ce traité il partage avec son neveu les terres de la maison palatine; il lui rend le Palatinat du Rhin et le Haut-Palatinat, et il garde pour lui la Bavière. Il règle qu'après l'extinction d'une des deux maisons palatine et de Bavière, qui ont une souche commune, la survivante entrera en possession de toutes les terres et dignités de l'autre, et que cependant le suffrage dans les élections des empereurs appartiendra alternativement aux deux maisons. Le droit de suffrage, accordé ainsi à la maison de Bavière, ne dura pas long-temps. La division que cet accord mit entre les deux maisons fut longue.

1330. Le pape frère Pierre de Corbiero [1], caché dans un château d'Italie, entouré de soldats envoyés par l'archevêque de Pise, demande grace à Jean XXII, qui lui promet la vie sauve, et trois mille florins d'or de pension pour son entretien.

Ce pape frère Pierre va, la corde au cou, se présenter devant le pape, qui le fait enfermer dans une prison, où il mourut au bout de trois ans [2]. On ne sait s'il avait stipulé ou non qu'il ne serait pas enfermé.

Christophe, roi de Danemarck, est déposé par les états du pays. Il a recours à l'empire. Les ducs de Saxe, de Mecklenbourg, et de Poméranie, sont nommés par l'empereur pour juger entre le prince et les sujets. C'était faire revivre les droits éteints de l'empire sur le Danemarck. Mais Gérard, comte de Holstein, régent du royaume, ne voulut pas reconnaître cette commission. Le roi Christophe, avec les forces de ces princes et du margrave de Brandebourg, chasse le régent, et remonte sur le trône.

Louis de Bavière veût se réconcilier avec le pape,

---

[1] Voyez année 1328. B. — [2] En 1336. B.

et lui envoie une ambassade. Jean XXII, pour réponse, mande au roi de Bohême qu'il ait à faire déposer l'empereur.

1331. Le roi de Bohême Jean, au lieu d'obéir au pape, se lie avec l'empereur, et marche en Italie avec une armée, en qualité de vicaire de l'empire. Ayant réduit quelques villes, comme Crémone, Parme, Pavie, Modène, il est tenté de les garder pour lui, et dans cette idée il s'unit secrètement avec le pape. Les guelfes et les gibelins[1] alarmés se réunissent contre Jean XXII et contre Jean de Bohême.

L'empereur, craignant un vicaire si dangereux, excite contre lui Othon d'Autriche, frère de ce même Frédéric, son rival pour l'empire; tant les intérêts changent en peu de temps !

Il suscite le marquis de Misnie, et Charobert, roi de Hongrie, et jusqu'à la Pologne. Il est donc prouvé qu'alors il pouvait bien peu par lui-même. L'empire fut rarement plus faible : mais l'Allemagne dans tous ces troubles est toujours respectée des étrangers, toujours hors d'atteinte.

Le roi de Bohême, revenu en Allemagne, bat tous ses ennemis l'un après l'autre. Il laisse son fils Charles vicaire en Italie malgré Louis de Bavière, et pour lui il va jusqu'en Pologne. Ce roi de Bohême Jean était alors le véritable empereur par son pouvoir.

Les guelfes et les gibelins, malgré leur antipathie, se liguent contre le prince Charles de Bohême en Italie. Le roi son père, vainqueur en Allemagne, passe les Alpes pour secourir son fils. Il arrive lorsque ce

---

[1] Voyez années 1089, 1138 et 1230. B.

jeune prince vient de remporter une victoire signalée le 25 novembre, vers le Tyrol.

Il rentre avec son fils triomphant dans Prague, et lui donne la marche, ou marquisat, ou margraviat de Moravie, en lui fesant prêter un hommage lige.

1332. Le pape continue d'employer la religion dans l'intrigue. Othon, duc d'Autriche, gagné par lui, quitte le parti de l'empereur; et, gagné par des moines, il soumet ses états au saint-siége. Il se déclare vassal de Rome. Quel temps où une telle action ne fut ni abhorrée ni punie! Peu de gens savent que l'Autriche a été donnée aux papes, ainsi que l'Angleterre; c'est l'effet de la superstition et de la barbare stupidité dans laquelle l'Europe était plongée.

Ce temps était celui de l'anarchie. Le roi de Bohême se fesait craindre de l'empereur, et songeait à établir son crédit dans l'Allemagne. Lui et son fils avaient gagné des batailles en Italie, mais des batailles inutiles. Toute l'Italie était armée alors, gibelins contre guelfes, les uns et les autres contre les Allemands; toutes les villes s'accordaient dans leur haine contre l'Allemagne, et toutes se fesaient la guerre, au lieu de s'entendre pour briser à jamais leurs chaînes.

Pendant ces troubles l'ordre teutonique est toujours une milice de conquérants vers la Prusse. Les Polonais leur prennent quelques villes. Ce même Jean, roi de Bohême, marche à leur secours. Il va jusqu'à Cracovie. Il apaise des troubles en Silésie. Ce prince, maître de la Bohême, de la Silésie, de la Moravie, fesait alors tout trembler.

Strasbourg, Fribourg en Brisgau, et Bâle, s'unissent dans ces temps de trouble contre les tyrans voisins. Plusieurs villes entrent dans cette association. Le voisinage de quatre cantons suisses, devenus libres, inspire à ces peuples des sentiments de liberté.

Othon d'Autriche assiége Colmar. L'empereur soutient cette ville contre le duc d'Autriche. Le comte de Virtemberg fournit des troupes à l'empereur; le roi de Bohême lui en donne. On voit de part et d'autre des armées de trente mille hommes, mais ce n'est jamais que pour une campagne. L'empereur n'est alors que comme un autre prince d'Allemagne qui a ses amis comme ses ennemis. Qu'eût-ce été, si tout eût été réuni pour subjuguer en effet toute l'Italie?

Mais l'Allemagne n'est occupée que de ses querelles intestines. Le duc d'Autriche se raccommode avec l'empereur. La face des affaires change continuellement, et la misère des peuples continue.

1333. On a vu Jean, roi de Bohême, combattre en Italie pour l'empereur [1]; maintenant le voici armé pour le pape. On a vu Robert, roi de Naples, défenseur du pape [2]; il est à présent son ennemi. Ce même roi de Bohême, qui venait d'assiéger Cracovie, va en Italie, de concert avec le roi de France, pour y établir le pouvoir du pape. C'est ainsi que l'ambition promène les hommes.

Qu'arrive-t-il? il donne bataille près de Ferrare au roi Robert de Naples, aux Viscontis, aux L'Escales, princes de Vérone, réunis. Il est défait deux fois. Il

[1] Voyez 1331. B. — [2] Voyez 1328. B.

retourne en Allemagne après avoir perdu ses troupes, son argent, et sa gloire.

Troubles et guerres en Brabant au sujet de la propriété de Malines, que le duc de Brabant et le comte de Flandre se disputent. Le roi de Bohême s'en mêle encore. On s'accommode. Malines demeure à la Flandre.

1334. Cependant l'empereur Louis de Bavière reste tranquille dans Munich, et semble ne plus prendre part à rien.

Le pape Jean XXII, plus remuant, sollicite toujours les princes allemands à se soulever contre Louis de Bavière; et les franciscains du parti de Michel de Césène, condamnés par le pape, pressent l'empereur d'assembler un concile pour faire déclarer le pape hérétique, et pour le déposer.

La mort devait venger l'empereur plus promptement qu'un concile. Jean XXII meurt à quatre-vingt-dix ans, le 4 décembre, dans Avignon.

Villani prétend qu'on trouva dans son trésor la valeur de vingt-cinq millions de florins d'or, dont dix-huit millions monnayés. «Je le sais, dit Villani, de « mon frère Rommone, qui était marchand du pape. » On peut dire hardiment à Villani que son frère le marchand était un grand exagérateur. Cela ferait environ deux cent millions d'écus d'Allemagne d'aujourd'hui. On eût alors, avec une pareille somme, acheté toute l'Italie, et Jean XXII n'y mit jamais le pied. Il eut beau ajouter une troisième couronne à la tiare pontificale, il n'en fut pas plus puissant. Il est vrai qu'il vendait beaucoup de bénéfices, qu'il inventa les annates, les réserves, les expectatives, qu'il mit à prix les dispenses et les absolutions. Tout cela est une ressource plus faible qu'on ne pense, et a produit beaucoup plus de scandale que d'argent; les exacteurs de pareils tributs n'en font d'ordinaire aux maîtres qu'une part fort légère.

Ce qui est digne de remarque, c'est qu'il eut du scrupule en mourant sur la manière dont il avait dit qu'on voyait Dieu dans le ciel, et qu'il n'en eut point sur les trésors qu'il avait amassés sur la terre.

1335. Le vieux roi Jean de Luxembourg épouse une jeune princesse de la maison de France, de la branche de Bourbon; et, par son contrat de mariage, il donne le duché de Luxembourg au fils qui naîtra de cette alliance. La plupart des clauses des contrats sont des semences de guerre.

Voici un autre mariage qui produit une guerre dès qu'il est consommé. Le vieux roi de Bohème avait un second fils, Jean de Luxembourg, duc de Carinthie. Ce jeune prince prenait le titre de duc de Carinthie, parceque sa femme avait des prétentions sur ce duché. Cette princesse de Carinthie, qu'on appelait *Marguerite-la-grande-bouche*, prétend que son mari Jean de Luxembourg est impuissant. Elle trouve un évêque de Freisengen qui casse son mariage sans formalités; elle se donne au marquis de Brandebourg.

L'intérêt a autant de part que l'amour dans cet adultère. Le margrave de Brandebourg était le fils de l'empereur Louis de Bavière. *Marguerite-la-grande-bouche* apportait le Tyrol en dot, et des droits sur la Carinthie: ainsi l'empereur ne fit aucune difficulté d'ôter cette princesse au prince de Bohême, et de la donner à son fils de Brandebourg. Ce mariage excite une guerre qui dure toute l'année; et après beaucoup de sang répandu, on en vient à un accommodement singulier : c'est que le jeune Jean de Luxembourg avoue que sa femme a raison de l'avoir quitté, et approuve son mariage avec le Brandebourgeois, fils de l'empereur.

Petite guerre des Strasbourgeois contre les seigneurs des environs. Strasbourg agit en vraie république indépendante, à cela près que son évêque se mettait souvent à la tête des troupes, pour faire dépendre les citoyens de l'évêque.

1336-1337. On commence à négocier beaucoup en Allemagne pour la fameuse guerre que le roi d'Angleterre Édouard III méditait contre Philippe de Valois. Il s'agissait de savoir à qui la France appartiendrait.

Il est vrai que ce pays, beaucoup plus resserré qu'il ne l'est aujourd'hui, affaibli par les divisions du gouvernement féodal, et n'ayant point de grand commerce maritime, n'était pas le plus grand théâtre de l'Europe, mais c'était toujours un objet très important.

Philippe de Valois d'un côté, et Édouard de l'autre, tâchent d'engager les princes d'Allemagne dans leur querelle; mais il paraît que l'Anglais fit mieux sa partie que le Français. Philippe de Valois a pour lui le roi de Bohême, et Édouard a tous les princes voisins de la France. Il a surtout pour lui l'empereur; il n'en obtient à la vérité que des lettres-patentes, mais ces lettres-patentes sont de vicaire de l'empire. Le fier

Édouard consent volontiers à exercer ce vicariat, pour tâcher de faire déclarer guerre de l'empire la guerre contre la France. Ses provisions portent qu'il pourra faire battre monnaie dans toutes les terres de l'empire : rien ne prouve mieux ce respect secret qu'on avait dans toute l'Europe pour la dignité impériale.

Pendant qu'Édouard s'appuie des forces temporelles de l'Allemagne, Philippe de Valois cherche à faire agir les forces spirituelles du pape : elles étaient alors bien peu de chose.

Le pape Benoît XII, encore dans Avignon comme ses prédécesseurs, était dépendant du roi de France.

Il faut savoir que l'empereur n'ayant point été absous par le pape, demeurait toujours excommunié, et privé de ses droits dans l'opinion vulgaire de ces temps-là.

Philippe de Valois, qui peut tout sur un pape d'Avignon, force Benoît XII à différer l'absolution de l'empereur. Ainsi l'autorité d'un prince dirige souvent le ministère pontifical, et ce ministère, à son tour, suscite quelques princes. Il y a un Henri, duc de Bavière, parent de Louis l'empereur, prenant toujours, selon l'usage, ce titre de duc sans avoir le duché, mais possédant une partie de la Bavière inférieure. Ce Henri demande pardon au pape par ses députés, d'avoir reconnu son parent empereur. Cette bassesse ne produit dans l'empire aucune des révolutions qu'on en attendait.

1338. Le pape Benoît XII avoue que c'est Philippe de Valois, roi de France, qui l'empêche de réconcilier à l'Église l'empereur Louis. Voilà comme presque tous les papes n'ont été que les instruments d'une force étrangère. Ils ressemblaient souvent aux dieux des Indiens, à qui on demande de la pluie à genoux, et qu'on traîne dans la rivière quand on n'est pas exaucé.

Grande assemblée des princes de l'empire à Rentz sur le Rhin. On y déclare ce qui ne devrait pas avoir besoin d'être déclaré; « que celui qui a été élu par le « plus grand nombre est véritable empereur; que la « confirmation du pape est absolument inutile; que le « pape a encore moins le droit de déposer l'empereur; « et que l'opinion contraire est un crime de lèse-ma- « jesté. »

Cette déclaration passe en loi perpétuelle le 8 auguste à Francfort.

Albert d'Autriche, surnommé d'abord *le Contrefait*, et qui ensuite changea ce surnom en celui de *Sage*, l'un des frères de ce Frédéric d'Autriche qui avait disputé l'empire, et le seul de tous ses frères par qui la race autrichienne s'est perpétuée, attaque encore en vain les Suisses. Ces peuples, qui n'avaient de bien que leur liberté, la défendent toujours avec courage; Albert est malheureux dans son entreprise, et mérite le nom de *Sage* en l'abandonnant.

1339. L'empereur Louis ne pense plus qu'à rester tranquille dans Munich, pendant qu'Édouard, roi d'Angleterre, son vicaire, traîne cinquante princes de l'empire à la guerre contre Philippe de Valois, et va conquérir une partie de la France. Mais avant la fin de la campagne, tous ces princes allemands se retirent chez eux; et Édouard, assisté des Flamands, poursuit ses vues ambitieuses.

1340. L'empereur Louis, qui s'était repenti d'avoir donné le vicariat d'Italie à un roi de Bohême guerrier et puissant, se repent d'avoir donné le vicariat d'Allemagne à un roi plus puissant et plus guerrier. L'empereur était le pensionnaire du vicaire; et le fier Anglais se conduisant en maître, et payant mal la pension, l'empereur lui ôte ce vicariat, devenu un titre inutile.

L'empereur négocie avec Philippe de Valois. Pendant ce temps l'autorité impériale est absolument anéantie en Italie, malgré la loi perpétuelle de Francfort[1].

Le pape, de son autorité privée, accorde aux deux frères Viscontis le gouvernement de Milan, qu'ils avaient sans lui, et les fait vicaires de l'Église romaine; ils avaient été auparavant vicaires impériaux.

Le roi Jean de Bohême va à Montpellier pour se guérir, par la salubrité de l'air, d'un mal qui attaquait ses yeux. Il n'en perd pas moins la vue, et il est connu depuis sous le nom de Jean-l'Aveugle. Il fait son testament, donne la Bohême et la Silésie à Charles, depuis empereur; à Jean la Moravie; à Venceslas, né de Béatrix de Bourbon, le Luxembourg et les terres qu'il a en France du chef de sa femme.

L'empereur cependant jouit de la gloire de décider en arbitre des querelles de la maison de Danemarck. Le duc de Slesvick-Holstein, par cet accommodement, renonce aux prétentions sur le royaume de Danemarck : il marie sa sœur au roi Valdemar III, et reste en possession du Jutland.

[1] Voyez 1338. B.

1341-1342-1343. Louis de Bavière semble ne plus penser à l'Italie, et donne des tournois dans Munich.

Clément VI, nouveau pape, né Français et résidant à Avignon, est sollicité de revenir enfin rétablir en Italie le pontificat, et d'y achever d'anéantir l'autorité impériale. Il suit les procédures de Jean XXII contre Louis. Il sollicite l'archevêque de Trèves de faire élire en Allemagne un nouvel empereur. Il soulève en secret contre lui ce roi de Bohême Jean-l'Aveugle, toujours remuant, le duc de Saxe, et Albert d'Autriche.

L'empereur Louis, qui a toujours à craindre qu'un défaut d'absolution n'arme contre lui les princes de l'empire, flatte le pape qu'il déteste, et lui écrit « qu'il « remet à la disposition de sa sainteté sa personne, « son état, sa liberté, et ses titres. » Quelles expressions pour un empereur qui avait condamné Jean XXII à être brûlé vif !

Les princes assemblés à Francfort sont moins complaisants, et maintiennent les droits de l'empire.

1344-1345. Jean-l'Aveugle semble plus ambitieux depuis qu'il a perdu la vue. D'un côté il veut frayer le chemin de l'empire à son fils Charles; de l'autre il fait la guerre à Casimir, roi de Pologne, pour la mouvance du duché de Schveidnitz, dans la Silésie.

C'est l'effet ordinaire de l'établissement féodal. Le duc de Schveidnitz avait fait hommage au roi de Pologne : Jean de Bohême réclame l'hommage en qualité de duc de Silésie. L'empereur soutient en secret les intérêts du Polonais; et malgré l'empereur, la guerre finit heureusement pour la maison de Luxembourg. Le prince Charles de Luxembourg, marquis de Moravie, fils de Jean-l'Aveugle, devenu veuf, épouse la nièce du duc de Schveidnitz, qui fait hommage à la Bohême; et c'est une nouvelle confirmation que la Silésie est une annexe de la couronne de Bohême.

L'impératrice Marguerite, femme de l'empereur Louis de Bavière, et sœur de Jean de Brabant, se trouve héritière de la Hollande, de la Zélande, et de la Frise : elle recueille cette succession. L'empereur, son mari, devait en être beaucoup plus puissant : il ne l'est pourtant pas.

En ce temps, Robert, comte palatin, fonde l'université de Heidelberg sur le modèle de celle de Paris.

1346. Jean-l'Aveugle et son fils Charles font un grand parti dans l'empire au nom du pape.

Les factions impériale et papale troublent enfin l'Allemagne, comme les guelfes et les gibelins avaient troublé l'Italie. Clément VI en profite. Il publie contre Louis de Bavière une bulle le 13 avril. « Que la colère « de Dieu, dit-il, et celle de saint Pierre et saint Paul, « tombent sur lui dans ce monde-ci et dans l'autre; « que la terre l'engloutisse tout vivant; que sa mé- « moire périsse; que tous les éléments lui soient con- « traires; que ses enfants tombent dans les mains de « ses ennemis aux yeux de leur père. »

Il n'y avait point de protocole pour ces bulles; elles dépendaient du caprice du dataire qui les expédiait. Le caprice en cette occasion est un peu violent.

Il y avait alors deux archevêques de Mayence, l'un déposé en vain par le pape, l'autre élu à l'instigation du pape par une partie des chanoines. C'est à ce dernier que Clément VI adresse une autre bulle pour élire un empereur.

Le roi de Bohême, Jean-l'Aveugle, et son fils Charles, marquis de Moravie, qui fut depuis l'empereur Charles IV, vont à Avignon marchander l'empire avec le pape Clément VI. Charles s'engage à casser toutes les ordonnances de Louis de Bavière, à reconnaître que le comté d'Avignon appartenait de droit au saint-siége, ainsi que Ferrare et les autres terres (il entendait celles de la comtesse Mathilde), les royaumes de Sicile, de Sardaigne, et de Corse, et surtout Rome; que, si l'empereur va à Rome se faire couronner, il en sortira le même jour, qu'il n'y reviendra jamais sans une permission expresse du pape, etc.

Après ces promesses, Clément VI recommande aux archevêques de Cologne et de Trèves, et au nouvel archevêque de Mayence, d'élire empereur le marquis de Moravie. Ces trois prélats avec Jean-l'Aveugle s'assemblent à Rentz, près de Coblentz, le premier juillet. Ils élisent Charles de Luxembourg, marquis de Moravie, qu'on connaît sous le nom de Charles IV.

Le jésuite Maimbourg assure positivement qu'il acheta le suffrage de l'archevêque de Cologne huit mille marcs d'argent; et il ajoute que le duc de Saxe, comme plus riche, « fit meilleur marché de sa voix, « se contentant de deux mille marcs. »

1. Ce que le jésuite Maimbourg assure n'est rapporté que sur un ouï-dire par Cuspinien.

2. Comment peut-on être instruit de ces marchés secrets?

3. Voilà un beau désintéressement dans le duc de

Saxe, de ne se déshonorer que pour deux mille marcs, parcequ'il est riche ! c'est précisément parcequ'on est riche qu'on se vend plus cher, quand on fait tant que de se vendre.

4. Le sens commun permet-il de croire que Charles IV ait acheté chèrement un droit très incertain et une guerre civile certaine ?

Quoique l'Allemagne fût partagée, le parti de Louis de Bavière est tellement le plus fort que le nouvel empereur et son vieux père, au lieu de soutenir leurs droits en Allemagne, vont se battre en France contre Édouard d'Angleterre pour Philippe de Valois.

Le vieux roi Jean de Bohême est tué à la fameuse bataille de Créci, le 25 ou 26 auguste, gagnée par les Anglais. Charles s'en retourne en Bohême sans troupes et sans argent : il est le premier roi de Bohême qui se soit fait couronner par l'archevêque de Prague ; et c'est pour ce couronnement que l'évêché de Prague, jusque-là suffragant de Mayence, fut érigé en archevêché.

1347. Alors Louis de Bavière et l'anti-empereur Charles se font la guerre. Charles de Luxembourg est battu partout.

Il se passait alors une scène singulière en Italie. Nicolas Rienzi, notaire à Rome, homme éloquent, hardi, et persuasif, voyant Rome abandonnée des empereurs et des papes qui n'osaient y retourner, s'était fait tribun du peuple. Il régna quelques mois[1] d'une manière absolue ; mais le peuple, qui avait élevé

---

[1] De mai à décembre 1347, puis fut obligé de s'enfuir, reprit le pouvoir en 1354, et fut assassiné le 8 octobre : voyez tome XVI, page 305. B.

cette idole, la détruisit. Rome depuis long-temps ne semblait plus faite pour des tribuns : mais on voit toujours cet ancien amour de la liberté qui produit des secousses et qui se débat dans ses chaînes. Rienzi s'intitulait, *Chevalier candidat du Saint-Esprit, sévère et clément libérateur de Rome, zélateur de l'Italie, amateur de l'univers, et tribun auguste.* Ces beaux titres prouvent qu'il était un enthousiaste ; et que par conséquent il pouvait séduire la vile populace, mais qu'il était indigne de commander à des hommes d'esprit. Il voulait en vain imiter Gracchus, comme Crescence avait voulu vainement imiter Brutus.

Il est certain que Rome alors était une république, mais faible, n'ayant de l'ancienne république romaine que les factions. Son ancien nom fesait toute sa gloire.

Il est difficile de dire s'il y eut jamais un temps plus malheureux depuis les inondations des barbares au cinquième siècle. Les papes étaient chassés de Rome ; la guerre civile désolait toute l'Allemagne, les guelfes et les gibelins déchiraient l'Italie ; la reine de Naples, Jeanne, après avoir étranglé son mari, fut étranglée elle-même ; Édouard III ruinait la France où il voulait régner ; et enfin la peste, comme on le verra [1], fit périr une partie des hommes échappés au glaive et à la misère.

Louis de Bavière meurt d'apoplexie le 21 octobre auprès d'Augsbourg. Des auteurs disent qu'il fut empoisonné par une duchesse d'Autriche. Le prêtre André et d'autres prétendent que cette duchesse d'Autriche est la même qu'on appelait *la grande-bouche* ;

---

[1] Année 1350. B.

mais le prêtre André ne fait pas réflexion que Marguerite-la-grande-bouche est la même qui avait quitté son mari pour le fils de l'empereur. Il fallait que les historiens de ce temps-là eussent une grande haine pour les princes : ils les font presque tous empoisonner. Un Hocsemius s'exprime ainsi : « L'empereur ba- « varois, le damné, meurt d'un poison donné par la « duchesse d'Ostrogothie ou d'Autriche, femme du « duc Albert. » Struvius dit qu'on prétend qu'il fut empoisonné par une duchesse d'Autriche nommée Anne. Voilà donc trois prétendues duchesses d'Autriche différentes accusées de cette mort, sans la moindre apparence. C'est ainsi qu'on écrivait autrefois l'histoire. On croirait en lisant le *P. Barre*[1] que Louis de Bavière fut empoisonné par une quatrième princesse nommée Maultasch : mais c'est qu'en allemand Maultasch signifie *grande bouche* ou *bouche difforme;* et cette princesse est précisément cette Marguerite, bru de l'empereur. Il s'intitulait Louis IV, et non pas Louis V, parcequ'il ne comptait pas Louis IV, surnommé *l'Enfant*, parmi les empereurs[2].

Ce fut lui qui donna lieu à l'invention de l'aigle à deux têtes : il y avait deux aigles dans ses sceaux; et les deux têtes d'aigle qu'on a presque toujours conservées depuis, supposent aussi deux corps, dont l'un est caché par l'autre. Le caprice des ouvriers a décidé de presque toutes les armoiries des souverains.

---

[1] Voyez son *Histoire générale d'Allemagne*, tome VI, page 66. B.
[2] Voyez année 900. B.

CHARLES IV,

TRENTE-TROISIÈME EMPEREUR.

1348. Charles de Luxembourg, roi de Bohême [1], va d'abord de ville en ville se faire reconnaître empereur. Louis [2], margrave de Brandebourg, lui dispute la couronne.

L'ancien archevêque de Mayence l'excommunie; le comte palatin Rupert, le duc de Saxe, s'assemblent, et ne veulent ni l'un ni l'autre des prétendants; ils cassent l'élection de Charles de Bohême, et nomment Édouard III, roi d'Angleterre, qui n'y songeait pas.

L'empire n'était donc alors qu'un titre onéreux, puisque l'ambitieux Édouard III n'en voulut point: il se garda bien d'interrompre ses conquêtes en France pour courir après un fantôme.

Au refus d'Édouard, les électeurs s'adressent au marquis de Misnie, gendre du feu empereur; il refuse encore. Mutius dit qu'il aima mieux dix mille marcs d'argent de la main de Charles IV que la couronne impériale. C'était mettre l'empire à bien bas prix ; mais il est fort douteux que Charles IV eût dix mille marcs à donner, lui qui, dans le même temps, fut arrêté à Vorms par son boucher, et qui ne put le satisfaire qu'en empruntant de l'argent de l'évêque.

Les électeurs, refusés de tous côtés, offrent enfin

---

[1] Fils de Jean-l'Aveugle, dont il a été question aux années 1309-12; 1314, 1322, 1331-33, 1335, 1340, 1344-46. B.

[2] Louis Ier, margrave de Brandebourg, mort en 1361, était fils de l'empereur Louis V, prédécesseur de Charles IV. (Voyez page 316.) B.

cet empire, dont personne ne veut, à Gunther de Schvartzbourg, noble thuringien. Celui-ci, qui était guerrier, et qui avait peu de chose à perdre, accepta l'offre pour le soutenir à la pointe de l'épée.

1349. Les quatre électeurs élisent Gunther de Schvartzbourg auprès de Francfort. Les doubles élections, trop fréquentes, avaient introduit à Francfort une coutume singulière. Celui des compétiteurs qui se présentait le premier devant Francfort attendait six semaines et trois jours, au bout desquels il était reçu et reconnu, si son concurrent ne venait pas. Gunther attendit le temps prescrit, et fit enfin son entrée : on espérait beaucoup de lui. On prétend que son rival le fit empoisonner : le poison de ces temps-là en Allemagne était la table [1].

Il faut avouer qu'il y a un peu loin de cet empire germanique à l'empire d'Auguste, de Trajan, de Marc-Aurèle. Quel Allemand même se soucie de savoir aujourd'hui s'il y a eu un Gunther? Ce Gunther tombe en apoplexie; et, devenu incapable du trône, il le vend pour une somme d'argent, que Charles ne lui paie point : la somme était, dit-on, de vingt-deux mille marcs. Il meurt au bout de trois mois à Francfort.

A l'égard de Louis de Bavière, margrave de Brandebourg, il cède ses droits pour rien, n'étant pas assez fort pour les vendre à Charles, vainqueur sans combat de quatre concurrents, qui se fait couronner une seconde fois à Aix-la-Chapelle, par l'archevêque de Cologne, pour mettre ses droits hors de compromis.

---

[1] Voyez ci-après, page 445, et année 1519. B.

Le marquis de Juliers, à la cérémonie du couronnement, dispute le droit de porter le sceptre au marquis de Brandebourg. Des ancêtres du marquis de Juliers avaient fait cette fonction; mais ce prince n'était pas alors au rang des électeurs, ni par conséquent dans celui des grands officiers. Le margrave de Brandebourg est conservé dans son droit.

1350. Dans ce temps-là régnait en Europe le fléau d'une horrible peste, qui emporta presque partout la cinquième partie des hommes, et qui est la plus mémorable depuis celle qui désola la terre du temps d'Hippocrate. Les peuples en Allemagne, aussi furieux qu'ignorants, accusent les Juifs d'avoir empoisonné les fontaines. On égorge et on brûle les Juifs presque dans toutes les villes.

Ce qui est rare, c'est que Charles IV protégea les Juifs qui lui donnaient de l'argent, contre l'évêque; et les bourgeois de Strasbourg contre l'abbé prince de Murbach et d'autres seigneurs de fiefs. Il fut prêt de leur faire la guerre en faveur des Juifs.

Secte des flagellants renouvelée en Souabe. Ce sont des milliers d'hommes qui courent toute l'Allemagne en se fouettant avec des cordes armées de fer pour chasser la peste. Les anciens Romains, en pareils cas, avaient institué des comédies; ce remède est plus doux.

Un imposteur paraît en Brandebourg, qui se dit l'ancien Valdemar[1] revenu enfin de la Terre-Sainte, et qui prétend rentrer dans son état, donné injustement

---

[1] Voyez 1323. B.

pendant son absence par Louis de Bavière à son fils Louis.

Le duc de Mecklenbourg soutient l'imposteur. L'empereur Charles IV le favorise. On en vient à une petite guerre; le faux Valdemar est abandonné et s'éclipse. On a recueilli dans un volume les histoires de ces imposteurs fameux [1]; mais tous ne s'y trouvent pas.

1351. Charles IV veut aller en Italie, où les papes et les empereurs étaient oubliés. Les Viscontis dominent toujours dans Milan. Jean Visconti, archevêque de cette ville, devenait un conquérant. Il s'emparait de Bologne; il fesait la guerre aux Florentins et aux Pisans, et méprisait également l'ompereur et le pape. C'est lui qui fit la lettre du diable au pape et aux cardinaux, qui commence ainsi : « Votre mère « la Superbe vous salue avec vos sœurs l'Avarice et « l'Impudicité. »

Apparemment que le diable ménagea l'accommodement de Jean Visconti avec le pape Clément, qui lui vendit l'investiture de Milan pour douze ans, moyennant douze mille florins d'or par an.

1352. La maison d'Autriche avait toujours des droits sur une grande partie de la Suisse. Le duc Albert veut soumettre Zurich, qui s'allie avec les autres cantons déjà confédérés. L'empereur secourt la maison d'Autriche dans cette guerre, mais il la

[1] *Les Imposteurs insignes*, par J.-B. de Rocolés, 1683, in-12; 1728, deux volumes in-12. On a publié long-temps après une *Histoire de plusieurs Aventuriers fameux*, par *N.-L.-P. (Pissot)*, 1815, deux volumes in-12; ne contenant que douze articles. B.

secourt en homme qui ne veut pas qu'elle réussisse. Il envoie des troupes pour ne point combattre, ou du moins qui ne combattent pas. La ligue et la liberté des Suisses se fortifient.

Les villes impériales voulaient toutes établir le gouvernement populaire à l'exemple de Strasbourg. Nuremberg chasse les nobles, mais Charles IV les rétablit. Il incorpora la Lusace à son royaume de Bohême; elle en a été détachée depuis.

1353. L'empereur Charles IV, dans le temps qu'il avait été le jeune prince de Bohême, avait gagné des batailles, et même contre le parti des papes en Italie. Dès qu'il est empereur il cherche des reliques, flatte les papes, et s'occupe de réglements, et surtout du soin d'affermir sa maison.

Il s'accommode avec les enfants de Louis de Bavière, et les réconcilie avec le pape.

Albert, duc de Bavière, se voyait excommunié, parceque son père l'avait été. Ainsi, pour prévenir la piété des princes qui pourraient lui ravir son état en vertu de son excommunication, il demande très humblement pardon au nouveau pape Innocent VI du mal que les papes ses prédécesseurs ont fait à l'empereur son père; il signifie un acte qui commence ainsi: « Moi, Albert, duc de Bavière, fils de Louis de Ba« vière, soi-disant autrefois empereur, et réprouvé « par la sainte Église romaine, etc. »

Il ne paraît pas que ce prince fût forcé à cet excès d'avilissement : il fallait donc dans ces temps-là qu'il y eût bien peu d'honneur, ou beaucoup de superstition.

1354. Il est remarquable que Charles IV, passant par Metz pour aller dans ses terres de Luxembourg, n'est point reçu comme empereur, parcequ'il n'avait pas encore été sacré.

Henri VII avait déjà donné à Venceslas, seigneur de Luxembourg, le titre de duc. Charles érige cette terre en duché; il érige Bar[1] en margraviat; ce qui fait voir que Bar relevait alors évidemment de l'empire. Pont-à-Mousson est aussi érigé en marquisat. Tout ce pays était donc réputé de l'empire. Quel chaos!

1355. Charles IV va en Italie se faire couronner; il y marche plutôt en pélerin qu'en empereur.

Le saint-siége était toujours sédentaire à Avignon. Le pape Innocent VI n'avait nul crédit dans Rome, l'empereur encore moins. L'empire n'était plus qu'un nom, et le couronnement qu'une vaine cérémonie. Il fallait aller à Rome comme Charlemagne et Othon-le-Grand, ou n'y point aller.

Charles IV et Innocent VI n'aimaient que les cérémonies. Innocent VI envoie d'Avignon le détail de tout ce qu'on doit observer au couronnement de l'empereur. Il marque que le préfet de Rome doit porter le glaive devant lui, que ce n'est qu'un honneur, et non pas une marque de juridiction. Le pape doit être sur son trône, entouré de ses cardinaux, et l'empereur doit commencer par lui baiser les pieds, puis il lui présente de l'or, et le baise au visage, etc. Pendant la messe, l'empereur fait quelques fonctions dans le rang des diacres; on lui met la couronne impériale après la fin de la première épître. Après la messe,

---

[1] Bar-le-Duc, chef-lieu du département de la Meuse. Cl.

l'empereur, sans couronne et sans manteau, tient la bride du cheval du pape.

Aucune de ces cérémonies n'avait été pratiquée depuis que les papes demeuraient dans Avignon. L'empereur reconnut d'abord par écrit l'authenticité de ces usages. Mais le pape étant dans Avignon, et ne pouvant se faire baiser les pieds à Rome, ni se faire tenir l'étrier par l'empereur, déclara que ce prince ne baiserait point les pieds, ni ne conduirait la mule du cardinal qui représenterait sa sainteté.

Charles IV alla donc donner ce spectacle ridicule avec une grande suite, mais sans armée; il n'osa pas coucher dans Rome, selon la promesse qu'il en avait faite au saint-père. Anne sa femme, fille du comte palatin, fut couronnée aussi; et en effet ce vain appareil était plutôt une vanité de femme qu'un triomphe d'empereur. Charles IV, n'ayant ni argent, ni armée, et n'étant venu à Rome que pour servir de diacre à un cardinal pendant la messe, reçut des affronts dans toutes les villes d'Italie où il passa.

Il y a une fameuse lettre de Pétrarque qui reproche à l'empereur sa faiblesse. Pétrarque était digne d'apprendre à Charles IV à penser noblement.

1356. Charles IV prend tout le contre-pied de ses prédécesseurs; ils avaient favorisé les gibelins, qui étaient en effet la faction de l'empire: pour lui, il favorise les guelfes, et fait marcher quelques troupes de Bohême contre les gibelins; cette faiblesse et cette inconséquence augmentèrent les troubles et les malheurs de l'Italie, diminuèrent la puissance de Charles, et flétrirent sa réputation.

De retour en Allemagne, il s'applique à y faire régner l'ordre autant qu'il le peut, et à régler les rangs. Le nombre des électorats était fixé par l'usage plutôt que par les lois depuis le temps de Henri VII; mais le nombre des électeurs ne l'était pas. Les ducs de Bavière surtout prétendaient avoir droit de suffrage aussi bien que les comtes palatins aînés de leur maison. Les cadets de Saxe se croyaient électeurs aussi bien que leurs aînés [1].

Diète de Nuremberg, dans laquelle Charles IV dépouille les ducs de Bavière du droit de suffrage, et déclare que le comte palatin est le seul électeur de cette maison.

BULLE D'OR.

Les vingt-trois premiers articles [2] de la bulle d'or sont publiés à Nuremberg avec la plus grande solennité. Cette constitution de l'empire, la seule que le public appelle bulle, à cause de la petite bulle ou boîte d'or dans laquelle le sceau est enfermé, est regardée comme une loi fondamentale.

Il ne peut s'établir par les hommes que des lois de convention. Celles qu'un long usage consacre sont appelées fondamentales. On a changé selon les temps beaucoup de choses à cette bulle d'or.

Ce fut le jurisconsulte Bartole qui la composa. Le

[1] Voyez 1314. B.

[2] La bulle d'or est divisée en trente chapitres, subdivisés en articles. Ce sont les vingt-trois premiers chapitres qui ont été publiés à Nuremberg. On trouve une traduction française de la bulle d'or dans les volumes intitulés : *Discours historique sur l'élection de l'empereur, etc.*, 1711, in-8°, et *Traité historique de l'élection de l'empereur*, 1741, deux volumes in-12. B.

génie du siècle y paraît par les vers latins qui en font l'exorde, *Omnipotens æterne Deus, spes. unica mundi;* et par l'apostrophe aux sept péchés mortels, et par la nécessité d'avoir sept électeurs, à cause des sept dons du Saint-Esprit, et du chandelier à sept branches.

L'empereur y parle d'abord en maître absolu, sans consulter personne.

« Nous déclarons et ordonnons par le présent édit,
« qui durera éternellement, de notre certaine science,
« pleine puissance et autorité impériale. »

On n'y établit point les sept électeurs : on les suppose établis.

Il n'est question, dans les deux premiers chapitres, que de la forme et de la sûreté du voyage des sept électeurs, qui doivent ne point sortir de Francfort « avant d'avoir donné au monde ou au peuple chré-
« tien un chef temporel, à savoir un roi des Romains
« futur empereur. »

On suppose ensuite, n° 8, article 2, que cette coutume a été toujours inviolablement observée, « et d'au-
« tant que tout ce qui est ci-dessus écrit a été observé
« inviolablement. » Charles IV et Bartole oubliaient qu'on avait élu les empereurs très souvent d'une autre manière, à commencer par Charlemagne et à finir par Charles IV lui-même.

Un des articles les plus importants[1] est que le droit d'élire est indivisible, et qu'il passe de mâle en mâle au fils aîné. Il fallait donc statuer que les terres électorales laïques ne seraient plus divisées, qu'elles ap-

[1] C'est l'article 3 du chapitre vii. Cl.

partiendraient uniquement à l'aîné. C'est ce qu'on oublia dans les vingt-trois fameux articles publiés à Nuremberg[1] avec tant d'appareil, et que l'empereur fit lire ayant un sceptre dans une main et le globe de l'univers dans l'autre. Très peu de cas sont prévus dans cette bulle : nulle méthode n'y est observée, et on n'y traite point du gouvernement général de l'empire.

Une chose très importante, c'est qu'il y est dit à l'article 7, n° 7, « que si une des principautés électo-
« rales vient à vaquer au profit de l'empire (il entend
« sans doute les principautés séculières), l'empereur
« en pourra disposer comme d'une chose dévolue à
« lui légitimement et à l'empire. » Ces mots confus marquent que l'empereur pourrait prendre pour lui un électorat dont la maison régnante serait éteinte ou condamnée. Il est encore à remarquer combien la Bohême est favorisée dans cette bulle ; l'empereur était roi de Bohême. C'est le seul pays où les causes des procès ne doivent pas ressortir à la chambre impériale. Ce droit de *non appellando* a été étendu depuis à beaucoup de princes, et les a rendus plus puissants.

Le lecteur peut consulter la bulle d'or pour le reste.

On met la dernière main à la bulle d'or dans Metz aux fêtes de Noël : on y ajoute sept chapitres. On y répare l'inadvertance qu'on avait eue d'oublier la succession indivisible des terres électorales. Ce qui est de plus clair et de plus expliqué dans les derniers articles, c'est ce qui regarde la pompe et la vanité; on

[1] Le 10 janvier 1536. B.

voit que Charles IV se complaît à se faire servir par les électeurs, dans les cours plénières.

La table de l'empereur plus haute de trois pieds que celle de l'impératrice, et celle de l'impératrice plus haute de trois pieds que celle des électeurs [1]; un gros tas d'avoine devant la salle à manger [2], un duc de Saxe venant prendre à cheval un picotin d'avoine dans ce tas; enfin tout cet appareil ne ressemblait pas à la majestueuse simplicité des premiers césars de Rome.

Un auteur moderne dit qu'on n'a point dérogé au dernier article de la bulle d'or, parceque tous les princes parlent français. C'est précisément en cela qu'on y a dérogé; car il est ordonné, par le dernier article, que les électeurs apprendront le latin et l'esclavon aussi bien que l'italien: or, peu d'électeurs aujourd'hui se piquent de parler esclavon.

La bulle fut enfin publiée à Metz tout entière; il y eut une de ces cours plénières; tous les électeurs y servirent l'empereur et l'impératrice à table; chacun y fit sa fonction. Ce n'était pas en ces cas des princes qui devenaient officiers; c'étaient originairement des officiers qui, avec le temps, étaient devenus grands princes.

[3] Le dauphin de France Charles V, depuis roi, vint à cette cour plénière. C'était peu de mois après la funeste journée de Poitiers où son père Jean avait été pris par le fameux prince Noir. Le dauphin venait implorer le secours de Charles IV son oncle, qui ne pou-

---

[1] Chapitre XXVIII, articles 1 et 2. CL. — [2] Chapitre XXVII, article 1. CL.
[3] Cet alinéa fut ajouté en 1772. B.

vait donner que des fêtes. L'héritier de la couronne de France céda le pas au cardinal de Périgord dans cette diète. Pourquoi les annalistes français passent-ils ce cérémonial sous silence? L'histoire est-elle un factum d'avocat où l'on amplifie les avantages, et où l'on tait les humiliations?

1357. On voit aisément, par l'exclusion donnée dans la bulle d'or aux ducs de Bavière et d'Autriche, que Charles IV n'était pas l'ami de ces deux maisons. Le premier fruit de ce réglement pacifique fut une petite guerre. Les ducs de Bavière et d'Autriche lèvent des troupes. Ils assiégent dans Danustauffen un commissaire de l'empereur. L'empereur y arrive, il rompt la ligue de l'Autriche et de la Bavière, mais en rendant Danustauffen à l'électeur de Bavière, au lieu du droit de suffrage qu'il demandait.

Il y a une grande querelle dans l'empire au sujet des *Pfahl-Bürgers*[1], c'est-à-dire des faux-bourgeois; querelle dans laquelle il est fort vraisemblable que les auteurs se sont mépris. La bulle d'or ordonne que les bourgeois qui appartiennent à un prince ne se fassent pas recevoir bourgeois des villes impériales pour se soustraire à leurs princes, à moins de résider dans ces villes. Rien de plus juste, rien même de plus facile à exécuter; car assurément un prince empêchera bien un citoyen de sa ville de lui désobéir sous prétexte qu'il est reçu bourgeois à Bâle ou à Constance.

---

[1] Ce mot, composé de *pfahl*, qui signifie *palissade*, et de *Burger*, bourgeois, peut se rendre par *bourgeois aux palissades*, parceque les faubourgs étaient défendus par des enceintes de cette espèce. CL.

Pourquoi donc y eut-il tant de troubles à Strasbourg pour ces faux-bourgeois? pourquoi fut-on en armes? Strasbourg pouvait-elle, par exemple, soutenir un sujet de Vienne à qui elle aurait donné des lettres de bourgeoisie, et qui s'en serait prévalu à Vienne? non sans doute. Il s'agissait donc de quelque chose de plus important et de plus sacré. Des seigneurs voulaient ravir à leurs sujets le premier droit qu'ont les hommes de choisir leur domicile. Ils craignaient qu'on ne les quittât pour aller dans les villes libres. Voilà pourquoi l'empereur ordonne que les Strasbourgeois ne donneront plus de droit de citoyen à des étrangers, et que les Strasbourgeois veulent conserver ce droit qui peuple une ville, et qui l'enrichit.

1358. Charles IV, avec l'apparence de la grandeur, autrefois guerrier, à présent législateur, maître d'un beau pays, et riche, a pourtant peu de crédit dans l'empire. C'est qu'on ne voulait pas qu'il en eût. Quand il s'agit d'incorporer la Lusace[1] à la Bohême, Albert d'Autriche, qui a des droits sur la Lusace, fait tout d'un coup la guerre à l'empereur, dont personne ne prend le parti; et l'empereur ne peut se tirer d'affaire que par un stratagème qu'on accuse de bassesse. On prétend qu'il trompa le duc d'Autriche par des espions, et qu'il paya ensuite ces espions en fausse monnaie : ce conte a l'air d'une fable; mais cette fable est fondée sur son caractère.

Il vendait des priviléges à toutes les villes; il vendait au comte de Savoie le titre de vicaire de l'empire;

---

[1] Cette incorporation n'eut définitivement lieu qu'en 1370. Cl.

il donne, pour des sommes très légères, le titre de villes impériales à Mayence, à Vorms, à Spire, et même à Genève; il confirmait la liberté de la ville de Florence à prix d'argent. Il en tirait de Venise pour la souveraineté de Vérone, de Padoue, et de Vicence; mais ceux qui le payèrent le plus chèrement furent les Viscontis, pour avoir la puissance héréditaire dans Milan sous le titre de gouverneur : on prétend qu'il vendait ainsi en détail l'empire qu'il avait acheté en gros.

1359. Les princes de l'empire, excités par les universités d'Allemagne, représentent à Charles IV que, parmi les bulles de Clément VI, il y en a de déshonorantes pour lui et pour le corps germanique; entre autres, celle où il est dit « que les empereurs « sont les vassaux du pape, et lui prêtent serment de « fidélité. » Charles, qui avait assez vécu pour savoir que toutes ces formules ne méritent d'attention que quand elles sont soutenues par les armes, se plaint au pape, pour ne pas fâcher le corps germanique, mais modérément pour ne pas fâcher le pape. Innocent VI lui répond que cette proposition est devenue une loi fondamentale de l'Église, enseignée dans toutes les écoles de théologie; et, pour appuyer sa réponse, il envoie d'Avignon en Allemagne un évêque de Cavaillon demander, pour l'entretien du saint-père, le dixième de tous les revenus ecclésiastiques.

Le prélat de Cavaillon s'en retourna en Avignon, après avoir reçu de fortes plaintes au lieu d'argent. Le clergé allemand éclata contre le pape, et c'est une des premières semences de la révolution dans l'Église, qu'on voit aujourd'hui.

Rescrit de Charles IV en faveur des ecclésiastiques, pour les protéger contre les princes qui veulent les empêcher de recevoir des biens, et de contracter avec les laïques.

1360. Charles IV, en fesant des réglements en Allemagne, abandonnait l'Italie. Les Viscontis étaient toujours maîtres de Milan. Barnabo veut conserver Bologne, que son oncle, archevêque, guerrier, et politique, avait achetée pour douze années. C'est la première et la dernière fois qu'on a vu faire un bail à ferme d'une principauté.

Un légat espagnol, nommé d'Albornos, entre dans cette ville au nom du pape, qui est toujours à Avignon, et donne Bologne au pape.

Barnabo Visconti assiége Bologne. Comment peut-on imprimer encore aujourd'hui que le saint-père, par un accommodement, promit de payer cent mille livres d'or annuellement, pendant cinq années, pour être maître de Bologne? Les historiens qui répètent ces exagérations savent bien peu ce que c'est que cinq cent mille livres pesant d'or.

1361. Le siége de Bologne est levé sans qu'il en coûte rien au pape. Un marquis de Malatesta, qui s'est jeté avec quelques troupes dans la ville, fait une sortie, bat Barnabo, et le renvoie chez lui. L'empereur ne se mêle de cette affaire que par un rescrit inutile en faveur du pape.

Des guerres s'étant élevées entre le Danemarck d'un côté, et le duc de Mecklenbourg et les villes anséatiques de l'autre, tout finit à l'ordinaire par un traité. Plusieurs villes anséatiques traitent de couronne à couronne avec le Danemarck dans la ville de Lubeck. C'est un beau monument de la liberté fondée sur une industrie respectable. Lubeck, Rostock, Stralsund, Hambourg, Vismar, Brême, et quelques autres villes, font une paix perpétuelle avec le *roi de Danemarck, des Vandales, et des Goths, les princes, négociants, et bourgeois, de son pays;* ce sont les termes du traité, termes qui prouvent que le Danemarck était libre, et que les villes anséatiques l'étaient davantage.

L'impératrice Anne étant accouchée de Venceslas, l'empereur envoie le poids de l'enfant en or à une chapelle de la Vierge dans Aix; usage qui commençait à s'établir, et qui a été poussé à l'excès pour Notre-Dame de Lorette. Ses richesses sont aussi grandes que son voyage par les airs de Jérusalem à la Marche d'Ancône est miraculeux.

L'évêque de Strasbourg achète plus cher le titre de landgrave de la Basse-Alsace. Les landgraves de l'Alsace, de la maison d'OEttingue, s'y opposent, et l'évêque les apaise avec le même moyen dont il a eu son landgraviat, avec de l'argent.

1362. Grande division entre les maisons de Bavière et d'Autriche. Une femme en est la cause. Marguerite de Carinthie[1], veuve du duc de Bavière, Henri-le-Vieux, fils de l'empereur Louis, ennemie de la maison où elle était entrée, donne tous les droits sur le Tyrol et ses dépendances à Rodolphe, duc d'Autriche.

Étienne, duc de Bavière, s'allie avec plusieurs princes. L'Autrichien n'a dans son parti que l'arche-

---

[1] Voyez années 1335, 1344, 1347. B.

vêque de Saltzbourg. On fait une trêve de trois ans, et l'inimitié secrète en est plus durable.

1363. Charles IV, aussi sédentaire qu'il avait été actif dans sa jeunesse, reste toujours dans Prague. L'Italie est absolument abandonnée; chaque seigneur y achète un titre de vicaire de l'empire.

Barnabo Visconti en veut toujours à Bologne, et est maître de beaucoup de villes dans la Romagne.

Le pape (c'était alors Urbain V) obtient aisément de vains ordres de l'empereur aux vicaires d'Italie. On a écrit que Barnabo vendit encore ses places de la Romagne pour cinq cent mille florins d'or au pape; mais Urbain, dans Avignon, aurait-il aisément trouvé cette somme?

1364. On écrit encore que Charles voulut faire passer le Danube à Prague. Cela est encore plus incroyable que les cinq cent mille florins du pape. Pour tirer seulement un canal du Danube à la Moldau, dans la Bohême, il eût fallu conduire l'eau sur des montagnes, et dépendre encore de la maison de Bavière, maîtresse du cours du Danube. Le projet de Charlemagne de joindre le Danube et le Rhin dans un pays plat était bien plus praticable.

1365. Un fléau, formé en France, au milieu des guerres funestes d'Édouard III et de Philippe de Valois, se répand dans l'Allemagne. Ce sont des brigands qui ont déserté de ces armées indisciplinées, où on les payait mal, qui, joints à d'autres brigands, vont en Lorraine et en Alsace, et partout où ils trouvent les chemins ouverts : on les appelle *malandrins, tard-venus, grandes-compagnies*. L'empereur est obligé de marcher contre eux sur le Rhin avec les troupes de l'empire. On les chasse; ils vont désoler la Flandre et la Hollande, comme des sauterelles qui ravagent les champs de contrées en contrées.

Charles IV va trouver le pape Urbain V à Avignon. Il s'agissait d'une croisade, non plus pour aller prendre Jérusalem, mais pour empêcher les Turcs, qui avaient déjà pris Andrinople, d'accabler la chrétienté.

Un roi de Chypre, qui voyait le danger de plus près, sollicite dans Avignon cette croisade. On en avait fait plusieurs dans le temps que les musulmans n'étaient point à craindre en Syrie; et maintenant que la chrétienté est envahie, on n'en fait plus.

Le pape, après avoir proposé la croisade par bienséance, fait un traité sérieux avec l'empereur, pour rendre au saint-siège son patrimoine usurpé. Il accorde à l'empereur des décimes sur le clergé d'Allemagne. Charles IV pouvait s'en servir pour aller reprendre en Italie les propres domaines de l'empereur, et non pour servir le pape.

1366. Les *grandes-compagnies* reviennent encore sur le Rhin, et de là vont tout dévaster jusqu'à Avignon[1]. C'est une des causes qui enfin engagent Urbain V à se réfugier à Rome, après que les papes ont été réfugiés soixante et douze ans sur les bords du Rhône.

[1] Ces *grandes-compagnies*, composées d'un nombre considérable de gentilshommes bretons, anglais et français, qui firent beaucoup plus de cas de l'argent du pape que de son absolution, étaient commandées par Bertrand Duguesclin, grand guerrier et grand pillard. Voltaire parle de ce chevalier sans peur, et non pas sans reproche, dans le chapitre LXXVII de l'*Essai sur les mœurs*. CL.

Les Viscontis, plus dangereux que les *grandes-compagnies*, tenaient toutes les issues des Alpes ; ils s'étaient emparés du Piémont, ils menaçaient la Provence. Urbain, n'ayant que des paroles de l'empereur pour secours, s'embarque sur une galère de la coupable et malheureuse Jeanne, reine de Naples.

1367. L'empereur s'excuse de secourir le pape, pour être spectateur de la guerre que la maison d'Autriche et la maison de Bavière se font dans le Tyrol : et le pape Urbain V, après avoir fait quelques ligues inutiles avec l'Autriche et la Hongrie, fait voir enfin un pape aux Romains, le 16 octobre. Il n'y est reçu qu'en premier évêque de la chrétienté, et non en souverain.

1368. La ville de Fribourg en Brisgau, qui avait voulu être libre, retombe au pouvoir de la maison d'Autriche, par la cession d'un comte Égon, qui en était l'avoué, c'est-à-dire le défenseur, et qui se désista de cette protection pour douze mille florins.

Le rétablissement des papes à Rome n'empêchait pas les Viscontis de dominer dans la Lombardie, et on était prêt de voir renaître un royaume plus puissant et plus étendu que celui des anciens Lombards.

L'empereur va enfin en Italie au secours du pape, ou plutôt à celui de l'empire. Il avait une armée formidable dans laquelle il y avait de l'artillerie.

Cette affreuse invention commençait à s'établir ; elle était encore inconnue aux Turcs ; et si on s'en était servi contre eux, on les eût aisément chassés de l'Europe. Les chrétiens ne s'en servaient encore que contre les chrétiens.

Le pape attirait à-la-fois en Italie, d'un côté le duc d'Autriche, de l'autre l'empereur, chacun avec une puissante armée; c'était de quoi exterminer à-la-fois la liberté de l'Italie, et celle même du pape. C'est la fatalité de ce beau et malheureux pays, que les papes y ont toujours appelé les étrangers, qu'ils auraient voulu éloigner.

L'empereur saccage Vérone, le duc d'Autriche Vicence. Les Viscontis se hâtent de demander la paix pour attendre un meilleur temps; la guerre finit en donnant de l'argent à Charles, qui va se faire sacrer à Rome, selon les cérémonies usitées.

1369. Diète à Francfort. Édit sévère qui défend aux villes et aux seigneurs de se faire la guerre. A peine l'édit est-il émané, que l'évêque de Hildesheim et Magnus, duc de Brunsvick, ayant chacun plusieurs seigneurs dans leur parti, se font une guerre sanglante.

Cela ne pouvait guère être autrement dans un pays où le peu de bonnes lois qu'on avait étaient sans force: et cette continuelle anarchie servait d'excuse à l'inactivité de l'empereur. Il fallait ou hasarder tout pour être le maître, ou rester tranquille; et il prenait ce dernier parti.

Urbain V ayant fait venir les Autrichiens et les Bohémiens en Italie, qui s'en étaient retournés chargés de dépouilles, y appelle les Hongrois contre les Viscontis : il n'y manquait que des Turcs.

L'empereur, pour prévenir ce coup fatal, réconcilie les Viscontis avec le saint-siége.

1370. Valdemar, roi de Danemarck, chassé de Copenhague par le roi de Suède et par le comte de

Holstein, se réfugie en Poméranie. Il demande des secours à l'empereur, qui lui donne des lettres de recommandation. Il s'adresse au pape Grégoire XI. Le pape lui envoie des exhortations, et le menace de l'excommunier, lui écrivant d'ailleurs comme à son vassal ; on prétend que Valdemar lui répondit : « Je « tiens la vie de Dieu, la couronne de mes sujets, mon « bien de mes ancêtres, la foi seule de vos prédéces- « seurs ; si vous voulez vous en prévaloir, je vous la « renvoie par la présente. » Cette lettre est apocryphe : c'est dommage.

Le roi Valdemar rentre dans ses états sans le secours de personne, par la désunion de ses ennemis.

1371. L'Allemagne, dans ces temps encore agrestes, polit pourtant la Pologne. Casimir, roi de Pologne, qu'on a surnommé *le Grand*, commence à faire bâtir quelques villes à la manière allemande, et introduit quelques lois du droit saxon dans son pays, qui manquait de lois.

Guerre particulière entre Venceslas, duc de Luxembourg et de Brabant, frère de l'empereur, et les ducs de Juliers et de Gueldre ; tous les seigneurs des Pays-Bas y prennent parti.

Rien ne caractérise plus la fatale anarchie de ces temps de brigandage. Le sujet de cette guerre était une troupe de voleurs de grand chemin, protégés par le duc de Juliers : et malheureusement un tel exemple n'était pas rare alors.

Venceslas, vicaire de l'empire, veut punir le duc de Juliers ; mais il est défait et pris dans une bataille.

Le vainqueur, craignant le ressentiment de l'empereur, court à Prague, accompagné de plusieurs princes, et surtout de son prisonnier: «Voilà votre «frère que je vous rends, dit-il à l'empereur; pardon-«nez-moi tous deux. »

On voit beaucoup d'événements de ces temps-là mêlés ainsi de brigandage et de chevalerie.

1372. Les édits contre ces guerres ayant été inutiles, une nouvelle diète à Nuremberg ordonne que les seigneurs et les villes ne pourront, dorénavant, s'égorger que soixante jours après l'offense reçue. Cette loi s'appelait *la soixantaine de l'empire*, et elle fut exécutée toutes les fois qu'il fallait plus de soixante jours pour aller assiéger son ennemi.

1373. Les affaires de Naples et de Sicile n'ont plus depuis long-temps aucune liaison avec celles de l'empire. L'île de Sicile était toujours possédée par la maison d'Aragon, et Naples par la reine Jeanne; tout était fief alors. La maison d'Aragon, depuis les vêpres siciliennes, s'était soumise par des traités à relever du royaume de Naples, qui relevait du saint-siége.

Le but de la maison d'Aragon, en fesant un vain hommage à la couronne de Naples, avait été d'être indépendante de la cour romaine: et elle y avait réussi quand les papes étaient à Avignon.

Grégoire XI ordonne que les rois de Sicile fassent désormais hommage au roi de Naples et au pape à-la-fois. Il renouvelle l'ancienne loi, ou plutôt l'ancienne protestation [1], que jamais un roi de Sicile ou de Naples ne pourra être empereur; et il ajoute que ces

[1] Voyez année 1266. B.

royaumes seront incompatibles avec la Toscane et la Lombardie.

Charles abandonne toutes ces affaires de l'Italie, uniquement occupé de s'enrichir en Allemagne, et d'y établir sa maison. Il achète l'électorat de Brandebourg d'Othon de Bavière qui le possédait, pour se l'approprier à lui et à sa famille. Ce cas n'avait pas été spécifié dans la bulle d'or. Il donne d'abord cet électorat à son fils aîné Venceslas, puis au cadet Sigismond.

1374. Le saint-siége était revenu à Avignon. Urbain V y était mort après s'être montré à Rome un moment. Grégoire XI se résout enfin de rétablir le pontificat dans son lieu natal.

Les seigneurs et les villes qui se sont emparés des biens de la comtesse Mathilde se liguent contre le pape dès qu'il veut revenir en Italie. La plupart des villes mettaient alors sur leurs étendards et sur les portes ce beau mot *libertas*, que l'on voit encore à Lucques.

1375. Les Florentins commençaient à jouer dans l'Italie le rôle que les Athéniens avaient eu en Grèce. Tous les beaux-arts, inconnus ailleurs, renaissaient à Florence. Les factions guelfe et gibeline, en troublant la Toscane, avaient animé les esprits et les courages; la liberté les avait élevés. Ce peuple était le plus considéré de l'Italie, le moins superstitieux, et celui qui voulait le moins obéir aux papes et aux empereurs. Le pape Grégoire les excommunie. Il était bien étrange que ces excommunications, auxquelles on était tant accoutumé, fissent encore quelque impression.

1376. Charles fait élire roi des Romains son fils Venceslas, à Rentz sur le Rhin, au même lieu où lui-même avait été élu.

Tous les électeurs s'y trouvèrent en personne. Son second fils Sigismond y assistait, quoique enfant, comme électeur de Brandebourg. Le père avait depuis peu transféré ce titre de Venceslas à Sigismond. Pour lui, il avait sa voix de Bohême. Il restait cinq électeurs à gagner. On dit qu'il leur promit à chacun cent mille florins d'or : plusieurs historiens l'assurent. Il n'est guère vraisemblable qu'on donne à chacun la même somme, ni que cinq princes aient la bassesse de la recevoir, ni qu'ils aient l'indiscrétion de le dire, ni qu'un empereur se vante d'avoir corrompu les suffrages.

Loin de donner de l'argent à l'électeur palatin, il lui vendait dans ce temps-là Guittenbourg, Falkenbourg, et d'autres domaines. Il vendait à vil prix, à la vérité, des droits régaliens aux électeurs de Cologne et de Mayence. Il gagnait ainsi de l'argent, et dépouillait l'empire en l'assurant à son fils.

1377. Charles IV, âgé de soixante-quatre ans, entreprend de faire le voyage de Paris, et on ajoute que c'était pour avoir la consolation de voir le roi de France Charles V[1], qu'il aimait tendrement; et la raison de cette tendresse pour un roi qu'il n'avait jamais vu, était qu'il avait épousé autrefois une de ses

[1] Voyez page 337. B.

tantes. Une autre raison qu'on allègue du voyage, est qu'il avait la goutte, et qu'il avait promis à M. saint Maur[1], saint d'auprès de Paris, de faire un pélerinage à cheval chez lui pour sa guérison. La raison véritable était le dégoût, l'inquiétude, et la coutume établie alors que les princes se visitassent. Il va donc de Prague à Paris avec son fils Venceslas, roi des Romains. Il ne vit guère, depuis les frontières jusqu'à Paris, un plus beau pays que le sien. Paris ne méritait pas sa curiosité; l'ancien palais de saint Louis qui subsiste encore[2], et le château du Louvre qui ne subsiste plus, ne valaient pas la peine du voyage. On ne se tirait de la barbarie qu'en Toscane, et encore n'y avait-on pas réformé l'architecture.

S'il y eut quelque chose de sérieux dans ce voyage, ce fut la charge de vicaire de l'empire dans l'ancien royaume d'Arles, qu'il donna au dauphin. Ce fut long-temps une grande question entre les publicistes, si le Dauphiné devait toujours relever de l'empire; mais depuis long-temps ce n'en est plus une entre les souverains. Il est vrai que le dernier dauphin Humbert, en donnant le Dauphiné au second fils de Philippe de Valois, ne le donna qu'aux mêmes droits qu'il le possédait. Il est vrai encore qu'on a prétendu que Charles IV lui-même avait renoncé à tous ses droits; mais ils ne furent pas moins revendiqués par ses successeurs. Maximilien Ier réclama toujours la mouvance

---

[1] Patron du village de Saint-Maur-les-Fossés, près Paris. B.

[2] C'est aujourd'hui le palais de justice; et, malgré les changements qui ont été faits successivement, une partie est encore appelée *Cuisines de Saint-Louis*. La cour de cassation siége dans l'ancienne *Chambre de Saint-Louis*. B.

du Dauphiné; mais il fallait que ce droit fût devenu bien caduc, puisque Charles-Quint, en forçant François Ier son prisonnier à lui céder la Bourgogne par le traité de Madrid, ne fit aucune mention de l'hommage du Dauphiné à l'empire. Toute la suite de cette histoire fait voir combien le temps change les droits.

1378. Un gentilhomme français, Enguerrand de Couci, profite du voyage de l'empereur en France, pour lui demander une étrange permission, celle de faire la guerre à la maison d'Autriche : il était arrière-petit-fils de l'empereur Albert d'Autriche par sa mère, fille de Léopold. Il demandait tous les biens de Léopold, comme n'étant point des fiefs masculins. L'empereur lui donne toute permission. Il ne s'attendait pas qu'un gentilhomme picard pût avoir une armée. Couci en eut pourtant une très considérable, fournie par ses parents et par ses amis, par l'esprit de chevalerie, par une partie de son bien qu'il vendit, et par l'espoir du butin qui enrôle toujours beaucoup de monde dans les entreprises extraordinaires. Il marche vers les domaines d'Alsace et de Suisse, qui appartiennent à la maison d'Autriche; il n'y avait pas là de quoi payer ses troupes; quelques contributions de Strasbourg ne suffisent pas pour lui faire tenir long-temps la campagne. Son armée se dissipe bientôt, et le projet s'évanouit : mais il n'arriva à ce gentilhomme que ce qui arrivait alors à tous les grands princes qui levaient des armées à la hâte.

COMMENCEMENT DU GRAND SCHISME D'OCCIDENT.

Grégoire XI, après avoir vu enfin Rome en 1377,

après y avoir reporté le siége pontifical, qui avait été dans Avignon soixante et douze ans, était mort le 27 mars au commencement de 1378.

Les cardinaux italiens prévalent enfin, et on choisit un pape italien : c'est Prignano, napolitain, qui prend le nom d'Urbain, homme impétueux et farouche. Prignano Urbain, dans son premier consistoire, déclare qu'il fera justice du roi de France Charles V, et d'Édouard III, roi d'Angleterre, qui troublent l'Europe. Le cardinal de La Grange, le menaçant de la main, lui répond *qu'il en a menti*. Ces trois mots plongent la chrétienté dans une guerre de plus de trente années.

La plupart des cardinaux, choqués de l'humeur violente et intolérable du pape, se retirent à Naples, déclarent l'élection de Prignano Urbain forcée et nulle, et choisissent Robert, fils d'Amédée III, comte de Genève, qui prend le nom de Clément, et va établir son siége anti-romain dans Avignon. L'Europe se partage. L'empereur, la Flandre son alliée, la Hongrie appartenante à l'empereur, reconnaissent Urbain.

La France, l'Écosse, la Savoie, sont pour Clément. On juge aisément par le parti que prend chaque puissance quels étaient les intérêts politiques. Le nom d'un pape n'est là qu'un mot de ralliement.

La reine Jeanne de Naples est dans l'obédience de Clément, parcequ'alors elle était protégée par la France, et que cette reine infortunée appelait Louis d'Anjou, frère du roi Charles V, à son secours.

Les fraudes, les assassinats, tous les crimes, qui signalèrent ce grand schisme, ne doivent étonner personne. Ce qui doit étonner, c'est que chaque parti s'obstinât à regarder comme des dieux en terre des scélérats qui se disputaient la papauté, c'est-à-dire le droit de vendre, sous cent noms différents, tous les bénéfices de l'Europe catholique.

Venceslas, duc de Luxembourg, mourant sans enfants, laisse tous ses fiefs à son frère, et après lui à Venceslas, roi des Romains.

L'empereur Charles IV meurt bientôt après[1], laissant la Bohême à Venceslas avec l'empire; le Brandebourg à Sigismond, son second fils; la Lusace et deux duchés dans la Silésie à Jean, son troisième.

Il résulte que, malgré sa bulle d'or, il fit encore plus de bien à sa famille qu'à l'Allemagne.

VENCESLAS,

TRENTE-QUATRIÈME EMPEREUR.

1379 à 1382. Le règne de Charles IV, dont on se plaignit tant, et qu'on accuse encore, est un siècle d'or en comparaison des temps de Venceslas son fils.

Il commence par dissiper les trésors de son père dans des débauches à Francfort et à Aix-la-Chapelle, sans se mettre en peine de la Bohême, son patrimoine, ravagée par la contagion.

Tous les seigneurs bohémiens se révoltent contre lui au bout d'un an, et il se voit réduit tout d'un coup à n'oser attendre aucun secours de l'empire, et à faire

---

[1] 29 novembre 1378, à Prague. CL.

venir contre ses sujets de Bohême ces restes de brigands qu'on appelait *grandes-compagnies* [1], qui couraient alors l'Europe, cherchant des princes qui les employassent. Ils ravagèrent la Bohême pour leur solde. Dans le même temps, le schisme des deux papes divise l'Europe [2]. Ce funeste schisme coûte d'abord la vie à l'infortunée Jeanne de Naples [3].

On se fesait encore alors un point de religion, comme de politique, de prendre parti pour un pape, quand il y en avait deux. Il eût été plus sage de n'en reconnaître aucun. Jeanne, reine de Naples, s'était déclarée malheureusement pour Clément, lorsque Urbain pouvait lui nuire. Elle était accusée d'avoir assassiné son premier mari, André de Hongrie, et vivait alors tranquille avec Othon de Brunsvick, son dernier époux.

Urbain, puissant encore en Italie, suscite contre elle Charles de Durazzo, sous prétexte de venger ce premier mari.

Charles de Durazzo arrive de Hongrie pour servir la colère du pape, qui lui promet la couronne. Ce qu'il y a de plus affreux, c'est que ce Charles de Durazzo était adopté par la reine Jeanne, déjà avancée en âge. Il était déclaré son héritier. Il aima mieux ôter la couronne et la vie à celle qui lui avait servi de mère, que d'attendre la couronne de la nature et du temps.

Othon de Brunsvick, qui combat pour sa femme, est fait prisonnier avec elle. Charles de Durazzo la fait étrangler. Naples, depuis Charles d'Anjou, était de-

---

[1] Voyez année 1365. B. — [2] Urbain VI avait été élu le 9 avril 1378, et Clément VII, le 21 septembre suivant. Cl. — [3] Voyez tome XVI, page 311. B.

venu le théâtre des attentats contre les têtes couronnées.

1383 à 1386. Le trône impérial est alors le théâtre de l'horreur et du mépris. Ce ne sont que des séditions en Bohême contre Venceslas. Toute la maison de Bavière se réunit pour lui déclarer la guerre. C'est un crime par les lois, mais il n'y a plus de lois.

L'empereur ne peut conjurer cet orage qu'en rendant au comte palatin de Bavière les villes du Haut-Palatinat, dont Charles IV s'était saisi quand cet électeur avait été malheureux.

Il cède d'autres villes au duc de Bavière, comme Muhlberg et Bernau. Toutes les villes du Rhin, de Souabe, et de Franconie, se liguent entre elles. Les princes voisins de la France en reçoivent des pensions. Il ne restait plus à Venceslas que le titre d'empereur.

1387. Tandis qu'un empereur se déshonore, une femme rend son nom immortel. Marguerite de Valdemar, reine de Danemarck et de Norvége, devient reine de Suède par des victoires et des suffrages. Cette grande révolution n'a de rapport avec l'Allemagne que parceque les princes de Mecklenbourg, les comtes de Holstein, les villes de Hambourg et de Lubeck s'opposèrent inutilement à cette héroïne.

L'alliance des cantons suisses se fortifie alors, et toujours par la guerre. Le canton de Berne était, depuis quelques années, entré dans l'union. Le duc Léopold d'Autriche veut encore dompter ces peuples. Il les attaque, et perd la bataille et la vie.

1388. Les ligues des villes de Franconie, de Souabe,

et du Rhin, pouvaient former un peuple libre, comme celui des Suisses, surtout sous un règne anarchique, tel que celui de Venceslas; mais trop de seigneurs, trop d'intérêts particuliers, et la nature de leur pays, ouvert de tous côtés, ne leur permirent pas comme aux Suisses de se séparer de l'empire.

1389. Sigismond, frère de Venceslas, acquiert de la gloire en Hongrie. Il n'y était que l'époux de la reine que les Hongrois appelaient le roi Marie[1], titre qu'ils ont renouvelé depuis peu pour Marie-Thérèse, fille de Charles VI. Marie était jeune, et les états n'avaient point voulu que son mari gouvernât : ils avaient mieux aimé donner la régence à Élisabeth de Bosnie, mère de leur roi Marie; de sorte que Sigismond ne se trouvait que l'époux d'une princesse en tutèle, à laquelle on donnait le titre de roi.

Les états de Hongrie sont mécontents de la régence, et on ne songe pas seulement à se servir de Sigismond. On offre la couronne à ce Charles de Durazzo accoutumé à faire étrangler des reines. Charles de Durazzo arrive, et est couronné.

La régente et sa fille dissimulent, prennent leur temps, et le font assassiner à leurs yeux[2]. Le ban ou palatin de Croatie se constitue juge des deux reines, fait noyer la mère, et enfermer la fille. C'est alors que Sigismond se montre digne de régner; il lève des

[1] Voyez tome XVII, page 163; et tome XXI, le chapitre VI du *Précis du Siècle de Louis XV*. B.

[2] En 1386, et non en 1389; car ce fut en 1389 que Élisabeth et sa fille Marie furent prises et punies par le ban de Croatie : voyez tome XVII page 164. B.

troupes dans son électorat de Brandebourg, et dans les états de son frère. Il défait les Hongrois.

Le ban de Croatie vient lui ramener la reine sa femme, à laquelle il avait fait promettre de le continuer dans son gouvernement. Sigismond, couronné roi de Hongrie, ne crut pas devoir tenir la parole de sa femme, et fit écarteler le ban de Croatie dans la petite ville de Cinq-Églises.

1390. Pendant ces horreurs, le grand schisme de l'Église augmente ; il pouvait être éteint après la mort d'Urbain en reconnaissant Clément ; mais on élit à Rome un Pierre Tomacelli[1], que l'Allemagne ne reconnaît que parceque Clément est reconnu en France. Il exige des annates, c'est-à-dire la première année du revenu des bénéfices ; l'Allemagne paie et murmure.

Il semble qu'on voulût se dédommager sur les Juifs de l'argent qu'on payait au pape. Presque tout le commerce intérieur se fesait toujours par eux, malgré les villes anséatiques. On les croit si riches en Bohême, qu'on les y brûle et qu'on les égorge. On en fait autant dans plusieurs villes, et surtout dans Spire.

Venceslas, qui rendait rarement des édits, en fait un pour annuler tout ce que l'on doit aux Juifs. Il crut par là ramener à lui la noblesse et les peuples.

Depuis 1391 *jusqu'à* 1397. La ville de Strasbourg est si puissante qu'elle soutient la guerre contre l'électeur palatin et contre son évêque au sujet de quelques fiefs. On la met au ban de l'empire ; elle en est quitte pour trente mille florins au profit de l'empereur.

---

[1] Ce pape, connu sous le nom de Boniface IX, fut élu dès le 2 novembre 1389, quinze jours après la mort d'Urbain VI. C..

Trois frères, tous trois ducs de Bavière, font un pacte de famille, par lequel un prince bavarois né pourra désormais vendre ou aliéner un fief qu'à son plus proche parent ; et pour le vendre à un étranger, il faudra le consentement de toute la maison : voilà une loi qu'on aurait pu insérer dans la bulle d'or, pour toutes les grandes maisons d'Allemagne.

Chaque ville, chaque prince pourvoit comme il peut à ses affaires.

Venceslas, renfermé dans Prague, ne commet que des actions de barbarie et de démence. Il y avait des temps où son esprit était entièrement aliéné. C'est un effet que les excès du vin, et même des aliments, font sur beaucoup plus d'hommes qu'on ne pense.

Charles VI, roi de France, dans ce temps-là même, était attaqué d'une maladie à peu près semblable. Elle lui ôtait souvent l'usage de la raison. Des anti-papes divisaient l'Église et l'Europe. Par qui le monde a-t-il été gouverné !

Venceslas, dans un de ses accès de fureur, avait jeté dans la Moldau et noyé le moine Jean Népomucène, parcequ'il n'avait pas voulu lui révéler la confession de l'impératrice sa femme. On dit qu'il marchait quelquefois dans les rues accompagné du bourreau, et qu'il fesait exécuter sur-le-champ ceux qui lui déplaisaient. C'était une bête féroce qu'il fallait enchaîner. Aussi les magistrats de Prague se saisissent de lui comme d'un malfaiteur ordinaire, et le mettent dans un cachot.

On lui permet des bains pour lui rendre la santé et la raison.

Un pêcheur lui fournit une corde, avec laquelle il s'échappe, accompagné d'une servante dont il fait sa maîtresse. Dès qu'il est en liberté, un parti se forme dans Prague en sa faveur. Venceslas fait mourir ceux qui l'avaient mis en prison; il anoblit le pêcheur, dont la famille subsiste encore.

Cependant les magistrats de Prague, traitant toujours Venceslas d'insensé et de furieux, l'obligent de s'enfuir de la ville.

C'était une occasion pour Sigismond, son frère, roi de Hongrie, de venir se faire reconnaître roi de Bohême; il ne la manque pas; mais il ne peut se faire déclarer que régent. Il fait enfermer son frère dans le château de Prague; de là il l'envoie à Vienne en Autriche chez le duc Albert, et retourne en Hongrie s'opposer aux Turcs, qui commençaient à étendre leurs conquêtes de ce côté.

Venceslas s'échappe encore de sa nouvelle prison; il retourne à Prague; et, ce qui est rare, il y trouve des partisans.

Ce qui est encore plus rare, c'est que l'Allemagne ne se mêle en aucune façon des affaires de son empereur, ni quand il est à Prague et à Vienne dans un cachot, ni quand il revient régner chez lui en Bohême.

1398. Qui croirait que ce même Venceslas, au milieu des scandales et des vicissitudes d'une telle vie, propose au roi de France Charles VI de l'aller trouver à Reims en Champagne, pour étouffer les scandales du schisme?

Les deux monarques se rendent en effet à Reims dans un des intervalles de leur folie. On remarque que dans un festin que donnait le roi de France à l'empereur et au roi de Navarre, un patriarche d'Alexandrie, qui se trouva là, s'assit le premier à table. On remarque encore qu'un matin, qu'on alla chez Venceslas pour conférer avec lui des affaires de l'Église, on le trouva ivre.

Les universités alors avaient quelque crédit, parce qu'elles étaient nouvelles, et qu'il n'y avait plus d'autorité dans l'Église. Celle de Paris avait proposé la première que les prétendants au pontificat se démissent, et qu'on élût un nouveau pape. Il s'agissait donc que le roi de France obtînt la démission de son pape Clément, et que Venceslas engageât aussi le sien à en faire autant.

Aucun des prétendants ne voulut abdiquer. C'étaient les successeurs d'Urbain et de Clément. Le premier était ce Tomacelli qui, élu après la mort d'Urbain, avait pris le nom de Boniface; l'autre, Pedro de Luna, Pierre de la Lune, Aragonais, qui s'appelait Benoît[1].

Ce Benoît siégeait dans Avignon. La cour de France tint la parole donnée à l'empereur: on alla proposer à Benoît d'abdiquer; et, sur son refus, on le tint prisonnier cinq ans entiers dans son propre château d'Avignon.

Ainsi l'Église de France, en ne reconnaissant point de pape pendant ces cinq années, montrait que l'Église pouvait subsister sans pape, de même que les Églises grecque, arménienne, cophte, anglicane, sué-

---

[1] Connu sous le nom de Benoît XIII, mais comme anti-pape. Il fut élu le 28 septembre 1394, douze jours après la mort de Clément VII. Cʟ.

doise, danoise, écossaise, augsbourgeoise, bernoise, zuricoise, génevoise, subsistent de nos jours.

Pour Venceslas, on disait qu'il aurait pu boire avec son pape, mais non négocier avec lui.

1399. Il trouve pourtant une épouse, Sophie de Bavière, après avoir fait mourir la première à force de mauvais traitements. On ne voit point qu'après ce mariage il retombe dans ses fureurs; il ne s'occupe plus qu'à amasser de l'argent comme Charles IV, son père; il vend tout. Il vend enfin à Galéas Visconti tous les droits de l'empire sur la Lombardie, qu'il déclare, selon quelques auteurs, indépendante absolument de l'empire, pour cent cinquante mille écus d'or. Aucune loi ne défendait aux empereurs de telles aliénations. S'il y en avait eu, Visconti n'aurait point hasardé une somme si considérable.

Les ministres de Venceslas, qui pillaient la Bohême, voulurent faire quelques exactions dans la Misnie. On s'en plaignit aux électeurs. Alors ces princes, qui n'avaient rien dit quand Venceslas était furieux, s'assemblent pour le déposer.

1400. Après quelques assemblées d'électeurs, de princes, de députés des villes, une diète solennelle se tient à Lanstein près de Mayence. Les trois électeurs ecclésiastiques, avec le palatin, déposent juridiquement l'empereur en présence de plusieurs princes, qui assistent seulement comme témoins. Les électeurs ayant seuls le droit d'élire, en tiraient la conclusion nécessaire qu'ils avaient seuls le droit de destituer. Ils révoquèrent ensuite les aliénations que l'empereur avait faites à prix d'argent: mais Galéas Visconti n'en dominait pas moins depuis le Piémont jusqu'aux portes de Venise.

L'acte de la déposition de Venceslas est du 20 août[1] au matin[2]. Les électeurs, quelques jours après, choisissent pour empereur Frédéric, duc de Brunsvick, qui est assassiné par un comte de Valdeck, dans le temps qu'il se prépare à son couronnement.

ROBERT,

COMTE PALATIN DU RHIN,

TRENTE-CINQUIÈME EMPEREUR.

1400. Robert, comte palatin du Rhin, est élu à Rentz par les quatre mêmes électeurs. Son élection ne peut être du 22 août[3], comme on le dit, puisque Venceslas avait été déposé le 20, et qu'il avait fallu plus de deux jours pour choisir le duc de Brunsvick, préparer son couronnement, et l'assassiner.

Robert va se présenter en armes devant Francfort, suivant l'usage, et y entre en triomphe au bout de six semaines et trois jours ; c'est le dernier exemple de cette coutume.

1401. Quelques princes et quelques villes d'Allemagne tiennent encore pour Venceslas, comme quelques Romains regrettèrent Néron. Les magistrats de la ville libre d'Aix-la-Chapelle ferment les portes à

---

[1] On lit *août*, et non *auguste*, dans les éditions de 1753, 1772 ; et dans les éditions de Kehl. B. — [2] Voyez, tome XVI, page 317. B.

[3] L'*Art de vérifier les dates*, et la *Biographie universelle*, citent même le 21 ; mais le Moreri de 1759, article ALLEMAGNE, cite le 10 septembre avec plus de vraisemblance. CL.

Robert quand il veut s'y faire couronner. Il l'est à Cologne par l'archevêque.

Pour gagner les Allemands, il veut rendre à l'empire le Milanais que Venceslas en avait détaché. Il fait une alliance avec les villes de Suisse et de Souabe, comme s'il n'était qu'un prince de l'empire, et lève des troupes contre les Viscontis. La circonstance était favorable. Venise et Florence s'armaient contre la puissance redoutable du nouveau duc de Lombardie.

Étant dans le Tyrol, il envoie un défi à Galéas, « A vous Jean Galéas, comte de Vérone; » lequel lui répond, « A vous Robert de Bavière, nous duc de Mi-« lan par la grace de Dieu et de Venceslas, etc.; » puis il lui promet de le battre. Il lui tient parole au débouché des gorges des montagnes.

Quelques princes qui avaient accompagné l'empereur s'en retournent avec le peu de soldats qui leur restent; et Robert se retire enfin presque seul.

1402-1403. Jean Galéas reste maître de toute la Lombardie, et protecteur de presque toutes les autres villes, malgré elles.

Il meurt, laissant, entre autres enfants, une fille mariée au duc d'Orléans, source de tant de guerres malheureuses.

A sa mort, l'un des papes, Boniface, qui n'est ni affermi dans Rome, ni reconnu dans la moitié de l'Europe, profite heureusement de la haine que les conquêtes de Jean Galéas avaient inspirée, et se saisit, par des intrigues, de Bologne, de Pérouse, de Ferrare, et de quelques villes de cet ancien héritage de la comtesse Mathilde que le saint-siége réclame toujours.

Venceslas, éveillé de son sommeil léthargique, veut enfin défendre sa couronne impériale contre Robert. Les deux concurrents acceptent la médiation du roi de France, Charles VI, et les électeurs le prient de venir juger à Cologne Venceslas et Robert, qui seraient présents, et s'en rapporteraient à lui.

Les électeurs demandaient vraisemblablement le jugement du roi de France parcequ'il n'était pas en état de le donner. Les accès de sa maladie le rendaient incapable de gouverner ses propres états; pouvait-il venir décider entre deux empereurs?

Venceslas déposé comptait alors sur son frère Sigismond, roi de Hongrie. Sigismond, par un sort bizarre, est déposé lui-même, et mis en prison dans son propre royaume.

Les Hongrois choisissent Ladislas, roi de Naples, pour leur roi; et Boniface, qui ne sait pas encore s'il est pape, prétend que c'est lui qui donne la couronne de Hongrie à Ladislas; mais à peine Ladislas est-il sur les frontières de Hongrie, que Naples se révolte. Il y retourne pour éteindre la rébellion.

Qu'on se fasse ici un tableau de l'Europe. On verra deux papes qui la partagent; deux empereurs qui déchirent l'Allemagne; la discorde en Italie après la mort de Visconti; les Vénitiens s'emparant d'une partie de la Lombardie, Gênes d'une autre partie; Pise assujettie par Florence; en France, des troubles affreux sous un roi en démence; en Angleterre, des guerres civiles; les Maures tenant encore les plus belles provinces de l'Espagne; les Turcs avançant vers la Grèce, et l'empire de Constantinople touchant à sa fin.

1404. Robert acquiert du moins quelques petits terrains qui arrondissent son palatinat. L'évêque de Strasbourg lui vend Offembourg, Celle, et d'autres seigneuries. C'est presque tout ce que lui vaut son empire.

Le duc d'Orléans, frère de Charles VI, achète le duché de Luxembourg de Josse, marquis de Moravie, à qui Venceslas l'a vendu. Sigismond avait vendu aussi le droit d'hommage. Par là le duché de Luxembourg et le duché du Milanais sont regardés par leurs nouveaux possesseurs comme détachés de l'empire.

1405. Le nouveau duc de Luxembourg et le duc de Lorraine se font la guerre, sans que l'empire y prenne part. Si les choses eussent continué encore quelques années sur ce pied, il n'y avait plus d'empire ni de corps germanique.

1406. Le marquis de Bade et le comte de Virtemberg font impunément une ligue avec Strasbourg et les villes de Souabe contre l'autorité impériale. Le traité porte que « si l'empereur ose toucher à un de « leurs priviléges, tous ensemble lui feront la guerre. »

Les Suisses se fortifient toujours. Les seuls Bâlois ravagent les terres de la maison d'Autriche dans le Sundgau et dans l'Alsace.

1407-1408. Pendant que l'autorité impériale s'affaiblit, le schisme de l'Église continue. A peine un des anti-papes est mort, que son parti en fait un autre. Ces scandales eussent fait secouer le joug de Rome à tous les peuples, si on eût été plus éclairé et plus animé, et si les princes n'avaient pas toujours eu en tête d'avoir un pape dans leur parti, pour avoir de quoi opposer les armes de la religion à leurs ennemis. C'est là le nœud de tant de ligues qu'on a vues entre Rome et les rois, de tant de contradictions, de tant d'excommunications demandées en secret par les uns, et bravées par les autres.

Déjà l'Église pouvait craindre la science, l'esprit, et les beaux-arts; ils avaient passé de la cour du roi de Naples, Robert, à Florence, où ils établissaient leur empire. L'émulation des universités naissantes commençait à débrouiller quelques chaos. La moitié de l'Italie était ennemie des papes. Cependant les Italiens, plus instruits alors que les autres nations, n'établirent jamais de secte contre l'Église. Ils fesaient souvent la guerre à la cour romaine, non à l'Église romaine. Les Albigeois et les Vaudois avaient commencé vers les frontières de la France. Wiclef s'éleva en Angleterre. Jean Hus, docteur de la nouvelle université de Prague, et confesseur de la reine de Bohême, femme de Venceslas, ayant lu les manuscrits de Wiclef, prêchait à Prague les opinions de cet Anglais. Rome ne s'était pas attendue que les premiers coups que lui porterait l'érudition viendraient d'un pays qu'elle appela si long-temps barbare. La doctrine de Jean Hus consistait principalement à donner à l'Église les droits que le saint-siége prétendait pour lui seul.

Le temps était favorable. Il y avait déjà, depuis la naissance du schisme, une succession d'anti-papes des deux côtés : et il était assez difficile de savoir de quel côté était le Saint-Esprit.

Le trône de l'Église étant ainsi partagé en deux, chaque moitié en est rompue et sanglante. Il arrive la même chose à trente chaires épiscopales. Un évêque, approuvé par un pape, conteste à main armée sa cathédrale à un autre évêque confirmé par un autre pape.

A Liége, par exemple, il y a deux évêques qui se font une guerre sanglante. Jean de Bavière, élu par une partie du chapitre, se bat contre un autre élu ; et comme les papes opposés ne pouvaient donner que des bulles, l'évêque Jean de Bavière appelle à son secours Jean, duc de Bourgogne, avec une armée. Enfin, pour savoir à qui demeurera la cathédrale de Liége, la ville est saccagée et presque réduite en cendres.

Tant de maux, auxquels on ne remédie pour l'ordinaire que quand ils sont extrêmes, avaient enfin produit un concile à Pise, où quelques cardinaux retirés appelaient le reste de l'Église. Ce concile est depuis transféré à Constance.

1409. S'il y avait une manière légale et canonique de finir le schisme qui déchirait l'Europe chrétienne, c'était l'autorité du concile de Pise.

Deux anti-papes, successeurs d'anti-papes, prêtent leur nom à cette guerre civile et sacrée. L'un est ce fier Espagnol Pierre Luna; l'autre, Corrario[1], Vénitien.

---

[1] Il avait succédé, en novembre 1406, sous le nom de Grégoire XII, à Cosme Meliocati, Innocent VIII. Cl.

Le concile de Pise les déclare tous deux indignes du trône pontifical. Vingt-quatre cardinaux, avec l'approbation du concile, élisent, le 17.[1] juin 1409, Philargi, né en Candie. Philargi, pape légitime, meurt au bout de dix mois. Tous les cardinaux qui se trouvaient alors à Rome nomment, d'un commun consentement, Balthasar Cossa, qui prend le nom de Jean XXIII. Il avait été nourri à-la-fois dans l'Église et dans les armes, s'étant fait corsaire dès qu'il fut diacre. Il s'était signalé dans des courses sur les côtes de Naples en faveur d'Urbain. Il acheta depuis chèrement un chapeau de cardinal, et une maîtresse, nommée Catherine, qu'il enleva à son mari. Il avait, à la tête d'une petite armée, repris Bologne sur les Viscontis. C'était un soldat sans mœurs; mais enfin c'était un pape canoniquement élu.

Le schisme paraissait donc fini par les lois de l'Église; mais la politique des princes le fesait durer, si on appelle politique cet esprit de jalousie, d'intrigue, de rapine, de crainte, et d'espérance, qui brouille tout dans le monde.

Une diète était assemblée à Francfort en 1409. L'empereur Robert y présidait; les ambassadeurs des rois de France, d'Angleterre, de Pologne, y assistaient. Mais qu'arrive-t-il? L'empereur soutenait une faction d'anti-pape; la France, une autre. L'empereur et l'empire croyaient que c'était à eux d'assembler les conciles. La diète de Francfort traitait le concile de Pise, assemblé sans les ordres de l'empire, de concilia-

---

[1] Le 26, selon l'*Art de vérifier les dates*. Philargi est connu sous le nom d'Alexandre V. CL.

bule; et on demandait un concile œcuménique. Il était donc arrivé que le concile de Pise, en croyant tout terminer, avait laissé trois papes à l'Europe au lieu de deux.

Le pape canonique était Jean XXIII, nommé solennellement à Rome. Les deux autres étaient Corrario et Pierre Luna : Corrario errant de ville en ville ; Pierre Luna enfermé dans Avignon par l'ordre de la cour de France, qui, sans le reconnaître, conservait toujours ce fantôme, pour l'opposer aux autres dans le besoin.

1410. Tandis que tant de papes agitent l'Europe, il y a une guerre sanglante entre les chevaliers teutons, maîtres de la Prusse, et la Pologne, pour quelques bateaux de blé.

Ces chevaliers, institués d'abord pour servir des Allemands dans les hôpitaux[1], étaient devenus une milice comme celle des mamelucs.

Les chevaliers sont battus; et perdent Thorn, Elbing, et plusieurs villes qui restent à la Pologne.

L'empereur Robert meurt le 18 mai à Oppenheim. Venceslas se dit toujours empereur sans en faire aucune fonction.

JOSSE,

TRENTE-SIXIÈME EMPEREUR.

1410. Venceslas n'était plus empereur qu'à Prague pour ses domestiques. Sigismond son frère, roi de Hongrie, demande l'empire. Josse, margrave de Bran-

---

[1] Voyez années 1192 et 1225. B.

debourg et de Moravie, son cousin, le demande aussi.

Non seulement Josse dispute l'empire à son cousin, mais il lui dispute aussi le Brandebourg.

L'électeur palatin Louis, fils aîné du dernier empereur Robert, l'archevêque de Trèves, et les ambassadeurs de Sigismond, dont on compte la voix en vertu du margraviat de Brandebourg, nomment Sigismond empereur [1] à Francfort.

Mayence, Cologne, l'ambassadeur de Saxe, et un député de Brandebourg pour Josse, nomment ce Josse dans la même ville.

Venceslas proteste dans Prague contre ces deux élections. L'Allemagne a trois empereurs, comme l'Église a trois papes sans en avoir un.

SIGISMOND,

ROI DE BOHÊME ET DE HONGRIE, MARGRAVE DE BRANDEBOURG,

TRENTE-SEPTIÈME EMPEREUR.

1411. La mort de Josse, trois mois après son élection, délivre l'Allemagne d'une guerre civile qu'il n'eût pu soutenir par lui-même, mais qu'on eût faite en son nom.

Sigismond reste empereur de nom et d'effet.

Tous les électeurs confirment son élection le 21 juillet.

Les villes n'avaient alors d'évêques que par le sort des armes : car, dans les brigues pour les élections,

---

[1] L'*Art de vérifier les dates* prétend que Sigismond fut élu dix jours avant Josse, c'est-à-dire le 20 septembre. Cr.

Jean XXIII approuvant un évêque, et Corrario un autre, la guerre civile s'ensuivit; et c'est ce qui arriva à Cologne comme à Liége[1]. L'archevêque Théodoric, de la maison de Mœurs, ne prit possession de son siége qu'après une bataille sanglante où il avait vaincu son compétiteur de la maison de Berg.

Les chevaliers teutoniques reprennent les armes contre la Pologne. Ils étaient si redoutables que Sigismond se ligue secrètement avec la Pologne contre eux. La Pologne avait cédé la Prusse aux chevaliers, et le grand-maître devenait insensiblement un souverain considérable.

1412. Sigismond paraît s'embarrasser peu du grand schisme d'Occident. Il se voyait roi de Hongrie, margrave de Brandebourg, et empereur. Il voulait assurer tout à sa postérité. Les Vénitiens, qui s'agrandissaient, avaient acquis une partie de la Dalmatie dans le temps des croisades; il les défait dans le Frioul, et joint cette partie à la Hongrie.

D'un autre côté Ladislas ou Lancelot, ce roi de Hongrie chassé par Sigismond, se rend maître de Rome et de tout le pays jusqu'à Florence. Le pape Jean XXIII l'avait appelé d'abord, à l'exemple de ses prédécesseurs, pour le défendre, et il s'était donné un maître dangereux, de crainte d'en trouver un dans Sigismond. C'est cette démarche forcée de Jean XXIII qui lui coûta bientôt le trône pontifical.

1413. Jean transférait les restes du concile de Pise à Rome, pour extirper le schisme et confirmer son élection. Il devait être le plus fort à Rome. L'empe-

---

[1] Voyez année 1408. B.

reur fait convoquer le concile à Constance [1] pour perdre le pape. On voit peu de papes italiens pris pour dupes. Celui-ci le fut à-la-fois par Sigismond et par le roi de Naples Ladislas ou Lancelot. Ce prince, maître de Rome, était devenu son ennemi, et l'empereur l'était encore davantage. L'empereur écrit aux deux anti-papes, à Pierre Luna, alors en Aragon, et à Corrario, réfugié à Rimini; mais ces deux papes fugitifs protestent contre le concile de Constance.

Lancelot meurt. Le pape, délivré d'un de ses maîtres, ne devait pas se mettre entre les mains de l'autre. Il va à Constance, espérant la protection de Frédéric, duc d'Autriche, héritier de la haine de la maison d'Autriche contre la maison de Luxembourg. Ce prince, à son tour protégé par le pape, accepte de lui le titre *in partibus* de général des troupes de l'Église, et même avec une pension de six mille florins d'or, aussi vaine que le généralat. Le pape s'unit encore avec le marquis de Bade, et quelques autres princes. Il entre enfin en pompe dans Constance, le 28 octobre, accompagné de neuf cardinaux.

Cependant, Sigismond est couronné à Aix-la-Chapelle, et tous les électeurs font au festin royal les fonctions de leurs dignités.

1414. Sigismond arrive à Constance le jour de Noël, le duc de Saxe portant l'épée de l'empire nue devant lui, le burgrave de Nuremberg, qu'il avait fait administrateur de Brandebourg, portant le sceptre. Le globe d'or était porté par le comte de Cillei son beau-père. Ce n'est pas une fonction électorale. Le

---

[1] Voyez tome XVI, page 327. B.

pape l'attendait dans la cathédrale. L'empereur y fait la fonction de diacre à la messe, il y lit l'Évangile; mais point de pieds baisés, point d'étrier tenu, point de mule menée par la bride. Le pape lui présente une épée. Il y avait trois trônes dans l'église, un pour l'empereur, un pour le pape, un pour l'impératrice; l'empereur était au milieu.

1415. Jean XXIII promet de céder le pontificat en cas que les anti-papes en fassent autant, et dans *tous les cas où sa déposition sera utile au bien de l'Église.* Cette dernière clause le perdait. Ou il était forcé à cette déclaration, ou le métier de pirate ne l'avait pas rendu un pape habile. Sigismond baise les pieds de Jean, dès que Jean eut lu cette formule qui lui ôtait le pontificat.

Sigismond est aisément le maître du concile en l'entourant de soldats [1]. Il y paraissait dans toute sa gloire. On y voyait les électeurs de Saxe, du Palatinat, de Mayence, l'administrateur de Brandebourg, les ducs de Bavière, d'Autriche, de Silésie, cent vingt-huit comtes, deux cents barons, qui étaient alors quelque chose; vingt-sept ambassadeurs y représentèrent leurs souverains. On y disputait de luxe, de magnificence: qu'on en juge par le nombre de cinquante orfèvres qui vinrent s'établir à Constance. On y compta cinq cents joueurs d'instruments: et ce que les usages de ce temps-là rendent très croyable, il y eut sept cent dix-huit courtisanes sous la protection du magistrat de la ville.

Le pape s'enfuit déguisé en postillon sur les terres

[1] Voyez tome XVI, page 330. B.

de Jean d'Autriche, comte du Tyrol. Ce prince est obligé de livrer le pape, et de demander pardon à genoux à l'empereur.

Tandis que le pape est prisonnier dans un château de ce duc d'Autriche, son protecteur, on instruit son procès. On l'accuse de tous les crimes, on le dépose le 29 mai; et, par la sentence, le concile se réserve le droit de le punir.

Le 6 juillet de la même année 1415, Jean Hus, confesseur de la reine de Bohême, docteur en théologie, est brûlé vif par sentence des pères du concile, malgré le sauf-conduit très formel [1] que Sigismond lui avait donné. Cet empereur le remet aux mains de l'électeur palatin, qui le conduisit au bûcher, dans lequel il loua Dieu jusqu'à ce que la flamme étouffât sa voix.

Voici les propositions principales pour lesquelles on le condamna à ce supplice horrible: « Qu'il n'y a « qu'une Église catholique, qui renferme dans son « sein tous les prédestinés; que les seigneurs tempo- « rels doivent obliger les prêtres à observer la loi; « qu'un mauvais pape n'est pas vicaire de Jésus-Christ.

« *Croyez-vous l'universel* A PARTE REI ? lui dit un « cardinal.—*Je crois l'universel* A PARTE MENTIS, ré- « pondit Jean Hus. — *Vous ne croyez donc pas la* « *présence réelle!* » s'écria le cardinal.

Il est manifeste qu'on voulait que Jean fût brûlé; et il le fut [2].

1416. Sigismond, après la condamnation du pape

---

[1] Voyez tome XVI, page 337. B.
[2] Voyez tome XVI, pages 339-40. B.

et de Jean Hus, occupé de la gloire d'extirper le schisme, obtient à Narbonne, des rois de Castille, d'Aragon, et de Navarre, leur renonciation à l'obédience de Pierre de la Lune, ou Luna.

Il va de là à Chambéri ériger la Savoie en duché, et en donne l'investiture à Amédée VIII.

Il va à Paris, se met à la place du roi dans le parlement, et y fait un chevalier. On dit que c'était trop, et que le parlement fut blâmé de l'avoir souffert. Pourquoi? si le roi lui avait donné sa place, il devait trouver très bon qu'il conférât un honneur qui n'est qu'un titre [1].

De Paris il va à Londres. Il trouve en abordant des seigneurs qui avancent vers lui dans l'eau, l'épée à la main, pour lui faire honneur, et pour l'avertir de ne pas agir en maître. C'était un aveu des droits que pouvait donner dans l'opinion des peuples ce grand nom de césar.

Il disait qu'il était venu à Londres pour négocier la paix entre l'Angleterre et la France. C'était dans le temps le plus malheureux de la monarchie française, lorsque le roi anglais Henri V voulait avoir la France par conquête et par héritage.

L'empereur, au lieu de faire cette paix, s'unit avec l'Angleterre contre la France malheureuse. Il l'est lui-même davantage en Hongrie. Les Turcs, qui avaient renversé l'empire des califes, et qui menaçaient Constantinople, ayant inondé la terre depuis l'Inde jusqu'à la Grèce, dévastaient la Hongrie et l'Autriche; mais ce n'était encore que des incursions de brigands.

[1] Voyez ci-après, année 1538. B.

On envoie des troupes contre eux quand ils se retirent.

Tandis que Sigismond voyage, le concile, après avoir brûlé Jean Hus, cherche une autre victime dans Jérôme de Prague. Hiéronyme ou Jérôme de Prague, disciple de Jean Hus, qui lui était très supérieur en esprit et en éloquence, fut brûlé[1] quelque temps après son maître. Il harangua l'assemblée avec une éloquence d'autant plus touchante qu'elle était intrépide. Condamné comme Socrate par des ennemis fanatiques, il mourut avec la même grandeur d'ame.

Les papes avaient prétendu juger les princes et les dépouiller quand ils l'avaient pu ; le concile, sans pape, crut avoir les mêmes droits. Frédéric d'Autriche avait, vers le Tyrol, pris des villes que l'évêque de Trente réclamait, et il retenait l'évêque prisonnier. Le concile lui ordonne de rendre l'évêque et les villes, sous peine d'être privé lui et ses enfants de tous leurs fiefs de l'Église et de l'empire.

Ce Frédéric d'Autriche, souverain du Tyrol, s'enfuit de Constance. Son frère Ernest lui prend le Tyrol, et l'empereur met Frédéric au ban de l'empire. Tout s'accommode sur la fin de l'année. Frédéric reprend son Tyrol, et Ernest, son frère, s'en tient à la Stirie, qui était son apanage. Mais les Suisses, qui s'étaient saisis de quelques villes de ce duc d'Autriche, les gardent et fortifient leur ligue.

1417. L'empereur retourne à Constance ; il y donne

---

[1] Condamné le 30 mai 1416, Jérôme de Prague fut brûlé dans les premiers jours du mois suivant ; et ce fut encore Louis-le-Pieux qui présida à cette exécution. CL.

avec la plus grande pompe l'investiture de Mayence, de la Saxe, de la Poméranie, de plusieurs principautés: investiture qu'il faut prendre à chaque mutation d'empereur ou de vassal.

Il vend son électorat de Brandebourg à Frédéric de Hohenzollern, burgrave de Nuremberg, pour la somme de quatre cent mille florins d'or, que le burgrave avait amassée; somme très considérable en ce temps-là. Quelques auteurs disent seulement cent mille, et sont plus croyables.

Sigismond se réserve, par le contrat, la faculté de racheter le Brandebourg pour la même somme, en cas qu'il ait des enfants.

Sentence de déposition prononcée dans le concile, en présence de l'empereur, contre le pape Pierre Luna, déclaré dans la sentence *parjure, perturbateur du repos public, hérétique, rejeté de Dieu, et opiniâtre*. La qualité d'opiniâtre était la seule qu'il méritât bien.

L'empereur propose au concile de réformer l'Église avant de créer un pape. Plusieurs prélats crient à l'hérétique, et on fait un pape sans réformer l'Église.

Vingt-trois cardinaux et trente-trois prélats du concile, députés des nations, s'assemblent dans un conclave. C'est le seul exemple que d'autres prélats que des cardinaux aient eu droit de suffrage, depuis que le sacré collége s'était réservé à lui seul l'élection des papes; car Grégoire VII fut élu par l'acclamation du peuple.

On élit le 11 novembre Othon Colonne, qui change ce beau nom contre celui de Martin; c'est de tous les papes celui dont la consécration a été la plus auguste. Il fut conduit à l'église par l'empereur et l'électeur de Brandebourg, qui tenaient les rênes de son cheval, suivis de cent princes, des ambassadeurs de tous les rois, et d'un concile entier.

1418. Au milieu de ce vaste appareil d'un concile, et parmi tant de soins apparents de rendre la paix à l'Église, et à l'empire sa dignité, quelle fut la principale occupation de Sigismond? celle d'amasser de l'argent.

Non content de vendre son électorat de Brandebourg, il s'était hâté, pendant la tenue du concile, de vendre à son profit quelques villes qu'il avait confisquées à Frédéric d'Autriche. L'accommodement fait, il fallait les restituer. Cet embarras et la disette continuelle d'argent où il était, mêlaient de l'avilissement à sa gloire.

Le nouveau pape Martin V déclare Sigismond roi des Romains, en suppléant aux défauts de formalité qui se trouvèrent dans son élection à Francfort.

Le pape ayant promis de travailler à la réformation de l'Église, publie quelques constitutions touchant les revenus de la chambre apostolique et les habits des clercs.

Il accorde à l'empereur le dixième de tous les biens ecclésiastiques d'Allemagne pendant un an, pour l'indemniser des frais du concile; et l'Allemagne en murmura.

Troubles apaisés cette année dans la Hollande, le Brabant, et le Hainaut. Tout ce qui en résulte d'important pour l'histoire, c'est que Sigismond reconnaît que la province de Hainaut ne relève pas de l'empire. Un autre empereur pouvait ensuite admettre le contraire. Le Hainaut avait autrefois, comme on a vu[1], relevé quelque temps d'un évêque de Liége.

Comme le droit féodal n'est point un droit naturel, que ce n'est point la possession d'une terre qu'on cultive, mais une prétention sur des terres cultivées par autrui, il a toujours été le sujet de mille disputes indécises.

1419. De plus grands troubles s'élevaient en Bohême. Les cendres de Jean Hus et de Jérôme de Prague excitaient un incendie.

Les partisans de ces deux infortunés voulurent soutenir leur doctrine et venger leur mort. Le célèbre Jean Ziska se met à la tête des hussites, et tâche de profiter de la faiblesse de Venceslas, du fanatisme des Bohémiens, et de la haine qu'on commence à porter au clergé, pour se faire un parti puissant et s'établir une domination.

Venceslas meurt en Bohême presque ignoré. Sigismond a donc à-la-fois l'Empire, la Hongrie, la Bohême, la suzeraineté de la Silésie; et, s'il n'avait pas vendu son électorat de Brandebourg, il pouvait fonder la plus puissante maison d'Allemagne.

1420. C'est contre ce puissant empereur que Jean Ziska se soutient, et lui fait la guerre dans ses états patrimoniaux. Les moines étaient le plus souvent les victimes de cette guerre; ils payaient de leur sang la cruauté des pères de Constance.

Jean Ziska fait soulever toute la Bohême. Pendant

---

[1] Année 1252. B.

ce temps, il y a de grands troubles en Danemarck au sujet du duché de Slesvick. Le roi Éric s'empare de ce duché; mais la guerre des hussites est bien plus importante, et regarde de plus près l'empire.

Sigismond assiége Prague; Jean Ziska le met en déroute et lui fait lever le siége; un prêtre marchait avec lui à la tête des hussites, un calice à la main, pour marquer qu'ils voulaient communier sous les deux espèces.

Un mois après, Jean Ziska bat encore l'empereur. Cette guerre dura seize années. Si l'empereur n'avait pas violé son sauf-conduit, tant de malheurs ne seraient pas arrivés.

1421. Il y avait long-temps qu'on ne fesait plus de croisades que contre les chrétiens. Martin V en fait prêcher une en Allemagne contre les hussites, au lieu de leur accorder la communion avec du vin.

Un évêque de Trèves marche à la tête d'une armée de croisés contre Jean Ziska, qui, n'ayant pas avec lui plus de douze cents hommes, taille les croisés en pièces.

L'empereur marche encore vers Prague, et est encore battu.

1422. Coribut, prince de Lithuanie, vient se joindre à Ziska, dans l'espérance d'être roi de Bohême. Ziska, qui méritait de l'être, menace d'abandonner Prague.

Le mot Ziska signifiait *borgne* en langue esclavonne, et on appelait ainsi ce guerrier comme Horatius avait été nommé *Cocles*. Il méritait alors celui *d'aveugle*, ayant perdu les deux yeux, et ce Jean-l'Aveugle était bien un autre homme que l'autre Jean-l'Aveugle[1], père de Sigismond. Il croyait, malgré la perte de ses yeux, pouvoir régner, puisqu'il pouvait combattre et être chef de parti.

1423. L'empereur, chassé de la Bohême par les vengeurs de Jean Hus, a recours à sa ressource ordinaire, celle de vendre des provinces. Il vend la Moravie à Albert, duc d'Autriche : c'était vendre ce que les hussites possédaient alors.

Procope, surnommé *le Rasé*, parcequ'il était prêtre, grand capitaine, devenu l'œil et le bras de Jean Ziska, défend la Moravie contre les Autrichiens.

1424. Non-seulement Ziska-l'Aveugle se soutient malgré l'empereur, mais encore malgré Coribut, son défenseur, devenu son rival. Il défait Coribut après avoir vaincu l'empereur.

Sigismond pouvait au moins profiter de cette guerre civile entre ses ennemis ; mais dans ce temps-là même il est occupé à des noces. Il assiste avec pompe dans Presbourg au mariage d'un roi de Pologne, tandis que Ziska chasse son rival Coribut, et entre dans Prague en triomphe.

Ziska meurt d'une maladie contagieuse au milieu de son armée. Rien n'est plus connu que la disposition qu'on prétend qu'il fit de son corps en mourant. « Je veux qu'on me laisse en plein champ, dit-il ; « j'aime mieux être mangé des oiseaux que des vers ;

---

[1] Jean-l'Aveugle était l'aïeul de Sigismond : voyez ma note, année 1348. B.

« qu'on fasse un tambour de ma peau : on fera fuir
« nos ennemis au son de ce tambour[1]. »

Son parti ne meurt pas. Ce n'était pas Ziska, mais le fanatisme qui l'avait formé. Procope-le-Rasé succède à son gouvernement et à sa réputation.

1425-1426. La Bohême est divisée en plusieurs factions, mais toutes réunies contre l'empereur, qui ne peut se ressaisir des ruines de sa patrie. Coribut revient, et est déclaré roi. Procope fait la guerre à cet usurpateur et à Sigismond. Enfin, l'empire fournit une armée de près de cent mille hommes à l'empereur, et cette armée est entièrement défaite. On dit que les soldats de Procope, qu'on appelait les Taborites, se servirent, dans cette grande bataille, de haches à deux tranchants, et que cette nouveauté leur donna la victoire.

1427. Pendant que l'empereur Sigismond est chassé de la Bohême, et que les étincelles sorties des cendres de Jean Hus embrasent ce pays, la Moravie et l'Autriche, les guerres entre le roi de Danemarck et le Holstein continuent. Lubeck, Hambourg, Vismar, Stralsund, sont déclarées contre lui. Quelle était donc l'autorité de l'empereur Sigismond? il prenait le parti du Danemarck; il écrivait à ces villes pour leur faire mettre bas les armes, et elles ne l'écoutaient pas.

Il semble avoir perdu son crédit comme empereur, ainsi qu'en qualité de roi de Bohême.

Il fait marcher encore une armée dans son pays, et

[1] Voyez, dans la *Correspondance*, les lettres des 16 novembre et 4 décembre 1744. B.

cette armée est encore battue par Procope. Coribut, qui se disait roi de Bohême, est mis dans un couvent par son propre parti, et l'empereur n'a plus de parti en Bohême.

1428. On voit que Sigismond était très mal secouru de l'empire, et qu'il ne pouvait armer les Hongrois. Il était chargé de titres et de malheurs. Il ouvre enfin dans Presbourg des conférences pour la paix avec ses sujets. Le parti nommé *des orphelins*, qui était le plus puissant à Prague, ne veut aucun accommodement, et répond *qu'un peuple libre n'a pas besoin de roi*.

1429-1430. Procope-le-Rasé, à la tête de son régiment de frères (semblable à celui que Cromwell forma depuis), suivi de ses orphelins, de ses taborites, de ses prêtres, qui portaient un calice, et qui conduisaient les calistins, continue à battre partout les impériaux. La Misnie, la Lusace, la Silésie, la Moravie, l'Autriche, le Brandebourg, sont ravagés. Une grande révolution était à craindre. Procope se sert de retranchements de bagages avec succès contre la cavalerie allemande. Ces retranchements s'appellent des tabors. Il marche avec ces tabors; il pénètre aux confins de la Franconie.

Les princes de l'empire ne peuvent s'opposer à ces irruptions; ils étaient en guerre les uns contre les autres. Que fesait donc l'empereur? il n'avait su que tenir un concile et laisser brûler deux prêtres.

Amurat II dévaste la Hongrie pendant ces troubles. L'empereur veut intéresser pour lui le duc de Lithuanie, et le créer roi ; il ne peut en venir à bout : les Polonais l'en empêchent.

1431. Il demande encore la paix aux hussites ; il ne peut l'obtenir, et ses troupes sont encore battues deux fois. L'électeur de Brandebourg et le cardinal Julien, légat du pape, sont défaits la seconde fois à Risemberg, d'une manière si complète, que Procope parut être le maître de l'empire intimidé.

Enfin les Hongrois, qu'Amurat II laisse respirer, marchent contre le vainqueur, et sauvent l'Allemagne qu'ils avaient autrefois dévastée.

Les hussites, repoussés dans un endroit, sont formidables dans tous les autres. Le cardinal Julien, ne pouvant faire la guerre, veut un concile, et propose d'y admettre des prêtres hussites.

Le concile s'ouvre à Bâle le 23 mai [1].

1432. Les pères donnent aux hussites des sauf-conduits pour deux cents personnes.

Ce concile de Bâle, tenu sous Eugène IV, n'était qu'une prolongation de plusieurs autres indiqués par le pape Martin V, tantôt à Pavie, tantôt à Sienne. Les pères commencèrent par déclarer que le pape n'a ni le droit de dissoudre leur assemblée, ni même celui de la transférer, et qu'il leur doit être soumis sous peine de punition. Les conciles se regardaient comme les états-généraux de l'Europe, juges des papes et des rois. On avait détrôné Jean XXIII à Constance ; on voulait, à Bâle, faire rendre compte à Eugène IV.

---

[1] Le 23 juillet, selon l'*Art de vérifier les dates*. La première session commença le 14 décembre suivant, et il ne finit qu'en mai 1443. Celui de Lausanne, en 1449, en fut la continuation. CL.

Eugène, qui se croyait au-dessus du concile, le dissout, mais en vain. Il s'y voit citer pour y comparaître plutôt que pour y présider; et Sigismond prend ce temps pour s'aller faire inutilement couronner en Lombardie, et ensuite à Rome.

Il trouve l'Italie puissante et divisée. Philippe Visconti régnait sur le Milanais et sur Gênes, malheureuse rivale de Venise, qui avait perdu sa liberté, et qui ne cherchait plus que des maîtres. Le duc de Milan et les Vénitiens se disputaient Vérone et quelques frontières. Les Florentins prenaient le parti de Venise. Lucques, Sienne, étaient pour le duc de Milan. Sigismond est trop heureux d'être protégé par ce duc pour aller recevoir à Rome la vaine couronne d'empereur. Il prend ensuite le parti du concile contre le pape, comme il avait fait à Constance. Les pères déclarent sa sainteté contumace, et lui donnent soixante jours pour se reconnaître, après quoi on le déposera.

Les pères de Bâle voulaient imiter ceux de Constance. Mais les exemples trompent. Eugène était puissant à Rome, et les temps n'étaient pas les mêmes.

1433. Les députés de Bohême sont admis au concile. Jean Hus et Jérôme avaient été brûlés à Constance. Leurs sectateurs sont respectés à Bâle : ils y obtiennent que leurs voix seront comptées. Les prêtres hussites qui s'y rendent n'y marchent qu'à la suite de ce Procope-le-Rasé, qui vient avec trois cents gentilshommes armés; et les pères disaient : « Voilà « le vainqueur de l'Église et de l'Empire. » Le concile leur accorde la permission de boire en communiant, et on dispute sur le reste. L'empereur arrive à Bâle;

il y voit tranquillement son vainqueur, et s'occupe du procès qu'on fait au pape.

Tandis qu'on argumente à Bâle, les hussites de Bohême, joints aux Polonais, attaquent les chevaliers teutons; et chaque parti croit faire une guerre sainte. Tous les ravages recommencent; les hussites se font la guerre entre eux.

Procope quitte le concile qu'il intimidait, pour aller se battre en Bohême contre la faction opposée. Il est tué dans un combat près de Prague.

La faction victorieuse fait ce que l'empereur n'aurait osé faire; elle condamne au feu un grand nombre de prisonniers. Ces hérétiques, armés si long-temps pour venger la cendre de leur apôtre, se livrent aux flammes les uns les autres.

1434. Si les princes de l'empire laissaient leur chef dans l'impuissance de se venger, ils ne négligeaient pas toujours le bien public. Louis de Bavière, duc d'Ingolstadt, ayant tyrannisé ses vassaux, abhorré de ses voisins, et n'étant pas assez puissant pour se défendre, est mis au ban de l'empire; et il obtient sa grace en donnant de l'argent à Sigismond.

L'empereur était alors si pauvre, qu'il accordait les plus grandes choses pour les plus petites sommes.

Le dernier de la branche électorale de Saxe, de l'ancienne maison d'Ascanie, meurt sans enfants. Plusieurs parents demandent la Saxe: et il n'en coûte que cent mille florins au marquis de Misnie, Frédéric-le-Belliqueux, pour l'obtenir. C'est de ce marquis de Misnie, landgrave de Thuringe, que descend la maison de Saxe, si étendue de nos jours.

1435. L'empereur, retiré en Hongrie, négocie avec ses sujets de Bohême. Les états lui fixent des conditions auxquelles il pourra être reconnu; et entre autres, ils demandent qu'il n'altère plus la monnaie. Cette clause fait sa honte, mais honte commune avec trop de princes de ces temps-là. Les peuples ne se sont soumis à des souverains, ni pour être tyrannisés, ni pour être volés.

Enfin, l'empereur ayant accepté les conditions, les Bohémiens se soumettent à lui et à l'Église. Voilà un vrai contrat passé entre le roi et son peuple.

1436-1437. Sigismond rentre dans Prague, et y reçoit un nouvel hommage, comme tenant nouvellement la couronne du choix de la nation. Après avoir apaisé le reste des troubles, il fait reconnaître en Bohême le duc Albert d'Autriche, son gendre, pour héritier du royaume. C'est le dernier événement de sa vie, qui finit en décembre 1437.

ALBERT II D'AUTRICHE,

TRENTE-HUITIÈME EMPEREUR.

1438. Il parut alors que la maison d'Autriche pouvait être déjà la plus puissante de l'Europe. Albert II, gendre de Sigismond, se vit roi de Bohême et de Hongrie, duc d'Autriche, souverain de beaucoup d'autres pays, et empereur. Il n'était roi de Hongrie et de Bohême que par élection; mais, quand le père et l'aïeul ont été élus, le petit-fils se fait aisément un droit héréditaire.

Le parti des hussites, qu'on nommait les *calistins*,

élit pour roi Casimir, frère du roi de Pologne. Il faut combattre. L'armée de l'empereur, commandée par Albert-l'Achille, alors burgrave de Nuremberg, et depuis électeur de Brandebourg, assure par des victoires la couronne de Bohême à Albert II d'Autriche.

Dans une grande diète à Nuremberg, on réforme l'ancien tribunal des austrègues, remède inventé, comme on a vu [1], pour prévenir l'effusion de sang dans les querelles des seigneurs. L'offensé doit nommer trois princes pour arbitres; ils doivent être approuvés par les états de l'empire, et juger dans l'année.

On divise l'Allemagne en quatre parties, nommées *cercles*, Bavière, Rhin, Souabe, et Vestphalie. Les terres électorales ne sont pas comprises dans ces quatre cercles, chaque électeur croyant de sa dignité de gouverner son état sans l'assujettir à ce réglement. Chaque cercle a un directeur et un duc ou général, et chaque membre du cercle est taxé à un contingent en hommes ou en argent pour la sûreté publique.

On abolit dans cette diète cette ancienne loi veimique, qui subsistait encore en quelques endroits de la Vestphalie; loi qui n'en mérite pas le nom, puisque c'était l'opposé de toutes les lois. Elle s'appelait le *jugement secret*, et consistait à condamner un homme à mort, sans qu'il en sût rien. Elle fut instituée, comme nous l'avons vu [2], par Charlemagne contre les Saxons.

Cette manière de juger, qui n'est qu'une manière d'assassiner, a été pratiquée dans plusieurs états, et

---

[1] Page 265, années 1269 à 1272. B. — [2] Année 792. B.

surtout à Venise, lorsqu'un danger pressant, ou qu'un intérêt d'état supérieur aux lois pouvait servir d'excuse à cette barbarie. Mais le décret de la diète abolit en vain cette loi exécrable : le tribunal secret subsista toujours. Les juges ne cessèrent point de nommer leurs assesseurs. Ils osèrent même citer l'empereur Frédéric III. Il n'y a point d'excès à quoi ne puisse se porter une compagnie qui croit n'avoir point de compte à rendre. Cette cour infame ne fut pleinement détruite que par Maximilien Ier.

1439. D'un côté le concile de Bâle continue à troubler l'Occident : de l'autre les Turcs et les Tartares, qui se disputent l'Orient, portent leurs dévastations aux frontières de la Hongrie.

L'empereur grec, Jean Paléologue II, auquel il ne restait guère plus que Constantinople, croit en vain pouvoir obtenir du secours des chrétiens. Il s'humilie jusqu'à venir dans Rome soumettre l'Église grecque au pape.

Ce fut dans le concile de Ferrare, opposé par Eugène IV au concile de Bâle, que Jean Paléologue et son patriarche furent d'abord reçus. L'empereur grec et son clergé, dans leur soumission réelle, gardèrent en apparence la majesté de leur empire et la dignité de leur Église. Aucun de ces fugitifs ne baisa les pieds du pape; ils avaient en horreur cette cérémonie, reçue par les empereurs d'Occident, qui se disaient souverains du pape. Cependant on avait, dans les premiers siècles, baisé les pieds des évêques grecs.

Paléologue et ses prélats suivent le pape de Ferrare à Florence. Il y est solennellement décidé et convenu par les représentants des Églises latine et grecque, « que le Saint-Esprit procède du Père et du Fils par « la production d'inspiration ; que le Père communi- « que tout au Fils, excepté la paternité ; et que le Fils a « de toute éternité la vertu productive, par laquelle « le Saint-Esprit procède du Fils comme du Père. »

Le grand point intéressant et glorieux pour Rome était l'aveu de sa primatie. Le pape fut solennellement reconnu, le 6 juillet, pour le chef de l'Église universelle.

Cette union des Grecs et des Latins fut, à la vérité, désavouée bientôt après par toute l'Église grecque. La victoire du pape Eugène fut aussi vaine que les subtilités métaphysiques sur lesquelles on disputait.

Dans le même temps qu'il rend ce service aux Latins, et qu'il finit, autant qu'il est en lui, le schisme de l'Orient et de l'Occident, le concile de Bâle le dépose du pontificat, le déclare *rebelle, simoniaque, schismatique, hérétique, et parjure.*

Il faut avouer que les Pères de Bâle agirent quelquefois comme des factieux imprudents, et qu'Eugène se conduisit comme un homme habile. Mais c'était un grand exemple des inconséquences qui gouvernent le monde, que la religion chrétienne étant née et détruite en Judée, le chef de cette religion, souverain à Rome, fût jugé et condamné en Suisse.

On ne doit pas oublier que Paléologue, de retour à Constantinople, fut si odieux à son Église, pour l'avoir soumise à Rome, que son propre fils lui refusa la sépulture.

Cependant les Turcs avancent jusqu'à Semendria

en Hongrie. Au milieu de ces alarmes, Albert d'Autriche, dont on attendait beaucoup, meurt le 27 octobre, laissant l'empire affaibli, comme il l'avait trouvé, et l'Europe malheureuse.

FRÉDÉRIC D'AUTRICHE,

TROISIÈME DU NOM,

TRENTE-NEUVIÈME EMPEREUR.

1440. On s'assemble à Francfort, selon la coutume, pour le choix d'un roi des Romains. Les états de Bohême, qui étaient sans souverain, jouissent avec les autres électeurs du droit de suffrage, privilége qui n'a jamais été donné qu'à la Bohême.

Louis, landgrave de Hesse, refuse la couronne impériale. On en voit plusieurs exemples dans l'histoire. L'Empire passait depuis long-temps pour une épouse sans dot, qui avait besoin d'un mari très riche.

Frédéric d'Autriche, duc de Stirie, fils d'Ernest, qui était bien moins puissant que le landgrave de Hesse, n'est pas si difficile.

Dans la même année, Albert, duc de Bavière, refuse la couronne de Bohême, qu'on lui offre : mais ce nouveau refus vient d'un motif qui doit servir d'exemple aux princes. La veuve de l'empereur, roi de Bohême et de Hongrie, duc d'Autriche, venait d'accoucher d'un posthume nommé Ladislas. Albert de Bavière crut qu'on devait avoir égard au sang de ce pupille. Il regarda la Bohême comme l'héritage de cet enfant. Il ne voulut pas le dépouiller. L'intérêt ne gouverne pas toujours les souverains. Il y a aussi de l'honneur parmi eux ; et ils devraient songer que cet honneur, quand il est assuré, vaut mieux qu'une province incertaine[1].

A l'exemple du Bavarois, l'empereur Frédéric III refuse aussi la couronne de Bohême. Voilà ce que fait l'exemple de la vertu. Frédéric III ne veut pas être moins généreux que le duc de Bavière. Il se charge de la tutèle de l'enfant Ladislas, qui devait, par le droit de naissance, posséder la Basse-Autriche, où est Vienne, et qui était appelé au trône de la Bohême et de la Hongrie par le choix des peuples, qui respectaient en lui le sang dont il sortait.

Concile de Freisingen, dans lequel on prive de la sépulture tous ceux qui seront morts en combattant dans un tournoi, ou qui ne se seront point confessés dans l'année. Ces décrets grossiers et ridicules n'ont jamais de force.

1441. Grande diète à Mayence. L'anti-pape, Amédée de Savoie, Félix, créé par le concile de Bâle, envoie un légat *a latere* à cette diète ; on lui fait quitter sa croix et la pourpre qu'Amédée lui a donnée. Cet Amédée était un homme bizarre, qui, ayant renoncé à son duché de Savoie pour la vie molle d'ermite, quittait sa retraite de Ripaille[2] pour être

---

[1] M. Clogenson pense que les dernières phrases de cet alinéa sont une allusion aux efforts inutiles du roi de Prusse, en 1744, pour dépouiller Marie-Thérèse et son fils, encore au berceau, du royaume de Bohême. Ces phrases se trouvent dans la première édition des *Annales*, qui parut dans l'année même de l'aventure de Francfort : ce qui explique ce trait contre ce monarque. B.

[2] Voyez, dans les épitres en vers, celle qui est intitulée : *L'Auteur arrivant dans sa terre près du lac de Genève*, mars 1755. B.

pape. Les Pères du concile de Bâle l'avaient élu, quoiqu'il fût séculier. Ils avaient en cela violé tous les usages : aussi ces Pères n'étaient regardés à Rome que comme des séditieux. La diète de Mayence tient la balance entre les deux papes.

L'ordre teutonique gouverne si durement la Prusse, que les peuples se donnent à la Pologne.

L'empereur élève à sa cour le jeune Ladislas, roi de Bohême, et le royaume est administré au nom de ce jeune prince, mais au milieu des contradictions et des troubles. Tous les électeurs et beaucoup de princes viennent assister au couronnement de l'empereur à Aix-la-Chapelle. Chacun avait à sa suite une petite armée. Ils mettaient alors leur gloire à paraître avec éclat dans ces jours de cérémonie; ils la mettent aujourd'hui à n'y plus paraître.

Grand exemple de la liberté des peuples du Nord. Éric, roi de Danemarck et de Suède, désigne son neveu successeur de son royaume. Les états s'y opposent, en disant que, par les lois fondamentales, la couronne ne doit point être héréditaire. Leur loi fondamentale est bien différente aujourd'hui. Ils déposèrent leur vieux roi Éric [1], qui voulait être trop absolu, et ils appelèrent à la couronne, ou plutôt à la première magistrature du royaume, Christophe de Bavière.

1443-1444. La politique, les lois, les usages, n'avaient rien alors de ce qu'ils ont de nos jours. On voit, dans ces années, la France unie avec la maison

---

[1] Éric VII, en Danemarck, et XIII, en Suède, fut remplacé par Christophe, en 1439, et mourut vingt ans après. CL.

d'Autriche contre les Suisses. Le dauphin, depuis Louis XI, marche contre les Suisses, dont la France devait défendre la liberté. Les auteurs parlent d'une grande victoire que le dauphin remporta près de Bâle; mais s'il avait gagné une si grande bataille, comment put-il n'obtenir qu'à peine la permission d'entrer dans Bâle avec ses domestiques? Ce qui est certain, c'est que les Suisses ne perdirent point la liberté, pour laquelle ils combattaient, et que cette liberté se fortifia de jour en jour, malgré leurs dissensions.

Ce n'était pas contre les Suisses qu'il fallait marcher alors; c'était contre les Turcs. Amurat II, après avoir abdiqué l'empire, l'avait repris à la prière des janissaires. Ce Turc, qu'on peut compter parmi les philosophes, était compté parmi les héros. Il poussait ses conquêtes en Hongrie. Le roi de Pologne Vladislas, le second des Jagellons, venait d'être élu par les Hongrois, au mépris du jeune Ladislas d'Autriche, élevé toujours chez l'empereur. Il venait de conclure avec Amurat la paix la plus solennelle que jamais les chrétiens eussent faite avec les musulmans.

Amurat et Vladislas la jurèrent tous deux solennellement, l'un sur l'Alcoran, l'autre sur l'Évangile.

[1] Le cardinal Julien Césarini, légat du pape en Allemagne, homme fameux par ses poursuites contre les partisans de Jean Hus, par le concile de Bâle, auquel il avait d'abord présidé, par la croisade qu'il prêchait

---

[1] Les premières éditions contiennent, ici et ailleurs, des variantes d'autant plus inutiles à relever aujourd'hui, que le passage qu'on lisait ici a été transporté par l'auteur dans l'*Essai sur les mœurs*: voyez tome XVI, pages 480-482. B.

contre les Turcs, crut que c'était une action sainte de violer un serment fait à des Turcs. Cette piété lui parut d'autant plus convenable, que le sultan était alors occupé à réprimer des séditions en Asie. Il était du devoir des catholiques de ne pas tenir la foi aux hérétiques; donc c'était une plus grande vertu d'être perfide envers les musulmans, qui ne croient qu'en Dieu. Le pape Eugène IV, pressé par le légat, ordonna au roi de Hongrie Vladislas d'être chrétiennement parjure.

Tous les chefs se laissèrent entraîner au torrent, et surtout Jean Corvin Huniade, ce fameux général des armées hongroises, qui combattit si souvent Amurat et Mahomet II. Vladislas, séduit par de fausses espérances et par une morale encore plus fausse, surprit les terres du sultan. Il le rencontra bientôt vers le Pont-Euxin, dans ce pays qu'on nomme aujourd'hui la Bulgarie, et qui était autrefois la Mœsie. La bataille se donna près de la ville de Varne.

Amurat portait dans son sein le traité de paix qu'on venait de conclure. Il le tira au milieu de la mêlée, dans un moment où ses troupes pliaient, et pria Dieu qui punit les parjures, de venger cet outrage fait aux lois des nations. Le roi Vladislas fut percé de coups. Sa tête, coupée par un janissaire, fut portée en triomphe de rang en rang dans l'armée turque, et ce spectacle acheva la déroute.

Quelques uns disent que le cardinal Julien, qui avait assisté à la bataille, voulant, dans sa fuite, passer une rivière, y fut abîmé par le poids de l'or qu'il portait;

d'autres disent que les Hongrois mêmes le tuèrent. Il est certain qu'il périt dans cette journée.

1445. L'Allemagne devait s'opposer aux progrès des Ottomans; mais alors même Frédéric III, qui avait appelé les Français à son secours contre les Suisses, voyant que ses défenseurs inondent l'Alsace et le pays Messin, veut chasser ces alliés dangereux.

Charles VII réclamait le droit de protection dans la ville de Toul, quoique cette ville fût impériale. Il exige au même titre des présents de Metz et de Verdun. Ce droit de protection sur ces villes dans leurs besoins est l'origine de la souveraineté qu'enfin les rois de France en ont obtenue.

On fait sur ces frontières une courte guerre aux Français, au lieu d'en faire aux Turcs une longue, vive, et bien conduite.

La guerre ecclésiastique entre le concile de Bâle et le pape Eugène IV dure toujours. Eugène s'avise de déposer les archevêques de Cologne et de Trèves, parcequ'ils étaient partisans du concile de Bâle. Il n'avait nul droit de les déposer comme archevêques, encore moins comme électeurs. Mais que fait-il? il nomme à Cologne un neveu du duc de Bourgogne, il nomme à Trèves un frère naturel de ce prince; car jamais pape ne put disposer des états qu'en armant un prince contre un autre.

1446. Les autres électeurs, les princes prennent le parti des deux évêques vainement déposés. Le pape l'avait prévu; il propose un tempérament, rétablit les deux évêques; il flatte les Allemands : et enfin l'Allemagne, qui se tenait neutre entre l'anti-pape et lui, reconnaît Eugène pour seul pape légitime. Alors le concile de Bâle tombe dans le mépris, et bientôt après il se dissout [1] insensiblement de lui-même.

1447. Concordat germanique. Ce concile avait du moins établi des réglements utiles, que le corps germanique adopta dès-lors, et qu'il soutient encore aujourd'hui. Les élections dans les églises cathédrales et abbatiales sont rétablies.

Le pape ne nomme aux petits bénéfices que pendant six mois de l'année.

On ne paie rien à la chambre apostolique pour les petits bénéfices ; plusieurs autres lois pareilles sont confirmées par le pape Nicolas V, qui par là rend hommage à ce concile de Bâle, regardé à Rome comme un conciliabule.

1448. Le sultan Amurat II défait encore les Hongrois commandés par le fameux Huniade ; et l'Allemagne, à ces funestes nouvelles, ne s'arme point encore.

1449. L'Allemagne n'est occupée que de petites guerres. Albert-l'Achille, électeur de Brandebourg, en a une contre la ville de Nuremberg, qu'il voulait subjuguer ; presque toutes les villes impériales prennent la défense de Nuremberg, et l'empereur reste spectateur tranquille de ces querelles. Il ne veut point donner le jeune Ladislas à la Bohême qui le redemande, et laisse soupçonner qu'il veut garder le bien de son pupille.

---

[1] Les pères du concile de Bâle, en se séparant, au mois de mai 1443, déclarèrent que ce concile n'était pas dissous, et qu'ils le continueraient : ce qui eut lieu à Lausanne, en 1449. Cr.

Ce jeune Ladislas devait être à-la-fois roi de Bohême, duc d'une partie de l'Autriche, de la Moravie, de la Silésie. Ces biens auraient pu tenter enfin la vertu.

Amédée de Savoie cède enfin son pontificat, et redevient ermite à Ripaille.

1450-1451-1452. La Bohême, la Hongrie, la Haute-Autriche, demandent à-la-fois le jeune Ladislas pour souverain.

Un gentilhomme, nommé Eisinger, fait soulever l'Autriche en faveur de Ladislas. Frédéric s'excuse toujours sur ce que Ladislas n'est point majeur. Il envoie Frédéric[1] d'Autriche, son frère, contre les séditieux, et prend ce temps-là pour se faire couronner en Italie.

Alfonse d'Aragon régnait alors à Naples, et prenait les intérêts de l'empereur, parcequ'il craignait les Vénitiens trop puissants. Ils étaient maîtres de Ravenne, de Bergame, de Brescia, de Crême. Milan était au fils d'un paysan, devenu l'homme le plus considérable de l'Italie. C'était François Sforce, successeur des Viscontis. Florence était liguée avec le pape contre Sforce; le saint-siége avait recouvré Bologne. Tous les autres états appartenaient à divers seigneurs qui s'en étaient rendus maîtres. Les choses demeurent en cet état pendant le voyage de Frédéric III en Italie. Ce voyage fut un des plus inutiles et des plus humiliants

---

[1] Frédéric III, fils d'Ernest, dit de Fer, n'avait pas de frère qui portât le même nom que lui. Cet Ernest eut dix enfants; un seul fut nommé Frédéric (et c'est Frédéric III); l'autre, qui est le seul dont l'histoire s'occupe après Frédéric, est Albert; d'où j'infère qu'il faut substituer le nom d'*Albert* à celui de *Frédéric*. C'est ce même Albert d'Autriche qui battit son frère Frédéric III, à Eins, en 1459. Cr.

qu'aucun empereur eût fait encore. Il fut attaqué par des voleurs sur le chemin de Rome. On lui prit une partie de son bagage; il y courut risque de la vie. Quelle manière de venir être couronné césar et chef du monde chrétien!

Il se fait à Rome une innovation unique jusqu'à ce jour. Frédéric III n'osait aller à Milan proposer qu'on lui donnât la couronne de Lombardie. Nicolas V la lui donne lui-même à Rome : et cela seul pouvait servir de titre aux papes pour créer des rois lombards, comme ils créaient des rois de Naples.

Le pape confirme à Frédéric III cette tutèle du jeune Ladislas, roi de Bohême, de Hongrie, duc d'Autriche, tutèle qu'on voulait lui enlever, et excommunie ceux qui la lui disputent.

Cette bulle est tout ce que l'empereur remporte de Rome; et avec cette bulle il est assiégé à Neustadt en Autriche par ceux qu'il appelle rebelles, c'est-à-dire par ceux qui lui redemandent son pupille Ladislas.

Enfin il rend le jeune Ladislas à ses peuples. On l'a beaucoup loué d'avoir été un tuteur fidèle, quoiqu'il n'eût rendu ce dépôt que forcé par les armes. Lui aurait-on fait une vertu de ne pas attenter à la vie de son pupille?

1453. Cette année est la mémorable époque de la prise de Constantinople par Mahomet II. Certes c'était alors qu'il eût fallu des croisades. Mais il n'est pas étonnant que les puissances chrétiennes qui, dans ces anciennes croisades même, avaient ravi Constantinople à ses maîtres légitimes [1], la laissassent prendre

---

[1] Voyez année 1202. B.

enfin par les Ottomans. Les Vénitiens s'étaient dès long-temps emparés d'une partie de la Grèce. Les Turcs avaient tout le reste. Il ne restait de l'ancien empire que la seule ville impériale, assiégée par plus de deux cent mille hommes; et dans cette ville on disputait encore sur la religion. On agitait s'il était permis de prier en latin; si la lumière du Thabor était créée ou éternelle; si l'on pouvait se servir de pain azyme.

Le dernier empereur Constantin avait auprès de lui le cardinal Isidore, dont la seule présence irritait et décourageait les Grecs. « Nous aimons mieux, di-
« saient-ils, voir ici le turban qu'un chapeau de car-
« dinal. »

Tous les historiens, et même les plus modernes, répètent les anciens contes que firent alors les moines. Mahomet, selon eux, n'est qu'un barbare, qui met tout Constantinople à feu et à sang, et qui, amoureux d'une Irène sa captive, lui coupe la tête pour complaire à ses janissaires. Tout cela est également faux. Mahomet II était mieux élevé, plus instruit, et savait plus de langues[1] qu'aucun prince de la chrétienté. Il n'y eut qu'une partie de la ville prise d'assaut par les janissaires. Le vainqueur accorda généreusement une capitulation à l'autre partie, et l'observa fidèlement: et quant au meurtre de sa maîtresse, il faut être bien ignorant des usages des Turcs, pour croire que les soldats se mêlent de ce qui se passe dans le lit d'un sultan.

On assemble une diète à Ratisbonne pour tâcher

---

[1] Il savait le grec, l'arabe, le persan : il entendait le latin ; voyez tome XVI, page 488. B.

de s'opposer aux armées ottomanes. Philippe, duc de Bourgogne, vient à cette diète, et offre de marcher contre les Turcs si on le seconde. Frédéric ne se trouva pas seulement à Ratisbonne. C'est cette année 1453 que l'Autriche est érigée en archiduché : le diplôme en fait foi.

1454. Le cardinal Æneas Silvius, qui fut depuis le pape Pie II, légat alors en Allemagne, sollicite tous les princes à défendre la chrétienté ; il s'adresse aux chevaliers teutoniques, et les fait souvenir de leurs vœux ; mais ils ne sont occupés qu'à combattre leurs sujets de la Poméranie et de la Prusse, qui secouent leur joug, et qui se donnent à la Pologne [1].

1455. Personne ne s'oppose donc aux conquêtes de Mahomet II ; et par une fatalité cruelle, presque tous les princes de l'empire s'épuisaient alors dans de petites guerres les uns contre les autres.

Le duché de Luxembourg était envahi par le duc de Saxe, et défendu par le duc de Bourgogne au sujet de vingt-deux mille florins.

Le jeune Ladislas, roi de Hongrie et de Bohême, réclame ce duché. Il ne paraît pas que l'empereur prenne part à aucune de ces querelles. Le duché de Luxembourg resta enfin à la maison de Bourgogne.

1456-1457. Ce Ladislas, qui pouvait être un très grand prince, meurt haï et méprisé. Il s'était enfui à Vienne quand les Turcs assiégeaient Belgrade. Il avait laissé au célèbre Huniade et au cordelier Jean Capistran la gloire de faire lever le siége.

L'empereur prend pour lui Vienne et la Basse-Au-

[1] Voyez page 394. B.

triche ; le duc Albert, son frère, la Haute; et Sigismond, leur cousin, la Carinthie.

1458. Frédéric III veut en vain avoir la Hongrie; elle se donne à Mathias, fils du grand Huniade son défenseur. Il tente aussi de régner en Bohême, et les états élisent George Podibrade qui avait combattu pour eux.

1459. Frédéric III n'oppose au fils de Huniade et au vaillant Podibrade que des artifices. Ces artifices font voir sa faiblesse; et cette faiblesse enhardit le duc de Bavière, le comte palatin, l'électeur de Mayence, plusieurs princes, et jusqu'à son propre frère, à lui déclarer la guerre en faveur du roi de Bohême.

Il est battu à Eins par Albert son frère; il ne se tire d'affaire qu'en cédant quelques places de l'Autriche. Il était traité par toute l'Allemagne plutôt comme membre que comme chef de l'empire.

1460. Le nouveau pape Æneas Silvius, Pie II, avait convoqué à Mantoue une assemblée de princes chrétiens pour former une croisade contre Mahomet II; mais les malheurs de ces anciens armements, lorsqu'ils avaient été faits sans raison, empêchèrent toujours qu'on n'en fît de nouveaux lorsqu'ils étaient raisonnables.

L'Allemagne est toujours désunie. Un duc d'une partie de la Bavière, dont Landshut est la capitale, songe plutôt, par exemple, à soutenir d'anciens droits sur Donavert qu'au bien général de l'Europe. Et au contraire, dans l'enthousiasme des anciennes croisades, on eût vendu Donavert pour aller à Jérusalem.

Ce duc de Bavière, Louis, ligué contre tous les

princes de sa maison avec Ulric, comte de Virtemberg, a une armée de vingt mille hommes.

L'empereur soutient les droits de Donavert, ville dès long-temps impériale, contre les prétentions du duc. Il se sert du fameux Albert-l'Achille, électeur de Brandebourg, pour réprimer le duc de Bavière et sa ligue.

Autres troubles pour le comté de Holstein. Le roi de Danemarck, Christiern, s'en empare par droit de succession aussi bien que de Slesvick, en donnant quelque argent aux autres héritiers, et fait hommage du Holstein à l'empereur.

1461-1462-1463. Autres troubles beaucoup plus grands par la querelle de la Bavière qui déchire l'Allemagne; autres encore par la discorde qui règne entre l'empereur et son frère Albert, duc de la Haute-Autriche. Il faut que l'empereur plie, et qu'il cède par accommodement le gouvernement de son propre pays, de l'Autriche viennoise ou Basse-Autriche. Mais, sur le délai d'un paiement de quatorze mille ducats, la guerre recommence entre les deux frères. Ils en viennent à une bataille, et l'empereur est battu.

Son ami Albert-l'Achille, de Brandebourg, est aussi, malgré son surnom, battu par le duc de Bavière. Tous ces troubles intestins anéantissent la majesté de l'empire, et rendent l'Allemagne très malheureuse.

1464. Autre avilissement encore. Il régnait toujours dans les nations un préjugé, que celui qui était possesseur d'un certain gage, d'un certain signe, avait de grands droits à un royaume. Dans le malheureux empire grec, un habit et des souliers d'écarlate suffisaient quelquefois pour faire un empereur. La couronne de fer de Monza [1] donnait des droits sur la Lombardie; la lance et l'épée de Charlemagne, quand des rivaux se disputaient l'empire, attiraient un grand parti à celui qui s'était saisi de ces vieilles armes. En Hongrie, il fallait avoir une certaine couronne d'or. Cet ornement était dans le trésor de l'empereur Frédéric, qui ne l'avait jamais voulu rendre, en rendant aux Hongrois Ladislas son pupille.

Mathias Huniade redemande sa couronne d'or à l'empereur, et lui déclare la guerre.

Frédéric III rend enfin ce *palladium* de la Hongrie. On fait un traité qui ne ressemble à aucun traité. Mathias reconnaît Frédéric pour père, et Frédéric appelle Mathias son fils; et il est dit que, si ce prétendu fils meurt sans enfants et sans neveux, lui prétendu père sera roi de Hongrie. Enfin le fils donne au père soixante mille écus.

1465-1466. C'était alors le temps des petitesses parmi les puissances chrétiennes. Il y avait toujours deux partis en Bohême, les catholiques et les hussites. Le roi George Podibrade, au lieu d'imiter les Scanderberg et les Huniade, favorise les hussites contre les catholiques en Silésie, et le pape Paul II autorise la révolte des Silésiens par une bulle. Ensuite il excommunie Podibrade, il le prive du royaume. Ces indignes querelles privent la chrétienté d'un puissant secours. Mahomet II n'avait point de muphti qui l'excommuniât.

1467. Les catholiques de Bohême offrent la couronne de Bohême à l'empereur; mais dans une diète à

---

[1] Voyez page 53. B.

Nuremberg, la plupart des princes prennent le parti de Podibrade en présence du légat du pape ; et le duc Louis de Bavière-Landshut dit qu'au lieu de donner la Bohême à Frédéric, il faut donner à Podibrade la couronne de l'empire. La diète ordonne qu'on entretiendra un corps de vingt mille hommes pour défendre l'Allemagne contre les Turcs. L'Allemagne bien gouvernée eût pu en opposer trois cent mille.

Les chevaliers teutoniques, qui pouvaient imiter l'exemple de Scanderbeg, ne font la guerre que pour la Prusse ; et enfin, par un traité solennel, ils se rendent feudataires de la Pologne. Le traité fut fait à Thorn l'année précédente, et exécuté en 1467.

1468. Le pape donne la Bohême à Mathias Huniade, ou Corvin, roi de Hongrie : c'est-à-dire que le pape, dont le grand intérêt était d'opposer une digue aux progrès des Turcs, surtout après la mort du grand Scanderbeg, excite une guerre civile entre des chrétiens, et outrage l'empereur et l'empire en osant déposer un roi électeur : car le pape n'avait pas plus de droit de déposer un roi de Bohême que ce prince n'en avait de donner le siége de Rome.

Mathias Huniade perd du temps, des troupes, et des négociations pour s'emparer de la Bohême.

L'empereur fait avec mollesse le rôle de médiateur. Plusieurs princes d'Allemagne se font la guerre ; d'autres font des trèves. La ville de Constance s'allie avec les cantons suisses.

Un abbé de Saint-Gall unit le Tockembourg à sa riche abbaye, et il ne lui en coûte que quatorze mille florins. Les Liégeois ont une guerre malheureuse avec le duc de Bourgogne. Chaque prince est en crainte de ses voisins; il n'y a plus de centre : l'empereur ne fait rien.

1469-1470-1471-1472. Mathias Huniade et Podibrade se disputent toujours la Bohême. La mort subite de Podibrade n'éteint point la guerre civile. Le parti hussite élit Ladislas, roi de Pologne. Les catholiques tiennent pour Mathias Huniade...

La maison d'Autriche, qui devait être puissante sous Frédéric III, perd long-temps beaucoup plus qu'elle ne gagne. Sigismond d'Autriche, dernier prince de la branche du Tyrol, vend au duc de Bourgogne, Charles-le-Téméraire, le Brisgau, le Sundgau, le comté de Ferrète, qui lui appartenaient, pour quatre-vingt mille écus d'or. Rien n'est plus commun dans les quatorze et quinzième siècles que des états vendus à vil prix. C'était démembrer l'empire, c'était augmenter la puissance d'un prince de France, qui alors possédait tous les Pays-Bas. On ne pouvait prévoir qu'un jour l'héritage de la maison de Bourgogne reviendrait à la maison d'Autriche. Les lois de l'empire défendent ces aliénations, il y faut au moins le consentement de l'empereur; et on néglige même de le demander.

Dans le même temps le duc Charles de Bourgogne achète environ pour le même prix le duché de Gueldre et le comté de Zutphen.

Ce duc de Bourgogne était le plus puissant de tous les princes qui n'étaient pas rois, et peu de rois étaient aussi puissants que lui; il se trouvait à-la-fois vassal de l'empereur et du roi de France, mais très redoutable à l'un et à l'autre.

1473-1474. Ce duc de Bourgogne, aussi entreprenant que l'empereur l'était peu, inquiète tous ses voisins, et presque tous à-la-fois. On ne pouvait mieux mériter le nom de Téméraire.

Il veut envahir le palatinat. Il attaque la Lorraine et les Suisses. C'est alors que les rois de France traitent avec les Suisses pour la première fois. Il n'y avait encore que huit cantons d'unis : Schvitz, Uri, Undervald, Lucerne, Zurich, Glaris, Zug, et Berne.

Louis XI leur donne vingt mille francs par an, et quatre florins et demi par soldat tous les mois.

1475. C'est toujours la destinée des Turcs que les chrétiens se déchirent entre eux, comme pour faciliter les conquêtes de l'empire ottoman. Mahomet, maître de l'Épire, du Péloponèse, du Négrepont, fait tout trembler. Louis XI ne songe qu'à saper la grandeur du duc de Bourgogne dont il est jaloux; les provinces d'Italie, qu'à se maintenir les unes contre les autres; Mathias Huniade, qu'à disputer la Bohême au roi de Pologne; et Frédéric III, qu'à amasser quelque argent dont il puisse un jour faire usage pour mieux établir sa puissance.

Mathias Huniade, après une bataille gagnée, se contente de la Silésie et de la Moravie; il laisse la Bohême et la Lusace au roi de Pologne.

Charles-le-Téméraire envahit la Lorraine; il se trouve, par cette usurpation, maître d'un des plus beaux états de l'Europe, des portes de Lyon jusqu'à la mer de Hollande.

1476. Sa puissance ne le satisfait pas; il veut renouveler l'ancien royaume de Bourgogne, et y enclaver les Suisses. Ces peuples se défendent contre lui aussi bien qu'ils ont fait contre les Autrichiens ; ils le défont d'abord à la bataille de Grandson, et ensuite entièrement à celle de Morat[1]. Leurs piques et leurs espadons triomphent de la grosse artillerie et de la brillante gendarmerie de Bourgogne. Les Suisses étaient alors les seuls dans l'Europe qui combattissent pour la liberté. Les princes, les républiques même, comme Venise, Florence, Gênes, n'avaient presque été en guerre que pour leur agrandissement. Jamais peuple ne défendit mieux cette liberté précieuse que les Suisses. Il ne leur a manqué que des historiens.

C'est à cette bataille de Grandson que Charles-le-Téméraire perdit ce beau diamant qui passa depuis au duc de Florence. Un Suisse, qui le trouva parmi les dépouilles, le vendit pour un écu.

1477. Charles-le-Téméraire périt enfin devant Nanci, trahi par le Napolitain Campo-Basso, et tué, en fuyant après la bataille, par Bausemont, gentilhomme lorrain.

Par sa mort le duché de Bourgogne, l'Artois, le Charolais, Mâcon, Bar-sur-Seine, Lille, Douai, les villes sur la Somme, reviennent à Louis XI, roi de France, comme des fiefs de la couronne ; mais la Flandre qu'on nomme impériale, avec tous les Pays-Bas et la Franche-Comté, appartenaient à la jeune princesse Marie, fille du dernier duc.

Ce que fit certainement de mieux Frédéric III, fut

[1] Les Français détruisirent, en 1798, la chapelle où avaient été entassés les ossements des Bourguignons tués à la journée du 22 juin 1476. Cet ossuaire a été remplacé par une pyramide. La bataille de Grandson avait été livrée peu de temps avant celle de Morat, le 3 mars. CL.

de marier son fils Maximilien avec cette riche héritière.

Maximilien épouse Marie, le 17 auguste, dans la ville de Gand ; et Louis XI, qui avait pu la donner en mariage à son fils, lui fait la guerre [1].

Ce droit féodal, qui n'est, dans son principe, que le droit du plus fort, et dans ses conséquences qu'une source éternelle de discordes, allumait cette guerre contre la princesse. Le Hainaut devait-il revenir à la France ? était-ce une province impériale ? la France avait-elle des droits sur Cambrai ? en avait-elle sur l'Artois ? la Franche-Comté devait-elle être encore réputée province de l'empire ? était-elle de la succession de Bourgogne, ou reversible à la couronne de France ? Maximilien aurait bien voulu tout l'héritage. Louis XI voulait tout ce qui était à sa bienséance. C'est donc ce mariage qui est la véritable origine de tant de guerres malheureuses entre les maisons de France et d'Autriche ; c'est parcequ'il n'y avait point de loi reconnue que tant de peuples ont été sacrifiés.

Louis XI s'empare d'abord des deux Bourgognes, et, vers les Pays-Bas, de tout ce qu'il peut prendre dans l'Artois et dans le Hainaut.

1478. Un prince d'Orange, de la maison de Châlons en Franche-Comté, tâche de conserver cette province à Marie. Cette princesse se défend dans les

---

[1] M. de Voltaire suit ici l'opinion commune ; mais il faut observer que la princesse était beaucoup plus âgée que le dauphin, et que les Flamands étaient si opposés à ce mariage, qu'ils condamnèrent à mort deux des principaux ministres de leur souveraine, soupçonnés de pencher pour la France, et les exécutèrent sous les yeux de la princesse, qui demandait leur grace. K :—Voyez tome XVI, page 530. B.

Pays-Bas sans que son mari puisse lui fournir des secours d'Allemagne. Maximilien n'était encore que le mari indigent d'une héroïne souveraine. Il presse les princes allemands d'embrasser sa cause. Chacun songeait à la sienne propre. Un landgrave de Hesse [1] enlevait un électeur de Cologne [2], et le retenait en prison. Les chevaliers teutons prenaient Riga en Livonie. Mathias Huniade était prêt de s'accommoder avec Mahomet II.

1479. Enfin Maximilien, aidé des seuls Liégeois, se met à la tête des armées de sa femme; on les appelle les *armées flamandes*, quoique la Flandre proprement dite, c'est-à-dire le pays depuis Lille jusqu'à Gand, fût en partie aux Français. La princesse Marie eut une armée plus forte que le roi de France.

Maximilien défait les Français à la journée de Guinegaste au mois d'auguste. Cette bataille n'est pas de celles qui décident du sort de toute une guerre.

1480. On négocie. Le pape Sixte IV envoie un légat en Flandre. On fait une trêve de deux années. Où est, pendant tout ce temps, l'empereur Frédéric III? Il ne fait rien pour son fils ni pendant la guerre ni pendant les négociations; mais il lui avait donné Marie de Bourgogne, et c'était beaucoup.

1481. Cependant les Turcs assiégent Rhodes; le fameux grand-maître d'Aubusson, à la tête de ses chevaliers, fait lever le siége au bout de trois mois.

Mais le bacha Acomat aborde dans le royaume de Naples avec cent cinquante galères. Il prend Otrante

---

[1] Herman. Voyez le catalogue des électeurs de Cologne. B.
[2] Robert de Bavière. Voyez page 3, ibid. B.

d'assaut. Tout le royaume est prêt d'être envahi. Rome tremble. L'indolence des princes chrétiens n'échappe à ce torrent que par la mort imprévue de Mahomet II. Et les Turcs abandonnent Otrante.

Accord bizarre de Jean, roi de Danemarck et de Suède, avec son frère Frédéric, duc de Holstein. Le roi et le duc doivent gouverner le Holstein, fief de l'Empire, et Slesvick, fief du Danemarck, en commun. Tous les accords ont été des sources de guerres, mais celui-ci surtout.

Les cantons de Fribourg en Suisse et de Soleure se joignent aux huit autres. C'est un très léger événement par lui-même. Deux petites villes ne sont rien dans l'histoire du monde; mais devenues membres d'un corps toujours libre, cette liberté les met au-dessus des plus grandes provinces qui servent.

1482. Marie de Bourgogne meurt. Maximilien gouverne ses états au *nom du jeune Philippe* son fils. Les villes des Pays-Bas ont toutes des priviléges. Ces priviléges causent presque toujours des dissensions entre le peuple qui veut les soutenir, et le souverain qui veut les faire plier à ses volontés. Maximilien réduit la Zélande, Leyde, Utrecht, Nimègue.

1483-1484-1485. Presque toutes les villes se soulèvent l'une après l'autre, mais sans concert, et sont soumises l'une après l'autre. Il reste toujours un levain de mécontentement.

1486. On était si loin de s'unir contre les Turcs, que Mathias Huniade, roi de Hongrie, au lieu de profiter de la mort de Mahomet II pour les attaquer, attaque l'empereur. Quelle est la cause de cette guerre du prétendu fils contre le prétendu père? Il est difficile de la dire. Il veut s'emparer de l'Autriche. Quel droit y avait-il? Ses troupes battent les impériaux, il prend Vienne : voilà son seul droit. L'empereur paraît insensible à la perte de la Basse-Autriche; il voyage pendant ce temps-là dans les Pays-Bas, et de là il va à Francfort faire élire par tous les électeurs son fils Maximilien roi des Romains. On ne peut avoir moins de gloire personnelle, ni mieux préparer la grandeur de sa maison.

Maximilien est couronné à Aix-la-Chapelle, le 9 avril, par l'archevêque de Cologne; le pape Innocent VIII y donne son consentement, que les papes veulent toujours qu'on croie nécessaire.

L'empereur, qui a eu dans la diète de Francfort le crédit de faire son fils roi des Romains, n'a pas celui d'obtenir cinquante mille florins par mois pour recouvrer l'Autriche. C'est une de ces contradictions qu'on rencontre souvent dans l'histoire.

Ligue de Souabe pour prévenir les guerres particulières qui déchirent l'Allemagne et qui l'affaiblissent. Ce fut d'abord un réglement de tous les princes à la diète de Francfort, une loi comminatoire qui met au ban de l'empire tous ceux qui attaqueront leurs voisins. Ensuite tous les gentilshommes de Souabe s'associèrent pour venger les torts : ce fut une vraie chevalerie. Ils allaient par troupes démolir des châteaux de brigands; ils obligèrent même le duc George de Bavière à ne plus persécuter ses voisins. C'était la milice du bien public : elle ne dura pas.

1487. L'empereur fait avec Mathias Huniade un

traité qu'un vaincu seul peut faire. Il lui laisse la Basse-Autriche jusqu'à ce qu'il paie au vainqueur tous les frais de la guerre, mais fesant toujours valoir son titre de père, et se réservant le droit de succéder à son fils adoptif dans le royaume de Hongrie.

1488. Le roi des Romains Maximilien se trouve, dans les Pays-Bas, attaqué à-la-fois par les Français et par ses sujets. Les habitants de Bruges, sur lesquels il voulait établir quelques impôts contre les lois du pays, s'avisent tout d'un coup de le mettre en prison, et l'y tiennent quatre mois; ils ne lui rendirent sa liberté qu'à condition qu'il ferait sortir le peu de troupes allemandes qu'il avait avec lui, et qu'il ferait la paix avec la France.

Comment se peut-il faire que le ministère du jeune Charles VIII, roi de France, ne profitât pas d'une si heureuse conjoncture? Ce ministère alors était faible.

1489. Maximilien épouse secrètement en secondes noces, par procureur, la duchesse Anne de Bretagne. S'il l'eût épousée en effet, et qu'il en eût eu des enfants, la maison d'Autriche pressait la France par les deux bouts. Elle l'entourait à-la-fois par la Franche-Comté, l'Alsace, la Bretagne, et les Pays-Bas.

1490. Mathias Corvin Huniade étant mort, il faut voir si l'empereur Frédéric, son père adoptif, lui succédera en vertu des traités. Frédéric donne son droit à Maximilien son fils.

Mais Béatrix, veuve du dernier roi, fait jurer aux états qu'ils reconnaîtront celui qu'elle épousera; elle se remarie aussitôt à Ladislas Jagellon, roi de Bohême; et les Hongrois le couronnent.

Maximilien reprend du moins sa Basse-Autriche, et porte la guerre en Hongrie.

1491. On renouvelle entre Ladislas Jagellon et Maximilien ce même traité que Frédéric III avait fait avec Mathias. Maximilien est reconnu héritier présomptif de Ladislas Jagellon en Hongrie et en Bohême.

La destinée préparait ainsi de loin la Hongrie à obéir à la maison d'Autriche.

L'empereur, dans ce temps de prospérité, fait un acte de vigueur; il met au ban de l'empire Albert de Bavière, duc de Munich, son gendre. C'est une chose étonnante que le nombre des princes de cette maison auxquels on a fait ce traitement [1]. De quoi s'agissait-il? d'une donation du Tyrol faite solennellement à ce duc de Bavière par Sigismond d'Autriche; et cette donation ou vente secrète était regardée comme la dot de sa femme Cunégonde, propre fille de l'empereur Frédéric III.

L'empereur prétendait que le Tyrol ne pouvait pas s'aliéner : tout l'empire était partagé sur cette question, preuve indubitable qu'il n'y avait point de lois claires; et c'est en effet ce qui manque le plus aux hommes.

Le ban de l'empire, dans un tel cas, n'est qu'une déclaration de guerre; mais on s'accommoda bientôt. Le Tyrol resta à la maison d'Autriche : on donne quelques compensations à la Bavière, et le duc de Bavière rend Ratisbonne, dont il s'était emparé depuis peu.

Ratisbonne était une ville impériale. Le duc de

[1] Voyez années 1054, 1070, 1138, 1275. B.

Bavière, fondé sur ses anciens droits, l'avait mise au rang de ses états ; elle est de nouveau déclarée ville impériale : il resta seulement aux ducs de Bavière la moitié des droits de péage.

1492. Le roi des Romains, Maximilien, qui comptait établir paisiblement la grandeur de sa maison en mariant sa fille Marguerite d'Autriche à Charles VIII, roi de France, chez qui elle était élevée, et en épousant bientôt Anne de Bretagne, épousée déjà en son nom par procureur, apprend que sa femme est mariée en effet à Charles VIII, le 6 décembre 1491, et qu'on va lui renvoyer sa fille Marguerite. Les femmes ne sont plus des sujets de guerre entre les princes, mais les provinces le sont.

L'héritage de Marie de Bourgogne fomentait une discorde éternelle, comme l'héritage de Mathilde avait si long-temps troublé l'Italie.

Maximilien surprend Arras ; il conclut ensuite une paix avantageuse, par laquelle le roi de France lui cède la Franche-Comté en pure souveraineté, et l'Artois, le Charolais, et Nogent, à condition d'hommage.

Ce n'est pas à Maximilien proprement qu'on cède ce pays, c'est à Philippe son fils, comme représentant Marie de Bourgogne sa mère.

Il faut avouer que nul roi des Romains ne commença sa carrière plus glorieusement que Maximilien. La victoire de Guinegaste sur les Français, l'Autriche reconquise, Arras prise, et l'Artois gagné d'un coup de plume, le couvraient de gloire.

1493. Frédéric III meurt, le 19 auguste, âgé de soixante-dix-huit ans ; il en régna cinquante trois. Nul règne d'empereur ne fut plus long; mais ce ne fut pas le plus glorieux.

MAXIMILIEN,

QUARANTIÈME EMPEREUR.

Vers le temps de l'avénement de Maximilien à l'empire, l'Europe commençait à prendre une face nouvelle. Les Turcs y possèdent déjà un vaste terrain : les Vénitiens, qui leur opposent à peine une barrière, conservaient encore Chypre, Candie, une partie de la Grèce, de la Dalmatie. Ils s'étendaient en Italie, et la ville de Venise seule valait mieux que tous ces domaines. L'or des nations coulait chez elle par tous les canaux du commerce.

Les papes étaient redevenus souverains de Rome, mais souverains très gênés dans cette capitale; et la plupart des terres qu'on leur avait autrefois données, et qui avaient toujours été contestées, étaient perdues pour eux.

La maison de Gonzague était en possession de Mantoue, ville de la comtesse Mathilde; et jamais le saint-siége n'a possédé ce fief de l'empire. Parme et Plaisance, qui ne leur avaient pas appartenu davantage, étaient entre les mains des Sforces, ducs de Milan. La maison d'Est régnait à Ferrare et à Modène. Les Bentivoglio avaient Bologne; les Baglioni, Pérouse; les Polentini, Ravenne; les Manfredi, Faenza; les Rimario, Imola et Forli : presque tout ce qu'on appelle la Romagne et le patrimoine de saint Pierre était possédé par des seigneurs particuliers, dont la plupart avaient obtenu aisément des diplômes de vicaires de l'empire.

Les Sforces, depuis cinquante ans, n'avaient pas même daigné prendre ce titre. Florence en avait un plus beau, celui de libre, sous l'administration, non sous la puissance des Médicis.

L'état de Savoie, encore très resserré, manquant d'argent et de commerce, était alors bien moins considéré que les Suisses.

Si des Alpes on jette la vue sur la France, on la voit commencer à renaître. Ses membres, long-temps séparés, se réunissent, et font un corps puissant.

Le mariage d'Anne de Bretagne avec Charles VIII achève de fortifier ce royaume, accru sous Louis XI de la Bourgogne et de la Provence. Elle n'avait influé en rien dans l'Europe depuis la décadence de la race de Charlemagne.

L'Espagne, encore plus malheureuse qu'elle pendant sept cents années, reprenait en même temps une vie nouvelle. Isabelle et Ferdinand venaient d'arracher aux Maures le royaume de Grenade, et portaient leurs vues sur Naples et Sicile.

Le Portugal a été occupé d'une entreprise et d'une gloire inouïe jusqu'alors. Il commençait à ouvrir une nouvelle route au commerce du monde, en apprenant aux hommes à pénétrer aux Indes par l'Océan. Voilà les sources de tous les grands événements qui ont depuis agité l'Europe entière.

1494. Les Turcs, sous Bajazet II, moins terribles que sous Mahomet, ne laissent pas de l'être encore.

Ils font des incursions en Hongrie, et sur les terres de la maison d'Autriche; mais ce ne sont que quelques vagues qui battent le rivage après une grande tempête. Maximilien va rassurer la Croatie et la Carniole.

Il épouse à Inspruck la nièce de Ludovic Sforce, ou Louis-le-Maure, usurpateur de Milan, empoisonneur de son pupille, héritier naturel. Ce n'était pas d'ailleurs une maison où la noblesse du sang pût illustrer les crimes. L'argent seul fit le mariage. Maximilien prit à-la-fois Blanche de Sforce, et donna l'investiture du Milanais à Louis-le-Maure. L'Allemagne en fut indignée.

Dans le même temps, ce Louis-le-Maure appelle aussi Charles VIII en Italie, et lui donne encore de l'argent. Un duc de Milan soudoyer à-la-fois un empereur et un roi de France!

Il les trompe tous deux. Il croit qu'il pourra partager avec Charles VIII la conquête de Naples, et il veut que, pendant que Charles VIII sera en Italie, l'empereur tombe sur la France. Ce commencement du seizième siècle est fameux par les intrigues les plus profondes, par les perfidies les plus noires. C'était un temps de crise pour l'Europe, et surtout pour l'Italie, où plusieurs petits princes voulaient regagner par le crime ce qui leur manquait en pouvoir.

1495. Nouvelle chambre impériale établie à Francfort. Le comte de Hohenzollern, aîné de la maison de Brandebourg, en est le premier président. C'est cette même chambre qui fut depuis transférée à Vorms, à Nuremberg, à Augsbourg, à Ratisbonne, à Spire, et enfin à Vetzlar, où elle a des procès à juger qui durent depuis la fondation.

Virtemberg érigé en duché.

Grande dispute pour savoir si le duché de Lorraine est un fief de l'empire. Le duc Réné fait hommage et serment de fidélité comme duc de Lorraine et de Bar, en protestant qu'il ne relève que pour quelques fiefs. Qui doit avoir plus de poids, ou l'hommage ou la protestation?

Pendant que Charles VIII, appelé en Italie par Louis-le-Maure et par le pape Alexandre VI, traverse rapidement toute l'Italie en conquérant, et se rend maître du royaume de Naples sur un bâtard de la maison d'Aragon, ce même Louis-le-Maure, ce même pape Alexandre VI, s'unissent avec Maximilien et les Vénitiens pour l'en chasser. Charles VIII devait s'y attendre : il paraissait trop redoutable, et ne l'était pas assez.

1496. Maximilien va en Italie dès que Charles VIII en est chassé. Il y trouve ce qu'on y a toujours vu, la haine contre les Français et contre les Allemands, la défiance et la division entre les puissances. Mais ce qui est à remarquer, c'est qu'il y arrive le plus faible. Il n'a que mille chevaux et quatre ou cinq mille landskenets : il paraissait le pensionnaire de Louis-le-Maure. Il écrit au duc de Savoie, au marquis de Saluces, au duc de Modène, feudataires de l'empire, de venir le trouver, et d'assister à son couronnement à Pavie. Tous ces seigneurs le refusent, tous lui font sentir qu'il est venu trop mal accompagné, et que l'Italie se croit indépendante.

Était-ce la faute des empereurs s'ils avaient en Italie si peu de crédit? il paraît que non. Les princes, les diètes d'Allemagne, ne leur fournissaient presque point de subsides. Ils tiraient peu de chose de leurs domaines. Les Pays-Bas n'appartenaient pas à Maximilien, mais à son fils. Le voyage d'Italie était ruineux.

1497. Le droit féodal cause toujours des troubles. Une diète de Vorms ayant ordonné une taxe légère pour les besoins de l'empire, la Frise ne veut point payer cette taxe. Elle prétend toujours n'être point fief de l'empire. Maximilien y envoie le duc de Saxe en qualité de gouverneur, pour réduire les Frisons, peuple pauvre et amoureux de sa liberté, reste (du moins en partie) des anciens Saxons qui avaient combattu Charlemagne. Ils se défendirent, mais non pas si heureusement que les Suisses.

1498. Charles VIII venait de mourir; et malgré les trèves, malgré les traités, Maximilien fait une irruption du côté de la Bourgogne; irruption inutile, après laquelle on fait encore de nouvelles trèves. Maximilien persistait toujours à réclamer pour son fils Philippe-le-Beau toute la succession de Marie de Bourgogne.

Louis XII rend plusieurs places à ce jeune prince, qui prête hommage lige au chancelier de France dans Arras, pour le Charolais, l'Artois, et la Flandre; et l'on convient de part et d'autre qu'on se rapportera, pour le duché de Bourgogne, à la décision du parlement de Paris.

Maximilien négocie avec les Suisses, qu'on regardait comme invincibles chez eux.

Les dix cantons alliés font une ligue avec les Grisons. Maximilien espère les regagner par la douceur. Il leur écrit une lettre flatteuse. Les Suisses, dans leur assemblée de Zurich, s'écrient: « Point de confiance « en Maximilien ! »

1499. Les Autrichiens attaquent les Grisons. Les Suisses défont les Autrichiens, et soutiennent non seulement leur liberté, mais celle de leurs alliés. Les Autrichiens sont encore défaits dans trois combats.

L'empereur fait enfin la paix avec les dix cantons comme avec un peuple libre.

1500. La ville impériale de Bâle, Schaffouse, Appenzel, entrent dans l'union suisse, laquelle est composée de treize cantons.

Conseil aulique projeté par Maximilien. C'est une image de l'ancien tribunal qui accompagnait autrefois les empereurs. Cette chambre est approuvée des états de l'empire dans la diète d'Augsbourg. Il est libre d'y porter les causes, ainsi qu'à la chambre impériale; mais le conseil aulique ayant plus de pouvoir, fait mieux exécuter des arrêts, et devient un des grands soutiens de la puissance impériale. Cette chambre ne prit sa forme qu'en 1512.

L'empire est divisé en dix cercles. Les terres électorales y sont comprises, ainsi que tout le reste de l'empire. Et ce réglement n'eut encore force de loi que douze ans après, à la diète de Cologne.

Les directeurs de ces dix cercles sont d'abord nommés par l'empereur. Le cercle de Bourgogne, qui comprenait toutes les terres, et même toutes les prétentions de Philippe d'Autriche, est, dans les commencements, un cercle effectif comme les neuf autres.

Naissance de Charles-Quint dans la ville de Gand, le 24 février, jour de Saint-Mathias : ce qu'on a remarqué, parceque ce jour lui fut toujours depuis favorable. Il eut d'abord le nom de duc de Luxembourg.

Dans la même année, la fortune de cet enfant se déclare. Don Michel, infant d'Espagne, meurt, et l'infante Jeanne, mère du jeune prince, devient l'héritière présomptive de la monarchie.

C'est dans ce temps qu'on découvrait un nouveau monde [1], dont Charles-Quint devait un jour recueillir les fruits.

1501. Maximilien avait été vassal de la France pour une partie de la succession de Bourgogne. Louis XII demande d'être le sien pour le Milanais. Il venait de conquérir cette province sur Louis-le-Maure, oncle et feudataire de l'empereur, sans que Maximilien eût paru s'inquiéter de la destinée d'un pays si cher à tous ses prédécesseurs.

Louis XII avait aussi conquis et partagé le royaume de Naples avec Ferdinand, roi d'Aragon, sans que Maximilien s'en fût inquiété davantage.

Maximilien promet l'investiture de Milan, à condition que madame Claude, fille de Louis XII et d'Anne de Bretagne, épousera le jeune Charles de Luxembourg. Il veut déclarer le Milanais fief féminin : il n'y

[1] Voyez tome XVII, page 386 et suivantes. B.

a certainement ni fief féminin ni fief masculin par leur nature. Tout cela dépend de l'usage insensiblement établi, qu'une fille hérite ou n'hérite pas.

Louis XII devait bien regarder en effet le Milanais comme un fief féminin, puisqu'il n'y avait prétendu que par le droit de son aïeule Valentine Visconti.

Maximilien voulait qu'un jour le Milanais et la Bretagne dussent passer à son petit-fils : en ce cas, Louis XII n'eût vaincu et ne se fût marié que pour la maison d'Autriche.

L'archiduc Philippe et sa femme Jeanne, fille de Ferdinand et d'Isabelle, vont se faire reconnaître héritiers du royaume d'Espagne. Philippe y prend le titre de prince des Asturies.

Maximilien ne voit que des grandeurs réelles pour sa postérité, et n'a guère que des titres pour lui-même; car il n'a qu'une ombre de pouvoir en Italie, et la préséance en Allemagne. Ce n'est qu'à force de politique qu'il peut exécuter ses moindres desseins.

1503. Il tente de faire un électorat de l'Autriche : il n'en peut venir à bout.

Les électeurs conviennent de s'assembler tous les deux ans pour maintenir leurs priviléges.

L'extinction des grands fiefs en France réveillait en Allemagne l'attention des princes.

Les papes commençaient à former une puissance temporelle, et Maximilien les laissait agir.

Urbin, Camerino, et quelques autres territoires, venaient d'être ravis à leurs nouveaux maîtres par un des bâtards du pape Alexandre VI. C'est ce fameux César Borgia, diacre, archevêque, prince séculier; il employa, pour envahir sept ou huit petites villes, plus d'art que les Alexandre, les Gengis, et les Tamerlan, n'en mirent à conquérir l'Asie. Son père le pape et lui réussirent par l'empoisonnement et le meurtre; et le bon roi Louis XII avait été long-temps lié avec ces deux hommes sanguinaires, parcequ'il avait besoin d'eux. Pour l'empereur, il semblait alors perdre de vue toute l'Italie.

La ville de Lubeck déclare la guerre au Danemarck. Il semblait que Lubeck voulût alors être dans le Nord ce que Venise était dans la mer Adriatique. Comme il y avait beaucoup de troubles en Suède et en Danemarck, Lubeck ne fut pas écrasée.

1504. Les querelles du Danemarck et de la Suède n'appartiennent pas à l'histoire de l'empire; mais il ne faut pas oublier que les Suédois ayant élu un administrateur, et que le roi de Danemarck, Jean, ne le trouvant pas bon, et ayant condamné les sénateurs de Suède comme rebelles et parjures, envoya sa sentence à l'empereur pour la faire confirmer.

Ce roi Jean avait été élu roi de Danemarck, de Suède, et de Norvège; et cependant il a besoin qu'un empereur, qui n'était pas puissant, approuve et confirme sa sentence. C'est que le roi Jean, avec ses trois couronnes, n'était pas puissant lui-même, et surtout en Suède, dont il avait été chassé. Mais ces déférences, dont on voit de temps en temps des exemples, marquent le respect qu'on avait toujours pour l'empire. On s'adressait à lui quand on croyait en avoir besoin; comme on s'adressa souvent au saint-siége pour fortifier des droits incertains. Maximilien ne manqua pas de faire valoir, au moins par des rescrits, l'autorité qu'on lui attribuait. Il manda aux états de Suède qu'ils eussent à obéir, qu'autrement il procéderait contre eux selon les droits de l'empire.

Cette année vit naître une guerre civile entre la branche palatine et celle qui possède la Bavière. La branche palatine est condamnée d'abord dans une diète à Augsbourg. Cependant on n'en fait pas moins la guerre : triste constitution d'un état, quand les lois sont sans force. La branche palatine perd dans cette guerre plus d'un territoire.

On conclut à Blois un traité singulier entre les ambassadeurs de Maximilien et son fils Philippe d'une part, et le cardinal d'Amboise de l'autre, au nom de Louis XII.

Ce traité confirme l'alliance avec la maison d'Autriche ; alliance par laquelle Louis XII devait, à la vérité, être investi du duché de Milan, mais par laquelle, si Louis XII rompait le mariage de madame Claude avec l'archiduc Charles de Luxembourg, le prince aurait en dédommagement le duché de Bourgogne, le Milanais, et le comté d'Asti ; comme aussi, en cas que la rupture vînt de la part de Maximilien ou de Philippe, prince d'Espagne, père du jeune archiduc, la maison d'Autriche céderait non seulement ses prétentions sur le duché de Bourgogne, mais aussi l'Artois, et le Charolais, et d'autres domaines. On a peine à croire qu'un tel traité fût sérieux. Si Louis XII mariait la princesse, il perdait la Bretagne ; s'il rompait le mariage, il perdait la Bourgogne. On ne pouvait excuser de telles promesses que par le dessein de ne les pas tenir. C'était sauver une imprudence par une honte [1].

1505. La reine de Castille, Isabelle, meurt [2]. Son testament déshérite son gendre Philippe, père de Charles de Luxembourg, et Charles ne doit régner qu'à l'âge de vingt ans; c'était pour conserver à Ferdinand d'Aragon, son mari, le royaume de Castille.

La mère de Charles de Luxembourg, Jeanne, fille d'Isabelle, héritière de la Castille, fut, comme on sait, surnommée *Jeanne-la-Folle*. Elle mérita dès-lors ce titre. Un ambassadeur d'Aragon vint à Bruxelles, et l'engagea à signer le testament de sa mère.

1506. Accord entre Ferdinand d'Aragon et Philippe. Celui-ci consent à régner en commun avec sa femme et Ferdinand; on mettra le nom de Ferdinand le premier dans les actes publics, ensuite le nom de Jeanne, et puis celui de Philippe; manière sûre de brouiller bientôt trois personnes: aussi le furent-elles.

Les états de la France, d'intelligence avec Louis XII et avec le cardinal d'Amboise [3], s'opposent au traité qui donnait madame Claude et la Bretagne à la maison d'Autriche. On fait épouser cette princesse à l'héritier présomptif de la couronne, le comte d'An-

---

[1] Anne de Bretagne, femme de Louis XII, avait conservé de l'amitié pour Maximilien, qui l'avait défendue contre la France. Elle haïssait le comte d'Angoulême et sa mère, et les conseillers bretons auraient voulu empêcher l'union de la Bretagne à la France, sachant bien qu'ils défendraient plus aisément les priviléges de la province, ou plutôt ceux de la noblesse, contre les rois d'Espagne que contre les rois de France. La faiblesse de Louis XII pour sa femme fut la seule cause de ce traité; que la politique fit violer bientôt. K.

[2] 26 novembre 1504. Cl.

[3] Voyez tome XVII, page 99. B.

goulême, depuis François Ier. Charles VIII avait eu la femme de Maximilien; François Ier eut celle de Charles-Quint.

Pendant qu'on fait tant de traités en-deçà des Alpes, que Philippe et Jeanne vont en Espagne, que Maximilien se ménage partout, et épie toujours l'héritage de la Hongrie, les papes poursuivent leur nouveau dessein de se faire une grande souveraineté par la force des armes. Les excommunications étaient des armes trop usées. Le pape Alexandre VI avait commencé; Jules II achève; il prend Bologne sur les Bentivoglio; et c'est Louis XII, ou plutôt le cardinal d'Amboise, qui l'assiste dans cette entreprise. Il avait déjà réuni au domaine du saint-siége ce que César Borgia avait pris pour lui. Alexandre VI n'avait, en effet, agi que pour son fils; mais Jules II conquérait pour Rome.

Le roi titulaire d'Espagne, Philippe, meurt à Burgos. Il nomme, en mourant, Louis XII tuteur de son fils Charles. Ce testament n'est fondé que sur la haine qu'il avait pour Ferdinand, son beau-père; et malgré la rupture du mariage de madame Claude, il croyait Louis XII beaucoup plus honnête homme que son beau-père Ferdinand-le-Catholique[1], monarque très religieux, mais très perfide, qui avait trompé tout le monde, surtout ses parents, et particulièrement son gendre.

1507. Chose étrange! les Pays-Bas, dans cette mi-

---

[1] Clovis, quoique souillé du meurtre de plusieurs rois, dont la plupart étaient ses parents, n'en est pas moins qualifié de *premier roi chrétien;* et c'est à Louis XI, qui appelait le bourreau son compère, qu'on a solennellement donné, pour la première fois, le titre de *Roi très chrétien:* CL.

norité de Charles, ne veulent point reconnaître l'empereur Maximilien pour régent. Ils disent que Charles est Français, parcequ'il est né à Gand, capitale de la Flandre, dont son père a fait hommage au roi de France. Sur ce prétexte, les dix-sept provinces se gouvernent elles-mêmes pendant dix-huit mois, sans que Maximilien puisse empêcher cet affront. Il n'y avait point alors de pays plus libre sous des maîtres que les Pays-Bas. Il s'en fallait beaucoup que l'Angleterre fût parvenue à ce degré de liberté.

1508. Une guerre contre la maison de Gueldre, chassée depuis long-temps de ses états, et qui, en ayant recouvré une partie, combattait toujours pour l'autre, engage enfin les états à déférer la régence à Maximilien; et Marguerite d'Autriche, fille chérie de Maximilien, en est déclarée gouvernante.

Maximilien veut enfin essayer si, en se fesant couronner à Rome, il pourra reprendre quelque crédit en Italie. L'entreprise était difficile. Les Vénitiens, devenus plus puissants que jamais, lui déclarent hautement qu'ils l'empêcheront de pénétrer en Italie, s'il y arrive avec une escorte trop grande. Le gouverneur de Milan pour Louis XII se joint aux Vénitiens. Le pape Jules II lui fait dire qu'il lui accorde le titre d'empereur, mais qu'il ne lui conseille pas d'aller à Rome.

Il s'avance jusqu'à Vérone malgré les Vénitiens, qui n'avaient pas assez tôt gardé les passages. Ils lui tiennent parole, et le forcent à rebrousser à Inspruck.

Le fameux Alviano, général des Vénitiens, défait entièrement la petite armée de l'empereur vers le Trentin. Les Vénitiens s'emparent de presque toute cette province; et leur flotte prend Trieste, Capo-d'Istria, et d'autres villes. L'Alviano rentre en triomphe dans Venise.

Maximilien alors, pour toute ressource, enjoint par une lettre circulaire à tous les états de l'empire de lui donner le titre d'*empereur romain élu*, titre que ses successeurs ont toujours pris depuis à leur avénement. L'usage, auparavant, n'accordait le nom d'empereur qu'à ceux qui avaient été couronnés à Rome.

1509. Il s'en fallait bien alors que l'empire existât dans l'Italie. Il n'y avait plus que deux grandes puissances avec beaucoup de petites. Louis XII, d'un côté, maître du Milanais et de Gênes, et ayant une communication libre par la Provence, menaçait le royaume de Naples imprudemment partagé auparavant avec Ferdinand d'Aragon, qui prit tout pour lui avec la perfidie qu'on nomme politique. L'autre puissance nouvelle était Venise, rempart de la chrétienté contre les infidèles; rempart à la vérité éboulé en cent endroits, mais résistant encore par les villes qui lui restaient en Grèce, par les îles de Candie, de Chypre, par la Dalmatie. D'ailleurs elle n'était pas toujours en guerre avec l'empire ottoman; et elle gagnait beaucoup plus avec les Turcs par son commerce, qu'elle n'avait perdu dans ses possessions.

Son domaine en terre ferme commençait à être quelque chose. Les Vénitiens s'étaient emparés, après la mort d'Alexandre VI, de Faenza, de Rimini, de Césène, de quelques territoires du Ferrarois et du duché d'Urbin. Ils avaient Ravenne; ils justifiaient la plupart de ces acquisitions, parcequ'ayant aidé les maisons dépossédées par Alexandre VI à reprendre leurs domaines, ils en avaient eu ces territoires pour récompense.

Ces républicains possédaient depuis long-temps Padoue, Vérone, Vicence, la marche Trévisane, le Frioul. Ils avaient, vers le Milanais, Bresse et Bergame. François Sforce leur avait donné Crême : Louis XII leur avait cédé Crémone et la Ghiara d'Adda.

Tout cela ne composait pas dans l'Italie un état si formidable que l'Europe dût y craindre les Vénitiens comme des conquérants. La vraie puissance de Venise était dans le trésor de Saint-Marc. Il y avait alors de quoi soudoyer l'empereur et le roi de France.

Au mois d'avril 1509, Louis XII marche contre les Vénitiens ses anciens alliés, à la tête d'une gendarmerie qui allait à quinze mille chevaux, de douze mille hommes d'infanterie française, et huit mille Suisses. L'empereur avance contre eux du côté de l'Istrie et du Frioul. Jules II, premier pape guerrier, entre à la tête de dix mille hommes dans les villes de la Romagne.

Ferdinand d'Aragon, comme roi de Naples, se déclare aussi contre les Vénitiens, parcequ'ils avaient quelques ports dans le royaume de Naples pour sûreté de l'argent qu'ils avaient prêté autrefois.

Le roi de Hongrie se déclarait aussi, espérant avoir la Dalmatie. Le duc de Savoie mettait la main à cette entreprise à cause de ses prétentions sur le royaume de Chypre. Le duc de Ferrare, vassal du saint-siége, en était aussi. Enfin, hors le grand Turc, tout le continent de l'Europe veut accabler à-la-fois les Vénitiens.

Le pape Jules II avait été le premier moteur de cette singulière ligue des forts contre les faibles, si connue par le nom de *Ligue de Cambrai :* et lui qui aurait voulu fermer pour jamais l'Italie aux étrangers, en inondait ce pays.

Louis XII a le malheur de battre les Vénitiens à la journée de Ghiara d'Adda d'une manière complète. Cela n'était pas bien difficile. Les armées mercenaires de Venise pouvaient bien tenir contre les autres Condottieri d'Italie, mais non pas contre la gendarmerie française.

Le malheur de Louis XII, en battant les Vénitiens, était de travailler pour l'empereur. Maître de Gênes et de Milan, il ne tenait qu'à lui de donner la main aux Vénitiens pour fermer à jamais l'entrée de l'Italie aux Allemands.

La crainte de la puissance de Venise était mal fondée. Venise n'était que riche ; et il fallait fermer les yeux pour ne pas voir que les nouvelles routes du commerce par le cap de Bonne-Espérance et par les mers de l'Amérique allaient tarir les sources de la puissance vénitienne.

Louis XII, pour surcroît, avait encore donné cent mille écus d'or à Maximilien, sans lesquels cet empereur n'aurait pu marcher de son côté vers les Alpes.

Le 14 juin 1509, l'empereur donne dans la ville de Trente l'investiture du Milanais, que le cardinal d'Amboise reçoit pour Louis XII. Non seulement l'empereur donne ce duché au roi ; mais, au défaut de ses héritiers, il le donne au comte d'Angoulême François Ier. C'était le prix de la ruine de Venise.

Maximilien, pour ce parchemin, avait reçu cent soixante mille écus d'or. Tout se vendait ainsi depuis près de trois siècles. Louis XII eût pu employer cet argent à s'établir en Italie : il s'en retourne en France après avoir réduit Venise presque dans ses seules lagunes.

L'empereur avance alors du côté du Frioul, et retire tout le fruit de la victoire des Français. Mais Venise, pendant l'absence de Louis XII, reprend courage : son argent lui donne de nouvelles armées. Elle fait lever à l'empereur le siége de Padoue : elle se raccommode avec Jules II, le promoteur de la ligue, en lui cédant tout ce qu'il demande.

Le grand dessein de Jules II était *di cacciare i barbari d'Italia*, de défaire une bonne fois l'Italie des Français et des Allemands. Les papes autrefois avaient appelé ces nations pour s'appuyer tantôt de l'une tantôt de l'autre ; Jules voulait un nom immortel en réparant les fautes de ses prédécesseurs, en s'affermissant par lui-même, en délivrant l'Italie. Maximilien aurait voulu aider Jules à chasser les Français.

1510. Jules II se sert d'abord des Suisses, qu'il anime contre Louis XII. Il excite le vieux Ferdinand, roi d'Aragon et de Naples. Il veut ménager la paix entre l'empereur et Venise ; et pendant ce temps-là il songe à s'emparer de Ferrare, de Bologne, de Ravenne, de Parme, de Plaisance.

Au milieu de tant d'intérêts divers, une grande

diète se tient à Augsbourg. On y agite si Maximilien accordera la paix à Venise.

On y assure la liberté de la ville de Hambourg, long-temps contestée par la maison de Danemarck.

Maximilien et Louis XII sont encore unis; c'est-à-dire que Louis XII aide l'empereur à poursuivre les Vénitiens, et que l'empereur n'aide point du tout Louis XII à conserver le Milanais et Gênes, dont le pape le veut chasser.

Jules II accorde enfin au roi d'Aragon, Ferdinand, l'investiture de Naples qu'il avait promise à Louis XII. Ferdinand, maître affermi dans Naples, n'avait pas besoin de cette cérémonie : aussi ne lui en coûta-t-il que sept mille écus de redevance, au lieu de quarante-huit mille qu'on payait auparavant au saint-siége.

1511. Jules II déclare la guerre au roi de France. Ce roi commençait donc à être bien peu puissant en Italie.

Le pape guerrier veut conquérir Ferrare, qui appartient à Alfonse d'Est, allié de la France. Il prend la Mirandole et Concordia chemin fesant, et les rend à la maison de la Mirandole, mais comme fiefs du saint-siége. Ce sont de petites guerres : mais Jules II avait certainement plus de ressources dans l'esprit que ses prédécesseurs, puisqu'il trouvait de quoi faire ces guerres; et toutes les victoires des Français avaient bien peu servi, puisqu'elles ne servaient pas à mettre un frein aux entreprises du pape.

Jules II cède à l'empereur Modène, dont il s'était emparé, et ne le cède que dans la crainte que les troupes qui restent au roi de France dans le Milanais n'en fassent le siége.

1512. Enfin le pape réussit à faire signer secrètement à Maximilien une ligue avec lui et le roi Ferdinand contre la France. Voilà quel fruit Louis XII retire de sa ligue de Cambrai et de tant d'argent donné à l'empereur.

Jules II, qui voulait *cacciare i barbari d'Italia*, y introduit donc à-la-fois des Aragonais, des Suisses, des Allemands.

Gaston de Foix, neveu de Louis XII, gouverneur de Milan, jeune prince qui acquit la plus grande réputation parcequ'il se soutenait avec très peu de forces, défait tous les alliés à la bataille de Ravenne; mais il est tué dans sa victoire (11 avril), et le fruit de la victoire est perdu; ce qui arrive presque toujours aux Français en Italie. Ils perdent le Milanais après cette célèbre journée de Ravenne, qui en d'autres temps eût donné l'empire de l'Italie. Pavie est presque la seule place qui leur reste.

Les Suisses, qui, excités par le pape, avaient servi à cette révolution, reçoivent de lui, au lieu d'argent, le titre de défenseurs du saint-siége.

Maximilien continue cependant la guerre contre les Vénitiens; mais ces riches républicains se défendent, et réparent chaque jour leurs premières pertes.

Le pape et l'empereur négocient sans cesse. C'est cette année que Maximilien fait proposer à Jules II de l'accepter pour son coadjuteur dans le pontificat. Il ne voyait plus d'autre manière de rétablir l'autorité impériale en Italie. C'est dans cette vue qu'il prenait quelquefois le titre de *Pontifex maximus*, à l'exemple des empereurs romains. Sa qualité de laïque n'était point une exclusion au pontificat. L'exemple récent d'Amédée de Savoie le justifiait [1]. Le pape s'étant moqué de la proposition de la coadjutorerie, Maximilien songe à lui succéder : il gagne quelques cardinaux : il veut emprunter de l'argent pour acheter le reste des voix à la mort de Jules, qu'il croit prochaine. Sa fameuse lettre à l'archiduchesse Marguerite sa fille en est un témoignage subsistant encore en original.

L'investiture du duché de Milan, qui trois ans auparavant avait coûté cent soixante mille écus d'or à Louis XII, est donnée à Maximilien Sforce à plus bas prix, au fils de ce Louis-le-Maure que Louis XII avait retenu dans une prison si rude, mais si juste. Les mêmes Suisses qui avaient trahi Louis-le-Maure pour Louis XII ramènent le fils en triomphe dans Milan.

1513. Jules II meurt [2] après avoir fondé la véritable grandeur des papes, la temporelle; car pour l'autre elle diminuait tous les jours [3]. Cette grandeur temporelle pouvait faire l'équilibre de l'Italie, et ne l'a pas fait. La faiblesse d'un gouvernement sacerdotal et le népotisme en ont été la cause.

Guerre entre le Danemarck et les villes anséatiques, Lubeck, Dantzick, Vismar, Riga. En voilà plus d'un exemple; on n'en verrait pas aujourd'hui. Les villes

[1] Voyez année 1441. B.
[2] Dans la nuit du 20 au 21 février 1513. B.
[3] Jules II, le 22 juillet 1512, avait excommunié Louis XII, et délié la France du serment de fidélité; mais les sujets de ce prince ne lui confirmèrent pas moins le beau surnom de *Père du peuple*, qui lui avait été donné en 1506. Cl.

ont perdu, les princes ont gagné dans presque toute l'Europe : tant la vraie liberté est difficile à conserver.

Léon X, moins guerrier que Jules II, non moins entreprenant et plus artificieux, sans être plus habile, forme une ligue contre Louis XII avec l'empereur, le roi d'Angleterre Henri VIII et le vieux Ferdinand d'Aragon. Cette ligue est conclue à Malines, le 5 avril, par les soins de cette même Marguerite d'Autriche, gouvernante des Pays-Bas, qui avait fait la ligue de Cambrai.

L'empereur doit s'emparer de la Bourgogne; le pape, de la Provence; le roi d'Angleterre, de la Normandie; le roi d'Aragon, de la Guienne. Il venait d'usurper la Navarre sur Jean d'Albret avec une bulle du pape secondée d'une armée. Ainsi les papes, toujours faibles, donnaient les royaumes au plus fort : ainsi la rapacité se servit toujours des mains de la religion.

Alors Louis XII s'unit à ces mêmes Vénitiens qu'il avait perdus avec tant d'imprudence. La ligue du pape se dissipe presque aussitôt que formée. Maximilien tire seulement de l'argent de Henri VIII : c'était tout ce qu'il voulait. Que de faiblesse, que de tromperies, que de cruautés, que d'inconstance, que de rapacité, dans presque toutes ces grandes affaires !

Louis XII fait une vaine tentative pour reprendre le Milanais. La Trimouille y marche avec peu de forces. Il est défait à Novarre par les Suisses. On craignait alors que les Suisses ne prissent le Milanais pour eux-mêmes. Milan, Gênes, sont perdus pour la France, aussi bien que Naples.

Les Vénitiens, qui avaient eu dans Louis XII un ennemi si malavisé et si terrible, n'ont plus en lui qu'un allié inutile. Les Espagnols de Naples se déclarent contre eux. Ils battent leur fameux général l'Alviano, comme Louis XII l'avait battu.

De tous les princes qui ont signé la ligue de Malines contre la France, Henri VIII d'Angleterre est le seul qui tienne sa parole. Il s'embarque avec les préparatifs et l'espérance des Édouard III et des Henri V. Maximilien, qui avait promis une armée, suit le roi d'Angleterre en volontaire; et Henri VIII donne une solde de cent écus par jour au successeur des césars, qui avait voulu être pape. Il assiste à une victoire que remporte Henri à la nouvelle journée de Guinegaste, nommée *la journée des éperons*, dans le même lieu où lui-même avait gagné une bataille dans sa jeunesse.

Maximilien se fait donner ensuite une somme plus considérable : il reçoit deux cent mille écus pour faire en effet la guerre.

La France, ainsi attaquée par un jeune roi riche et puissant, était en grand danger après la perte de ses trésors et de ses hommes en Italie.

Maximilien emploie du moins une partie de l'argent de Henri à faire attaquer la Bourgogne par les Suisses. Ulric, duc de Virtemberg, y amène de la cavalerie allemande. Dijon est assiégé. Louis XII allait encore perdre la Bourgogne après le Milanais, et toujours par la main des Suisses, que La Trimouille ne put éloigner qu'en leur promettant quatre cent mille écus au nom du roi son maître. Quelles sont donc les vicissitudes du monde, et que ne doit-on pas espérer et craindre, puisqu'on voit les Suisses, encore fumants de tant de sang répandu pour soutenir leur liberté contre la maison d'Autriche, s'armer en faveur de cette maison, et qu'on verra les Hollandais agir de même !

1514. Maximilien, secondé des Espagnols, entretient toujours un reste de guerre contre les Vénitiens. C'est tout ce qui reste alors de la ligue de Cambrai : elle avait changé de principe et d'objet; les Français avaient été d'abord les héros de cette ligue, et en furent enfin les victimes.

Louis XII, chassé d'Italie, menacé par Ferdinand d'Aragon, battu et rançonné par les Suisses, vaincu par Henri VIII d'Angleterre, qui fesait revivre les droits de ses ancêtres sur la France, n'a d'autre ressource que d'accepter Marie, sœur de Henri VIII, pour sa seconde femme.

Cette Marie avait été promise à Charles de Luxembourg. C'était le sort de la maison de France d'enlever toutes les femmes promises à la maison d'Autriche.

1515. Le grand but de Maximilien est toujours d'établir sa maison. Il conclut le mariage de Louis, prince de Hongrie et de Bohême, avec sa petite-fille Marie d'Autriche; et celui de la princesse Anne de Hongrie avec l'un de ses deux petits-fils Charles ou Ferdinand, qui furent depuis empereurs l'un après l'autre [1].

C'est le premier contrat par lequel une fille ait été promise à un mari ou à un autre au choix des parents. Maximilien n'oublie pas, dans ce contrat, que sa mai-

[1] Voyez les années 1519 et 1557. B.

son doit hériter de la Hongrie, selon les anciennes conventions avec la maison de Hongrie et de Bohême. Cependant ces deux royaumes étaient toujours électifs; ce qui ne s'accorde avec ces conventions que parcequ'on espère que les suffrages de la nation seconderont la puissance autrichienne.

Charles, déclaré majeur à l'âge de quinze ans commencés, rend hommage au roi de France François Ier pour la Flandre, l'Artois, et le Charolais. Henri de Nassau prête serment au nom de Charles.

Nouveau mariage proposé encore à l'archiduc Charles. François Ier lui promet madame Renée sa belle-sœur. Mais cette apparence d'union couvrait une éternelle discorde.

Le duché de Milan est encore l'objet de l'ambition de François Ier comme de Louis XII. Il commence ainsi que son prédécesseur par une alliance avec les Vénitiens et par des victoires.

Il prend, après la bataille de Marignan, tout le Milanais en une seule campagne. Maximilien Sforce va vivre obscurément en France avec une pension de trente mille écus. François Ier force le pape Léon X à lui céder Parme et Plaisance : il lui fait promettre de rendre Modène, Reggio, au duc de Ferrare : il fait la paix avec les Suisses qu'il a vaincus, et devient ainsi, en une seule campagne, l'arbitre de toute l'Italie. C'est ainsi que les Français commencent toujours.

1516. Ferdinand-le-Catholique, roi d'Aragon, grand-père de Charles-Quint, meurt le 23 janvier, après avoir préparé la grandeur de son petit-fils, qu'il n'aimait pas.

Les succès de François Ier raniment Maximilien. Il lève des troupes dans l'Allemagne avec l'argent que Ferdinand d'Aragon lui a envoyé avant de mourir; car jamais les états de l'empire ne lui en fournissent pour ces querelles d'Italie. Alors Léon X rompt les traités qu'il a faits par force avec François Ier, ne tient aucune de ses paroles, ne rend à ce roi ni Modène, ni Reggio, ni Parme, ni Plaisance; tant les papes avaient toujours à cœur ce grand dessein d'éloigner les étrangers de l'Italie, de les détruire tous les uns par les autres, et d'acquérir par là un droit sur la liberté italique dont ils auraient été les vengeurs : grand dessein digne de l'ancienne Rome, que la nouvelle ne pouvait accomplir.

L'empereur Maximilien descend par le Trentin, assiége Milan avec quinze mille Suisses: mais ce prince, qui prenait toujours de l'argent, et qui en manquait toujours, n'en ayant pas pour payer les Suisses, ils se mutinent. L'empereur craint d'être arrêté par eux, et s'enfuit. Voilà donc à quoi aboutit la fameuse ligue de Cambrai [1], à dépouiller Louis XII, et à faire enfuir l'empereur de crainte d'être mis en prison par ses mercenaires.

Il propose au roi d'Angleterre, Henri VIII, de lui céder l'empire et le duché de Milan, dans le dessein seulement d'en obtenir quelque argent. On ne pourrait croire une telle démarche, si le fait n'était attesté par une lettre de Henri VIII.

Autre mariage encore stipulé avec l'archiduc Charles, devenu roi d'Espagne. Jamais prince ne fut pro-

[1] Voyez tome XVII, page 100. B.

mis à tant de femmes avant d'en avoir une. François Ier lui donne sa fille, madame Louise, âgée d'un an.

Ce mariage, qui ne réussit pas mieux que les autres, est stipulé dans le traité de Noyon. Ce traité portait que Charles rendrait justice à la maison de Navarre, dépouillée par Ferdinand-le-Catholique, et qu'il engagerait l'empereur, son grand-père, à faire la paix avec les Vénitiens. Ce traité n'eut pas plus d'exécution que le mariage, quoiqu'il dût en revenir à l'empereur deux cent mille ducats que les Vénitiens devaient lui compter. François Ier devait aussi donner à Charles cent mille écus par an, jusqu'à ce qu'il fût en pleine possession du royaume d'Espagne. Rien n'est plus petit ni plus bizarre. Il semble qu'on voie des joueurs qui cherchent à se tromper.

Immédiatement après ce traité, l'empereur en fait un autre avec Charles, son petit-fils, et le roi d'Angleterre, contre la France.

1517. Charles passe en Espagne. Il est reconnu roi de Castille conjointement avec Jeanne sa mère.

1518. Le pape Léon X avait deux grands projets : celui d'armer les princes chrétiens contre les Turcs, devenus plus formidables que jamais sous le sultan Sélim II, vainqueur de l'Égypte; l'autre était d'embellir Rome, et d'achever cette basilique de Saint-Pierre, commencée par Jules II, et devenue en effet le plus beau monument d'architecture qu'aient jamais élevé les hommes.

Il crut qu'il lui serait permis de tirer de l'argent de la chrétienté par la vente des indulgences. Ces indulgences étaient originairement des exemptions d'impôts accordées par les empereurs ou par les gouverneurs aux campagnes maltraitées.

Les papes et quelques évêques même avaient appliqué aux choses divines ces indulgences temporelles, mais d'une manière toute contraire. Les indulgences des empereurs étaient des libéralités au peuple; et celles des papes étaient un impôt sur le peuple, surtout depuis que la créance du purgatoire était généralement établie, et que le vulgaire, qui fait en tout pays au moins dix-huit parties sur vingt, croyait qu'on pouvait racheter des siècles de supplices avec un morceau de papier acheté à vil prix. Une pareille vente publique est aujourd'hui un de ces ridicules qui ne tomberaient pas dans la tête la moins sensée; mais alors on n'en était pas plus surpris qu'on ne l'est dans l'Orient de voir des bonzes et des talapoins vendre, pour une obole, la rémission de tous les péchés.

Il y eut partout des bureaux d'indulgences: on les affermait comme des droits d'entrée et de sortie. La plupart de ces comptoirs se tenaient dans des cabarets. Le prédicateur, le fermier, le distributeur, chacun y gagnait. Jusque-là tout fut paisible. En Allemagne les augustins, qui avaient été long-temps en possession de prendre cette marotte à ferme, furent jaloux des dominicains, auxquels elle fut donnée: et voici la première étincelle qui embrasa l'Europe.

Le fils d'un forgeron, né à Islèbe, fut celui par qui commença la révolution. C'était Martin Luther, moine augustin, que ses supérieurs chargèrent de prêcher contre la marchandise qu'ils n'avaient pu vendre. La querelle fut d'abord entre les augustins et les dominicains; mais bientôt Luther, après avoir décrié les indulgences, examina le pouvoir de celui qui les donnait aux chrétiens. Un coin du voile fut levé: les peuples animés voulurent juger ce qu'ils avaient adoré. Le vieux Frédéric, électeur de Saxe, surnommé *le Sage*, celui-là même qui, après la mort de Maximilien, eut le courage de refuser l'empire, protégea Luther ouvertement.

Ce moine n'avait pas encore de doctrine ferme et arrêtée. Mais qui jamais en a eu? Il se contenta dans ces commencements de dire « qu'il fallait communier « avec du pain ordinaire et du vin; que le péché de« meurait dans un enfant après le baptême; que la « confession auriculaire était assez inutile; que les « papes et les conciles ne peuvent faire des articles de « foi; qu'on ne peut prouver le purgatoire par les li« vres canoniques; que les vœux monastiques étaient « un abus; qu'enfin, tous les princes devaient se réu« nir pour abolir les moines mendiants. »

Frédéric, duc et électeur de Saxe, était, comme on l'a dit, le protecteur de Luther et de sa doctrine. Ce prince avait, dit-on, assez de religion pour être chrétien, assez de raison pour voir les abus, beaucoup d'envie de les réformer, et beaucoup plus peut-être encore d'entrer en partage des biens immenses que le clergé possédait dans la Saxe. Il ne se doutait pas alors qu'il travaillait pour ses ennemis, et que le riche archevêché de Magdebourg serait le partage de la maison de Brandebourg, déjà sa rivale.

1519. Pendant que Luther, cité à la diète d'Augsbourg, se retire après y avoir comparu, qu'il en appelle au futur concile, et qu'il prépare sans le savoir la plus grande révolution qui se soit faite en Europe dans la religion depuis l'extinction du paganisme, l'empereur Maximilien, déjà oublié, meurt d'un excès de melon à Inspruck [1], le 12 janvier.

INTERRÈGNE JUSQU'AU 1er OCTOBRE 1520 [2].

Les électeurs de Saxe et du Palatinat gouvernent conjointement l'empire jusqu'au jour où le futur élu sera couronné.

Le roi de France, François I*er*, et le roi d'Espagne, Charles d'Autriche, briguent la couronne impériale. L'un et l'autre pouvaient faire revivre quelque ombre de l'empire romain. Le voisinage des Turcs, devenu si redoutable, mettait les électeurs dans la nécessité dangereuse de choisir un empereur puissant. Il importait à la chrétienté que François ou Charles fût élu; mais il importait au pape Léon X que ni l'un ni l'autre ne fût à portée d'être son maître. Le pape avait à craindre également dans ce temps-là Charles, François, le grand Turc, et Luther.

Léon X traverse autant qu'il le peut les deux concurrents. Sept grands princes doivent donner cette première place de l'Europe dans le temps le plus critique, et cependant on achète des voix.

[1] A Wels, dans la Haute Autriche. Ferdinand I*er* fit plus tard transférer son corps à Inspruck. CL.

[2] Charles-Quint ne fut couronné empereur que le 23 octobre 1520; mais il avait été élu le 28 juin 1519: Voltaire lui-même donne ces deux dates, pages 446 et 448. B.

Parmi ces intrigues et dans cet interrègne, les lois de l'Allemagne anciennes et nouvelles ne sont pas sans vigueur. Les Allemands donnent une grande leçon aux princes de ne pas abuser de leur pouvoir. La ligue de Souabe se rend recommandable en fesant la guerre au duc Ulric de Virtemberg, qui maltraitait ses vassaux.

Cette ligue de Souabe est la véritable ligue du bien public[1]. Elle réduit le duc à fuir de son état; mais ensuite elle vend cet état à vil prix à Charles d'Autriche. Tout se fait donc pour de l'argent! Comment Charles, prêt de parvenir à l'empire, dépouillait-il ainsi une maison, et achetait-il pour très peu de chose le bien d'une autre?

Léon X veut gouverner despotiquement la Toscane.

Les électeurs s'assemblent à Francfort. Est-il bien vrai qu'ils offrirent la couronne impériale à Frédéric surnommé le Sage, électeur de Saxe, ce grand protecteur de Luther? fut-il solennellement élu? non. En quoi consiste donc son refus? en ce que sa réputation le fesait nommer par la voix publique, qu'il donna sa voix à Charles, et que sa recommandation entraîna enfin les suffrages.

Charles-Quint est élu d'une commune voix, le 28 juin 1519.

CHARLES-QUINT,
QUARANTE-UNIÈME EMPEREUR.

Cette année est celle de la première capitulation dressée pour les empereurs. On se contentait aupara-

---

[1] On avait donné ce nom à la ligue qui se forma sous Louis XI: voyez tome XVI, page 514. B.

vant du serment qu'ils fesaient à leur sacre. Un serment vague d'être juste ouvre la porte à l'injustice. Il fallait une digue plus forte contre l'abus de l'autorité d'un prince si puissant par lui-même.

Par ce contrat véritable du chef avec les membres, l'empereur promet que s'il a quelque domaine qu'il ne possède pas à bon titre, il le restituera à la première sommation des électeurs. C'est promettre beaucoup.

Des auteurs considérables prétendent qu'on lui fit jurer aussi de résider toujours dans l'Allemagne; mais la capitulation porte expressément qu'*il y résidera autant qu'il sera possible* : exiger une chose injuste eût fourni un trop beau prétexte de ne pas exécuter ce qui était juste.

Le jour de l'élection de Charles-Quint est marqué par un combat entre un évêque de Hildesheim et un duc de Brunsvick dans le duché de Lunebourg. Ils se disputaient un fief; et malgré l'établissement des austrègues, de la chambre impériale, et du conseil aulique, malgré l'autorité des deux vicaires de l'empire, on voyait tous les jours princes, évêques, barons, donner des combats sanglants pour le moindre procès. Il y avait quelques lois; mais le pouvoir coactif, qui est la première des lois, manquait à l'Allemagne.

L'électeur palatin porte en Espagne à Charles la nouvelle de son élection. Les grands d'Espagne se disaient alors égaux aux électeurs ; les pairs de France à plus forte raison ; et les cardinaux prenaient le pas sur eux tous.

L'Espagne craint d'être province de l'empire. Charles est obligé de déclarer l'Espagne indépendante. Il va en Allemagne, mais il passe auparavant en Angleterre pour se lier déjà avec Henri VIII contre François Ier. Il est couronné à Aix-la-Chapelle le 23 octobre 1520.

1520. Au temps de cet avénement de Charles-Quint à l'empire, l'Europe prend insensiblement une face nouvelle. La puissance ottomane s'affermit sur des fondements inébranlables dans Constantinople.

L'empereur, roi des Deux-Siciles et d'Espagne, paraît fait pour opposer une digue aux Turcs. Les Vénitiens craignaient à-la-fois le sultan et l'empereur.

Le pape Léon X est maître d'un petit état, et sent déjà que la moitié de l'Europe va échapper à son autorité spirituelle. Car dès l'an 1520, depuis le fond du Nord jusqu'à la France, les esprits étaient soulevés, et contre les abus de l'Église romaine, et contre ses lois.

François Ier, roi de France, plus brave chevalier que grand prince [1], avait plutôt l'envie que le pouvoir d'abaisser Charles-Quint. Comment eût-il pu, à armes et à prudence égales, l'emporter sur un empereur, roi d'Espagne et de Naples, souverain des Pays-Bas, dont les frontières allaient jusqu'aux portes d'Amiens, et qui commençait à recevoir déjà dans ses ports d'Espagne les trésors d'un nouveau monde?

Henri VIII, roi d'Angleterre, prétendait d'abord tenir la balance entre Charles-Quint et François Ier. Grand exemple de ce que pouvait le courage anglais, soutenu déjà des richesses du commerce.

On peut observer dans ce tableau de l'Europe que

---

[1] Voyez, dans la *Correspondance*, la lettre à Gaillard, du 28 avril 1769; et tome XVII, page 204. B.

Henri VIII, l'un des principaux personnages, était un des plus grands fléaux qu'ait éprouvés la terre[1]; despotique avec brutalité, furieux dans sa colère, barbare dans ses amours, meurtrier de ses femmes, tyran capricieux dans l'état et dans la religion. Cependant il mourut dans son lit; et Marie Stuart[2], qui n'avait eu qu'une faiblesse criminelle, et Charles I[er][3], qui n'eut à se reprocher que sa bonté, sont morts sur l'échafaud.

Un roi plus méchant encore que Henri VIII, c'est Christiern II[4], naguère réunissant sous son pouvoir le Danemarck, la Norvége, et la Suède, monstre toujours souillé de sang, surnommé *le Néron du Nord*, puni à la fin de tous ses crimes, quoique beau-frère de Charles-Quint, détrôné et mort en prison dans une vieillesse abhorrée et méprisée.

Voilà à peu près les principaux princes chrétiens qui figuraient en Europe quand Charles-Quint prit les rênes de l'empire.

L'Italie fut plus brillante alors par les beaux-arts qu'elle ne l'a jamais été; mais jamais on ne la vit plus loin du grand but que s'était proposé Jules II, *di cacciare i barbari d'Italia.*

Les puissances de l'Europe étaient presque toujours en guerre; mais, heureusement pour les peuples, les petites armées qu'on levait pour un temps retournaient ensuite cultiver les campagnes; et au milieu des guerres les plus acharnées, il n'y avait pas dans

---

[1] Voyez tome XVII, page 285 et suiv. B. — [2] Voyez tome XVIII, page 47 et suivantes. B. — [3] Voyez tome XVIII, page 295 et suiv. B. — [4] Voyez tome XVII, pages 154 et 261. R.

l'Europe la cinquième partie des soldats qu'on voit aujourd'hui dans la plus profonde paix. On ne connaissait point cet effort continuel et funeste qui consume toute la substance d'un gouvernement dans l'entretien de ces armées nombreuses toujours subsistantes, qui, en temps de paix, ne peuvent être employées que contre les peuples, et qui un jour pourront être funestes à leurs maîtres.

La gendarmerie fesait toujours la principale force des armées chrétiennes : les fantassins étaient méprisés; c'est pourquoi les Allemands les appelaient *Lands-Knechte*[1], *valets de terre*. La milice des janissaires était la seule infanterie redoutable.

Les rois de France se servaient presque toujours d'une infanterie étrangère; les Suisses ne fesaient encore usage de leur liberté que pour vendre leur sang, et d'ordinaire celui qui avait le plus de Suisses dans son armée se croyait sûr de la victoire. Ils eurent au moins cette réputation jusqu'à la bataille de Marignan, que François Ier gagna contre eux avec sa gendarmerie, quand il voulut pour la première fois descendre en Italie.

L'art de la guerre fut plus approfondi sous Charles-Quint qu'il ne l'avait été encore. Ses grands succès, le progrès des beaux-arts en Italie, le changement de religion dans la moitié de l'Europe, le commerce des Grandes-Indes par l'Océan, la conquête du Mexique et du Pérou, rendent ce siècle éternellement mémorable.

1521. Diète de Vorms, fameuse par le rétablisse-

---

[1] D'où les Français ont fait le mot *lansquenet*. B.

ment de la chambre impériale, qui ne subsistait plus que de nom.

Charles-Quint établit deux vicaires, non pas de l'empire, mais de l'empereur. Les vicaires nés de l'empire sont Saxe et Palatin, et leurs arrêts sont irrévocables. Les vicaires de l'empereur sont des régents qui rendent compte au souverain. Ces régents furent son frère Ferdinand, auquel il avait cédé ses états d'Autriche, le comte palatin, et vingt-deux assesseurs.

Cette diète ordonne que les ducs de Brunsvick et de Lunebourg d'un côté, et les évêques d'Hildesheim et de Minden de l'autre, qui se fesaient la guerre, comparaîtront; ils méprisent cet arrêt: on les met au ban de l'empire, et ils méprisent ce ban. La guerre continue entre eux. La puissance de Charles-Quint n'est pas encore assez grande pour donner de la force aux lois. Deux évêques armés et rebelles n'indisposent pas médiocrement les esprits contre l'Église et contre les biens de l'Église.

Luther vient à cette diète avec un sauf-conduit de l'empereur; il ne craignait pas le sort de Jean Hus: les prêtres n'étaient pas les plus forts à la diète. On confère avec lui sans trop s'entendre; on ne convient de rien; on le laisse paisiblement retourner en Saxe détruire la religion romaine. Le 6 mai, l'empereur donne un édit contre Luther absent, et ordonne, sous peine de désobéissance, à tout prince et état de l'empire d'emprisonner Luther et ses adhérents. Cet ordre était contre le duc de Saxe. On savait bien qu'il n'obéirait pas: mais l'empereur, qui s'unissait avec le pape Léon X contre François Ier, voulait paraître catholique.

Il veut, dans cette diète, faire conclure une alliance entre l'Empire et le roi de Danemarck Christiern II, son beau-frère, et lui assurer des secours. Il règne toujours dans les grandes assemblées un sentiment d'horreur pour la tyrannie; le cri de la nature s'y fait entendre; et l'enthousiasme de la vertu se communique. Toute la diète s'éleva contre une alliance avec un scélérat, teint du sang de quatre-vingt-quatorze sénateurs massacrés à ses yeux par des bourreaux dans Stockholm livrée au pillage. On prétend que Charles-Quint voulait s'assurer les trois couronnes du Nord en secourant son indigne beau-frère.

La même année, le pape Léon X, plus intrigant peut-être que politique, et qui, se trouvant entre François Ier et Charles-Quint, ne pouvait guère être qu'intrigant, fait presque à-la-fois un traité avec l'un et avec l'autre: le premier en 1520, avec François Ier, auquel il promet le royaume de Naples en se réservant Gaïete; et cela en vertu de cette loi chimérique que jamais un roi de Naples ne peut être empereur: le second en 1521, avec Charles-Quint, pour chasser les Français de l'Italie, et pour donner le Milanais à François Sforce, fils puîné de Louis-le-Maure, et surtout pour donner au saint-siége Ferrare, qu'on voulait toujours ôter à la maison d'Est.

Première hostilité qui met aux mains l'Empire et la France. Le duc de Bouillon-la-Marck, souverain du château de Bouillon, déclare solennellement la guerre par un héraut à Charles-Quint, et ravage le Luxembourg. On sent bien qu'il agissait pour François Ier, qui le désavouait en public.

Charles, uni avec Henri VIII et Léon X, fait la guerre à François Ier, du côté de la Picardie et vers le Milanais; elle avait déjà commencé en Espagne, dès 1520; mais l'Espagne n'est qu'un accessoire à ces Annales de l'Empire.

Lautrec, gouverneur du Milanais pour le roi de France, général malheureux parcequ'il était fier et imprudent, est chassé de Milan, de Pavie, de Lodi, de Parme, et de Plaisance, par Prosper Colonne.

Léon X meurt le 2 décembre. George, marquis de Malaspina, attaché à la France, soupçonné d'avoir empoisonné le pape, est arrêté, et se justifie d'un crime qu'il est difficile de prouver.

Ce pape avait douze mille Suisses à son service.

Le cardinal Wolsey, tyran de Henri VIII, qui était le tyran de l'Angleterre, veut être pape. Charles-Quint le joue, et manifeste son pouvoir en fesant pape son précepteur Adrien Florent, natif d'Utrecht, alors régent en Espagne.

Adrien est élu le 9 janvier. Il garde son nom, malgré la coutume établie dès l'onzième siècle. L'empereur gouverne absolument le pontificat.

L'ancienne ligue des villes de Souabe[1] est confirmée à Ulm pour onze ans. L'empereur pouvait la craindre; mais il voulait plaire aux Allemands.

1522. Charles va encore en Angleterre, reçoit à Windsor l'ordre de la Jarretière; il promet d'épouser sa cousine Marie, fille de sa tante Catherine d'Aragon

---

[1] Voyez années 1486 et 1520. B.

et de Henri VIII, que son fils Philippe épousa depuis. Il se soumet, par une clause étonnante, à payer cinq cent mille écus s'il n'épouse pas cette princesse. C'est la cinquième fois qu'il est promis sans être marié. Il partage la France en idée avec Henri VIII, qui compte alors faire revivre les prétentions de ses aïeux sur ce royaume.

L'empereur emprunte de l'argent du roi d'Angleterre. Voilà l'explication de cette énigme du dédit de cinq cent mille écus. Cet argent prêté aurait servi un jour de dot; et ce dédit singulier est exigé de Henri VIII comme une espèce de caution.

L'empereur donne au cardinal-ministre Wolsey des pensions qui ne le dédommagent pas de la tiare.

Pourquoi le plus puissant empereur qu'on ait vu depuis Charlemagne est-il obligé d'aller demander de l'argent à Henri VIII comme Maximilien? il fesait la guerre vers les Pyrénées, vers la Picardie, en Italie, tout à-la-fois; l'Allemagne ne lui fournissait rien; l'Espagne peu de chose : les mines du Mexique ne fesaient pas encore un produit réglé; les dépenses de son couronnement et des premiers établissements en tout genre furent immenses.

Charles-Quint est heureux partout. Il ne reste à François Ier, dans le Milanais, que Crémone et Lodi. Gênes, qu'il tenait encore, lui est enlevée par les impériaux. L'empereur permet que François Sforce, dernier prince de cette race, entre dans Milan.

Mais pendant ce temps-là même la puissance ottomane menace l'Allemagne. Les Turcs sont en Hongrie. Soliman, aussi redoutable que Sélim et Mahomet II, prend Belgrade, et de là il va au siége de Rhodes, qui capitule après un siége de trois mois.

Cette année est féconde en grands événements. Les états du Danemarck déposent solennellement le tyran Christiern [1], comme on juge un coupable; et en se bornant à le déposer, on lui fait grace.

Gustave Vasa proscrit en Suède la religion catholique. Tout le Nord jusqu'au Véser est prêt de suivre cet exemple.

1523. Pendant que la guerre de controverse menace l'Allemagne d'une révolution, et que Soliman menace l'Europe chrétienne, les querelles de Charles-Quint et de François Ier font les malheurs de l'Italie et de la France.

Charles et Henri VIII, pour accabler François Ier, gagnent le connétable de Bourbon, qui, plus rempli d'ambition et de vengeance que d'amour pour la patrie, s'engage à attaquer le milieu de la France, tandis que ses ennemis pénétreront par ses frontières. On lui promet Éléonore, sœur de Charles-Quint, veuve du roi de Portugal, et, ce qui est plus essentiel, la Provence avec d'autres terres qu'on érigera en royaume.

Pour porter le dernier coup à la France, l'empereur se ligue encore avec les Vénitiens, le pape Adrien et les Florentins. Le duc François Sforce reste possesseur du Milanais, dont François Ier est dépouillé : mais l'empereur ne reconnaît point encore Sforce pour duc de Milan, et il diffère à se décider sur cette

---

[1] Voyez tome XVII, page 156. B.

province, dont il sera toujours maître quand les Français n'y seront plus.

Les troupes impériales entrent dans la Champagne : le connétable de Bourbon, dont les desseins sont découverts, fuit, et va commander pour l'empereur en Italie.

Au milieu de ces grands troubles, une petite guerre s'élève entre l'électeur de Trèves et la noblesse d'Alsace, comme un petit tourbillon qui s'agite dans un grand. Charles-Quint est trop occupé de ses vastes desseins et de la multitude de ses intérêts, pour penser à pacifier ces querelles passagères.

Clément VII succède à Adrien le 29 novembre [1]; il était de la maison de Médicis. Son pontificat est éternellement remarquable par ses malheureuses intrigues et par sa faiblesse, qui causèrent depuis le pillage de Rome, que saccagea l'armée de Charles-Quint, par la perte de la liberté des Florentins, et par l'irrévocable défection de l'Angleterre arrachée à l'Église romaine.

1524. Clément VII commence par envoyer à la diète de Nuremberg un légat pour armer l'Allemagne contre Soliman, et pour répondre à un écrit intitulé, *Les cent griefs contre la cour de Rome.* Il ne réussit ni à l'un ni à l'autre.

Il n'était pas extraordinaire qu'Adrien, précepteur et depuis ministre de Charles-Quint, né avec le génie d'un subalterne, fût entré dans la ligue qui devait rendre l'empereur maître absolu de l'Italie, et bientôt

---

[1] Robertson cite le 28 : des ouvrages estimés citent le 19. Cl.

de l'Europe. Clément VII eut d'abord le courage de se détacher de cette ligue, espérant tenir la balance égale.

Il y avait alors un homme de sa famille qui était véritablement un grand homme ; c'est Jean de Médicis, général de Charles-Quint. Il commandait pour l'empereur en Italie avec le connétable de Bourbon ; c'est lui qui acheva de chasser cette année les Français de la petite partie du Milanais qu'ils occupaient encore, qui battit Bonnivet à Biagrasse, où fut tué le chevalier Bayard, très renommé en France.

Le marquis de Pescara, que les Français appellent Pescaire, digne émule de ce Jean de Médicis, marche en Provence avec le duc de Bourbon. Celui-ci veut assiéger Marseille malgré Pescara, et l'entreprise échoue : mais la Provence est ravagée.

François Ier a le temps d'assembler une armée ; il poursuit les impériaux, qui se retirent ; il passe les Alpes. Il rentre pour son malheur dans ce duché de Milan pris et perdu tant de fois. La maison de Savoie n'était pas encore assez puissante pour fermer le passage aux armées de France.

Alors l'ancienne politique des papes se déploie, et la crainte qu'inspire un empereur trop puissant lie Clément VII avec François Ier : il veut lui donner le royaume de Naples. François y fait marcher un gros détachement de son armée. Par là il s'affaiblit en divisant ses forces, et prépare ses malheurs et ceux de Rome.

1525. Le roi de France assiége Pavie. Le comte de Lannoy, vice-roi de Naples, Pescara et Bourbon, veulent faire lever le siége, en s'ouvrant un passage par le parc de Mirabel, où François Ier était posté. La seule artillerie française met les impériaux en déroute. Le roi de France n'avait qu'à ne rien faire, et ils étaient vaincus. Il veut les poursuivre, et il est battu entièrement. Les Suisses, qui fesaient la force de son infanterie, s'enfuient et l'abandonnent; et il ne reconnaît la faute de n'avoir eu qu'une infanterie mercenaire et d'avoir trop écouté son courage, que lorsqu'il tombe captif entre les mains des impériaux et de ce Bourbon qu'il avait outragé [1], et qu'il avait forcé à être rebelle.

Charles-Quint, qui était alors à Madrid, apprend l'excès de son bonheur, et dissimule celui de sa joie. On lui envoie son prisonnier. Il semblait alors le maître de l'Europe. Il l'eût été en effet si, au lieu de rester à Madrid, il eût suivi sa fortune à la tête de cinquante mille hommes; mais ses succès lui firent des ennemis d'autant plus aisément, que lui, qui passait pour le plus actif des princes, ne profita pas de ces succès.

Le cardinal Wolsey, mécontent de l'empereur, au lieu de porter Henri VIII, qu'il gouvernait, à entrer dans la France abandonnée et à la conquérir, porte son maître à se déclarer contre Charles-Quint, et à tenir cette balance qui échappait aux faibles mains de Clément VII.

Bourbon, que Charles flattait de l'espérance d'un royaume composé de la Provence, du Dauphiné, et

---

[1] Voyez tome XVII, pages 203-204. B.

des terres de ce connétable, n'est que gouverneur du Milanais.

Il faut croire que Charles-Quint avait de grandes affaires secrètes en Espagne, puisque, dans ce moment critique, il ne venait ni vers la France, où il pouvait entrer, ni dans l'Italie, qu'il pouvait subjuguer, ni dans l'Allemagne, que les nouveaux dogmes et l'amour de l'indépendance remplissaient de troubles.

Les différents sectaires savaient bien ce qu'ils ne voulaient pas croire; mais ils ne savaient pas ce qu'ils voulaient croire. Tous s'accordaient à s'élever contre les abus de la cour et de l'Église romaine: tous introduisaient d'autres abus. Mélanchthon s'oppose à Luther sur quelques articles.

Storck, né en Silésie[1], va plus loin que Luther. Il est le fondateur de la secte des anabaptistes; Muncer en est l'apôtre; tous deux prêchent les armes à la main. Luther avait commencé par mettre dans son parti les princes; Muncer met dans le sien les habitants de la campagne. Il les flatte et les anime par cette idée d'égalité, loi primitive de la nature, que la force et les conventions ont détruite. Les premières fureurs des paysans éclatent dans la Souabe, où ils étaient plus esclaves qu'ailleurs. Muncer passe en Thuringe. Il s'y rend maître de Mulhausen en prêchant l'égalité, et fait porter à ses pieds l'argent des habitants en prêchant le désintéressement. Tous les paysans se soulèvent en Souabe, en Franconie, dans

[1] En Saxe, à Stolberg. CL.

une partie de la Thuringe, dans le Palatinat, dans l'Alsace.

A la vérité ces espèces de sauvages firent un manifeste que Lycurgue aurait signé. Ils demandaient « qu'on ne levât sur eux que les dîmes des blés, et « qu'elles fussent employées à soulager les pauvres; « que la chasse et la pêche leur fussent permises; « qu'ils eussent du bois pour se bâtir des cabanes et « pour se garantir du froid; qu'on modérât leurs cor- « vées. » Ils réclamaient les droits du genre humain : mais ils les soutinrent en bêtes féroces. Ils massacrent les gentilshommes qu'ils rencontrent. Une fille naturelle de l'empereur Maximilien est égorgée.

Ce qui est très remarquable, c'est qu'à l'exemple de ces anciens esclaves révoltés qui, se sentant incapables de gouverner, choisirent, dit-on, autrefois pour leur roi le seul maître qui avait échappé au carnage, ces paysans mirent à leur tête un gentilhomme. Ils s'emparent de Heilbron, de Spire, de Vurtzbourg, de tous les pays entre ces villes.

Muncer et Storck conduisent l'armée en qualité de prophètes. Le vieux Frédéric, électeur de Saxe, leur livre une sanglante bataille près de Franckusen dans le comté de Mansfeld. En vain les deux prophètes entonnent des cantiques au nom du Seigneur : ces fanatiques sont entièrement défaits. Muncer, pris après la bataille, est condamné à perdre la tête. Il abjura sa secte avant de mourir. Il n'avait point été enthousiaste; il avait conduit ceux qui l'étaient; mais son disciple Pfiffer, condamné comme lui, mourut persuadé. Storck retourne prêcher en Silésie, et envoie des disciples en Pologne. L'empereur, cependant, négociait tranquillement avec le roi de France son prisonnier à Madrid.

1526. Principaux articles du traité dont Charles-Quint impose les lois à François Ier.

Le roi de France cède à l'empereur le duché de Bourgogne et le comté de Charolais; il renonce au droit de souveraineté sur l'Artois et sur la Flandre. Il lui laisse Arras, Tournai, Mortagne, Saint-Amand, Lille, Douai, Orchies, Hesdin. Il se désiste de tous ses droits sur les Deux-Siciles, sur le Milanais, sur le comté d'Asti, sur Gênes. Il promet de ne jamais protéger ni le duc de Gueldre, qui se soutenait toujours contre cet empereur si puissant, ni le duc de Virtemberg, qui revendiquait son duché vendu à la maison d'Autriche; il promet de faire renoncer les héritiers de la Navarre à leur droit sur ce royaume; il signe une ligue défensive et même offensive avec son vainqueur qui lui ravit tant d'états; il s'engage à épouser Éléonore, sa sœur.

Il est forcé à recevoir le duc de Bourbon en grace, à lui rendre tous ses biens, à le dédommager lui et tous ceux qui ont pris son parti.

Ce n'était pas tout. Les deux fils aînés du roi doivent être livrés en otage jusqu'à l'accomplissement du traité; il est signé le 14 janvier.

Pendant que le roi de France fait venir ses deux enfants pour être captifs à sa place, Lannoy, vice-roi de Naples, entre dans sa chambre en bottes, et vient lui faire signer le contrat de mariage avec Éléonore, qui était à quatre lieues de là, et qu'il ne vit point: étrange façon de se marier!

On assure que François Ier fit une protestation par-devant notaire contre ses promesses, avant de les signer. Il est difficile de croire qu'un notaire de Madrid ait voulu et pu venir signer un tel acte dans la prison du roi.

Le dauphin et le duc d'Orléans sont amenés en Espagne, échangés avec leur père[1], au milieu de la rivière d'Andaye, et menés en otage.

Charles aurait pu avoir la Bourgogne, s'il se l'était fait céder avant de relâcher son prisonnier. Le roi de France exposa ses deux enfants au courroux de l'empereur en ne tenant pas sa parole. Il y a eu des temps où cette infraction aurait coûté la vie à ces deux princes.

François Ier se fait représenter par les états de Bourgogne qu'il n'a pu céder cette grande province de la France. Il ne fallait donc pas la promettre. Ce roi était dans un état où tous les partis étaient tristes pour lui.

Le 22 mai, François Ier, à qui ses malheurs et ses ressources ont donné des amis, signe à Cognac une ligue avec le pape Clément VII, le roi d'Angleterre, les Vénitiens, les Florentins, les Suisses, contre l'empereur. Cette ligue est appelée *sainte*, parceque le pape en est le chef. Le roi stipule de mettre en possession du Milanais ce même duc François Sforce qu'il avait voulu dépouiller. Il finit par combattre

---

[1] Le 18 mars, selon Robertson. La rivière d'Andaye est plus connue sous le nom de la Bidassoa, surtout depuis la paix de 1659. Cl..

pour ses anciens ennemis. L'empereur voit tout d'un coup la France, l'Angleterre, l'Italie, armées contre sa puissance, parceque cette puissance même n'a pas été assez grande pour empêcher cette révolution, et parcequ'il est resté oisif à Madrid au lieu d'aller profiter de la victoire de ses généraux.

Dans ce chaos d'intrigues et de guerres, les impériaux étaient maîtres de Milan et de presque toute la province. François Sforce avait le seul château de Milan.

Mais dès que la ligue est signée, le Milanais se soulève; il prend le parti de son duc. Les Vénitiens marchent et enlèvent Lodi à l'empereur. Le duc d'Urbin, à la tête de l'armée du pape, est dans le Milanais. Malgré tant d'ennemis, le bonheur de Charles-Quint lui conserve l'Italie. Il devait la perdre en restant à Madrid; le vieil Antoine de Lève et ses autres généraux la lui conservent. François Ier ne peut assez tôt faire partir des troupes de son royaume épuisé. L'armée du pape se conduit lâchement; celle de Venise mollement. François Sforce est obligé de rendre son château de Milan. Un très petit nombre d'Espagnols et d'Allemands, bien commandés et accoutumés à la victoire, vaut à Charles-Quint tous ces avantages, dans le même temps de sa vie où il fit le moins de choses par lui-même. Il reste toujours à Madrid. Il s'applique à régler les rangs et à former l'étiquette; il se marie avec Isabelle, fille d'Emmanuel-le-Grand, roi de Portugal, pendant que le nouvel électeur de Saxe, Jean-le-Constant, fait profession de la religion nouvelle, et abolit la romaine en Saxe; pendant que le landgrave de Hesse, Philippe, en fait autant dans ses états; que Francfort établit un sénat luthérien, et qu'enfin un assez grand nombre de chevaliers teutons, destinés à défendre l'Église, l'abandonnent pour se marier et approprier à leurs familles les commanderies de l'ordre.

On avait brûlé autrefois cinquante[1] chevaliers du temple, et aboli l'ordre, parcequ'il n'était que riche; celui-ci était puissant. Albert de Brandebourg, son grand-maître, partage la Prusse avec les Polonais, et reste souverain de la partie qu'on appelle la Prusse ducale, en rendant hommage et payant tribut au roi de Pologne. On place d'ordinaire en 1525 cette révolution.

Dans ces circonstances, les luthériens demandent hautement l'établissement de leur religion dans l'Allemagne à la diète de Spire. Ferdinand, qui tient cette diète, demande du secours contre Soliman qui revenait attaquer la Hongrie. La diète n'accorde ni la liberté de la religion, ni des secours aux chrétiens contre les Ottomans.

Le jeune Louis, roi de Hongrie et de Bohême, croit pouvoir soutenir seul l'effort de l'empire turc. Il ose livrer bataille à Soliman. Cette journée appelée de Mohats, du nom du champ de bataille, non loin de Bude, est aussi funeste aux chrétiens que la journée de Varne[2]. Presque toute la noblesse de Hongrie y périt. L'armée est taillée en pièces; le roi est noyé dans un marais en fuyant. Les écrivains du temps disent

---

[1] Voltaire a dit cinquante-neuf, ci-dessus, page 294, et tome XVI, page 288. B. — [2] En 1444. B.

que Soliman fit décapiter quinze cents nobles hongrois prisonniers après la bataille, et qu'il pleura en voyant le portrait du malheureux roi Louis. Il n'est guère croyable qu'un homme qui fait couper de sang froid quinze cents têtes nobles, en pleure une : et ces deux faits sont également douteux.

Soliman prend Bude, et menace tous les environs. Ce malheur de la chrétienté fait la grandeur de la maison d'Autriche. L'archiduc Ferdinand, frère de Charles-Quint, demande la Hongrie et la Bohême, comme des états qui doivent lui revenir par les pactes de famille, comme un héritage. On concilie ce droit d'héritage avec le droit d'élection qu'avaient les peuples, en soutenant l'un par l'autre. Les états de Hongrie l'élisent le 26 octobre.

Pendant ce temps-là même un autre parti venait de déclarer roi dans Albe-Royale Jean Zapoli, comte de Scepus, vayvode de Transylvanie. Il n'y eut guère depuis ce temps-là de royaume plus malheureux que la Hongrie. Il fut presque toujours partagé en deux factions, et inondé par les Turcs. Cependant Ferdinand est assez heureux pour chasser en peu de jours son rival, et pour être couronné dans Bude d'où les Turcs s'étaient retirés.

1527. Le 24 février, Ferdinand est élu roi de Bohême sans concurrent ; et il reconnaît qu'il tient ce royaume EX LIBERA ET BONA VOLUNTATE, *de la libre et bonne volonté* de ceux qui l'ont choisi.

Charles-Quint est toujours en Espagne pendant que sa maison acquiert deux royaumes, et que sa fortune va en Italie plus loin que ses projets.

Il payait mal ses troupes commandées par le duc de Bourbon et par Philibert de Châlons, prince d'Orange; mais elles subsistaient par des rapines, qu'on appelle contributions. La sainte ligue était fort dérangée. Le roi de France avait négligé une vengeance qu'il cherchait, et n'avait point encore envoyé d'armée delà les Alpes. Les Vénitiens agissaient peu, le pape encore moins, et il s'était épuisé à lever de mauvaises troupes. Bourbon mène ses soldats droit à Rome. Il monte à l'assaut le 27 mai [1]; il est tué en appuyant une échelle à la muraille : mais le prince d'Orange entre dans la ville. Le pape se réfugie au château Saint-Ange, où il devient prisonnier. La ville est pillée et saccagée, comme elle le fut autrefois par Alaric et par les autres barbares.

On dit que le pillage monta à quinze millions d'écus. Charles, en exigeant la moitié seulement de cette somme pour la rançon de la ville, eût pu dominer dans Rome. Mais après que ses troupes y eurent vécu près de neuf mois à discrétion, il ne put la garder. Il lui arriva ce qu'éprouvèrent tous ceux qui avaient saccagé cette capitale.

Il y eut dans ce désastre trop de sang répandu; mais beaucoup de soldats enrichis s'habituèrent dans le pays, et on compta à Rome et aux environs, au bout de quelques mois, quatre mille sept cents filles enceintes. Rome fut peuplée d'Espagnols et d'Allé-

---

[1] Cette date est celle qu'on lit dans l'édition de 1754. Il paraît certain que le duc de Bourbon périt le 6 mai; et, si l'on en croit Benvenuto Cellini, célèbre artiste de Florence, ce fut ce dernier qui le tua d'un coup d'arquebuse. CL.

mands, après l'avoir été autrefois de Goths, d'Hérules, de Vandales. Le sang des Romains s'était mêlé sous les césars à celui d'une foule d'étrangers. Il ne reste pas aujourd'hui dans Rome une seule famille qui puisse se dire romaine. Il n'y a que le nom et les ruines de la maîtresse du monde qui subsistent.

Pendant la prison du pape, le duc de Ferrare, Alfonse Ier, à qui Jules II avait enlevé Modène et Reggio, reprend cet état quand Clément VII capitule dans le château Saint-Ange. Les Malatesta se ressaisissent de Rimini. Les Vénitiens, alliés du pape, lui prennent Ravenne, mais pour le lui garder, disent-ils, contre l'empereur. Les Florentins secouent le joug des Médicis, et se remettent en liberté.

François Ier et Henri VIII, au lieu d'envoyer des troupes en Italie, envoient des ambassadeurs à l'empereur. Il était alors à Valladolid. La fortune, en moins de deux ans, avait mis entre ses mains Rome, le Milanais, un roi de France, et un pape, et il n'en profitait pas. Assez fort pour piller Rome, il ne le fut pas assez pour la garder; et ce vieux droit des empereurs, cette prétention sur le domaine de Rome demeura toujours derrière un nuage.

Enfin, François Ier envoie une armée dans le Milanais sous ce même Lautrec qui l'avait perdu, laissant toujours ses deux enfants en otage. Cette armée reprend encore le Milanais, dont on se saisissait et qu'on perdait en si peu de temps. Cette diversion, et la peste qui ravage à-la-fois Rome et l'armée de ses vainqueurs, préparent la délivrance du pape. D'un côté Charles-Quint fait chanter des psaumes, et faire des processions en Espagne pour cette délivrance du saint-père, qu'il retient captif; de l'autre il lui vend sa liberté quatre cent mille ducats. Clément VII en paie comptant près de cent mille, et s'évade avant d'avoir payé le reste.

Pendant que Rome est saccagée, et le pape rançonné au nom de Charles-Quint, qui soutient la religion catholique, les sectes ennemies de cette religion font de nouveaux progrès. Le saccagement de Rome et la captivité du pape enhardissaient les luthériens.

La messe est abolie à Strasbourg juridiquement, après une dispute publique. Ulm, Augsbourg, beaucoup d'autres villes impériales se déclarent luthériennes. Le conseil de Berne fait plaider devant lui la cause du catholicisme et celle des sacramentaires, disciples de Zuingle. Ces sectaires différaient des luthériens, principalement au sujet de l'eucharistie, les zuingliens disant que Dieu n'est dans le pain que par la foi, et les luthériens affirmant que Dieu était avec le pain, dans le pain et sur le pain; mais tous s'accordant à croire que le pain existe. Genève, Constance, suivent l'exemple de Berne. Ces zuingliens sont les pères des calvinistes. Des peuples qui n'avaient qu'un bon sens simple et austère, les Bohêmes, les Allemands, les Suisses, sont ceux qui ont ravi la moitié de l'Europe au siége de Rome.

Les anabaptistes renouvellent leurs fureurs au nom du Seigneur, depuis le Palatinat jusqu'à Vurtzbourg; l'électeur palatin, aidé des généraux Truchsès et Fronsberg, les dissipe.

1528. Les anabaptistes reparaissent dans Utrecht, et ils sont cause que l'évêque de cette ville, qui en était seigneur, la vend à Charles-Quint, de peur que le duc de Gueldre ne s'en rende le maître.

Ce duc, toujours protégé en secret par la France, résistait à Charles-Quint, à qui rien n'avait résisté ailleurs. Charles s'accommode enfin avec lui, à condition que le duché de Gueldre et le comté de Zutphen reviendront à la maison d'Autriche, si le duc meurt sans enfants mâles.

Les querelles de la religion semblaient exiger la présence de Charles en Allemagne, et la guerre l'appelait en Italie.

Deux hérauts, Guienne et Clarence, l'un de la part de la France, l'autre de l'Angleterre, viennent lui déclarer la guerre à Madrid. François Ier n'avait pas besoin de la déclarer, puisqu'il la fesait déjà dans le Milanais, et Henri VIII encore moins, puisqu'il ne la lui fit point.

C'est une bien vaine idée de penser que les princes n'agissent et ne parlent qu'en politiques : ils agissent et parlent en hommes. L'empereur reprocha aigrement au roi d'Angleterre le divorce que ce roi méditait avec Catherine d'Aragon, dont Charles était le neveu. Il chargea le héraut Clarence de dire que le cardinal Wolsey, pour se venger de n'avoir pas été pape, avait conseillé ce divorce et la guerre.

Quant à François Ier, il lui reprocha d'avoir manqué à sa parole, et dit qu'il le lui soutiendrait seul à seul. Il était très vrai que François Ier avait manqué à sa parole; il n'est pas moins vrai qu'elle était très difficile à tenir.

François Ier lui répondit ces propres mots : « Vous « avez menti par la gorge, et autant de fois que le « direz vous mentirez, etc. Assurez-nous le camp, et « nous vous porterons les armes. »

L'empereur envoie un héraut au roi de France, chargé de signifier le lieu du combat. Le roi, avec le plus grand appareil, le reçoit le 10 septembre, dans la grand'salle de l'ancien palais où l'on rend la justice. Le héraut voulut parler avant de montrer la lettre de son maître, qui assurait le camp. Le roi lui impose silence, et veut voir seulement la lettre; elle ne fut point montrée. Deux grands rois s'en tinrent à se donner des démentis par des hérauts d'armes. Il y a dans ces procédés un air de chevalerie et de ridicule bien éloigné de nos mœurs.

Pendant toutes ces rodomontades, Charles-Quint perdait tout le fruit de la bataille de Pavie, de la prise du roi de France, et de celle du pape. Il allait même perdre le royaume de Naples. Lautrec avait déjà pris toute l'Abruzze. Les Vénitiens s'étaient emparés de plusieurs villes maritimes du royaume. Le célèbre André Doria, qui alors servait la France, avait, avec les galères de Gênes, battu la flotte impériale. L'empereur qui, six mois auparavant, était maître de l'Italie, allait en être chassé : mais il fallait que les Français perdissent toujours en Italie ce qu'ils avaient gagné.

La contagion se met dans leur armée : Lautrec

meurt. Le royaume de Naples est évacué. Henri, duc de Brunsvick, avec une nouvelle armée, vient défendre le Milanais contre les Français et contre Sforce.

Doria, qui avait tant contribué aux succès de la France, justement mécontent de François Ier, et craignant même d'être arrêté, l'abandonne, et passe au service de l'empereur avec ses galères.

La guerre se continue dans le Milanais. Le pape Clément VII, en attendant l'événement, négocie. Ce n'est plus le temps d'excommunier un empereur, de transférer son sceptre dans d'autres mains par l'ordre de Dieu. On en eût agi ainsi autrefois pour le seul refus de mener la mule du pape par la bride ; mais le pape, après sa prison, après le saccagement de Rome, inefficacement secouru par les Français, craignant même les Vénitiens ses alliés, voulant établir sa maison à Florence, voyant enfin la Suède, le Danemarck, la moitié de l'Allemagne, renoncer à l'Église romaine, le pape, dis-je, en ces extrémités, ménageait et redoutait Charles-Quint au point que, loin d'oser casser le mariage de Henri VIII avec Catherine, tante de Charles, il était prêt d'excommunier cet Henri VIII, son allié, dès que Charles l'exigerait.

1529. Le roi d'Angleterre, livré à ses passions, ne songe plus qu'à se séparer de sa femme Catherine d'Aragon, femme vertueuse, dont il a une fille depuis tant d'années, et à épouser sa maîtresse Anne de Boleiu, ou Bollen, ou Bowlen.

François Ier laisse toujours ses deux enfants prisonniers auprès de Charles-Quint en Espagne, et lui fait la guerre dans le Milanais. Le duc François Sforce est toujours ligué avec ce roi, et demande grace à l'empereur, voulant avoir son duché des mains du plus fort, et craignant de le perdre par l'un ou par l'autre. Les catholiques et les protestants déchirent l'Allemagne : le sultan Soliman se prépare à l'attaquer; et Charles-Quint est à Valladolid.

Le vieil Antoine de Lève, l'un de ses plus grands généraux, à l'âge de soixante et treize ans, malade de la goutte, et porté sur un brancard, défait les Français dans le Milanais, aux environs de Pavie : ce qui en reste se dissipe, et ils disparaissent de cette terre qui leur a été si funeste.

Le pape négociait toujours, et avait heureusement conclu son traité avant que les Français reçussent ce dernier coup. L'empereur traita généreusement le pape : premièrement, pour réparer aux yeux des catholiques, dont il avait besoin, le scandale de Rome saccagée; secondement, pour engager le pontife à opposer les armes de la religion à l'autre scandale qu'on allait donner à Londres en cassant le mariage de sa tante, et en déclarant bâtarde sa cousine Marie, cette même Marie qu'il avait dû épouser; troisièmement, parceque les Français n'étaient pas encore expulsés d'Italie quand le traité fut conclu.

L'empereur accorde donc à Clément VII Ravenne, Cervia, Modène, Reggio, le laisse en liberté de poursuivre ses prétentions sur Ferrare, lui promet de donner la Toscane à Alexandre de Médicis. Ce traité si avantageux pour le pape est ratifié à Barcelone.

Immédiatement après il s'accommode aussi avec François Ier; il en coûte deux millions d'écus d'or à ce roi pour racheter ses enfants, et cinq cent mille écus que François doit encore payer à Henri VIII pour le dédit auquel Charles-Quint s'était soumis en n'épousant pas sa cousine Marie.

Ce n'était certainement pas à François Ier à payer les dédits de Charles-Quint; mais il était vaincu : il fallait racheter ses enfants. Deux millions cinq cent mille écus d'or appauvrissaient à la vérité la France, mais ne valaient pas la Bourgogne que le roi gardait : d'ailleurs on s'accommoda avec le roi d'Angleterre, qui n'eut jamais l'argent du dédit.

Alors la France appauvrie ne paraît point à craindre; l'Italie attend les ordres de l'empereur; les Vénitiens temporisent; l'Allemagne craint les Turcs, et dispute sur la religion.

Ferdinand assemble la diète de Spire, où les luthériens prennent le nom de protestants, parceque la Saxe, la Hesse, le Lunebourg, Anhalt, quatorze villes impériales protestent contre l'édit de Ferdinand, et appellent au futur concile.

Ferdinand laisse croire et faire aux protestants tout ce qu'ils veulent; il le fallait bien. Soliman, qui n'avait point de dispute de religion à apaiser, voulait toujours donner la couronne de Hongrie à ce Jean Zapoli, vayvode de Transylvanie, concurrent de Ferdinand; et ce royaume devait être tributaire des Turcs.

Soliman subjugue toute la Hongrie, pénètre dans l'Autriche, emporte Altembourg d'assaut, met le siége devant Vienne, le 26 septembre; mais Vienne est toujours l'écueil des Turcs. C'est le sort de la maison de Bavière de défendre dans ces périls la maison d'Autriche. Vienne fut défendue par Philippe-le-Belliqueux, frère de l'électeur palatin, dernier électeur de la première branche palatine. Soliman, au bout de trente jours, lève le siége; mais il donne l'investiture de la Hongrie à Jean Zapoli, et y reste le maître.

Enfin Charles quittait alors l'Espagne, et était arrivé à Gênes, qui n'est plus aux Français, et qui attend son sort de lui; il déclare Gênes libre et fief de l'empire; il va en triomphe de ville en ville pendant que les Turcs assiégeaient Vienne. Le pape Clément VII l'attend à Bologne. Charles vient d'abord recevoir à genoux la bénédiction de celui qu'il avait retenu captif, et dont il avait désolé l'état; après avoir été aux pieds du pape en catholique, il reçoit en empereur François Sforce, qui vient se mettre aux siens, et lui demander pardon. Il lui donne l'investiture du Milanais pour cent mille ducats d'or comptant, et cinq cent mille payables en dix années; il lui fait épouser sa nièce, fille du tyran Christiern; ensuite il se fait couronner dans Bologne par le pape; il reçoit de lui trois couronnes : celle d'Allemagne, celle de Lombardie, et l'impériale, à l'exemple de Frédéric III. Le pape, en lui donnant le sceptre, lui dit : « Empereur notre « fils, prenez ce sceptre pour régner sur les peuples « de l'empire, auxquels nous et les électeurs nous « vous avons jugé digne de commander. » Il lui dit en lui donnant le globe : « Ce globe représente le monde « que vous devez gouverner avec vertu, religion, et « fermeté. » La cérémonie du globe rappelait l'image de l'ancien empire romain, maître de la meilleure partie du monde connu, et convenait en quelque sorte à Charles-Quint, souverain de l'Espagne, de l'Italie, de l'Allemagne, et de l'Amérique.

Charles baise les pieds du pape pendant la messe; mais il n'y eut point de mule à conduire. L'empereur et le pape mangent dans la même salle, chacun seul à sa table.

Il promet sa bâtarde Marguerite à Alexandre de Médicis, neveu du pape, avec la Toscane pour dot.

Par ces arrangements et par ces concessions, il est évident que Charles-Quint n'aspirait point à être roi du continent chrétien, comme le fut Charlemagne : il aspirait à en être le principal personnage, à y avoir la première influence, à retenir le droit de suzeraineté sur l'Italie. S'il eût voulu tout avoir pour lui seul, il aurait épuisé son royaume d'Espagne d'hommes et d'argent pour venir s'établir dans Rome, et gouverner la Lombardie comme une de ses provinces : il ne le fit pas; car voulant trop avoir pour lui, il aurait eu trop à craindre.

1530. Les Toscans, voyant leur liberté sacrifiée à l'union de l'empereur et du pape, ont le courage de la défendre contre l'un et l'autre; mais leur courage est inutile contre la force. Florence assiégée se rend à composition.

Alexandre de Médicis est reconnu souverain, et il se reconnaît vassal de l'empire.

Charles-Quint dispose des principautés en juge et en maître; il rend Modène et Reggio au duc de Ferrare, malgré les prières du pape; il érige Mantoue en duché. C'est dans ce temps qu'il donne Malte aux chevaliers de Saint-Jean, qui avaient perdu Rhodes : la donation est du 24 mars. Il leur fit ce présent comme roi d'Espagne, et non comme empereur. Il se vengeait autant qu'il le pouvait des Turcs, en leur opposant ce boulevard qu'ils n'ont jamais pu détruire.

Après avoir ainsi donné des états, il va essayer de donner la paix à l'Allemagne; mais les querelles de religion furent plus difficiles à concilier que les intérêts des princes.

Confession d'Augsbourg qui a servi de règle aux protestants et de ralliement à leur parti. Cette diète d'Augsbourg commence le 20 juin. Les protestants présentent leur confession de foi en latin et en allemand le 26.

Strasbourg, Memmingen, Lindau, et Constance, présentent la leur séparément, et on la nomme *la Confession des quatre villes;* elles étaient luthériennes comme les autres, et différaient seulement en quelques points.

Zuingle envoie aussi sa confession, quoique ni lui ni le canton de Berne ne fussent ni luthériens ni impériaux.

On dispute beaucoup. L'empereur donne un décret, le 22 septembre, par lequel il enjoint aux protestants de ne plus rien innover, de laisser une pleine liberté dans leurs états à la religion catholique, et de se préparer à présenter leurs griefs au concile qu'il compte convoquer dans six mois.

Les quatre villes s'allient avec les trois cantons, Berne, Zurich, et Bâle, qui doivent leur fournir des troupes en cas qu'on veuille gêner leur liberté.

La diète fait le procès au grand-maître de l'ordre

teutonique, Albert de Brandebourg, qui, devenu luthérien, comme on l'a vu[1], s'était emparé de la Prusse ducale, et en avait chassé les chevaliers catholiques. Il est mis au ban de l'empire, et n'en garde pas moins la Prusse.

La diète fixe la chambre impériale dans la ville de Spire : c'est par là qu'elle finit; et l'empereur en indique une autre à Cologne pour y faire élire son frère Ferdinand roi des Romains.

Ferdinand est élu le 5 janvier par tous les électeurs, excepté par celui de Saxe, Jean-le-Constant, qui s'y oppose inutilement.

Alors les princes protestants et les députés des villes luthériennes s'unissent dans Smalcalde, ville du pays de Hesse. La ligue est signée au mois de mars[2] pour leur défense commune. Le zèle pour leur religion, et surtout la crainte de voir l'empire électif devenir une monarchie héréditaire, furent les motifs de cette ligue entre Jean, duc de Saxe, Philippe, landgrave de Hesse, le duc de Virtemberg, le prince d'Anhalt, le comte de Mansfeld, et les villes de leur communion.

1531. François Ier, qui fesait brûler les luthériens chez lui, s'unit avec ceux d'Allemagne, et s'engage à leur donner de prompts secours. L'empereur alors négocie avec eux; on ne poursuit que les anabaptistes, qui s'étaient établis dans la Moravie. Leur nouvel

---

[1] Page 464. B.
[2] A la fin de décembre 1530, quelques jours avant l'élection de Ferdinand, qui eut lieu le 5 janvier 1531, et non 1530. Cl.

apôtre Hutter, qui allait faire partout des prosélytes, est pris dans le Tyrol, et brûlé dans Inspruck.

Ce Hutter ne prêchait point la sédition et le carnage, comme la plupart de ses prédécesseurs; c'était un homme entêté de la simplicité des premiers temps; il ne voulait pas même que ses disciples portassent des armes: il prêchait la réforme et l'égalité, et c'est pourquoi il fut brûlé.

Philippe, landgrave de Hesse, prince qui méritait plus de puissance et plus de fortune, entreprend le premier de réunir les sectes séparées de la communion romaine, projet qu'on a tenté depuis inutilement, et qui eût pu épargner beaucoup de sang à l'Europe. Martin Bucer fut chargé, au nom des sacramentaires, de se concilier avec les luthériens. Mais Luther et Mélanchthon furent inflexibles, et montrèrent en cela bien plus d'opiniâtreté que de politique.

Les princes et les villes avaient deux objets, leur religion, et la réduction de la puissance impériale dans des bornes étroites: sans ce dernier article, il n'y eût point eu de guerre civile. Les protestants s'obstinaient à ne vouloir point reconnaître Ferdinand pour roi des Romains.

1532. L'empereur, inquiété par les protestants et menacé par les Turcs, étouffe pour quelque temps les troubles naissants, en accordant dans la diète de Nuremberg, au mois de juin, tout ce que les protestants demandent, abolition de toutes procédures contre eux, liberté entière jusqu'à la tenue d'un concile; il laisse même le droit de Ferdinand, son frère, indécis.

On ne pouvait se relâcher davantage. C'était aux Turcs que les luthériens devaient cette indulgence.

La condescendance de Charles anima les protestants à faire au-delà de leur devoir. Ils lui fournissent une armée contre Soliman ; ils donnent cent cinquante mille florins par-delà les subsides ordinaires. Le pape, de son côté, fait un effort ; il fournit six mille hommes et quatre cent mille écus. Charles fait venir des troupes de Flandre et de Naples. On voit une armée composée de plus de cent mille hommes, de nations différentes dans leurs mœurs, dans leur langage, dans leur culte, animés du même esprit, marcher contre l'ennemi commun. Le comte palatin Philippe détruit un corps de Turcs qui s'était avancé jusqu'à Gratz en Stirie. On coupe les vivres à la grande armée de Soliman, qui est obligé de retourner à Constantinople. Soliman, malgré sa grande réputation, parut avoir mal conduit cette campagne. Il fit à la vérité beaucoup de mal, il emmena près de deux cent mille esclaves ; mais c'était faire la guerre en Tartare, et non en grand capitaine.

L'empereur et son frère, après le départ des Turcs, congédient leur armée. La plus grande partie était auxiliaire, et seulement pour le danger présent. Il ne resta que peu de troupes sous le drapeau. Tout se fesait alors par secousses ; point de fonds assurés pour entretenir long-temps de grandes forces, peu de desseins long-temps suivis. Tout consistait à profiter du moment. Charles-Quint alors fit la guerre qu'on fesait pour lui depuis si long-temps, car il n'avait jusque-là vu que le siége de la petite ville de Mouzon, en 1521 ;

et n'ayant eu depuis que du bonheur, il voulut y joindre la gloire.

1533. Il retourne en Espagne par l'Italie, laissant au roi des Romains, son frère, le soin de contenir les protestants.

A peine est-il en Espagne, que sa tante Catherine d'Aragon est répudiée par le roi d'Angleterre, et son mariage déclaré nul par l'archevêque de Cantorbéry, Cranmer. Clément VII, qui craignait toujours Charles-Quint, ne peut se dispenser d'excommunier Henri VIII.

Le Milanais tenait toujours au cœur de François Ier. Ce prince voyant que Charles est paisible, qu'il n'a presque plus de troupes dans la Lombardie; que François Sforce, duc de Milan, est sans enfants, essaie de le détacher de l'empereur. Il lui envoie un ministre secret, Milanais de nation, nommé Maraviglia, avec ordre de ne point prendre de caractère, quoiqu'il ait des lettres de créance.

Le sujet de la commission de cet homme est pénétré. Sforce, pour se disculper auprès de l'empereur, suscite une querelle à Maraviglia. Un homme est tué dans le tumulte, et Sforce fait trancher la tête au ministre du roi de France, qui ne peut s'en venger.

Tout ce que peut faire François Ier, pour se ressentir de tant d'humiliations et de sanglants outrages, c'est d'aider en secret le duc de Virtemberg Ulric à rentrer dans son duché et à secouer le joug de la maison d'Autriche. Ce prince protestant attendait son rétablissement de la ligue de Smalcalde et du secours de la France.

Les princes de la ligue eurent assez d'autorité pour faire décider, dans une diète à Nuremberg, que Ferdinand, roi des Romains, rendrait le duché de Virtemberg, dont il s'était emparé. La diète, en cela, se conformait aux lois. Le duc avait un fils, qui du moins ne devait point être puni des fautes de son père. Ulric n'avait point été coupable de trahison envers l'empire, et par conséquent ses états ne devaient point être enlevés à sa postérité.

Ferdinand promit de se conformer au recez de l'empire, et n'en fit rien. Philippe, landgrave de Hesse, surnommé alors à bon droit *le Magnanime*, prend les intérêts du duc de Virtemberg; il va en France emprunter du roi cent mille écus d'or, lève une armée de quinze mille hommes, et rend le Virtemberg à son prince.

Ferdinand y envoie des troupes commandées par ce même comte palatin, Philippe-le-Belliqueux, vainqueur des Turcs.

1534. Philippe de Hesse, le Magnanime, bat Philippe-le-Belliqueux. Alors le roi des Romains entre en composition.

Le duc Ulric fut rétabli, mais le duché de Virtemberg fut déclaré fief masculin de l'archiduché d'Autriche; et comme tel il doit retourner, au défaut d'héritiers mâles, à la maison archiducale.

C'est dans cette année que Henri VIII se soustrait à la communion romaine, et se déclare chef de l'Église anglicane[1]. Cette révolution se fit sans le moindre

[1] Voyez tome XVII, page 290. B.

trouble. Il n'en était pas de même en Allemagne. La religion y fesait répandre du sang dans la Vestphalie.

Les sacramentaires sont d'abord les plus forts à Munster, et en chassent l'évêque Valdec; les anabaptistes succèdent aux sacramentaires, et s'emparent de la ville. Cette secte s'étendait alors dans la Frise et dans la Hollande. Un tailleur de Leyde, nommé Jean, va au secours de ses frères avec une troupe de prophètes et d'assassins; il se fait proclamer roi et couronner solennellement à Munster le 24 juin.

L'évêque Valdec assiége la ville, aidé des troupes de Cologne et de Clèves : les anabaptistes le comparent à Holoferne, et se croient le peuple de Dieu. Une femme veut imiter Judith, et sort de la ville dans la même intention; mais au lieu de rentrer dans sa Béthulie avec la tête de l'évêque, elle est pendue dans le camp.

1535. Charles en Espagne se mêlait peu alors des affaires du corps germanique, qui n'était pour lui qu'une source continuelle d'inquiétude sans aucun avantage; il cherche la gloire d'un autre côté. Trop peu fort en Allemagne pour aller porter la guerre à Soliman, il veut se venger des Turcs sur le fameux amiral Chérédin Barberousse, qui venait de s'emparer de Tunis et d'en chasser le roi Mulei-Assem. L'Africain détrôné était venu lui proposer de se rendre son tributaire. Il passe en Afrique, au mois d'avril, avec environ vingt-cinq mille hommes, deux cents vaisseaux de transport, et cent quinze galères. Le pape Paul III lui avait accordé le dixième des revenus ecclésiastiques dans tous les états de la maison d'Autriche ; et c'était beaucoup. Il avait joint neuf galères à la flotte espagnole. Charles en personne va combattre l'armée de Chérédin, très supérieure à la sienne en nombre, mais mal disciplinée.

Plusieurs historiens rapportent que Charles, avant la bataille, dit à ses généraux : « Les nèfles mûrissent « avec la paille ; mais la paille de notre lenteur fait « pourrir et non pas mûrir les nèfles de la valeur « de nos soldats. » Les princes ne s'expriment point ainsi. Il faut les faire parler dignement, ou plutôt il ne faut jamais leur faire dire ce qu'ils n'ont point dit. Presque toutes les harangues sont des fictions mêlées à l'histoire.

Charles remporte une victoire complète, et rétablit Mulei-Assem, qui lui cède la Goulette avec dix milles d'étendue à la ronde, et se déclare lui et ses successeurs vassal des rois d'Espagne, se soumettant à payer un tribut de vingt mille écus tous les ans.

Charles retourne vainqueur en Sicile et à Naples, menant avec lui tous les esclaves chrétiens qu'il a délivrés. Il leur donne à tous libéralement de quoi retourner dans leur patrie. Ce furent autant de bouches qui publièrent partout ses louanges : jamais il ne jouit d'un si beau triomphe.

Dans ce haut degré de gloire, ayant repoussé Soliman, donné un roi à Tunis, réduit François Ier à n'oser paraître en Italie, il presse Paul III d'assembler un concile. Les plaies faites à l'Église romaine augmentaient tous les jours.

Calvin commençait à dominer dans Genève : la

secte à laquelle il eut le crédit de donner son nom se répandait en France, et il était à craindre pour l'Église romaine qu'il ne lui restât que les états de la maison d'Autriche et la Pologne.

Cependant le duc de Milan, François Sforce, meurt sans enfants. Charles-Quint s'empare du duché, comme d'un fief qui lui est dévolu. Sa puissance, ses richesses en augmentent, ses volontés sont des lois dans toute l'Italie; il y est bien plus maître qu'en Allemagne.

Il célèbre dans Naples le mariage de sa fille naturelle Marguerite avec Alexandre de Médicis, le crée duc de Toscane; ces cérémonies se font au milieu des plus brillantes fêtes, qui augmentent encore l'affection des peuples.

1536. François Ier ne perd point de vue le Milanais, ce tombeau des Français. Il en demande l'investiture au moins pour son second fils Henri. L'empereur ne donne que des paroles vagues. Il pouvait refuser nettement.

La maison de Savoie, long-temps attachée à la maison de France, ne l'était plus; tout était à l'empereur: il n'y a point de prince dans l'Europe qui n'ait des prétentions à la charge de ses voisins; le roi de France en avait sur le comté de Nice et sur le marquisat de Saluces. Le roi y envoie une armée, qui s'empare de presque tous les états du duc de Savoie dès qu'elle se montre : ils n'étaient pas alors ce qu'ils sont aujourd'hui.

Le vrai moyen pour avoir et pour garder le Milanais eût été de garder le Piémont, de le fortifier. La

France, maîtresse des Alpes, l'eût été tôt ou tard de la Lombardie.

Le duc de Savoie va à Naples implorer la protection de l'empereur. Ce prince si puissant n'avait point alors une grande armée en Italie. Ce n'était alors l'usage d'en avoir que pour le besoin présent; mais il met d'abord les Vénitiens dans son parti; il y met jusqu'aux Suisses, qui rappellent leurs troupes de l'armée française; il augmente bientôt ses forces; il va à Rome en grand appareil. Il y entre en triomphe, mais non pas en maître, ainsi qu'il eût pu y entrer auparavant. Il va au consistoire, et y prend place sur un siége plus bas que celui du saint-père. On est étonné d'y entendre un empereur romain victorieux plaider sa cause devant le pape; il y prononce une harangue contre François Ier, comme Cicéron en prononçait contre Antoine. Mais, ce que Cicéron ne fesait pas, il propose de se battre en duel avec le roi de France. Il y avait dans tout cela un mélange des mœurs de l'antiquité avec l'esprit romanesque. Après avoir parlé du duel, il parle du concile.

Le pape Paul III publie la bulle de convocation.

Le roi de France avait envoyé assez de troupes pour s'emparer des états du duc de Savoie, alors presque sans défense, mais non assez pour résister à l'armée formidable que l'empereur eut bientôt, et qu'il conduisait avec une foule de grands hommes formés par des victoires en Italie, en Hongrie, en Flandre, en Afrique.

Charles reprend tout le Piémont, excepté Turin. Il entre en Provence avec une armée de cinquante mille hommes. Une flotte de cent quarante vaisseaux, commandée par Doria, borde les côtes. Toute la Provence, excepté Marseille, est conquise et ravagée; il pouvait alors faire valoir les anciens droits de l'empire sur la Provence, sur le Dauphiné, sur l'ancien royaume d'Arles. Il presse la France, à l'autre bout en Picardie, par une armée d'Allemands qui, sous le comte de Reuss, prend Guise, et s'avance encore plus loin.

François Ier, au milieu de ces désastres, perd son dauphin François, qui meurt à Lyon d'une pleurésie. Vingt auteurs prétendent que l'empereur le fit empoisonner. Il n'y a guère de calomnie plus absurde et plus méprisable. L'empereur craignait-il ce jeune prince qui n'avait jamais combattu? que gagnait-il à sa mort? quel crime bas et honteux avait-il commis, qui pût le faire soupçonner? On prétend qu'on trouva des poisons dans la cassette de Montécuculli, domestique du dauphin, venu en France avec Catherine de Médicis. Ces poisons prétendus étaient des distillations chimiques.

Montécuculli fut écartelé, sous prétexte qu'il était chimiste, et que le dauphin était mort. On lui demanda à la question s'il avait jamais entretenu l'empereur. Il répondit que lui ayant été présenté une fois par Antoine de Lève, ce prince lui avait demandé quel ordre le roi de France tenait dans ses repas. Était-ce là une raison pour soupçonner Charles-Quint d'un crime si abominable et si inutile? Le supplice de Montécuculli, ou plutôt Montécucullo[1], est au rang des

---

[1]. Montecuccoli paraît être son vrai nom. Cl..

condamnations injustes qui ont déshonoré la France.
Il faut la mettre avec celles d'Enguerrand de Marigni,
de Semblançai, d'Anne Du Bourg, d'Augustin De Thou,
du maréchal de Marillac, de la maréchale d'Ancre,
et de tant d'autres qui rempliraient un volume. L'histoire doit au moins servir à rendre les juges plus circonspects et plus humains.

L'invasion de la Provence est funeste aux Français, sans être fructueuse pour l'empereur; il ne peut prendre Marseille. Les maladies détruisent une partie de son armée. Il s'en retourne à Gênes sur sa flotte. Son autre armée est obligée d'évacuer la Picardie. La France, toujours prête d'être accablée, résiste toujours. Les mêmes causes qui avaient fait perdre le royaume de Naples à François Ier font perdre la Provence à Charles-Quint. Des entreprises lointaines réussissent rarement.

L'empereur retourne en Espagne, laissant l'Italie soumise, la France affaiblie, et l'Allemagne toujours dans le trouble.

Les anabaptistes continuent leurs ravages dans la Frise, dans la Hollande, dans la Vestphalie. Cela s'appelait *combattre les combats du Seigneur*[1]. Ils vont au secours de leur prophète-roi Jean de Leyde; ils sont défaits par George Schenck, gouverneur de Frise. La ville de Munster est prise. Jean de Leyde et ses principaux complices sont promenés dans une cage[2]. On les brûle, après les avoir déchirés avec des tenailles ardentes. Le parti des luthériens se fortifie; les animo-

---

[1] *Præliare bella Domini*, 1, Rois, XVIII, 17. B.
[2] Voyez tome XVII, pages 270 et 271. B.

sités s'augmentent; la ligue de Smalcalde ne produit point encore de guerre civile.

1537. Charles en Espagne n'est pas tranquille; il faut soutenir cette guerre légèrement commencée par François Ier, et que ce prince rejetait sur l'empereur.

Le parlement de Paris fait ajourner l'empereur, le déclare vassal rebelle, et privé des comtés de Flandre, d'Artois, et de Charolais. Cet arrêt eût été bon après avoir conquis ces provinces : il n'est que ridicule après toutes les défaites et toutes les pertes de François Ier. Les troupes impériales, malgré cet arrêt, avancent en Picardie. François Ier va en personne assiéger Hesdin dans l'Artois; mais il est repris; on donne de petits combats dont le succès est indécis.

François Ier voulait frapper un plus grand coup. Il hasardait la chrétienté pour se venger de l'empereur. Il s'était engagé avec Soliman à descendre dans le Milanais avec une grande armée, tandis que les Turcs tomberaient sur le royaume de Naples et sur l'Autriche.

Soliman tint sa parole, mais François Ier ne fut pas assez fort pour tenir la sienne. Le fameux capitan pacha Chérédin descend avec une partie de ses galères dans la Pouille, l'autre aborde vers Otrante : il ravage ces pays, et fait seize mille esclaves chrétiens. Ce Chérédin, vice-roi d'Alger, est le même que les auteurs nomment *Barberousse*. Ce sobriquet avait été donné à son frère, conquérant d'une partie des côtes de la Barbarie, mort en 1519.

Soliman s'avance en Hongrie. Le roi des Romains,

Ferdinand, marche au-devant des Turcs entre Bude et Belgrade. Une sanglante bataille se donne, dans laquelle Ferdinand prend la fuite, après avoir perdu vingt-quatre mille hommes. On croirait l'Italie et l'Autriche au pouvoir des Ottomans, et François Ier maître de la Lombardie; mais non. Barberousse, qui ne voit point venir François Ier dans le Milanais, s'en retourne à Constantinople avec son butin et ses esclaves. L'Autriche est mise en sûreté. L'empereur avait retiré ses troupes de l'Artois et de la Picardie. Ses deux sœurs, l'une Marie de Hongrie, gouvernante des Pays-Bas, l'autre Éléonore de Portugal, femme de François Ier, ayant ménagé une trêve sur ces frontières, l'empereur avait consenti à cette trêve pour avoir de nouvelles troupes à opposer aux Turcs, et François Ier afin de pouvoir passer en liberté en Italie.

Déjà le dauphin Henri était dans le Piémont, les Français étaient les maîtres de presque toutes les villes; le marquis del Vasto, que les Français appellent *Duguast*, défendait le reste. Alors on conclut une trêve de quelques mois dans ce pays. C'était ne pas faire la guerre sérieusement, après de si grands et de si dangereux projets. Celui qui perdit le plus à cette paix et à cette trêve fut le duc de Savoie, dépouillé par ses ennemis et par ses amis; car les impériaux et les Français retinrent presque toutes ses places.

1538. La trêve se prolonge pour dix années entre Charles-Quint et François Ier, et aux dépens du duc de Savoie.

Soliman, mécontent de son allié, ne poursuit point sa victoire. Tout se fait à demi dans cette guerre.

Charles, ayant passé en Italie pour conclure la trêve, marie sa bâtarde Marguerite, veuve d'Alexandre de Médicis, à Ottavio Farnèse, fils d'un bâtard de Paul III, duc de Parme, de Plaisance, et de Castro. Ces duchés étaient un ancien héritage de la comtesse Mathilde; elle les avait donnés à l'Église, et non pas aux bâtards des papes. On a vu qu'ils avaient été annexés depuis au duché de Milan. Le pape Jules II les incorpora à l'état ecclésiastique; Paul III les en détacha, et en revêtit son fils. L'empereur en prétendait bien la suzeraineté, mais il aima mieux favoriser le pape que de se brouiller avec lui. C'était hasarder beaucoup pour un pape de faire son bâtard souverain à la face de l'Europe indignée, dont la moitié avait déjà quitté la religion romaine avec horreur; mais les princes insultent toujours à l'opinion publique, jusqu'à ce que cette opinion publique les accable.

Après toutes ces grandes levées de boucliers, François Ier, qui était sur les frontières du Piémont, s'en retourne. Charles-Quint fait voile pour l'Espagne, et voit François Ier à Aigues-Mortes avec la même familiarité que si ce prince n'eût été jamais son prisonnier; qu'ils ne se fussent jamais donné de démentis, point appelés en duel; que le roi de France n'eût point fait venir les Turcs, et qu'il n'eût point souffert que Charles-Quint eût été traité d'empoisonneur.

1539. Charles-Quint apprend en Espagne que la ville de Gand, lieu de sa naissance, soutient ses priviléges jusqu'à la révolte. Chaque ville des Pays-Bas avait des droits; on n'a jamais rien tiré de ce florissant pays par des impositions arbitraires : les états fournissaient aux souverains des dons gratuits dans le besoin; et la ville de Gand avait, de temps immémorial, la prérogative d'imposer elle-même sa contribution. Les états de Flandre, ayant accordé douze cent mille florins à la gouvernante des Pays-Bas, en répartirent quatre cent mille sur les Gantois; ils s'y opposèrent, ils montrèrent leurs priviléges. La gouvernante fait arrêter les principaux bourgeois : la ville se soulève, prend les armes; c'était une des plus riches et des plus grandes de l'Europe : elle veut se donner au roi de France comme à son seigneur suzerain; mais le roi, qui se flattait toujours de l'espérance d'obtenir de l'empereur l'investiture du Milanais pour un de ses fils, se fait un mérite auprès de lui de refuser les Gantois. Qu'arriva-t-il? François Ier n'eut ni Gand ni Milan; il fut toujours la dupe de Charles-Quint, et son inférieur en tout, excepté en valeur.

L'empereur prend alors le parti de demander passage par la France pour aller punir la révolte de Gand. Le dauphin et le duc d'Orléans vont le recevoir à Bayonne; François Ier va au-devant de lui à Chatelleraut; il entre dans Paris le premier janvier; le parlement et tous les corps viennent le complimenter hors de la ville; on lui porte les clefs; les prisonniers sont délivrés en son nom; il préside au parlement, et il fait un chevalier. On avait trouvé mauvais, dit-on, cet acte d'autorité dans Sigismond[1] : on le trouva bon dans Charles-Quint. Créer un chevalier alors, c'était seulement déclarer un homme noble, ou ajouter à sa noblesse un titre honorable et inutile.

[1] En 1416. B.

La chevalerie avait été en grand honneur dans l'Europe ; mais elle n'avait jamais été qu'un nom qu'on avait donné insensiblement aux seigneurs de fief distingués par les armes. Peu-à-peu ces seigneurs de fief avaient fait de la chevalerie une espèce d'ordre imaginaire, composé de cérémonies religieuses, d'actes de vertu et de débauche ; mais jamais ce titre de chevalier n'entra dans la constitution d'aucun état : on ne connut jamais que les lois féodales. Un seigneur de fief reçu chevalier pouvait être plus considéré qu'un autre dans quelques châteaux ; mais ce n'était pas comme chevalier qu'il entrait aux diètes de l'empire, aux états de France, aux *cortès* d'Espagne, au parlement d'Angleterre : c'était comme baron, comte, marquis, ou duc. Les seigneurs bannerets, dans les armées, avaient été appelés chevaliers ; mais ce n'était pas en qualité de chevaliers qu'ils avaient des bannières ; de même qu'ils n'avaient point des châteaux et des terres en qualité de preux : mais on les appelait *preux* parcequ'ils étaient supposés faire des prouesses.

En général, ce qu'on a appelé la chevalerie appartient beaucoup plus au roman qu'à l'histoire, et ce n'était guère qu'une momerie honorable. Charles-Quint n'aurait pas pu créer en France un bailli de village, parceque c'est un emploi réel. Il donna le vain titre de chevalier, et l'effet le plus réel de cette cérémonie fut de déclarer noble un homme qui ne l'était pas. Cette noblesse ne fut reconnue en France que par courtoisie, par respect pour l'empereur ; mais ce qui est de la plus grande vraisemblance, c'est que Charles-Quint voulut faire croire que les empereurs avaient ce droit dans tous les états. Sigismond avait fait un chevalier en France; Charles voulut en faire un aussi. On ne pouvait refuser cette prérogative à un empereur à qui on donnait celle de délivrer les prisonniers.

Ceux qui ont imaginé qu'on délibéra si on retiendrait Charles prisonnier, l'ont dit sans aucune preuve. François Ier se serait couvert d'opprobre s'il eût retenu, par une basse perfidie, celui dont il avait été le captif par le sort des armes. Il y a des crimes d'état que l'usage autorise; il y en a d'autres que l'usage, et surtout la chevalerie de ce temps-là, n'autorisaient pas. On tient que le roi lui fit seulement promettre de donner le Milanais au duc d'Orléans, frère du dauphin Henri, et qu'il se contenta d'une parole vague; il se piqua, dans cette occasion, d'avoir plus de générosité que de politique.

Charles entre dans Gand avec deux mille cavaliers et six mille fantassins qu'il avait fait venir. Les Gantois pouvaient mettre, dit-on, quatre-vingt mille hommes en armes, et ne se défendirent pas.

1540. Le 12 mai, on fait pendre vingt-quatre bourgeois de Gand; on ôte à la ville ses priviléges; on jette les fondements d'une citadelle, et les citoyens sont condamnés à payer trois cent mille ducats pour la bâtir, et neuf mille par an pour l'entretien de la garnison. Jamais on ne fit mieux valoir la loi du plus fort; la ville de Gand avait été impunie quand elle versa le sang des ministres de Marie de Bourgogne[1],

---

[1] Voyez tome XVI, page 530. B.

aux yeux de cette princesse : elle fut accablée quand elle voulut soutenir de véritables droits.

François Ier envoie à Bruxelles sa femme Éléonore solliciter l'investiture du Milanais ; et, pour la faciliter, non seulement il renonce à l'alliance des Turcs, mais il fait une ligue offensive contre eux avec le pape. Le dessein de l'empereur était de lui faire perdre son allié, et de ne lui point donner le Milanais.

En Allemagne, la religion luthérienne et la ligue de Smalcalde prennent de nouvelles forces par la mort de George de Saxe, puissant prince souverain de la Misnie et de la Thuringe : c'était un catholique très zélé ; et son frère Henri, qui continua sa branche, était un luthérien déterminé. George, par son testament, déshérite son frère et ses neveux, en cas qu'ils ne retournent point à la religion de leurs pères, et donne ses états à la maison d'Autriche : c'était un cas tout nouveau. Il n'y avait point de loi dans l'empire qui privât un prince de ses états pour cause de religion. L'électeur de Saxe, Jean Frédéric, et le magnanime landgrave de Hesse, gendre de George, conservent la succession à l'héritier naturel, en lui fournissant des troupes contre ses sujets catholiques. Luther vient les prêcher, et tout le pays est bientôt aussi luthérien que la Saxe et la Hesse.

Le luthéranisme se signale en permettant la polygamie. La femme du landgrave, fille de George, indulgente pour son mari, à qui elle ne pouvait plaire, lui permit d'en avoir une seconde. Le landgrave, amoureux de Marguerite de Saal, fille d'un gentilhomme de Saxe, demande à Luther, à Melanchthon, et à Bucer, s'il peut en conscience avoir deux femmes, et si la loi de la nature peut s'accorder avec la loi chrétienne; les trois apôtres embarrassés lui en donnent secrètement la permission par écrit. Tous les maris pouvaient en faire autant, puisqu'en fait de conscience il n'y a pas plus de privilége pour un landgrave que pour un autre homme; mais cet exemple n'a pas été suivi : la difficulté d'avoir deux femmes chez soi étant plus grande que le dégoût d'en avoir une seule.

L'empereur fait ses efforts pour dissiper la ligue de Smalcalde; il ne peut en détacher qu'Albert de Brandébourg, surnommé *l'Alcibiade*. On tient des assemblées et des conférences entre les catholiques et les protestants, dont l'effet ordinaire est de ne pouvoir s'accorder.

1541. Le 18 juillet l'empereur publie à Ratisbonne ce qu'on appelle un *interim*, un *inhalt*; c'est un édit par lequel chacun restera dans sa croyance en attendant mieux, sans troubler personne.

Cet *interim* était nécessaire pour lever des troupes contre les Turcs. On a déjà remarqué [1] qu'alors on ne formait de grandes armées que dans le besoin. On a vu que Soliman avait été le protecteur de Jean Zapoli [2], qui avait toujours disputé la couronne de Hongrie à Ferdinand; cette protection avait été le prétexte des invasions des Turcs. Jean était mort, et Soliman servait de tuteur à son fils.

L'armée impériale assiége le jeune pupille de Soli-

[1] Voyez année 1532. B. — [2] Voyez année 1529. B.

man dans Bude; mais les Turcs viennent à son secours, et défont sans ressource l'armée chrétienne.

Le sultan, lassé enfin de se battre et de vaincre tant de fois pour des chrétiens, prend la Hongrie pour prix de ses victoires, et laisse la Transylvanie au jeune prince, qui, selon lui, ne pouvait avoir par droit d'héritage un royaume électif comme la Hongrie.

Le roi des Romains, Ferdinand, offre alors de se rendre tributaire de Soliman, s'il veut lui rendre ce royaume : le sultan lui répond qu'il faut qu'il renonce à la Hongrie, et qu'il lui fasse hommage de l'Autriche.

Les choses restent en cet état; et tandis que Soliman, dont l'armée est diminuée par la contagion, retourne à Constantinople, Charles va en Italie : il s'y prépare à aller attaquer Alger, au lieu d'aller enlever la Hongrie aux Turcs : c'était être plus soigneux de la gloire de l'Espagne que de celle de l'empire. Maître de Tunis et d'Alger, il eût rangé toute la Barbarie sous la domination espagnole, et l'Allemagne se serait défendue contre Soliman comme elle aurait pu. Il débarque sur la côte d'Alger, le 23 octobre, avec autant de monde à peu près qu'il en avait quand il prit Tunis; mais une tempête furieuse ayant submergé quinze galères et quatre-vingt-six vaisseaux, et ses troupes sur terre étant assaillies par les orages et par les Maures, Charles est obligé de se rembarquer sur les bâtiments qui restaient, et arrive à Carthagène au mois de novembre, avec les débris de sa flotte et de ses troupes. Sa réputation en souffrit : on accusa son entreprise de témérité; mais s'il eût réussi comme à

Tunis, on l'eût appelé le vengeur de l'Europe. Le fameux Fernand Cortès, triomphateur de tant d'états en Amérique, avait assisté en soldat volontaire à l'entreprise d'Alger; il y vit quelle est la différence d'un petit nombre d'hommes qui sait se défendre, et des multitudes qui se laissent égorger.

On ne voit pas pourquoi Soliman demeure oisif après ses conquêtes; mais on voit pourquoi l'Allemagne les lui laisse : c'est que les princes catholiques s'unissent contre les princes protestants; c'est que la ligue de Smalcalde fait la guerre au duc de Brunsvick[1], catholique, qu'elle le chasse de son pays, et rançonne tous les ecclésiastiques; c'est enfin que le roi de France, fatigué des refus de l'investiture du Milanais, préparait contre l'empereur les plus fortes ligues et les plus grands armements.

L'empire et la vie de Charles-Quint ne sont qu'un continuel orage. Le sultan, le pape, Venise, la moitié de l'Allemagne, la France, lui sont presque toujours opposés, et souvent à-la-fois; l'Angleterre tantôt le seconde, tantôt le traverse. Jamais empereur ne fut plus craint, et n'eut plus à craindre.

François Ier envoyait un ambassadeur à Constantinople, et un autre à Venise en même temps. Celui qui allait vers Soliman était un Navarrois nommé Rinçone; l'autre était Frégose, Génois. Tous deux, embarqués sur le Pô, sont assassinés par ordre du gouverneur de Milan. Ce meurtre ressemble parfaitement à celui du colonel Saint-Clair[2], assassiné de nos jours

---

[1] Henri de Brunsvick. Voyez ci-après, année 1545. B.

[2] Le major Malcolme Sinclair, négociateur suédois, avait été le principal

en revenant de Constantinople en Suède; ces deux événements furent les causes ou les prétextes de guerres sanglantes. Charles-Quint désavoua l'assassinat des deux ambassadeurs du roi de France. Il les regardait à la vérité comme des hommes nés ses sujets et devenus infidèles; mais il est bien mieux prouvé que tout homme est né avec le droit naturel de se choisir une patrie, qu'il n'est prouvé qu'un prince a le droit d'assassiner ses sujets. Si c'était une des prérogatives de la royauté, elle lui serait trop funeste. Charles, en désavouant l'attentat commis en son nom, avouait en effet que ce n'était qu'un crime honteux.

La politique et la vengeance pressaient également les armements de François Ier.

Il envoie le dauphin dans le Roussillon avec une armée de trente mille hommes, et son autre fils, le duc d'Orléans, avec un pareil nombre dans le Luxembourg.

Le duc de Clèves, héritier de la Gueldre, envahie par Charles-Quint, était, avec le comte de Mansfeld, dans l'armée du duc d'Orléans.

Le roi de France avait encore une armée dans le Piémont.

L'empereur est étonné de trouver tant de ressources et de forces dans la France, à laquelle il avait porté de si grands coups. La guerre se fait à armes

---

instrument du traité d'alliance du 22 décembre 1739, entre la Suède et la Turquie (contre la Russie): il fut assassiné en Silésie à son retour de Constantinople. La guerre déclarée à la Russie par la diète de Stockholm, le 4 août 1741, se termina par le traité d'Abo du 6—17 auguste 1743. B.

égales et sans avantage décidé de part ni d'autre. C'est au milieu de cette guerre qu'on assemble le concile de Trente. Les impériaux y arrivent le 28 janvier. Les protestants refusent de s'y rendre, et le concile est suspendu.

1543. Transaction du duc de Lorraine avec le corps germanique dans la diète de Nuremberg, le 26 auguste. Son duché est reconnu souveraineté libre et indépendante, à la charge de payer à la chambre impériale les deux tiers de la taxe d'un électeur.

Cependant on publié la nouvelle ligue conclue entre Charles-Quint et Henri VIII contre François Ier; c'est ainsi que les princes se brouillent et se réunissent. Ce même Henri VIII, que Charles avait fait excommunier pour avoir répudié sa tante, s'allie avec celui qu'on croyait son ennemi irréconciliable. Charles va d'abord attaquer la Gueldre, et s'empare de tout ce pays, appartenant au duc de Clèves, allié de François Ier. Le duc de Clèves vient lui demander pardon à genoux. L'empereur le fait renoncer à la souveraineté de Gueldre, et lui donne l'investiture de Clèves et de Juliers.

Il prend Cambrai, alors libre, que l'Empire et la France se disputaient. Tandis que Charles se ligue avec le roi d'Angleterre pour accabler la France, François Ier appelle les Turcs une seconde fois. Chérédin, cet amiral des Turcs, vient à Marseille avec ses galères; il va assiéger Nice avec le comte d'Enghien; ils prennent la ville; mais le château est secouru par les impériaux, et Chérédin se retire à

Toulon. La descente des Turcs ne fut mémorable que parcequ'ils étaient armés au nom du roi très chrétien.

Dans le temps que Charles-Quint fait la guerre à la France, en Picardie, en Piémont, et dans le Roussillon, qu'il négocie avec le pape et avec les protestants; qu'il presse l'Allemagne de se mettre en sûreté contre les invasions des Turcs, il a encore une guerre avec le Danemarck.

Christiern II, retenu en prison par ceux qui avaient été autrefois ses sujets, avait fait Charles-Quint héritier de ses trois royaumes, qu'il n'avait point, et qui étaient électifs. Gustave Vasa régnait paisiblement en Suède. Le duc de Holstein avait été élu roi de Danemarck en 1536. C'est ce roi de Danemarck, Christiern III, qui attaquait l'empereur en Hollande avec une flotte de quarante vaisseaux; mais la paix est bientôt faite. Ce Christiern III renouvelle avec ses frères, Jean et Adolphe, l'ancien traité qui regardait les duchés de Holstein et de Slesvick. Jean et Adolphe et leurs descendants devaient posséder ces duchés en commun avec les rois de Danemarck.

Alors Charles assemble une grande diète à Spire, où se trouvent Ferdinand son frère, tous les électeurs, tous les princes catholiques et protestants. Charles-Quint et Ferdinand y demandent du secours contre les Turcs et contre le roi de France. On y donne à François Ier les noms de Renégat, de Barbare, et d'Ennemi de Dieu.

Le roi de France veut envoyer des ambassadeurs

à cette grande diète. Il dépêche un héraut d'armes pour demander un passe-port. On met son héraut en prison.

La diète donne des subsides et des troupes; mais ces subsides ne sont que pour six mois, et les troupes ne se montent qu'à quatre mille gendarmes, et vingt mille hommes de pied : faible secours pour un prince qui n'aurait pas eu de grands états héréditaires.

L'empereur ne put obtenir ce secours qu'en se relâchant beaucoup en faveur des luthériens. Ils gagnent un point bien important, en obtenant dans cette diète que la chambre impériale de Spire sera composée moitié de luthériens, et moitié de catholiques. Le pape s'en plaignit beaucoup, mais inutilement[a].

Le vieil amiral Barberousse, qui avait passé l'hiver à Toulon et à Marseille, va encore ravager les côtes d'Italie, et ramène ses galères chargées de butin et d'esclaves à Constantinople, où il termine une car-

---

[a] Le P. Barre, auteur d'une grande histoire de l'Allemagne, met dans la bouche de Charles-Quint ces paroles: « Le pape est bien heureux que les « princes de la ligue de Smalcalde ne m'aient pas proposé de me faire pro- « testant; car s'ils l'avaient voulu, je ne sais pas ce que j'aurais fait. » On sait que c'est la réponse de l'empereur Joseph Ier, quand le pape Clément XI se plaignit à lui de ses condescendances pour Charles XII. Le P. Barre ne s'est pas contenté d'imputer à Charles-Quint ce discours qu'il ne tint jamais; mais il a, dans son histoire, inséré un très grand nombre de faits et de discours pris mot pour mot de l'histoire de Charles XII. Il en a copié plus de deux cents pages. Il n'est pas impossible, à la rigueur, qu'on ait dit et fait, dans les douzième, treizième, et quatorzième siècles, précisément les mêmes choses que dans le dix-huitième; mais cela n'est pas bien vraisemblable. On a été obligé de faire cette note, parceque des journalistes, ayant vu dans l'histoire de Charles XII et dans celle d'Allemagne tant de traits absolument semblables, ont accusé l'historien de Charles XII de plagiat, ne fesant pas réflexion que cet historien avait écrit plus de quinze ans avant l'autre.—Voyez ma note, tome XXXI, page 436. B.

rière¹ qui fut long-temps fatale à la chrétienté. Il était triste que le roi nommé Très-Chrétien n'eût jamais eu d'amiral redoutable à son service qu'un mahométan barbare; qu'il soudoyât des Turcs en Italie, tandis qu'on assemblait un concile; et qu'il fît brûler à petit feu des luthériens dans Paris, en payant des luthériens en Allemagne.

François Iᵉʳ jouit d'un succès moins odieux et plus honorable, par la bataille de Cérisoles, que le comte d'Enghien gagne dans le Piémont le 11 avril sur le marquis del Vasto, fameux général de l'empereur; mais cette victoire fut plus inutile encore que tous les succès passagers de Louis XII et de Charles VIII. Elle ne peut conduire les Français dans le Milanais, et l'empereur pénètre jusqu'à Soissons, et menace Paris.

Henri VIII, de son côté, est en Picardie. La France, malgré la victoire de Cérisoles, est plus en danger que jamais. Cependant, par un de ces mystères que l'histoire ne peut guère expliquer, François Iᵉʳ fait une paix avantageuse. A quoi peut-on l'attribuer qu'aux défiances que l'empereur et le roi d'Angleterre avaient l'un de l'autre? Cette paix est conclue à Crépi le 18 septembre. Le traité porte que le duc d'Orléans, second fils du roi de France, épousera une fille de l'empereur ou du roi des Romains, et qu'il aura le Milanais ou les Pays-Bas. Cette alternative est étrange. Quand on promet une province ou une autre, il est clair qu'on ne donnera aucune des deux. Charles, en donnant le

---

¹ C'est-à-dire, il cesse de faire la guerre. Il mourut plus tard, en 1546. Cl.

Milanais, ne donnait qu'un fief de l'empire; mais en cédant les Pays-Bas, il dépouillait son fils de son héritage.

Pour le roi d'Angleterre, ses conquêtes se bornèrent à la ville de Boulogne; et la France fut sauvée contre toute attente.

1545. On fait enfin l'ouverture du concile de Trente, au mois d'avril [1]. Les protestants déclarent qu'ils ne reconnaissent point ce concile. Commencement de la guerre civile.

Henri, duc de Brunsvick, dépouillé de ses états, comme on l'a vu [2], par la ligue de Smalcalde, y rentre avec le secours de l'archevêque de Brême, son frère. Il y met tout à feu et à sang.

Philippe, ce fameux landgrave de Hesse, et Maurice de Saxe, neveu de George, réduisent Henri de Brunsvick aux dernières extrémités. Il se rend à discrétion à ces princes, marchant tête nue, avec son fils Victor, entre les troupes des vainqueurs. Charles approuve et félicite ces vainqueurs dangereux. Il les ménageait encore.

Tandis que le concile commence, Paul III, avec le consentement de l'empereur, donne solennellement l'investiture de Parme et de Plaisance à son fils aîné Pierre-Louis Farnèse, dont le fils Octave avait déjà épousé la bâtarde de Charles-Quint, veuve d'Alexandre de Médicis. Ce couronnement du bâtard d'un pape

---

[1] Le 13 décembre, selon l'*Art de vérifier les dates* et le Moreri de 1759, où il est dit que Paul III avait annoncé cette assemblée célèbre pour le 15 mars 1545. Cl.— [2] Page 497. B.

fesait un beau contraste avec un concile convoqué pour réformer l'Église.

L'électeur palatin prit ce temps pour renoncer à la communion romaine. C'était alors l'intérêt de tous les princes d'Allemagne de secouer le joug de l'Église romaine. Ils rentraient dans les biens prodigués par leurs ancêtres au clergé et aux moines. Luther meurt bientôt après à Islèbe, le 18 février 1545, à compter selon l'ancien calendrier. Il avait eu la satisfaction de soustraire la moitié de l'Europe à l'Église romaine ; et il mettait cette gloire au-dessus de celle des conquérants.

1546. La mort du duc d'Orléans, qui devait épouser une fille de l'empereur, et avoir les Pays-Bas ou le Milanais, tire Charles-Quint d'un grand embarras. Il en avait assez d'autres; les princes protestants de la ligue de Smalcalde avaient en effet divisé l'Allemagne en deux parties. Dans l'une, il n'avait guère que le nom d'empereur; dans l'autre, on ne combattait pas ouvertement son autorité, mais on ne la respectait pas autant qu'on eût fait, si elle n'eût pas été presque anéantie chez les princes protestants.

Ces princes signalent leur crédit en ménageant la paix entre les rois de France et d'Angleterre. Ils envoient des ambassadeurs dans ces deux royaumes : cette paix se conclut, et Henri VIII favorise la ligue de Smalcalde.

Le luthéranisme avait fait tant de progrès, que l'électeur de Cologne, Herman de Neuvied, tout archevêque qu'il était, l'introduisit dans ses états, et n'attendait que le moment de pouvoir se séculariser lui et son électorat. Paul III l'excommunie, et le prive de son archevêché. Un pape peut excommunier qui il veut; mais il n'est pas si aisé de dépouiller un prince de l'empire; il faut que l'Allemagne y consente. Le pape ordonne en vain qu'on ne reconnaisse plus qu'Adolphe de Schavembourg, coadjuteur de l'archevêque, mais non coadjuteur de l'électeur : Charles-Quint reconnaît toujours l'électeur Herman de Neuvied, et le menace, afin qu'il ne donne point de secours aux princes de la ligue de Smalcalde; mais, l'année suivante, Herman fut enfin déposé, et Schavembourg eut son électorat.

La guerre civile avait déjà commencé par l'aventure de Henri de Brunsvick, prisonnier chez le landgrave de Hesse. Albert de Brandebourg, margrave de Culembach, se joint à Jean de Brunsvick, neveu du prisonnier, pour le délivrer et le venger. L'empereur les encourage, et les aide sous main. Ce n'est point là le grand empereur Charles-Quint, ce n'est qu'un prince faible qui se plie aux conjonctures.

Alors les princes et les villes de la ligue mettent leurs troupes en campagne. Charles, ne pouvant plus dissimuler, commence par obtenir de Paul III environ dix mille hommes d'infanterie et cinq cents chevaux légers pour six mois, avec deux cent mille écus romains, et une bulle pour lever la moitié des revenus d'une année des bénéfices d'Espagne, et pour aliéner les biens des monastères jusqu'à la somme de cinq cent mille écus. Il n'osait demander les mêmes concessions sur les églises d'Allemagne. Les luthériens étaient trop voisins, et quelques églises eussent mieux aimé se séculariser que de payer.

Les protestants sont déjà maîtres des passages du Tyrol; ils s'étendent de là jusqu'au Danube. L'électeur de Saxe Jean-Frédéric; Philippe, landgrave de Hesse, marchent par la Franconie. Philippe, prince de la maison de Brunsvick, et ses quatre fils, trois princes d'Anhalt, George de Virtemberg, frère du duc Ulric, sont dans cette armée; on y voit les comtes d'Oldenbourg, de Mansfeld, d'OEttingen, de Henneberg, de Furstemberg, beaucoup d'autres seigneurs immédiats à la tête de leurs soldats. Les villes d'Ulm, de Strasbourg, de Nordlingue, d'Augsbourg, y ont envoyé leurs troupes. Il y a huit régiments des cantons protestants suisses. L'armée était de plus de soixante mille hommes de pied, et de quinze mille chevaux.

L'empereur, qui n'avait que peu de troupes, agit cependant en maître, en mettant l'électeur de Saxe au ban de l'empire, le 18 juillet, dans Ratisbonne. Bientôt il a une armée capable de soutenir cet arrêt. Les dix mille Italiens envoyés par le pape arrivent. Six mille Espagnols de ses vieux régiments du Milanais et de Naples se joignent à ses Allemands. Mais il fallait qu'il armât trois nations, et il n'avait pas encore une armée égale à celle de la ligue, qui venait d'être renforcée par la gendarmerie de l'électeur palatin.

Les destinées des princes et des états sont tellement le jouet de ce qu'on appelle la fortune, que le salut de l'empereur vint d'un prince protestant. Le prince Maurice de Saxe, marquis de Misnie et de Thuringe, cousin de l'électeur de Saxe, gendre du landgrave de Hesse, le même à qui ce landgrave et l'électeur de Saxe avaient conservé ses états, et dont l'électeur avait été le tuteur, oublia ce qu'il devait à ses proches, et se rangea du parti de l'empereur. Ce qui est singulier, c'est qu'il était comme eux protestant très zélé; mais il disait que la religion n'a rien de commun avec la politique.

Ce Maurice assembla dix mille fantassins et trois mille chevaux, fit une diversion dans la Saxe, défit les troupes que l'électeur Jean-Frédéric-Henri y envoya, et fut la première cause du malheur des alliés. Le roi de France leur envoya deux cent mille écus: c'était assez pour entretenir la discorde, et non assez pour rendre leur parti vainqueur.

L'empereur gagne du terrain de jour en jour. La plupart des villes de Franconie se rendent, et paient de grosses taxes.

L'électeur palatin, l'un des princes de la ligue, vient demander pardon à Charles, et se jette à ses genoux. Presque tout le pays jusqu'à Hesse-Cassel est soumis.

Le pape Paul III retire alors ses troupes qui n'avaient dû servir que six mois. Il craint de trop secourir l'empereur, même contre des protestants. Charles n'est que médiocrement affaibli par cette perte. La mort du roi d'Angleterre, Henri VIII, arrivée le 28 janvier, et la maladie qui conduisait dans le même temps François Ier à sa fin, le délivraient des deux protecteurs de la ligue de Smalcalde.

1547. Charles réussit aisément à détacher le vieux

duc de Virtemberg de la ligue. Il était alors si irrité contre les révoltes dont la religion est la cause ou le prétexte, qu'il voulut établir à Naples l'inquisition, dès long-temps reçue en Espagne; mais il y eut une si violente sédition, que ce tribunal fut aboli aussitôt qu'établi. L'empereur aima mieux tirer quelque argent des Napolitains pour l'aider à dompter la ligue de Smalcalde que de s'obstiner à faire recevoir l'inquisition dont il ne tirait rien.

La ligue semblait presque détruite par la soumission du Palatinat et du Virtemberg; mais elle prend de nouvelles forces par la jonction des citoyens de Prague et de plusieurs cantons de la Bohême, qui se révoltent contre Ferdinand leur souverain, et qui vont secourir les confédérés. Le margrave de Culembach, Albert de Brandebourg, surnommé *l'Alcibiade*, dont on a déjà parlé [1], est à la vérité pour l'empereur; mais ses troupes sont défaites, et il est pris par l'électeur de Saxe.

Pour compenser cette perte, l'électeur de Brandebourg, Jean-le-Sévère, tout luthérien qu'il est, prend les armes en faveur du chef de l'empire, et donne du secours à Ferdinand contre les Bohémiens.

Tout était en confusion vers l'Elbe, et on n'entendait parler que de combats et de pillages. Enfin l'empereur passe l'Elbe avec une forte armée, vers Muhlberg. Son frère l'accompagnait avec ses enfants, Maximilien et Ferdinand; et le duc d'Albe était son principal général.

On attaque l'armée de Jean-Frédéric-Henri, duc

---

[1] Pages 464, 476 et 495. B.

électeur de Saxe, si célèbre par son malheur. Cette bataille de Muhlberg, près de l'Elbe, fut décisive. On dit qu'il n'y eut que quarante hommes de tués du côté de l'empereur; ce qui est bien difficile à croire. L'électeur de Saxe, blessé, est prisonnier avec le jeune prince Ernest de Brunsvick. Charles fait condamner le 12 mai l'électeur de Saxe, par le conseil de guerre, à perdre la tête. Le sévère duc d'Albe présidait à ce tribunal. Le secrétaire du conseil signifia le même jour la sentence à l'électeur, qui se mit à jouer aux échecs avec le prince Ernest de Brunsvick.

Le duc Maurice, qui devait avoir son électorat, voulut encore avoir la gloire aisée de demander sa grace. Charles accorde la vie à l'électeur à condition qu'il renoncera, pour lui et ses enfants, à la dignité électorale en faveur de Maurice. On lui laissa la ville de Gotha et ses dépendances; mais on en démolit la forteresse. C'est de lui que descendent les ducs de Gotha et de Veimar. Le duc Maurice s'engagea à lui faire une pension de cinquante mille écus d'or, et à lui en donner cent mille une fois payés pour acquitter ses dettes. Tous les prisonniers qu'il avait faits, et surtout Albert de Brandebourg et Henri de Brunsvick, furent relâchés; mais l'électeur n'en demeura pas moins prisonnier de Charles.

Sa femme Sibylle, sœur du duc de Clèves, vint inutilement se jeter aux pieds de l'empereur, et lui demander en larmes la liberté de son mari.

Les alliés de l'électeur se dissipèrent bientôt. Le landgrave de Hesse ne pensa plus qu'à se soumettre. On lui imposa pour condition de venir embrasser les genoux de l'empereur, de raser toutes ses forteresses, à la réserve de Cassel ou de Ziegenheim, en payant cent cinquante mille écus d'or.

Le nouvel électeur, Maurice de Saxe, et l'électeur de Brandebourg, promirent par écrit au landgrave qu'on ne ferait aucune entreprise sur sa liberté. Ils s'en rendirent caution, et consentirent d'être appelés en justice par lui ou par ses enfants, et à souffrir eux-mêmes le traitement que l'empereur lui ferait contre la foi promise.

Le landgrave, sur ces assurances, consentit à tout. Granvelle, évêque d'Arras, depuis cardinal, rédigea les conditions, que Philippe signa. On a toujours assuré que le prélat trompa ce malheureux prince, lequel avait expressément stipulé qu'en venant demander grace à l'empereur, il ne resterait pas en prison. Granvelle écrivit qu'il ne resterait pas toujours en prison. Il ne fallait qu'un *w* à la place d'une *n* pour faire cette étrange différence en langue allemande. Le traité devait porter *nicht mit einiger gefængniss*, et Granvelle écrivit *ewiger*.

Le landgrave n'y prit pas garde en relisant l'acte. Il crut voir ce qui devait y être; et dans cette confiance il alla se jeter aux genoux de Charles-Quint. En effet, il paraît indubitable qu'il ne serait pas sorti de chez lui pour aller recevoir sa grace, s'il avait cru qu'on le mettrait en prison. Il fut arrêté quand il croyait s'en retourner en sûreté, et conduit long-temps à la suite de l'empereur.

Le vainqueur se saisit de toute l'artillerie de l'électeur de Saxe Jean-Frédéric, du landgrave de Hesse, et même du duc de Virtemberg. Il confisqua les biens de plusieurs chefs du parti; il imposa des taxes sur ceux qu'il avait vaincus, et n'en exempta pas les villes qui l'avaient servi. On prétend qu'il en retira seize cent mille écus d'or.

Le roi des Romains, Ferdinand, punit de son côté les Bohémiens. On ôta aux citoyens de Prague leurs priviléges et leurs armes. Plusieurs furent condamnés à mort, d'autres à une prison perpétuelle. Les taxes et les confiscations furent immenses. Elles entrent toujours dans la vengeance des souverains.

Le concile de Trente s'était dispersé pendant ces troubles. Le pape voulait le transférer à Bologne.

L'empereur avait vaincu la ligue, mais non pas la religion protestante. Ceux de cette communion demandent, dans la diète d'Augsbourg, que les théologiens protestants aient voix délibérative dans le concile.

L'empereur était plus mécontent du pape que des théologiens protestants. Il ne lui pardonnait pas d'avoir rappelé les troupes de l'Église dans le plus fort de la guerre de Smalcalde. Il lui fit sentir son indignation au sujet de Parme et de Plaisance. Il avait souffert que le saint-père en donnât l'investiture à son bâtard dans le temps qu'il le voulait ménager; mais quand il en fut mécontent, il se ressouvint que Parme et Plaisance avaient été une dépendance du Milanais, et que c'était à l'empereur seul à en donner l'investiture. Paul III, de son côté, alarmé de la puissance de Charles-Quint, négociait contre lui avec Henri II et les Vénitiens.

Dans ces circonstances, le fils du pape, odieux à toute l'Italie par ses crimes, est assassiné par des conjurés. L'empereur alors s'empare de Plaisance, qu'il ôte à son propre gendre, malgré sa tendresse de père pour Marguerite sa fille.

1548. L'empereur, brouillé avec le pape, en ménageait davantage les protestants. Ils avaient toujours voulu que le concile se tînt dans une ville d'Allemagne. Paul III venait de le transférer à Bologne. C'était encore un nouveau sujet de querelle, qui envenimait celle de Plaisance. D'un côté, le pape menaça l'empereur de l'excommunication, s'il ne restituait cette ville ; et par là il donnait trop de prise sur lui aux protestants, qui relevaient comme il faut le ridicule de ces armes spirituelles, employées par un pape en faveur de ses fils ; de l'autre côté, Charles-Quint se fesait en quelque manière chef de la religion en Allemagne.

Il publie dans la diète d'Augsbourg, le 15 mai, le grand *interim*. C'est un formulaire de foi et de discipline. Les dogmes en étaient catholiques ; on y permettait seulement la communion sous les deux espèces aux laïques, et le mariage aux prêtres. Plusieurs cérémonies indifférentes y étaient sacrifiées aux luthériens, pour les engager à recevoir des choses qu'on disait plus essentielles.

Ce tempérament était raisonnable, c'est pourquoi il ne contenta personne. Les esprits étaient trop aigris : l'Église romaine et les luthériens se plaignirent ; et Charles-Quint vit qu'il est plus aisé de gagner des batailles que de gouverner les opinions. Maurice, le nouvel électeur de Saxe, voulut en vain, pour lui complaire, faire recevoir le nouveau formulaire dans ses états; les ministres protestants furent plus forts que lui. L'électeur de Brandebourg, l'électeur palatin, acceptent l'*interim*. Le landgrave de Hesse s'y soumet pour obtenir sa liberté, qu'il n'obtient pourtant pas.

L'ancien électeur de Saxe, Jean-Frédéric, tout prisonnier qu'il est, refuse de le signer. Quelques autres princes et plusieurs villes protestantes suivent son exemple; et partout le cri des théologiens s'élève contre la paix que l'*interim* leur présentait.

L'empereur se contente de menacer; et comme il en veut alors plus au pape qu'aux luthériens, il fait décréter par la diète que le concile reviendra à Trente, et se charge du soin de l'y faire transférer.

On met, dans cette diète, les Pays-Bas sous la protection du corps germanique. On les déclare exempts des taxes que les états doivent à l'empire, et de la juridiction de la chambre impériale, tout compris qu'ils étaient dans le dixième cercle. Ils ne sont obligés à rendre aucun service à l'empire, excepté dans les guerres contre les Turcs; alors ils doivent contribuer autant que trois électeurs. Ce règlement est souscrit par Charles-Quint le 26 juin.

Les habitants du Valais sont mis au ban de l'empire pour n'avoir pas payé les taxes; ils en sont exempts aujourd'hui qu'ils ont su devenir libres.

La ville de Constance ne reçoit l'*interim* qu'après avoir été mise au ban de l'empire.

La ville de Strasbourg obtient que l'*interim* ne soit

que pour les églises catholiques de son district, et que le luthéranisme y soit professé en liberté.

Christiern III, roi de Danemarck, reçoit par ses ambassadeurs l'investiture du duché de Holstein, en commun avec ses frères Jean et Adolphe.

Maximilien, fils de Ferdinand, épouse Marie, sa cousine, fille de l'empereur. Le mariage se fait à Valladolid, les derniers jours de septembre; et Maximilien et Marie sont conjointement régents d'Espagne; mais c'est toujours le conseil d'Espagne, nommé par Charles-Quint, qui gouverne.

1549. L'empereur, retiré dans Bruxelles, fait prêter hommage à son fils aîné, Philippe, par les provinces de Flandre, de Hainaut, et d'Artois.

Le concile de Trente restait toujours divisé. Quelques prélats attachés à l'empereur étaient à Trente. Le pape en avait assemblé d'autres à Bologne. On craignait un schisme. Le pape craignait encore plus que la maison de Bentivoglio, dépossédée de Bologne par Jules II, n'y rentrât avec la protection de l'empereur. Il dissout son concile de Bologne.

Ottavio Farnèse, gendre de Charles-Quint et petit-fils de Paul III, à également à se plaindre de son beau-père et de son grand-père. Le beau-père lui retenait Plaisance, parcequ'il était brouillé avec le pape; et son grand-père lui retenait Parme, parcequ'il était brouillé avec l'empereur. Il veut se saisir au moins de Parme, et n'y réussit pas. On prétend que le pape mourut des chagrins que lui causaient sa famille et l'empereur; mais on devait ajouter qu'il avait plus de quatre-vingt et un ans.

1550. Les Turcs n'inquiètent point l'empire; Soliman était vers l'Euphrate. Les Persans sauvaient l'Autriche; mais les Turcs restaient toujours maîtres de la plus grande partie de la Hongrie.

Henri II, roi de France, paraissait tranquille. Le nouveau pape, Jules III, était embarrassé sur l'affaire du concile et sur celle de Plaisance. L'empereur l'était davantage de son *interim*, qui causait toujours des troubles en Allemagne. Quand on voit des hommes aussi peu scrupuleux que Paul III, Jules III, et Charles-Quint, décider de la religion, que peuvent penser les peuples?

La ville de Magdebourg, très puissante, était en guerre contre le duc de Mecklenbourg, et était liguée avec la ville de Brême. L'empereur condamne les deux villes, et charge le nouvel électeur de Saxe, Maurice, de réduire Magdebourg; mais il l'irritait en lui marquant cette confiance. Maurice justifiait son ambition qui avait dépouillé son tuteur et son parent de l'électorat de Saxe, par les lois qui l'avaient attaché au chef de l'empire; mais il croyait son honneur perdu par la prison du landgrave de Hesse, son beau-père, retenu toujours captif, malgré sa garantie, et malgré celle de l'électeur de Brandebourg. Ces deux princes pressaient continuellement l'empereur de dégager leur parole. Charles prend le singulier parti d'annuler leur promesse. Le landgrave tente de s'évader. Il en coûte la tête à quelques uns de ses domestiques.

L'électeur Maurice, indigné contre Charles-Quint, n'est pas fort empressé à combattre pour un empereur dont la puissance se fait sentir si despotiquement à tous les princes; il ne fait nul effort contre Magdebourg. Il laissa tranquillement les assiégeants battre le duc de Mecklenbourg, et le prendre prisonnier; et l'empereur se repentit de lui avoir donné l'électorat. Il n'avait que trop de raison de se repentir. Maurice songeait à se faire chef du parti protestant, à mettre non seulement Magdebourg dans ses intérêts, mais aussi les autres villes, et à se servir de son nouveau pouvoir pour balancer celui de l'empereur. Déjà il négociait sur ces principes avec Henri II, et un nouvel orage se préparait dans l'empire.

1551. Charles-Quint, qu'on croyait au comble de la puissance, était dans le plus grand embarras. Le parti protestant ne pouvait ni lui être attaché ni être détruit. L'affaire de Parme et de Plaisance, dont le roi de France commençait à se mêler, lui fesait envisager une guerre prochaine. Les Turcs étaient toujours en Hongrie. Tous les esprits étaient révoltés dans la Bohême contre son frère Ferdinand.

Charles imagine de donner un nouveau poids à son autorité, en engageant son frère à céder à son fils Philippe le titre de roi des Romains, et la succession à l'empire. La tendresse paternelle pouvait suggérer ce dessein: mais il est sûr que l'autorité impériale avait besoin d'un chef qui, maître de l'Espagne et du Nouveau-Monde, aurait assez de puissance pour contenir à-la-fois les ennemis et les princes de l'empire. Il est sûr aussi que les princes auraient vu par là leurs prérogatives bien hasardées, et qu'ils se seraient difficilement prêtés aux vues de l'empereur. Elles ne servirent qu'à indigner Ferdinand, et à brouiller les deux frères.

Charles rompt ouvertement avec Ferdinand, demande sa déposition aux électeurs, et leurs suffrages en faveur de son fils. Il ne recueille de toute cette entreprise que le chagrin d'un refus, et de voir les électeurs du Palatinat, de Saxe, et de Brandebourg, s'opposer ouvertement à ses desseins plus dangereux que sages.

L'électeur Maurice entre enfin dans Magdebourg par capitulation ; mais il soumet cette ville pour lui-même, quoiqu'il la prenne au nom de l'empereur. La même ambition qui l'avait porté à recevoir l'électorat de Saxe des mains de Charles-Quint le porte à s'unir contre lui avec Joachim, électeur de Brandebourg ; Frédéric, comte palatin ; Christophe, duc de Virtemberg ; Ernest, marquis de Bade-Dourlach, et plusieurs autres princes.

Cette ligue fut plus dangereuse que celle de Smalcalde. Le roi de France, Henri II, jeune et entreprenant, s'unit avec tous ces princes. Il devait fournir deux cent quarante mille écus pour les trois premiers mois de la guerre, et soixante mille pour chaque mois suivant. Il se rend maître de Cambrai, Metz, Toul, et Verdun, pour les garder, comme vicaire du saint-empire, titre singulier qu'il prenait alors pour prétexte, comme si c'en était un.

Le roi de France s'était déjà servi du prétexte de Parme pour porter la guerre en Italie. Il ne paraissait pas dans l'ordre des choses que ce fût lui qui dût protéger Octave Farnèse contre l'empereur, son beau-père; mais il était naturel que Henri II tâchât, par toutes sortes de voies, de rentrer dans le duché de Milan, l'objet des prétentions de ses prédécesseurs.

Henri s'unissait aussi avec les Turcs, selon le plan de François Ier; et l'amiral Dragut, non moins redoutable que ce Chérédin, surnommé Barberousse, avait fait une descente en Sicile, où il avait pillé la ville d'Agosta.

L'armée de Soliman s'avançait en même temps par la Hongrie. Charles-Quint alors n'avait plus pour lui que le pape Jules III, et il s'unissait avec lui contre Octave Farnèse son gendre, quoique dans le fond l'empereur et le pape eussent des droits et des intérêts différents, l'un et l'autre prétendant être suzerains de Parme et de Plaisance.

Les Français portaient aussi la guerre en Piémont et dans le Montferrat. Il s'agissait donc de résister à-la-fois à une armée formidable de Turcs en Hongrie; à la moitié de l'Allemagne liguée et déjà en armes, et à un roi de France, jeune, riche, et bien servi, impatient de se signaler et de réparer les malheurs de son prédécesseur.

L'intérêt et le danger raccommodèrent alors Charles et Ferdinand. On a d'abord en Hongrie quelques succès contre les Turcs.

Ferdinand fut assez heureux dans ce temps-là même pour acquérir la Transylvanie. La veuve de Jean Zapoli, reine de Hongrie, qui n'avait plus que le nom de reine, gouvernait la Transylvanie, au nom de son fils Étienne Sigismond, sous la protection des Turcs;

protection tyrannique dont elle était lasse. Martinusius, évêque de Varadin, depuis cardinal, porta la reine à céder la Transylvanie à Ferdinand pour quelques terres en Silésie, comme Oppeln et Ratibor. Jamais reine ne fit un si mauvais marché. Martinusius est déclaré par Ferdinand vayvode de Transylvanie. Ce cardinal la gouverne, au nom de ce prince, avec autorité et avec courage. Il se met lui même à la tête des Transylvains contre les Turcs. Il aide les impériaux à les repousser; mais Ferdinand, étant entré en défiance de lui, le fait assassiner par Pallavicini, dans le château de Vintz.

Le pape, lié alors avec l'empereur, n'ose pas d'abord demander raison de cet assassinat; mais il excommunia Ferdinand l'année suivante. L'excommunication ne fit ni bruit ni effet. C'est ce qu'on a souvent appelé *brutum fulmen*. C'était pourtant une occasion où les hommes qui parlent au nom de la Divinité semblent en droit de s'élever en son nom contre les souverains qui abusent à cet excès de leur pouvoir : mais il faut que ceux qui jugent les rois soient irrépréhensibles.

1552. L'électeur Maurice de Saxe lève le masque, et publie par un manifeste qu'il s'est allié avec le roi de France pour la liberté de ce même Jean Frédéric, ci-devant électeur, que lui-même avait dépossédé, pour celle du landgrave de Hesse, et pour le soutien de la religion.

L'électeur de Brandebourg, Joachim, se joint à lui. Guillaume, fils du landgrave de Hesse, prisonnier; Henri Othon, électeur palatin; Albert de Mecklenbourg, sont en armes avant que l'empereur ait assemblé des troupes.

Maurice et les confédérés marchent vers les défilés du Tyrol, et chassent le peu d'impériaux qui les gardaient. L'empereur et son frère Ferdinand, sur le point d'être pris, sont obligés de fuir en désordre. Charles menait toujours avec lui son prisonnier l'ancien électeur de Saxe. Il lui offre sa liberté. Il est difficile de rendre raison pourquoi ce prince ne voulut pas l'accepter. La véritable raison peut-être, c'est que l'empereur ne la lui offrit pas.

Cependant le roi de France s'était saisi de Toul, de Verdun, et de Metz, dès le commencement du mois d'avril. Il prend Haguenau et Vissembourg; de là il tourne vers le pays de Luxembourg, et s'empare de plusieurs villes.

L'empereur, pour comble de disgraces, apprend dans sa fuite que le pape l'a abandonné, et s'est déclaré neutre entre lui et la France. C'est alors que son frère Ferdinand fut excommunié pour avoir fait assassiner le cardinal Martinusius. Il eût été plus beau au pape de ne pas attendre que ces censures ne parussent que l'effet de sa politique.

Au milieu de tous ces troubles, les pères du concile se retirent de Trente, et le concile est encore suspendu.

Dans ce temps funeste toute l'Allemagne est en proie aux ravages. Albert de Brandebourg [1] pille toutes les commanderies de l'ordre teutonique, les terres de Bamberg, de Nuremberg, de Vurtzbourg, et plu-

[1] Voyez pages 464 et 476. B.

sieurs villes de Souabe. Les confédérés mettent à feu et à sang les états de l'électeur de Mayence, Vorms, Spire, et assiégent Francfort.

Cependant l'empereur, retiré dans Passau, et ayant rassemblé une armée, après tant de disgraces, amène les confédérés à un traité. La paix est conclue le 12 août. Il accorde par cette paix célèbre de Passau une amnistie générale à tous ceux qui ont porté les armes contre lui depuis l'année 1546. Non seulement les protestants obtiennent le libre exercice de la religion, mais ils sont admis dans la chambre impériale, dont on les avait exclus après la victoire de Muhlberg. Il y a sujet de s'étonner qu'on ne rende pas une liberté entière au landgrave de Hesse par ce traité, qu'il soit confiné dans le fort de Rheinfeld jusqu'à ce qu'il donne des assurances de sa fidélité, et qu'il ne soit rien stipulé pour Jean Frédéric, l'ancien électeur de Saxe.

L'empereur cependant rendit bientôt après la liberté à ce malheureux prince, et le renvoya dans les états de Thuringe qui lui restaient.

L'heureux Maurice de Saxe, ayant fait triompher sa religion, et ayant humilié l'empereur, jouit encore de la gloire de le défendre. Il conduit seize mille hommes en Hongrie; mais Ferdinand, malgré ce secours, ne peut rester en possession de la Haute-Hongrie, qu'en souffrant que les états se soumettent à payer un tribut annuel de vingt mille écus d'or à Soliman.

Cette année est funeste à Charles-Quint. Les troupes de France sont dans le Piémont, dans le Montferrat, dans Parme. Il était à craindre que de plus grandes forces n'entrassent dans le Milanais, ou dans le royaume de Naples. Dragut infestait les côtes de l'Italie, et l'Europe voyait toujours les troupes du roi très chrétien jointes avec les Turcs contre les chrétiens, tandis qu'on ne cessait de brûler les protestants ne France par arrêt des tribunaux nommés parlements.

Les finances de Charles étaient épuisées, malgré les taxes imposées en Allemagne, après sa victoire de Muhlberg, et malgré les trésors du Mexique. La vaste étendue de ses états, ses voyages, ses guerres, absorbaient tout : il emprunte deux cent mille écus d'or au duc de Florence, Cosme de Médicis, et lui donne la souveraineté de Piombino et de l'île d'Elbe : aidé de ce secours, il se soutient du moins en Italie, et il va assiéger Metz avec une puissante armée.

Albert de Brandebourg, le seul des princes protestants qui était encore en armes contre lui, abandonne la France dont il a reçu de l'argent, et sert sous Charles-Quint au siége de Metz. Le fameux François, duc de Guise, qui défendait Metz avec l'élite de la noblesse française, l'oblige de lever le siége, le 26 décembre, au bout de soixante-cinq jours : Charles y perdit plus du tiers de son armée.

1553. Charles se venge du malheur qu'il a essuyé devant Metz, en envoyant les comtes de Lalain et de Reuss assiéger Térouane : la ville est prise et rasée.

Philibert Emmanuel, prince de Piémont, depuis duc de Savoie, qui devient bientôt un des plus grands généraux de ce siècle, est mis à la tête de l'armée de l'empereur; il prend Hesdin, qui est rasé comme Térouane. Mais le duc d'Arschot, qui commandait un corps considérable, se laisse battre, et la fortune de Charles est encore arrêtée.

Les affaires en Italie restent dans la même situation; l'Allemagne n'est pas tranquille. L'inquiet Albert de Brandebourg, qu'on nommait l'*Alcibiade*, toujours à la tête d'un corps de troupes, les fait subsister de pillage; il ravage les terres de Henri de Brunsvick, et même de l'électeur Maurice de Saxe.

L'électeur Maurice lui livre bataille auprès de Hildesheim, au mois de juillet; il la gagne, mais il y est tué. Ce prince n'avait que trente-deux ans, mais il avait acquis la réputation d'un grand capitaine et d'un grand politique: son frère Auguste lui succède.

Albert l'Alcibiade fait encore la guerre civile; la chambre impériale lui fait son procès; il n'en continue pas moins ses ravages: mais enfin, manquant d'argent et de troupes, il se réfugie en France. L'empereur, pour mieux soutenir cette grande puissance, qui avait reçu tant d'accroissement et tant de diminution, arrête le mariage de son fils Philippe avec Marie, reine d'Angleterre, fille de Henri VIII et de Catherine d'Aragon.

Quoique le parlement d'Angleterre ajoutât aux clauses du contrat de mariage, que l'alliance entre les Français et les Anglais subsisterait, Charles n'en espérait pas moins, et avec raison, que cette alliance serait bientôt rompue. C'était en effet armer l'Angleterre contre la France, que de lui donner son fils pour roi; et si Marie avait eu des enfants, la maison d'Autriche voyait sous ses lois tous les états de l'Europe depuis la mer Baltique, excepté la France.

1554. Charles cède à son fils Philippe le royaume de Naples et de Sicile, avant que ce prince s'embarque pour l'Angleterre, où il arrive au mois de juillet, et est couronné roi conjointement avec Marie son épouse, comme depuis le roi Guillaume l'a été avec une autre Marie [1], mais non pas avec le pouvoir qu'a eu Guillaume.

Cependant la guerre dure toujours entre Charles-Quint et Henri II, sur les frontières de la France et en Italie, avec des succès divers et toujours balancés.

Les troupes de France étaient toujours dans le Piémont et dans le Montferrat, mais en petit nombre. L'empereur n'avait pas de grandes forces dans le Milanais; il semblait qu'on fût épuisé des deux côtés.

Le duc de Florence, Cosme, armait pour l'empereur. Sienne, qui craignait de tomber un jour au pouvoir des Florentins, comme il lui est arrivé, était protégée par les Français. Medechino, marquis de Marignan, général de l'armée du duc de Florence, remporte une victoire sur quelques troupes de France et sur leurs alliés, le 2 auguste; c'est en mémoire de cette victoire que Cosme institua l'ordre de Saint-Étienne, parceque c'était le jour de Saint-Étienne que la bataille avait été gagnée.

1555. Ernest, comte de Mansfeld [2], gouverneur du Luxembourg, est prêt de reprendre, par les artifices d'un cordelier, la ville de Metz, que l'empereur n'avait pu réduire avec cinquante mille hommes. Ce cordelier, nommé Léonard, gardien du couvent,

---

[1] Voyez, tome XIX, le chapitre xv du *Siècle de Louis XIV*. B.
[2] Voyez année 1622. B.

qui avait été confesseur du duc de Guise, et qu'on respectait dans la ville, fesait entrer tous les jours de vieux soldats, allemands, espagnols, et italiens, déguisés en cordeliers, sous prétexte d'un chapitre général qui devait se tenir.

Un chartreux découvre le complot : on arrête le P. Léonard, qu'on trouva mort le lendemain : son corps fut porté au gibet, et on se contenta de faire assister dix-huit cordeliers à la potence. Tant d'exemples du danger d'avoir des moines n'ont pu encore les faire abolir.

L'ancienne politique des papes se renouvelle sous Paul IV, de la maison de Caraffe : cette politique est, comme on a vu dans le cours de cet ouvrage, d'empêcher l'empereur d'être trop puissant en Italie.

Paul IV ne songe point au concile de Trente, mais à faire la guerre dans le royaume de Naples et dans le Milanais, avec le secours de la France, pour donner, s'il le peut, des principautés à ses neveux. Il s'engage à joindre dix mille hommes aux nouvelles troupes que Henri II doit envoyer.

La guerre allait donc devenir plus vive que jamais. Charles voyait qu'il n'aurait pas un moment de repos dans sa vie; la goutte le tourmentait; le fardeau de tant d'affaires devenait pesant; il avait joué long-temps le plus grand rôle dans l'Europe : il voulut finir par une action plus singulière que tout ce qu'il avait fait dans sa vie, par abdiquer toutes ses couronnes et l'empire.

Tandis qu'il se préparait à renoncer à tant d'états pour s'ensevelir dans un monastère, il assurait la liberté des protestants dans la diète d'Augsbourg ; il leur abandonnait les biens ecclésiastiques dont ils s'étaient emparés ; on changeait en leur faveur la formule du serment des conseillers de la chambre impériale ; on ne devait plus jurer par les saints, mais seulement par les évangiles. Le vainqueur de Muhlberg cédait ainsi à la nécessité ; et prêt d'aller vivre en moine, il agissait en philosophe.

Le 24 novembre[1], il assemble les états à Bruxelles, et remet les Pays-Bas à son fils Philippe : le 10 janvier suivant, il lui cède l'Espagne, le Nouveau-Monde, et toutes ses provinces héréditaires.

Il pardonne à Octave Farnèse, son gendre ; il lui rend Plaisance et le Novarais, et se prépare à céder l'empire à son frère, le roi des Romains.

1556. Tout le dégoûtait. Les Turcs étaient toujours maîtres de la Hongrie jusqu'à Bude, et inquiétaient le reste ; les Transylvains souffraient impatiemment le joug ; le protestantisme pénétrait dans les états autrichiens ; et l'empereur avait résolu depuis long-temps de dérober à tant de soins une vieillesse prématurée et infirme, et un esprit détrompé de toutes les illusions ; il ne voulait pas montrer sur le trône sa décadence.

Ne pouvant donc céder l'empire à son fils, il le cède à son frère ; il demande préalablement l'agrément du saint-siége, lui qui n'avait pas certainement demandé cet agrément pour être élu empereur.

Paul IV abuse de la soumission de Charles-Quint,

---

[1] Le 25 octobre, selon Robertson ; mais le 24 novembre selon le P. Barre, qui a induit Voltaire en erreur. CL.

et le refuse; ce pontife était à-la-fois très satisfait de le voir quitter l'empire, et de le chagriner.

Charles-Quint, sans consulter le pape davantage, envoie de Bruxelles son abdication [1], le 17 septembre 1556, la trente-sixième année de son empire.

Le prince d'Orange porte la couronne et le sceptre impérial à Ferdinand. Charles s'embarque aussitôt pour l'Espagne, et va se retirer dans l'Estramadure, au monastère de Saint-Just, de l'ordre des hiéronymites. La commune opinion est qu'il se repentit; opinion fondée seulement sur la faiblesse humaine, qui croit impossible de quitter sans regret ce que tout le monde envie avec fureur. Charles oublia absolument le théâtre où il avait joué un si grand personnage, et le monde qu'il avait troublé, parcequ'il sentait bien, dans son affaiblissement, qu'il ne pouvait le troubler davantage.

Paul IV engage les électeurs ecclésiastiques à ne point admettre la démission de Charles-Quint, et à ne point reconnaître Ferdinand. Son intérêt était de mettre la division dans l'empire, pour avoir plus de pouvoir en Italie; en effet, tous les actes dans l'empire furent promulgués au nom de Charles-Quint, jusqu'à l'année de sa mort; fait aussi important que véritable, et qu'aucun historien n'a rapporté.

---

[1] Voltaire, dans le *Catalogue des empereurs*, cite le 2 juin 1556 comme date de cet acte si important, sur lequel les historiens s'accordent si peu. Selon Robertson, Charles-Quint abdiqua le 27 auguste 1556, comme empereur, par un acte que les électeurs acceptèrent le 24 février 1558. Cl.

FERDINAND Ier,

QUARANTE-DEUXIÈME EMPEREUR.

1557. L'abdication de Charles-Quint laisse la puissance des princes d'Allemagne affermie. La maison d'Autriche, divisée en deux branches, est ce qu'il y a de plus considérable dans l'Europe ; mais la branche espagnole, très supérieure à l'autre, tout occupée d'intérêts séparés de l'empire, ne fait plus servir les troupes espagnoles, italiennes, flamandes, à la grandeur impériale.

Ferdinand Ier a de grands états en Allemagne ; mais la Haute-Hongrie, qu'il possède, ne lui rapporte pas à beaucoup près de quoi entretenir assez de troupes pour faire tête aux Turcs. La Bohême semble porter le joug à regret, et Ferdinand ne peut être puissant que quand l'empire se joint à lui.

La première année de son règne est remarquable par la diète de Ratisbonne, qui confirme la paix de la religion, par l'accommodement de la maison de Hesse et de celle de Nassau.

L'électeur palatin, celui de Saxe, et le duc de Clèves, choisis pour austrègues, adjugent le comté de Darmstadt à Philippe, landgrave de Hesse ; et le comté de Dietz à Guillaume de Nassau.

Cette année est encore marquée par une petite guerre qu'un archevêque de Brême, de la maison de Brunsvick, fait à la Frise. On vit alors de quelle utilité pouvait être la sage institution des cercles et des directeurs des cercles par Frédéric III et Maximilien.

L'assemblée du cercle de la Basse-Saxe rétablit la paix.

1558. Enfin, le 28 février[1], les électeurs confirment à Francfort l'abdication de Charles et le règne de son frère. On envoie une ambassade au pape, qui ne veut pas la recevoir, et qui prétend toujours que Ferdinand n'est pas empereur. Les ambassadeurs font leur protestation, et se retirent de Rome. Ferdinand n'en est pas moins reconnu en Allemagne. Quelle étrange idée dans un prêtre élu évêque de Rome, de prétendre qu'on ne peut être empereur sans sa permission !

Le duché de Slesvick est encore reconnu indépendant de l'empire.

Le plus grand événement de cette année est la mort de Charles-Quint, le 21 septembre. On sait que, par une dévotion bizarre, il avait fait célébrer ses obsèques avant sa dernière maladie; qu'il y avait assisté lui-même en habit de deuil, et s'était mis dans la bière au milieu de l'église de Saint-Just, tandis qu'on lui chantait un *De profundis*[2]. Il sembla, dans les dernières actions de sa vie, tenir un peu de Jeanne, sa mère, lui qui n'avait, sur le trône, agi qu'en politique, en héros, et en homme sensible aux plaisirs. Son esprit rassemblait tant de contrastes, qu'avec cette dévotion plus que monacale, il fut soupçonné de mourir attaché à plus d'un dogme de Luther. Jusqu'où va la faiblesse et la bizarrerie humaine ! Maximilien voulut être pape[3] : Charles-Quint meurt moine, et meurt soupçonné d'hérésie.

[1] Voyez la note précédente. B.— [2] Voyez tome XVII, page 228. B.— [3] Voyez année 1512. B.

Depuis les funérailles d'Alexandre, rien de plus superbe que les obsèques de Charles-Quint dans toutes les principales villes de ses états. Il en coûta soixante et dix mille ducats à Bruxelles, dépenses nobles, qui, en illustrant la mémoire d'un grand homme, emploient et encouragent les arts. Il vaudrait mieux encore élever des monuments durables. Une ostentation passagère est trop peu de chose. Il faut, autant qu'on le peut, agir pour l'immortalité.

1559. Ferdinand tient une diète à Augsbourg, dans laquelle les ambassadeurs du roi de France, Henri II, sont introduits. La France venait de faire la paix avec Philippe II, roi d'Espagne, à Cateau-Cambresis. Les Français, par cette paix, ne gardaient plus dans l'Italie que Turin, et quelques villes qu'ils rendirent ensuite; mais ils gardaient Metz, Toul, et Verdun, que l'empire pouvait redemander. A peine en parle-t-on à la diète. On dit seulement aux ambassadeurs qu'il sera difficile que la bonne intelligence subsiste entre la France et l'Allemagne, tant que ces trois villes resteront à la France.

Le nouveau pape, Pie IV, n'est pas si difficile que Paul IV, et reconnaît sans difficulté Ferdinand pour empereur.

1560. Le concile de Trente, si long-temps suspendu, est enfin rétabli par une bulle de Pie IV, du 29 novembre. Il indique la tenue du concile à tous les princes; il la signifie même aux princes protestants d'Allemagne; mais comme l'adresse des lettres portait *A notre très cher fils*, ces princes, qui ne veulent point être enfants du pape, renvoient la lettre sans l'ouvrir.

1561. La Livonie, qui avait jusque-là appartenu à l'empire, en est détachée. Elle se donne à la Pologne. Les chevaliers de Livonie, branche des chevaliers teutoniques, s'étaient depuis long-temps emparés de cette province sous la protection de l'empire; mais ces chevaliers ne pouvant point résister aux Russes, et n'étant point secourus des Allemands, cèdent cette province à la Pologne. Le roi des Polonais, Sigismond, donne le duché de Courlande à Gothard Kettler, et le fait vice-roi de Livonie.

On recommence à tenir des séances à Trente.

1562. L'ambassadeur de Bavière conteste, dans le concile, la préséance à l'ambassadeur de Venise. Les Vénitiens sont maintenus dans la possession de leur rang. Une des premières choses qu'on discute dans le concile est la communion sous les deux espèces. Le concile ne la permet ni ne la défend aux séculiers. Son décret porte seulement que l'Église a eu de justes causes de la prohiber; et les Pères s'en rapportèrent, pour la décision, au jugement seul du pape.

Le 24 novembre, les électeurs, à Francfort, déclarent unanimement Maximilien, fils de Ferdinand, roi des Romains. Tous les électeurs font en personne, à cette cérémonie, les fonctions de leurs charges, selon la teneur de la bulle d'or. Un ambassadeur de Soliman assiste à cette solennité, et la rend plus glorieuse en signant entre les deux empires une paix par laquelle les limites de la Hongrie autrichienne et de la Hongrie ottomane étaient réglées. Soliman vieillissait, et n'était plus si terrible. Cependant cette paix ne fut pas de longue durée ; mais le corps de l'empire fut alors tranquille.

1563. Cette année est mémorable par la clôture du concile de Trente (4 décembre). Ce concile, si long, le dernier des œcuméniques, ne servit ni à ramener les ennemis de l'Église romaine, ni à les subjuguer. Il fit des décrets sur la discipline qui ne furent admis chez presque aucune nation catholique, et il ne produisit nul grand événement. Celui de Bâle avait déchiré l'Église, et fait un anti-pape. Celui de Constance alluma, à la lueur des bûchers, l'incendie de trente ans de guerre. Celui de Lyon déposa un empereur, et attira ses vengeances. Celui de Latran dépouilla le comte Raimond de ses états de Toulouse. Grégoire VII mit tout en feu, au huitième concile de Rome, en excommuniant l'empereur Henri IV. Le quatrième de Constantinople, contre Photius, du temps de Charles-le-Chauve, fut le champ des divisions. Le second de Nicée, sous Irène, fut encore plus tumultueux, et plus troublé pour la querelle des images. Les disputes des monothélites furent sur le point d'ensanglanter le troisième de Constantinople. On sait quels orages agitèrent les conciles tenus au sujet d'Arius. Le concile de Trente fut presque le seul tranquille.

1564. Ferdinand meurt le 25 juillet. Un testament qu'il avait fait vingt ans auparavant, en 1543, et auquel il ne dérogea point par ses dernières volontés, jeta de loin la semence de la guerre qui a troublé l'Europe deux cents ans après [1].

Ce fameux testament de 1543 ordonnait qu'en cas que la postérité mâle de Ferdinand et de Charles-Quint s'éteignît, les états autrichiens reviendraient à sa fille Anne, seconde fille de Ferdinand, épouse d'Albert II [2], duc de Bavière, et à ses enfants. L'événement prévu est arrivé de nos jours, et a ébranlé l'Europe. Si le testament de Ferdinand, aussi bien que le contrat de mariage de sa fille, avaient été énoncés en termes plus clairs, il eût prévenu des événements funestes.

On peut remarquer que cette duchesse de Bavière, Anne, avait pris, ainsi que toutes ses sœurs, le titre de reine de Hongrie dans son contrat de mariage. On peut en effet s'intituler reine sans l'être, comme on se nomme archiduchesse sans posséder d'archiduché; mais cet usage n'a pas été suivi.

Au reste, Ferdinand laissa, par son testament, à Maximilien, son fils, roi des Romains, la Hongrie, la Bohême, la Haute et la Basse-Autriche;

A son second fils Ferdinand, le Tyrol et l'Autriche antérieure;

A Charles, la Stirie, la Carinthie, la Carniole, et ce qu'il possédait en Istrie.

Alors tous les domaines autrichiens furent divisés:

---

[1] Voyez, tome XXI, le chapitre v du *Précis du Siècle de Louis XV*. B.

[2] Albert II, nommé Albert V dans le *Catalogue des empereurs*, article FERDINAND, naquit en 1528, selon l'*Art de vérifier les dates*, qui l'appelle Albert III. Il n'épousa Anne d'Autriche que le 4 juillet 1546, trois ans après le fameux testament. CL.

mais l'empire, qui resta toujours dans la maison, fut l'étendard auquel se réunissaient tous les princes de cette race.

Ferdinand ne fut couronné ni à Rome ni en Lombardie. On s'apercevait enfin de l'inutilité de ces cérémonies, et il était bien plus essentiel que les deux branches principales de la maison impériale, c'est-à-dire l'espagnole et l'autrichienne, fussent toujours d'intelligence. C'était là ce qui rendait l'Italie soumise, et mettait le saint-siége dans la dépendance de cette maison.

MAXIMILIEN II,

QUARANTE-TROISIÈME EMPEREUR.

1564. L'empire, comme on le voit, était devenu héréditaire sans cesser d'être électif. Les empereurs, depuis Charles-Quint, ne passaient plus les Alpes pour aller chercher une couronne de fer et une couronne d'or. La puissance prépondérante en Italie était Philippo II, qui, vassal à-la-fois de l'empire et du saint-siége, dominait dans l'Italie et dans Rome par sa politique, et par les richesses du Nouveau-Monde, dont son père n'avait eu que les prémices, et dont il recueillait la moisson.

L'empire, sous Maximilien II comme sous Ferdinand I*er*, était donc en effet l'Allemagne suzeraine de la Lombardie; mais cette Lombardie, étant entre les mains de Philippe II, appartenait plutôt à un allié qu'à un vassal. La Hongrie devenait le domaine de la maison d'Autriche, domaine qu'elle disputait sans cesse contre les Turcs, et qui était l'avant-mur de l'Allemagne.

Maximilien, dès la première année de son règne, est obligé, comme son père et son aïeul, de soutenir la guerre contre les armées de Soliman.

Ce sultan, qui avait lassé les généraux de Charles-Quint et de Ferdinand, fait encore la guerre par ses lieutenants dans les dernières années de sa vie. La Transylvanie en était le prétexte; il y voulait toujours nommer un vayvode tributaire, et Jean Sigismond, fils de cette reine de Hongrie qui avait cédé ses droits pour quelques villes en Silésie, était revenu mettre son héritage sous la protection du sultan, aimant mieux être souverain tributaire des Turcs que simple seigneur. La guerre se fesait donc en Hongrie. Les généraux de Maximilien prennent Tokai, au mois de janvier. L'électeur de Saxe, Auguste, était le seul prince qui secourût l'empereur dans cette guerre. Les princes catholiques et protestants songeaient tous à s'affermir. La religion occupait plus alors les peuples qu'elle ne les divisait. La plupart des catholiques, en Bavière, en Autriche, en Hongrie, en Bohême, en acceptant le concile de Trente, voulaient seulement qu'on leur permît de communier avec du pain et du vin. Les prêtres, à qui l'usage avait permis de se marier avant la clôture du concile de Trente, demandaient à garder leurs femmes. Maximilien II demande au pape ces deux points : Pie IV, à qui le concile avait abandonné la décision du calice, le permet aux laïques allemands, et refuse les femmes aux prêtres; mais ensuite on a ôté le calice aux séculiers.

1565. On fait une trêve avec les Turcs qui restent toujours maîtres de Bude; et le prince de Transylvanie demeure sous leur protection.

Soliman envoie le bacha Mustapha assiéger Malte. Rien n'est plus connu que ce siége, où la fortune de Soliman échoua.

1566. Malgré l'affaiblissement du pouvoir impérial depuis le traité de Passau, l'autorité législative résidait toujours dans l'empereur, et cette autorité était en vigueur quand il n'avait pas affaire à des princes trop puissants.

Maximilien II déploie cette autorité contre le duc de Mecklenbourg, Jean-Albert, et son frère Ulric. Ils prétendaient tous deux les mêmes droits sur la ville de Rostock. Les habitants prouvaient qu'ils étaient exempts de ces droits. Les deux frères se fesaient la guerre entre eux, et s'accordaient seulement à dépouiller les citoyens.

L'empereur a le crédit de terminer cette petite guerre civile par une commission impériale qui achève de ruiner la ville.

La flotte de Soliman prend la ville de Chio sur les Vénitiens. Maximilien en prend occasion de demander, dans la diète d'Augsbourg, plus de secours qu'on n'en avait accordé à Charles-Quint lorsque Soliman était devant Vienne. La diète ordonne une levée de soldats, et accorde des mois romains[1] pour trois ans ; ce qu'on n'avait point fait encore.

---

[1] Lorsque les empereurs allaient se faire couronner à Rome, ils exigeaient des sujets de l'empire les frais de la dépense de leur voyage; cette dépense se comptait par mois. On assimila à cette dépense extraordinaire les impôts

Soliman, qui touchait à sa fin, n'en fesait pas moins la guerre. Il se fait porter à la tête de cent mille hommes, et vient assiéger la ville de Zigeth. Il meurt devant cette place [1] ; ses janissaires y entrent le sabre à la main, deux jours après sa mort.

Le comte de Serin [2], qui commandait dans Zigeth, est tué en se défendant, après avoir mis lui-même la ville en flammes. Le grand-vizir envoie la tête de Serin à Maximilien, et lui fait dire que lui-même aurait dû hasarder la sienne pour venir défendre sa ville, puisqu'il était à la tête de près de cent vingt mille hommes.

L'armée de Maximilien, la mort de Soliman, et l'approche de l'hiver, servent au moins à arrêter les progrès des Turcs.

Les états de l'Autriche et de la Bohême profitent du mauvais succès de la campagne de l'empereur, pour lui demander le libre exercice de la confession d'Augsbourg.

Les troubles des Pays-Bas commençaient en même temps, et tout était déjà en feu en France au sujet du calvinisme : mais Maximilien fut plus heureux que

---

extraordinaires qu'on accorda pour d'autres motifs à l'empereur, et qu'on appela *mois romains*. Un mois romain se composait de 12,795 fantassins et 2681 cavaliers, ou, en argent, de 83,964 gouldes d'empire. Le goulde d'empire valait 2 francs 50 centimes. En 1598, on accorda à Rodolphe II vingt mois romains pendant trois ans; en 1603, on lui en promit quatre-vingts. B.

[1] Le 8 septembre, à l'âge de soixante-douze ans, dans la quarante-sixième année de son règne. CL.

[2] Nicolas, comte de Serin, est le bisaïeul de celui que Voltaire nomme Serini, et qui périt sur l'échafaud en 1671. Voyez, plus bas, le règne de Léopold. CL.

Philippe II et que le roi de France. Il refusa la liberté de conscience à ses sujets; et son armée, qui avait peu servi contre les Turcs, mit chez lui la tranquillité.

1567. Cette année fut le comble des malheurs pour l'ancienne branche de la maison électorale de Saxe, dépouillée de son électorat par Charles-Quint.

L'électorat donné, comme on a vu[1], à la branche cadette, devait être l'objet des regrets de l'aînée. Un gentilhomme nommé Groumbach, proscrit avec plusieurs de ses complices pour quelques crimes, s'était retiré à Gotha chez Jean-Frédéric, fils de ce Jean-Frédéric[2] à qui la bataille de Muhlberg avait fait perdre le duché et l'électorat de Saxe.

Groumbach avait principalement en vue de se venger de l'électeur de Saxe, Auguste, chargé de faire exécuter contre lui l'arrêt de sa proscription. Il était associé avec plusieurs brigands qui avaient vécu avec lui de rapines et de pillage. Il forme avec eux une conspiration pour assassiner l'électeur. Un des conjurés, pris à Dresde, avoua le complot. L'électeur Auguste, avec une commission de l'empereur, fait marcher ses troupes à Gotha. Groumbach, que le duc de Gotha soutenait, était dans la ville avec plusieurs soldats déterminés, attachés à sa fortune. Les troupes du duc et les bourgeois défendirent la ville; mais enfin il fallut se rendre. Le duc Jean-Frédéric, aussi malheureux que son père, est arrêté, conduit à Vienne dans une charrette avec un bonnet de paille attaché sur sa tête, ensuite à Naples; et ses états sont donnés

---

[1] Année 1547. B. — [2] L'électeur, dépossédé en 1547, s'appelait Jean-Frédéric-Henri: voyez page 508. B.

à Jean-Guillaume son frère. Pour Groumbach et ses complices, ils furent tous exécutés à mort.

1568. Les troubles des Pays-Bas augmentaient. Le prince d'Orange, Guillaume-le-Taciturne, déjà chef de parti, qui fonda la république des Provinces-Unies, s'adresse à l'empereur, comme au premier souverain des Pays-Bas, toujours regardés comme appartenants à l'empire : et en effet l'empereur envoie en Espagne son frère Charles d'Autriche, archiduc de Gratz, pour adoucir l'esprit de Philippe II ; mais il ne put ni fléchir le roi d'Espagne, ni empêcher que la plupart des princes protestants d'Allemagne n'envoyassent du secours au prince d'Orange.

Le duc d'Albe, gouverneur sanguinaire des Pays-Bas, presse l'empereur de lui livrer le prince d'Orange, qui alors levait des troupes en Allemagne. Maximilien répond que, l'empire ayant la juridiction suprême sur les Pays-Bas, c'est à la diète impériale qu'il faut s'adresser. Une telle réponse montre assez que le prince d'Orange n'était pas un homme qu'on pût arrêter.

L'empereur laisse le prince d'Orange faire la guerre dans les Pays-Bas, à la tête des troupes allemandes contre d'autres troupes allemandes, sans se mêler de la querelle. Il était pourtant naturel qu'il assistât Philippe II, son cousin, dans cette affaire importante, d'autant plus que cette année-là même il fit la paix avec Sélim II, successeur du grand Soliman. Délivré du Turc, il semblait que son intérêt fût d'affermir la religion catholique : mais apparemment qu'après cette paix on ne lui payait plus de mois romains.

Loin d'aider le roi d'Espagne à soumettre ses sujets des Pays-Bas, qui demandaient la liberté de conscience, il parut désapprouver la conduite de Philippe, en accordant bientôt dans l'Autriche la permission de suivre la confession d'Augsbourg. Il promit après au pape de révoquer cette permission. Tout cela découvre un gouvernement gêné, faible, inconstant. On eût dit que Maximilien craignait la puissance des ennemis de sa communion, et en effet toute la maison de Brandebourg était protestante. Un fils de l'électeur Jean-George, élu archevêque de Magdebourg, professait publiquement le protestantisme; un évêque de Verden en fesait autant; le duc de Brunsvick, Jules, embrassait cette religion qui était déjà celle de ses sujets; l'électeur palatin et presque tout son pays était calviniste. Le catholicisme ne subsistait plus guère en Allemagne que chez les électeurs ecclésiastiques, dans les états des évêques et des abbés, dans quelques commanderies de l'ordre teutonique, dans les domaines héréditaires de la maison d'Autriche et dans la Bavière, et encore y avait-il beaucoup de protestants dans tous ces pays; ils fesaient même en Bohême le plus grand nombre. Tout cela autorisait la liberté que Maximilien donnait en Autriche à la religion protestante : mais une autre raison plus forte s'y joignait; c'est que les états d'Autriche avaient promis à ce prix des subsides considérables. Tout se fesait pour de l'argent dans l'empire, qui dans ce temps-là n'en avait guère.

1569. Au milieu de tant de guerres de religion et de politique, voici une dispute de vanité. Le duc de

Florence Cosme II [1], et le duc de Ferrare Alfonse, se disputaient la préséance. Les rangs étaient réglés dans les diètes en Allemagne : mais en Italie il n'y avait point de diète; et ces querelles de rang étaient indécises. Les deux ducs tenaient tous deux à l'empereur. François, prince héréditaire de Florence, et le duc de Ferrare, avaient épousé les sœurs de Maximilien. Les deux ducs remettent leur différent à son arbitrage. Mais le pape Pie V, qui regardait le duc de Ferrare comme son feudataire, le duc de Florence comme son allié, et toutes les dignités de ce monde comme des concessions du saint-siége, se hâte de donner un titre nouveau à Cosme; il lui confère la dignité de grand-duc avec beaucoup de cérémonie; comme si le mot de *grand* ajoutait quelque chose à la puissance. Maximilien est irrité que le pape s'arroge le droit de donner des titres aux feudataires de l'empire, et de prévenir son jugement. Le duc de Florence prétend qu'il n'est point feudataire. Le pape soutient qu'il a non seulement la prérogative de faire des grands-ducs, mais des rois. La dispute s'aigrit : mais enfin le grand-duc, qui était très riche, fut reconnu par l'empereur.

1570. Diète de Spire, dans laquelle on rend presque tous les états de la branche aînée de la maison de Saxe à un frère du malheureux duc de Gotha qui reste confiné à Naples. On y conclut une paix entre l'empereur et Jean-Sigismond, prince de Transylvanie, qui est reconnu souverain de cette province, et

---

[1] Lisez : « Cosme Ier; » né en 1519, mort le 21 avril 1574; Cosme II ne naquit qu'en 1590. Cl.

renoncé au titre de roi de Hongrie; titre d'ailleurs très vain, puisque l'empereur avait une partie de ce royaume, et les Turcs l'autre.

1571. On y termine de très grands différents qui avaient long-temps troublé le Nord au sujet de la Livonie. La Suède, le Danemarck, la Pologne, la Russie, s'étaient disputé cette province que l'on regardait encore en Allemagne comme province de l'empire. Le roi de Suède, Sigismond [1], cède à Maximilien ce qu'il a dans la Livonie. Le reste est mis sous la protection du Danemarck; on convient d'empêcher que les Moscovites ne s'en emparent. La ville de Lubeck est comprise dans cette paix, comme partie principale. Tous les priviléges de son commerce sont confirmés avec la Suède et le Danemarck. Elle était encore puissante.

Les Vénitiens, à qui les Turcs enlevaient toujours quelque possession, avaient fait une ligue avec le pape et le roi d'Espagne. L'empereur refusait d'y entrer, dans la crainte d'attirer encore en Hongrie les forces de l'empire ottoman. Philippe II n'y entrait que pour la forme.

Le gouverneur du Milanais leva des troupes; mais ce fut pour envahir le marquisat de Final appartenant à la maison de Caretto. Les Génois avaient des vues sur ce coin de terre, et inquiétaient le possesseur. La France pouvait les aider. Le marquis de Caretto était à Vienne où il demandait justice en qualité de vassal

[1] C'était Jean III qui régnait alors. Son fils Sigismond ne lui succéda qu'en 1592, sur le trône de Suède. Le traité dont il s'agit fut arrêté en novembre 1570. Cl.

de l'empire ; et pendant ce temps-là Philippe II s'emparait de son pays, et trouvait aisément le moyen d'avoir raison dans le conseil de l'empereur.

1572. Après la mort de Sigismond II, roi de Pologne, dernier roi de la race des Jagellons, Maximilien brigue sous main ce trône, et se flatte que la république de Pologne le lui offrira par une ambassade.

La république croit que son trône vaut bien la peine d'être demandé; elle n'envoie point d'ambassade, et les brigues secrètes de Maximilien sont inutiles.

1573. Le duc d'Anjou [1], l'un de ses compétiteurs, est élu, le 1er mai, au grand mécontentement des princes protestants d'Allemagne, qui virent passer chez eux avec horreur ce prince teint du sang répandu à la journée de la Saint-Barthélemi.

1574. Le prince d'Orange, qui se soutenait dans les Pays-Bas, par sa valeur et par son crédit, contre toute la puissance de Philippe II, tient à Dordrecht une assemblée de tous les seigneurs et de tous les députés des villes de son parti. Maximilien y envoie un commissaire impérial pour soutenir en apparence la majesté de l'empire, et pour ménager un accommodement entre Philippe et les confédérés.

1575. Maximilien II fait élire son fils aîné Rodolphe, roi des Romains, dans la diète de Ratisbonne. La possession du trône impérial dans la maison d'Autriche devenait nécessaire par le long usage, par la crainte des Turcs, et par la convenance d'avoir un

---

[1] Depuis roi de France, sous le nom de Henri III; voyez tome XVIII, page 98. B.

chef capable de soutenir par lui-même la dignité impériale.

Les princes de l'empire n'en jouissaient pas moins de leurs droits. L'électeur palatin fournissait des troupes aux calvinistes de France, et d'autres princes en fournissaient toujours aux calvinistes des Pays-Bas.

Le duc d'Anjou, roi de Pologne, devenu roi de France par la mort de Charles IX, ayant quitté la Pologne, comme on se sauve d'une prison, et le trône ayant été déclaré vacant, Maximilien a enfin le crédit de se faire élire roi de Pologne le 15 décembre.

Mais une faction opposée fait un sanglant affront à Maximilien. Elle proclame Étienne Battori, vayvode de Transylvanie, vassal du sultan, et qui n'était regardé à la cour de Vienne que comme un rebelle et un usurpateur. Les Polonais lui font épouser la sœur de Sigismond-Auguste[1], reste du sang des Jagellons.

Le czar ou tzar de Russie, Jean[2], offre d'appuyer le parti de Maximilien, espérant qu'il pourra regagner la Livonie. La cour de Moscou, toute grossière qu'elle était alors, avait déjà les mêmes vues qui se sont manifestées de nos jours avec tant d'éclat.

La porte ottomane, de son côté, menaçait de prendre le parti d'Étienne Battori contre l'empereur. C'était encore la même politique qu'aujourd'hui.

Maximilien essayait d'engager tout l'empire dans sa querelle; mais les protestants, au lieu de l'aider à devenir plus puissant, se contentèrent de demander

[1] Appelé Sigismond II, à l'année 1572. B.
[2] Plus connu maintenant sous le nom d'Iwan IV. Cr.

la libre profession de la confession d'Augsbourg pour la noblesse protestante qui habitait les pays ecclésiastiques.

1576. Maximilien, très incertain de pouvoir soutenir son élection à la couronne de Pologne, meurt à l'âge de quarante-neuf ans, le 12 d'octobre.

RODOLPHE II,

QUARANTE-QUATRIÈME EMPEREUR.

1577. Rodolphe, couronné roi des Romains du vivant de son père, prend les rênes de l'empire qu'il tient d'une main faible. Il n'y avait point d'autre capitulation que celle de Charles-Quint. Tout se fesait à l'ordinaire dans les diètes; même forme de gouvernement, mêmes intérêts, mêmes mœurs. Rodolphe promet seulement à la première diète tenue à Francfort de se conformer aux réglements des diètes précédentes. Il est remarquable que les princes d'Allemagne proposent dans cette diète d'apaiser les troubles des Pays-Bas en diminuant l'autorité, ainsi que la sévérité de Philippe II; par là ils fesaient sentir que les intérêts des princes et des seigneurs flamands leur étaient chers, et qu'ils ne voulaient point que la branche aînée de la maison autrichienne, en écrasant ses vassaux, apprît à la branche cadette à abaisser les siens.

Tel était l'esprit du corps germanique; et il parut bien que l'empereur Rodolphe n'était pas plus absolu que Maximilien, puisqu'il ne put empêcher son frère l'archiduc Mathias d'accepter le gouvernement des Pays-Bas de la part des confédérés qui étaient en armes contre Philippe II ; de sorte qu'on voyait d'un côté don Juan d'Autriche, fils naturel de Charles-Quint, gouverneur au nom de Philippe II en Flandre ; et de l'autre, son neveu Mathias à la tête des rebelles, l'empereur neutre, et l'Allemagne vendant des soldats aux deux partis.

Rodolphe ne se remuait pas davantage pour l'irruption que les Russes fesaient alors en Livonie.

1578. Les Pays-Bas devenaient le théâtre de la confusion, de la guerre, de la politique ; et Philippe II n'ayant point pris le parti de venir de bonne heure y remettre l'ordre, comme avait fait Charles-Quint, jamais cette faute ne fut réparée. L'archiduc Mathias, ne contribuant que de son nom à la cause des confédérés, avait moins de pouvoir que le prince d'Orange, et le prince d'Orange n'en avait pas assez pour se passer de secours. Le prince palatin Casimir, tuteur du jeune électeur Frédéric IV, qui avait marché en France avec une petite armée au secours des protestants, venait avec les débris de cette armée et de nouvelles troupes soutenir la cause des protestants et des mécontents dans les Pays-Bas. Le frère du roi de France, Henri III, qui portait le titre de duc d'Anjou, était aussi déjà appelé par les confédérés, tout catholique qu'il était. Il y avait ainsi quatre puissances qui cherchaient à profiter de ces troubles, l'archiduc, le prince Casimir, le duc d'Anjou, et le prince d'Orange, tous quatre désunis ; et don Juan d'Autriche, célèbre par la bataille de Lépante, seul contre eux. On prétendait que ce même don Juan aspirait aussi à se faire souverain. Tant de troubles étaient la suite de l'abus que Philippe II avait fait de son autorité, et de ce qu'il n'avait pas soutenu cet abus par sa présence.

Don Juan d'Autriche meurt le 1ᵉʳ octobre, et on accuse Philippe II son frère de sa mort, sans autre preuve que l'envie de le rendre odieux.

1579. Pendant que la désolation est dans les Pays-Bas, et que le grand capitaine Alexandre Farnèse, prince de Parme, successeur de don Juan, soutient la cause de Philippe II et de la religion catholique par les armes, Rodolphe fait l'office de médiateur, ainsi que son père. La reine d'Angleterre Élisabeth et la France secouraient les confédérés d'hommes et d'argent, et l'empereur ne donne à Philippe II que de bons offices qui furent inutiles. Rodolphe était peu agissant par son caractère, et peu puissant par la forme que l'empire avait prise. Sa médiation est éludée par les deux partis. L'inflexible Philippe II ne voulait point accorder la liberté de conscience, et le prince d'Orange ne voulait point d'une paix qui l'eût réduit à l'état d'un homme privé. Il établit la liberté des Provinces-Unies, à Utrecht, dans cette année mémorable.

1580. Le prince d'Orange avait trouvé le secret de résister aux succès de Farnèse, et de se débarrasser de l'archiduc Mathias : cet archiduc se démit de son gouvernement équivoque, et demanda aux états une pension, qu'on lui assigna sur les revenus de l'évêché d'Utrecht.

1581. Mathias se retire des Pays-Bas, n'y ayant rien fait que de stipuler sa pension, dont on lui retranche la moitié, comme à un officier inutile. Les états généraux se soustraient juridiquement par un édit, le 26 juillet, à la domination du roi d'Espagne; mais ils ne renoncent point à être état de l'empire. Leur situation avec l'Allemagne reste indécise; et le duc d'Anjou, qu'on venait d'élire duc de Brabant, ayant depuis voulu asservir la nation qu'il venait défendre, fut obligé de s'en retourner en 1583, et d'y laisser le prince d'Orange plus puissant que jamais.

1582. Grégoire XIII ayant signalé son pontificat par la réforme du calendrier, les protestants d'Allemagne, ainsi que tous les autres de l'Europe, s'opposent à la réception de cette réforme nécessaire. Ils n'avaient d'autre raison, sinon que c'était un service que Rome rendait aux nations. Ils craignaient que cette cour ne parût trop faire pour instruire, et que les peuples, en recevant des lois dans l'astronomie, n'en reçussent dans la religion. L'empereur, dans une diète à Augsbourg, est obligé d'ordonner que la chambre impériale conservera l'ancien style de Jules-César, qui était bon du temps de César, mais que le temps avait rendu mauvais.

Un événement tout nouveau inquiète, cette année, l'empire. Gebhard de Truchsès, archevêque de Cologne, qui n'était pas prêtre, avait embrassé la confession d'Augsbourg, et s'était marié secrètement dans Bonn avec Agnès de Mansfeld, religieuse du monastère de Guerisheim. Ce n'était pas une chose bien extraordinaire qu'un évêque marié; mais cet évêque était électeur: il voulait épouser sa femme publiquement, et garder son électorat. Un électorat est incontestablement une dignité séculière. Les archevêques de Mayence, de Trèves, de Cologne, ne furent point originairement électeurs parcequ'ils étaient prêtres, mais parcequ'ils étaient chanceliers. Il pouvait arriver très aisément que l'électorat de Cologne fût séparé de l'archevêché, ou que le prélat fût à-la-fois évêque luthérien et électeur. Alors il n'y aurait eu d'électeur catholique que le roi de Bohême, et les archevêques de Mayence et de Trèves. L'empire serait bientôt tombé dans les mains d'un protestant, et cela seul pouvait donner à l'Europe une face nouvelle.

Gebhard de Truchsès essayait de rendre Cologne luthérienne. Il n'y réussit pas. Le chapitre et le sénat étaient d'autant plus attachés à la religion catholique, qu'ils partageaient en beaucoup de choses la souveraineté avec l'électeur, et qu'ils craignaient de la perdre. En effet, l'électeur, quoique souverain, était bien loin d'être absolu. Cologne est une ville libre impériale, qui se gouverne par ses magistrats. On leva des soldats de part et d'autre, et l'archevêque fit d'abord la guerre avec succès pour sa maîtresse.

1583. Les princes protestants prirent le parti de l'électeur de Cologne. L'électeur palatin, ceux de Saxe et de Brandebourg, écrivirent en sa faveur à l'empereur, au chapitre, au sénat de Cologne; mais ils s'en tinrent là; et comme ils n'avaient point un intérêt personnel et présent à faire la guerre pour le mariage d'une religieuse, ils ne la firent point.

Truchsès ne fut secouru que par des princes peu puissants. L'archevêque de Brême, marié comme lui, amena de la cavalerie à son secours. Le comte de Solms et quelques gentilshommes luthériens de Vestphalie donnèrent des troupes dans la première chaleur de l'événement. Le prince de Parme, d'un autre côté, en envoyait au chapitre. Un chanoine de l'ancienne maison de Saxe, qui est la même que celle de Brunsvick, commandait l'armée du chapitre, et prétendait que c'était une guerre sainte.

L'électeur de Cologne, n'ayant plus rien à ménager, célébra publiquement son mariage à Rosenthal, au milieu de cette petite guerre.

L'empereur Rodolphe ne s'en mêle qu'en exhortant l'archevêque à quitter son église et son électorat, s'il veut garder sa nouvelle religion et sa religieuse.

Le pape Grégoire XIII l'excommunie comme un membre pourri, et ordonne qu'on élise un nouvel archevêque. Cette bulle du pape révolte les princes protestants; mais ils ne font que des instances. Ernest de Bavière, évêque de Liége, de Freisingen et d'Hildesheim, est élu électeur de Cologne, et soutient son droit par la voie des armes. Il n'y eut alors que le prince palatin Casimir qui secourut l'électeur dépossédé; mais ce fut pour très peu de temps. Il ne resta bientôt plus à Truchsès que la ville de Bonn. Les troupes envoyées par le duc de Parme, jointes à celles de son compétiteur, en firent le siége, et Bonn se rendit bientôt.

1584. L'ancien électeur luttait encore contre sa mauvaise fortune. Il lui restait quelques troupes qui furent défaites; et enfin, n'ayant pu être ni assez habile ni assez heureux pour armer de grands princes en sa faveur, il n'eut d'autre ressource que d'aller vivre à la Haye avec sa femme dans un état au-dessous de la médiocrité, sous la protection du prince d'Orange.

L'intérieur de l'empire resta paisible. Le nouveau calendrier romain fut reçu par les catholiques. La trêve avec les Turcs fut prolongée. C'était à la vérité à la charge d'un tribut, et Rodolphe se croyait encore trop heureux d'acheter la paix d'Amurat III.

1585. L'exemple de Gebhard de Truchsès engage deux évêques à quitter leurs évêchés. L'un est un fils de Guillaume, duc de Clèves, qui renonce à l'évêché de Munster pour se marier; l'autre est un évêque de Minden, de la maison de Brunsvick.

1586. Le fanatisme délivre Philippe II du prince d'Orange [1], ce que dix ans de guerre n'avaient pu faire. Cet illustre fondateur de la liberté des Provinces-Unies est assassiné par Balthasar Gerard, Franc-Comtois; il l'avait déjà été auparavant par un nommé Jaurigni, Biscayen, mais il était guéri de sa blessure. Salcède avait conspiré contre sa vie, et on observa que Jaurigni et Gerard avaient communié pour se préparer à cette action. Philippe II anoblit tous les descendants de la famille de l'assassin : singulière noblesse ! L'intendant de la Franche-Comté, M. de Vanolles, les a remis à la taille [2].

Maurice, son second fils, succède, à l'âge de dix-huit ans, à Guillaume-le-Taciturne. C'est lui qui devint le plus célèbre général de l'Europe. Les princes protestants d'Allemagne ne le secoururent pas, quoique ce fût l'intérêt de leur religion; mais ils envoyè-

---

[1] En 1584, dit Voltaire, tome XVIII, page 13. B.
[2] Voyez tome XVIII, page 14. B.

rent des troupes en France au roi de Navarre, qui fut depuis Henri IV. C'est que le parti des calvinistes de France était assez riche pour soudoyer ses troupes, et que Maurice ne l'était pas.

1587. Le prince Maurice continue toujours la guerre dans les Pays-Bas contre Alexandre Farnèse. Il fait quelques levées aux dépens des états chez les protestants d'Allemagne : c'est tout le secours qu'il en tire.

Un nouveau trône s'offrit alors à la maison d'Autriche; mais cet honneur ne devint qu'une nouvelle preuve du peu de crédit de Rodolphe.

Le roi de Pologne, Étienne Battori, vayvode de Transylvanie, étant mort le 13 décembre 1586, le czar de Russie, Fœdor, se met sur les rangs; mais il est unanimement refusé. Une faction élit Sigismond, roi de Suède, fils de Jean III et d'une princesse du sang des Jagellons. Une autre faction proclame Maximilien, frère de l'empereur. Tous deux se rendent en Pologne, à la tête de quelques troupes. Maximilien est défait; il se retire en Silésie, et son compétiteur est couronné.

1588. Maximilien est vaincu une seconde fois par le général de la Pologne, Zamoski. Il est enfermé dans un château auprès de Lublin; et tout ce que fait en sa faveur l'empereur Rodolphe, son frère, c'est de prier Philippe II d'engager le pape Sixte V à écrire en faveur du prisonnier.

1589. Maximilien est enfin élargi, après avoir renoncé au royaume de Pologne. Il voit le roi Sigismond avant de partir. On remarque qu'il ne lui donna point le titre de *majesté*, parcequ'en Allemagne on ne le donnait qu'à l'empereur.

1590. Le seul événement qui peut regarder l'empire, c'est la guerre des Pays-Bas, qui désole les frontières du côté du Rhin et de la Vestphalie. Les cercles de ces provinces se contentent de s'en plaindre aux deux partis. L'Allemagne était alors dans une langueur que le chef avait communiquée aux membres.

1591. Henri IV, qui avait son royaume de France à conquérir, envoie le vicomte de Turenne en Allemagne, négocier des troupes avec les princes protestants : l'empereur s'y oppose en vain ; l'électeur de Saxe, Christiern, excité par le vicomte de Turenne, prêta de l'argent et des troupes ; mais il mourut lorsque cette armée était en chemin, et il n'en arriva en France qu'une petite partie. C'est tout ce qui se passait alors de considérable en Allemagne.

1592. La nomination à l'évêché de Strasbourg cause une guerre civile comme à Cologne, mais pour un autre sujet. La ville de Strasbourg était protestante. L'évêque catholique, résidant à Saverne, était mort. Les protestants élisent Jean-George de Brandebourg, luthérien. Les catholiques nomment le cardinal de Lorraine. L'empereur Rodolphe donne en vain l'administration à l'archiduc Ferdinand, l'un de ses frères, avec une commission pour apaiser ce différent. Ni les catholiques ni les protestants ne le reçoivent. Le cardinal de Lorraine soutient son droit avec dix mille hommes. Les cantons de Berne, de Zurich, et de Bâle, donnent des troupes à l'évêque protestant ; elles sont jointes par un prince d'Anhalt, qui revenait de France, où il avait servi inutilement Henri IV. Ce prince d'Anhalt défait le cardinal de Lorraine. Cette affaire est mise en arbitrage l'année suivante; et il fut enfin convenu, en 1603, que le cardinal de Lorraine resterait évêque de Strasbourg, mais en payant cent trente mille écus d'or au prince de Brandebourg, Jean-George. On ne peut guère acheter un évêché plus cher.

1593. Une affaire plus considérable réveillait l'indifférence de Rodolphe. Amurat III rompait la trêve, et les Turcs ravageaient déjà la Haute-Hongrie. Il n'y eut que le duc de Bavière et l'archevêque de Saltzbourg qui fournirent d'abord des secours. Ils joignirent leurs troupes à celles des états héréditaires de l'empereur.

Ferdinand, frère de Rodolphe, avait un fils nommé Charles d'Autriche, qu'il avait eu d'un premier mariage avec la fille d'un sénateur d'Augsbourg. Ce fils n'était point reconnu prince, mais il méritait de l'être. Il commandait un corps considérable. Un comte Montécuculli en commandait un autre; ceux qui ont porté ce nom ont été destinés à combattre heureusement pour la maison d'Autriche. Les Serin [1], les Nadasti, les Palfi, étaient à la tête des milices hongroises. Les Turcs furent vaincus dans plusieurs combats; la Haute-Hongrie fut en sûreté, mais Bude resta toujours aux Ottomans.

1594. Les Turcs étaient en campagne, et Rodolphe tenait une diète à Augsbourg, au mois de juin,

---

[1] George Serin ou Zrini, fils de Nicolas, qui est cité plus haut, année 1566, et aïeul de celui qui périt sous Léopold, en 1671. Cr.

pour s'opposer à eux. Croirait-on qu'il fut ordonné de mettre un tronc à la porte de toutes les églises d'Allemagne pour recevoir des contributions volontaires? C'est la première fois qu'on a demandé l'aumône pour faire la guerre. Cependant les troupes impériales et hongroises, quoique mal payées, combattirent toujours avec courage. L'archiduc Mathias voulut commander l'armée, et la commanda. L'archiduc Maximilien, qui gouvernait la Carinthie et la Croatie au nom de l'empereur son frère, se joint à lui; mais ils ne peuvent empêcher les Turcs de prendre la ville de Javarin.

1595. Par bonheur pour les impériaux, Sigismond Battori, vayvode de Transylvanie, secoue le joug des Ottomans pour prendre celui de Vienne. On voit souvent ces princes passer tour-à-tour d'un parti à l'autre; destinée des faibles, obligés de choisir entre deux protecteurs trop puissants. Battori s'engage à prêter foi et hommage à l'empereur pour la Transylvanie, et pour quelques places de Hongrie dont il était en possession. Il stipule que, s'il meurt sans enfants mâles, l'empereur, comme roi de Hongrie, se mettra en possession de son état; et on lui promet en récompense Christine, fille de l'archiduc Charles, le titre d'*illustrissimus*, et l'ordre de la toison d'or.

La campagne fut heureuse; mais les troncs établis à la porte des églises pour payer l'armée n'étant pas assez remplis, les troupes impériales se révoltèrent, et pillèrent une partie du pays qu'ils étaient venus défendre.

1596. L'archiduc Maximilien commande cette année contre les Turcs. Mahomet III, nouveau sultan, vient en personne dans la Hongrie. Il assiége Agria, qui se rend à composition; mais la garnison est massacrée en sortant de la ville. Mahomet, indigné contre l'aga des janissaires, qui avait permis cette perfidie, lui fait trancher la tête.

Mahomet défait Maximilien dans une bataille, le 26 octobre.

Pendant que l'empereur Rodolphe reste dans Vienne, s'occupe à distiller, à tourner, à chercher la pierre philosophale, que Maximilien son frère est battu par les Turcs, que Mathias songe déjà à profiter de l'inaction de Rodolphe pour s'élever, Albert, l'un de ses frères, qui était cardinal, et dont on n'avait point entendu parler encore, était depuis peu gouverneur de la partie des Pays-Bas restée à Philippe II. Il avait succédé dans ce gouvernement à un autre de ses frères, l'archiduc Ernest, qui venait de mourir après l'avoir possédé deux années sans avoir rien fait de mémorable. Il n'en fut pas de même du cardinal Albert d'Autriche. Il fesait la guerre à Henri IV, que Philippe II avait toujours inquiété depuis la mort de Henri III. Il prit Calais et Ardres.

Henri IV, à peine vainqueur de la ligue, demande du secours aux princes protestants; il n'en obtient pas, et se défend lui-même.

1597. Les Turcs sont toujours dans la Hongrie. Les paysans de l'Autriche, foulés par les troupes impériales, se soulèvent, et mettent eux-mêmes le comble à la désolation de ce pays. On est obligé d'envoyer contre eux une partie de l'armée. C'était une bien favorable occasion pour les Turcs; mais, par une fatalité singulière, la Haute-Hongrie a presque toujours été le terme de leurs progrès; et cette année, les révoltes des janissaires firent le salut de l'armée impériale.

1598. Le comté de Simmeren retombe par la mort du dernier comte à l'électeur palatin.

Le roi d'Espagne, Philippe II, meurt à soixante et douze ans, après quarante-deux de règne. Il avait troublé une partie de l'Europe sans que jamais, ni son oncle Ferdinand, ni son cousin Maximilien, ni son neveu Rodolphe, eussent servi à ses desseins, ni qu'il eût contribué à leur grandeur. Il avait donné avant sa mort les Pays-Bas à l'infante Isabelle, sa fille; ce fut sa dot en épousant le cardinal archiduc Albert: C'était priver son fils Philippe III et la couronne d'Espagne d'une belle province; mais les troubles qui la déchiraient la rendaient onéreuse à l'Espagne; et ce pays devait revenir à la couronne espagnole, en cas que l'archiduc Albert n'eût point d'enfants mâles, ce qui arriva en effet.

Il s'agissait de chasser les Turcs de la Haute-Hongrie. La diète accorde vingt mois romains [1] pendant trois ans pour cette guerre.

Le même Sigismond Battori, qui avait quitté les Turcs, et fait hommage de la Transylvanie à l'empereur, se repent de ces deux démarches. On lui avait donné en échange de sa souveraineté et de la Valachie les mêmes terres qu'à la reine, mère d'Étienne-Jean

---

[1] Voyez ma note, page 536. B.

Sigismond [1], c'est-à-dire Oppeln et Ratibor en Silésie. Il ne fut pas plus content de son marché que cette reine. Il quitte la Silésie; il rentre dans ses états; mais, toujours inconstant et faible, il les cède à un cardinal, son cousin. Ce cardinal, André Battori, se met aussitôt sous la protection des Turcs, reçoit du sultan une veste, comme un gage de la faveur qu'il demande. Semblable à Martinusius, il se met comme lui à la tête d'une armée; mais il est tué en combattant contre les impériaux.

1599. Par la mort du cardinal Battori, et par la fuite de Sigismond, la Transylvanie reste à l'empereur; mais la Hongrie ne cesse d'être dévastée par les Turcs. Ceux qui s'étonnent aujourd'hui que ce pays si fertile soit si dépeuplé, en trouveront aisément la raison dans le nombre d'esclaves des deux sexes que les Turcs ont si souvent enlevés.

L'empereur, dans cette année, se résolut à affranchir enfin le Virtemberg de l'inféodation de l'Autriche. Le Virtemberg ne releva plus que de l'empire; mais il doit toujours revenir à la maison d'Autriche, au défaut d'héritier.

1600. Les Turcs s'avancent jusqu'à Canise, sur la Drave, vers la Stirie. Le duc de Mercœur, célèbre prince de la maison de Lorraine, ne put empêcher la prise de cette forte place. Alors les peuples de Transylvanie et de Valachie refusent de reconnaître l'empereur.

---

[1] Le même que celui qui est cité plus haut, au commencement de 1570, comme prince de Transylvanie; mort en 1571. Sa mère, la reine Isabelle, mourut en 1559, dix ans après le cardinal Martinusius. Cl..

1601. La fortune de Sigismond Battori est aussi inconstante que lui-même; il rentre en Transylvanie, mais il y est défait par le parti des impériaux. Ce ne sont que des révolutions continuelles dans ces provinces. Heureusement ce même duc de Mercœur, qui n'avait pu ni défendre ni reprendre Canise, prend sur les Turcs Albe-Royale.

1602. Enfin l'archiduc Mathias, plus agissant que son frère, et secondé du duc de Mercœur, pénètre jusqu'à Bude; mais il l'assiége inutilement. Tout cela ne fait qu'une guerre ruineuse, à charge à l'empereur et à l'empire.

Sigismond Battori, beaucoup plus malheureux, et méprisé par les Turcs qui ne le secouraient pas, va se rendre enfin aux troupes impériales sans aucune condition; et ce prince, qui devait épouser une archiduchesse, est alors trop heureux d'être baron en Bohême avec une pension très modique.

1603. Il y a toujours une fatalité qui arrête les conquêtes des Turcs. Mahomet III, qui menaçait de venir commander en personne une armée formidable, meurt à la fleur de son âge. Il laisse sur le trône des Ottomans son fils Achmet, âgé de quinze ans. Les factions troublent le sérail, et la guerre de Hongrie languit.

La diète de Ratisbonne promet cette fois quatre-vingts mois romains[1]. Jamais l'empire n'avait encore donné un si puissant secours; mais il ne fut guère fourni qu'en paroles.

Dans cette année, Lubeck, Dantzick, Cologne,

[1] Voyez ma note, page 536. B.

Hambourg, et Brême, villes de l'ancienne hanse d'Allemagne, obtiennent en France des priviléges que ces villes prétendaient avoir eus, et que le temps avait abolis. Les négociants de ces villes furent exemptés du droit d'aubaine[1], et le sont encore. Ce ne sont pas là des événements d'éclat, mais ils contribuent au bien public ; et presque tous ceux qu'on a vus le détruisent.

1604. L'empereur est sur le point de perdre la partie de la Haute-Hongrie qui lui restait. Les exactions d'un gouverneur de Cassovie en sont cause. Ce gouverneur ayant exigé de l'argent d'un seigneur hongrois nommé Botskai, ce Hongrois se soulève, fait révolter une partie de l'armée, et se déclare seigneur de la Haute-Hongrie, sans oser prendre le titre de roi.

1605. Il ne reste à l'empereur en Hongrie que Presbourg : les Turcs et le révolté Botskai avaient le reste. L'archiduc Mathias était dans Presbourg avec une armée, mais le grand-vizir était dans la ville de Pest ; Botskai se fait proclamer prince de Transylvanie, et reçoit solennellement dans Pest la couronne de Hongrie, par les mains du grand-vizir. L'archiduc Mathias est obligé de s'accommoder avec les seigneurs hongrois, pour conserver ce qui reste de ce pays. Il fut stipulé que dans la suite les états de Hongrie, qui avaient toujours élu leur roi, éliraient eux-mêmes leur gouverneur, au nom de leur roi. La nomination aux évêchés était un droit de la couronne, mais

---

[1] Le droit d'aubaine est aboli en France : voyez la note, tome XVIII, page 485. B.

les états exigèrent qu'on ne nommerait jamais que des Hongrois, et que les évêques nommés par l'empereur n'auraient point de part au gouvernement du royaume. Moyennant ces concessions et quelques autres, l'archiduc Mathias obtint que Botskai céderait la Transylvanie, et qu'il ne garderait de la Hongrie que la couronne d'or qu'il avait reçue du grand-vizir. Les Hongrois stipulèrent expressément que les religions luthérienne et calviniste seraient autorisées.

Sous ce gouvernement faible de Rodolphe, l'Allemagne n'était pourtant pas troublée. Il n'y avait alors que de très petites guerres intestines, comme celle du duc de Brunsvick, qui voulait soumettre la ville de Brunsvick, et du duc de Bavière, qui voulait subjuguer Donavert. Le duc de Bavière [1], riche et puissant, vint à bout de Donavert; mais le duc de Brunsvick ne put prévaloir contre Brunsvick, qui resta longtemps encore libre et impériale. Elle était soutenue par la hanse teutonique. Les grandes villes commerçantes pouvaient alors se défendre aisément contre les princes. On ne levait, comme on sait [2], de troupes qu'en cas de guerre. Ces milices nouvelles des princes et des villes étaient également mauvaises; mais depuis que les princes se sont appliqués à tenir en tout temps des troupes disciplinées, les choses ont bien changé.

L'Allemagne d'ailleurs fut tranquille, malgré trois religions opposées l'une à l'autre, malgré les guerres

---

[1] Maximilien, investi de l'électorat palatin en 1623, comme on le voit plus bas. Cl.

[2] Voyez années 1532 et 1541. B.

des Pays-Bas, qui inquiétaient sans cesse les frontières, malgré les troubles de la Hongrie et de la Transylvanie. La faiblesse de Rodolphe en Allemagne n'eut pas le même sort que celle de Henri III en France. Tous les seigneurs, sous Henri III, voulurent devenir indépendants et puissants; ils troublèrent tout : mais les seigneurs allemands étaient ce que les seigneurs français voulaient être.

1606. L'archiduc Mathias traite avec les Turcs, mais sans effet. Tant de traités avec les Turcs, avec les Hongrois, avec les Transylvains, ne sont que de nouvelles semences de troubles. Les Transylvains, après la mort de Botskai, élisent Sigismond Racoczi pour vayvode, malgré les traités faits avec l'empereur, et l'empereur le souffre.

1607-1608. Rodolphe, qui achetait si chèrement la paix chez lui, négocie pour l'établir enfin dans les Pays-Bas; on ne pouvait l'avoir qu'aux dépens de la branche d'Autriche espagnole, comme il l'avait à ses dépens en Hongrie. La fameuse union d'Utrecht, de 1579, était trop puissante pour céder. Il fallait reconnaître les états-généraux des sept Provinces-Unies libres et indépendants. C'était principalement de l'Espagne que les sept provinces exigeaient cette reconnaissance authentique. Rodolphe leur écrit : « Vous êtes des états mouvants de l'empire; votre « constitution ne peut changer sans le consentement « de l'empereur, votre chef. » Les états-généraux ne firent pas seulement de réponse à cette lettre. Ils continuent à traiter avec l'Espagne, qui reconnut enfin, en 1609, leur indépendance.

Cependant cette philosophie tranquille et indifférente de Rodolphe, plus convenable à un homme privé qu'à un empereur, enhardit enfin l'ambition de l'archiduc Mathias, son frère; il songe à ne lui laisser que le titre d'empereur, et à se faire souverain de la Hongrie, de l'Autriche, de la Bohême, dont Rodolphe négligeait le gouvernement. La Hongrie était envahie presque tout entière par les Turcs, et déchirée par ses factions; l'Autriche exposée, la Bohême mécontente. L'inconstant Battori, par une nouvelle vicissitude de sa fortune, venait encore d'être rétabli en Transylvanie par les suffrages de la nation et par la protection du sultan. Mathias négociait avec Battori, avec les Turcs, avec les mécontents de la Hongrie. Les états d'Autriche lui avaient fourni beaucoup d'argent. Il était à la tête d'une armée; il prenait sur lui tous les soins, et voulait en recueillir le fruit.

L'empereur, retiré dans Prague, apprend les desseins de son frère, il craint pour sa sûreté. Il ordonne quelques levées à la hâte. Mathias, son frère, lève le masque; il marche vers Prague. Les protestants de la Bohême prennent ce temps de crise pour demander de nouveaux priviléges à Rodolphe, qu'ils menacent d'abandonner. Ils obtiennent que le clergé catholique ne se mêlera plus des affaires civiles, qu'il ne fera aucune acquisition de terres sans le consentement des états, que les protestants seront admis à toutes les charges. Cette condescendance de l'empereur irrite les catholiques; il se voit réduit à recevoir la loi de son frère.

Il lui cède, le 11 mai, la Hongrie, l'Autriche, la Moravie; il se réserve seulement, dans ce triste accord, l'usufruit de la Bohême et la suzeraineté de la Silésie. Il se dépouillait de ce qu'il avait gouverné avec faiblesse, et qu'il ne pouvait plus garder. Son frère n'acquérait d'abord en effet que de nouveaux embarras. Il avait à se concilier les protestants de l'Autriche, qui demandaient, les armes à la main, à leur nouveau maître l'exercice libre de leur religion, et auxquels il fallut l'accorder, du moins hors des villes. Il avait à ménager les Hongrois, qui ne voulaient pas qu'aucun Allemand eût chez eux de charge publique. Mathias fut obligé d'ôter aux Allemands leurs emplois en Hongrie. Voilà comme il tâchait de s'affermir pour être en état de résister enfin à la puissance ottomane.

1609. Plus la religion protestante gagnait de terrain dans les domaines autrichiens, plus elle devenait puissante en Allemagne. La succession de Clèves et de Juliers mit aux mains les deux partis, qui s'étaient long-temps ménagés depuis la paix de Passau. Elle fit renaître une ligue protestante plus dangereuse que celle de Smalcalde, et produisit une ligue catholique. Ces deux factions furent prêtes de ruiner l'empire.

Les maisons de Brandebourg, de Neubourg, de Deux-Ponts, de Saxe, et enfin Charles d'Autriche, marquis de Burgau, se disputaient l'héritage de Jean-Guillaume, dernier duc de Clèves, Berg, et Juliers, mort sans enfants.

L'empereur crut mettre la paix entre les prétendants, en séquestrant les états que l'on disputait. Il envoie l'archiduc Léopold, son cousin, prendre possession du duché de Clèves; mais d'abord l'électeur de Brandebourg, Jean-Sigismond, s'accorde avec le duc de Neubourg, son compétiteur, pour s'y opposer. L'affaire devient bientôt une querelle des princes protestants avec la maison d'Autriche. Les princes de Brandebourg et de Neubourg, déjà en possession, et unis par le danger en attendant que l'intérêt les divisât, soutenus de l'électeur palatin Frédéric IV, implorent le secours de Henri IV, roi de France.

Alors se formèrent les deux ligues opposées: la protestante, qui soutenait les maisons de Brandebourg et de Neubourg; la catholique, qui prenait le parti de la maison d'Autriche. L'électeur palatin, Frédéric IV, quoique calviniste, était à la tête de tous les confédérés de la confession d'Augsbourg: c'était le duc de Virtemberg, le landgrave de Hesse-Cassel, le margrave d'Anspach, le margrave de Bade-Dourlach, le prince d'Anhalt, plusieurs villes impériales. Ce parti prit le nom d'union évangélique.

Les chefs de la ligue catholique opposée étaient Maximilien, duc de Bavière, les électeurs catholiques, et tous les princes de cette communion. L'électeur de Saxe même se mit dans ce parti, tout luthérien qu'il était, dans l'espérance de l'investiture des duchés de Clèves et de Juliers. Le landgrave de Hesse-Darmstadt, protestant, était aussi de la ligue catholique. Il n'y avait aucune raison qui pût faire de cette querelle une querelle de religion; mais les deux partis se servaient de ce nom pour animer les peuples. La ligue catholique mit le pape Paul V et le roi d'Espagne Philippe III dans son parti. L'union évangélique mit Henri IV dans le sien. Mais le pape et le roi d'Espagne ne donnaient que leur nom; et Henri IV allait marcher en Allemagne à la tête d'une armée disciplinée et victorieuse, avec laquelle il avait déjà détruit une ligue catholique.

1610. Ces mots de ralliement *catholique, évangélique,* ce nom du *pape,* dans une querelle toute profane, furent la véritable et unique cause de l'assassinat du grand Henri IV, tué, comme on sait, le 14 mai, au milieu de Paris, par un fanatique imbécile et furieux [1]. On ne peut en douter; l'interrogatoire de Ravaillac, ci-devant moine, porte qu'il assassina Henri IV parcequ'on disait partout « qu'il allait faire « la guerre au pape, et que c'était la faire à Dieu. »

Les grands desseins de Henri IV périrent avec lui. Cependant il resta encore quelque ressort de cette grande machine qu'il avait mise en mouvement. La ligue protestante ne fut pas détruite. Quelques troupes françaises, sous le commandement du maréchal de La Châtre, soutinrent le parti de Brandebourg et de Neubourg.

En vain l'empereur adjuge Clèves et Juliers, par provision, à l'électeur de Saxe, à condition qu'il prouvera son droit; le maréchal de La Châtre n'en prend pas moins Juliers, et n'en chasse pas moins les troupes de l'archiduc Léopold. Juliers reste en commun, pour quelque temps, à Brandebourg et à Neubourg.

1611. L'extrême confusion où était alors l'Allemagne montre ce que Henri IV aurait fait s'il eût vécu.

---

[1] Voyez tome XVIII, page 152. B.

Rodolphe philosophait et s'occupait à fixer le mercure, dans Prague. L'archiduc Léopold, chassé de Juliers avec son armée mal payée, va en Bohême la faire subsister de pillage. Il y usurpe toute l'autorité de l'empereur, qui se voit dépouillé de tous côtés par les princes de son sang. Mathias, qui avait déjà forcé son frère à lui céder tant d'états, ne veut pas qu'un autre que lui dépouille le chef de sa maison. Il vient à Prague avec des troupes, et y force son frère à prier les états de le couronner *par excès d'affection fraternelle*.

Mathias est sacré roi de Bohême le 21 mai; il ne reste à Rodolphe que le titre de roi, aussi vain pour lui que celui d'empereur.

1612. Rodolphe meurt le 20 janvier, à compter selon le nouveau calendrier. Il n'avait jamais voulu se marier. Sa maison, dont on avait tant craint la vaste puissance, n'eut presque aucune considération de son temps en Europe, depuis le commencement du dix-septième siècle. Sa nonchalance et la faiblesse de Philippe III en Espagne en furent la cause. Rodolphe avait perdu ses états, et conservé de l'argent comptant. On prétend qu'on trouva dans son épargne quatorze millions d'écus. Cela découvre une âme petite. Avec ces quatorze millions et du courage, il eût pu reprendre Bude sur les Turcs, et rendre l'empire respectable: mais son caractère le fit vivre en homme privé sur le trône; et il fut plus heureux que ceux qui le dépouillèrent et le méprisèrent.

MATHIAS,

QUARANTE-CINQUIÈME EMPEREUR.

1612. Mathias, frère de Rodolphe, est élu unanimement, et cette unanimité surprend l'Europe. Mais les trésors de son frère l'avaient enrichi, et le voisinage des Turcs rendait nécessaire l'élection d'un prince de la maison d'Autriche, roi de Hongrie.

La capitulation de Charles-Quint n'avait point jusque-là été augmentée. Elle le fut de quelques articles pour Mathias, dont l'ambition s'était assez manifestée.

La Hongrie et la Transylvanie étaient toujours dans le même état. L'empereur avait peu de terrain pardelà Presbourg; et le nouveau prince de Transylvanie, Gabriel Battori, était vassal du sultan.

1613. Ces deux grandes ligues, la protestante et la catholique, qui avaient menacé l'Allemagne d'une guerre civile, s'étaient comme dissipées elles-mêmes après la mort de Henri IV. Les protestants se contentaient seulement de refuser de l'argent à l'empereur dans les diètes. La querelle sur la succession de Juliers, qu'on croyait devoir embraser l'Europe, ne devint plus qu'une de ces petites guerres particulières qui ont troublé, de tout temps, quelques cantons d'Allemagne, sans dissoudre le corps germanique.

Le duc de Neubourg et l'électeur de Brandebourg, s'étant mis en possession de Clèves et de Juliers, devaient être nécessairement brouillés pour le partage. Un soufflet, donné par l'électeur de Brandebourg au duc de Neubourg, ne pacifia pas le différent. Les deux princes se firent la guerre. Le duc de Neubourg se fit catholique pour avoir la protection de l'empereur et du roi d'Espagne. L'électeur de Brandebourg introduisit le calvinisme dans le pays pour animer la ligue protestante en sa faveur.

Cependant les autres princes demeuraient dans l'inaction; et l'électeur de Saxe lui-même [1], malgré le jugement impérial rendu en sa faveur, ne remuait pas. Les Pays-Bas espagnols et hollandais se mêlaient de la querelle. Deux grands généraux, le marquis de Spinola, de la part de l'Espagne, secourait Neubourg; le comte Maurice, de la part des états généraux, était armé pour Brandebourg. C'est une suite de la constitution de l'Allemagne, que des puissances étrangères pussent prendre plus de part à ces querelles intestines que l'Allemagne même. L'intérieur du corps germanique n'en était point ébranlé. Cette paix intérieure était souvent troublée par les fréquents démêlés d'une ville avec une autre, des princes avec les villes, des princes avec les princes : mais le corps germanique subsistait par ces divisions mêmes, qui mettaient une balance à peu près égale entre ses membres.

Il n'en était pas de même en Hongrie et en Transylvanie. L'empereur Mathias se préparait contre le Turc. Le vayvode de Transylvanie, Gabriel Battori, se ménageait entre l'empereur chrétien et l'empereur musulman. Les Turcs poursuivent Battori : il est abandonné de ses sujets; l'empereur ne peut le

---

[1] Jean George : voyez le Catalogue des *Électeurs de Saxe*, page 27. B.

secourir. Battori se fait donner la mort par un de ses soldats [1]. Exemple unique parmi les princes modernes.

1614. Un bacha investit Bethlem-Gabor de la Transylvanie. Cette province semblait à jamais perdue pour la maison d'Autriche. Le nouveau sultan Achmet, maître d'une si grande partie de la Hongrie, jeune et ambitieux, fesait craindre que Presbourg ou Vienne ne devînt les limites des deux empires. On avait été toujours dans ces alarmes sur la fin du règne de Rodolphe; mais la vaste étendue de l'empire ottoman, qui depuis si long-temps inquiétait les chrétiens, fut ce qui les sauva. Les Turcs étaient souvent en guerre avec les Persans. Leurs frontières, du côté de la mer Noire, souffraient beaucoup des révoltes des Géorgiens et des Mingréliens. On contenait difficilement les Arabes; et il arrivait souvent que dans le temps même qu'on craignait en Hongrie et en Italie une nouvelle inondation de Turcs, ils étaient obligés de faire une paix même désavantageuse pour la défense de leur propre pays.

1615. L'empereur Mathias a le bonheur de conclure avec le sultan Achmet un traité plus favorable que la guerre n'eût pu l'être. Il stipule, sans tirer l'épée, la restitution d'Agria, de Canise, d'Albe-Royale, de Pest, et même de Bude : ainsi il est en possession de presque toute la Hongrie, en laissant toujours la Transylvanie et Bethlem-Gabor sous la protection des Ottomans. Ce traité augmente la puissance de

---

[1] Le 27 octobre 1613. Bethlem-Gabor fut proclamé son successeur trois jours après. CL.

Mathias. L'affaire de la succession de Juliers est presque la seule chose qui inquiète l'intérieur de l'empire; mais Mathias ménage les princes protestants, en laissant toujours ce pays partagé entre la maison palatine de Neubourg et celle de Brandebourg. Il avait besoin de ces ménagements pour perpétuer l'empire dans la maison d'Autriche.

1616. Cette année et les suivantes sont remplies de négociations et d'intrigues. Mathias était sans enfants, et avait perdu sa santé et son activité. Il fallait, pour assurer l'empire à sa maison, commencer par lui assurer la Bohême et la Hongrie. Les conjonctures étaient délicates: les états de ces deux royaumes étaient jaloux du droit d'élection; l'esprit de parti y régnait, et l'esprit d'indépendance encore plus: la différence des religions y nourrissait la discorde; mais les protestants et les catholiques aimaient également leurs priviléges. Les princes d'Allemagne paraissaient encore moins disposés à choisir un empereur autrichien; et l'union évangélique, toujours subsistante, laissait peu d'espérance à cette maison.

Il lui faut donc commencer par assurer la succession de la Bohême et de la Hongrie. Il avait ravi ces états à son frère; il n'en fait point passer l'héritage aux frères qui lui restent, Maximilien et Albert. Il n'y a guère d'apparence qu'ils y aient tous deux renoncé de bon gré. Albert surtout, à qui le roi d'Espagne avait laissé les Pays-Bas, aurait été plus qu'un autre en état de soutenir la dignité impériale, s'il eût régné sur la Hongrie et sur la Bohême. C'est sur un cousin, sur Ferdinand de Gratz, duc de Stirie, que Mathias veut faire tomber ces couronnes. Le droit du sang fut donc peu consulté.

1617-1618. Ferdinand est élu et reconnu successeur au royaume de Bohême par les états, et couronné en cette qualité le 29 juin. L'union évangélique commence à s'effaroucher de voir ces premiers pas de Ferdinand de Gratz vers l'empire. Mathias et Ferdinand ménagent plus que jamais l'électeur de Saxe, qui n'est point de l'union évangélique, et qui, dans l'espérance d'avoir Clèves, Berg, et Juliers, embrasse toujours le parti de la maison d'Autriche. La maison palatine, ayant des intérêts tout contraires, est toujours à la tête des protestants : et c'est là l'origine de la funeste guerre entre Ferdinand et la maison palatine ; c'est celle de la guerre de trente ans, qui désola tant de provinces, qui fit venir les Suédois au milieu de l'Allemagne, et qui produisit enfin le traité de Vestphalie, et donna une nouvelle face à l'empire.

1618. Mathias engage la branche d'Autriche espagnole à céder les prétentions qu'elle peut avoir sur la Hongrie et sur la Bohême. Philippe III, roi d'Espagne, abandonne ses droits sur ces royaumes à Ferdinand[1], à condition qu'au défaut de la postérité mâle de Ferdinand, la Hongrie et la Bohême appartiendront aux fils de Philippe III, ou à ses filles, et aux enfants de ses filles, selon l'ordre de la primogéniture. Par ce pacte de famille ces états pouvaient aisément tomber à la maison de France ; car si une fille héritière de Philippe III épousait un roi de France, le

---

[1] Ce prince fut couronné roi de Hongrie le 1ᵉʳ juillet 1618. CL.

fils aîné de ce roi acquérait un droit à la Hongrie et à la Bohême.

Ce pacte de famille était évidemment contraire au testament de l'empereur Ferdinand Ier [1]. Les dispositions des hommes, pour établir la paix dans l'avenir, préparent presque toujours la division. Enfin ce nouveau traité révoltait les Hongrois et les Bohémiens, qui voyaient qu'on disposait d'eux sans les consulter. Les protestants de Bohême commencent par se confédérer, à l'exemple de l'union évangélique ; bientôt ils entraînent les catholiques dans leur parti, parcequ'il s'agit des droits de l'état, et non de la religion. La Silésie, ce grand fief de la Bohême, se joint à elle : la guerre civile est allumée. Un comte de Thurn, ou de La Tour [2], homme de génie, est à la tête des confédérés ; il fait la guerre régulièrement et avec avantage ; ses partis vont jusqu'aux portes de Vienne.

1619. L'empereur Mathias meurt au mois de mars, au milieu de cette révolution subite, sans pouvoir prévoir quel sera le destin de sa maison.

Son cousin Ferdinand de Gratz est assez heureux d'abord pour ne point éprouver de grandes contradictions en Hongrie, dont il avait chassé les Turcs par un traité qui le rendait agréable au royaume ; mais il voit la Bohême, la Silésie, la Moravie, la Lusace, liguées contre lui, les protestants de l'Autriche prêts à éclater, et ceux de l'Allemagne peu disposés à l'é-

---

[1] Voyez année 1564. B.
[2] Lamorald de La Tour-Taxis. Il appartenait à la famille de Roger Ier, comte de Thurn, qui inventa les postes, en Allemagne, dans le quinzième siècle. Cl.

lever à l'empire. La maison d'Autriche n'avait point encore eu de moment plus critique : d'un côté quatre électeurs offrent la couronne impériale à Maximilien, duc de Bavière ; de l'autre, la Bohême offre sa souveraineté, d'abord au duc de Savoie, trop éloigné pour l'accepter ; et ensuite à l'électeur palatin Frédéric V, qui l'obtint pour son malheur. Cependant on s'assemble à Francfort pour élire un roi des Romains, un roi d'Allemagne, un empereur. Presque toutes les cours de l'Europe sont en mouvement pour cette grande affaire ; les états de la Bohême députent à Francfort pour faire exclure Ferdinand du droit de suffrage : ils ne le reconnaissaient pas pour roi ; et conséquemment ils ne voulaient pas qu'il eût de voix. Non seulement il était menacé de n'être pas empereur, mais même de n'être pas électeur : il fut l'un et l'autre. Il se donna sa voix pour l'empire ; il eut celles des catholiques, et même des protestants. Chaque électeur fut tellement ménagé, que chacun crut voir son intérêt particulier dans l'élévation de Ferdinand de Gratz. L'électeur palatin lui-même, à qui la Bohême déférait la couronne, fut obligé de donner sa voix, dont le refus aurait été inutile. Cette élection fut faite le 19 auguste 1619 ; il est couronné à Aix-la-Chapelle le 9 septembre ; il signe auparavant une capitulation un peu plus étendue que celle de ses prédécesseurs.

FERDINAND II,

QUARANTE-SIXIÈME EMPEREUR.

1619. Dans le temps même que Ferdinand II est

couronné empereur, les états de Bohême nomment pour roi l'électeur palatin. Cet honneur était devenu plus dangereux qu'auparavant par la nomination de Ferdinand à l'empire ; c'était le temps d'une grande crise pour le parti protestant. Si Frédéric eût été secouru par son beau-père Jacques, roi d'Angleterre, le succès paraissait assuré ; mais Jacques ne lui donna que des conseils, et ces conseils furent de refuser ; il ne le crut pas, et s'abandonna à la fortune.

Il est solennellement couronné dans Prague le 4 novembre avec l'électrice princesse d'Angleterre ; mais il est couronné par l'administrateur des hussites, non par l'archevêque de Prague.

Cela seul annonçait une guerre de religion aussi bien que de politique ; tous les princes protestants, hors l'électeur de Saxe, étaient pour lui : il avait dans son armée quelques troupes anglaises, que des seigneurs d'Angleterre lui avaient amenées par amitié pour lui, par haine pour la religion catholique, et par la gloire de faire ce que son beau-père Jacques Ier ne fesait pas. Il était secondé par le vayvode de Transylvanie, Bethlem-Gabor, qui attaquait le même ennemi en Hongrie. Gabor pénétra même jusqu'aux portes de Vienne, et de là il retourna sur ses pas prendre Presbourg. La Silésie était toute soulevée contre l'empereur ; le comte de Mansfeld soutenait en Bohême le parti du palatin ; les protestants même de l'Autriche inquiétaient l'empereur. Si la maison bavaroise avait été réunie, comme celle d'Autriche le fut toujours, le parti du nouveau roi de Bohême aurait été le plus fort : mais le duc de Bavière, riche et puissant, était loin de contribuer à la grandeur de la branche aînée de sa maison. La jalousie, l'ambition, la religion, le jetèrent dans le parti de l'empereur; de sorte qu'il arriva à la maison bavaroise sous Ferdinand de Gratz, ce qui était arrivé à la maison de Saxe sous Charles-Quint.

La ligue protestante et la ligue catholique étaient à peu près également puissantes dans l'Allemagne, mais l'Espagne et l'Italie appuyaient Ferdinand; elles lui fournissaient de l'argent levé sur le clergé, et des troupes. La France, qui n'était pas encore gouvernée par le cardinal de Richelieu, oubliait ses anciens intérêts. La cour de Louis XIII, faible et orageuse, semblait avoir des vues (supposé qu'elle en eût) toutes contraires aux desseins du grand Henri IV.

1620. Louis XIII envoie en Allemagne le duc d'Angoulême, à la tête d'une ambassade solennelle, pour offrir ses bons offices, au lieu d'y marcher avec une armée. Les princes assemblés à Ulm écoutent le duc d'Angoulême, et ne concluent rien; la guerre en Bohême continue. Bethlem-Gabor se fait reconnaître roi en Hongrie, comme le palatin Frédéric V en Bohême. Un ambassadeur de la Porte et un de Venise favorisent cette révolution des états de Hongrie dans la ville de Neuhausel. On n'était pas accoutumé à voir ainsi les Turcs et les Vénitiens réunis; mais Venise avait tant de démêlés avec la branche d'Autriche espagnole, qu'elle déclarait ouvertement ses sentiments contre toute la maison.

Toute l'Europe était partagée dans cette querelle, mais plutôt par des vœux que par des effets; et l'empereur était bien mieux secondé en Allemagne que l'électeur palatin.

D'un côté l'électeur de Saxe, déclaré pour l'empereur, entre dans la Lusace; de l'autre, le duc de Bavière pénètre en Bohême avec une puissante armée, tandis que les armes de l'empereur résistent, au moins en Hongrie, contre Bethlem-Gabor.

Le palatin est attaqué à-la-fois et dans son nouveau royaume de Bohême, et dans son électorat. Henri-Frédéric de Nassau, frère, et depuis successeur de Maurice, le stathouder des Provinces-Unies, y combattait pour lui. Il y avait encore des Anglais; mais contre lui était le célèbre Spinola, avec l'élite des troupes des Pays-Bas espagnols. Le Palatinat est ravagé. Une bataille décide en Bohême du sort de la maison d'Autriche et de la maison palatine.

Frédéric est entièrement défait le 19 novembre, auprès de Prague, par son parent Maximilien de Bavière. Il fuit d'abord en Silésie avec sa femme et deux de ses enfants, et perd en un jour les états de ses aïeux et ceux qu'il avait acquis.

1621. Le roi d'Angleterre, Jacques, négocie en faveur de son malheureux gendre aussi infructueusement qu'il s'était conduit faiblement.

L'empereur met l'électeur palatin au ban de l'empire, par un arrêt de son conseil aulique, le 20 janvier. Il proscrit le duc de Jagerndorff en Silésie, le prince d'Anhalt, les comtes de Hohenlohe, de Mansfeld, de La Tour, tous ceux qui ont pris les armes pour Frédéric.

Ce prince vaincu n'a pour lui que des intercesseurs

et point de vengeurs. Le roi de Danemarck presse l'empereur d'user de clémence. Ferdinand n'en fait pas moins passer par la main du bourreau un grand nombre de gentilshommes bohémiens.

Un de ses généraux, le comte de Bucquoi, achève de soumettre ce qui reste de rebelles en Bohême, et de là il court assurer la Haute-Hongrie contre Bethlem-Gabor. Bucquoi est tué dans cette campagne; et Ferdinand s'accommode bientôt avec le Transylvain, auquel il cède un grand terrain, pour être plus sûr du reste.

Cependant l'électeur palatin se réfugie de Silésie en Danemarck, et de Danemarck en Hollande. Le duc de Bavière s'empare du Haut-Palatinat, tandis que le marquis de Spinola répand dans le Palatinat les troupes espagnoles, fournies par l'archiduc, gouverneur des Pays-Bas.

Le palatin n'avait pu obtenir de son beau-père le roi Jacques, et du roi du Danemarck, que de bons offices et des ambassades inutiles à Vienne. Il n'obtenait rien de la France, dont l'intérêt était de prendre son parti. Ses seules ressources étaient alors dans deux hommes qui devaient naturellement l'abandonner. C'était le duc de Jagerndorff en Silésie, et le comte de Mansfeld dans le Palatinat, tous deux proscrits par l'empereur, et pouvant mériter leur grace en quittant le parti du palatin. Ils firent pour lui des efforts incroyables. Mansfeld surtout fut toujours à la tête d'une petite armée, qu'il conserva malgré la puissance autrichienne. Elle n'avait pour toute solde que l'art de Mansfeld de faire la guerre en partisan habile, art assez en usage alors, dans un temps où l'on ne connaissait pas ces grandes armées toujours subsistantes, et où un chef résolu pouvait se maintenir quelque temps à la faveur des troubles. Mansfeld réveillait et encourageait les princes protestants voisins.

Christiern surtout, prince de Brunsvick, administrateur, ce qui, au fond, ne veut dire qu'usurpateur de l'évêché d'Halberstadt, se joignit à Mansfeld. Ce Christiern s'intitulait, *Ami de Dieu et ennemi des prêtres;* il n'était pas moins ennemi des peuples dont il ravageait le territoire. Mansfeld et lui firent beaucoup de mal au pays, sans faire du bien à l'électeur palatin.

Les princes d'Orange et les Provinces-Unies, qui fesaient la guerre contre les Espagnols, aux Pays-Bas, étaient obligés d'y employer toutes leurs forces, et n'étaient pas en état de donner au palatin des secours efficaces. Son parti était accablé; mais il ne laissait pas de donner de temps en temps de violentes secousses : et, à la moindre occasion, il se trouvait quelque prince protestant qui armait en sa faveur. Le landgrave de Hesse-Cassel disputait quelques terres au landgrave de Darmstadt. Piqué contre l'empereur, qui favorisait son compétiteur, il soutenait, autant qu'il le pouvait, le parti de l'électeur palatin. Le margrave de Bade-Dourlach s'unissait avec Mansfeld; et, en général, tous les princes protestants, craignant de se voir bientôt forcés de restituer les biens ecclésiastiques, paraissaient disposés à prendre les armes dès qu'ils seraient secondés de quelques puissances.

1622. C'est toujours le duc de Bavière [1] qui fait le bonheur de Ferdinand. Ce sont ses généraux et ses troupes qui achèvent de ruiner le parti du palatin son parent. Tilly, général bavarois, qui depuis fut un des plus grands généraux de l'empereur, défait entièrement auprès d'Aschafenbourg ce prince de Brunsvick surnommé à bon droit l'*ennemi des prêtres*, puisqu'il venait de piller l'abbaye de Fulde et toutes les terres ecclésiastiques de cette partie de l'Allemagne.

Il ne restait plus que Mansfeld [2] qui pût défendre encore le Palatinat; et il en était capable, étant à la tête d'une petite armée qui, avec les débris de celle de Brunsvick, allait jusqu'à dix mille hommes. Mansfeld était un homme extraordinaire, bâtard d'un comte de ce nom, n'ayant de fortune que son courage et son habileté; secouru en secret des princes d'Orange et des autres protestants, il se trouvait général d'une armée qui n'appartenait qu'à lui.

Le malheureux Frédéric fut assez mal conseillé pour renoncer à ce secours, dans l'espérance qu'il obtiendrait de l'empereur des conditions favorables qu'il ne pouvait obtenir que par la force. Il pressa lui-même Brunsvick et Mansfeld de l'abandonner. Ces deux chefs errants passent en Lorraine et en Alsace, et cherchent de nouveaux pays à ravager.

Alors Ferdinand II, pour tout accommodement

---

[1] Voyez années 1605 et 1623. B.

[2] Ernest, comte de Mansfeld, marquis de Castel-Nuovo, né en 1585, eût pour père Pierre-Ernest, né en 1517, que Voltaire cite plus haut, année 1555, sous le simple nom d'Ernest. CL.

avec l'électeur palatin, envoie Tilly victorieux prendre Heidelberg, Manheim, et le reste du pays; tout ce qui appartenait à l'électeur fut regardé comme le bien d'un proscrit. Il avait la plus nombreuse et la plus belle bibliothèque d'Allemagne, surtout en manuscrits; elle fut transportée chez le duc de Bavière, qui l'envoya par eau à Rome. Plus du tiers fut perdu par un naufrage, et le reste est conservé encore dans le Vatican [1].

La religion et l'amour de la liberté excitent toujours quelques troubles en Bohême; mais ce ne sont plus que des séditions qui finissent par des supplices. L'empereur fait sortir de Prague tous les ministres luthériens, et fait fermer leurs temples. Il donne aux jésuites l'administration de l'université de Prague. Il n'y avait plus alors que la Hongrie qui pût inquiéter la prospérité de l'empereur. Il achève de s'assurer la paix avec Bethlem-Gabor, en le reconnaissant souverain de la Transylvanie, et en lui cédant, sur les frontières de son état, sept comtés qui composent cinquante lieues de pays. Le reste de la Hongrie, théâtre éternel de la guerre, ravagé depuis long-temps sans interruption, n'était encore à la maison d'Autriche

---

[1] Vingt-sept manuscrits grecs et douze latins, provenant de la bibliothèque d'Heidelberg, avaient été, en 1797, transportés à Paris. Lorsqu'en 1815 les commissaires du pape réclamèrent les livres et manuscrits que, d'après les traités, la France avait pris dans le Vatican, des commissaires de l'université d'Heidelberg revendiquèrent pour leur compte les objets provenant de cette ville. Pie VII, à qui on en référa, non seulement consentit à la remise des trente-neuf manuscrits qui étaient à Paris, mais encore ordonna la restitution de huit cent quarante-sept manuscrits allemands qui étaient encore au Vatican. B.

d'aucune ressource; mais c'était toujours un boulevard des états autrichiens.

1623. L'empereur, affermi en Allemagne, assemble une diète à Ratisbonne, dans laquelle il déclare « que « l'électeur palatin [1] s'étant rendu criminel de lèse-majesté, ses états, ses biens, et ses dignités, sont dévolus au domaine impérial; mais que, ne voulant pas diminuer le nombre des électeurs, il veut, commande, et ordonne que Maximilien, duc de Bavière, soit investi dans cette diète de l'électorat palatin. » C'était parler en maître. Les princes catholiques accédèrent tous à la volonté de l'empereur. Les protestants firent quelques remontrances publiques. L'électeur de Brandebourg, les ducs de Brunsvick, de Holstein, de Mecklenbourg, les villes de Brême, de Hambourg, de Lubeck, et d'autres, renouvelèrent la ligue évangélique. Le roi de Danemarck se joignit à eux; mais cette ligue n'étant que défensive, laissa l'empereur en pleine liberté d'agir.

Le 25 février, Ferdinand, sur son trône, investit le duc de Bavière de l'électorat palatin. Le vice-chancelier dit expressément que « l'empereur lui confère « cette dignité de sa pleine puissance. »

On ne donna point, par cette investiture, les terres du Palatinat au duc de Bavière; c'était un article important qui fesait encore de grandes difficultés.

Jean-George de Hohenzollern l'aîné, de la maison

---

[1] Frédéric V. Son fils Charles-Louis fut rétabli dans l'électorat et dans le Bas-Palatinat seulement, par la paix de Vestphalie : voyez années 1633 et 1648. B.

de Brandebourg, est fait prince de l'empire à cette diète.

Brunsvick, *l'ennemi des prêtres*, et le fameux général Mansfeld, toujours secrètement appuyés par les princes protestants, reparaissent dans l'Allemagne. Brunsvick s'établit d'abord dans la Basse-Saxe, et ensuite dans la Vestphalie. Le comte de Tilly défait son armée et la disperse. Mansfeld demeure toujours inébranlable et invincible. C'était le seul appui qu'eût alors le palatin; et cet appui ne suffisait pas pour lui faire rendre ses domaines.

1624. La ligue protestante couvait toujours un feu prêt à éclater contre l'empereur. Le roi d'Angleterre, Jacques Ier, n'ayant pu rien obtenir en faveur du palatin son gendre par les négociations, s'unit enfin avec la ligue de la Basse-Saxe; et le roi de Danemarck Christiern IV est déclaré chef de la ligue : mais ce n'était pas encore là le chef qu'il fallait pour tenir tête à la fortune de Ferdinand II.

Le roi d'Angleterre fournit de l'argent, le roi de Danemarck Christiern IV amène des troupes. Le fameux Mansfeld grossit sa petite armée, et on se prépare à la guerre.

1625. A peine le roi d'Angleterre a-t-il pris enfin la résolution de secourir efficacement son gendre, et de se déclarer contre la maison d'Autriche, qu'il meurt au mois de mars, et laisse les confédérés privés de leur plus puissant secours.

Ce n'était qu'une partie de l'union évangélique qui avait levé l'étendard. La Basse-Saxe était le théâtre de la guerre.

1626. Les deux grands généraux de l'empereur, Tilly et Valstein, arrêtent les progrès du roi de Danemarck et des confédérés. Tilly défait le roi de Danemarck en bataille rangée, près de Northeim, dans le pays de Brunsvick. Cette victoire paraît laisser le palatin sans ressources. Mansfeld, qui ne perdait jamais courage, transporte ailleurs le théâtre de la guerre, et va par le Brandebourg, la Silésie, la Moravie, attaquer en Hongrie l'empereur. Bethlem-Gabor, avec qui l'empereur n'avait pas tenu tous ses engagements, reprend les armes, se joint à Mansfeld, et lui amène dix mille hommes. Il arme les Turcs, qui étaient toujours maîtres de Bude : mais ce projet si grand et si hardi avorte sans qu'il en coûte de peine à Ferdinand. Les maladies détruisent l'armée de Mansfeld. Il meurt de la contagion à la fleur de son âge, en exhortant ce qui lui reste de soldats à sacrifier leur vie pour la liberté germanique.

Le prince de Brunsvick, cet autre soutien de l'électeur palatin, était mort quelque temps auparavant. La fortune ôtait au palatin tous les secours, et favorisait en tout Ferdinand : cet empereur venait de faire élire son fils Ferdinand-Ernest roi de Hongrie. Bethlem-Gabor veut en vain soutenir ses droits sur ce royaume; les Turcs, dans la minorité du sultan Amurat IV, ne peuvent le secourir; il désole à la vérité la Stirie, mais Valstein le repousse comme il a repoussé les Danois; enfin l'empereur, heureux par ses ministres comme par ses généraux, contient Bethlem-Gabor par un traité qui, en lui laissant la Transylvanie et les sept comtés adjacents, assure le tout à l'Autriche après la mort de Gabor.

1627. Tout réussit à Ferdinand sans qu'il ait d'autre soin que de souhaiter et d'ordonner. Le comte de Tilly poursuit le roi de Danemarck et les confédérés. Ce roi se retire dans ses états. Les ducs de Holstein et de Brunsvick désarment presque aussitôt qu'ils ont armé. L'électeur de Brandebourg, qui avait seulement permis que ses sujets s'enrôlassent au service du Danemarck, les rappelle, et rompt toute association. Le comte de Tilly, et Valstein, devenu duc de Friedland, font vivre partout à discrétion leurs troupes victorieuses.

Ferdinand, joignant les intérêts de la religion à ceux de sa politique, veut retirer l'évêché de Halberstadt des mains de la maison de Brunsvick; et les archevêchés de Magdebourg et de Brême des mains de la maison de Saxe, pour les donner à un de ses fils avec plusieurs abbayes.

Il avait fait élire son fils Ferdinand-Ernest roi de Hongrie : il le fait couronner roi de Bohême sans élection ; car les Hongrois, voisins des Turcs et de Bethlem-Gabor, devaient être ménagés ; mais la Bohême était regardée comme asservie.

1628. Ferdinand jouit alors de l'autorité absolue.

Les princes protestants et le roi de Danemarck Christiern IV s'adressent secrètement au ministère de France, que le cardinal de Richelieu commençait à rendre respectable dans l'Europe. Ils se flattaient, avec raison, que ce cardinal qui voulait écraser les protestants de France, soutiendrait ceux d'Allemagne. Le cardinal de Richelieu fait donner de l'argent au roi de Danemarck, et encourage les princes protestants. Les Danois marchent vers l'Elbe : mais la ligue protestante effrayée n'ose se déclarer ouvertement pour lui, et le bonheur de l'empereur n'est point encore interrompu. Il proscrit le duc de Mecklenbourg, que les Danois avaient forcé à se déclarer pour eux. Il donne son duché à Valstein.

1629. Le roi de Danemarck, toujours malheureux, est obligé de faire sa paix avec l'empereur au mois de juin. Jamais Ferdinand n'eut plus de puissance, et ne la fit plus valoir.

Christiern IV, qui avait des démêlés avec le duc de Holstein, ravageait le duché de Slesvick avec ses troupes qui ne servaient plus contre Ferdinand. La cour de Vienne lui envoie des lettres monitoriales comme à un membre de l'empire, et lui enjoint d'évacuer les terres de Slesvick. Le roi de Danemarck répond que jamais ce duché n'a été un fief impérial comme celui de Holstein. La cour de Vienne réplique que le royaume de Danemarck lui-même est un fief de l'empire. Le roi est enfin obligé de se conformer à la volonté de l'empereur. On ne pouvait guère soutenir les prétentions de l'empire, du côté du Nord, avec plus de grandeur.

Jusque-là l'empire avait paru comme entièrement détaché de l'Italie depuis Charles-Quint. La mort d'un duc de Mantoue, marquis de Montferrat, fit revivre ces anciens droits qu'on avait été hors de portée d'exercer. Ce duc de Mantoue, Vincent II, était mort sans enfants. Son gendre[1], Charles de Gonzague, duc de Nevers, prétendait la succession en vertu de ses conventions matrimoniales. Son parent César Gonzague, duc de Guastalle, avait reçu de l'empereur l'investiture éventuelle.

Le duc de Savoie, troisième prétendant, voulait exclure les deux autres, et le roi d'Espagne voulait les exclure tous trois. Le duc de Nevers avait déjà pris possession, et se fesait reconnaître duc de Mantoue; mais le roi d'Espagne et le duc de Savoie s'unissent ensemble pour s'emparer dans le Montferrat de ce qui peut leur convenir.

L'empereur exerce alors, pour la première fois, son autorité en Italie; il envoie le comte de Nassau en qualité de commissaire impérial, pour mettre en séquestre le Mantouan et le Montferrat jusqu'à ce que le procès soit jugé à Vienne.

Ces procédures étaient inouïes en Italie depuis soixante ans. Il était visible que l'empereur voulait à-la-fois soutenir les anciens droits de l'empire et enrichir la branche d'Autriche espagnole de ces dépouilles.

Le ministère de France, qui épiait toutes les occasions de mettre une digue à la puissance autrichienne, secourt le duc de Mantoue; elle s'était déjà mêlée des affaires de la Valteline; elle avait empêché la branche d'Autriche espagnole de s'emparer de ce pays, qui

---

[1] Voltaire venant de dire que Vincent II est mort *sans enfants*, il est évident que c'est par faute de copiste ou d'impression qu'on lit ici *son gendre*. Il faut *son cousin*. B.

eût ouvert une communication du Milanais au Tyrol, et qui eût rejoint les deux branches d'Autriche par les Alpes, comme elles l'étaient vers le Rhin par les Pays-Bas. Le cardinal de Richelieu prend donc, dans cet esprit, le parti du duc de Mantoue.

Les Vénitiens, plus voisins et plus exposés, envoient dans le Mantouan une armée de quinze mille hommes. L'empereur déclare rebelles tous les vassaux de l'empire, en Italie, qui prendront parti pour le duc. Le pape Urbain VIII est obligé de favoriser ces décrets.

Le pontificat alors était dépendant de la maison d'Autriche; et Ferdinand, qui se voyait à la tête de cette maison par sa dignité impériale, était regardé comme le plus puissant prince de l'Europe.

Les troupes allemandes, avec quelques régiments espagnols, prennent Mantoue d'assaut, et la ville est livrée au pillage.

Ferdinand, heureux partout, croit enfin que le temps est venu de rendre la puissance impériale despotique, et la religion catholique entièrement dominante. Par un édit de son conseil, il ordonne que les protestants restituent tous les biens ecclésiastiques dont ils s'étaient emparés depuis le traité de Passau, signé par Charles-Quint. C'était porter le plus grand coup au parti protestant; il fallait rendre les archevêchés de Magdebourg et de Brême, les évêchés de Brandebourg, de Lebus, de Camin, d'Havelberg, de Lubeck, de Misnie, de Naumbourg, de Mersebourg, de Schverin, de Minden, de Verden, de Halberstadt, une foule de bénéfices. Il n'y avait point de prince soit luthérien, soit calviniste, qui n'eût des biens de l'Église.

Alors les protestants n'ont plus de mesures à garder. L'électeur de Saxe, que l'espérance d'avoir Clèves et Juliers avait long-temps retenu, éclate enfin : cette espérance s'affaiblissait d'autant plus que l'électeur de Brandebourg et le duc de Neubourg s'étaient accordés : le premier jouissait de Clèves paisiblement, et le second de Juliers, sans que l'empereur les inquiétât. Ainsi le duc de Saxe voyait ces provinces lui échapper, et allait perdre Magdebourg et le revenu de plusieurs évêchés.

L'empereur alors avait près de cent cinquante mille hommes en armes; la ligue catholique en avait environ trente mille. Les deux maisons d'Autriche étaient intimement unies. Le pape et toutes les églises catholiques encourageaient l'empereur dans son projet : la France ne pouvait encore s'y opposer ouvertement; et il ne paraissait pas qu'aucune puissance de l'Europe fût en état de le traverser. Le duc de Valstein, à la tête d'une puissante armée, commença par faire exécuter l'édit de l'empereur dans la Souabe et dans le duché de Virtemberg; mais les églises catholiques gagnaient peu à ces restitutions : on prenait beaucoup aux protestants, les officiers de Valstein s'enrichissaient, et ses troupes vivaient aux dépens des deux partis, qui se plaignirent également.

1630. Ferdinand se voyait précisément dans le cas de Charles-Quint au temps de la ligue de Smalcalde. Il fallait ou que tous les princes de l'empire fussent entièrement soumis, ou qu'il succombât; c'était la lutte du pouvoir impérial despotique contre le gouvernement féodal; et les peuples, pressés par ces deux colosses, étaient écrasés. L'électeur de Saxe se repentait alors d'avoir aidé à accabler le palatin; et ce fut lui qui, de concert avec les autres princes protestants, engagea secrètement Gustave-Adolphe, roi de Suède, à venir en Allemagne, au lieu du roi de Danemarck, dont le secours avait été si inutile.

L'électeur de Bavière n'était guère plus attaché alors à l'empereur; il aurait voulu toujours commander les armées de l'empire, et par là tenir Ferdinand lui-même dans la dépendance : enfin il aspirait à se faire élire un jour roi des Romains, et négociait en secret avec la France, tandis que les protestants appelaient le roi de Suède.

Ferdinand assemble une diète à Ratisbonne; son dessein était de faire élire roi des Romains Ferdinand-Ernest, son fils; il voulait engager l'empire à le seconder contre Gustave-Adolphe si ce roi venait en Allemagne; et contre la France, en cas qu'elle continuât à protéger contre lui le duc de Mantoue : mais, malgré sa puissance, il trouve si peu de bonne volonté dans l'esprit des électeurs, qu'il n'ose pas même proposer l'élection de son fils.

Les électeurs de Saxe et de Brandebourg n'étant point venus à cette assemblée, y exposent leurs griefs par des députés. L'électeur de Bavière même est le premier à dire « qu'on ne peut délibérer librement « dans les diètes tant que l'empereur aura cent cin- « quante mille hommes. » Les électeurs ecclésiastiques, et les évêques qui sont à la diète, pressent la restitution des biens de l'Église; ce projet ne peut se consommer qu'en conservant l'armée; et l'armée ne peut se conserver qu'aux dépens de l'empire qui est en alarmes. L'électeur de Bavière, qui veut la commander, exige de Ferdinand la déposition du duc de Valstein. Ferdinand pouvait commander lui-même, et ôter ainsi tout prétexte à l'électeur de Bavière; il ne prit point ce parti glorieux: il ôta le commandement à Valstein, et le donna à Tilly: par là il acheva d'aliéner le Bavarois; il eut des soldats, et n'eut plus d'amis.

La puissance de Ferdinand II, qui fesait craindre aux états d'Allemagne leur perte prochaine, inquiétait en même temps la France, Venise, et jusqu'au pape. Le cardinal de Richelieu négociait alors avec l'empereur au sujet de Mantoue; mais il rompt le traité dès qu'il apprend que Gustave-Adolphe se prépare à entrer en Allemagne. Il traite alors avec ce monarque. L'Angleterre et les Provinces-Unies en font autant. L'électeur palatin, qui était un moment auparavant abandonné de tout le monde, se trouve tout d'un coup prêt d'être secouru par toutes ces puissances. Le roi de Danemarck, affaibli par ses pertes précédentes, et jaloux du roi de Suède, reste dans l'inaction.

Gustave part enfin de Suède le 23 juin, s'embarque avec treize mille hommes, et aborde en Poméranie. Il prétendait déjà cette province en tout ou en partie pour le fruit de ses expéditions. Le dernier duc de Poméranie qui régnait alors n'avait point d'enfants. Ses états, par des actes de confraternité, devaient revenir à l'électeur de Brandebourg. Gustave stipula qu'au cas de la mort du dernier duc, il garderait la Poméranie en séquestre jusqu'au remboursement des frais de la guerre. Or, séquestrer une province et l'usurper, c'est à peu près la même chose.

1631. Le cardinal de Richelieu ne consomme l'alliance de la France avec Gustave que lorsque ce roi est en Poméranie. Il n'en coûte à la France que trois cent mille livres une fois payées, et neuf cent mille par an[1]. Ce traité est un des plus habiles qu'on ait jamais fait. On y stipule la neutralité pour l'électeur de Bavière, qui pouvait être le plus grand support de l'empereur. On y stipule celle de tous les états de la ligue catholique, qui n'aideront pas l'empereur contre les Suédois; et on a soin de faire promettre en même temps à Gustave de conserver tous les droits de l'Église romaine dans tous les lieux où elle subsiste. Par là on évite de faire de cette guerre une guerre de religion; et on donne un prétexte spécieux aux catholiques mêmes d'Allemagne de ne pas secourir l'empereur. Cette ligue est signée le 23 janvier dans le Brandebourg. Ce traité est regardé comme le triomphe de la politique du cardinal de Richelieu et du grand Gustave.

Les états protestants encouragés s'assemblent à Leipsick. Ils y résolvent de faire de très humbles remontrances à Ferdinand, et d'appuyer leur requête de quarante mille hommes pour rétablir la paix dans l'empire. Gustave avance en augmentant toujours son

---

[1] La subvention annuelle fut portée à douze cent mille francs, puis réduite à un million; voyez année 1633. B.

armée. Il est à Francfort-sur-l'Oder : il ne peut de là empêcher le général Tilly de prendre Magdebourg d'assaut le 20 mai. La ville est réduite en cendres. Les habitants périssent par le fer et par les flammes: événement horrible, mais confondu aujourd'hui dans la foule des calamités de ce temps-là. Tilly, maître de l'Elbe, comptait empêcher le roi de Suède de pénétrer plus avant.

L'empereur, après s'être accommodé enfin avec la France, au sujet du duc de Mantoue, rappelait toutes ses troupes d'Italie. La supériorité était encore tout entière de son côté. L'électeur de Saxe, qui le premier avait appelé Gustave-Adolphe, est alors très embarrassé; et l'électeur de Brandebourg, se trouvant précisément entre les armées impériale et suédoise, est très irrésolu.

Dans cette crise, Gustave force, les armes à la main, l'électeur de Brandebourg à se joindre à lui. L'électeur George-Guillaume lui livre la forteresse de Spandau pour tout le temps de la guerre, lui assure tous les passages, le laissant recruter dans le Brandebourg, et se ménageant auprès de l'empereur la ressource de s'excuser sur la contrainte.

L'électeur de Saxe donne à Gustave ses propres troupes à commander. Le roi de Suède s'avance à Leipsick. Tilly marche au-devant de lui et de l'électeur de Saxe à une lieue de la ville. Les deux armées étaient chacune d'environ trente mille combattants. Les troupes de Saxe nouvellement levées ne font aucune résistance, et l'électeur de Saxe est entraîné dans leur fuite. La discipline suédoise répara ce malheur.

Gustave commençait à faire de la guerre un art nouveau. Il avait accoutumé son armée à un ordre et à des manœuvres qui n'étaient point connus ailleurs; et quoique Tilly fût regardé comme un des meilleurs généraux de l'Europe, il fut vaincu d'une manière complète: cette bataille se donna le 27 septembre.

Le vainqueur poursuit les impériaux dans la Franconie; tout se soumet à lui depuis l'Elbe jusqu'au Rhin. Toutes les places lui ouvrent leurs portes, pendant que l'électeur de Saxe va jusque dans la Bohême et dans la Silésie. Gustave rétablit tout d'un coup le duc de Mecklenbourg dans ses états à un bout de l'Allemagne; et il est déjà à l'autre bout, dans le Palatinat, après avoir pris Mayence.

L'électeur palatin dépossédé vient l'y trouver, pour combattre avec son protecteur. Les Suédois vont jusqu'en Alsace. L'électeur de Saxe, de son côté, se rend maître de la capitale de la Bohême, et fait la conquête de la Lusace. Tout le parti protestant est en armes dans l'Allemagne, et profite des victoires de Gustave. Le comte de Tilly fuyait dans la Vestphalie avec les débris de son armée, renforcée des troupes que le duc de Lorraine lui amenait; mais il ne fesait aucun mouvement pour s'opposer à tant de progrès rapides. L'empereur, tombé en moins d'une année de ce haut degré de grandeur qui avait paru si redoutable, eut enfin recours à ce duc de Valstein qu'il avait privé du généralat, et lui remit le commandement de ses troupes, avec le pouvoir le plus absolu qu'on ait jamais donné à un général. Valstein accepta le commandement, et on ne laissa à Tilly que quelques troupes pour se tenir au moins sur la défensive. La protection que le roi de Suède donnait à l'électeur palatin rendait à la vérité l'électeur de Bavière à l'empereur ; mais le Bavarois ne se rapprocha de Ferdinand, dans ces premiers temps critiques, que comme un prince qui le ménageait, et non comme un ami qui le défendait.

L'empereur n'avait plus de quoi entretenir ses nombreuses armées, qui l'avaient rendu si formidable ; elles avaient subsisté aux dépens des états catholiques et protestants, avant la bataille de Leipsick ; mais depuis ce temps il n'avait plus les mêmes ressources. C'était à Valstein à former, à recruter, et à conserver son armée comme il pouvait.

Ferdinand fut réduit alors à demander au pape Urbain VIII de l'argent et des troupes. On lui refusa l'un et l'autre. Il voulut engager la cour de Rome à publier une croisade contre Gustave ; le saint-père promit un jubilé au lieu de croisade.

1632. Cependant le roi de Suède repasse des bords du Rhin vers la Franconie. Nuremberg lui ouvre ses portes. Il marche à Donavert vers le Danube ; il rend à la ville son ancienne liberté, et la soustrait au domaine du duc de Bavière. Il met à contribution dans la Souabe tout ce qui appartient aux maisons d'Autriche et de Bavière. Il force le passage du Leck, malgré Tilly qui est blessé à mort dans la retraite. Il entre dans Augsbourg en vainqueur, et y rétablit la religion protestante. On ne peut guère pousser plus loin les droits de la victoire. Les magistrats d'Augsbourg lui prêtèrent serment de fidélité. Le duc de

Bavière, qui alors était comme neutre, et qui n'était armé ni pour l'empereur ni pour lui-même, est obligé de quitter Munich, qui se rend au conquérant le 7 mai, et qui lui paie trois cent mille risdales pour se racheter du pillage. Le palatin eut du moins la consolation d'entrer avec Gustave dans le palais de celui qui l'avait dépossédé.

Les affaires de l'empereur et de l'Allemagne semblaient désespérées. Tilly, grand général, qui n'avait été malheureux que contre Gustave, était mort. Le duc de Bavière, mécontent de l'empereur, était sa victime, et se voyait chassé de sa capitale. Valstein, créé duc de Friedland, plus mécontent encore du duc électeur de Bavière, Maximilien, son rival déclaré, avait refusé de marcher à son secours ; et l'empereur Ferdinand, qui n'avait jamais voulu paraître en campagne, attendait sa destinée de ce Valstein, qu'il n'aimait pas, et dont il était en défiance. Valstein s'occupait alors à reprendre la Bohême sur l'électeur de Saxe, et il avait autant d'avantage sur les Saxons que Gustave en avait sur les impériaux.

Enfin l'électeur de Bavière obtient avec peine que Valstein se joigne à lui. L'armée bavaroise, levée en partie aux dépens de l'électeur, et en partie aux dépens de la ligue catholique, était d'environ vingt-cinq mille hommes. Celle de Valstein était de près de trente mille vieux soldats. Le roi de Suède n'en avait pas vingt mille ; mais on lui amène des renforts de tous côtés. Le landgrave de Hesse-Cassel, Guillaume, et Bernard de Saxe-Veimar, le prince palatin de Birkenfeld, se joignent à lui. Son général Bannier lui amène de nouvelles troupes. Il marche, auprès de Nuremberg, avec plus de cinquante mille combattants, au camp retranché du duc de Bavière et de Valstein. Ils donnent une bataille qui n'est point décisive. Gustave reporte la guerre dans la Bavière, Valstein la reporte dans la Saxe; et tous ces différents mouvements achèvent le ravage de ces provinces.

Gustave revole vers la Saxe en laissant douze mille hommes dans la Bavière. Il arrive près de Leipsick par des marches précipitées, et se trouve devant Valstein, qui ne s'y attendait pas. A peine est-il arrivé, qu'il se prépare à donner bataille.

Il la donne dans la grande plaine de Lutzen, le 15 novembre. La victoire est long-temps disputée. Les Suédois la remportent; mais ils perdent leur roi, dont le corps fut trouvé parmi les morts, percé de deux balles et de deux coups d'épée. Le duc Bernard de Saxe-Veimar acheva la victoire que Gustave avait commencée avant d'être tué. Que n'a-t-on pas écrit sur la mort de ce grand homme! On accusa un prince de l'empire, qui servait dans son armée, de l'avoir assassiné: on imputa sa mort au cardinal de Richelieu, qui avait besoin de sa vie. N'est-il donc pas naturel qu'un roi, qui s'exposait en soldat, soit mort en soldat?

Cette perte fut fatale au palatin, qui attendait de Gustave son rétablissement. Il était malade alors à Mayence. Cette nouvelle augmenta sa maladie, dont il mourut le 19 novembre.

Valstein, après la journée de Lutzen, se retire dans

la Bohême. On s'attendait dans l'Europe que les Suédois, n'ayant plus Gustave à leur tête, sortiraient bientôt de l'Allemagne; mais le général Bannier les conduisit en Bohême. Il fesait porter au milieu d'eux le corps de leur roi, pour les exciter à le venger.

1633. Gustave laissait sur le trône de Suède une fille âgée de six ans[1], et par conséquent des divisions dans le gouvernement. La même division se trouvait dans la ligue protestante par la mort de celui qui en avait été le chef et le soutien. Tout le fruit de tant de victoires devait être perdu, et ne le fut pourtant pas. La véritable raison peut-être d'un événement si extraordinaire, c'est que l'empereur n'agissait que de son cabinet, dans le temps qu'il eût dû faire les derniers efforts à la tête de ses armées. Le sénat de Suède chargea le chancelier Oxenstiern de suivre en Allemagne les vues du grand Gustave, et lui donna un pouvoir absolu. Oxenstiern alors joua le plus beau rôle que jamais particulier ait eu en Europe. Il se trouva à la tête de tous les princes protestants d'Allemagne.

Ces princes s'assemblent à Heilbron, le 19 mars. Les ambassadeurs de France, d'Angleterre, des états-généraux, se rendent à l'assemblée. Oxenstiern en fait l'ouverture dans sa maison, et il se signale d'abord en fesant restituer le Haut et le Bas-Palatinat à Charles-

---

[1] Christine, célèbre par sa conversion au catholicisme, et le meurtre de Monaldeschi : voyez, tome XIX, le chapitre VI du *Siècle de Louis XIV*. Voltaire appelle cette reine *la cruelle folle*, dans sa lettre à D'Alembert du 8 mai 1773. B.

Louis, fils du palatin dépossédé. Le prince Charles-Louis parut comme électeur dans une des assemblées; mais cette cérémonie ne lui rendait pas ses états.

Oxenstiern renouvelle avec le cardinal de Richelieu le traité de Gustave-Adolphe ; mais on ne lui donne qu'un million de subsides par an, au lieu de douze cent mille livres qu'on avait continué de donner à son maître. Il semble petit et honteux que le cardinal de Richelieu marchande et dispute sur le prix de la destinée de l'empire : mais la France n'était pas riche, et il fallait soudoyer le Nord.

Ferdinand négocie avec chaque prince protestant. Il veut les diviser, il ne réussit pas. La guerre continue toujours avec des succès balancés dans l'Allemagne désolée. L'Autriche est le seul pays qui n'en fut pas le théâtre, soit du temps de Gustave, soit après lui. La branche d'Autriche espagnole n'avait encore secouru que faiblement la branche impériale : elle fait enfin un effort ; elle envoie le duc de Féria d'Italie en Allemagne avec environ vingt mille hommes ; mais il perd une grande partie de son armée dans ses marches et dans ses manœuvres.

L'électeur de Trèves[1], évêque de Spire, avait bâti et fortifié Philisbourg. Les troupes impériales s'en étaient emparées malgré lui. Oxenstiern la fait rendre à l'électeur par les armes des Suédois, malgré le duc de Féria, qui veut en vain faire lever le siége: Cette sage politique tendait à faire voir à l'Europe que ce n'était pas à la religion catholique qu'on en voulait,

---

[1] Philippe-Christophe de Sotteren : voyez la liste des *Électeurs de Trèves*. B.

et que la Suède, toujours victorieuse, même après la mort de son roi, protégeait également les protestants et les catholiques; conduite qui mettait encore plus le pape en droit de refuser à l'empereur des troupes, de l'argent, et une croisade.

1634. La France n'était encore qu'une partie secrète dans ce grand démêlé : il ne lui en coûtait qu'un subside médiocre pour voir le trône de Ferdinand ébranlé par les armes suédoises; mais le cardinal de Richelieu songeait déjà à profiter de leurs conquêtes. Il avait voulu en vain avoir Philisbourg en séquestre; mais, à chaque occasion qui se présentait, la France se rendait maîtresse de quelques villes en Alsace, comme de Haguenau, de Saverne, qu'elle force le comte de Salms, administrateur de Strasbourg, à lui céder par un traité. Louis XIII, qui ne déclarait point la guerre à la maison d'Autriche, la déclarait au duc de Lorraine, Charles, parcequ'il était partisan de cette maison. Le ministère de France n'osait pas encore attaquer ouvertement l'empereur et l'Espagne qui pouvaient se défendre, et tombait sur la faible Lorraine. Le duc dépossédé était Charles IV [1], prince célèbre par ses bizarreries, ses amours, ses mariages, et ses infortunes.

Les Français avaient une armée dans la Lorraine et des troupes dans l'Alsace, prêtes d'agir ouvertement contre l'empereur, et de se joindre aux Suédois à la première occasion qui pourrait justifier cette conduite.

[1] Voyez, tome XIX, les chapitres III, V, VI et VII du *Siècle de Louis XIV*. B.

Le duc de Féria, poursuivi par les Suédois jusqu'en Bavière, était mort après la dispersion presque entière de son armée.

Le duc de Valstein, au milieu de ces troubles et de ces malheurs, s'occupait du projet de faire servir l'armée qu'il commandait dans la Bohême à sa propre grandeur, et à se rendre indépendant d'un empereur qui semblait ne se pas assez secourir lui-même, et qui était toujours en défiance de ses généraux. On prétend que Valstein négociait avec les princes protestants, et même avec la Suède et la France : mais ces intrigues, dont on l'accusa, ne furent jamais manifestées. La conspiration de Valstein est au rang des histoires reçues, et on ignore absolument quelle était cette conspiration. On devinait ses projets. Son véritable crime était d'attacher son armée à sa personne, et de vouloir s'en rendre le maître absolu. Le temps et les occasions eussent fait le reste. Il se fit prêter serment par les principaux officiers de cette armée qui lui étaient le plus dévoués. Ce serment consistait à promettre *de défendre sa personne et de s'attacher à sa fortune.* Quoique cette démarche pût se justifier par les amples pouvoirs que l'empereur avait donnés à Valstein, elle devait alarmer le conseil de Vienne. Valstein avait contre lui, dans cette cour, le parti d'Espagne et le parti bavarois. Ferdinand prend la résolution de faire assassiner Valstein et ses principaux amis. On chargea de cet assassinat Butler, Irlandais, à qui Valstein avait donné un régiment de dragons, un Écossais nommé Lascy, qui était capitaine de ses gardes, et un autre Écossais nommé

Gordon. Ces trois étrangers ayant reçu leur commission dans Égra, où Valstein se trouvait pour lors, font égorger d'abord dans un souper quatre officiers qui étaient les principaux amis du duc, et vont ensuite l'assassiner lui-même dans le château, le 15 février. Si Ferdinand II fut obligé d'en venir à cette extrémité odieuse, il faut la compter pour un de ses plus grands malheurs.

Tout le fruit de cet assassinat fut d'aigrir tous les esprits en Bohême et en Silésie. La Bohême ne remua pas, parcequ'on sut la contenir par l'armée; mais les Silésiens se révoltèrent, et s'unirent aux Suédois.

Les armes de Suède tenaient toute l'Allemagne en échec, comme du temps de leur roi; le général Bannier dominait sur tout le cours de l'Oder; le maréchal de Horn, vers le Rhin; le duc Bernard de Veimar, vers le Danube; l'électeur de Saxe, dans la Bohême et dans la Lusace. L'empereur restait toujours dans Vienne. Son bonheur voulut que les Turcs ne l'attaquassent pas dans ces funestes conjonctures. Amurat IV était occupé contre les Persans, et Bethlem-Gabor était mort [1].

Ferdinand, assuré de ce côté, tirait toujours des secours de l'Autriche, de la Carinthie, de la Carniole, du Tyrol. Le roi d'Espagne lui fournissait quelque argent, la ligue catholique quelques troupes; et enfin l'électeur de Bavière, à qui les Suédois ôtaient le Palatinat, était dans la nécessité de prendre le parti du chef de l'empire. Les Autrichiens, les Bavarois réunis, soutenaient la fortune de l'Allemagne vers le Da-

---

[1] En novembre 1629. B.

nube. Ferdinand Ernest, roi de Hongrie, fils de l'empereur, ranimait les Autrichiens en se mettant à leur tête. Il prend Ratisbonne à la vue du duc de Saxe-Veimar. Ce prince et le maréchal de Horn, qui le joint alors, font ferme à l'entrée de la Souabe; et ils livrent aux impériaux la bataille mémorable de Nordlingue, le 5 septembre. Le roi de Hongrie commandait l'armée; l'électeur de Bavière était à la tête de ses troupes; le cardinal infant, gouverneur des Pays-Bas, conduisait quelques régiments espagnols. Le duc de Lorraine, Charles IV, dépouillé de ses états par la France, y commandait sa petite armée de dix à douze mille hommes, qu'il menait servir tantôt l'empereur, tantôt les Espagnols, et qu'il fesait subsister aux dépens des amis et des ennemis. Il y avait de grands généraux dans cette armée combinée, tels que Piccolomini et Jean de Vert. La bataille dura tout le jour, et le lendemain encore jusqu'à midi. Ce fut une des plus sanglantes, presque toute l'armée de Veimar fut détruite; et les impériaux soumirent la Souabe et la Franconie, où ils vécurent à discrétion.

Ce malheur, commun à la Suède, aux protestants d'Allemagne, et à la France, fut précisément ce qui donna la supériorité au roi très chrétien, et qui lui valut enfin la possession de l'Alsace. Le chancelier Oxenstiern n'avait point voulu jusque-là que la France s'agrandît trop dans ces pays; il voulait que tout le fruit de la guerre fût pour les Suédois, qui en avaient tout le fardeau. Aussi Louis XIII ne s'était point déclaré ouvertement contre l'empereur. Mais, après la bataille de Nordlingue, il fallut que les Suédois priassent le ministère de France de vouloir bien se mettre en possession de l'Alsace, sous le nom de protecteur, à condition que les princes et les états protestants ne feraient ni paix ni trêve avec l'empereur, que du consentement de la France et de la Suède. Ce traité est signé à Paris le 1*er* novembre.

1635. En conséquence, le roi de France envoie une armée en Alsace, met garnison dans toutes les villes, excepté dans Strasbourg, alors indépendante, et qui fait dans la ligue le personnage d'un allié considérable. L'électeur de Trèves était sous la protection de la France. L'empereur le fit enlever : ce fut une raison de déclarer enfin la guerre à l'empereur. Cet électeur était en prison à Bruxelles sous la garde du cardinal infant; et ce fut encore un prétexte de déclarer la guerre à la branche autrichienne espagnole.

La France n'unit donc ses armes à celles des Suédois que quand les Suédois furent malheureux, et lorsque la victoire de Nordlingue relevait le parti impérial. Le cardinal de Richelieu partageait déjà en idée la conquête des Pays-Bas espagnols avec les Hollandais : il comptait alors y aller commander lui-même, et avoir un prince d'Orange (Frédéric-Henri) sous ses ordres. Il avait en Allemagne, vers le Rhin, Bernard de Veimar à sa solde : l'armée de Veimar, qu'on appelait les troupes veimariennes, était devenue, comme celle de Charles IV de Lorraine et celle de Mansfeld, une armée isolée, indépendante, appartenante à son chef : on la fit passer pour l'armée des cercles de Souabe, de Franconie, du Haut et Bas-Rhin, quoique ces cercles ne l'entretinssent pas, et que la France la payât.

C'est là le sort de la guerre de trente ans. On voit d'un côté toute la maison d'Autriche, la Bavière, la ligue catholique; et de l'autre, la France, la Suède, la Hollande, et la ligue protestante.

L'empereur ne pouvait pas négliger de désunir cette ligue protestante après la victoire de Nordlingue: et il y a grande apparence que la France s'y prit trop tard pour déclarer la guerre. Si elle l'eût faite dans le temps que Gustave-Adolphe débarquait en Allemagne, les troupes françaises entraient alors sans résistance dans un pays mécontent et effarouché de la domination de Ferdinand; mais, après la mort de Gustave, après Nordlingue, elles venaient dans un temps ou l'Allemagne était lasse des dévastations des Suédois, et où le parti impérial reprenait la supériorité.

Dans le temps même que la France se déclarait, l'empereur ne manquait pas de faire avec la plupart des princes protestants un accommodement nécessaire. L'électeur de Saxe, celui-là même qui avait appelé le premier les Suédois [1], fut le premier à les abandonner par ce traité, qui s'appelle la paix de Prague. Peu de traités font mieux voir combien la religion sert de prétexte aux politiques, comme on s'en joue, et comme on la sacrifie dans le besoin.

L'empereur avait mis l'Allemagne en feu pour la restitution des bénéfices; et, dans la paix de Prague, il commence par abandonner l'archevêché de Magdebourg et tous les biens ecclésiastiques à l'électeur de

[1] Voyez année 1631. B.

Saxe, luthérien, moyennant une pension qu'on paiera sur ces mêmes bénéfices à l'électeur de Brandebourg, calviniste. Les intérêts de la maison palatine, qui avaient allumé cette longue guerre, furent le moindre objet de ce traité. L'électeur de Bavière devait seulement donner une subsistance à la veuve de celui qui avait été roi de Bohême, et au palatin son fils, quand il serait soumis à l'autorité impériale.

L'empereur s'engageait d'ailleurs à rendre tout ce qu'il avait pris sur les confédérés de la ligue protestante qui accéderaient à ce traité; et ceux-ci devaient rendre tout ce qu'ils avaient pris sur la maison d'Autriche; ce qui était peu de chose, puisque les terres de la maison impériale, excepté l'Autriche antérieure, n'avaient jamais été exposées dans cette guerre.

Une partie de la maison de Brunsvick, le duc de Mecklenbourg, la maison d'Anhalt, la branche de Saxe établie à Gotha, et le propre frère du duc Bernard de Saxe-Veimar, signent le traité, ainsi que plusieurs villes impériales; les autres négocient encore, et attendent les plus grands avantages.

Le fardeau de la guerre, que les Français avaient laissé porter tout entier à Gustave-Adolphe, retomba donc sur eux en 1635; et cette guerre, qui s'était faite des bords de la mer Baltique jusqu'au fond de la Souabe, fut portée en Alsace, en Lorraine, en Franche-Comté, sur les frontières de la France. Louis XIII, qui n'avait payé que douze cent mille francs de subsides à Gustave-Adolphe, donnait quatre millions à Bernard de Veimar pour entretenir les troupes veimariennes : et encore le ministère français cède-t-il à ce duc toutes ses prétentions sur l'Alsace, et on lui promet qu'à la paix on le fera déclarer landgrave de cette province.

Il faut avouer que si ce n'était pas le cardinal de Richelieu qui eût fait ce traité, on le trouverait bien étrange. Comment donnait-il à un jeune prince allemand, qui pouvait avoir des enfants, cette province d'Alsace qui était si fort à la bienséance de la France, et dont elle possédait déjà quelques villes? Il est bien probable que le cardinal de Richelieu n'avait point compté d'abord garder l'Alsace. Il n'espérait pas non plus annexer à la France la Lorraine, sur laquelle on n'avait aucun droit, et qu'il fallait bien rendre à la paix. La conquête de la Franche-Comté paraissait plus naturelle; mais on ne fit de ce côté que de faibles efforts. L'espérance de partager les Pays-Bas avec les Hollandais était le principal objet du cardinal de Richelieu; et c'était là ce qu'il avait tellement à cœur, qu'il avait résolu, si sa santé et les affaires le lui eussent permis, d'y aller commander en personne. Cependant l'objet des Pays-Bas fut celui dans lequel il fut le plus malheureux, et l'Alsace, qu'il donnait si libéralement à Bernard de Veimar, fut, après la mort de ce cardinal, le partage de la France. Voilà comme les événements trompent presque toujours les politiques; à moins qu'on ne dise que l'intention du ministère de France était de garder l'Alsace, sous le nom du duc de Veimar, comme elle avait une armée sous le nom de ce grand capitaine.

1636. L'Italie entrait encore dans cette grande querelle, mais non pas comme du temps des maisons impériales de Saxe et de Souabe, pour défendre sa liberté contre les armes allemandes. C'était à la branche autrichienne d'Espagne, dominante dans l'Italie, qu'on voulait disputer, en delà des Alpes, cette même supériorité qu'on disputait à l'autre branche en delà du Rhin. Le ministère de France avait alors pour lui la Savoie; il venait de chasser les Espagnols de la Valteline : on attaquait de tous côtés ces deux vastes corps autrichiens.

La France seule envoyait à-la-fois cinq armées, et attaquait ou se soutenait vers le Piémont, vers le Rhin, sur les frontières de la Flandre, sur celles de la Franche-Comté et sur celles d'Espagne. François Ier avait fait autrefois un pareil effort; et la France n'avait jamais montré depuis tant de ressources.

Au milieu de tous ces orages, dans cette confusion de puissances qui se choquent de tous les côtés; tandis que l'électeur de Saxe, après avoir appelé les Suédois en Allemagne, mène contre eux les troupes impériales, et qu'il est défait dans la Vestphalie par le général Bannier, que tout est ravagé dans la Hesse, dans la Saxe, et dans cette Vestphalie; Ferdinand, toujours uniquement occupé de sa politique, fait enfin déclarer son fils Ferdinand-Ernest roi des Romains, dans la diète de Ratisbonne, le 12 décembre. Ce prince est couronné le 20. Tous les ennemis de l'Autriche crient que cette élection est nulle. L'électeur de Trèves, disent-ils, était prisonnier; Charles-Louis, fils du palatin, roi de Bohême, Frédéric, n'est point rentré dans les droits de son palatinat: les électeurs de Mayence et de Cologne sont pensionnaires de l'empereur : tout cela, disait-on, est contre la bulle d'or. Il est pourtant vrai que la bulle d'or n'avait spécifié aucun de ces cas, et que l'élection de Ferdinand III, faite à la pluralité des voix, était aussi légitime qu'aucune autre élection d'un roi des Romains faite du vivant d'un empereur; espèce dont la bulle d'or ne parle point du tout.

1637. Ferdinand II meurt le 15 février à cinquante-neuf ans, après dix-huit ans d'un règne toujours troublé par des guerres intestines et étrangères, n'ayant jamais combattu que de son cabinet. Il fut très malheureux, puisque, dans ses succès, il se crut obligé d'être sanguinaire, et qu'il fallut soutenir ensuite de grands revers. L'Allemagne était plus malheureuse que lui; ravagée tour-à-tour par elle-même, par les Suédois et par les Français, éprouvant la famine, la disette, et plongée dans la barbarie, suite inévitable d'une guerre si longue et si malheureuse.

FERDINAND III,

QUARANTE-SEPTIÈME EMPEREUR.

1637. Ferdinand III monta sur le trône d'Allemagne dans un temps où les peuples fatigués commençaient à espérer quelque repos; mais ils s'en flattaient bien vainement. On avait indiqué un congrès à Cologne et à Hambourg, pour donner au moins au public les apparences de la réconciliation prochaine : mais ni le conseil autrichien ni le cardinal de Richelieu ne voulaient la paix. Chaque parti espérait des avantages qui le mettraient en état de donner la loi.

Cette longue et funeste guerre, fondée sur tant d'intérêts divers, se continuait donc parcequ'elle était entreprise. Le général suédois, Bannier, désolait la Haute-Saxe; le duc Bernard de Veimar, les bords du Rhin; les Espagnols étaient entrés dans le Languedoc, après avoir pris auparavant les îles Sainte-Marguerite; et ils avaient pénétré par les Pays-Bas jusqu'à Pontoise. Le vicomte de Turenne se signalait déjà dans les Pays-Bas contre le cardinal infant, gouverneur de Flandre. Tant de dévastations n'avaient plus le même objet que dans le commencement des troubles. Les ligues catholique et protestante, et la cause de l'électeur palatin, les avaient excités; mais alors l'objet était la supériorité que la France voulait arracher à la maison d'Autriche; et le but des Suédois était de conserver une partie de leur conquête en Allemagne : on négociait, et on était en armes dans ces deux vues.

1638. Le duc Bernard de Veimar devient un ennemi aussi dangereux pour Ferdinand III, que Gustave-Adolphe l'avait été pour Ferdinand II. Il donne deux batailles en quinze jours auprès de Rheinfeld, l'une des quatre villes forestières dont il se rend maître; et à la seconde bataille, il détruit toute l'armée de Jean de Vert, célèbre général de l'empereur; il le fait prisonnier avec tous les officiers généraux. Jean de Vert est envoyé à Paris. Veimar assiége Brisach; il gagne une troisième bataille, aidé du maréchal de Guébriant[1] et du vicomte de Turenne, contre le gé-

---

[1] Le comte de Guébriant ne reçut le bâton de maréchal qu'en mars 1642. Cl.

néral Gœuts; il en donne une quatrième contre le duc de Lorraine Charles IV, qui, comme Veimar, n'avait pour tout état que son armée.

Après avoir remporté quatre victoires en moins de quatre mois, il prend le 18 décembre la forteresse de Brisach, regardée alors comme la clef de l'Alsace.

Le comte palatin, Charles-Louis, qui avait enfin rassemblé quelques troupes, et qui brûlait de devoir son rétablissement à son épée, n'est pas si heureux en Vestphalie, où les impériaux défont sa faible armée; mais les Suédois, sous le général Bannier, font de nouvelles conquêtes en Poméranie. La première année du règne de Ferdinand III n'est presque célèbre que par des disgraces.

1639. La fortune de la maison d'Autriche la délivre de Bernard de Veimar[1], comme elle l'avait délivrée de Gustave-Adolphe. Il meurt de maladie, à la fleur de son âge, le 18 juillet; il n'était âgé que de trente-cinq ans.

Il laissait pour héritage son armée et ses conquêtes; cette armée était à la vérité soudoyée secrètement par la France; mais elle appartenait à Veimar; elle n'avait fait serment qu'à lui. Il faut négocier avec cette armée pour qu'elle passe au service de la France, et non à celui de la Suède: la laisser aux Suédois, c'était dépendre de son allié. Le maréchal de Guébriant achète le serment de ces troupes; et Louis XIII est le maître de cette armée veimarienne, de l'Alsace, et du Brisgau, à peu de chose près.

---

[1] Ce grand capitaine, né à Veimar, le 6 auguste 1604, était le neuvième fils de Jean, duc de Saxe-Weimar. CL.

Les traités et l'argent fesaient tout pour lui; il disposait de la Hesse entière, province qui fournit de bons soldats. La célèbre Amélie de Hanau, landgrave douairière, l'héroïne de son temps [1], entretenait, à l'aide de quelques subsides de la France, une armée de dix mille hommes dans ce pays ruiné qu'elle avait rétabli; jouissant à-la-fois de cette considération que donnent toutes les vertus de son sexe, et de la gloire d'être un chef de parti redoutable.

La Hollande, à la vérité, était neutre dans la querelle de l'empereur; mais elle occupait toujours l'Espagne dans les Pays-Bas, et par là opérait une diversion considérable.

Le général Bannier était vainqueur dans tous les combats qu'il donnait; il soumettait la Thuringe et la Saxe, après s'être assuré de toute la Poméranie.

Mais le principal objet de tant de troubles, le rétablissement de la maison palatine, était ce qu'il y avait de plus négligé; et par une fatalité singulière, le prince palatin fut mis en prison par les Français mêmes qui, depuis si long-temps, semblaient vouloir le placer sur le siége électoral. Le comte palatin, à la mort du duc de Veimar, avait conçu un dessein très beau et très raisonnable; c'était de rentrer dans ses états avec l'armée veimarienne, qu'il voulait acheter avec l'argent de l'Angleterre. Il passa en effet à Londres; il y obtint de l'argent; il retourna par la France: mais le cardinal de Richelieu, qui voulait bien le protéger, et non le voir indépendant, le fit arrêter, et ne le relâ-

[1] Amélie-Élisabeth de Hanau, née en janvier 1602, veuve, en 1637, de Guillaume V, landgrave de Hesse, morte à Cassel le 8 auguste 1651. CL.

cha que quand Brisach et les troupes veimariennes furent assurées à la France; alors il lui donna un appui, que ce prince fut contraint d'accepter.

1640. Les progrès des Français et des Suédois continuent. Le duc de Longueville et le maréchal de Guébriant se joignent au général Bannier. Les troupes de Hesse et de Lunebourg augmentent encore cette armée.

Sans le général Piccolomini on marchait à Vienne; mais il arrêta tant de progrès par des marches savantes. Il était d'ailleurs très difficile à des armées nombreuses d'avancer en présence de l'ennemi, dans des pays ruinés depuis si long-temps, et où tout manquait aux soldats comme aux peuples.

La fin de cette année 1640 est encore très fatale à la maison d'Autriche. La Catalogne se soulève, et se donne à la France. Le Portugal, qui depuis Philippe II n'était qu'une province d'Espagne appauvrie, chasse le gouvernement autrichien, et devient bientôt pour jamais un royaume séparé et florissant.

Ferdinand commence alors à vouloir traiter sérieusement de la paix; mais en même temps il demande à la diète de Ratisbonne une armée de quatre-vingt-dix mille hommes pour soutenir la guerre.

1641. Tandis que l'empereur est à la diète de Ratisbonne, le général Bannier est sur le point de l'enlever lui et tous les députés; il marchait avec son armée sur le Danube glacé, et sans un dégel qui survint, il prenait Ferdinand dans Ratisbonne, qu'il foudroya de son canon.

La même fortune qui avait fait périr Gustave et

Veimar au milieu de leurs conquêtes, délivre encore les impériaux de ce fameux général Bannier : il meurt dans le temps qu'il était le plus à craindre; une maladie l'emporte le 20 mai, à l'âge de quarante ans [1], dans Halberstadt. Aucun des généraux suédois n'eut une longue carrière.

On négociait toujours; le cardinal de Richelieu pouvait donner la paix, et ne le voulait pas : il sentait trop les avantages de la France; et il voulait se rendre nécessaire pendant la vie et après la mort de Louis XIII, dont il prévoyait la fin prochaine; il ne prévoyait pas que lui-même mourrait avant le roi. Il conclut donc avec la reine de Suède, Christine, un nouveau traité d'alliance offensive pour préliminaire de cette paix, dont on flattait les peuples oppressés; et il augmenta le subside de la Suède de deux cent mille livres.

Le comte de Torstenson [2] succède au général Bannier dans le commandement de l'armée suédoise, qui était en effet une armée d'Allemands. Presque tous les Suédois qui avaient combattu sous Gustave et sous Bannier étaient morts; et c'était sous le nom de la Suède que les Allemands combattaient contre leur patrie. Torstenson, élève du grand Gustave, se montre d'abord digne d'un tel maître. Le maréchal de Guébriant et lui défont encore les impériaux, près de Volffenbuttel.

Cependant, malgré tant de victoires, l'Autriche

---

[1] Il était âgé d'environ quarante-cinq ans, étant né en 1596. CL.

[2] Voyez, sur Torstenson, tome XIX, une note au chapitre III du *Siècle de Louis XIV*. B.

n'est jamais entamée; l'empereur résiste toujours. L'Allemagne, depuis le Mein jusqu'à la mer Baltique, était toute ruinée; on ne porta jamais la guerre dans l'Autriche. On n'avait donc pas assez de forces : ces victoires tant vantées n'étaient donc pas entièrement décisives : on ne pouvait donc poursuivre à-la-fois tant d'entreprises, et attaquer puissamment un côté sans dégarnir l'autre.

1642. Le nouvel électeur de Brandebourg, Frédéric-Guillaume, traite avec la France et avec la Suède, dans l'espérance d'obtenir le duché de Jagerndorff en Silésie; duché donné autrefois par Ferdinand Ier à un prince de la maison de Brandebourg, qui avait été son gouverneur, confisqué depuis par Ferdinand II, après la victoire de Prague, et après le malheur de la maison palatine. L'électeur de Brandebourg espérait de rentrer dans cette terre dont son grand-oncle avait été privé.

Le duc de Lorraine implore aussi la faveur de la France pour rentrer dans ses états; on les lui rend, en retenant les villes de guerre; c'est encore un appui qu'on enlève à l'empereur.

Malgré tant de pertes, Ferdinand III résiste toujours : la Saxe, la Bavière, sont toujours dans son parti; les provinces héréditaires lui fournissent des soldats. Torstenson défait encore en Silésie ses troupes commandées par l'archiduc Léopold, par le duc de Saxe-Lavembourg et Piccolomini; mais cette victoire n'a point de suite; il repasse l'Elbe; il rentre en Saxe, il assiége Leipsick : il gagne encore une bataille signalée dans ce pays où les Suédois avaient toujours été vainqueurs. Léopold est vaincu dans les plaines de Breitenfelt le 2 novembre. Torstenson entre dans Leipsick le 15 décembre. Tout cela est funeste à la vérité pour la Saxe, pour les provinces de l'Allemagne; mais on ne pénètre jamais jusqu'au centre, jusqu'à l'empereur; et après plus de vingt défaites il se soutient.

Le cardinal de Richelieu meurt le 4 décembre; sa mort donne des espérances à la maison d'Autriche.

1643. Les Suédois, dans le cours de cette guerre, étaient plusieurs fois entrés en Bohême, en Silésie, en Moravie, et en étaient sortis pour se rejeter vers les provinces de l'Occident. Torstenson veut entrer en Bohême, et n'en peut venir à bout, malgré toutes ses victoires.

On négocie toujours très lentement à Hambourg, pendant qu'on fait la guerre vivement. Louis XIII meurt le 14 mai. L'empereur en est plus éloigné d'une paix générale; il se flatte de détacher les Suédois de la France dans les troubles d'une minorité : mais dans cette minorité de Louis XIV, quoique très orageuse, il arriva la même chose que dans celle de Christine : la guerre continua aux dépens de l'Allemagne.

D'abord le parti de l'empereur se fortifie du duc de Lorraine, qui revient à lui après la mort de Louis XIII.

C'est encore une ressource pour Ferdinand que la mort du maréchal de Guébriant, qui est tué en assiégeant Rothveil; c'est le quatrième grand général qui périt au milieu de ses victoires contre les impériaux [1].

[1] Voyez les années 1633, 1639, 1641. B.

Le bonheur de l'empereur veut encore que le maréchal de Rantzau[1], successeur de Guébriant, soit défait à Dutlinge en Souabe par le général Merci.

Ces vicissitudes de la guerre retardent les conférences de la paix à Munster et à Osnabruck, où le congrès était enfin fixé.

Ce qui contribue encore à faire respirer Ferdinand III, c'est que la Suède et le Danemarck se font la guerre pour quelques vaisseaux que les Danois avaient saisis aux Suédois. Cet accident pouvait rendre la supériorité à l'empereur. Il montra quelles étaient ses ressources en fesant marcher Gallas, à la tête d'un petit corps d'armée, au secours du Danemarck. Mais cette diversion ne sert qu'à ruiner le Holstein, théâtre de cette guerre passagère; et c'est dans l'Allemagne une province de plus ravagée. Les hostilités entre la Suède et le Danemarck surprirent d'autant plus l'Europe, que le Danemarck s'était porté pour médiateur de la paix générale. Il fut exclus, et dès-lors Rome et Venise ont seules la médiation de cette paix encore très éloignée.

Le premier pas que fait le comte d'Avaux, plénipotentiaire à Munster, pour cette paix, y met d'abord le plus grand obstacle. Il écrit aux princes, aux états de l'empire assemblés à Ratisbonne, pour les engager à soutenir leurs prérogatives, à partager avec l'empereur et les électeurs le droit de la paix et de la guerre. C'était un droit toujours contesté entre les électeurs et les autres états impériaux. Ces états in-

---

[1] Rantzau ne fut nommé maréchal que le 16 juillet 1645. Cl..

sistaient à la diète sur leur droit d'être reçus aux conférences de la paix, comme parties contractantes : ils avaient en cela prévenu les ministres de France. Mais ces ministres se servirent dans leur lettre de termes injurieux à Ferdinand. Ils révoltèrent à-la-fois l'empereur et les électeurs ; ils les mirent en droit de se plaindre, et de faire retomber sur la France le reproche de la continuation des troubles de l'Europe.

Heureusement pour les plénipotentiaires de France, on apprend dans le même temps que le duc d'Enghien, le grand Condé, vient de remporter à Rocroi, sur l'armée d'Autriche espagnole, la plus mémorable victoire, et qu'il a détruit dans cette journée la célèbre infanterie castillane et valonne qui avait tant de réputation. Des plénipotentiaires soutenus par de telles victoires peuvent écrire ce qu'ils veulent.

1644. L'empereur pouvait au moins se flatter de voir le Danemarck déclaré pour lui. On lui ôte encore cette ressource. Le cardinal Mazarin, successeur de Richelieu, se hâte de réunir le Danemarck et la Suède. Ce n'est pas tout : le roi de Danemarck s'engage encore à ne secourir aucun des ennemis de la France.

Les négociations et la guerre sont également malheureuses pour les Autrichiens. Le duc d'Enghien, qui avait vaincu les Espagnols l'année précédente, donne vers Fribourg trois combats de suite en quatre jours, du cinq au neuvième auguste[1], contre le géné-

---

[1] Le P. Du Londel, dans ses *Fastes des rois de France*, 1697, in-8°, dit, page 186, que les combats eurent lieu les 3, 4, 5 et 9. Voyez aussi, tome XIX, le chapitre III du *Siècle de Louis XIV*. B.

ral Merci; et, vainqueur toutes les trois fois, il se rend maître de tout le pays, de Mayence jusqu'à Landau, pays dont Merci s'était emparé.

Le cardinal Mazarin et le chancelier Oxenstiern, pour se rendre plus maîtres des négociations, suscitent encore un nouvel ennemi à Ferdinand III. Ils encouragent Racoczi, souverain de Transylvanie depuis 1629[1], à lever enfin l'étendard contre Ferdinand. Ils lui ménagent la protection de la Porte. Racoczi ne manquait pas de prétextes, ni même de raisons. Les protestants hongrois persécutés, les priviléges des peuples méprisés, quelques infractions aux anciens traités forment le manifeste de Racoczi, et l'argent de la France lui met les armes à la main.

Pendant ce temps-là même, Torstenson poursuit les impériaux dans la Franconie : le général Gallas fuit partout devant lui et devant le comte de Kœnigsmarck, qui marchait déjà sur les traces des grands capitaines suédois.

1645. Ferdinand et l'archiduc Léopold, son parent, étaient dans Prague. Torstenson victorieux entre dans la Bohême. L'empereur et l'archiduc se réfugient à Vienne.

Torstenson poursuit l'armée impériale à Tabor. Cette armée était commandée par le général Gœuts, et par ce même Jean de Vert racheté de prison. Gœuts est tué, Jean de Vert fuit. C'est une défaite complète.

---

[1] George Racoczi Ier ne fut élu qu'en 1631; mais il est considéré comme successeur de Bethlem-Gabor, mort en novembre 1629. Cu.

Le vainqueur marche à Brünn, l'assiége, et Vienne enfin est menacée.

Il y a toujours, dans cette longue suite de désastres, quelque circonstance qui sauve l'empereur. Le siége de Brünn traîne en longueur; et, au lieu que les Français devaient alors marcher en vainqueurs vers le Danube, et aller donner la main aux Suédois, le vicomte de Turenne, au commencement de sa route, est battu par le général Merci à Mariendal, et se retire dans la Hesse.

Le grand Condé accourt contre Merci, et il a la gloire de réparer la défaite de Turenne par une victoire signalée, dans la même plaine de Nordlingue, où les Suédois avaient été vaincus après la mort de Gustave. Turenne contribua autant que Condé au gain de cette bataille meurtrière. Mais plus elle est sanglante des deux côtés, moins elle est décisive. L'empereur retire en hâte ses troupes de la Hongrie, et traite avec Racoczi, pour empêcher les Français d'aller à Vienne par la Bavière, tandis que les Suédois menaçaient d'y aller par la Moravie.

Il est à croire que dans ce torrent de prospérités des armes françaises et suédoises, il y eut toujours un vice radical qui empêcha de recueillir tout le fruit de tant de progrès. La crainte mutuelle qu'un des deux alliés ne prît trop de supériorité sur l'autre, le manque d'argent, le défaut de recrues, tout cela mettait un terme à chaque succès.

Après la célèbre bataille de Nordlingue, on ne s'attendait pas que les Autrichiens et les Bavarois regagneraient tout d'un coup le pays perdu par cette bataille, et qu'ils poursuivraient jusqu'au Nécker l'armée victorieuse, où Condé n'était plus, mais où était Turenne. De telles vicissitudes ont été fréquentes dans cette guerre.

Cependant l'empereur, fatigué de tant de secousses, pense sérieusement à la paix. Il rend la liberté enfin à l'électeur de Trèves, dont la prison avait servi de prétexte à la déclaration de guerre de la France; mais ce sont les Français qui rétablissent cet électeur dans sa capitale. Turenne en chasse la garnison impériale; et l'électeur de Trèves s'unit à la France, comme à sa bienfaitrice. L'électeur palatin eût pu lui avoir les mêmes obligations; mais la France ne fesait encore pour lui rien de décisif.

Ce qui avait fait principalement le salut de l'empereur, c'était la Saxe et la Bavière, sur qui le fardeau de la guerre avait presque toujours porté. Mais enfin l'électeur de Saxe épuisé fait une trêve avec les Suédois.

Ferdinand n'a donc plus pour lui que la Bavière. Les Turcs menaçaient de venir en Hongrie : tout eût été perdu. Il s'empresse de satisfaire Racoczi; pour ne se pas attirer les armes ottomanes. Il le reconnaît prince souverain de Transylvanie, prince de l'empire, et lui rend tout ce qu'il avait donné à son prédécesseur Bethlem-Gabor. Il perd ainsi à tous les traités, et presse la conclusion de la paix de Vestphalie, où il doit perdre davantage.

1646. Le pape Innocent X était le premier médiateur de cette paix, dans laquelle les catholiques devaient faire de si grandes pertes. La république de

Venise était la seconde médiatrice. Le cardinal Chigi, depuis le pape Alexandre VII, présidait dans Munster au nom du pape ; Contarini, au nom de Venise. Chaque puissance intéressée fesait des propositions selon ses espérances et ses craintes : mais ce sont les victoires qui font les traités.

Pendant ces premières négociations, le maréchal de Turenne, par une marche imprévue et hardie, se joint à l'armée suédoise vers le Necker, à la vue de l'archiduc Léopold. Il s'avance jusqu'à Munich, et augmente les alarmes de l'Autriche. Un autre corps de Suédois va encore ravager la Silésie ; mais toutes ces expéditions ne sont que des courses. Si la guerre s'était faite pied à pied, sous un seul chef qui eût suivi toujours opiniâtrément le même dessein, l'empereur n'eût pas été en état, dans ce temps-là même, de faire couronner son fils aîné Ferdinand à Prague au mois d'auguste, et ensuite à Presbourg. Ce jeune roi mourut ensuite sans jouir de ces états [1]. D'ailleurs, son père ne pouvait donner alors que des trônes bien chancelants.

1647. L'empereur, en voulant assurer des royaumes à son fils, paraît plus que jamais près de tout perdre. L'électeur de Saxe avait été forcé, par les malheurs de la guerre, de l'abandonner. L'électeur Maximilien de Bavière, son beau-frère, est enfin obligé d'en faire autant. L'électeur de Cologne suit cet exemple. Ils signent un traité de neutralité avec la France. Le maréchal de Turenne met aussi l'électeur de Mayence dans la nécessité de prendre ce parti. Le landgrave

---

[1] Ferdinand IV mourut le 9 juillet 1654. CL.

de Hesse-Darmstadt fait le même traité par la même crainte. L'empereur reste seul, et aucun prince n'ose prendre sa querelle. Exemple unique jusque-là dans une guerre de l'empire.

Alors un nouveau général suédois, Vrangel, qui avait succédé à Torstenson, prend Égra. La Bohême, tant de fois saccagée, l'est encore. Le danger parut si grand, que l'électeur de Bavière, malgré son grand âge et le péril où il mettait ses états, ne put laisser le chef de l'empire sans secours, et rompit son traité avec la France. La guerre se fesait toujours dans plusieurs endroits à-la-fois, selon qu'on y pouvait subsister. Au moindre avantage qu'avait l'empereur, ses ministres au congrès demandaient des conditions favorables; mais au moindre échec ils essuyaient des propositions plus dures.

1648. Le retour du duc de Bavière à la maison d'Autriche n'est pas heureux. Turenne et Vrangel battent ses troupes et les autrichiennes à Summerhausen et à Lavingen, près du Danube, malgré la belle résistance d'un prince de Virtemberg, et de ce Montécuculli qui était déjà digne d'être opposé à Turenne. Le vainqueur s'empare de la Bavière; l'électeur se réfugie à Saltzbourg.

En même temps le comte de Kœnigsmarck, à la tête des Suédois, surprend en Bohême la ville de Prague : ce fut le coup décisif. Il était temps enfin de faire la paix : il fallait en recevoir les conditions, ou risquer l'empire. Les Français et les Suédois n'avaient plus dans l'Allemagne d'autre ennemi que l'empereur. Tout le reste était allié ou soumis, et on attendait les lois que l'assemblée de Munster et d'Osnabruck donnerait à l'empire.

PAIX DE VESTPHALIE.

Cette paix de Vestphalie, signée enfin à Munster et à Osnabruck le 14 octobre 1648, fut convenue, donnée et reçue *comme une loi fondamentale et perpétuelle :* ce sont les propres termes du traité. Elle doit servir de base aux capitulations impériales. C'est une loi aussi reçue, aussi sacrée jusqu'à présent que la bulle d'or, et bien supérieure à cette bulle par le détail de tous les intérêts divers que ce traité embrasse, de tous les droits qu'il assure, et des changements faits dans l'état civil et dans la religion.

On travaillait dans Munster et dans Osnabruck, depuis six ans, presque sans relâche à cet ouvrage. On avait d'abord perdu beaucoup de temps dans les disputes du cérémonial. L'empereur ne voulait point donner le titre de *majesté* aux rois ses vainqueurs. Son ministre Lutzau, dans le premier acte de 1641, qui établissait les sauf-conduits et les conférences, parle des préliminaires *entre sa sacrée majesté césarienne et le sérénissime roi très chrétien.* Le roi de France, de son côté, refusait de reconnaître Ferdinand pour empereur; et la cour de France avait eu de la peine à donner le titre de *majesté* au grand Gustave, qui croyait tous les rois égaux, et qui n'admettait de supériorité que celle de la victoire. Les ministres suédois au congrès de Vestphalie affectaient l'égalité avec ceux de France. Les plénipotentiaires d'Espagne avaient voulu en vain qu'on nommât leur roi immédiatement après l'empereur. Le nouvel état des Provinces-Unies demandait à être traité comme les rois. Le terme d'*excellence* commençait à être en usage. Les ministres se l'attribuaient; et il fallait de longues négociations pour savoir à qui on le donnerait.

Dans le fameux traité de Munster, on nomme sa sacrée majesté impériale, sa sacrée majesté très chrétienne, et sa sacrée majesté royale de Suède.

Le titre d'excellence ne fut donné dans le cours des conférences à aucun plénipotentiaire des électeurs. Les ambassadeurs de France ne cédaient pas même le pas aux électeurs chez ces princes; et le comte d'Avaux écrivait à l'électeur de Brandebourg : *Monsieur*[1], *j'ai fait ce que j'ai pu pour vous servir*. On qualifiait d'ordinaire les états-généraux des Provinces-Unies, *les sieurs états*, quand c'était le roi de France qui parlait; et même quand le comte d'Avaux alla de Munster en Hollande, en 1644, il ne les appela jamais que *messieurs*. Ils ne purent obtenir que leurs plénipotentiaires eussent le titre d'excellence. Le comte d'Avaux avait refusé même ce nouveau titre à un ambassadeur de Venise, et ne le donna à Contarini que parcequ'il était médiateur. Les affaires furent retardées par ces prétentions et ces refus que les Romains nommaient *gloriole*, que tout le monde condamne quand on est sans caractère, et sur lesquels on insiste dès qu'on en a un.

Ces usages, ces titres, ces cérémonies, les dessus

[1] Ce *monsieur* était Frédéric Guillaume Ier, bisaïeul du roi de Prusse Frédéric II. CL.

des lettres, les suscriptions, les formules, ont varié dans tous les temps. Souvent la négligence d'un secrétaire suffit pour fonder un titre. Les langues dans lesquelles on écrit établissent des formules qui passent ensuite dans d'autres langues où elles prennent un air étranger. Les empereurs, qui envoyaient, avant Rodolphe Ier, tous leurs mandats en latin, tutoyaient tous les princes dans cette langue qui admet cette grammaire. Ils ont continué à tutoyer les comtes de l'empire dans la langue allemande, qui réprouve ces expressions. On trouve partout de tels exemples, et ils ne tirent plus aujourd'hui à conséquence.

Les ministres médiateurs furent plutôt témoins qu'arbitres, surtout le nonce Chigi, qui ne fut là que pour voir l'Église sacrifiée. Il vit donner à la Suède luthérienne les diocèses de Brême et de Verden; ceux de Magdebourg, d'Halberstadt, de Minden, de Cammin, à l'électeur de Brandebourg.

Les évêchés de Ratzbourg et de Schverin ne furent plus que des fiefs du duc de Mecklenbourg.

Les évêchés d'Osnabruck et de Lubeck ne furent pas à la vérité sécularisés, mais alternativement destinés à un évêque luthérien et à un évêque catholique; règlement délicat qui n'aurait jamais pu avoir lieu dans les premiers troubles de religion, mais qui ne s'est pas démenti chez une nation naturellement tranquille, dans laquelle la fureur du fanatisme était éteinte.

La liberté de conscience fut établie dans toute l'Allemagne. Les sujets luthériens de l'empereur en Silésie eurent le droit de faire bâtir de nouvelles églises, et l'empereur fut obligé d'admettre des protestants dans son conseil aulique.

Les commanderies de Malte, les abbayes, les bénéfices dans les pays protestants, furent donnés aux princes, aux seigneurs, qu'il fallait indemniser des frais de la guerre.

Ces concessions étaient bien différentes de l'édit de Ferdinand II, qui avait ordonné la restitution des biens ecclésiastiques dans le temps de ses prospérités. La nécessité, le repos de l'empire lui firent la loi. Le nonce protesta, fulmina. On n'avait jamais vu encore de médiateur condamner le traité auquel il avait présidé ; mais il ne lui seyait pas de faire une autre démarche. Le pape, par sa bulle, « casse de sa pleine « puissance, annulle tous les articles de la paix de « Vestphalie concernant la religion ; » mais s'il avait été à la place de Ferdinand III, il eût ratifié le traité qui subsista malgré les bulles du pape : bulles autrefois si révérées, et aujourd'hui si méprisées !

Cette révolution pacifique dans la religion était accompagnée d'une autre dans l'état. La Suède devenait membre de l'empire. Elle eut toute la Poméranie citérieure, et la plus belle, la plus utile partie de l'autre, la principauté de Rugen, la ville de Vismar, beaucoup de bailliages voisins, le duché de Brême et de Verden. Le duc de Holstein y gagna aussi quelques terres.

L'électeur de Brandebourg perdait à la vérité beaucoup dans la Poméranie citérieure, mais il acquérait le fertile pays de Magdebourg, qui valait mieux que son margraviat. Il avait Cammin, Halberstadt, la principauté de Minden.

Le duc de Mecklenbourg perdait Vismar, mais il gagnait le territoire de Ratzbourg et de Schverin.

Enfin on donnait aux Suédois cinq millions d'écus d'Allemagne, que sept cercles devaient payer. On donnait à la princesse landgrave de Hesse six cent mille écus; et c'était sur les biens des archevêchés de Mayence, de Cologne, de Paderborn, de Munster, et de l'abbaye de Fulde, que cette somme devait être payée. L'Allemagne, s'appauvrissant par cette paix, comme par la guerre, ne pouvait guère payer plus cher ses protecteurs.

Ces plaies étaient adoucies par les réglements utiles qu'on fit pour le commerce et pour la justice; par les soins qu'on prit de remédier aux griefs de toutes les villes, de tous les gentilshommes qui présentèrent leurs droits au congrès, comme à une cour suprême qui réglait le sort de tout le monde. Le détail en fut prodigieux.

La France s'assura pour toujours la possession des Trois-Évêchés, et l'acquisition de l'Alsace, excepté Strasbourg: mais au lieu de recevoir de l'argent comme la Suède, elle en donna: les archiducs de la branche du Tyrol eurent trois millions de livres pour la cession de leurs droits sur l'Alsace et sur le Sundgau. La France paya la guerre et la paix, mais elle n'acheta pas cher une si belle province; elle eut encore l'ancien Brisach et ses dépendances, et le droit de mettre garnison dans Philipsbourg. Ces deux avantages ont été perdus depuis; mais l'Alsace est demeurée; et

Strasbourg, en se donnant à la France, a achevé d'incorporer l'Alsace à ce royaume.

Il y a peu de publicistes qui ne condamnent l'énoncé de cette cession de l'Alsace dans ce fameux traité de Munster; ils en trouvent les expressions équivoques : en effet, céder *toute sorte de juridiction et de souveraineté*, et céder *la préfecture de dix villes libres impériales*, sont deux choses différentes. Il y a grande apparence que les plénipotentiaires virent cette difficulté, et ne voulurent pas l'approfondir, sachant bien qu'il y a des choses qu'il faut laisser derrière un voile que le temps et la puissance font tomber.

La maison palatine fut enfin rétablie dans tous ses droits, excepté dans le Haut-Palatinat, qui demeura à la branche de Bavière. On créa un huitième électorat en faveur du palatin [1]. On entra avec tant d'attention dans tous les droits et dans tous les griefs, qu'on alla jusqu'à stipuler vingt mille écus que l'empereur devait donner à la mère du comte palatin Charles-Louis, et dix mille à chacune de ses sœurs. Le moindre gentilhomme fut bien reçu à demander la restitution de quelques arpents de terre; tout fut discuté et réglé; il y eut cent quarante restitutions ordonnées. On remit à un arbitrage la restitution de la Lorraine et l'affaire de Juliers. L'Allemagne eut la paix après trente ans de guerre, mais la France ne l'eut pas.

Les troubles de Paris, vers l'an 1647, enhardirent l'Espagne à s'en prévaloir; elle ne voulut plus entrer dans les négociations générales. Les états-généraux,

---

[1] C'était Charles-Louis, fils de Frédéric V, qui avait été dépossédé en 1623. B.

qui devaient, ainsi que l'Espagne, traiter à Munster, firent une paix particulière avec l'Espagne, malgré toutes les obligations qu'ils avaient à la France, malgré les traités qui les liaient, et malgré les intérêts qui semblaient les attacher encore à leurs anciens protecteurs. Le ministère espagnol se servit d'une ruse singulière pour engager les états à ce manque de foi; il leur persuada qu'il était prêt de donner l'infante à Louis XIV, avec les Pays-Bas en dot. Les états tremblèrent, et se hâtèrent de signer; cette ruse n'était qu'un mensonge; mais la politique est-elle autre chose que l'art de mentir à propos? Louis XI n'avait-il pas raison, quand son ambassadeur, se plaignant que les ministres du duc de Bourgogne mentaient toujours, il lui répondait: *Eh! bête, que ne mens-tu plus qu'eux?*

Dans cet important traité de Vestphalie il ne fut presque point question de l'empire romain. La Suède n'avait d'intérêt à démêler qu'avec le roi d'Allemagne, et non avec le suzerain de l'Italie; mais la France eut quelques points à régler, sur lesquels Ferdinand ne pouvait transiger que comme empereur. Il s'agissait de Pignerol, de la succession de Mantoue, et du Montferrat; ce sont des fiefs de l'empire. Il fut réglé que le roi de France paierait encore six cent mille livres *à monsieur le duc de Mantoue, à la décharge de monsieur le duc de Savoie*, moyennant quoi il garderait Pignerol et Casal en pleine souveraineté indépendante de l'empire. Ces possessions ont été perdues depuis pour la France, comme Brême, Verden, et une partie de la Poméranie ont été enlevés à la Suède. Mais le traité de Vestphalie, en ce qui concerne la législation de l'Allemagne, a toujours été réputé et est toujours demeuré inviolable.

TABLEAU DE L'ALLEMAGNE,

DEPUIS LA PAIX DE VESTPHALIE JUSQU'A LA MORT DE FERDINAND III.

Ce chaos du gouvernement allemand ne fut donc bien débrouillé qu'après sept cents ans, à compter du règne de Henri-l'Oiseleur; et avant le temps de Henri il n'avait pas été un gouvernement. Les prérogatives des rois d'Allemagne ne furent restreintes dans des bornes connues, la plupart des droits des électeurs, des princes, de la noblesse immédiate et des villes ne furent fixés et incontestables, que par les traités de Vestphalie. L'Allemagne fut une grande *aristocratie*, à la tête de laquelle était un roi, à peu près comme en Angleterre, en Suède, en Pologne, et comme anciennement tous les états fondés par les peuples venus du Nord et de l'Orient furent gouvernés. La diète tenait lieu de parlement. Les villes impériales y eurent droit de suffrage pour résoudre la paix et la guerre.

Ces villes impériales jouissent de tous les droits régaliens comme les princes d'Allemagne : elles sont états de l'empire, et non de l'empereur; elles ne paient pas la moindre imposition, et ne contribuent aux besoins de l'empire que dans les cas urgents; leur taxe est réglée par la matricule générale. Si elles avaient le droit de juger en dernier ressort, qu'on appelle *de non appellando*, elles seraient des états absolument souverains; cependant avec tant de droits elles ont très peu de puissance, parcequ'elles sont entourées de princes qui en ont beaucoup. Les inconvénients attachés à un gouvernement si mixte et si compliqué, dans une si grande étendue de pays, ont subsisté; mais l'état aussi. La multiplicité des souverainetés sert à tenir la balance, jusqu'à ce qu'il se forme dans le sein de l'Allemagne une puissance assez grande pour engloutir les autres.

Ce vaste pays, après la paix de Vestphalie, répara insensiblement ses pertes : les campagnes furent cultivées, les villes rebâties; ce furent là les plus grands événements des années suivantes dans un corps percé et déchiré de toutes parts, qui se rétablissait des blessures que lui-même s'était faites pendant trente années.

Quand on dit que l'Allemagne fut libre alors, il faut l'entendre des princes et des villes impériales; car pour les villes médiates, elles sont sujettes des grands vassaux auxquels elles appartiennent; et les habitants des campagnes forment un état mitoyen entre l'esclave et le sujet, mais plus approchant de l'esclave, surtout en Souabe et en Bohême.

La Hongrie était comme l'Allemagne, respirant à peine après ses guerres intestines et les invasions si fréquentes des Turcs, ayant besoin d'être défendue, repeuplée, policée, mais toujours jalouse de son droit d'élire son souverain, et de conserver sous lui ses priviléges. Quand Ferdinand III fit élire, en 1654, son fils Léopold, âgé de dix-sept ans[1], roi de Hongrie,

---

[1] Léopold-Ignace, né le 9 juin 1640, avait *quinze ans* seulement quand il

on fit signer *à sa sérénité* (car le mot de majesté n'était pas donné par les Hongrois à qui n'était pas empereur ou roi des Romains), on lui fit signer, dis-je, une capitulation aussi restreignante que celle des empereurs : mais les seigneurs hongrois n'étaient pas aussi puissants que les princes d'Allemagne. Ils n'avaient point les Français et les Suédois pour garants de leurs priviléges ; ils étaient plutôt opprimés que soutenus par les Ottomans : c'est pourquoi la Hongrie a été enfin entièrement soumise de nos jours, après de nouvelles guerres intestines [1].

L'empereur, après la paix de Vestphalie, se trouva paisible possesseur de la Bohême, devenue son patrimoine ; de la Hongrie qu'il regardait aussi comme un héritage, mais que les Hongrois regardaient comme un royaume électif ; et de toutes ses provinces jusqu'à l'extrémité du Tyrol. Il ne possédait aucun terrain en Italie.

Le nom de Saint Empire romain subsistait toujours. Il était difficile de définir ce que c'était que l'Allemagne, et ce que c'était que cet empire. Charles-Quint avait bien prévu que si son fils Philippe II n'était pas sur le trône impérial, si la même tête ne portait pas les couronnes d'Espagne, d'Allemagne, de Naples, de Milan, il ne resterait guère que ce nom d'empire. En effet, quand le grand fief de Milan fut, aussi bien que Naples, entre les mains de la branche

---

fut élu roi de Hongrie le 22 juin 1655 ; ce qui s'accorde avec l'âge de *dix-huit ans* que Voltaire donne plus bas à ce prince, en juillet 1658. Cl.

[1]. Voyez, tome XXI, les chapitres v et vi du *Précis du Siècle de Louis XV*. B.

espagnole, cette branche se trouva à-la-fois vassale titulaire de l'empire et du pape, en protégeant l'un, et en donnant des lois à l'autre. La Toscane, les principales villes d'Italie, s'affermirent dans leur ancienne indépendance des empereurs. Un césar qui n'avait pas en Italie un seul domaine, et qui n'était en Allemagne que le chef d'une république de princes et de villes, ne pouvait pas ordonner comme un Charlemagne et un Othon.

On voit, dans tout le cours de cette histoire, deux grands desseins soutenus pendant huit cents années; celui des papes d'empêcher les empereurs de régner dans Rome, et celui des seigneurs allemands de conserver et d'augmenter leurs priviléges.

Ce fut dans cet état que Ferdinand III laissa l'empire à sa mort en 1657, pendant que la maison d'Autriche espagnole soutenait encore contre la France cette longue guerre qui finit par le traité des Pyrénées, et par le mariage de l'infante Marie-Thérèse avec Louis XIV.

Tous ces événements sont si récents, si connus, écrits par tant d'historiens, qu'on ne répétera pas ici ce qu'on trouve partout ailleurs. On finira par se retracer une idée générale de l'empire depuis ce temps jusqu'à nos jours.

ÉTAT DE L'EMPIRE SOUS LÉOPOLD Ier,

QUARANTE-HUITIÈME EMPEREUR.

On peut d'abord considérer qu'après la mort de Ferdinand III l'empire fut prêt de sortir de la mai-

ÉTAT DE L'EMPIRE SOUS LÉOPOLD Iᵉʳ.

son d'Autriche, mais que les électeurs se crurent enfin obligés de choisir en 1658 Léopold-Ignace, fils de Ferdinand III. Il n'avait que dix-huit ans : mais le bien de l'état, le voisinage des Turcs, les jalousies particulières, contribuèrent à l'élection d'un prince dont la maison était assez puissante pour soutenir l'Allemagne, et pas assez pour l'asservir. On avait autrefois élu Rodolphe de Habsbourg, parcequ'il n'avait presque point de domaine : l'empire était continué à sa race, parcequ'elle en avait beaucoup.

Les Turcs, toujours maîtres de Bude, les Français possesseurs de l'Alsace, les Suédois de la Poméranie et de Brême, rendaient nécessaire cette élection : tant l'idée de l'équilibre est naturelle chez les hommes ! Dix empereurs de suite dans la maison de Léopold étaient encore, en sa faveur, autant de sollicitations qui sont toujours écoutées, quand on ne croit point la liberté publique en danger.

C'est ainsi que le trône, toujours électif en Pologne, fut toujours héréditaire dans la race des Jagellons.

L'Italie ne pouvait être un objet pour le ministère de Léopold ; il n'était plus question de demander une couronne à Rome, encore moins de faire sentir ses droits de suzerain à la branche d'Autriche qui avait Naples et Milan. Mais la France, la Suède, la Turquie, occupèrent toujours les Allemands sous ce règne : ces trois puissances furent, l'une après l'autre, ou contenues, ou repoussées, ou vaincues, sans que Léopold tirât l'épée.

Ce prince, le moins guerrier de son temps, attaqua toujours Louis XIV dans les temps les plus florissants de la France ; d'abord après l'invasion de la Hollande, lorsqu'il donna aux Provinces-Unies un secours qu'il n'avait pas donné à sa propre maison dans l'invasion de la Flandre ; ensuite quelques années après la paix de Nimègue, lorsqu'il fit cette fameuse ligue d'Augsbourg contre Louis XIV ; enfin, à l'avénement étonnant du petit-fils du roi de France au trône d'Espagne.

Léopold sut dans toutes ces guerres intéresser le corps de l'Allemagne, et les faire déclarer ce qu'on appelle guerres de l'empire. La première fut assez malheureuse, et l'empereur reçut la loi à la paix de Nimègue. L'intérieur de l'Allemagne ne fut pas saccagé par ces guerres, comme il l'avait été dans celle de trente ans ; mais les frontières du côté du Rhin furent maltraitées. Louis XIV eût toujours la supériorité ; cela ne pouvait arriver autrement : des ministres habiles, de très grands généraux, un royaume dont toutes les parties étaient réunies, et toutes les places fortifiées, des armées disciplinées, une artillerie formidable, d'excellents ingénieurs, devaient nécessairement l'emporter sur un pays à qui tout cela manquait. Il est même surprenant que la France ne remportât pas de plus grands avantages contre des armées levées à la hâte, souvent mal payées et mal pourvues, et surtout contre des corps de troupes commandés par des princes qui s'accordaient peu, et qui avaient des intérêts différents. La France, dans cette guerre terminée par la paix de Nimègue, triompha, par la supériorité de son gouvernement, de l'Allemagne, de l'Espagne, de la Hollande réunies, mais mal réunies.

La fortune fut moins inégale dans la seconde guerre, produite par la ligue d'Augsbourg. Louis XIV eut alors contre lui l'Angleterre jointe à l'Allemagne et à l'Espagne. Le duc de Savoie entra dans la ligue. La Suède, si long-temps alliée de la France, l'abandonna, et fournit même des troupes contre elle en qualité de membre de l'empire. Cependant tout ce que tant d'alliés purent faire, ce fut de se défendre. On ne put même, à la paix de Rysvick, arracher Strasbourg à Louis XIV.

La troisième guerre fut la plus heureuse pour Léopold et pour l'Allemagne, quand le roi de France était plus puissant que jamais, quand il gouvernait l'Espagne sous le nom de son petit-fils, qu'il avait pour lui tous les Pays-Bas espagnols et la Bavière, que ses armées étaient au milieu de l'Italie et de l'Allemagne. La mémorable bataille d'Hochstedt changea tout. Léopold mourut l'année suivante, en 1705, avec l'idée que la France serait bientôt accablée, et que l'Alsace serait réunie à l'Allemagne.

Ce qui servit le mieux Léopold dans tout le cours de son règne, ce fut la grandeur même de Louis XIV. Cette grandeur se produisit avec tant de faste, avec tant de fierté, qu'elle irrita tous ses voisins, surtout les Anglais, plus qu'elle ne les intimida.

On lui imputait l'idée de la monarchie universelle: mais si Léopold avait eu la succession de l'Autriche espagnole, comme il fut long-temps vraisemblable qu'il l'aurait, alors c'était cet empereur qui, maître absolu de la Hongrie dont les bornes étaient reculées, devenu presque tout puissant en Allemagne, possédant l'Espagne, le domaine direct de la moitié de l'Italie, souverain de la moitié du Nouveau-Monde, et en état de faire valoir les droits ou les prétentions de l'empire, se serait vu en effet assez près de cette monarchie universelle. On affecta de la craindre dans Louis XIV, lorsqu'il voulut, après la paix de Nimègue, faire dépendre des Trois-Évêchés quelques terres qui relevaient de l'empire; et on ne la craignit ni dans Léopold ni dans ses enfants, lorsqu'ils furent près de dominer sur l'Allemagne, l'Espagne et l'Italie. Louis XIV, en effarouchant trop ses voisins, fit plus de bien à la maison d'Autriche qu'il ne lui avait fait de mal par sa puissance.

DE LA HONGRIE ET DES TURCS DU TEMPS DE LÉOPOLD.

Dans les guerres que Léopold fit de son cabinet à Louis XIV, il ne risqua jamais rien. L'Allemagne et ses alliés portaient tout le fardeau, et défendaient ses pays héréditaires. Mais, du côté de la Hongrie et des Turcs, il n'y eut que du trouble et du danger. Les Hongrois étaient les restes d'une nation nombreuse, échappés aux guerres civiles et au sabre des Ottomans; ils labouraient, les armes à la main, des campagnes arrosées du sang de leurs pères. Les seigneurs de ces cantons malheureux voulaient à-la-fois défendre leurs priviléges contre l'autorité de leur roi, et leur liberté contre le Turc, qui protégeait la Hongrie et la dévastait. Le Turc fesait précisément en Hongrie ce que les

Suédois et les Français avaient fait en Allemagne; mais il fut plus dangereux : et les Hongrois furent plus malheureux que les Allemands.

Cent mille Turcs marchent jusqu'à Neuhausel en 1663. Il est vrai qu'ils sont vaincus l'année d'après à Saint-Gothard, sur le Raab, par le fameux Montécuculli. On vante beaucoup cette victoire, mais certainement elle ne fut pas décisive. Quel fruit d'une victoire qu'une trêve honteuse, par laquelle on cède au sultan la Transylvanie avec tout le terrain de Neuhausel, et on rase jusqu'aux fondements des citadelles voisines !

Le Turc donna ou plutôt confirma la Transylvanie à Abaffi, et dévasta toujours la Hongrie, malgré la trêve.

Léopold n'avait alors d'enfant que l'archiduchesse, qui fut depuis électrice de Bavière. Les seigneurs hongrois songent à se donner un roi de leur nation, en cas que Léopold meure.

Leurs projets, leur fermeté à soutenir leurs droits, et enfin leurs complots, coûtent la tête à Serini[1], à Frangipani, à Nadasti, à Tattembach. Les impériaux s'emparent des châteaux de tous les amis de ces infortunés. On supprime les dignités de palatin de Hongrie, de juge du royaume, de ban de Croatie; et le pillage est exercé avec les formes de la justice. Cet excès de sévérité produit d'abord la consternation, et ensuite le désespoir. Émérick Tékéli se met à la tête des mécontents : tout est en combustion dans la Haute-Hongrie.

[1] Voyez mes notes aux années 1566, et 1593. B.

Tékéli traite avec la Porte. Alors la cour de Vienne ménage les esprits irrités. Elle rétablit la charge de palatin; elle confirme tous les priviléges pour lesquels on combattait; elle promet de rendre les biens confisqués; mais cette condescendance, qui vient après tant de duretés, ne paraît qu'un piége. Tékéli croit plus gagner à la cour ottomane qu'à celle de Vienne. Il est fait prince de Hongrie par les Turcs, moyennant un tribut de quarante mille sequins. Déjà, en 1682, Tékéli, aidé des troupes du bacha de Bude, ravageait la Silésie; et ce bacha prenait Tokai et Éperies, tandis que le sultan Mahomet IV préparait l'armement le plus formidable que jamais l'empire ottoman ait destiné contre les chrétiens.

Si les Turcs eussent pris ce parti avant la paix de Nimègue, on ne voit pas ce que l'empereur eût pu leur opposer; car après la paix de Nimègue même il opposait peu de forces.

Le grand-vizir Kara Mustapha traverse la Hongrie avec deux cent cinquante mille hommes d'infanterie, trente mille spahis, une artillerie, un bagage proportionné à cette multitude. Il pousse le duc de Lorraine Charles V devant lui. Il met le siége sans résistance devant Vienne.

SIÉGE DE VIENNE, EN 1683, ET SES SUITES.

Ce siége de Vienne doit fixer les regards de la postérité. La ville était devenue, sous dix empereurs consécutifs de la maison d'Autriche, la capitale de l'empire romain en quelque sorte; mais elle n'était ni forte ni grande. Cette capitale prise, il n'y avait, jusqu'au Rhin, aucune place capable de résistance.

Vienne et ses faubourgs contenaient environ cent mille citoyens, dont les deux tiers habitaient ces faubourgs sans défense. Kara Mustapha s'avançait sur la droite du Danube, suivi de trois cent trente mille hommes, en comptant tout ce qui servait à cet armement formidable. On a prétendu que le dessein de ce grand-vizir était de prendre Vienne pour lui-même, et d'en faire la capitale d'un nouveau royaume indépendant de son maître. Tékéli, avec ses mécontents de Hongrie, était vers l'autre rive du Danube. Toute la Hongrie était perdue, et Vienne menacée de tous côtés. Le duc Charles de Lorraine n'avait qu'environ vingt-quatre mille combattants à opposer aux Turcs; qui précipitaient leur marche. Un petit combat à Pétronel, non loin de Vienne, venait encore de diminuer la faible armée de ce prince.

Le 7 juillet, l'empereur Léopold, l'impératrice sa belle-mère, l'impératrice sa femme, les archiducs, les archiduchesses, toute leur maison, abandonnent Vienne et se retirent à Lintz. Les deux tiers des habitants suivent la cour en désordre. On ne voit que des fugitifs, des équipages, des chariots chargés de meubles; et les derniers tombèrent entre les mains des Tartares. La retraite de l'empereur ne porte à Lintz que la terreur et la désolation. La cour ne s'y croit pas en sûreté. On se réfugie de Lintz à Passau. La consternation en augmente dans Vienne: il faut brûler les faubourgs, les maisons de plaisance, fortifier en hâte le corps de la place, y faire entrer des munitions de guerre et de bouche. On ne s'était préparé à rien, et les Turcs allaient ouvrir la tranchée. Elle fut en effet ouverte le 16 juillet au faubourg Saint-Ulric, à cinquante pas de la contrescarpe.

Le comte de Staremberg, gouverneur de la ville, avait une garnison dont le fonds était de seize mille hommes, mais qui n'en composait pas en effet plus de huit mille. On arma les bourgeois qui étaient restés dans Vienne; on arma jusqu'à l'université. Les professeurs, les écoliers, montèrent la garde, et ils eurent un médecin pour major.

Pour comble de disgrâce, l'argent manquait, et on eut de la peine à ramasser cent mille risdales.

Le duc de Lorraine avait en vain tenté de conserver une communication de sa petite armée avec la ville; mais il n'avait pu que protéger la retraite de l'empereur. Forcé enfin de se retirer par les ponts qu'il avait jetés sur le Danube, il était loin au septentrion de la ville, tandis que les Turcs, qui l'environnaient, avançaient leurs tranchées au midi. Il fesait tête aux Hongrois de Tékéli, et défendait la Moravie; mais la Moravie allait tomber avec Vienne au pouvoir des Ottomans. L'empereur pressait les secours de Bavière, de Saxe, et des cercles, et surtout celui du roi de Pologne, Jean Sobieski, prince long-temps la terreur des Turcs, tandis qu'il avait été général de la couronne, et qui devait son trône à ses victoires; mais ces secours ne pouvaient arriver que lentement.

On était déjà au mois de septembre, et il y avait enfin une brèche de six toises au corps de la place. La ville paraissait absolument sans ressource. Elle devait tomber sous les Turcs plus aisément que Constantinople; mais ce n'était pas un Mahomet II qui l'assiégeait. Le mépris brutal du grand-vizir pour les chrétiens, son inactivité, sa mollesse, firent languir le siége.

Son parc, c'est-à-dire l'enclos de ses tentes, était aussi grand que la ville assiégée. Il y avait des bains, des jardins, des fontaines; on y voyait partout l'excès du luxe, avant-coureur de la ruine.

Enfin, Jean Sobieski ayant passé le Danube quelques lieues au-dessus de Vienne, les troupes de Saxe, de Bavière, et des cercles, étant arrivées, on fit, du haut de la montagne de Calemberg, des signaux aux assiégés. Tout commençait à leur manquer, et il ne leur restait plus que leur courage.

Les armées impériale et polonaise descendirent du haut de cette montagne de Calemberg, dont le grand-vizir avait négligé de s'emparer; elles s'y étendirent en formant un vaste amphithéâtre. Le roi de Pologne occupait la droite, à la tête d'environ douze mille gendarmes, et de trois à quatre mille hommes de pied. Le prince Alexandre son fils était auprès de lui. L'infanterie de l'empereur et de l'électeur de Saxe marchait à la gauche. Le duc Charles de Lorraine commandait les impériaux. Les troupes de Bavière montaient à dix mille hommes, celles de Saxe à peu près au même nombre.

Jamais on ne vit plus de grands princes que dans cette journée. L'électeur de Saxe, Jean George III, était à la tête de ses Saxons. Les Bavarois n'étaient point conduits par l'électeur Marie-Emmanuel[1], leur duc. Ce jeune prince voulut servir comme volontaire auprès du duc de Lorraine. Il avait reçu de l'empereur une épée enrichie de diamants ; et lorsque Léopold revint dans Vienne, après sa délivrance, le jeune électeur, le saluant avec cette même épée, lui fit voir à quel usage il employait ses présents. C'est le même électeur qui fut mis depuis au ban de l'empire[2].

Le prince de Saxe-Lavembourg, de l'ancienne et malheureuse maison d'Ascanie, menait la cavalerie impériale; le prince Herman de Bade, l'infanterie; les troupes de Franconie, au nombre d'environ sept mille, marchaient sous le prince de Valdeck.

On distinguait parmi les volontaires trois princes de la maison d'Anhalt, deux de Hanovre, trois de la maison de Saxe, deux de Neubourg, deux de Virtemberg, tandis qu'un troisième se signalait dans la ville, deux de Holstein, un prince de Hesse-Cassel, un prince de Hohenzollern : il n'y manquait que l'empereur.

Cette armée montait à soixante et quatre mille combattants. Celle du grand-vizir était supérieure de plus du double; ainsi cette bataille peut être comptée parmi celles qui font voir que le petit nombre l'a presque toujours emporté sur le grand, peut-être parcequ'il y a trop de confusion dans les armées immenses, et plus d'ordre dans les autres.

Ce fut le 12 septembre que se donna cette bataille,

---

[1] Ou plutôt Maximilien-Marie; voyez p. 29-30. B. — [2] Voyez p. 652. B.

si c'en est une, et que Vienne fut délivrée. Le grand-vizir laissa vingt mille hommes dans les tranchées, et fit donner un assaut à la place, dans le temps même qu'il marchait contre l'armée chrétienne. Ce dernier assaut pouvait réussir contre des assiégés qui commençaient à manquer de poudre, et dont les canons étaient démontés; mais la vue du secours ranima leurs forces. Cependant, le roi de Pologne ayant harangué ses troupes de rang en rang, marchait d'un côté contre l'armée ottomane, et le duc de Lorraine de l'autre. Jamais journée ne fut moins meurtrière et plus décisive. Deux postes pris sur les Turcs décidèrent de la victoire. Les chrétiens ne perdirent pas plus de deux cents hommes. Les Ottomans en perdirent à peine mille : c'était sur la fin du jour. La terreur se mit pendant la nuit dans le camp du vizir. Il se retira précipitamment avec toute son armée. Cet aveuglement, qui succédait à une longue sécurité, fut si prodigieux, qu'ils abandonnèrent leurs tentes, leurs bagages, et jusqu'au grand étendard de Mahomet. Il n'y eut, dans cette grande journée, de faute comparable à celle du vizir, que celle de ne le point poursuivre.

Le roi de Pologne envoya l'étendard de Mahomet au pape. Les Allemands et les Polonais s'enrichirent des dépouilles des Turcs. Le roi de Pologne écrivit à la reine sa femme, qui était une Française, fille du marquis d'Arquien, que le grand-vizir l'avait fait son héritier, et qu'il avait trouvé dans ses tentes la valeur de plusieurs millions de ducats. On connaît assez cette lettre dans laquelle il lui dit: « Vous ne direz pas « de moi ce que disent les femmes tartares quand elles

« voient rentrer leurs maris les mains vides : Vous
« n'êtes pas un homme, puisque vous revenez sans
« butin. »

Le lendemain 13 septembre, le roi Jean Sobieski fit chanter le *Te Deum* dans la cathédrale, et l'entonna lui-même. Cette cérémonie fut suivie d'un sermon dont le prédicateur prit pour texte : « Il fut un homme « envoyé de Dieu, nommé Jean. »

Toute la ville s'empressait de venir rendre grace à ce roi, et de baiser les mains de son libérateur, comme il le raconte lui-même. L'empereur arriva le 14, au milieu des acclamations qui n'étaient pas pour lui. Il vit le roi de Pologne hors des murs, et il y eut de la difficulté pour le cérémonial, dans un temps où la reconnaissance devait l'emporter sur les formalités.

Cette gloire et ce bonheur de Jean Sobieski furent bientôt sur le point d'être éclipsés par un désastre qu'on ne devait pas attendre après une victoire si facile. Il s'agissait de soumettre la Hongrie et de marcher à Gran, qui est la même ville que Strigonie. Pour aller à Gran, il fallait passer par Barkan, où un bacha avait un corps de troupes assez considérable. Le roi de Pologne s'avançait de ce côté avec ses gendarmes, et ne voulut point attendre le duc de Lorraine qui le suivait. Les Turcs tombent, auprès de Barkan, sur les troupes polonaises, les chargent en flanc, leur tuent deux mille hommes; le vainqueur des Ottomans est obligé de fuir; il est poursuivi, il échappe à peine en laissant son manteau à un Turc qui l'avait déjà joint. Le duc Charles arriva enfin au secours des Polonais, et après avoir eu la gloire de seconder Jean Sobieski dans la délivrance de Vienne, il eut celle de le délivrer lui-même.

Bientôt la Hongrie, des deux côtés du Danube jusqu'à Strigonie, retombe sous le pouvoir de l'empereur. On prend Strigonie : elle avait appartenu aux Turcs près de cent cinquante années ; enfin on tente deux fois le siége de Bude, et on le prend d'assaut en 1686 : ce ne fut depuis qu'un enchaînement de victoires. Le duc de Lorraine défait, avec l'électeur de Bavière, les Ottomans dans les mêmes plaines de Mohatz, où Louis II, roi de Hongrie, avait péri, lorsqu'en 1526 Soliman II, vainqueur des chrétiens, couvrit ces plaines de vingt-cinq mille morts.

Les divisions, les séditions de Constantinople, les révoltes des armées ottomanes combattaient encore pour l'heureux et tranquille Léopold. Le soulèvement des janissaires, la déposition de Mahomet IV, l'imbécile Soliman III placé sur le trône après une prison de quarante années, les troupes ottomanes mal payées, découragées, fuyant devant un petit nombre d'Allemands, tout favorisa Léopold. Un empereur guerrier, secondé des Polonais victorieux, eût pu aller assiéger Constantinople après avoir été sur le point de perdre Vienne.

Léopold jugea plus à propos de se venger sur les Hongrois de la crainte que les Turcs lui avaient donnée. Ses ministres prétendaient qu'on ne pouvait contenir la puissance ottomane, si la Hongrie n'était pas réunie sous un pouvoir absolu. Cependant on avait chassé les Turcs devant Vienne avec les troupes de

Saxe, de Bavière, de Lorraine, et des autres princes allemands qui n'étaient pas sous un joug despotique; on avait surtout vaincu avec les secours des Polonais alliés. Les Hongrois auraient donc pu servir l'empereur comme les Allemands le servaient, en demeurant libres comme les Allemands; mais il y avait trop de factions en Hongrie; les Turcs n'étaient pas hommes à faire des traités de Vestphalie en faveur de ce royaume, et n'étaient alors en état ni d'opprimer les Hongrois ni de les secourir.

Il n'y eut d'autre congrès entre les mécontents de Hongrie et l'empereur qu'un échafaud; on l'éleva dans la place publique d'Éperies au mois de mars 1687, et il y resta jusqu'à la fin de l'année.

Les bourreaux[1] furent lassés à immoler les victimes qu'on leur abandonnait sans beaucoup de choix, si l'on en croit plusieurs historiens contemporains. Il n'y a point d'exemple, dans l'antiquité, d'un massacre si long et si terrible : il y a eu des sévérités égales, mais aucune n'a duré si long-temps. L'humanité ne frémit pas du nombre d'hommes qui périssent dans tant de batailles : on y est accoutumé; ils meurent les armes à la main et vengés; mais voir pendant neuf mois ses compatriotes traînés juridiquement à une boucherie toujours ouverte, c'était un spectacle qui soulevait la nature, et dont l'atrocité remplit encore aujourd'hui les esprits d'horreur.

Ce qu'il y a de plus affreux pour les peuples, c'est

---

[1] Ces bourreaux, aux gages d'un prince élevé par les jésuites dans les minuties de la dévotion, étaient au nombre de trente, sans compter les valets. Cr.

que quelquefois ces cruautés réussissent, et le succès encourage à traiter les hommes comme des bêtes farouches.

La Hongrie fut soumise, le Turc deux fois repoussé, la Transylvanie conquise, occupée par les impériaux. Enfin, tandis que l'échafaud d'Éperies subsistait encore, on convoqua les principaux de la noblesse de Hongrie à Vienne, qui déclarèrent au nom de la nation la couronne héréditaire; ensuite les états assemblés à Presbourg en portèrent le décret, et on couronna Joseph, à l'âge de neuf ans, roi héréditaire de Hongrie.

Léopold alors fut le plus puissant empereur depuis Charles-Quint; un concours de circonstances heureuses le met en état de soutenir à-la-fois la guerre contre la France jusqu'à la paix de Rysvick, et contre la Turquie jusqu'à la paix de Carlovitz, conclue en 1699. Ces deux paix lui furent avantageuses; il négocia avec Louis XIV, à Rysvick, sur un pied d'égalité qu'on n'attendait pas après la paix de Nimègue; et il traita avec le Turc en vainqueur. Ces succès donnèrent à Léopold, dans les diètes d'Allemagne, une supériorité qui n'ôta pas la liberté des suffrages, mais qui les rendit toujours dépendants de l'empereur.

DE L'EMPIRE ROMAIN SOUS LÉOPOLD Iᵉʳ.

Ce fut encore sous ce règne que l'Allemagne renoua la chaîne dont elle tenait autrefois l'Italie : car dans la guerre terminée à Rysvick, lorsque Léopold, ligué avec le duc de Savoie, ainsi qu'avec tant de princes contre la France, envoya des troupes vers le Pô, il exigea des contributions de tout ce qui n'appartenait pas à l'Espagne. Les états de Toscane, de Venise en terre ferme, de Gênes, du pape même, payèrent plus de trois cent mille pistoles. Quand il fallut, au commencement du siècle, disputer les provinces de la monarchie d'Espagne au petit-fils de Louis XIV, Léopold exerça l'autorité impériale, en proscrivant le duc de Mantoue, en donnant le Montferrat mantouan au duc de Savoie. Ce fut encore en qualité d'empereur romain qu'il donna le titre de roi à l'électeur de Brandebourg [1] : car les nations ne sont pas convenues que le roi d'Allemagne fasse des rois; mais un ancien usage a voulu que des princes reçussent le titre de roi de celui que ce même usage appelait le successeur des césars.

Ainsi le chef de l'Allemagne, ayant ce nom, donnait des noms ; et Léopold fit un roi sans consulter les trois colléges. Mais quand il créa un neuvième électorat [2] en faveur du duc de Hanovre, il créa cette dignité allemande avec le suffrage de quatre électeurs, en qualité de chef de l'Allemagne; encore ne put-il le faire admettre dans le collége des électeurs, où le duc de Hanovre n'obtint séance qu'après la mort de Léopold.

Il est vrai que dans toutes les capitulations on appelle l'Allemagne l'*Empire;* mais c'est un abus des mots autorisé dès long-temps. Les empereurs jurent

---

[1] Frédéric Ier : voyez, tome XXI, dans le chapitre VI du *Précis du Siècle de Louis XV*, une note relative aux rois de Prusse. CL.

[2] En 1692. Voyez la liste des *Électeurs de Hanovre*, page 29. B.

dans leurs capitulations *de ne faire entrer aucunes troupes dans l'empire sans le consentement des électeurs, princes et états :* mais il est clair qu'ils entendent alors par ce mot empire, l'Allemagne, et non Milan et Mantoue; car l'empereur envoie des troupes à Milan sans consulter personne. L'Allemagne est appelée l'empire, comme siége de l'empire romain: étrange révolution dont Auguste ne se doutait pas. Un seigneur italien s'adresse sans difficulté à la diète de Ratisbonne; il s'adresse aux électeurs de Saxe, de Bavière et du Palatinat, pendant la vacance du trône; il en obtient des titres et des terres quand personne ne s'y oppose. Le pape, à la vérité, ne demande point à la diète la confirmation de son élection; mais le duc de Mantoue lui présenta requête quand Léopold l'eut mis au ban de l'empire en 1700. Cet empire est donc le droit du plus fort, le droit de l'opinion, fondé sur les heureuses incursions que Charlemagne et Othon-le-Grand firent dans l'Italie.

La diète de Ratisbonne est devenue perpétuelle sous ce même Léopold depuis 1664 : il semble qu'elle devrait en avoir plus de puissance, mais c'est précisément ce qui l'a énervée. Les princes qui composaient autrefois ces célèbres assemblées, n'y viennent pas plus que les électeurs n'assistent au sacre. Ils ont à la diète des députés; et tel député agit pour deux ou trois princes. Les grandes affaires, ou ne s'y traitent plus, ou languissent; et l'Allemagne est en secret divisée sous l'apparence de l'union.

DE L'ALLEMAGNE

DU TEMPS DE JOSEPH Ier ET DE CHARLES VI[2].

L'empereur Joseph Ier avait été élu roi des Romains, à l'âge de douze ans, par tous les électeurs, en 1690, preuve évidente de l'autorité de Léopold, son père; preuve de la sécurité où les électeurs étaient sur tous leurs droits, qu'ils n'auraient pas voulu sacrifier; preuve du concert de tous les états d'Allemagne avec son chef, que la puissance de Louis XIV réunissait plus que jamais.

Il signa dans sa capitulation qu'il observerait les traités de Vestphalie, *excepté dans ce qui concernait l'avantage de la France.*

Le règne de Joseph Ier fut encore plus heureux que celui de Léopold; l'argent des Anglais et des Hollandais, les victoires du prince Eugène et du duc de Marlborough, le rendirent partout victorieux, et ce bonheur le rendit presque absolu. Il commença en 1706 par mettre de son autorité au ban de l'empire les électeurs de Bavière et de Cologne, partisans de la France, et s'empara de leurs états. Voici la sentence que porta la chambre impériale de Vienne au nom de l'empereur, malgré les lois de l'empire.

« Nous déclarons que Maximilien, jusqu'à présent
« électeur et duc de Bavière..... a encouru de fait le
« ban et le reban de nous et du Saint-Empire romain,

---

[1] Joseph Ier, empereur en 1705, mourut en 1711. Voyez le *Catalogue des empereurs.* B.

[2] Charles VI régna de 1711 à 1740. B.

« ainsi que toutes les peines qui sont attachées de
« droit et par l'usage à de semblables déclarations et
« publications, ou qui en sont la conséquence : Nous
« le déposons, le déclarons, et dénonçons déposé,
« privé, et déchu des graces, priviléges, droits réga-
« liens, dignités, titres, scels, propriétés, expecta-
« tives, états, possessions, vassaux, et sujets, quels
« qu'ils soient, qu'il tient de nous et de l'empire :
« Nous abandonnons aussi le corps dudit Maximilien,
« ci-devant électeur de Bavière, à tous et à un chacun,
« de manière qu'étant privé, de notre part et de celle
« de l'empire, de toute paix et de toute protection,
« et ayant été mis, ou plutôt s'étant mis par son
« propre fait, dans un état où il ne devait avoir ni
« paix ni sûreté, un chacun pourra tout entreprendre
« contre lui, impunément et sans forfaire.... Défen-
« dons aussi à tous et à un chacun, dans l'empire,
« d'avoir avec lui aucun commerce ; de lui donner
« l'hospitalité ni prêter secours ou protection, etc. »

Les électeurs réclamèrent contre cet acte de despotisme ; on les apaisa en leur promettant de le faire ratifier à la diète de Ratisbonne, et leur haine contre Louis XIV l'emporta sur la considération de leurs propres intérêts. Joseph Ier donna le Haut-Palatinat à la branche palatine, qui l'avait perdu sous Ferdinand II, et qui le rendit ensuite à la branche de Bavière, à la paix de Rastadt et de Badē.

Il agit véritablement en empereur romain dans l'Italie ; il confisqua tout le Mantouan à son profit, prit d'abord pour lui le Milanais, qu'il donna ensuite à son frère l'archiduc, mais dont il garda les places et les revenus, en démembrant de ce pays Alexandrie, Valenza, la Loméline, en faveur du duc de Savoie, auquel il donna encore l'investiture du Montferrat pour le retenir dans ses intérêts. Il dépouilla le duc de la Mirandole, et fit présent de son état au duc de Modène. Charles-Quint n'avait pas été plus souverain en Italie. Le pape Clément XI fut aussi alarmé que l'avait été Clément VII. Joseph Ier allait lui ôter le duché de Ferrare, pour le rendre à la maison de Modène que les papes en avaient privée.

Ses armées, maîtresses de Naples au nom de l'archiduc son frère, et maîtresses en son propre nom du Bolonais, du Ferrarois, d'une partie de la Romagne, menaçaient déjà Rome. C'était l'intérêt du pape qu'il y eût une balance en Italie; mais la victoire avait brisé cette balance. On fesait sommer tous les princes, tous les possesseurs des fiefs, de produire leurs titres.

On ne donna que quinze jours au duc de Parme, qui relevait alors du saint-siége, pour faire hommage à l'empereur. On distribuait dans Rome un manifeste qui attaquait la puissance temporelle du pape, et qui annulait toutes les donations des empereurs faites sans l'intervention de l'empire. Il est vrai que, si par ce manifeste on soumettait le pape à l'empereur, on y fesait dépendre aussi les décrets impériaux du corps germanique : mais on se sert dans un temps des armes qu'on rejette dans un autre; et il ne s'agissait que de dominer en Italie à quelque titre et à quelque prix que ce fût.

Tous les princes étaient consternés. On ne se serait

pas attendu que trente-quatre cardinaux eussent eu alors la hardiesse et la générosité de faire ce que ni Venise, ni Florence, ni Gênes, ni Parme, n'osaient entreprendre. Ils levèrent une petite armée à leurs dépens : l'un donna cent mille écus, l'autre quatre-vingt mille; celui-ci cent chevaux, cet autre cinquante fantassins; les paysans furent armés : mais tout le fruit de cette entreprise fut de se soumettre, les armes à la main, aux conditions que prescrivit Joseph. Le pape fut obligé de congédier son armée, de ne conserver que cinq mille hommes dans tout l'état ecclésiastique, de nourrir les troupes impériales, de leur abandonner Comacchio, et de reconnaître l'archiduc Charles pour roi d'Espagne. Amis et ennemis, tout ressentit le pouvoir de Joseph : il ôte, en 1709, le Vigevanasc et les fiefs des Langues au duc de Savoie, et cependant ce prince n'ose quitter son parti.

Joseph Ier meurt à trente-trois ans, en 1711, dans le cours de ses prospérités.

Charles VI, son frère, se trouve maître de presque toute la Hongrie soumise, des états héréditaires d'Allemagne florissants, du Milanais, du Mantouan, de Naples et Sicile, de neuf provinces des Pays-Bas; et si on avait écouté, en 1709, les propositions de la France alors accablée, ce même Charles VI aurait eu encore l'Espagne et le Nouveau-Monde. C'était alors qu'il n'y aurait point eu de balance en Europe. Les Anglais, qui avaient combattu uniquement pour cette balance, murmurèrent contre la reine Anne, qui la rétablit par la paix d'Utrecht; tant la haine contre Louis XIV prévalait sur les intérêts réels. Charles VI resta encore le plus puissant prince de l'Europe, après sa paix particulière de Badé et de Rastadt.

Mais quelque puissant qu'il fût quand il prit possession de l'empire, le corps germanique soutint plus que jamais ses droits, il les augmenta même. La capitulation de Charles VI porte qu'aucun prince, aucun état de l'Allemagne ne pourra être mis au ban de l'empire que par un jugement des trois colléges, etc. On rappelle encore dans cette capitulation les traités de Vestphalie, regardés toujours comme une loi fondamentale.

L'Allemagne fut tranquille et florissante sous ce dernier empereur de la maison d'Autriche : car la guerre de 1716 contre les Turcs ne se fit que sur les frontières de l'empire ottoman, et rien ne fut plus glorieux.

Le prince Eugène y accrut encore cette grande réputation qu'il s'était acquise en Italie, en Flandre, en Allemagne. La victoire de Péterwaradin, la prise de Témesvar, signalèrent la campagne de 1716, et la suivante eut des succès encore plus étonnants : car le prince Eugène, en assiégeant Belgrade, se trouva lui-même assiégé dans son camp par cent cinquante mille Turcs. Il était dans la même situation où fut César au siége d'Alexie, et où le czar Pierre s'était trouvé au bord du Pruth. Il n'imita point l'empereur russe, qui mendia la paix. Il fit comme César; il battit ses nombreux ennemis, et prit la ville. Couvert de gloire, il retourna à Vienne, où l'on parlait de lui faire son procès, pour avoir hasardé l'état qu'il avait sauvé, et dont il avait reculé les bornes. Une paix

avantageuse fut le fruit de ces victoires. Le système
de l'Allemagne ne fut dérangé ni par cette guerre ni
par cette paix, qui augmentaient les états de l'empereur : au contraire, la constitution germanique s'affermissait. Les disgraces du roi de Suède, Charles XII,
accrurent les domaines des électeurs de Brandebourg
et de Hanovre. Le corps de l'Allemagne en devenait
plus considérable.

Les traités de Vestphalie reçurent à la vérité une
atteinte dans ces acquisitions ; mais on conserva tous
les droits acquis aux états de l'Allemagne par ces
traités, en enlevant des provinces aux Suédois, à qui on
devait en partie ces droits mêmes dont on jouissait.
Les trois religions établies dans l'Allemagne s'y maintinrent paisiblement à l'ombre de leurs priviléges, et
les petits différents inévitables n'y causèrent point de
troubles civils.

Il faut surtout observer que l'Allemagne changea
entièrement de face, du temps de Léopold, de Joseph Ier, et de Charles VI. Les mœurs auparavant
étaient rudes, la vie dure, les beaux-arts presque
ignorés, la magnificence commode inconnue, presque
pas une seule ville agréablement bâtie, aucune maison
d'une architecture régulière et noble, point de jardins, point de manufactures de choses précieuses et
de goût. Les provinces du Nord étaient entièrement
agrestes. La guerre de trente ans les avait ruinées.
L'Allemagne, en soixante années de temps, a été plus
différente d'elle-même qu'elle ne le fut depuis Othon
jusqu'à Léopold.

Charles VI fut constamment heureux jusqu'en 1734.

Les célèbres victoires du prince Eugène sur les Turcs, à Témesvar et à Belgrade, avaient reculé les frontières de la Hongrie. L'empereur dominait dans l'Italie. Il y possédait le domaine direct de Naples et Sicile, du Milanais, du Mantouan. Le domaine impérial et suprême de la Toscane, de Parme et Plaisance, si long-temps contesté, lui était confirmé par l'investiture même qu'il donna de ces états à don Carlos, fils de Philippe V, qui par là devenait son vassal. Les droits de l'empire exercés en Italie par Léopold et par Joseph Ier étaient donc encore en vigueur; et certainement, si un empereur avait conservé en Italie tant d'états, tant de droits avec tant de prétentions, ce combat de sept cents années de la liberté italique contre la domination allemande pouvait aisément finir par l'asservissement.

Ces prospérités eurent un terme par l'exercice même que Charles VI fit de son crédit dans l'Europe, en procurant conjointement avec la Russie le trône de Pologne à Auguste III, électeur de Saxe.

Ce fut une singulière révolution que celle qui lui fit perdre pour jamais Naples et Sicile, et qui enrichit encore le roi de Sardaigne à ses dépens, pour avoir contribué à donner un roi aux Polonais. Rien ne montre mieux quelle fatalité enchaîne tous les événements, et se joue de la prévoyance des hommes. Son bonheur l'avait deux fois rendu victorieux de cent cinquante mille Turcs; et Naples et Sicile lui furent enlevés par dix mille Espagnols, en une seule campagne. Aurait-on imaginé, en 1700, que Stanislas, palatin de Posnanie, serait fait roi de Pologne par Charles XII ; qu'ayant perdu la Pologne, il deviendrait duc de Lorraine, et que, pour cette raison-là même, la maison de Lorraine aurait la Toscane? Si on réfléchit à tous les événements qui ont troublé et changé les états, on trouvera que presque rien n'est arrivé de ce que les peuples attendaient, et de ce que les politiques avaient préparé.

Les dernières années de Charles VI furent encore plus malheureuses; il crut que le prince Eugène ayant défait les Turcs avec des armées allemandes inférieures, il les vaincrait à plus forte raison quand l'empire ottoman serait attaqué à-la-fois par les Allemands et par les Russes : mais il n'avait plus le prince Eugène; et tandis que les armées de la czarine Anne prenaient la Crimée, entraient dans la Valachie, et se proposaient de pénétrer à Andrinople, les Allemands furent vaincus. Une paix dommageable suivit leur défaite. Belgrade, Témesvar, Orsova, tout le pays entre le Danube et la Saxe demeura aux Ottomans; le fruit des conquêtes du prince Eugène fut perdu ; et l'empereur n'eut que la ressource cruelle de mettre en prison les généraux malheureux, de faire couper la tête à des officiers qui avaient rendu des villes, et de punir ceux qui se hâtèrent de faire, suivant ses ordres, une paix nécessaire.

Il mourut bientôt après. Les révolutions qui suivirent sa mort sont du ressort d'une autre histoire[1];

---

[1] Voyez, tome XXI, les chapitres v et vi du *Précis du Siècle de Louis XV*. B.

et ces plaies, qui saignent encore, sont trop récentes pour les découvrir.

Un lecteur philosophe, après avoir parcouru cette longue suite d'empereurs, pourra faire réflexion qu'il n'y a eu que Frédéric III qui ait passé soixante et quinze ans, comme parmi les rois de France il n'y a eu que le seul Louis XIV. On voit au contraire un très grand nombre de papes dont la carrière a été au-delà de quatre-vingts années. Ce n'est pas qu'en général les lois de la nature accordent une vie plus longue en Italie qu'en Allemagne et en France; mais c'est qu'en général les pontifes ont mené une vie plus sobre que les rois, qu'ils commencent plus tard à régner, et qu'il y a plus de papes que d'empereurs et de rois de France.

La durée des règnes de tous les empereurs qui ont passé en revue, sert à confirmer la règle qu'a donnée Newton pour réformer l'ancienne chronologie [1]. Il veut que les générations des anciens souverains se comptent à vingt et un ans environ, l'une portant l'autre. En effet les cinquante empereurs depuis Charlemagne jusqu'à Charles VI composent une période de près de mille années; ce qui donne à chacun d'eux vingt ans de règne. On peut même réduire encore beaucoup cette règle de Newton dans les états sujets à des révolutions fréquentes. Sans remonter plus haut que l'empire romain, on trouvera environ quatre-vingt-dix règnes, depuis César jusqu'à Augustule, dans l'espace de cinq cents années.

[1] Voyez, dans les *Mélanges*, année 1734, tome XXXVII, la dix-septième des *Lettres philosophiques*. B.

Une autre réflexion importante qui se présente, c'est que de tous ces empereurs on n'en voit presque pas un, depuis Charlemagne, dont on puisse dire qu'il a été heureux. Charles-Quint est celui dont l'éclat fait disparaître tous les autres devant lui; mais lassé des secousses continuelles de sa vie, et fatigué des tourments d'une administration si épineuse, plus encore que détrompé du néant des grandeurs, il alla cacher dans une retraite une vieillesse prématurée.

Nous avons vu depuis peu un empereur[1], plein de

---

[1] Charles VII, fils et successeur, comme électeur de Bavière, en 1726, de Maximilien-Marie Emmanuel, sous le nom de Charles Albert; mort le 20 janvier 1745, dans sa quarante-huitième année, après trois ans de règne comme empereur. D'après la manière de compter de Voltaire, Charles VII est le cinquante et unième empereur. Voici la liste des autres jusqu'à nos jours:

LIIe empereur. François-Étienne de Lorraine, né à la fin de 1708, marié, en 1736, à Marie-Thérèse; élu empereur le 13 septembre 1745, sous le nom de FRANÇOIS Ier, mort le 18 auguste 1765. Voltaire lui adressa une épitre en vers en 1756.

LIIIe. JOSEPH II, fils du précédent et son successeur immédiat, ne commença vraiment à régner que le 29 novembre 1780, après la mort de Marie-Thérèse, sa mère. Ce prince, qui connaissait trop bien les jésuites pour leur accorder aucune confiance, et qui diminua singulièrement le nombre des moines dans ses états catholiques, a été l'objet des sarcasmes de quelques historiens, chauds partisans de la puissance temporelle des papes. Joseph II, beau-frère de l'infortuné Louis XVI, était né le 13 mars 1741; il est mort sans enfants le 20 février 1790.

LIVe. LÉOPOLD II, frère de Joseph II et son successeur, a été accusé de philosophie, mais moins que son frère aîné. Il poussa la philosophie jusqu'à se montrer tolérant envers les Juifs; ce qui vaut mieux que les brûler, comme on fait aujourd'hui (1826) en Espagne: mort au commencement de 1792.

LVe. FRANÇOIS II, élu empereur d'Allemagne sous ce nom, le 1er mars 1792, est le fils de Léopold II. Ayant pris le titre d'empereur héréditaire d'Autriche en 1804, il fut obligé, le 6 auguste 1806, de renoncer à la cou-

qualités respectables, essuyer les plus violents revers de la fortune, tandis que la nature le conduisait au tombeau par des maladies cruelles au milieu de sa carrière.

ronne d'empereur d'Allemagne et à celle de roi des Romains ; et ce fut à cette dernière époque qu'il prit le nom de François Ier. Ce prince est né en 1768, le 12 février, dix-huit mois avant son gendre Napoléon.

Ainsi cinquante-cinq empereurs ont régné en Allemagne dans un intervalle d'environ mille six ans; depuis le couronnement de Charlemagne jusqu'au jour où François II prit le nom de François Ier, comme empereur d'Autriche. Cl.

Le recez de l'empire, du 25 février 1803, apporta de notables changements. La dignité électorale fut accordée à l'archiduc grand-duc de Saltzbourg, au margrave de Bade, au duc de Wurtemberg, au landgrave de Hesse-Cassel. Les électorats de Cologne et de Trèves se trouvèrent supprimés. L'empereur ayant, en 1804, déposé la couronne impériale allemande, il y eut une organisation sous le titre de confédération du Rhin. Napoléon Bonaparte en fut le protecteur. Cette confédération fut détruite par suite des événements de 1814. Il existe aujourd'hui une confédération germanique dont les affaires sont confiées à une diète permanente, où figurent, avec le titre de rois, cinq seulement des huit électeurs (Bohême, Prusse, Hanovre, Saxe, Bavière). Les trois électorats ecclésiastiques ont été supprimés. Quatre villes libres (Lubeck, Francfort sur le Mein, siége de la diète, Brême, et Hambourg) ont ensemble une seule voix à la diète, et chacune une voix à l'assemblée générale, composée de trente-neuf membres, ayant ensemble soixante-dix voix inégalement réparties. Parmi les membres de la diète, on compte huit rois, savoir: les cinq anciens électeurs, et les rois de Wurtemberg, de Danemarck, et des Pays-Bas.

Clément XI, le dernier pape compris dans le catalogue en tête de cet ouvrage, est mort le 19 mars 1721.

Innocent XIII (Conti), élu en 1721, mort en 1724.

Benoit XII (Orsini), élu en 1724, mort en 1730.

Clément XII (Corsini), élu en 1730, mort le 6 février 1740.

Benoit XIV (Lambertini), élu en 1740, mort le 4 mai 1758.

Clément XIII (Rezzonico), élu en 1758, mort en 1769.

Clément XIV (Ganganelli), élu en 1769, mort le 22 septembre 1774.

Pie VI (Braschi), élu en 1775, mort à Valence (département de la Drôme), le 29 août 1799.

Pie VII (Chiaramonti), élu en 1800, mort à Rome le 20 août 1823. B.

Cette histoire n'est donc presque autre chose qu'une vaste scène de faiblesses, de fautes, de crimes, d'infortunes, parmi lesquelles on voit quelques vertus et quelques succès, comme on voit des vallées fertiles dans une longue chaîne de rochers et de précipices : et il en est ainsi des autres histoires.

LETTRE

A MADAME

LA DUCHESSE DE SAXE-GOTHA.

A Colmar, 8 mars 1754.

Madame,

Votre auguste nom a orné le commencement de ces Annales : permettez qu'il en couronne la fin : ce petit abrégé fut commencé dans votre palais, avec le secours de l'ancien manuscrit de mon essai sur l'histoire universelle, qu'elle possède depuis long-temps : et, quoique ce manuscrit ne soit qu'un amas très informe de matériaux, je ne laissai pas de m'en servir. J'avais déjà fait imprimer tout le premier volume des *Annales de l'Empire*, lorsque j'appris que quelques cahiers de cet ancien manuscrit étaient tombés dans les mains d'un libraire de La Haye.

Ces cahiers, sans ordre, sans suite, transcrits sans doute par une main ignorante, défigurés, et falsifiés, ont été, à mon grand regret, réimprimés plusieurs fois à Paris et ailleurs.

Votre altesse sérénissime m'en a marqué son indignation dans ses lettres; elle sait à quel point le véritable manuscrit, qui est en sa possession, diffère des fragments qu'on a rendus publics. Je devais réprouver et condamner hautement un tel abus; je m'acquittai de ce devoir, il y a quatre mois, dans la *Lettre à un professeur d'histoire*[1], et je réitère aujourd'hui, sous vos auspices, madame, cette juste protestation.

A l'égard de ce petit abrégé des *Annales de l'Empire*, entrepris par les ordres de votre altesse sérénissime, ces ordres mêmes, et l'envie de vous plaire, m'auraient rendu la vérité encore plus chère et plus sacrée, si elle ne devait l'être uniquement par elle-même.

Cette vérité, à laquelle sacrifia notre illustre De Thou, qui lui attira tant de chagrins, et qui rend sa mémoire si précieuse, pourrait-elle me nuire dans un siècle beaucoup plus éclairé que le sien?

Quel fanatique imbécile pourrait me reprocher d'avoir respecté les trois religions autorisées dans l'empire? quel insensé voudrait que j'eusse fait le controversiste au lieu d'écrire en historien? Je me suis borné aux faits; ces faits sont avérés, sont authentiques; mille plumes les ont écrits; aucun homme juste ne peut s'en plaindre. Une grande reine disait à propos d'un historien : « En nous parlant des fautes de nos « prédécesseurs, il nous montre nos devoirs. Ceux qui « nous entourent nous cachent la vérité; les seuls his- « toriens nous la disent. »

Il y a eu des empereurs injustes et cruels, des papes et des évêques indignes de l'être : qui en doute? la consolation du genre humain est d'avoir des annales fi-

---

[1] Voyez, dans les *Mélanges*, à sa date, cette *Lettre*, qui est de décembre 1753. B.

dèles qui, en exposant les crimes, excitent à la vertu. Qu'importe au sage empereur [1] qui règne de nos jours, que Henri V et Henri VI aient été cruels? qu'importe au pontife éclairé, juste, modéré [2], qui occupe aujourd'hui le trône de Rome, qu'Alexandre VI ait laissé une mémoire odieuse? Les horreurs des siècles passés font l'éloge du siècle présent. Malheur à ceux qui, chargés de l'éducation des princes, leur cachent les antiques vérités! ils les accoutument dès leur enfance à ne rien voir que de faux, et ils préparent, dans les berceaux des maîtres du monde, le poison du mensonge dont ils doivent être abreuvés toute leur vie.

Vous, madame, qui aimez la vérité, et qui avez voulu que je la dise, recevez ce nouvel hommage que je rends à vous et à elle.

Je suis avec le plus profond respect et l'attachement le plus inviolable,

MADAME,

DE VOTRE ALTESSE SÉRÉNISSIME

Le très humble et très obéissant serviteur,

V.

---

[1] François Ier, cinquante-deuxième empereur, époux de Marie-Thérèse. CL. — [2] Benoît XIV, à qui Voltaire dédia *Mahomet*. CL.

FIN DES ANNALES DE L'EMPIRE.

TABLE

DES MATIÈRES DES ANNALES DE L'EMPIRE.

Préface du nouvel Éditeur.	Page j
Lettre à madame la duchesse de Saxe-Gotha.	1
Avertissement de l'auteur.	3
Chronologie des empereurs et des papes.	5
Rois de Bohême, depuis la fin du treizième siècle.	20
Électeurs de Mayence, depuis la fin du treizième siècle.	21
Électeurs de Cologne, depuis la fin du treizième siècle.	23
Électeurs de Trèves, depuis la fin du treizième siècle.	24
Électeurs Palatins, depuis la fin du treizième siècle.	26
Électeurs de Saxe, depuis la fin du treizième siècle.	27
Électeurs de Brandebourg, après plusieurs électeurs des maisons d'Ascanie, de Bavière, et de Luxembourg.	28
Électeurs de Bavière.	ibid.
Électeurs de Hanovre.	29
Vers techniques qui contiennent la suite chronologique des empereurs, et les principaux événements depuis Charlemagne.	30
Introduction.	35
Charlemagne, premier empereur.	43
Louis-le-Débonnaire, ou le Faible, second empereur.	68
Lothaire, troisième empereur.	79
Louis II, quatrième empereur.	85
Charles-le-Chauve, cinquième empereur.	91
Louis III, ou le Bègue, sixième empereur.	93
Charles III, ou le Gros, septième empereur.	94
Arnoud, huitième empereur.	98
Louis IV, neuvième empereur.	103
Conrad Ier, dixième empereur.	105
Henri-l'Oiseleur, onzième empereur.	107

TABLE DES MATIÈRES.

Othon Ier, surnommé le Grand, douzième empereur. . . 111
Othon II, treizième empereur. 125
Othon III, quatorzième empereur. 130
Henri II, quinzième empereur. 135
Conrad II, dit le Salique, seizième empereur. 143
Henri III, dix-septième empereur. 147
Henri IV, dix-huitième empereur. 151
Henri V, dix-neuvième empereur. 170
Lothaire II, vingtième empereur. 177
Conrad III, vingt-unième empereur. 180
Frédéric Ier, dit Barberousse, vingt-deuxième empereur. 185
Henri VI, vingt-troisième empereur. 213
Philippe Ier, vingt-quatrième empereur. 221
Othon IV, vingt-cinquième empereur. 226
Bataille fameuse de Bouvines. 228
Frédéric II, vingt-sixième empereur. 229
Conrad IV, vingt-septième empereur. 252
Rodolphe Ier, de Habsbourg, premier empereur de la maison d'Autriche, vingt-huitième empereur. 266
Adolphe de Nassau, vingt-neuvième empereur, après un interrègne de neuf mois. 280
Albert Ier, d'Autriche, trentième empereur. 283
Origine de la liberté des Suisses. 289
Henri VII, de la maison de Luxembourg, trente-unième empereur. 291
Interrègne de quatorze mois. 298
Louis V, ou Louis de Bavière, trente-deuxième empereur. 301
Charles IV, trente-troisième empereur. 327
Bulle d'or. 334
Commencement du grand schisme d'Occident. 352
Venceslas, trente-quatrième empereur. 354
Robert, comte Palatin du Rhin, trente-cinquième empereur. 363
Josse, trente-sixième empereur. 370
Sigismond, roi de Bohème et de Hongrie, margrave de Brandebourg, trente-septième empereur. 371
Albert II, d'Autriche, trente-huitième empereur. 388
Frédéric d'Autriche, troisième du nom, trente-neuvième empereur. 392
Maximilien, quarantième empereur. 417
Interrègne jusqu'au 1er octobre 1520. 445

TABLE DES MATIÈRES.

Charles-Quint, quarante-unième empereur.	446
Ferdinand Ier, quarante-deuxième empereur.	528
Maximilien II, quarante-troisième empereur.	534
Rodolphe II, quarante-quatrième empereur.	545
Mathias, quarante-cinquième empereur.	568
Ferdinand II, quarante-sixième empereur.	574
Ferdinand III, quarante-septième empereur.	609
Paix de Vestphalie.	624
Tableau de l'Allemagne depuis la paix de Vestphalie jusqu'à la mort de Ferdinand III.	631
État de l'empire sous Léopold Ier, quarante-huitième empereur.	634
De la Hongrie et des Turcs du temps de Léopold.	638
Siége de Vienne en 1683, et ses suites.	640
De l'empire romain sous Léopold Ier.	649
De l'Allemagne du temps de Joseph Ier et de Charles VI.	652
Lettre à madame la duchesse de Saxe-Gotha.	664

FIN DE LA TABLE.